JN410753

東洋古典譯註叢書 138

譯註 明清八大家文鈔 2

劉大櫆·姚鼐

著者 劉大櫆·姚鼐 編者 王文濡
책임번역 李相夏
공동번역 金玟榮 金成恩 安垵奭 禹羅映

전통문화연구회

飜譯委員

責任飜譯　李相夏
共同飜譯　金玟榮 金成恩 安埈奭 禹羅映
企劃編輯　東洋古典飜譯編輯委員會
常任原文校閱　吳圭根
飜譯研究管理　南賢熙
潤　　文　朴勝珠
校　　訂　李孝宰
出　　版　白俊哲
裝　　幀　김진디자인

圖書管理

弘報管理　李和春
普　　及　徐源英
古典情報化　東洋古典情報化研究室

東洋古典譯註叢書를 발간하면서

우리의 古典國譯事業은 민족문화 진흥의 기초사업으로 1960년대부터 政府 支援으로 古文獻 現代化 작업을 추진하여 많은 成果를 거두었다. 당시 이 사업 추진의 先行課題로 東洋古典이라 일컬어지는 중국의 基本古典을 먼저 飜譯하여야 한다는 學界의 주장이 있었음에도 불구하고 우리 고전이 아니라는 일부의 偏狹한 視角과 財政 事情 등으로 인하여 배제되어 왔다.

전통적으로 중국의 기본고전은 우리 歷史와 함께 숨쉬며 각종 교육기관의 敎科書로 활용됨은 물론이고 지식인들의 必讀書가 되어 왔으며, 우리 文化의 基底에 자리잡고 거의 모든 방면의 體系와 根幹을 형성하여 왔다. 그래서 학문연구의 기본서 역할을 해 왔을 뿐만 아니라 오늘날에도 우리의 國學徒 및 東洋學 研究者들에게 같은 역할을 하고 있음은 주지의 사실이다. 그럼에도 불구하고 中國古典은 우리 것이 아니라 하여 專門機關의 飜譯對象에 포함하지 않음으로써, 대부분 原典에서의 직접 번역이 아닌 重譯이나 拔萃譯의 방식이 주를 이루면서 教養水準으로 出版되어 왔다.

오늘날 東洋 三國 중에서 우리의 東洋學 연구가 가장 부진한 이유는, 東洋基本古典에 대한 폭넓은 이해의 부족과 漢文古典 讀解力의 저하에 기인함을 우리는 솔직히 인정하여야 한다. 따라서 이들 중국고전에 대한 신뢰할 만한 國譯이 이루어지는 것이 한국학 연구를 촉진시키는 시급한 先行課題라 할 수 있다.

이에 韓國學 및 東洋學의 연구와 古典現代化의 基盤構築을 위해서는, 전문기관으로 하여금 동양고전을 단기간에 각 분야의 專門 研究者와 漢學者가 상호 협동하여 연구번역하여 飜譯의 傳統性과 效率性, 研究의 專門性을 높일 수 있도록 政策的 配慮가 있어야 한다.

이에 本會에서는 元老 및 中堅 漢學者와 斯界의 專攻者로 하여금 協同硏究飜譯하여 공부하는 사람들이 믿고 引用하거나 깊이 있는 註釋 등을 활용할 수 있게 하고, 知識人들의 敎養을 증진시켜 줄 수 있는 東洋古典의 國譯書 간행을 지속적으로 추진해 왔다. 근래에 다행히 이 사업에 대하여 각계 지도층의 폭넓은 이해와 지원에 힘입어 2001년도부터 國庫補助를 받아 東洋古典譯註叢書를 간행하게 되었다. 이를 계기로 우리 先學의 註釋과 見解를 반영하는 등 국역사업의 內實을 기하게 되었음을 이 자리를 빌려 衷心으로 감사드리며, 아울러 國譯에 參與하신 관계자 여러분의 勞苦에 깊은 謝意를 표한다.

끝으로 우리의 이러한 작업은 오랜 역사 위에 축적된 先賢들의 業績과 現代學問을 이어주는 튼튼한 架橋와 礎石이 되어 진정한 韓國學과 東洋學 발전에 기여할 것을 굳게 믿으며, 21세기를 우리 文化의 世紀로 열어 가는 밑거름이 되도록 우리의 力量을 本 事業에 경주하고자 한다. 江湖諸賢의 부단한 관심과 지원을 기대해 마지않는다.

社團法人 傳統文化硏究會 理事長 李啓晃

凡 例

1. 본서는 ≪譯註 明淸八大家文鈔≫ 제2책으로, ≪明淸八大家文鈔≫ 중 劉大櫆(淸)의 ≪劉海峰文鈔≫와 姚鼐(淸)의 ≪姚姬傳文鈔≫를 譯註한 것이다.
2. 底本은 王文濡(淸)가 編輯한 ≪明淸八大家文鈔≫로 中國 進步書局에서 初刊된 石印本(1915)이다.
3. 본서는 원전의 傳統性과 번역의 現代性을 구현하기 위해 노력하였다.
4. 原文에는 우리나라 전통방식의 懸吐를 하였다.
5. 原文의 校勘은 誤字, 脫字, 衍文, 倒文 등을 대상으로 하였다.
6. 原註는 저본의 해당 위치에 ①, ② 등으로 표기하고 본문 아래 번역과 원문을 달았다.
7. 飜譯은 原義에 충실하게 하되, 이해가 어려운 부분은 意譯 또는 補充譯을 하였다.
8. 譯註는 校勘, 人物, 制度, 官職, 역사적 사건, 인용문의 出典, 異說, 故事, 전문용어, 難解語 등에 관한 사항을 밝혔다.
9. 飜譯文은 한글과 한자를 혼용하였으며, 맞춤법과 띄어쓰기는 한글 맞춤법과 표준어 규정을 따랐다.
10. 원문이나 번역문의 한자 중에 僻字나 讀音이 특수한 글자는 한글로 音을 달아주었다.
11. 본서의 校勘에 사용된 符號는 다음과 같다.
    - ( )〔 〕: (저본의 誤字)〔교감한 正字〕
    - 〔 〕: 저본의 脫字 보충
    - ( ): 저본의 衍字 삭제
    - □ : 저본의 빠진 글자
12. 본서에 사용한 주요 부호는 다음과 같다.
    - “ ”: 對話, 각종 인용
    - ‘ ’: “ ” 안에서 재인용, 강조
    - 「 」: ‘ ’ 안에서 재인용, 강조
    - 『 』: 「 」안의 재인용
    - ( ): 원문에서는 讀音이 다른 글자나 僻字의 音, 번역문에서는 간단한 譯註
    - 〔 〕: 번역문의 이해를 돕기 위한 原文의 漢字나 句節, 譯註에서 인용한 原文
    - ≪ ≫: 書名
    - 〈 〉: 篇章名, 作品名, 補充譯

目次

〔附 錄〕

明淸八大家의 생애와 문학 - 劉大櫆 · 姚鼐 -

禹羅映*

1. 劉大櫆(1698~1779)

1) 생애

劉大櫆는 康熙 37년(1698) 安徽省 桐城縣에서 출생하였으며, 字는 才甫 · 耕南, 號는 海峰이다. 집안 대대로 安徽省 皖江 부근에 살았으며, 조부와 부친은 秀才로 향리에서 독서했으므로 집안 살림이 넉넉하지는 못하였다. 유대괴는 부친에게서 글을 배우다가 13, 14세 때부터 同鄕의 吳直에게서 수학하였는데, 재주가 출중하였다. 또 姚鼐의 伯父인 姚範 등과 교유하면서 정치의 득실과 문장 창작에 대해 토론하였다.

雍正 3년(1725) 江南學政 兪兆晟에게 발탁되어 北京에 들어가 太學에 입학하였다. 이때 大臣 吳士玉의 집에 기거하였는데, 그를 통해 翰林院 侍講學士로 있던 方苞의 제자가 되었다. 방포는 그의 문장을 보고 "韓愈 · 歐陽脩 같은 인물"이며 "동향의 劉生이야말로 國士이다."라고 칭찬하였는데, 이로 인해 유대괴의 명성이 북경에 자자하였다. 1729년, 1732년 연이어 順天鄕試에 응시하여 副榜에 합격했으나 擧人이 되지는 못하였고, 1735년 다시 순천향시에 응시하였으나 역시 낙방하였다. 乾隆 元年(1736) 방포의 추천으로 博學鴻詞科에 응시했으나, 동향 출신의 재상 張廷玉의 반대로 낙방하였다.

건륭 11년(1746) 방포의 추천으로 江蘇學政 尹會一의 幕僚가 되어 詩文을 교열하고 평하는 일을 하였다. 1750년 장정옥이 전에 그를 내친 것을 후회하여 經學考試에 응시하도록 주선했으나 합격하지 못하였다. 이후로 유대괴는 벼슬길을 단념하고 두 번 다시 응시하지 않았다. 1754년부터 1755년까지 湖北學政 陳浩의 막료로 있었고, 1757년에는 浙江學政 竇光鼐의 막료가 되었다.

*) 서울대학교 규장각한국학연구원 연구원

건륭 26년(1761) 安徽省 黟縣教諭가 되었고 安慶書院 등에서 강의하였다. 1767년 歙縣知縣 張佩芳의 초빙으로 問政書院에서 강의하였고 ≪歙縣志≫와 ≪黃山志≫를 편수하였다. 1771년 병으로 귀향하였는데, 문인들이 병문안을 오면 애써 몸을 일으켜 함께 글을 논할 만큼 만년까지 제자 양성에 힘을 기울였다. 1779년에 82세를 일기로 사망하였다.

불우했던 유대괴의 인생에서 방포를 스승으로 삼은 것은 큰 행운이자 전환점이라고 할 수 있다. 그는 평생 글을 가르치는 것으로 생계를 유지했으며 만년에는 강학에 전념하였으므로 많은 제자를 배출하였다. 제자 가운데 대표적인 인물로는 桐城 출생의 姚鼐·王灼, 歙縣 출생의 吳定·程晉芳 등을 꼽을 수 있다. 이들을 통해 유대괴의 문학이 안휘성 일대에 전파될 수 있었다.

2) 문학과 학술 사상

유대괴는 방포의 제자이자 요내의 스승으로서, 동성파 三祖 가운데 한 사람이다. 그러나 ≪國史≫ 〈文苑傳〉에서 "유대괴는 방포의 문하에서 배웠으나 문학의 조예는 각기 달랐다.〔大櫆雖遊學方苞之門 所爲文學造詣各有千秋〕"라고 평한 것처럼, 그의 문학과 학술은 방포와는 상당한 차이를 보인다.

유대괴의 문학 이론은 자신의 文論과 작문 기법을 31則으로 정리한 ≪論文偶記≫에서 살펴볼 수 있다. 그는 "義理·書卷·經濟는 行文의 실제 내용이고 행문은 이것과는 다른 한 가지 일이다.〔義理書卷經濟者 行文之實 若行文自另是一事〕"라고 하여, 문장을 사상·학문·經世와는 별개의 것으로 간주하였다. 이런 입장은 문장의 法보다 義를 우선시하는 방포의 義法說과는 다르며, 더 나아가 文以載道로 대표되는 儒家의 전통적 文道論과도 궤를 달리한다.

그는 고문 창작의 방법으로, 古人의 문장에서 神氣를 체득해야 한다는 神氣說을 주장하였다. 그는 "글을 짓는 방법은 神을 위주로 하고 氣로 그것을 보완하는 것이다.……理만 위주로 하는 것은 오히려 그 妙함을 다하지 못한다.〔行文之道 神爲主 氣輔之……至專以理爲主者 則猶未盡其妙也〕"라고 하였다. 이때 '신'은 작가의 기질·감정·사상을 비롯한 精神을 의미하며 '기'는 문장의 氣勢를 가리킨다. 그런데 이 신과 기는 추상적이라서 문장 내의 字句와 音節을 통해서만 드러날 수 있다. 그러므로 고인의 문장에서 자구와 음절을 착실하게 학습해야만 자신의 사상·감정을 표현하고 더 나아가 문장의 기세를 획득할 수 있다. 산문 창작에 있어서 음절을 중시한 것은 그가 시에 뛰어났다는 점에서 이유를 찾을 수 있다.

이런 주장은 창작뿐만 아니라 감상 방면으로도 확장되는데, 유대괴는 문장을 감상할 때 반드시 誦讀을 통해 작품 속의 神氣를 체득하고자 하였다. 고문 감상의 극치는 문장의 자구를 음송함으로써 "나의 神氣가 곧 古人의 神氣가 되는〔我之神氣 卽古人之神氣〕" 경지이다. 이렇게 소리 높여 문장을 음송하는 것은 동성파의 중요한 고문 감상법이 되었다.

신기설은 曹丕 이래 전개된 文氣論을 계승한 것이며, 또 방포가 제시한 法을 神氣・音節・字句 세 가지로 확장한 것이다. 이를 통해 유대괴가 방포에 비해 산문의 형식미와 예술성을 훨씬 중시하였음을 알 수 있다. 方東樹가 〈書惜抱先生墓誌後〉에서 "〈유대괴는〉 글을 논할 때 品藻를 위주로 하였고 방포는 글을 논할 때 義法을 위주로 하였다.〔學博論文主品藻 侍郎論文主義法〕"라고 한 것은 두 사람에 대한 적실한 평가라 하겠다.

한편, 유대괴는 문장에서 귀하게 여기는 풍격을 12가지로 나누어 제시하였는데, '奇'・'高'・'大'・'遠'・'簡'・'疏'・'變'・'瘦'・'華'・'參差'・'去陳言'・'品藻'이다. 특히 篇章과 자구 단위에서 다양한 변화를 꾀하되 이를 유기적으로 조직할 것을 강조하였다. 이는 문장의 曲折과 結構를 중시한 귀유광・방포의 문장을 계승한 것으로, 실제 유대괴의 작품에 잘 구현되어 있다.

실제 창작에서, 유대괴는 귀유광・방포와 마찬가지로 ≪史記≫・唐宋八家를 비롯한 古文의 학습을 중시하는 한편, ≪莊子≫와 〈離騷〉를 특히 좋아하여 문장이 웅건하고 분방한 풍격을 띤다. 그리하여 방포의 淸眞古雅한 풍격이나 요내의 平淡自然한 풍격과는 다소 차이가 있으나, 과도한 수사나 기험한 자구를 지양하고 자연스러우면서 짜임새 있는 문장을 사용했다는 점에서는 동성파 고문의 풍격을 계승하고 있다.

또한 그는 歸有光의 筆法을 본받아 小說의 작법을 산문 창작에 활용하였다. 특히 傳을 기술할 때 인물을 핍진하게 묘사하면서도 간결하고 객관적인 필치를 유지하였다. 寫景에도 뛰어나 훌륭한 記文을 남겼다. 일례로 〈遊黃山記〉는 67세 때 安徽省 黃山을 6일 동안 유람하고 쓴 기행문인데, 문장이 몹시 정교하고 기록이 자세하다.

유대괴는 평생 벼슬하지 않았으므로, 국가적 사안을 논하거나 태평성세를 노래한 글이 드물고 현실비판적인 글도 많지 않다. 젊은 시절에 쓴 글은 말이 격렬하고 才氣가 뛰어나지만, 뒤로 갈수록 불우한 자신의 신세를 토로하고 자조하는 글이 많다. 예컨대 〈送葉書山序〉, 〈與王君書〉 등에는 知己를 떠나보내는 상황에서 자신을 알아주지 못하는 세상에 대한 울울한 심정이 가득하다.

학술 방면에서도, 유대괴는 程朱理學을 추숭한 방포와는 큰 차이를 보인다. 그는 王守仁의 良知說을 지지하였으며, 그를 향한 마음을 담아 〈奉題學使公所得王新建印章次原韻〉이라는 七言古詩를 짓기도 하였다. 그는 〈觀化〉에서 우주에는 主宰하는 것이 없고 氣化에 의해 모든 것이 이루어질 뿐이라 주장하였다. 理 역시 시대에 따라 변화한다고 보았으므로, 무조건적인 復古를 비판하였다. 일례로 〈讀伯夷傳〉은 伯夷·叔齊가 周나라 곡식을 먹는 것을 수치로 여겨 고사리를 캐어 먹다가 굶어 죽었다는 기록이 허황한 얘기임을 변증한 글인데, 옛것만 맹신하는 풍토를 강한 어조로 비판하고 있다.

또한 그는 전통적인 天人 관계를 부정하였다. 그는 〈天道〉에서 하늘은 아무런 知覺 없이 무심히 운행할 뿐이라 인간의 길흉화복을 주재할 수 없으므로, 報應을 염두에 두지 말고 사람으로서 당연히 해야 할 도리로서 善을 실천할 것을 역설하였다. 더 나아가 그는 인간의 자연스러운 욕망을 긍정하고 남자와 여자의 본질적인 차이를 부정하기도 하였다.

이처럼 유대괴의 사상은 陽明學에 가깝다고 할 수 있을 만큼 개성적 면모를 띤다. 그가 끝내 과거에 합격하지 못하고 불우한 삶을 살았던 것에는 그의 사상이 정주이학을 官學으로 삼은 당시의 보수적 학풍과 조화되지 못한 데서도 이유를 찾을 수 있을 것이다.

3) 劉大櫆 文集의 版本과 ≪明淸八大家文鈔≫ 수록 양상

유대괴는 평생 저술과 評選 활동에 매진하여 많은 저술을 남겼다. 문집은 생전에 이미 간행되었고 수차례 중간되었는데, 同治 13년(1874) 徐宗亮이 교정하여 간행한 文集 10권, 詩集 6권이 대표적이다. 編選集으로는 ≪唐宋八家古文約選≫ 48권, ≪歷朝詩約選≫ 92권, ≪七律正宗≫ 4권 등이 있다.

≪明淸八大家文鈔≫에는 유대괴의 산문이 총 42편 수록이 되어 있는데, 문체별로 나누면 論 5편, 說 1편, 書後 2편, 序 3편, 贈序 4편, 書 4편, 傳 7편, 記 7편, 贊 1편, 墓表 1편, 墓誌銘 2편, 壽序 2편, 祭文 3편이다.

2. 姚鼐(1731~1815)

1) 생애

姚鼐는 雍正 9년(1731) 12월 20일 安徽省 桐城縣에서 출생하였으며, 字는 姬傳, 號는

姚鼐

夢穀이다. 室名이 惜包軒이므로 惜包先生이라고도 부른다. 刑部尙書 姚文然의 증손이자 翰林院編修 姚範의 조카이며, 어머니 張氏는 재상 張英의 손녀다. 조부 姚孔瑛은 26세에 죽었고 부친 姚淑은 평생 布衣로 살았다. 요내가 출생한 뒤로 가세가 기울어, 요내는 젊어서부터 글을 가르쳐서 생계를 꾸렸다. 백부 요범에게서 經學을 배웠고 요범과 친분이 깊던 劉大櫆에게서 古文을 배웠다.

乾隆 15년(1750)에 擧人이 되었고 이어 會試에 응시하였으나 낙방하였다. 이후 세 번의 낙방 끝에 1763년에 합격하여 翰林院庶吉士가 되었다. 1766년 兵部主事가 되어 관료 생활을 시작하였다. 1767년 山東鄕試 副考官이 되었고 1770년 湖南鄕試 副考官이 되었다가, 2년 뒤 刑部郎中으로 승진하였다. 형부에 재직할 당시, 法治를 내세워 백성을 가혹하게 다스리는 현실에 회의를 느껴 고향으로 돌아갈 뜻을 품었다. 1773년 四庫全書館 纂修官이 되었다. 이 관직은 본래 翰林만 충원될 수 있는데, 당시 于敏中·劉統勳을 비롯한 대신들의 신임을 받던 요내는 형부낭중의 신분으로 선발되었다. 사고전서 편수가 완료된 뒤 조정에서 그를 御史로 천거하고자 하였으나, 병을 이유로 사직하고 귀향하였다.

이후 요내는 40여 년간 여러 서원에서 강의하며 저술 활동에 종사하였다. 특히 학생들을 가르치기 위해 古文選集을 펴낸 것이 큰 성공을 거두면서, 桐城派의 文論이 널리 알려지는 계기가 되었다. 건륭 41년(1776) 揚州 梅花書院에서 강의하면서 ≪古文辭類纂≫을 편찬하였다. 1780년 安慶 敬敷書院에서 강의하면서, 明朝 隆慶·萬曆 연간부터 淸代까지의 詩文 251편을 모아 ≪四書文選≫을 편찬하였다. 1788년 歙縣 紫陽書院에서 강의하였다. 1790년에 鍾山書院의 主講이 되었는데, 嘉慶 6년(1801)부터 3년간 경부서원에 있었을 때를 제하고 죽을 때까지 그곳에서 학생들을 가르쳤다. 이때는 요내의 고문이 이미 천하에 명성을 떨치고 있었기 때문에 그에게 배우기를 청하는 이들이 매우 많았다. 1815년 9월 13일 85세를 일기로 종산서원에서 사망하였다.

요내는 8년간의 관료 생활을 제하고는 일생 동안 독서와 강의, 저술 활동에 종사했으므로 그의 문하에서 이른바 '姚門四弟子(梅曾亮·管同·姚瑩·方東樹)'를 비롯한 많은 제자들이 배출되었다. 이를 통해 동성파의 고문이 淸代 문장의 주류가 될 수 있었다.

2) 문학과 학술 사상

요내는 歸有光-方苞-劉大櫆로 이어지는 동성파의 文脈을 설정하고 그들의 文論을 집대성함으로써 동성파를 실질적인 문파로 자리매김한 인물이다. 그의 문학 이론은 크게 세 가지로 요약할 수 있다. 첫째, 그는 道文合一을 주장하여 文과 道의 상보적 관계를 설정하였다. 〈敦拙堂詩集序〉에서 "무릇 文은 藝術이다. 道와 藝가 합하고 하늘과 사람이 하나가 되는 것이 문장의 지극한 경지이다.〔夫文者藝也 道與藝合 天與人一 則爲文之至〕"라고 하여 문의 독자적 위상을 인정하기는 했으나, 작가의 인품을 문장보다 중시하여 문보다는 도를 우선시하였다.(〈荷塘詩集序〉)

둘째, 유대괴의 神氣說을 계승하여 발전시켰다. 요내는 ≪고문사류찬≫ 서문에서 "문장을 짓는 원리에는 8가지가 있으니, '神'・'理'・'氣'・'味'・'格'・'律'・'聲'・'色'이다. 神・理・氣・味는 문장의 정수이고 格・律・聲・色은 문장의 얼개이다.〔所以爲文者八 曰神理氣味格律聲色 神理氣味者 文之精也 格律聲色者 文之粗也〕"라고 하였다. 이는 유대괴의 '神氣'를 문장의 내용과 풍격에 해당하는 '神・理・氣・味'로, '音節'을 문장의 형식과 수사에 해당하는 '格・律・聲・色'으로 구체화한 것이다. 이 여덟 가지가 무엇을 가리키는지에 대해서는 논자마다 의견이 상이하나, 대체적으로 보자면 '神'은 작가의 정신, '理'는 문장의 의리, '氣'는 문장의 氣勢, '味'는 문장의 風味, '格'은 문장의 體裁, '律'은 문장의 法, '聲'은 문장의 聲調, '色'은 문장의 文彩라고 할 수 있다.

셋째, 역대 문장의 풍격을 크게 陽剛과 陰柔로 구분하고, 이 두 가지 풍격을 겸비할 것을 요구하였다. 그는 문장은 천지의 道인 陰陽剛柔가 드러난 것인데, 양강과 음유의 상호결합에 의해 문장의 풍격이 형성된다고 보았다.(〈復魯絜非書〉) 다만 〈海愚詩鈔序〉에서 "문장이 웅대하고 굳세고 곧은 것이 반드시 온화하고 깊으며 완곡한 것보다 귀하다.〔文之雄偉而勁直者 必貴於溫深而徐婉〕"라고 한 것으로 보건대, 실질적으로는 陽剛美를 陰柔美보다 중시하였다. 요내의 陽剛陰柔說은 역대 문장을 심미적 관점에서 총결한 것으로, 풍격이론으로서 상당한 가치를 지니고 있다.

이러한 요내의 문론은 그가 편선한 ≪고문사류찬≫에 집약되어 있다. 이 책은 秦漢으로부터 淸代의 方苞・劉大櫆에 이르는 고문을 엄선하여, 論辯・序跋・奏議・書說・贈序・詔令・傳狀・碑誌・雜記・箴銘・頌讚・辭賦・哀祭 13가지 문체로 분류한 뒤 문체의 원류를 밝히고 각 문장에 대한 간략한 평어를 단 것이다. 선정 범위가 넓고 분류가 정밀하며 평어가 온당하여 당시에 이미 크게 유행하였다. 분류의 기준과 명칭이 모호하다는 비판을 받기도 하지만, 지금까지도 고문선집의 전범이자 문체 분류의 중요한 표준으로 간주된다.

실제 창작에서, 요내는 귀유광과 방포의 문장을 계승하여 平淡한 문장을 추구하였다.(〈與王鐵夫書〉) 과도한 수사나 기험한 자구를 지양하고 자연스러운 필치를 사용하였는데, 이런 平淡自然한 풍격은 방포의 淸眞古雅한 풍격과 상통하는 것이다.

또한 문장이 간결하면서도 묘사가 생동적이다. 일례로 〈登泰山記〉는 건륭 39년(1774)에 태산에 올라 일출을 감상한 경험을 기술한 글로, 350자 남짓한 편폭에 태산의 웅장한 풍경을 생생하게 묘사하여 동성파 고문의 名篇으로 평가된다. 傳을 지을 때도 인물이 특성이 집약된 일화를 간결하게 기술하였다.

그의 논설문은 논지가 뚜렷하고 근거가 구비되어 매우 설득력이 있다. 일례로 〈郡縣考〉에서는 郡·縣이라는 명칭의 유래와 의미를 관련 전적을 통해 고증하였고, 〈讀孫子〉에서는 ≪孫子≫가 戰國時代에 지어진 위작임을 논증하였다. 이런 글들은 요내가 考證에도 뛰어났음을 잘 보여준다.

학술 방면에서, 요내는 漢學(考證學)을 숭상하는 당시의 학술 풍조를 지엽적인 것이라 비판하고 義理 중심의 宋學(程朱學)을 찬미하였다. 다만 송학에 학문적 기초를 두면서도 이에 대한 맹종을 경계하고 한학의 博覽强記 또한 부분적으로 긍정하여 兩者의 장점을 겸비하고자 하였다.(〈復蔣松如書〉)

더 나아가 요내는 학술이 義理·考證·文章 세 가지를 겸비할 것을 주장하였다. 〈述庵文鈔〉에서 "학문의 일에는 세 가지가 있으니 의리·고증·문장이다.〔學問之事有三端焉曰義理也考證也文章也〕"라고 하였는데, 여기서 '의리'는 정주학, '고증'은 고증학, '문장'은 古文에 해당한다. 그는 한학은 세세한 고증에만 힘써 사상이 결여되고 注疏類의 문장을 사용하는 폐단이 있으며 송학은 문장을 도외시하여 語錄套의 속된 문장을 사용하는 폐단이 있으므로, 의리·고증·문장을 겸비해야만 우수한 古文이 된다고 주장하였다. 이는 문장을 통해 학술과 사상을 아우르려는 것으로, 기실 문장의 범주와 위상을 드높인 것이라 할 수 있다.

3) 姚鼐 文集의 版本과 ≪明淸八大家文鈔≫ 수록 양상

요내는 평생 강학과 저술에 종사하였으므로 많은 저술이 남아 있다. 문집으로는 ≪惜抱軒文集≫ 16권, ≪惜抱軒詩集≫ 10권 등이 있는데, 嘉慶 12년(1807) 從侄 姚原綬이 간행한 본이 대표적이다. 이외에 經學書로 ≪九經說≫ 19권, ≪三傳補注≫ 3권, ≪老子章義≫ 1권, ≪莊子章義≫ 10권 등이 있으며, 編選集으로 ≪古文辭類纂≫ 75권, ≪五七言今體詩鈔≫ 18권 등이 있다.

≪明淸八大家文鈔≫에는 요내의 산문이 총 60편 수록되어, 8인 가운데 가장 많은 비중을 차지한다. 문체별로 나누면 論 6편, 序 11편, 書後를 비롯한 題跋 5편, 贈序 3편, 傳 5편, 記 9편, 書 5편, 贊 2편, 墓表 2편, 墓碣 1편, 墓誌銘 7편, 壽序 2편, 祭文 2편이다.

參考文獻

◇ 원전 자료

- 王文濡 編, ≪明淸八大家文鈔≫, 進步書局, 1915.
- 鄭福照, ≪姚惜抱先生年譜≫, 淸同治七年(1868), 桐城姚濬昌刻本.

◇ 단행본

- 劉大櫆 著, 吳孟復 標點, ≪劉大櫆集≫, 上海古籍出版社, 1990.
- 姚 鼐 著, 劉季高 標校, ≪惜抱軒詩文集≫, 上海古籍出版社, 1992.
- 吳孟復 저, 심경호・김봉희 역, ≪桐城文派述論≫, 태학사, 1998.
- 周中明, ≪姚鼐硏究≫, 安徽大學出版社, 2013.

◇ 논문

- 金慶國, 〈劉大櫆의 ≪論文偶記≫ 解題와 譯註(上)〉, ≪中國語文論譯叢刊≫ 35, 중국어문논역학회, 2014.
- ——, 〈劉大櫆的思想與古文理論硏究〉, ≪중국인문과학≫ 48, 중국인문학회, 2011.
- 張體雲, 〈劉大櫆生平事跡考辨〉, ≪中州學刊≫ 5, 河南省社會科學院, 2013.

◇ 電子文獻 및 Web DB

- 中國基本古籍庫, 黃山書社.

劉海峰文鈔

제3권 劉海峰文鈔

01. 천도 상 天道 上*

*이 글은 하늘의 이치를 논한 세 편의 글 중 첫째 편으로 먼저 하늘은 아무런 知覺이 없다고 전제한다. 그리고 인간의 길흉화복을 하늘이 주재할 수 있는 것이 아니니, 하늘은 구체적인 일을 알아서 간여할 수 없고 그저 무심히 운행할 뿐이라고 하였다.

天道는 대개 渾然하여 앎이 없는 것이니, 옛날 사람들은 그런 줄 알았지만 도리어 이를 이용하여 善을 권면하고 과오를 規制하였다. 그러므로 이 禍福에 대한 말을 하여 우매한 백성들을 警戒하였다. 그러나 하늘을 信憑할 것으로 여기지는 않았다. 하늘이 사람을 몹시 사랑한다고 한다면, 百穀을 내어 먹고 살게 해놓고서 또 해충을 내어 곡식을 해치게 하며, 닭과 돼지를 내어놓고서 또 이리와 범을 내어놓는다. 명주와 모시를 내어 옷을 지어 입게 하고 文梓·豫章[1]과 같은 좋은 목재들을 내어 궁실을 짓게 하니, 사랑한다고 하지 않을 수 있겠는가? 참새와 쥐를 내어 창고의 곡식을 축내게 하고 모기·등에·벼룩·이 등을 내어 잠자리를 불안하게 하니, 사랑한다고 할 수 있겠는가? 좋은 구슬을 부숴 자갈을 만들고 검은색을 높여 붉은색이라 한단 말인가? 노둔한 말을 몰아 천리를 달리게 하고 천리마는 소금수레를 끌게 한단 말인가?[2] 藜藿[3]을 넣고 끓인 죽조차 제대로 먹지 못한 이는 顔回와 原憲[4]이거늘 馬醫와 灑削[5]같이 하찮은 사람들은 늘 넉넉하게 살도록 한단

1) 文梓·豫章 : 가래나무와 녹나무로, 집을 짓는 데 쓰이는 좋은 목재들이다. 豫章은 豫樟과 같다. ≪戰國策≫ 32권 〈宋衛〉에 "형 땅에는 장송·문재·편·남·예장이 있다〔荊有長松文梓楩枏豫樟〕"라 하였다.

2) 천리마는……말인가 : 춘추시대 楚나라 汗明이 春申君에게 "천리마에 대해서 들어보았습니까? 늙은 천리마가 소금 수레를 끌고 太行山(태항산)을 오르는데, 발굽은 갈라지고 무릎은 꺾이고, 꼬리는 해지고 가죽은 문드러져서 온몸에 땀을 쏟으며 산길에서 온 힘을 다하지만 올라가지 못하고 있었습니다. 이에 말을 잘 감정하는 伯樂이 이 꼴을 보고 수레에서 내려 천리마를 어루만지며 통곡하고 옷을 벗어 걸쳐주었습니다. 천리마가 이에 머리를 들고 슬프게 부르짖으니, 울음소리가 하늘을 찌르는데 마치 쇳소리와 같은 것은 어째서이겠습니까? 이는 백락이 자기를 알아주었기 때문입니다."라 하였다.(≪戰國策≫ 〈楚策〉)

3) 藜藿 : 명아주 잎과 콩잎으로 貧窮한 사람이 먹는 매우 거친 음식을 뜻하는 말이다.

말인가? 鄧攸는 後嗣가 없거늘[6] 다섯 아들을 登徒에게 있게 한단 말인가?[7] 물도 진실로 적실 수 없는 것이 있으며, 불도 진실로 말릴 수 없는 것이 있으니, 사람에도 진실로 알 수 없는 일이 있으며 하늘에도 진실로 이해할 수 없는 일이 있다.

天道蓋渾然無知者也니 昔之人이 知其然이로되 顧以爲勸善而規過라 故爲是殃慶之云하여 以警愚昧라 然不以爲憑也라 謂天之愛人이 甚矣인댄 生百穀以養之也요 而又生之螟螣以害之하며 生之雞豚焉이요 而又生之豺虎焉라 生之絲枲하여 以爲之衣하고 生之文梓豫章하여 以爲之宮室하니 可不謂愛之乎아 生之雀鼠하여 以耗其囷倉하고 生之蝨蝱蚤蝨하여 以危其寢寐하니 可謂愛之乎아 毁璣以〔爲〕[8]礫하고 而崇墨以爲朱乎아 駑駑駘使馳千里하고 而騏驥服鹽車乎아 藜藿不糝者回憲이어늘 而馬醫灑削을 長使之有餘乎아 鄧攸其無嗣어늘 而五子乃在登徒乎아 水固有不能溼하며 火固有不能燥也니 人固有不可知하며 天固有不可曉也로다

조상에게 공로가 있었더라도 그 공로를 든든히 믿을 수 있겠는가? 선조에게 덕행이 있었더라도 그 덕행이 영영 없어지지 않겠는가? 죽과 미음을 끓여 굶주린 사람에게 먹이고 자기는 장차 굶주림에 울고, 솜과 삼베를 나눠주어 추위에 떠는 사람에게 옷을 지어 입게 해놓고 자기는 장차 추위에 울부짖는단 말인가? 도둑이 사당에 모신 塑像의 배를 갈라도 神明은 그 사람에게 벌을 주지 못하며, 죽은 사람의 무덤을 파내어도 귀신은 그 사람을 해치지 못한단 말인가? 國門 밖에서 길 가는 사람

4) 顔回와 原憲 : 孔子의 제자들로 學德은 뛰어났으나 매우 가난하게 살았다.
5) 馬醫와 灑削 : 馬醫는 말의 병을 치료하는 수의사이고, 灑削은 숫돌에 물을 뿌리고 칼을 가는 일을 하는 사람이다. ≪漢書≫ 〈貨殖傳〉에 "張里는 마의로서 귀족과 같이 호화호식하였다.〔張里馬醫而擊鍾〕"라 하였고, ≪史記≫ 〈貨殖列傳〉에 "쇄삭은 하찮은 재주인데도 郅氏는 귀족과 같이 호화호식하였다.〔灑削薄技也 而郅氏鼎食〕"라 하였다.
6) 鄧攸는……없거늘 : 晉나라 때 사람으로 河東太守로 있을 때 石勒의 亂이 일어나 아내와 함께 자기 자식과 동생의 자식을 데리고 도망하는 도중에 여러 차례 도적을 만나 두 아이를 모두 데리고 가기는 어려운 상황이 되자, 자기 아들을 버리고 일찍 죽은 동생의 아들을 데리고 가서 살렸다. 뒤에 벼슬이 尙書左僕射에 이르러 죽었으나 끝내 후사가 없자, 당시 사람들이 슬퍼하여 "하늘이 무심하여 鄧伯道로 하여금 아들을 못 두게 하였다."라 하였다. 伯道는 등유의 자이다.(≪晉書≫ 권90 〈鄧攸列傳〉)
7) 다섯……말인가 : 登徒는 宋玉의 〈登徒子好色賦〉에 나오는 登徒子로 여색을 좋아하여 美醜를 가리지 않는 사람이다. 〈등도자호색부〉에 "아내가 봉두난발에 쪽박귀이고 언청이에 듬성듬성한 치아인데다 옴과 치질이 있는데도 등도자가 좋아하여 다섯 아들을 낳게 하였다.〔其妻蓬頭攣耳 齞脣歷齒 又疥且痔 登徒子悅之 使有五子〕"라 하였다.
8) 〔爲〕 : 저본에는 '爲'가 없으나, ≪海峰先生文集≫에 의거하여 보충하였다.

을 막아 강도질을 한 자는 죄를 받게 하거늘 탐욕을 마음껏 부리는 자들은 대대로 관직을 지키게 한단 말인가? 큰 발자국 아래에 개미는 혹 죽지만 사람은 아랑곳하지 않고, 큰 흉년 아래에 사람들은 많이 죽지만 하늘은 불쌍히 여기지 않는다.

祖有功矣나 而功可恃乎아 宗有德矣나 而德不刊乎아 爲粥糜以食餓者하고 而已且啼飢하며 分縕纊以衣凍夫하고 而已且號寒乎아 刳像設之腸이어늘 而神不能加之罰하며 掘陳人之冢이어늘 而鬼不能肆其殘乎아 禦人於國門之外는 使之抵罪어늘 而貪惏(람)以逞者世守其官乎아 大武之下에 蟻或亡矣나 而人不顧也요 大祲之下에 人多斃矣나 而天不憐也니라

저 푸른 것은 氣가 쌓인 것인가? 저 높은 것은 흙덩이가 쌓인 것인가? 저 만물이 그 사이에서 나고 죽음에 또한 나고 싶어서 나고 죽고 싶어서 죽는 것이 있는가? 나는 것은 절로 나니 하늘은 필경 그 나는 까닭을 알지 못하며, 죽는 것은 절로 죽으니 하늘이 필경 그 죽는 까닭을 알지 못하는 것이 아니겠는가? 귀한 자는 절로 귀하니 하늘이 그 귀한 줄을 알지 못하며, 천한 자는 절로 천하니 하늘이 그 천한 줄을 알지 못하는 것이 아니겠는가?

彼蒼蒼者는 其積氣邪아 彼隆隆者는 其積塊邪아 彼物之生且死於其間也에 其亦有欲其生而生하며 欲其死而死者邪아 其無乃生者自生而天究不知其所以生하며 死者自死而天究不知其所以死邪아 貴者自貴而天不知其貴하며 賤者自賤而天不知其賤邪아

하늘과 땅, 해와 별, 산과 시내, 사람과 동식물들이 서로 우주 안에 서로 뒤엉켜 있다가 마침 높은 것이 되는 機用을 만나면 높아지고 마침 낮은 것이 되는 기용을 만나면 낮아지는 것이다. 밝음이 있으면 반드시 어둠이 있으며, 융성함이 있으면 반드시 衰替함이 있으며, 興起함이 있으면 반드시 殘廢함이 있다. 吉은 하나뿐이고, 凶・悔・吝은 셋이다.[9] 日食이 있을 때 하늘이 일식이 일어나지 않게 할 수 없으며, 별이 떨어질 때 하늘이 떨어지지 않게 할 수 없다. 우연히 붕괴하거늘 하늘에 붕괴하게 하며, 우연히 고갈하거늘 하늘이 고갈하게 하는 것이니, 저 하늘은 자기 과오를 고칠 겨를도 없는데, 또 어느 겨를에 사람의 窮通과 壽夭를 결정할 수

9) 吉은……셋이다 : ≪周易≫ 〈繫辭傳〉에 "吉・凶・悔・吝은 動에서 생기는 것이다.〔吉凶悔吝 生乎動者也〕"라 하였다.

있겠는가? 나는 그러므로 "天道는 대개 渾然하여 앎이 없는 것이다."라 하노라.

天地也와 日星也와 山川也와 人物也가 相與回薄於宇宙之間하여 適會其高者機也而高矣요 適會其下者機也而下矣라 有明則必有晦也며 有隆則必有替也며 有興則必有廢也라 吉一而凶悔吝三也라 日之食也에 天不能使其不食也요 星之隕也에 天不能使其不隕也요 其偶而崩也어늘 而天與之爲崩하며 其偶而竭也어늘 而天與之爲竭하니 夫天은 方自救其過之不遑이어니 而又奚暇以爲人之窮通壽夭邪아 吾故曰 天道蓋渾然無知者也라하노라

【論評】

이 글은 ≪莊子≫와 〈離騷〉를 합하여 하나로 만들고자 한 것이니, 전면의 哀怨하는 소리는 〈天問〉·〈卜居〉10)를 이을 만하고, 후면의 灑落하고 曠逸한 필치는 또 南華의 咳唾11)와 매우 흡사하다.

此文은 欲合莊騷而一之하니 前面哀怨之音은 可續天問卜居요 後面揮灑曠逸은 又渾似南華咳唾로다

10) 天問·卜居 : 〈離騷〉와 마찬가지로 屈原이 지은 글이다. 모두 ≪楚辭≫에 있다.

11) 南華의 咳唾 : 南華는 南華眞人의 약칭으로 莊子를 말한다. 咳唾는 ≪莊子≫ 〈秋水〉에 "그대는 저 침을 뱉는 것을 보지 못했는가. 침을 뱉을 때 침방울이 큰 것은 구슬과 같고, 작은 것들은 안개와 같아서 그 뒤섞여 내리는 것을 이루 다 셀 수가 없다.〔子不見夫唾者乎 噴則大者如珠 小者如霧 雜而下者 不可勝數也〕"라 한 데서 온 말로, 뛰어난 문장을 비유하는 말로 쓰인다.

02. 천도 중　天道 中*

*이 편에서는 하늘은 곧 사람의 마음이라고 역설한다. 즉 하늘은 당연한 이치요 사람 마음의 양심이니, 이 양심을 따르는 것이 하늘의 뜻을 따르는 것이요 양심을 어기고 부끄러워할 줄 모르는 것은 금수와 같다고 하였다.

하늘은 渾然하여 앎이 없다고 한다면, 장차 자기 몸을 더럽히기라도 할 듯이 善을 피하고 마치 치달리는 말처럼 不善으로 달려가 禍福이 절로 이르도록 내맡겨 둘 것인가. 이는 또 그렇지 않다.

謂天之渾然無知인댄 **則將避善如浼**하며 **趨不善如騖**하여 **一任殃慶之自至乎**아 **是又不然**이라

저 앞에서 말한 天道는 앎이 없다는 것은 단지 하늘의 뜻이 아직 결정되지 못한 것일 뿐이니, 군자는 常道를 말하는 법이다. 하늘은 그윽하고 심후하여 만물에 있어 맑은 것, 탁한 것, 신령한 것, 몽매한 것들을 善惡에 구별 없이 하나도 생겨나게 하지 않음이 없으니, 이는 부모가 자식에 있어 지혜롭거나 우매하거나 어질거나 못났거나를 구별하지 않고 한 사람도 사랑하지 않음이 없는 것과 같다. 聖人이란 이가 있어 天地를 위해 마음을 세운다. 이에 비로소 선한 자에게 상을 주고 악한 자에게 벌을 주는 權柄을 가지고서 하늘을 위해 부족한 바를 보조하는 것이다.

夫所謂天道無知는 **此特天之未定者也**니 **君子道其常**이라 **天穆然而深厚**하여 **其於物也**에 **清者濁者靈者蠢者**를 **無分於善惡**하여 **無一物而不生也**하니 **猶父母之於子也**에 **無分於智愚賢不肖**하여 **無一人而不愛也**라 **有聖人者爲天地立心**이라 **於是**에 **始有賞善罰惡之權**하여 **以爲天補其所不足**이라

저 이른바 하늘이란 것은 무엇인가? 마땅히 그러한 것일 따름이다. 運數는 비록 알 수 없으나 하늘의 마땅히 그러한 것은 알지 못할 게 없다. 선한 일을 해도 반드시 모두 하늘이 복을 내리는 것은 아니지만 선하면 복을 받는 것이 마땅하고, 不善한 짓을 하더라도 반드시 모두 하늘이 殃禍를 내리는 것은 아니지만 불선하면 앙화를 받는 것

이 마땅하다. 사람은 그래도 소통할 수 있는 감정이 있지만 하늘은 一定한 이치로 규제하니, 봄이면 어김없이 살리고 가을이면 어김없이 죽인다. 저 皐陶(고요)가 士가 되었을 경우에도 또한 이와 같이 할 따름이었을 것이다.[1] 초목이 봄을 만나서도 시들어 죽는 경우가 있으나 하늘이 살리는 뜻은 진실로 바뀐 적이 없으며, 또한 가을에 이르러도 꽃과 열매가 있는 경우가 있으나 하늘이 죽이는 것이 바야흐로 그 뒤를 따른다.

夫所謂天者는 **何哉**오 **宜然而已矣**니 **數雖不可知**나 **而天之宜然者**는 **無不可知**라 **作善不必皆降祥**이로되 **而善則宜其祥**이요 **作不善不必皆降殃**이로되 **而不善則宜其殃**이라 **人猶有情之可通**이나 **而天者執一定以相繩**하나니 **春則必生**하고 **秋則必殺**이라 **彼皐陶之爲士**도 **亦若是而已**라 **草木有當春而萎死者**나 **而天所以生之之意**는 **固未有改也**요 **亦有至秋而華實者**나 **而天之殺之**는 **方隨其後也**라

저 鳥獸는 앎이 없으므로 부자가 암컷을 공유하여[2] 비록 무리들이 보고 무리들이 듣는 곳일지라도 아무렇지 않게 여겨 부끄러워할 줄 모르지만, 사람으로서 금수와 같은 짓을 하는 자는 반드시 사람이 없는 으슥한 곳에서 하고 남이 알면 부끄럽게 여긴다. 그러므로 사람이 不善한 짓을 할 경우에는 남을 속일 수 있어도 자기 마음을 속일 수 없으니, 자기 마음을 속일 수 없고 보면 하늘을 속일 수 없다. 하늘이란 무엇인가? 나의 마음일 따름이다.

夫鳥獸는 **惟無知**라 **故父子聚麀**하여 **雖當衆睹衆聞之地**하여도 **而恬不知愧**어니와 **人之鳥獸行者**는 **必在幽暗無人之中**하고 **其知之則以爲恥**라 **故人之爲不善**은 **可以欺人**이요 **而不可以欺己之心**이니 **不可以欺心**이면 **則不可以欺天**이라 **天者何也**오 **吾之心而已矣**라

지금 저 사납고 교활한 백성이 때를 틈타 지위를 훔치고서 임금의 총애를 믿고 위세를 부리고 맘껏 재물을 긁어모으면서 자기와 견해가 조금 다른 사람이 있으면

1) 皐陶(고요)가……것이다 : 皐陶는 舜임금 때의 士, 즉 법관이다. 桃應이 孟子에게 묻기를, "舜이 천자가 되고 고요가 士가 되었을 경우, 만약 瞽瞍가 살인하였다면 고요는 어떻게 하겠습니까?"라 하니, 맹자가 대답하기를, "법을 집행할 따름이다."라 하였다. 즉 고요가 법관으로서 私心을 두지 않아 죄가 없는 사람을 살리고 죄가 있는 사람을 처벌하는 것이 하늘이 사사로운 감정 없이 일정한 이치로 만물을 살리고 죽이는 것과 같다는 말이다.(≪孟子≫ 〈盡心 上〉)

2) 저……공유하여 : ≪禮記≫ 〈曲禮 上〉에 "금수는 禮가 없다. 그러므로 부자간에 암컷을 공유한다.〔夫唯禽獸無禮 故父子聚麀〕"라 하였다.

축출하고 심할 경우에는 그 사람의 종족을 다 도륙하기도 하니, 또한 몹시 잔혹하고 각박하다. 그런데도 康寧하고 장수하여 일생을 잘 마친 자를 이루 다 헤아릴 수 없다. 저들의 그 마음이 이를 보고서 당연하다고 여기는 것이 鳥獸가 암컷을 공유하는 것과 다를 바가 없으니, 저들이 조수가 하는 짓을 스스로 하면 하늘도 저들을 조수로 대우해 기를 따름이다.

今夫傑猾之民이 乘時竊位하여 怙寵立威하고 黷貨無厭하여 其有稍異於己則黜之하고 甚則夷滅其宗族하니 慘覈亦至矣나 而康寧壽考令終者를 不可勝數라 彼其心見以爲當然이 與鳥獸之聚麀者無以異也니 彼以鳥獸自爲면 則天亦以鳥獸畜之而已라

士君子는 闕失이 있으면 밤낮으로 마음속에 자책하면서 편안하지 못하니, 하늘의 誅罰은 피할 수 있을지언정 내 마음의 주벌은 피하지 못한다. 하늘의 주벌은 이르는 때도 있고 혹 이르지 않을 때도 있지만 내 마음의 주벌은 자나 깨나 누우나 일어나나 한 때도 내 곁을 떠난 적이 없으니, 장차 어떻게 감내하리오. 그러므로 밤낮으로 마음속에 자책하면서 편안하지 못하니, 富・壽・康寧[3)]이 떠나는 바이다. 그리고 조정의 법은 알고서 죄를 범하면 죄가 한 등급 가중되니, 천지가 비록 크고 귀신은 비록 幽暗하다 할지라도 또한 이와 같이 할 따름이다. 뜻 있는 선비가 장차 어느 쪽을 따를 것인가.

士君子有闕이어든 蚤夜負疚於心而不寧하니 能逃天之誅언정 不能逃吾心之誅라 天之誅는 有時至하고 卽有時不至어니와 吾心之誅는 寤寐寢興에 無一時去於吾之側也하니 而將何以堪之리오 故夫蚤夜負疚於心而不寧하니 富壽康寧之所去也라 且夫朝廷之法은 知而犯之면 則罪加一等이니 天地雖大요 鬼神雖幽나 亦若是則已矣라 有志之士가 其將何從焉고

【論評】

천도는 아득하여 멀지만 도리어 채찍질하여 내면으로 향하면 곧 내 마음의 당연한 이치라고 했으니, 말한 내용이 몹시 두려워할 만하다.

天道渺茫悠遠하되 却鞭辟向裏면 卽吾心理之當然이니 說得十分可畏로다

3) 富・壽・康寧 : 사람의 五福 중 세 가지이다. ≪書經≫ 〈周書 洪範〉에 "아홉번째 五福은 첫째는 壽이고, 둘째는 富이고, 셋째는 康寧이고, 넷째는 덕을 좋아함이고, 다섯번째는 考終命이다.〔九五福 一曰壽 二曰富 三曰康寧 四曰攸好德 五曰考終命〕"라 하였다.

03. 천도 하　天道 下*

* 上古時代에는 하늘이 그 권능을 지켜서 天道가 제대로 운행이 되었는데 후대에 와서는 하늘이 그 권능을 지키지 못하고 땅에게 넘겨주었기 때문에 천도에 어긋난 일들을 많이 벌어진다. 따라서 선한 사람에게 福을 악한 사람에게 禍를 주는 이치가 맞지 않은 경우가 많다. 그러나 사람은 그 報應이 어떠한가를 염두에 두지 말고 사람으로서 당연히 해야 할 도리로서 善을 실천해야 한다.

善을 쌓은 집은 반드시 남은 경사가 있고 不善을 쌓은 집은 반드시 남은 殃禍가 있다는 것은 〈文言〉의 말이다.[1] 〈문언〉의 말을 歐陽子는 孔子의 말이 아니라 하였다.[2] 선한 일을 하면 온갖 복을 내리고 불선한 짓을 하면 온갖 재앙을 내린다는 것은 ≪古文尙書≫의 말이다.[3] ≪고문상서≫의 말을 儒者는 본래 ≪尙書≫의 말이 아니라고 한다. 南宮适이 말하기를 "羿(예)와 奡(오)는 제 命에 죽지 못했는데 禹와 稷은 마침내 천하를 소유하였습니다."라고 했는데 孔子가 대답하지 않았으니,[4] 대답하지 않은 것은 무엇 때문인가?

대개 하늘은 무심하니, 禍와 福은 우연히 사람에게 맞을 뿐이고 사람의 선과 불선에 대해 반드시 과연 그 부류대로 報應하는 것은 아니기 때문이다. 그러므로 남궁괄의 말을 그렇지 않다고 하면 어떻게 천하 사람들을 권면하여 우와 직 같은 사람이 되게 하고 예와 오 같은 사람이 된 자들을 懲戒할 것이며, 남궁괄의 말을 옳

---

1) 善을……말이다 : ≪周易≫ 坤卦 〈文言〉에 보인다.

2) 문언의……하였다 : 歐陽子는 唐宋八大家의 한 사람인 歐陽脩를 가리킨다. 종래 孔子의 저술로 공인했는데, 구양수가 처음으로 ≪周易≫의 〈文言〉, 〈繫辭〉, 〈說卦〉 등의 글들이 모두 孔子의 저작이 아니라고 주장하였다.(≪歐陽文忠集≫ 권78 〈易童子問〉)

3) 선한……말이다 : ≪書經≫ 〈商書 伊訓〉에 보인다. 현재의 〈伊訓〉은 ≪古文尙書≫에만 있다.

4) 南宮适이……않았으니 : "南宮适이 孔子에게 묻기를 '羿는 활을 잘 쏘았고, 奡는 힘이 세어 육지에서 배를 끌고 다녔지만, 모두 제 명에 죽지 못하였습니다. 그러나 禹와 稷은 몸소 농사를 지었는데도 천하를 소유하였습니다.'라 하니, 공자가 대답하지 않았다. 남궁괄이 밖으로 나가자, 공자가 말하기를, '군자로다, 이 사람이여! 덕을 숭상하도다. 이 사람이여!'라 하였다.〔南宮适問於孔子曰 羿善射 奡盪舟 俱不得其死 然禹稷躬稼而有天下 夫子不答 南宮适出 子曰 君子哉若人 尙德哉若人〕"(≪論語≫ 〈憲問〉)

다고 하면 또 예와 오 같은 사람이 되고도 제 명에 죽고 우와 직 같은 사람이 되고도 마침내 천하를 소유하지 못하는 것을 어떻게 해명하리오. 이는 그 까닭을 모두 말할 수 없다. 말할 수 없고 보면, 또한 말하지 않는 것으로써 말할 따름이다.

積善之家는 **必有餘慶**하고 **積不善之家**는 **必有餘殃**은 **文言之言也**라 **文言之言**을 **歐陽子不以爲孔子之言也**라 **作善**이어든 **降之百祥**하고 **作不善**이어든 **降之百殃**은 **古文之言也**라 **古文之言**을 **儒者不以爲尙書之言也**라 **南宮适曰 羿奡**는 **不得其死**어늘 **禹稷**은 **終有天下**라한대 **而孔子不答**하시니 **其不答**은 **何也**오 **蓋以天無心也**니 **其禍福偶中之於人**이요 **而於其人之善不善**에 **未必果以類應也**라 **故謂适之言爲不然**이면 **則何以勸天下之爲禹稷而懲其爲羿奡者**며 **謂适之言爲然**이면 **則又何以解夫爲羿奡而得其死**하며 **爲禹稷而究不有天下者**리오 **此其故皆不可言也**라 **不可言則亦以不言者言之而已**라

옛날의 聖人은 '내가 살아서 사람이 되었고 보면 善은 마땅히 해야 할 바이니, 마땅히 해야 할 것을 할 따름이다.'라 생각하고 복이 오는 것은 염두에 두지 않았으며, '不善은 마땅히 하지 않아야 할 바이니, 마땅히 하지 않아야 할 것을 하지 않을 따름이다.'라 생각하고 殃禍가 오는 것은 염두에 두지 않았다. 선한 일을 하면 진실로 복을 받는 것이 당연하나 복이 오지 않더라도 선한 일을 한 마음은 매우 흡족하니, 반드시 복을 받는다고 생각하는 것은 어리석다. 불선한 짓을 하면 진실로 앙화를 받는 것이 당연하나 앙화가 오지 않더라도 불선한 짓을 하면 그 사실을 숨기기 어려우니, 반드시 앙화를 받는다고 생각하는 것은 망령되다.

古之聖人은 **以爲吾生而爲人**이면 **善**은 **所當爲也**니 **當爲者**를 **爲之而已**요 **不計其慶之至也**라 **不善**은 **所不當爲也**니 **不當爲者**를 **不爲而已**요 **不計其殃之至也**라 **爲善**이면 **固宜其慶也**나 **慶不至**라도 **而爲善之心則甚慊也**니 **而謂其必有慶者愚也**요 **爲不善**은 **固宜其殃也**라 **殃不至**라도 **而爲不善之事則難掩也**니 **而謂其必有殃者妄也**라

孔子・孟子가 사람들에게 善을 할 것을 가르치고 不善을 하는 것을 금지한 것이 많지, 禍福으로 사람을 유인했다는 말은 듣지 못했으니, 선을 하는지 불선을 하는지는 알 수 있지만 화복은 알 수 없다. 하는 자는 나이고 화를 주고 복을 주는 것은 하늘이다. 나는 스스로 노력할 수 있지만 하늘은 여기에 어찌 마음을 써서 개

입할 수 있으리오.

孔子孟子之於人에 **其所以教其爲善而禁其爲不善者多矣**요 **而未聞有以禍福誘之者**하니 **爲善〔爲〕**[5]**不善**은 **可知也**로되 **而禍福則不可知也**라 **爲之者我也**요 **禍之福之者天也**라 **我則自勉之**니 **而天何容心焉**이리오

비록 그렇지만 일찍이 의심해보건대, 三代 이상 때는 道가 한 곳에서 나왔다. 그러므로 하늘을 믿을 수 있었고, 삼대 이하 때는 도가 두 곳에서 나왔다. 그러므로 하늘을 알 수 없었으니, 믿을 수 있는 경우에는 하늘에 도가 있고 믿을 수 없는 경우에는 하늘에 도가 없다. 하늘에 도가 있으면 道德·仁義가 부귀·영달과 늘 합치하고 천하에 도가 없으면 부귀·영달이 도덕·인의와 늘 분리된다. 이런 까닭에 衰亂한 세상에는 顯達하여 윗자리에 있는 사람은 반드시 행실이 바르지 못하고 비리를 자행하는 자들 중에서 나오고, 修身하여 행실을 바로 세우는 사람은 반드시 빈궁하게 살고 미천한 신분에 머물고 만다.

삼대 이상은 堯·舜·禹·湯·文王·武王, 이 같은 이들이 반드시 일어나 임금이 되었고, 稷·契, 益·伊尹, 周公 旦·召公 奭, 이 같은 이들이 반드시 일어나 재상이 되었으며, 아래로 내려와서는 작은 善, 한 가지 기예의 장점이라도 있는 사람에 이르러서도 일어나 下部의 각종 관직에 있지 않는 이들이 없었다.

그런데 周나라가 쇠미해질 때에 이르러서 孔子, 孟子가 출생하였으나 천하의 형세가 변하였다. 그래서 賢能한 사람은 아래에 엎드려 숨고 不肖한 자들은 위에서 방자하게 구니, 간사한 속임수를 부려 교활하고 어질지 못하며 위세를 믿고 설쳐 아무런 거리낌이 없다. 물산은 소진했는데 苑囿[6]는 사치하고 호화롭게 만들고 민력은 고갈했는데 사냥과 遊樂은 끝이 없으니, 피부를 물어뜯어 피를 빠는 것은 그 주둥이가 모기나 등에보다 날카롭거늘 임금은 깊은 궁궐에 높이 앉아서 교만하게 자신을 堯舜이라 여긴다. 이러한 때에 천하 사람들은 이익을 쫓아가는 것은 달리는 말과 같이 빠르고 권세에 달려가는 것은 자기 집에 돌아가는 양 편안히 여기니, 인의가 있는 줄 어찌 알리오. 지위에 있는 것을 귀하게 여기니, 어찌 염치가 있다

5)〔爲〕: 저본에는 '爲'가 없으나, ≪海峰先生文集≫에 의거하여 보충하였다.
6) 苑囿 : 고대에 짐승을 길러놓고 임금이 사냥하며 놀 수 있도록 만든 園林이다.

는 것을 알리오. 그리하여 쌀밥을 먹는 맛이 좋은 줄만 아니, 아득한 천지에 누가 禍福의 문, 勝負와 成敗가 나뉘는 분기점을 알리오.

雖然이나 嘗竊疑之컨대 三代以上은 道出於一이라 故其天可信이요 三代(於)〔以〕[7]下는 道出於二라 故其天不可知니 可信者는 天之有道也요 不可知者는 天之無道也라 天下有道면 則道德仁義與富貴顯榮常合하며 天下無道면 則富貴顯榮與道德仁義常分이라 是故로 衰亂之世는 其達而在上則必出於放辟邪侈하고 其修身植行則必至於貧賤憂戚이라 三代而上은 曰堯曰舜曰禹曰湯曰文武若是者가 必起而爲君하고 曰稷契曰益尹曰旦奭若是者가 必起而爲相이요 降而至於小善一藝之長하여도 莫不起而在庶司百職之任이러니 及至周衰하여 孔子孟子之生이나 而天下之勢變矣라 賢能者竄伏於下하고 而不肖者恣睢於上하니 智詐自騁에 頡滑不仁하고 怙勢襲威하여 無所顧藉라 物産靡敝而苑囿崇侈하며 民力竭塞而畋遊無度하니 啗膚咂血은 其鋒銳於蝨蝱이어늘 而深居高拱하여 憪然自以爲堯舜焉이라 當是時하여 天下之人이 趨利如鶩하며 走勢如歸어니 安知有仁義리오 以居其位之爲貴어니 安知有廉恥리오 以食其糈之爲美어니 茫茫乎大造에 夫孰知禍福之門勝負成敗之所分이리오

그러므로 삼대 이하에는 윗사람이 백성에 대해 명색은 다스린다고 하지면 사실은 어지럽히고 하늘이 사람에 대해 명색은 살린다고 하지만 사실은 죽인다. 이와 같은 것은 어째서인가? 하늘이 이때에 이르러서는 자기 권능을 스스로 지키지 못하여 그 권능을 땅에게 주고 말았기 때문이다. 땅이란 것은 이쪽이 왕성하면 저쪽이 衰微하며 동쪽이 쇠퇴하면 서쪽이 융성하여 만물이 순환하여 생기고 번갈아 나오면서 상호 消長하여 가까운 데로부터 먼 데에 이르고 가운데로부터 밖에 이르는 것이다.

故夫三代以下는 其上之於民에 名爲治之나 而其實亂之요 其天之於人에 名爲生之나 而其實殺之也라 若是者何也오 天至是不能自司其權하여 而以其權授之於地也라 地也者는 此盛則彼衰하며 東替則西隆하여 環生迭出에 互爲乘除하여 自近以至遠하며 由中以達外者也라

저 하늘은 선한 사람에게 복을 주고 淫亂한 사람에게 禍를 주는 것을 정도로 삼는다. 그러나 땅이 흥성할 때를 만나서는 음란하면서 복을 받는 자가 늘 있거늘

7) (於)〔以〕: 저본에는 '於'로 되어 있으나, ≪海峰先生文集≫에 의거하여 '以'로 바로잡았다.

하늘이 화를 주지 못하며, 땅이 쇠퇴할 때를 만나서는 선하면서 화를 받는 자가 늘 있거늘 하늘이 복을 주지 못한다. 대개 땅이 바야흐로 흥성할 때는 强大한 자가 그 사이에서 나오는데, 천하에 道가 있으면 땅의 강대한 자들이 모두 덕 있고 어질며 천하에 도가 없으면 땅의 강대한 자들이 모두 덕 없고 不肖하다. 그러므로 세상이 잘 다스려질 때는 강대한 자들이 어질고 덕 있는 이를 붙좇아 함께 행동하고 세상이 어지러울 때는 어질고 덕 있는 이들이 강대한 자들과 떨어져서 홀로 선다.

夫天은 **以福善禍淫爲其道**나 **然而地値其興隆**하여는 **則淫而得福者其恒**이어늘 **天不得而禍之也**며 **地値其歇絶**하여는 **則善而得禍者其恒**이어늘 **天不得而福之也**라 **蓋地之方興則强大者皆出於其間**하니 **而天下有道則其地之强大者皆有德而賢**하며 **天下無道則其地之强大者皆無德而不肖**라 **故世治則强大附麗於賢德以俱行**하며 **世亂則賢德別離於强大而獨立**이라

이런 까닭으로 漢 高帝가 흥기하면 蕭何[8)]·曹參[9)]·樊噲[10)]·盧綰[11)] 등이 따라서 함께 흥기하였고 明 太祖가 奮起하면 徐達[12)]·常遇春[13)]·李文忠[14)]·鄧愈[15)] 등

8) 蕭何 : 漢 高祖 劉邦을 도와 漢나라를 건국하는 데 중요한 역할을 한 개국공신이다. 項羽와 전쟁할 때 군수 물자를 안정적으로 공급하고 명장 韓信을 추천하여 전쟁을 승리로 이끄는 데 결정적인 역할을 하였다. 酇侯에 봉해졌고 시호는 文終이다.(≪史記≫ 권53 〈蕭相國世家〉)

9) 曹參 : 漢나라 沛郡 사람으로, 蕭何와 함께 漢 高祖 劉邦를 도와 建成侯에 봉해졌다. 천하가 평정된 뒤에는 平陽侯에 봉해졌다. 소하의 뒤를 이어 한나라 재상이 되었다.(≪史記≫ 권54 〈曹相國世家〉)

10) 樊噲 : 漢나라 沛縣 사람으로 개를 잡는 백정 일을 하다가 劉邦을 따라 군사를 일으켜 전공을 많이 세웠다. 鴻門의 모임에서 范增이 유방을 죽이려고 할 때 유방을 탈출시키는 데 큰 공을 세웠다. 벼슬이 左丞相에 이르고 舞陽侯에 봉해졌다.(≪史記≫ 권94 〈樊噲傳〉)

11) 盧綰 : 漢 高祖 劉邦과 한 동네에서 한날 태어나 가깝게 지낸 사람이다. 한 고조를 따라 천하를 통일하고 燕王에 봉해졌다. 후에 劉氏가 아닌 제후들이 차례로 제거되자 漢나라를 배반하고 흉노로 망명하여 東胡盧王이 되었다.(≪史記≫ 권93 〈盧綰列傳〉)

12) 徐達 : 明 太祖 朱元璋을 따라 擧兵하여 개국공신이 되었다. 征虜大將軍으로 군대를 이끌고 천하를 평정하여 명나라 건국의 일등 공신이 되었다. 벼슬이 中書右丞相에 이르렀고 魏國公에 봉해졌으며, 사후에 中山王에 追封되었다.(≪明史≫ 권125 〈徐達列傳〉)

13) 常遇春 : 明나라 초기의 명장으로 개국공신이다. 元나라 말기에 朱元璋의 군대에 들어가 陳友諒, 張士誠 등 적장들을 항복시켜 큰 공을 세우고, 徐達과 함께 북벌하여 원나라를 멸망시켰다. 鄂國公에 봉해졌다.

14) 李文忠 : 明 太祖 朱元璋의 조카로 명장이며 모사이다. 역시 개국공신이다. 明나라 건국 후에도 이문충은 여러 차례 군사를 이끌고 元나라 잔병을 토벌하여 혁혁한 전공을 세워 曹國公에 봉해졌다. 사후에 岐陽王에 책봉되었고, 시호는 武靖이다.

15) 鄧愈 : 明나라 개국공신으로, 16세에 병력을 이끌고 元나라에 항거하다가 만여 명의 군사를 이끌고 朱元璋에게 투항하였고, 원나라 군사를 격파하여 많은 전공을 세웠다. 사후에 寧河

이 따라서 분기하였으니, 소하·조참 등의 사람들이 어찌 仁德을 쌓아서 제후나 將相이 되기에 마땅한 이들이겠는가. 道가 있는 세상을 만나 하늘이 땅과 함께 명령을 장악하면 성인이 그 가운데 있으면서 하늘을 보필하여 여유가 있었던 것이다. 도가 없는 세상을 만나서는 하늘이 스스로 主宰하지 못하고 땅으로 하여금 홀로 그 권능을 잡게 하니, 어진 이가 불행히 그 시대에 태어나면 자신을 위한 일을 도모하기에도 힘이 부족하였던 것이다. 옛날의 성인들은 그 태어남은 땅에 말미암지 않은 것은 아니지만 도는 하늘과 합치하였다. 그러므로 흥기하여 천자의 지위에 앉을 수 있었던 것이다. 그런데 후세의 현인들은 그 태어남은 하늘로 말미암은 것이 아니라 할 수는 없지만 땅의 권능을 얻지 못하였다. 그러므로 액운을 만나 곤궁하게 살다 일생을 마치고 말았던 것이다.

是故로 **漢帝興則蕭曹樊盧從之而俱興**하고 **明祖奮則徐常李鄧從之而俱奮**하니 **夫蕭曹諸人**이 **豈其有積德累仁宜爲侯王將相者哉**아 **當其有道**하여 **天與地同司其令**이어든 **聖人中處其間**하여 **輔相之而有餘**하며 **及其無道**하여는 **天不能以自主**하고 **而使地獨持其權**하니 **賢者不幸生其時**이면 **則自爲謀而不足**이라 **古之聖人**이 **其生非不由於地也**로되 **而道合於天**이라 **故能興起在天子之位**러니 **後之賢人**은 **其生不可謂非天也**로되 **而不得其地**라 **故阨窮以終其身**이라

저 땅의 도가 날로 높아지면 하늘의 도는 날로 낮아지게 마련이니, 이러한 상태가 오래 쌓여 되돌리지 못하면 수십 내지 백세 뒤에는 반드시 사람과 동물의 貴賤이 뒤바뀌게 되고 말 것이다. 靑烏[16]의 책과 ≪葬經≫[17]의 말은 비루하여 말할 게 못 되지만 후인들이 이를 존숭하여 천백 년이 지나도 더욱 독실히 신봉하니, 저들도 후세의 하늘은 알 수 없고 땅에 의지하는 것이 오히려 믿을 만하다는 사실을 알았던 것인가!

夫地之道日以崇하면 **則天之道日以卑**하나니 **積而不反**이면 **數十百世之後**에 **其必有人與物相**

王에 봉해졌다.

16) 靑烏 : 고대에 풍수지리에 정통했던 사람인 靑烏子 또는 그가 지은 책을 말한다. 그는 黃帝 때 사람이라고도 하고 秦漢 때 사람이라고도 한다. ≪風俗通≫에 "漢나라에 靑烏子가 있었으니, 술수에 능하였다."라 하였다.

17) 葬經 : 풍수지리에 관한 책 舊本에는 晉나라 郭璞의 저술이라 하지만 ≪晉書≫ 〈郭璞傳〉에는 그러한 기록이 없고, ≪宋史≫ 〈藝文志〉에 이 책 이름으로 처음 나오는 것으로 보아 후인의 저술한 듯하다.(≪四庫提要 子 術數類≫ ≪類選≫ 권5하 人事 권8 技藝門)

易而爲其貴賤者乎인저 夫靑(鳥)〔烏〕[18]之書와 葬經之言은 猥鄙不足道나 而後世宗之하여 更千百年而信奉之彌篤하니 彼亦有見於後世之天不可知而依於地者猶爲可恃也哉인저

【論評】

宏大하고 奔放함이 이에 이르렀으니, 대가의 본령을 볼 수 있다.

宏放至此하니 乃見大家本領이로다

---

18) (鳥)〔烏〕: 저본에는 '鳥'로 되어 있으나, ≪海峰先生文集≫에 의거하여 '烏'로 바로잡았다.

04. 관화　觀化*

＊觀化는 원래 ≪莊子≫에 나오는 말이다. ≪장자≫ 〈至樂〉에 "支離叔과 滑介叔이 옛날 黃帝가 놀던 冥伯의 언덕과 崑崙山에 놀러 갔는데, 갑자기 골개숙의 왼쪽 팔꿈치에 큰 혹이 생겼다. 골개숙은 마음속으로 놀라 싫어하는 듯하였다. 지리숙이 '자네는 싫은가?' 하니, 골개숙이 '아닐세, 내가 어찌 이것을 언짢아하겠는가, 사람의 생명이란 있어도 빌린 것이며, 빌려서 살고 있으니 생명이란 먼지나 몸의 때와 같네. 죽음과 삶은 낮과 밤이 교대하는 것과 같은 것이네. 더구나 나는 그대와 함께 만물의 변화를 보고 있는데 마침 변화가 나에게 미쳤으니, 내 어찌 싫어할 것인가.〔亡 予何惡 生者假借也 假之而生 生者塵垢也 死生爲晝夜 且吾與子觀化 而化及我 我又何惡焉〕' 하였다."라 하였다. 이 편은 ≪장자≫의 觀化에서 왔지만, 하나로부터 數가 끝없이 불어난다는 것은 性理學의 理一分殊를 연상케 한다. 그러나 결말을 보면, 결국 우주 만물에는 실재로 主宰하는 그 무엇이 없고 氣化에 의해 모든 것이 이루어질 뿐이라 하였다.

나와 만물이 천지 가운데 무리 지어 살고 있으니, 만 가지 존재들이 가지런하지 않은가? 지극히 가지런한 것이 있는가? 눈을 크게 뜨고 보아도 볼 수 없고, 귀를 기울여 들어도 들을 수 없다. 하나로부터 둘이 되고 둘로부터 셋이 되고 셋으로부터 넷이 되고 넷으로부터 다섯이 되고 다섯에서 열이 되고 열이 열 개 모인 것이 백이 되고 백이 열 개 모인 것이 천이 되고 천이 열 개 모인 것이 만이 되니, 기록하자면 이루 다 기록할 수 없는 것인가. 미루어 나가면 끝이 없는 것인가. 청결한 것, 평안한 것, 신령한 것, 움직이는 동물, 가만히 서 있는 식물 등 만물의 모습은 같지 않지만 物 아닌 것이 없다.

吾與萬物이 **群生於天地之中**하니 **其萬有不齊邪**아 **其有至齊者存邪**아 **張目以視之**호되 **不可得而見也**요 **傾耳以聽之**호되 **不可得而聞也**라 **一而二**하고 **二而三**하고 **三而四**하고 **四而五**하고 **五而十**이요 **十之十爲百**이요 **百之十爲千**이요 **千之十爲萬**이니 **其紀之不可勝紀邪**아 **其推之而不能**

自已邪아 **淸者寧者靈者蠢者動者植者**가 **其爲物不同也**로되 **而莫非物也**라

한 物은 한 가지 소리이고 한 물은 한 가지 색이니, 한 물의 소리는 저마다 제 소리를 소리로 삼고 한 물의 색은 저마다 제 색을 색으로 삼는다. 새 소리는 꾀꼴꾀꼴,[1] 까치 소리는 깍깍하니, 꾀꼴꾀꼴 우는 것을 사람들은 보고서 그저 새인 줄만 알지만 새로서 새 소리를 들으면 그 꾀꼴꾀꼴 하는 소리도 만 가지로 다르며, 깍깍 우는 것을 사람들은 보고서 그저 까치인 줄만 알지만 까치로서 까치 소리를 들으면 그 깍깍 하는 소리도 만 가지로 다르다. 저 새와 까치가 사람들을 봄에 있어서도 또한 이와 같을 따름이다.

一物이 **一聲也**요 **一物**이 **一色也**니 **一物之聲**은 **聲各聲也**요 **一物之色**은 **色各色也**라 **鳥聲之交交也**요 **鵲聲之**楂(사)楂**也**니 **交交者**는 **人見以爲鳥也**나 **以鳥而聽鳥**면 **則其交交也有萬**요 楂楂**者**는 **人見以爲鵲也**나 **以鵲而聽鵲**이면 **則其**楂楂**也亦有萬**이라 **彼鳥鵲之於視人也**에 **亦若是已矣**라

蒼水의 사람들은 中을 角이라 부르고, 黃水의 사람들은 중을 宮이라 부르고, 白水의 사람들은 중을 商이라 부르고, 黑水의 사람들은 중을 羽徵라 부른다.[2] 비록 그렇지만 한 나라는 하나의 音이요, 한 고을은 하나의 음이요, 한 마을은 하나의 음이요, 한 집안은 하나의 음이요, 한 사람은 하나의 음이다. 한 사람으로부터 미루어 九州에까지 이르는 것은 가까운 곳에서 점차 넓혀가는 것이요, 구주로부터 끌어당겨 한 사람에 이르는 것은 먼 곳에서 점차 좁혀오는 것이다. 楚나라 사람이 越나라 사람과 함께 얘기하면 秦나라 사람은 알아듣지 못하고, 조석으로 함께 노

---

1) 새……꾀꼴꾀꼴 : ≪詩經≫ 〈秦風 黃鳥〉에 "交交한 꾀꼬리여, 뽕나무에 그치누나.〔交交黃鳥 止于桑〕"라 하였는데, 朱熹의 ≪詩經集傳≫에는 "교교는 날아서 왕래하는 모습이다.〔交交 飛而往來之貌〕"라 하였고, 蘇轍의 ≪詩集傳≫에는 "교교는 화락하게 우는 소리이다.〔交交其和鳴〕"라 하였다.

2) 蒼水의……부른다 : 陰陽五行說에 의하면, 동쪽은 木이고 靑色이며, 서쪽은 金이고 白色이며, 남쪽은 火이고 赤色이며, 북쪽은 水이고 黑色이며, 중앙은 土이고 黃色이다. 이를 五音에 배분하면 宮은 중앙과 土에 해당하고, 商은 서쪽과 金과 가을에 해당하고, 角은 동쪽과 木과 봄에 해당하고, 徵(치)는 남쪽과 火와 여름에 해당하고, 羽는 북쪽과 水와 겨울에 해당한다. 여기서 蒼水는 木, 黃水는 土, 白水는 金, 黑水는 水에 각각 해당한다. 그래서 각각 자기가 방위의 音은 중심으로 삼는 것이다. 남쪽에 해당하는 徵를 북쪽인 黑水에 배속한 것은 남쪽에 해당할 赤水라는 지역이 없기 때문으로 추측된다. 中은 오음의 音階 중 중간에 해당하는 세 번째 음을 말한다.

니는 사람은 발자국 소리가 나면 방문 밖을 나가지 않아도 누가 왔는지 안다. 한 어머니가 쌍둥이를 낳았을 경우 기약하지 않고 갑자기 쌍둥이를 만나면 형이 아우가 아닌지 어찌 알 것이며, 아우가 형이 아닌지 어찌 알겠는가. 비록 그렇지만 구별할 수 있는 사람들이 있으니, 그 부모는 알고, 그 형제는 알고, 그 아내는 알고, 그 아들은 알고, 한 집에 사는 사람도 안다.

蒼水之民은 呼中角이요 黃水之民은 呼中宮이요 白水之民은 呼中商이요 黑水之民은 呼中羽徵(치)라 雖然이나 一國一音也요 一鄕一音也요 一里一音也요 一家一音也요 一人一音也라 自一人推之至於九州는 漸之於近也요 自九州引之至於一人은 漸之於遠也라 楚人與越人共語어든 秦人不能別也요 朝夕與游者는 足音跫然이어든 不出戶外而辨之矣라 一乳而兩子어든 不相期而與之相遭하면 庸詎知伯之非仲邪아 庸詎知仲之非伯邪아 雖然이나 有辨하니 其父母知之요 其昆弟知之요 其妻知之요 其子知之요 其同室之人亦知之라

한 사람의 몸은 손이 둘이고 발이 둘이고 눈썹이 둘이고 눈이 둘이고 귀가 둘이요, 양쪽 콧구멍은 하나이면서도 하나가 아니다. 양쪽 손이 잡는 것은 하나는 뱀과 같고 하나는 용과 같을 수 있으며, 양쪽 발이 걸어가는 것은 하나는 구름과 같고 하나는 바람과 같을 수 있으며, 양쪽 눈썹이 높은 것은 하나는 華山과 같고 하나는 嵩山과 같을 수 있으며, 양쪽 눈이 맑은 것은 하나는 河水와 같고 하나는 江水와 같을 수 있으며, 양쪽 귀에 들어오는 소리는 하나는 작고 하나는 클 수 있으며, 양쪽 코로 나가는 숨은 하나는 부드럽고 하나는 거칠 수 있다.[3] 까마귀 떼가 숲에서 바야흐로 새끼에게 먹이를 먹이려고 함께 나가서 먹이를 찾다가 까마귀 한 마리가 먹이를 물고 먼저 돌아오면 그 까마귀의 새끼는 멀리서 보고는 주둥이를 쳐들고서 짹짹거리며 울지만 다른 둥지의 새끼들은 모두 가만히 엎드려 있으니, 저 새끼는 필시 제 어미의 모습을 식별할 수 있기 때문일 것이다.

一人之身은 兩手也요 兩足也요 兩眉也요 兩目也요 兩耳也요 兩鼻之竇①也는 一也로되 不一也라 兩手之持는 一蛇一龍이며 兩足之行은 一雲一風이며 兩眉之峙는 一華一嵩이며 兩目之澄은 一河一江②이며 兩耳之入은 一纖一洪이며 兩鼻之出은 一雌一雄이라 群烏方哺於林하여 共出求

3) 양쪽……있다 : 같아 보이는 신체의 작은 부분들도 서로 제각각 다르다는 뜻이다. 여기서 뱀과 용, 구름과 바람, 華山과 嵩山, 河水와 江水 등은 끌어와서 비유한 말이다.

食이라가 **一烏銜食先歸**하면 **其雛望見之**하여 **軒口嘈嘈**로되 **而衆巢之雛皆伏**하니 **彼必有以異其形容故也**라

① '竇'는 叶音이다.
　叶이라
② '江'은 叶音이다.
　叶이라

나다니던 개미가 누린내 나는 먹이를 찾아서 마른 언덕땅을 가다가 생선 뼈를 발견하고 돌아가 굴속의 개미에게 보고했다. 굴속의 개미가 이 사실을 큰 개미에게 아뢰자 큰 개미가 珠中[4]에 명령하여 졸개 개미 20여만 무리를 거느리고 가서 가져오게 하였다. 마침 齊盧[5]가 마른 언덕을 지나가다가 그 생선 뼈를 물고 가버렸다. 큰 개미가 와서 아무리 찾아도 생선 뼈가 보이지 않자 노하여 그 나다니던 개미가 거짓말을 하여 자기를 속였고 실제는 생선 뼈가 없었다고 여겼다. 이에 그 죄를 聲討하여 개미들로 하여금 그 개미를 물어뜯어 죽이게 하였다.

盧

游蟻求羶하여 **行乾邱**[6]라가 **見魚骨**하여 **歸以報穴蟻**어든 **穴蟻以上於巨蟻**라 **巨蟻下令珠中**하여 **率其卒伍二十餘萬衆取之**라 **適齊盧過乾邱**하여 **得之以去**어늘 **巨蟻至**하여 **尋之不見則怒**하여 **以游蟻爲謬妄言欺我**요 **實無魚骨也**라 **乃聲其罪**하여 **群齧而殺之**라

齊나라 땅의 물은 빠르고, 越나라 땅의 물은 무겁고, 秦나라 땅의 물은 희부옇고, 楚나라 땅의 물은 약하고, 燕나라 땅의 물은 沈滯하고, 宋나라 땅의 물은 輕淸

4) 珠中 : 구불구불한 개미굴을 말한다. 孔子가 九曲珠라는 보배 구슬을 얻어서 실을 꿰려고 하나 꿸 수가 없었는데, 두 여인이 기름을 실에 바르고 개미에 묶어서 개미로 하여금 구불구불한 구슬 속 구멍을 통과하게 하도록 가르쳤다는 고사를 차용하였다.(≪博物志≫ 권37 〈珍寶〉)

5) 齊盧 : 고대 齊나라 사냥개이다. ≪詩經≫ 〈齊風 盧令〉에 "盧의 방울 딸랑딸랑하니 그 사람 아름답고도 인자하도다.〔盧令令 其人美且仁〕"라 하였다.

6) 邱 : 저본에는 '邱'로 되어 있으나, ≪海峰先生文集≫에는 '丘'로 되어 있다. 이는 孔子의 諱인 丘를 피휘한 것이다.

하다. 바람은 北海에서 씽씽 일어나 南海로 불어 들어가니,[7] 바람은 하나이지만 하나가 아니다. 凱風[8]이 되기도 하고, 谷風[9]이 되기도 하고, 融風[10]이 되기도 하고, 閶闔風이 되기도 하고, 不周風이 되기도 하고, 廣莫風이 되기도 한다.[11] 우르릉 우르릉 웅장하게 울리는 것[12]은 대체 무슨 소리인가? 소가 우리에서 우는 것인가?[13] 奮然히 떨치고 가서 돌아올 줄 모르는 것인가?

齊之水는 **躁**하며 **越之水**는 **重**하며 **秦之水**는 泔(감)하며 **楚之水**는 **弱**하고 **燕之水**는 **沈滯**하며 **宋之水**는 **輕淸**이라 **風之蓬蓬然起於北海而入南海也**에 **風一也**로되 **而不一也**라 **爲凱**하며 **爲谷**하며 **爲融**하며 **爲(闔閭)〔閶闔〕**[14]하며 **爲不周**하며 **爲廣莫**이라 **隱隱**竑(횡)竑**者**는 **彼何聲邪**아 **其牛鳴**窌(교)**邪**아 **其奮往而不知歸者邪**아

비록 그렇지만 땅이 있고 물이 있고 돌이 있고 불이 있으니, 石英[15]과 鍾乳[16]와 甘遂[17]와 大苦[18]와 牛溲(우수)와 敗鼓[19]와 인삼・단너삼과 붉은색・흰색의

---

7) 바람은……들어가니 : ≪莊子≫ 〈秋水〉에 "바람이여, 지금 그대는 북해에서 쌩쌩 일어나 남해로 쌩쌩 들어가고 있다.〔今子蓬蓬然起於北海 蓬蓬然入於南海〕"라 하였다.

8) 凱風 : 남풍이다. ≪詩經≫ 〈邶風 凱風〉에 "개풍이 남쪽에서 와서 저 여린 나무에 불도다.〔凱風自南 吹彼棘心〕"라 하였다.

9) 谷風 : 동풍이다. ≪詩經≫ 〈邶風 谷風〉에 "온화한 谷風에 날씨가 흐려지며 비가 내린다.〔習習谷風 以陰以雨〕"라 하였다.

10) 融風 : 동북풍이다. ≪春秋左氏傳≫ 昭公 18년 조에 "병자년에 바람이 불었다. 梓愼이 말하기를 '이것을 融風이라 하니, 화재의 전조이다.'라 하였다.〔丙子 風 梓愼曰 是謂融風 火之始也〕"라 하였는데, 杜預의 注에 "동북풍을 융풍이라 한다."라 하였다.

11) 閶闔風이……한다 : ≪緯略≫ 〈八風〉에 "立春에는 調風, 春分에는 明庶風, 立夏에는 淸明風, 夏至에는 景風, 立秋에는 涼風, 秋分에는 閶闔風, 立冬에는 不周風, 冬至에는 廣莫風이 불어온다."라 하였다.

12) 우르릉……것 : 漢나라 揚雄의 ≪法言≫ 〈問道〉에 "혹자가 큰 소리에 대해 물었는데, 揚子가 말하기를 "큰 소리는 우레 소리도 아니고 천둥 소리도 아니다. 우르릉 우르릉 웅장하게 울려 시일이 오래 지날수록 천하에 더욱 가득 찬다.〔問聲孰爲大 曰 非雷非霆 隱隱㘦㘦 久而愈盈〕"라 하였다.

13) 소가……것인가 : ≪管子≫ 〈地員〉에 "徵(치)를 들으면 마치 돼지가 놀라 우는 소리 같고, 羽를 들으면 말이 들판에서 우는 소리 같고, 宮을 들으면 우리에서 소가 우는 소리 같고, 商을 들으면 무리에서 낙오된 양이 우는 소리 같고, 角을 들으면 꿩이 나무로 날아오르며 우는 소리 같다.〔凡聽徵 如負豬豕覺而駭 凡聽羽 如鳴馬在野 凡聽宮 如牛鳴窌中 凡聽商 如離群羊 凡聽角 如雉登木以鳴〕"라 하였다.

14) (闔閭)〔閶闔〕 저본에는 '闔閭'로 되어 있으나, ≪海峰先生文集≫에 의거하여 '閶闔'으로 바로잡았다.

15) 石英 : 鑛物인데 氣가 부족할 때 쓰는 약재이다.

16) 鍾乳 : 石鍾乳의 약칭으로 道家에서 이것을 복용하면 신선이 된다고 한다.(≪本草≫ 〈石髓〉)

甘遂　　砒霜

砒霜(비상)[20]은 기후가 따스할 때와 서늘할 때, 몸의 기운을 損益하는 데 따라 달리 사용한다. 뿌리가 되기도 하고, 줄기가 되기도 하고, 가지가 되기도 하고, 잎이 되기도 하고, 꽃이 되기도 하고, 열매가 되기도 하고, 가죽이 되기도 하고, 씨가 되기도 하고, 머리가 되기도 하고, 꼬리가 되기도 하고, 몸통 부분이 되기도 하고, 허리 부분이 되기도 하여 물 가까이 있기도 하고, 바위에 붙어 있기도 하며, 精粗가 다르기도 하고, 厚薄이 다르기도 하니, 그 성질은 하나로 나오지만 마땅한 쓰임새는 다르다. 이를 먹으면 사람으로 하여금 오래 잘 살아 영광스럽게도 하고 혹 鬱滯하여 기운이 쇠퇴하게 하기도 한다.

雖然이나 **有土焉**하며 **有水焉**하며 **有石焉**하며 **有火**①**焉**하니 **石英也**와 **鍾乳也**와 **甘遂也**와 **大苦也**와 **牛溲也**와 **敗鼓也**와 **參芪也**와 **赤白之砒也**는 **溫涼益損之異施也**라 **爲根**하며 **爲莖**하며 **爲枝**하며 **爲葉**하며 **爲華**하며 **爲實**하며 **爲皮**하며 **爲核**하며 **爲首**하며 **爲尾**하며 **爲顚**하며 **爲末**하며 **爲中身**하며 **爲要節**하며 **爲近水**하며 **爲附石**하며 **爲精粗**하며 **爲厚薄**하니 **其性之一出焉而異宜也**라 **食之**에 **使人壽善而光榮**이어나 **或鬱滯而蕭索**(삭)이라

① '火'는 叶音이다.

叶이라

17) 甘遂 : 大戟이라고도 하는데, 독성이 있는 약재이다. 대소변이 잘 나오지 않을 때 쓴다.
18) 大苦 : 약초로 大苄(대호)라고도 한다.
19) 牛溲(우수)와 敗鼓 : 牛溲는 소 오줌이고, 敗鼓는 망가진 북의 가죽이다. 韓愈의 〈進學解〉에 "玉札과 丹砂, 赤箭과 靑芝, 소 오줌과 말똥버섯, 망가진 북의 가죽을 모두 거두고 함께 쌓아두고서 쓰일 데에 대비해 버림이 없는 것은 좋은 의사가 하는 일이다.〔玉札丹砂赤箭靑芝牛溲馬勃敗鼓之皮 俱收並蓄 待用無遺者 醫師之良也〕"라 하였다.
20) 붉은색……砒霜(비상) : 明나라 宋應星의 ≪天工開物≫ 〈燔石〉에 "비상에는 홍색과 백색 두 종류가 있다."라 하였다.

道가 있는 곳에 氣가 함께 있으니, 氣가 점차 쌓여 象이 있고, 象이 점차 쌓여 數가 있다. 道란 둘이 아닌 것이요 數란 하나가 아닌 것이다. 整數 밖에 숫자가 남고 들쭉날쭉 숫자가 많아지니, 하나로부터 불어나 무궁한 데 이른다. 이를 道里로 헤아릴 수 있겠는가. 저 조화를 관장한다는 조물주 또한 氣數에 타고 있을 뿐 스스로 주재하지 못하니, 가지런하지 않게 할 수 있는 게 아니라 가지런하게 할 수 없는 것이다. 매가 비둘기가 되고[21] 살모사가 자라가 되고 들쥐가 青魚가 되고 잠자리가 나비가 되기도 한다. 나방이 누에가 되면 누에가 다시 나방이 되어 알을 낳고는 죽으니, 나방과 누에가 스스로 그만둘 수 있는 것이 아니다.

道之所居에 氣與居之하니 氣浸假而有象하고 象浸假而有數라 道也者는 不貳者也요 數也者는 不一者也라 奇零也요 參差也니 自一而長之하여 以至於無窮也니 其可以道里計邪아 夫彼司化者도 亦乘於氣數之中而不能以自主耳니 非其能爲不齊而不能使之齊也라 鷹爲鳩하며 虺爲鼈하며 田鼠爲青魚하며 蜻蛉爲撻末이라 蛾子之爲蠶也에 蠶之復爲蛾하여 而遺其子以死也니 非蛾之與蠶所能自止也라

結璘과 鬱儀[22]가 青冥의 들판에서 만났다. 울의가 결린에게 말하기를 "나와 그대가 이 해와 달을 모는 것은 太初 때부터 있어온 일이니, 이렇게 해와 달을 몬 지가 지금에 수만 년이 되었지만 혹시라도 바뀐 적이 없었다."라 하니, 결린이 "그대는 나를 속이는가? 그대가 지금 몰고 있는 해는 그대가 어제 몰던 해가 아니며, 내가 지금 그대와 말하는 그대의 해는 조금 전에 그대가 나와 말한 그대의 해가 아니다."라 하였다. 울의가 "그대가 어떻게 아는가?"라 하니, 결린이 "내가 모는 달을 가지고서 안다."[23]라 하였다. 이에 두 사람이 서로 보며 기뻐 말하기를 "나는 알았고 그대도 알았다. 저 다른 사람들은 알지 못한다."라 하였다.

---

21) 매가……되고 : ≪禮記≫ 〈月令 仲春之月〉에 "매가 변화하여 비둘기가 된다.〔鷹化爲鳩〕"라 하였다.

22) 結璘과 鬱儀 : 結璘은 해를 모는 신선이고 鬱儀는 달을 모는 신선이다. ≪黃庭內景經≫ 〈高奔章〉에 "울의와 결린은 서로 잘 보호했다."라 했는데, 梁丘子의 注에 "울의는 해를 모는 신선이고 결린은 달을 모는 신선이다."라 하였다.

23) 내가……안다 : 낮에는 해가 운행하고 밤에는 달이 운행하니, 달이 운행하는 것을 보면 하루가 바뀌어 또 하루가 시작되었음을 알 수 있다는 뜻이다.

結璘與鬱儀遇於靑冥之野라 鬱儀謂結璘曰 吾與若御此輪也는 自始有之하니 而御之者數萬年於今矣로되 而未之或改也라하니 結璘曰 若欺予哉아 若今所御之輪은 非若昨所御之輪也라 吾今與若言若之輪은 非曏若與吾言若之輪也라한대 鬱儀曰 若何以知之오하니 曰 以吾之輪知之라하다 於是에 兩人相視而嬉曰 吾知之며 若亦知之요 彼外人不知也라하다

【論評】

儒者의 진실한 이치요, 莊生(莊周)의 奇幻한 문장이다. "도는 둘이 아니고 數는 하나가 아니다."라는 대목이 이 편의 主旨인데 이를 도리어 중간을 연결하는 매듭으로 삼았다. 이 대목 이상에서 數가 하나가 아님을 말한 것은 橫說이고, 이 대목 이하에서 數가 하나가 아님을 말한 것은 竪說이니, 판국의 陣勢를 펼친 것이 또한 기이하다.

儒者眞實之理요 莊生奇幻之文이라 道不二而數不一이 是一篇之主로되 卻用作中紐라 以上說數之不一은 是橫說이요 以下說數之不一은 是竪說이니 局陣亦奇로다

05. 焚書에 대한 辨　焚書辨*

*六經이 亡失된 것은 焚書坑儒한 秦 始皇의 잘못도 아니고, 阿房宮에 불을 질러 서적을 불태운 項羽의 잘못도 아니다. 秦나라가 망하고 劉邦이 처음 咸陽에 들어갔을 때 蕭何가 律令圖書, 즉 진나라의 법령과 지도, 戶籍 등 행정에 필요한 자료들만 수습하고 육경은 방치했기 때문에 항우가 뒤이어 들어와 불태웠던 것이니, 육경이 불타고 없어지게 만든 사람은 소하이다.

六經이 망한 것은 秦나라가 망하게 한 것이 아니라 漢나라가 망하게 한 것이다. 후세의 학자들은 진나라가 焚書하라는 명령을 내린 것만 보고는 말하기를 "詩書가 진나라에 이르러 한 번 불을 지르자 남김없이 없어졌다."라고들 하니, 이는 耳食[1]과 무엇이 다르리오. 서적은 진나라가 진실로 다 불사른 적이 없다. 太史公이 "武帝가 문학이 뛰어난 儒者 수백 명을 초빙하자 公孫弘이 ≪春秋≫에 조예가 깊다는 이유로 白衣의 신분으로 天子의 三公이 되니, 천하의 선비들이 바람에 휩쓸리듯이 사모하였다."라 하니, 論者는 이르기를 "漢나라는 利祿으로 천하의 선비들을 유인하여 벼슬길에 나아오게 하였다. 그러므로 경서를 찾았으나 경서가 없었다."라 하고, 경서가 망한 것이 대개 楚·漢이 일어나던 시기, 沛公과 項羽가 서로 뒤이어 關中에 들어갈 때에 있었다는 것을 알지 못한다.

六經之亡은 非秦亡之요 漢亡之也라 後之學者가 見秦有焚書之令則曰 詩書至秦一炬而掃地無餘라하니 此與耳食何異리오 夫書는 秦固未嘗盡焚也라 太史公曰 武帝招延文學儒者數百人이어늘 而公孫宏[2]以春秋白衣爲天子三公하니 天下之士가 靡然嚮風이라하니 論者謂漢以祿利誘進天下之士라 故求經而經亡하고 而不知經之亡이 蓋在楚漢之興沛公與項羽相繼入關之時也라

---

1) 耳食 : ≪史記≫ 〈六國年表序〉에 나오는 말로, 귀로 음식을 먹으면 맛을 모르듯이 전해들은 말을 살펴보지 않고 그대로 믿는 것을 뜻하는 말이다.

2) 宏 : 저본에는 '宏'으로 되어 있으나, 淸나라 高宗의 이름이 弘曆이기 때문에 황제의 이름을 避諱한 것이다. 번역에서는 '弘'으로 되돌렸다.

坑儒焚書

저 소인이 不善을 하는 것은 반드시 한 번 만에 천하에 화를 끼치지는 않는다. 붕괴하는 것을 좌시하고 조처하지 않으면 마침내 한 번 붕괴하여 손쓸 수 없게 되는 것이다. 이런 까닭에 서적을 태운 것은 李斯에게 있지 않고 項籍[3]에게 있었으며, 서적이 망한 것으로 말하자면 秦 始皇으로 말미암은 것이 아니라 蕭何로 말미암은 것이니, 무슨 까닭인가? 博士 淳于越이 진 시황에게 諫言하여 "마땅히 子弟와 공신들을 封하여 스스로 보필하는 울타리가 되게 하여야 한다."라고 하거늘 그 의론을 이사에게 하달했는데, 이사는 천하의 學者들이 古道를 말하여 당시 세상을 비판할까 염려하였다. 이에 천하에서 사사로이 詩書, 百家의 서적을 소장하는 것을 금지하였다. 그 법이 우연히 詩書를 말하는 사람도 처형하여 棄市하고 관리가 이를 보고도 檢擧하지 않으면 그 사람과 죄가 같은 데 이르렀다. 아, 실로 혹독하였도다!

蕭何

3) 項籍 : 項羽는 본래 이름이 籍이고 羽는 자이다.

夫小人之爲不善은 未必其一出而禍天下라 惟坐視其壞而莫爲之所하면 其終乃一壞而不可救라 是故로 書之焚이 不在於李斯而在於項籍하고 及其亡也하여는 不由於始皇帝而由於蕭何하니 何則고 博士淳于越이 進諫始皇하여 謂宜封子弟功臣하여 自爲枝輔라하여늘 下其議李斯한대 李斯恐天下學者道古以非今이라 於是에 禁天下私藏詩書百家之語하니 其法이 至於偶語詩書者棄市요 而吏見知不擧면 則與之同罪라 噫亦烈矣로다

그러나 이사가 이렇게 한 까닭은 장차 백성을 어리석게 만들려는 것이었지 진실로 이렇게 함으로써 자신들을 어리석게 만들고자 했던 것은 아니었다. 그러므로 "博士官의 직분으로 가지고 있는 서적이 아니면 모두 郡守·郡尉에게 가지고 가서 다 불태우라."라 하였으니, 그렇다면 博士가 소장한 책들이 다 남아 있었고 불태운 적이 없었던 것이다. 항우가 函谷關에 들어왔을 때 진나라의 항복한 왕 子嬰을 죽이고 그 寶貨와 부녀를 빼앗고 진나라 궁실을 불태우자 불길이 석 달 동안 꺼지지 않았다. 그 후에 唐虞·三代의 法制와 옛 聖人의 심오한 말씀들이 비로소 죄다 잿더미가 되어 남김없이 없어지고 말았다. 항적이 진나라에 도착하지 않고 咸陽이 아직 도륙당하지 않았을 때에는 이사가 비록 경서를 불태우긴 했으나 다 불태우지는 않았다. 나는 그러므로 "서적을 불태운 것은 이사의 죄가 아니라 항적의 죄이다."라 하노라.

然其所以若此者는 將以愚民이요 而固不欲以之自愚也라 故曰 非博士官所職이면 悉詣守尉雜燒之라하니 然則博士之所藏은 具在요 未嘗燒也라 迨項羽入關하여 殺秦降王子嬰하고 收其貨寶婦女하고 燒秦宮室에 火三月不滅而後에 唐虞三代之法制와 古先聖人之微言이 乃始蕩爲灰燼하여 澌滅無餘라 當項籍之未至於秦咸陽之未屠에 李斯雖燒之而未盡也라 吾故曰 書之焚은 非李斯之罪요 而項籍之罪也라하노라

옛날 漢 高祖가 천하를 평정하고 나서 신하들의 공로를 論定할 때 소하를 第一로 삼았다. 내가 일찍이 보건대, 楚·漢이 서로 대립한 지 몇 해 만에 고조가 패전하여 도망쳐 軍衆을 잃자 소하가 관중의 노약자들을 다 징발하여 결핍한 숫자를 메웠고, 고조가 항적과 滎陽에서 대치하고 있을 때 소하가 關中에서 수레와 배로 실어 날라서 공급하는 군량이 결핍하지 않았고, 고조가 몇 차례 山東을 잃었는데

소하가 늘 관중을 온전히 지키면서 고조가 돌아오기를 기다렸으니, 이는 한나라가 천하를 차지하게 된 공로에 있어 적지 않다 하겠다.

昔高祖旣定天下에 論群臣之功할새 以蕭何爲第一하니 吾嘗觀楚漢相距數歲에 高祖敗而遁逃하여 亡軍失衆이어늘 而蕭何悉發關中老弱하여 補其空乏하고 高祖與項籍相守滎陽에 而蕭何轉漕關中하여 輸給軍糧不匱하고 高祖數亡山東이어늘 而蕭何常全關中以待之하니 此其於漢取天下之功에 爲不少矣라

비록 그렇지만 나는 소하가 한나라의 공신이고 육경의 죄인이라 생각한다. 무슨 까닭인가? 沛公(劉邦)이 咸陽에 이르렀을 때 다른 장수들은 다 다투어 금과 비단, 재물을 차지하는데 소하는 홀로 궁궐에 먼저 들어가 진나라 丞相府와 御史臺의 律令과 圖書[4)]를 거두어 간직하였다. 한나라가 이 때문에 천하의 요새와 호구의 많고 적음, 어느 곳이 강하고 약한지를 다 알 수 있었다. 그러나 소하가 先王의 道를 실오라기처럼 끊어지지 않고 잇고 있던 진나라 박사들이 소장한 서적에 대해서는 유독 사랑하여 아끼고 거두어 보배로 여겼다는 말을 듣지 못하였으니, 저 소하는 진실로 성인의 경서를 그것의 得失, 存亡이 천하를 차지하는 籌策과는 아무런 상관이 없다고 여겼던 것이다. 이런 까닭에 마치 보지 못한 듯이 물끄러미 보고만 있었던 것이다.

雖然이나 吾以爲蕭何漢之功臣이요 而六經之罪人也라하노니 何則고 沛公至咸陽에 諸將皆爭取金帛財物이어늘 而蕭何獨先入하여 收秦丞相御史律令圖書라 漢以故로 具知天下之阨塞及戶口之多少强弱所在라 然蕭何於秦博士所藏之書所以傳先王之道不絶如線者에 獨不聞其愛而惜之하고 收而寶之하니 彼固以聖人之經으로 無關於得失存亡所以取天下之籌策也라 故熟視之若無覩耳라

지금 한 부유한 사람이 자기 자손에게 집을 물려주었는데 그 후에 불초한 자손에 이르러 그 집을 이어받아서 칠을 하고 손질하지 않고 더 훼손하기만 하다가 다시 다른 사람에게 팔아버리고 말았다. 저 집을 사서 소유한 사람이 또 그 집의 기와와 벽돌을 가져가 버리고 용마루와 들보만 남겨두었다. 목재들이 비바람에 흔들

4) 律令과 圖書 : 율령이 적힌 책과 지도, 戶籍을 말한다.

리고 벌레들이 파먹자 그 이웃에 사는 사람이 몰래 가져다 땔감으로 쓰니, 이에 예전의 집은 비로소 조금도 남지 않게 되고 말았다. 저 자손이 불초하여 집을 훼손한 것은 참으로 괴이할 게 없지만 유독 저 집을 사서 소유한 사람도 어찌하여 도리어 용마루와 들보만 남겨두고 아까워할 줄 모른단 말인가.

今夫富民遺其子孫以室廬어늘 **至其後之不肖**하여 **不因之塗墍**하고 **惟增其殘毁**하여 **以至轉而售之他人**이어든 **彼鬻而有之者**가 **又取其瓦甓以去**하고 **而遺其梁楝**이라 **風雨之所漂搖**와 **蟲蟻之所剝蝕**에 **其隣里之居民**이 **因竊取之**하여 **以爲薪爨**하니 **而向之室廬**는 **乃始尺寸無復留者矣**라 **彼不肖而殘毁之**는 **誠無足怪**어니와 **獨奈何鬻而有之**하고 **顧遺其梁楝而不知惜也**아

예전에 나는 한나라가 흥기했을 때 진나라가 한 정사를 크게 뒤바꾸어놓았으면서도 禮樂과 法度는 오로지 진나라의 옛것을 그대로 따르고 조금도 변경하지 않은 것을 괴이하게 여겼었다. 지금 이상의 사실을 살펴본 뒤에야 소하가 한나라에 승상 노릇을 할 때 오직 진나라의 律令이 있는 줄만 알았고 성인의 경서는 버리고 불사른 지가 이미 오래였던 것임을 알았다. 이것이 唐虞·三代의 善治를 끝내 다시 볼 수 없게 된 까닭일 것이다.

昔者에 **嘗怪漢興**에 **大反**(번)**秦之所爲**어늘 **而禮樂法度**는 **則一遵秦故而未嘗稍變**이러니 **由今觀之然後**에 **知蕭何之所以相漢者**가 **惟知有秦之律令**이요 **而聖人之經**은 **則棄而燒之**가 **已久矣**라 **此唐虞三代之治所以終不復見與**인저

슬프다! 바야흐로 沛公에 함곡관에 들어갈 때는 육경이 끊어질지 이어질지 보존될지 망실될지가 달린 시점이었다. 천하의 詩書가 모두 이미 망하였고 오직 博士官이 직분으로 가지고 있는 것들만 그때까지도 남아 있었으니, 이때에는 진실로 무거운 九鼎[5]을 들어 머리털 하나에 묶어둔 것처럼 위태로웠던 것이다. 게다가 성인의 경서는 秦나라의 律令·圖書와 비교해 그 輕重과 大小가 어떠한가. 만약 소하가 그 율령·도서와 함께 경서를 거두어 소장해두었더라면 항우가 불태우지 못

5) 九鼎 : 禹임금 때 九州에서 바친 금을 주조하여 만든 것으로 지극히 무거웠다 한다. 《戰國策》〈東周〉에 "周나라가 殷나라를 쳐서 구정을 얻었는데, 하나의 鼎을 9만 명이 당겨서 옮겼으니 9정을 옮기는 데 동원된 인력은 도합 81만 명이었다."라 하였다.

했을 것이요, 항우가 불태우지 못했으면 성인의 경서가 온전한 상태로 아직도 남아 있을 것이다. 슬프다! 저 소하란 자는 참으로 刀筆吏[6]라 하겠다.

嗚呼라 方沛公之入關하여 蓋六經絶續存亡之頃也라 天下之詩書皆已亡하고 而惟博士官所職이 尙無恙하니 當是時하여 固擧九鼎之重而繫之一髮哉인저 且夫聖人之經은 其與秦之律令圖書로 其爲輕重大小가 何如也오 設使蕭何能與其律令圖書竝收而藏之면 則項羽不能燒요 項羽不燒면 則聖人之全經猶在也라 嗚呼라 彼蕭何者는 眞所謂刀筆之吏矣로다

【論評】

그 文勢를 보건대 마치 굶주린 매가 하늘 높이 날면서 아래로 내려오려 하다가 다시 날아오르는 것과 같으니, 얼마나 맵시 있는가!

相其文勢컨대 如飢鷹摩空하여 欲下復颺하니 何等嫋娜아

6) 刀筆吏 : 刀筆은 대쪽에 글씨를 쓰는 붓과 잘못된 글씨를 깎아내는 칼이다. 刀筆吏는 행정 문서를 작성하는 書吏를 말한다.

06. 노새에 대한 說　驘說*

*사람은 말을 잘 듣는 말을 귀하게 여기고 말을 잘 듣지 않는 노새를 천하게 여긴다. 그런데 사람을 보면, 뜻이 견고하여 흔들리지 않은 사람을 귀하게 여기고 고분고분 남의 뜻을 따르기만 하는 사람을 천하게 여긴다. 그렇다면 노새가 오히려 사람보다 귀한 것이 아니겠는가.

말을 타는 사람은 모두 노새를 천하게 여기고 말을 귀하게 여기니, 대저 恩情으로 보살펴주어 그렇게 하도록 맡겨두어도 그렇게 하지 않으며 위세로 다그쳐서 그렇게 하도록 하여 어쩔 수 없이 그렇게 하는 자는 세상에서 이른바 천한 자이며, 恩情으로 보살펴주어 그렇게 하도록 맡겨두면 그렇게 하며 위세로 다그쳐서 그렇게 하도록 하면 더욱 그렇게 하지 않아서 行動擧止가 제 마음에서 나와 마음이 견고하여 남이 흔들어 뽑을 수 없는 자는 세상에서 이른바 귀한 자이다. 그렇다면 말이 천하고 노새가 귀하다.

驘

비록 그렇지만 지금 아무리 몰아가도 善하지 않아 회초리로 때려 위세를 보여야 선에 들어갈 수 있는 자는 사람이 아닌가! 사람이 어쩌면 노새보다 천한 것인가! 그렇다면 노새가 剛愎하여 제 마음대로 행동하고서 스스로 굽하지 않는다고 여겨온 지가 오래이다. 슬프다! 이것이 노새가 말보다 천하게 된 까닭일 것이다.

乘騎者는 皆賤驘(라)而貴馬하니 夫煦之以恩하여 任其然而不然하며 迫之以威하여 使之然而不得不然者는 世之所謂賤者也요 煦之以恩하여 任其然而然하며 迫之以威하여 使之然而愈不然하여 行止出於其心而堅不可拔者는 世之所謂貴者也라 然則馬賤而驘貴矣라 雖然이나 今夫軼之而不善하여 榎楚以威之하여 而可以入於善者는 非人邪아 人豈賤於驘哉아 然則驘之剛愎自用而自以

爲不屈也久矣라 嗚呼라 此驘之所以賤於馬與인저

【論評】

文勢가 씩씩하고 屈折이 있다.

健折이라

07. ≪戰國策≫ 뒤에 쓰다　書戰國策後*

*전국시대 역사를 기록한 책인 ≪전국책≫을 읽은 일종의 감상문이라 할 수 있다. 周나라가 洛陽으로 東遷한 뒤로 왕실은 쇠미해지고 제후는 발호하여 춘추시대를 거치고 전국시대로 내려가면서 세상이 갈수록 혼란하고 각박해진 것을 개탄하였다.

슬프다! 敎化가 쇠미해지면서 春秋・戰國의 시대에 世變을 엿볼 수 있다. 共和[1]로부터 嬴秦[2]에 이르는 동안 얼마나 심하게 쇠퇴했던가!

嗚呼라 **敎化之衰也**에 **春秋戰國之間**에 **足以覘世變矣**라 **自共和以及嬴秦**에 **陵夷何其甚與**아

周 平王이 洛邑으로 東遷하자 秦나라가 드디어 제후의 반열에 들었다. 이때부터 왕실이 쇠미해지자 제후들이 정권을 잡아 강한 나라가 약한 나라를 능멸하고 무리가 많은 쪽이 무리가 적은 쪽을 능욕하여 왕명을 받지 않고 제 마음대로 다른 나라를 정벌하였다. 왕이 鄭나라 사람의 왕정에 참여하는 권한을 빼앗자 정나라 사람이 왕을 화살로 쏘아 어깨를 맞추었고,[3] 戎이 凡伯를 공격하였고,[4] 신하가 임금을 시해하고 아들이 아버지를 시해하는 경우가 있었다. 그러나 齊나라, 晉나라, 秦나라, 楚나라가 제후의 맹주가 되어 仁義를 가장하고서 주나라 왕실을 높인다는

1) 共和 : 公卿들이 서로 화합하여 함께 정사를 본다는 말인데, 周나라의 厲王이 축출되고 宣王이 즉위할 때까지 14년 동안 周公 旦의 후손인 周公과, 召公 奭의 후손인 召公이 공동으로 정치한 것을 말한다. 그 시기는 B.C. 841년에서 B.C. 828년에 해당한다.(≪史記≫ 권4 〈周本紀〉)

2) 嬴秦 : 秦나라를 말한다. 嬴은 진나라 왕실의 姓이다.

3) 왕이……맞추었고 : 왕은 周 天子이다. 저본에는 "왕이 鄭나라 사람의 田地를 빼앗았다〔王奪鄭人田〕"고 했는데, 이러한 기록은 찾을 수가 없고 이어지는 "정나라 사람이 왕을 화살로 쏘아 어깨를 맞추었다."는 사건과도 연결되지 않는다. ≪春秋左氏傳≫과 ≪史記≫에 다음과 같은 사건이 기록되어 있다. 춘추시대에 周 천자인 桓王이 鄭나라 莊公에게서 王政에 참여할 수 있는 권한을 빼앗자 장공이 천자에게 조회하러 오지 않았다. 환왕이 제후를 거느리고 공격하자 장공은 맞서 싸웠는데, 장공의 祝聃이 환왕을 활로 쏘아 어깨를 맞혔다.(≪春秋左氏傳≫ 桓公 5년, ≪史記≫ 권42 〈鄭世家〉)

4) 戎이……공격하였고 : ≪春秋左氏傳≫ 隱公 7년 조에 "겨울에 天王이 凡伯을 魯나라에 보내어 聘問하였는데, 戎이 楚丘에서 범백을 공격하여 붙잡아 데리고 돌아갔다.〔冬 天王使凡伯來聘 戎伐凡伯于楚丘以歸〕"라 하였다. 이는 오랑캐인 戎이 중국 천자의 사신을 공격한 큰 사건이었다.

것으로 명분을 삼아 군사를 일으켜 다른 나라를 정벌할 때 上軍・中軍・下軍의 步伐[5)]에 법도가 있었으며, 大夫들이 서로 더불어 應對하여 하는 말은 또 얼마나 謙讓하고 공손하며 信實한 長者로서 禮가 있었던가. 비록 무도한 자일지라도 禮로 규제하면 오히려 두려워 복종하여 감히 분쟁을 일으키지 못하였던 것이다.

周平王東徙洛邑에 **秦遂列爲諸侯**라 **自是**로 **王室微**에 **侯伯執政**하여 **强陵弱**하며 **衆暴寡**하여 **征討不稟於王命**이라 **王奪鄭人田**이어늘 **鄭人射王中肩**하고 **戎伐凡伯**하고 **臣弑君子弑父者有之**라 **然齊晉秦楚爲盟主**하여 **假仁義**하여 **以尊周室爲名**하여 **興師伐國**할새 **上軍中軍下軍**이 **步伐有度**하고 **列大夫相與應對爲言辭**는 **抑何退讓恭詳恂恂長者有禮也**아 **雖無道**나 **繩之以禮**하면 **猶慴服**하여 **不敢嚚爭**이라

아래로 내려와 七國[6)]에 이르러서는 사특한 計謀가 극성하면서 심하여 교활한 술수로 세상을 위태롭게 하는 선비[7)]들이 일어나 合從과 連橫을 주장함에 황당한 詭辯을 믿을 수 없었으니, 요컨대 전쟁에서 이기고 적을 공격하여 다른 나라의 땅을 兼倂하는 것을 能事로 여겼다. 李悝(이회)는 地力를 다하였고,[8)] 衛鞅은 나라를 부강하게 하면서 法을 중시하고 위엄을 세웠으며,[9)] 孫臏・吳起[10)]와 같은 이들은

5) 步伐 : 전투에서 대오를 맞추어 나아가 공격하는 것으로, 周나라 武王이 商나라를 정벌할 때 병사들을 모아놓고 훈시하여 "오늘의 전투는 6步, 7步를 넘어가지 아니하여 멈추어 대오를 整齊해야 한다. 장사들은 힘쓸지어다! 4伐, 5伐, 6伐, 7伐을 넘어가지 아니하여 멈추어 대오를 정제해야 한다. 힘쓸지어다, 장사들아![今日之事 不愆于六步七步 乃止齊焉 夫子勖哉 不愆于四伐五伐六伐七伐 乃止齊焉 勖哉夫子]"라 한 데서 온 말이다.(≪書經≫ 〈周書 牧誓〉)

6) 七國 : 소위 戰國七雄이라 불리는 일곱 나라로, 楚, 秦, 燕, 齊, 趙, 魏, 韓을 말한다.

7) 교활한……선비 : ≪史記≫ 권70 〈張儀傳〉 '太史公曰'에 合從說을 주장한 蘇秦과 連橫說을 주장한 張儀를 두고, "요컨대 이 두 사람은 참으로 교활한 술수로 세상을 위태롭게 하는 선비이다.[要之 此兩人眞傾危之士哉]"라 하였다.

8) 李悝(이회)는……다하였고 : 李悝는 전국시대 魏나라 사람으로, 文侯의 신하이다. 그는 토지의 생산력을 극대화하는 방법을 강구하는 한편 미곡 값을 조절하는 平糴法을 만들어 위나라를 부강하게 하였다. 刑名學의 鼻祖로 ≪法經≫ 6편을 편찬하였다.(≪漢書≫ 권24 상 〈殖貨志 上〉)

9) 衛鞅은……세웠으며 : 衛鞅은 원래는 公孫鞅인데 衛나라 사람이므로 위앙이라고도 하고, 秦나라에 벼슬할 때 商邑에 봉해졌으므로 商鞅이라고도 한다. 그는 刑名學을 좋아하였고 천성이 매우 각박하여 秦나라에서 벼슬할 때 법을 세우고 집행하는 것이 너무 嚴酷하여 날마다 사람을 처형하느라 渭水를 피로 물들였다 한다. 마침내 秦나라 惠王에게 車裂刑을 당하고 집안도 멸족되었다.(≪史記≫ 권68 〈商君傳〉)

10) 孫臏・吳起 : 孫臏은 전국시대 齊나라의 명장으로 병법에 뛰어나 孫子로 일컬어진다. 오기는 전국시대 魏나라 사람으로 병법에 뛰어나 吳子라 일컬어진다. 魯나라로 가서 장수가 되었고, 다시 楚나라로 망명하여 재상이 되었다. 성품이 잔인하고 각박한 사람으로 알려져 있

전투를 잘하는 것으로 齊나라와 楚나라의 上將이 되었다. 長平의 전투에서 白起는 항복한 趙나라 군졸 40여만 명을 구덩이 묻어 죽였다.[11] 이러한 일들은 춘추시대에 비해 더욱 酷甚하였으나 이때에도 주나라의 禮樂과 法度가 오히려 다 泯滅하지 않고 남아 있었다. 成王・康王[12]이 죽자 백성들이 先王의 善治를 보지 못한 것이 수천 년이니, 그 시대의 升降을 이루 말할 수 있겠는가!

說秦君衛鞅變法

下逮七國하여는 **詐謀劇而傾危之士起**하여 **合從連橫**에 **詭譎不信**하니 **要在戰勝攻敵**하여 **以相兼併爲能**이라 **李悝盡地力**하고 **衛鞅富國**하여 **重法立威**하고 **孫臏吳起之徒**는 **以善戰爲齊楚上將**이라 **長平之役**에 **白起阬趙卒四十餘萬人**하니 **比於春秋**에 **抑又甚焉**이로되 **當是時**하여 **周之禮樂法度**가 **猶存未盡泯者**러라 **成康沒而民生不見先王之治數千年**이니 **其爲升降**을 **可勝道哉**아

다.(≪史記≫ 권65 〈孫子吳起傳〉)

11) 長平의……죽였다 : 白起는 전국시대 秦나라의 장수이다. 秦나라 昭王 47년, 趙나라 長平 땅의 전투에서 백기는 속임수를 써서 조나라 군사를 항복하게 하고는 조나라 군졸 40여만 명을 구덩에 묻어 죽였다.(≪史記≫ 권73 〈白起傳〉)

12) 成王・康王 : 周나라 2대, 3대 천자이다. 강왕은 성왕의 아들이다. 이 두 군주가 통치하던 대략 40년 동안 천하가 안정되고 죄수가 없어 감옥이 텅 빌 정도로 태평성세를 이루어 成康之治라 일컫는다.(≪史記≫ 권33 〈魯周公世家〉)

08. 〈伯夷傳〉을 읽고　讀伯夷傳*

* 伯夷·叔齊가 周나라 곡식을 먹는 것을 수치로 여겨 고사리를 캐어 먹다가 죽었다는 기록이 후세의 문인들이 지어낸 허황한 얘기임을 주로 ≪孟子≫에 근거하여 辨證하였다.

대저 일이란 閭巷의 백성들이 한 얘기를 儒者가 채록하여 傳記를 지으면 그 말이 오래 流傳하면서 후세 사람들의 마음에 깊이 들어가 더 이상 그 시비·득실을 살펴보지 않고 견고히 지켜 변동할 수 없는 경우가 있으니, 비록 지혜로운 사람이 분명히 변별해주더라도 저 사람들은 끝내 그 말을 믿지 못한다.

夫事有委巷小人之談을 **而儒者采之**하여 **以爲傳記**하면 **則其言流傳旣久**에 **深入後世之人心**하여 **不復考其是非得失**하고 **堅持之而不可拔**하니 **雖有智者與之辯別分明**이라도 **而彼終莫之吾信**이라

首陽山夷齊阻兵

옛날에 伯夷·叔齊 형제가 서로 나라를 사양하여 함께 首陽山으로 달아난 일이 있었다. 孔子는 이를 두고 “仁을 구하여 인을 얻었다.”라 하였고[1] 孟子가 稱述한 것도 상세하였지만, 周나라 곡식을 먹는 것을 수치로 여겼다는 일은 듣지 못하였다. 그런데 司馬遷이 ≪史記≫를 지을 때에 비로소 “武王이 신하로서 임금을 시해하자 백이가 말고삐를 잡고 말렸다.”라 하니, 후세

1) 공자는……하였고 : 孔子가 백이·숙제를 두고 “인을 구하여 인을 얻었으니 어찌 또 원망했겠는가.〔求仁而得仁 又何怨〕”라고 하였다.(≪論語≫ 〈述而〉)

의 식견이 얕은 선비들이 이 말을 믿지 않는 이가 없어 참으로 사실이라 여기고 혹자는 도리어 글을 지어 무왕을 비판하기도 하였다. 아아, 이것이 君臣의 의리가 천하에 밝아지지 못하게 된 까닭이다.

昔者에 **伯夷叔齊兄弟讓國**하여 **竝逃於首陽之山**이어늘 **孔子謂其求仁得仁**이라하고 **及孟子之所稱述詳矣**로되 **未聞有恥食周粟之事也**러니 **及司馬遷作史記**하여 **乃謂武王以臣弑君**이어늘 **伯夷叩馬而諫**이라하니 **後世淺見之士**가 **莫不信之**하여 **以爲誠然**하고 **或反爲文以刺譏武王**하니 **嗚呼**라 **此君臣之義所以不明於天下也**라

명분은 양쪽이 다 성립할 수 없고 일은 양쪽이 다 옳을 수 없는 법이다. 가사 백이의 말이 참으로 道에 합치한다면 무왕은 亂賊의 무리가 될 것이니 堯舜과 나란히 지극한 성인이라 일컬어질 수 없을 것이요, 가사 湯王·武王의 혁명이 과연 하늘의 뜻에 순응하고 사람들의 여망에 부응했다면 백이가 어찌 이러한 성인을 비난하고 道를 훼방하는 말을 할 수 있었겠는가. 그렇다면 주나라 곡식을 먹는 것을 수치로 여겼다는 것은 여항의 백성들이 한 얘기일 것이다.

夫名不可以兩立이요 **而事不容以兩是**니 **使伯夷之言**이 **誠合於道**면 **則武王爲亂賊之徒**니 **不得與堯舜竝稱爲至聖**이요 **使湯武之革命**이 **果爲順天而應人**이면 **則伯夷安得爲此非聖謗道之言哉**아 **然則恥食周粟者**는 **委巷小人之談也**라

내가 일찍이 살펴보건대, 맹자가 이르기를 "백이는 섬길 만한 임금이 아니면 섬기지 않았다."라 하였으니,[2] 알지 못하겠다, 이른바 섬길 만한 임금이란 紂이겠는가, 무왕이겠는가? 사마천이 기록한 대로라면 무왕은 섬길 만한 임금이 아니니, 무왕이 섬길 만한 임금이 아니면 반드시 주 같은 자라야 백이의 임금이 되는 것인가? 그러나 나는 또 듣건대 "백이가 주를 피했다."[3]라 하였으니, 주는 이미 섬길

---

2) 맹자가……하였으니 : ≪孟子≫ 〈公孫丑 上〉과 〈萬章 下〉에 보인다.

3) 백이가……피했다 : ≪孟子≫ 〈離婁 上〉에 "伯夷가 紂를 피하여 북해의 물가에 살고 있었는데, 文王이 일어났다는 말을 듣고 '내 어찌 돌아가지 않으리오. 내 듣건대 西伯은 노인을 잘 봉양한다고 한다.'라 하였다.〔伯夷避紂 居北海之濱 聞文王作興曰 盍歸乎來 吾聞西伯善養老者〕"라 하였다. 서백은 周나라 문왕이 생전에 불리던 爵號이다. 西方 제후의 長으로 임명되어 정벌을 마음대로 할 수 있었기 때문에 서백이라 한 것이다.

만한 임금이 아니거늘 무왕도 섬길 만한 임금이 아니라면 천하에 어찌 주도 아니고 무왕도 아닌 임금을 찾아서 섬길 수 있으리오.

〈맹자가〉 治世에는 나아가고 亂世에는 물러난다고 한 이는 백이이니,[4] 北海의 물가에 살고 있었던 것은 난세에는 물러난 것이었다. 만약 무왕이 천하를 소유했거늘 또 외진 산골짜기로 도망갔다면 이는 치세에 물러난 것이 되지 않겠는가? 西伯이 노인을 잘 봉양하기에 백이와 太公이 다 왔으니,[5] 백이가 주나라로 귀의한 지 오래였을 것이다. 무왕이 주를 정벌할 때에 이르러서는 태공만이 매처럼 武威를 떨쳐 가서 도왔으니,[6] 이는 백이는 늙어서 이미 죽었기 때문이다. 가사 백이가 그때까지 살아 있었다면 백이가 매처럼 무위를 떨치는 것이 필시 태공보다 더욱 심했을 것이다.

余嘗考之컨대 **孟子謂伯夷非其君不事**라하니 **不知所謂其君者**는 **紂乎**아 **武王乎**아 **如遷之所紀**인댄 **則武王非其君矣**니 **武王非其君**이면 **則必如紂者**라야 **乃爲伯夷之君乎**아 **然余又聞伯夷避紂矣**라하니 **紂旣非其君**이어늘 **而武王又非其君**인댄 **天下安得非紂非武王之君而事之**리오 **謂治則進亂則退者**는 **伯夷也**니 **居北海之濱**은 **是亂則退矣**라 **若武王有天下**어늘 **又逃之窮山絶谷之中**이면 **是不爲治則退乎**아 **西伯善養老**어늘 **而伯夷與太公偕來**하니 **蓋伯夷之歸周**가 **久矣**라 **及武王伐紂**하여는 **惟太公鷹揚而往佐之**하니 **是伯夷之老而旣死也**라 **使其尙在**면 **則伯夷之鷹揚**이 **當必更甚於太公**이라

백이가 말고삐를 잡고 말리거늘 태공이 "이는 義人이다."라 하고 부축하여 그 자리를 떠나기를[7] 마치 평소에 알지 못하던 사람처럼 하였으니, 이 두 사람은 다 名

---

4) 治世에는……백이이니 : ≪孟子≫ 〈公孫丑 上〉에 "섬길 만한 임금이 아니면 섬기지 않으며 부릴 만한 백성이 아니면 부리지 않아서 治世에는 나아가고 亂世에는 물러난 이는 백이이다.〔非其君不事 非其民不使 治則進 亂則退 伯夷也〕"라 하였다.

5) 西伯이……왔으니 : ≪孟子≫ 〈盡心 上〉에 "백이가 紂를 피하여 북해의 물가에 살고 있었는데, 문왕이 일어났다는 말을 듣고 말하기를 '어찌 돌아가지 않으리오. 내 듣건대 서백은 노인을 잘 봉양한다.'라 하였으며, 太公이 주를 피하여 동해의 물가에 살고 있었는데, 문왕이 일어났다는 말을 듣고 말하기를 '내 어찌 돌아가지 않으리오. 내 듣건대 서백은 노인을 잘 봉양한다.'라 하였다.〔伯夷辟紂 居北海之濱 聞文王作興曰 盍歸乎來 吾聞西伯善養老者 太公辟紂 居東海之濱 聞文王作興曰 盍歸乎來 吾聞西伯善養老者〕"라 하였다.

6) 매처럼……도왔으니 : ≪詩經≫ 〈大雅 大明〉에 "오직 太師 尙父가 이때 마치 매가 날 듯이 武威를 떨쳐서 저 무왕을 도와 상나라를 정벌하였다.〔維師尙父 時維鷹揚 涼彼武王 肆伐大商〕"라 하였다. 尙父는 太公望 呂尙의 별호이다.

賢으로서 西伯의 庇護 아래 있었거늘 도리어 막연히 서로 알지 못했다는 것은 人之常情이 아니다. 그렇다면 그 말이 虛妄하다는 것은 굳이 지혜로운 사람이 아니라도 알 수 있을 것이다. 太史 사마천이 紀傳을 지을 때 唐虞와 三代는 모두 그 사실을 直書하고 백이에 대해서만은 유독 "其傳曰(그 전해오는 말이 이르기를)" 석 자를 더 보태었다. 그렇다면 사마천도 우선 그 전해오는 말을 기록해둔 것이지 반드시 그 사실을 깊이 믿지는 않았을 것이다.

伯夷叩馬어늘 **而太公曰 此義人也**라하고 **扶而去之**를 **若素不相識者然**하니 **夫兩人皆名賢**으로 **同居西伯之宇下**어늘 **而顧漠不相識**은 **此非人情**이니 **則其言之虛妄**은 **不待智者而知也**라 **太史遷之作紀傳**에 **唐虞三代**는 **皆直書其事**하고 **其於伯夷**에 **獨增其傳曰之三言**하니 **然則遷亦姑存其言**이요 **而未必深信其事者與**인저

秦나라가 詩書를 불사른 뒤로 漢나라 학자들이 억측으로 찬술한 책을 가지고 성인의 경서를 어지럽히고 그 나라 史書에 쓴 기록도 혹 과오와 비리를 너무 거짓말로 꾸며 엄폐하면서 전해들은 말에서 얻은 것으로 진실과는 많이 어긋나니, 그 오류가 한둘이 아니다. 맹자는 〈武成〉을 두고 "다 믿을 수 없다."라 하였고,[8] 虞舜·伊尹·孔子·百里奚에 있어 사람들 말하는 것의 오류를 다 반복해 논변하여 밝혔다.[9] 하물며 周나라가 衰微해지고 秦나라, 漢나라에 이르는 동안 紛紛하게 저술하

7) 백이가……떠나기를 : ≪史記≫ 〈伯夷列傳〉에 "무왕이 문왕의 神主를 수레에 싣고 동쪽으로 紂를 정벌하러 가자 伯夷·叔齊가 말고삐를 잡고 諫言하기를 '부친이 죽고 장사도 지내지 않았는데 전쟁을 벌이는 것을 孝라 할 수 있겠습니까? 신하로서 임금을 시해하는 것을 仁이라 할 수 있겠습니까?'라 하니, 좌우 사람들이 병기로 죽이려 하거늘 태공이 '이는 義人이다.'라 하고 부축하여 그 자리를 떠났다."라 하였다.

8) 맹자는……하였고 : 〈武成〉의 ≪書經≫의 篇名이다. ≪孟子≫ 〈盡心 下〉에 "≪서경≫의 기록을 그대로 다 믿을 바에는 차라리 ≪서경≫이 없느니만 못하다. 나는 〈무성〉에서 글 중에서 두세 쪽만 취할 따름이다.〔盡信書 則不如無書 吾於武成 取二三策而已矣〕"라 하였다.

9) 虞舜……밝혔다 : 虞舜은 舜을 가리킨다. 虞는 순의 나라 이름이다. 咸丘蒙이 孟子에게 묻기를 "'舜이 천자로서 南面하고 서 계시거늘 堯가 제후를 거느리고 北面하여 朝見하셨고, 瞽瞍 또한 북면하여 조현하자, 순이 고수를 보시고 불안하여 위축되었다.' 하거늘 孔子께서 말씀하시기를 '이때에 천하가 매우 위태로웠다.' 하셨으니, 알지 못하겠습니다, 이 말이 사실입니까?"라 하니, 맹자가 "이는 군자의 말이 아니라 齊東野人의 말이다."라 하였다. 고수는 순의 아버지이다. 제동야인은 齊나라 동쪽 변방 야인이니, 이들의 말은 근거 없는 허황된 말을 뜻한다.(≪孟子≫ 〈萬章 下〉) 萬章이 "사람들이 말하기를 '伊尹이 고기를 썰어 요리하는 능력을 가지고서 湯王에게 등용되고자 하였다.'라 하니, 그러한 일이 있었습니까?"라 하니, 맹자가 "아니다, 그렇지 않다. 이윤이 有莘의 들판에서 밭을 갈면서 堯舜의 道를 좋아하여, 그 義가 아니

는 선비들이 불타고 남은 서적의 찌꺼기들을 주워 모은 것을 그 말을 듣고는 오로지 다 믿고 더 이상 그 내용을 의심하지 않는다면 어찌 또한 옛것을 너무 좋아한 나머지 어리석음에 빠진 것이 아니겠는가.

自秦焚詩書로 **用漢儒之臆纂**하여 **亂聖人之經**하고 **其國史所書**도 **或蓋失飾非**하여 **得之傳聞而多失其實**하니 **其外謬非一端矣**라 **孟子謂武成不可盡信**이라하고 **而於虞舜伊尹孔子百里奚**에 **人言之譌繆**를 **皆爲之反覆辨明**이온 **又況周衰迄秦漢紛紛著書之士掇拾煨燼之餘**를 **聽其言而一皆信之**하고 **不復致疑其際**이면 **豈不亦好古而失之愚也哉**아

【論評】

변론하여 반박한 것이 마치 수은이 땅속에 스며드는 것과 같으니, 학문을 좋아하고 思考가 깊은 선비는 이 글에서 累代에 걸쳐온 의혹을 떨쳐버릴 수 있을 것이다.

辯駁如水銀入地하니 **好學深思之士**가 **可於此盡祛累代之惑矣**라

고 그 道가 아니면, 천하로써 祿을 주더라도 돌아보지 않고, 말 4천 필을 매어놓아도 돌아보지 않았으며, 그 義가 아니고 그 道가 아니면, 지푸라기 하나도 남에게 주지 않았으며 지푸라기 하나도 남에게서 취하지 않았다."라 하였다. 만장이 묻기를, "혹자는 말하기를 '孔子가 衛나라에서는 癰疽를 주인으로 삼으셨고, 齊나라에서는 侍人(內侍) 瘠環을 주인으로 삼으셨다.'라 하니, 이러한 일이 있었습니까?"라 하자 맹자가 "아니다. 그렇지 않다. 일 만들기를 좋아하는 자들이 지어낸 말이다."라 하였다. 만장이 묻기를 "혹자는 말하기를 '百里奚는 스스로 秦나라의 희생을 기르는 자에게 팔려가서 다섯 마리 양의 가죽을 받기로 하고 소를 먹여 진나라 穆公에게 등용되고자 하였다.'라 하니, 이것이 사실입니까?"라 하니, 맹자가 "아니다. 그렇지 않다. 일 만들기를 좋아하는 자들이 지어낸 말이다."라 하였다.(≪孟子≫ 〈萬章 上〉)

09. ≪春秋發微≫의 序　春秋發微序*

*沈兼山이란 학자가 저술한 ≪春秋發微≫에 대한 서문이다. 兼山은 호일 듯한데, 누구인지 고찰하지 못하였다. '春秋發微'란 ≪春秋左氏傳≫, ≪春秋公羊傳≫, ≪春秋穀梁傳≫ 세 책에서 밝히지 못한 隱微한 뜻을 밝혔다는 말이다.

나는 일찍이 생각건대 성인의 마음은 마치 해와 달이 中天에 높이 걸려 광휘가 海內에 환히 비추는 것과 같지만 문장에 나타나는 것은 含蓄하고 高遠하여 한 가지로 헤아려 알 수 없다.

吾嘗謂聖人之心은 **如日月懸象於中天**하여 **而光輝照灼乎海宇**어니와 **其見之文章**은 **則藏蓄高遠而不可以一端測也**라

옛날에 孔子가 ≪春秋≫를 지으니, 그 말은 매우 簡約하되 그 뜻은 지극히 심오하였다. 楚나라 군자 左丘明[1]이란 이는 聖人이 살던 세상과 시대가 멀지 않았다. 그래서 옛 역사의 남은 글과 故老들이 보고 기억하는 바를 그대로 따라서 때늦지 않게 傳을 지었으니, 그 말이 이미 근거 없는 것이 아니었다. 그런데도 公羊[2]과 穀梁[3] 두 학자가 다시 그 스승의 설을 이어받아 ≪춘추≫의 뜻을 반복해 미루어 밝혔다. 그러므로 ≪춘추≫의 經文은 비록 질박하고 簡約하지만 내용을 파악할 수 있는 단서를 제법 찾을 수 있다.

후세의 학자들이 이에 이 세 학자의 저술을 인하여 그 是非·得失이 어디 있는

1) 左丘明 : 성은 左, 이름은 丘明이라고도 하고 성은 左丘, 이름은 明이라고도 하는데, 춘추시대 魯나라 太史로 孔子와 동시대의 인물이다. ≪史記≫ 〈十二諸侯年表〉에 의하면, 공자가 ≪春秋≫를 지은 뒤에 그 眞意를 밝히기 위해 좌구명이 ≪左氏春秋≫를 지었다고 하였다. ≪春秋左氏傳≫의 저자로 알려져 있으나 王安石, 鄭樵 등이 이 설을 부인하였고, 淸나라 康有爲는 ≪춘추좌씨전≫이 劉歆의 僞作이라고 주장하였다.

2) 公羊 : 춘추시대 齊나라 학자 公羊高이다. 공자의 제자 子夏의 제자이고, ≪春秋公羊傳≫의 저자로 알려져 있다.

3) 穀梁 : 춘추시대 魯나라의 학자 穀梁赤이다. 공자의 제자 子夏의 제자이고, ≪春秋穀梁傳≫의 저자로 알려져 있다.

지 찾을 수 있으니, 그렇다면 이 세 학자의 공로가 큰 것이다. 그러나 애석하게도 이 세 학자가 성인이 ≪춘추≫에서 말한 義理를 다 밝히지는 못하였고, 게다가 사실과 어긋나고 牽强附會한 얘기들을 끼워 넣었다. 그러므로 "左氏는 너무 사실을 왜곡한 잘못이 있고 公羊과 穀梁은 너무 이치를 천착한 잘못이 있다."라 하였다. 이 세 학자를 믿으면 이 세 학자에게 기만을 당하고 이 세 학자를 믿지 않으면 또 스스로 私見을 가지고 성인의 마음을 추측하게 되니 성인의 마음이 과연 여기에 있다고 기필할 수 없다.

昔者에 孔子作春秋하니 其言甚簡而其義至深이라 楚君子左邱[4]明者는 去聖人之世未遠이라 因舊史之遺文과 故老之所睹記하여 及時而爲之傳하니 其言旣非無稽어늘 而公羊穀梁二子가 復承其師說而爲之反覆推明이라 故經文雖樸略이나 而頗有端緖可尋이라 後之學者乃得因三子之言하여 以求其是非得失之所在하니 然則三子之功偉矣라 惜乎라 三子不能盡明聖人之義하고 而復厠之以舛譎傅會之談也라 故曰 左氏는 失之誣하고 公羊穀梁은 失之鑿이라하니 夫信三子면 則爲三子之所蒙이요 不信三子면 則又自以其私測聖人하니 而未必聖人之心之果在於此라

나의 벗 沈君 兼山이 ≪春秋≫의 義理에 침잠한 지 수십 년이다. 그는 이 세 학자의 말에 대해 진실로 이미 자기 가슴속에 익숙히 알고 있지만, 요컨대 그 가슴속에는 이 세 학자의 견해가 없다. 마음을 고요하고 전일하게 가지고서 천년 전 성인의 마음을 찾으면서 일찍이 前人의 학설을 지나치게 믿은 적이 없고 게다가 자기의 편견을 고집하지도 않았다. 그렇다면 그는 성인의 마음에 반드시 다 契合하지는 못하겠지만 계합하지 못하는 것이 적을 것이다. 종이에 쓰고 이름을 붙여 ≪春秋發微≫라 하였다.

吾友沈君兼山이 沈潛於春秋之義가 數十年이라 其於三子之言에 固已熟習於胸中이로되 而要其胸中에 無三子之見也라 靜一心以求聖人之心於千載之上하여 未嘗過信前人하고 而又非執一己之偏見也라 然則其於聖人之心에 未必盡合也나 而其不合者寡矣라 書之於簡하고 命之曰 春秋發微라하다

---

4) 邱 : 저본에는 '邱'로 되어 있으나, ≪海峰先生文集≫에는 '丘'로 되어 있다. 이는 孔子의 諱인 丘를 피휘한 것이다.

【論評】

세 학자의 得失을 판단한 것이 마치 노련한 관리가 獄事를 판단하는 것과 같으니, 후인이 補充한 것도 본래 과소평가할 수 없다. 문장의 意境이 맑기가 마치 가을 물이 찬 못에 있는 것과 같다.

判斷三子之得失이 如老吏斷獄하니 則後人之補苴가 自不可少라 文境澄澈이 如秋水之在寒潭이로다

10. ≪海舶三集≫의 序　海舶三集序*

＊方苞의 〈送徐亮直冊封琉球序〉에 의하면, 淸나라 聖祖 57년(1718)에 琉球國의 嗣孫 尙敬을 中山王으로 책봉할 때 徐亮直이 사신으로 뽑혀서 갔다. 서량직이 使行으로 갔다 오는 동안 지은 시를 모아 편집한 것이 ≪해박삼집≫이다. 유대괴는 파도가 사나운 바다를 두려워하지 않고 시를 읊으며 왕래한 것은 서량직의 임금에 대한 충성심 때문이라고 칭찬하였다.

五板船[1)]을 타고서 江水·淮水를 떠갈 때 뭉게뭉게 구름이 일고 세차게 바람이 일어나 놀란 파도가 생기고 큰 물결이 일면 뱃사공과 일꾼들이 낯빛을 잃고 서로 바라보면서 장차 배가 뒤집힐 근심과 물에 빠질 참변이 있으리라 생각한다. 더구나 바닷물의 일렁이는 큰 파도가 아득히 끝이 없어 天吳[2)]는 놀란 눈으로 보고 魚族들은 서로 부딪치는 경우에는 사람이 그 상황에서 부평초나 쑥대처럼 이리저리 떠다니면서 그물에 걸린 물고기처럼 마구 내달리는 몸을 내맡겨둘 뿐 결코 자신을 주체하지 못한다. 그러므로 왕왕 혼백이 흔들리고 정신을 잃어 돛대가 꺾어지고 노가 부러지기도 전에 혼몽한 상태로 평안하지 못하게 된다.

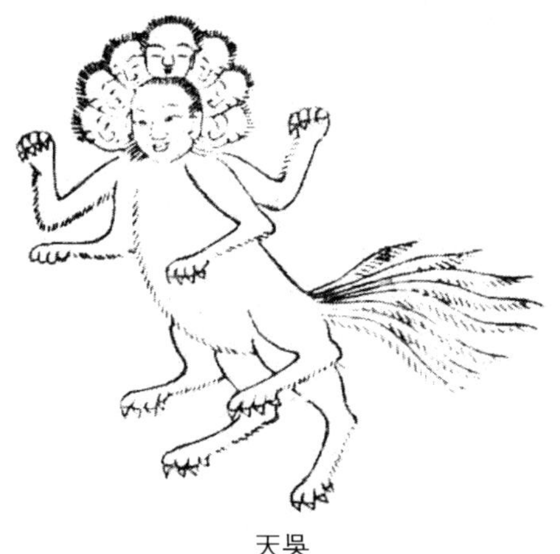
天吳

그런데도 도리어 태연하게 하늘과 물결을 우러러보고 굽어보고 유유자적 시를 읊조리면

1) 五板船 : 큰 배이다. 五板大船이라고도 하고 五板戰船이란 배도 있다. 晉나라 周處의 ≪風土記≫에 "작은 배를 舟라 하고 큰 배를 船이라 한다. 溫麻五會란 것은 永寧縣에서 豫章의 목재를 내어서 5板을 합쳐서 大船를 만들었기 때문에 五會란 이름을 붙였다."라 하였다. ≪太平御覽≫ 권770 〈舟部3〉 ≪公羊傳≫ 何休의 注에 "8尺을 板이라 한다."라 하였고, ≪戰國策≫ 姚宏의 注에는 "너비 2尺을 板이라 한다."라 하였고, ≪詩經≫ 毛傳에는 "1丈이 板이다."라 하였고, 鄭玄의 箋에는 "板은 6尺이다."라 하였다.

2) 天吳 : 水神 이름이다. ≪山海經≫ 〈海外東經〉에 "朝陽의 골짜기에 신이 있으니 天吳로서, 水伯이다."라 하였다.

서 沆瀣(항해)[3] 자욱한 허공에 상상의 나래를 펴고 霞虹(하홍)[4]의 저편에 정신을 보내어, 경쾌하게 나는 듯이 아름다운 文思가 떠오르고 무성하게 일어나는 듯이 큰 문장이 드러나서 開寶[5]의 餘風을 떨쳐 杜甫·高岑[6]의 작품과 방불한 시를 읊는다면 이는 이른바 神勇이라 할 것이다.

乘五板之船하여 浮於江淮할새 滃然雲興하며 勃然風起에 驚濤生巨浪作이어든 舟人僕夫가 失色相向하여 以爲將有傾覆之憂沈淪之慘也온 又況海水之所汩(골)沒이 渺爾無垠하여 天吳睒睗(섬석)하며 魚黿撞衝이어든 人於其中에 萍飄蓬轉하여 一任其挂罥奔馳하여 曾不能以自主라 故往往魄動神喪하여 不待檣摧櫓折而夢寐爲之不寧이어늘 顧乃俯仰自如하고 吟詠自適하여 馳想於沆瀣之虛하며 寄情於霞虹之表하여 翩然而藻思翔하며 蔚然而鴻章著하여 振開寶之餘風하여 髣髴乎杜甫高岑之什하면 此所謂神勇者矣라

나는 생각건대 그렇지 않다. 신하가 마음속에 君父의 命을 매달고 있는 것이 마치 태양처럼 크며 우레처럼 울리면 外物에 있어서는 보아도 형체가 보이지 않으며 들어도 소리가 들리지 않으니, 저 사람은 크게 출렁이는 바닷물을 보기를 마치 푹신한 방석, 편안한 돗자리와 같이 여길 것이며, 눈앞에 우뚝우뚝 솟은 높은 섬들을 보기를 마치 푸른 병풍을 치고 几案과 벼루를 늘어놓은 모습과 같이 여길 것이며, 온갖 요괴들이 출몰하고 浮沈하는 광경을 보기를 마치 아름다운 꽃과 대나무, 기이한 돌들을 정원에 별처럼 나열한 것과 같이 여길 것이다. 그리고 詩歌를 읊는 소리는 金石으로 만든 악기에서 나온 것과 같으니,[7] 저 풍랑이 사납게 부딪치는 소리 따위는 저 사람은 진실로 미처 알지도 못하는데, 또 어찌 놀라고 두려워할 리가 있겠는가.

---

3) 沆瀣(항해) : 밤에 내리는 맑은 이슬을 일컫는 말로, 신선이 이 이슬을 마신다고 한다. ≪楚辭≫ 〈遠遊〉에 "六氣를 먹고 沆瀣를 마심이여, 正陽으로 양치질하고 아침노을을 머금는다.〔飡六氣而飮沆瀣兮 漱正陽而含朝霞〕"라 하였다.

4) 霞虹 : 노을과 무지개이다.

5) 開寶 : 唐 玄宗의 연호인 開元(713~741)과 天寶(742~756)의 병칭이다. 개원 연간으로부터 代宗 大曆(766~779) 연간에 이르는 이른바 盛唐 때가 唐詩의 전성기였다. 이 시기에 王維, 孟浩然, 李白, 杜甫, 高適, 岑參 등 저명한 시인들이 나왔다.

6) 高岑 : 唐나라 때 저명한 시인인 高適(704~765)과 岑參(715~770)의 병칭이다.

7) 詩歌를……같으니 : 시를 읊는 소리가 청아하고 고상함을 뜻한다. 孔子의 제자 曾子가 衛나라에 살고 있을 때 사흘 동안 밥을 먹지 못한 채 팔꿈치가 드러난 옷을 입고 발뒤꿈치가 터진 짚신을 끌면서 商聲으로 노래를 부르면 그 청아한 소리가 천지에 가득 차서 마치 金石에서 나오는 것 같았다.(≪莊子≫ 〈讓王〉)

余謂不然하다 人臣懸君父之命於心이 大如日輪하며 響如霆轟하면 則其於外物也에 視之而不見其形하며 聽之而不聞其聲하니 彼其視海水之蕩潏(휼)이 如重茵莞席之安하며 視崇島之嵽嵲(질얼)當前이 如翠屛之列几硯之陳하며 視百靈怪物之出沒而浮沈이 如佳花美竹奇石之星羅於苑囿요 歌聲出金石하니 若夫風潮澎湃(팽배)之音은 彼固有不及知者어늘 而又何震慴恐懼之有리오

翰林 徐君 亮直先生이 康熙 모년 모월 모일에 琉球로 사신 가서 거의 만 1년이 되는 동안 지은 歌詩가 거의 천백 수나 되었다. 이에 ≪海舶三集≫이란 이름을 붙이니, 海內의 사대부들이 듣고 알지 못하는 이가 없었다. 그리고 20여년 뒤에 선생이 벼슬을 그만두고 집에 돌아와 노년을 보내면서 나에게 명하여 서문을 쓰게 하였다.

翰林徐君亮直先生이 以康熙某年之月日로 奉使琉球하여 歲且及周에 歌詩且千百首어늘 名之曰海舶三集이라하니 海內之薦紳大夫가 莫不聞而知之矣라 後二十餘年에 先生旣歸老於家에 乃命大櫆爲之序라

【論評】

독창적이고 奇崛하니 昌黎[8]가 아니면 이렇게 지을 수 없다.

獨造奇崛하니 非昌黎면 不能作이라

8) 昌黎 : 唐나라 때 大文豪로 昌黎伯에 봉해진 韓愈를 가리킨다.

11. 沈茉園 시집의 序　沈茉園詩集序*

*심초원의 시집인 ≪初卉集≫에 대한 서문이다. 심초원이 누차 과거에 낙방한 선비인데도 그의 시에는 실의에 빠져 울울한 모습은 없고, 오히려 현달한 사람과 같은 기상을 볼 수 있다. 유대괴는 이 시집을 읽고, 심초원이 장차 현달한 사람이 될 것이지만, 정작 심초원의 부귀보다 世運이 바야흐로 융성하고 있음을 알 수 있다고 하여 큰 의미를 부여하였다.

沈君 茉園이 평소에 지은 시 ≪初卉集≫이란 것을 꺼내어 내게 보여주기에 내가 끝까지 다 읽고 감탄하면서 책을 손에서 놓지 못하고 말하기를 "이는 盛世의 風謠로다."라 하였다. 옛날의 君子가 〈淸廟〉·〈猗那〉[1] 같은 시를 짓기를 원하지 않고 도리어 寺人 孟子[2] 같은 사람이 되어 周道를 한탄하고[3] 黍離를 근심하기를[4] 원한 사람은 없었으니, 대저 일찍이 孼子·孤臣[5], 伯奇[6]·屈原[7]과 같은 처지를 만나지

1) 淸廟·猗那 : 〈淸廟〉는 ≪詩經≫ 〈周頌〉의 편명이다. 朱熹의 註에 의하면, 周나라 종묘에서 周公이 文王에게 제사를 올릴 때 연주한 樂章이라 한다. 〈猗那〉는 ≪시경≫ 〈商頌 那〉를 말한다. 〈那〉에 "아, 많도다. 우리 작은북 큰북을 설치하네. 화락하게 북을 두드려서 우리 열조를 즐겁게 하네.〔猗與那與 置我鞉鼓 奏鼓簡簡 衎我烈祖〕"라 한 데에서 온 말이다. 주희의 주에 "舊說에 이 시를 成湯에게 제사를 올릴 때 연주한 악장이라 하였다."라 하였다. 성탕은 殷나라 시조 湯王이다.

2) 寺人 孟子 : ≪詩經≫ 〈小雅 巷伯〉에 "양원의 길이여, 높은 언덕에 얹혀 있도다. 寺人(시인) 맹자가 이 시를 짓노라.〔楊園之道 猗于畝丘 寺人孟子 作爲此詩〕" 하였다. 朱熹의 註에 "寺人은 宮內의 小臣이니, 참언 때문에 宮刑을 받고 내시가 된 자이다. 孟子는 그의 자이다."라 하였다. 이 시는 周나라 망해가던 시기인 폭군 幽王 때 말을 꾸며 왕에게 참소하는 소인을 원망한 시이다.

3) 周道를 한탄하고 : 周道는 周나라로 가는 길이다. ≪詩經≫ 〈檜風 匪風〉에 "바람이 몰아쳐서도 아니요, 수레가 급히 달려서도 아니라, 주나라로 가는 길을 돌아보고는, 마음이 서글프도다.〔匪風發兮 匪車偈兮 顧瞻周道 中心怛兮〕"라 하였다. 이는 쇠미해가는 주나라를 보고 탄식한 것이다.

4) 黍離를 근심하기를 : 서리는 익어서 이삭이 늘어진 기장으로, ≪詩經≫ 〈王風 黍離〉에 "저 기장이 축 늘어졌거늘, 저 피는 싹이 돋았도다. 힘없이 가는 길 더디어라, 이내 마음 흔들려 둘 데 없어라.〔彼黍離離 彼稷之苗 行邁靡靡 中心搖搖〕"라고 한 데서 온 말이다. 이 시는 周나라가 東遷한 뒤 한 大夫가 行役을 가다가 옛 西周의 도읍을 지나다가 宗廟와 宮室의 옛터가 모두 기장 밭이 되어 있는 것을 보고 슬픈 마음을 노래한 시이다.

5) 孼子·孤臣 : 孤臣은 조정에서 멀리 쫓겨난 신하이고, 孼子는 賤妾이 낳은 자식이다. 즉 임금에게 버림받고 아버지에게 천대받는 사람이다. ≪孟子≫ 〈盡心 上〉에 "사람의 덕스러운 지혜와 기술의 재능은 항상 위기 속에서 나온다. 오직 외로운 신하와 서얼의 자식은 마음가짐을

않았거늘 애써 원망하고 시름하는 말을 한다면 어찌 悖逆한 일이 아니겠는가.

沈君茉園이 **出其平生所爲詩曰初卉集者**하여 **視余**어늘 **余讀之終篇**에 **歎嗟不能去曰 此盛世之風也**라 **古之君子未有不願爲淸廟猗那**하고 **而顧願爲寺人孟子愾周道憂黍離者也**하니 **夫未嘗有孽子孤臣伯奇屈原之遇**어늘 **而强爲怨咨愁苦之言**은 **豈不悖哉**아

沈君은 낙망한 太學生이다. 일찍이 과거 공부를 하여 누차 응시했으나 합격하지 못하였다. 그러나 그의 마음은 더욱 겸허하고 그의 기상은 더욱 온화하여 그 덕성은 화락하고 그 용모는 겸손하였다. 歌詩를 지을 때에는 文辭를 아름답게 수식하고 오묘한 구절을 찾아내어, 憔悴한 생각이 없고 울적한 태도가 없다. 몸은 布衣의 선비로 외진 閭巷에 있지만 그 글을 짓는 것은 公卿大夫와 같이 顯達한 사람과 다를 바 없으니, 훗날 심군이 공경대부와 같이 현달한 사람이 될 것임을 알 수 있다.

沈君纍然太學生이라 **嘗工擧子業**하여 **屢試不遇**로되 **而其心愈下**하며 **其氣愈和**하여 **雍然其德**이며 **退然其容**이라 **作爲歌詩**에 **雕鎪抉摘**하여 **無憔悴之思**하며 **無鬱堙之態**라 **身在布衣窮巷**이로되 **而爲文與公卿達人無以異**하니 **則他日沈君之爲公卿達人**을 **可知也**로다

비록 그렇지만 下民의 슬픔과 즐거움, 기쁨과 근심은 上天과 감응하는 법이니, 하민이 희열하는 마음, 좋아서 踊躍하는 모습, 분개하여 불평하는 기운, 크게 한숨을 내쉬는 소리 등이 쌓여서 천지에 꽉 차면, 천하의 治亂·興衰가 이로써 나오게 된다. 富貴는 말할 것이 못 되니, 나는 심군의 시에서 또 世運이 바야흐로 융성하고 있음을 점칠 수 있다.

雖然이나 **下民之悲愉喜戚**이 **與上天爲感應**하나니 **欣忭之情**과 **踴躍之節**과 **忿憾不平之氣**와 **太**

극도로 조심하고 환란을 깊이 걱정하기 때문에 사리에 통달한다.〔人之有德慧術知者 恒存乎疢疾 獨孤臣孽子 其操心也危 其慮患也深 故達〕"라 하였다.

6) 伯奇 : 周나라 宣王 때 名臣 尹吉甫의 장남이다. 백기의 後母가 자기 소생 伯封을 太子로 삼고 싶어서 윤길보에게 참소해 백기를 추방시켰다. 백기는 연잎으로 만든 옷을 입고 마름꽃을 따서 먹으면서 아침에 서리를 밟으면서 자신이 죄 없이 쫓겨난 것을 슬퍼하는 노래인 〈履霜操〉를 지어 부르고 河水에 몸을 던져 자결하였다.(≪樂府詩集≫ 〈琴曲歌辭1 履霜操〉 解題)

7) 屈原 : 전국시대 楚나라 三閭大夫로, 上官大夫의 참소를 입어 임금에게 버림받고 쫓겨나 〈離騷〉를 부르다가 長沙의 汨羅水에 몸을 던져 자결하였다.(≪史記≫ 권84 〈屈原列傳〉)

息之聲이 充周鬱積에 而天下之治亂興衰以出이라 富貴不足道니 吾於沈君之詩에 又以卜世運之方隆焉이로다

【論評】

기상이 높고 크며 거침없고 호방하다.

高偉跌蕩이라

12. 葉書山을 보내는 序　送葉書山序*

*과거를 보러 北京으로 가는 섭서산에게 써준 送序이다. 불우한 자신을 알아주던 유일한 知己를 떠나보내는 아쉬운 마음을 짧은 글로 절절하게 표현하였다.

나의 벗 葉君 書山이 장차 京師로 갈 즈음에 마을의 섭군과 교유한 사람들은 모두 다 섭군을 위해 기뻐하였지만 나는 홀로 근심한다.

予友葉君書山이 **將適京師**할새 **里之與葉君交遊者**는 **皆爲葉君喜**로되 **而予獨以爲戚**하노라

지금 밝으신 천자께서 위에 계시면서 서둘러 인재를 불러들이기를 마치 힘이 미치지 못하는 바가 있는 듯이 하시니, 선비가 재주로 일컬어져 大官에 이른 이들이 줄지어 헤엄쳐 가는 물고기처럼 이어졌다. 섭군은 뜻은 古人을 希求함직하고 權道는 지금 세상을 구제할 수 있으니,[1] 甲科에 급제하여 爵位를 취하는 것은 눈을 부비고 기다릴 수 있거늘 도리어 근심하는 것은 어째서인가?

方今明天子在上하여 **汲汲乎徵才**를 **如有所不及**하니 **士之以才稱而至大官者**가 **魚貫相屬**(촉)**也**라 **葉君志足以希古**하며 **權足以濟今**하니 **射策於甲科**하여 **以取爵位**는 **可拭目相待**어늘 **而乃以爲戚者**는 **何哉**오

대개 나는 세상에서 곤궁하여 고을 사람들이 업신여기는 비웃음거리가 되었다. 섭군은 일찍이 구차히 사람을 사귄 적이 없는데도 유독 나를 믿고서 왕래하였다. 올해 내가 張氏 집에 塾師로 있을 때 늘 섭군과 술을 마시고 문장을 토론하느라 밤이 이슥해도 헤어지지 않았으며, 머리를 맞대고서 만나지 않은 것이 사흘을 넘긴

---

1) 權道는……있으니 : ≪春秋經筌≫ 12권 襄公 27년 조에 "대저 權道와 正道는 아울러 쓰지 못하며, 仁과 義는 둘 다 서지 못하니, 권도가 당시 세상을 구제할 수 있으면 군자는 정도를 버리며 仁이 천하를 평안하게 할 수 있으면 군자는 義를 요구하지 않는다.〔夫權正不竝用 仁義不兩立 權足以濟時 君子捨其正 仁足以安天下 君子不責其義〕"라 하였다.

적도 없었다. 그런데 이제 섭군조차 떠나간다.

蓋予窮於世하여 **爲鄕人所共嗤笑**어늘 **葉君未嘗苟與爲同**이로되 **而獨相信以與爲還往**이라 **今年**에 **予客張氏之館**할새 **每相與飮酒論文**하여 **至夜分不散**하고 **不聚首而或出三日**이 **未之嘗有**러니 **今葉君則又去矣**라

대저 섭군이 곤궁하여 나와 머리를 맞대고 문장을 토론하는 것이 나의 행운이니, 섭군이 甲科에 급제하여 爵位를 얻어 마치 焦明[2]이 날개를 펴서 드넓은 창공을 날아올라 나로 하여금 그물을 잡고서 늪에서 살펴보지 못하도록 하는 것이 어찌 내가 섭군에게 바라는 바이겠는가.

夫葉君之窮而與予聚首論文이 **予之幸也**니 **葉君而射策於甲科**하여 **以取爵位**하여 **焦明矯翼**에 **天宇蒼蒼**하여 **使予不得持**罝罘(저부)**而視乎藪澤**이 **豈予之所以望葉君者哉**아

【論評】

풀어주고 잡아당기기를 마음대로 조종하니, 역시 昌黎의 거동이로다.

縱控如意하니 **亦是昌黎擧動**이로다

---

2) 焦明 : 봉황과 비슷한 상서로운 새이다. ≪史記≫ 〈司馬相如傳〉에 "焦明은 이미 드넓은 하늘에서 날고 있거늘 그물을 잡은 사람은 오히려 늪을 보고 있다.〔焦明已翔乎寥廓 羅者猶視乎藪澤〕"라 하였다.

13. 〈恐吠〉 한 수를 지어 張渭南에게 贈別하다
恐吠一首別張渭南*

*길 떠나는 장위남에게 〈공폐〉라는 시 한 수를 지어주면서 써준 글로 일종의 送序인 셈이다. 장위남은 누구인지 고찰하지 못하였지만, 문장이 뛰어나 남들에게 질투와 비방을 받았다는 사실은 이 글에서 알 수 있다. 유대괴는 장위남에게 재능을 감추고 드러내지 말아야 하니 그렇지 않으면 소인들이 시기하여 해치려 할 것이라 충고하였다.

선비가 후세에 영화롭고 당세에는 핍박을 받는 것이 무슨 나쁠 게 있으리오. 옛날에 韓退之가 〈毛穎傳〉[1]을 짓자 사람들이 다 크게 웃으며 괴이한 글이라 하였지만 柳子厚만이 홀로 얻어 보고 좋아하여 〈모영전〉을 읽고 後尾에 적는 글을 짓기까지 하였다.[2] 아아, 이것이 유자후가 된 까닭일 것이다.

士榮於後而虐於今이 **何害**리오 **昔**에 **韓退之作毛穎傳**이어늘 **人皆大笑以爲怪**로되 **而柳子厚獨喜得之**하고 **至爲讀毛穎傳題後文**하니 **嗚呼**라 **此其所以爲子厚與**인저

선비가 當世에 살면서 세상 사람들에게 모욕과 비난을 받지 않은 적은 없다. 그러나 누가 옳고 누가 그른지는 수십 내지 수백 년이 지나면 반드시 가려낼 수 있는 사람이 있을 터이니, 유자후뿐만은 아니다. 종전에 한퇴지와 원수를 맺지 않고 서로 의지한 이들인 張籍, 皇甫湜, 崔群, 侯喜 같은 사람들은 그래도 성명을 한퇴

---

1) 毛穎傳 : 韓愈가 國子博士로 재직하던 때인 元和 1, 2년(806~807) 즈음에 쓴 글이다. 毛穎은 붓을 의인화한 것이다. 한유가 〈毛穎傳〉에서 붓의 일생을 의인화함으로써 뛰어난 문장력을 가지고도 그에 걸맞는 대우를 받지 못하는 자신의 울분을 토로하였다.

2) 柳子厚만이……하였으니 : 子厚는 唐나라 문호 柳宗元의 자이다. 〈讀韓愈所著毛穎傳後題〉이란 제목의 글이 ≪柳河東集≫ 권21에 실려 있다. 유종원의 〈與楊誨之再說車敦勉用和書〉는 楊誨之에게 보낸 편지인데, 거기에 "足下가 가지고 온 韓生의 〈毛穎傳〉은 매우 뛰어나더군. 혹시 세상 사람들이 이 글을 비난하지나 않을까 염려하여 지금 수백 자의 글 한 편을 지어 聖人도 해학을 나쁘게 여기지 않았음을 알게 하네."라 하였다.

지의 글의 말미에 넣을 수 있었지만,[3] 한퇴지의 글을 비웃고 괴이하다고 한 사람들은 어찌 타고 남은 재조차도 남아 있는가. 아아! 개미와 같은 미물이 큰 나무를 흔드는 짓[4]을 하지 않는 경우가 없지만 또한 제 역량을 알지 못하여 힘이 다해 지쳐서 죽는 데 이르는 것을 볼 수 있을 뿐이다.

士生於當世하여 **未嘗不爲流俗之所罵譏**라 **然其孰得孰失**은 **數十百年**에 **必有能辨之者**니 **非獨子厚也**라 **向之不與退之讐而相依倚如籍湜崔群侯喜輩**는 **猶得以名氏剌其文之末行**(항)이어니와 **而笑之以爲怪者**가 **豈復灰燼存哉**아 **嗟乎**라 **蚍蜉**(비부)**之生**이 **未有不爲撼樹者**나 **亦見其不知量**하여 **至於力之窮而敝敝以死也**라

王介甫가 段縫에게 보낸 편지[5]에 "세상의 어리석은 자는 많고 어진 이는 드무니, 어리석은 자는 본디 어진 이를 시기하거늘 어진 이는 게다가 자신을 지켜 어리석은 자와 만나지 않으니, 어리석은 자는 더욱 마음에 원망을 품는다. 이런 까닭에 가는 곳마다 어진 이를 비방하지 않음이 없다."라 하였다. 슬프다, 단봉이여! 명성이 혁혁한 子固가 오히려 지금 세상에 살고 있으니, 내용이 간곡하여 사람으로 하여금 읽고서 興起하게 하는 것은 王介甫의 글이다.[6]

張渭南은 우리 고을의 매우 출중한 인물로 나와 친한 사이이다. 나는 渭南을 위하여 걱정하노니, 개가 못 보던 것을 보고 짖는 것은 반드시 해와 눈뿐만이 아니다.[7] 해가 높이 뜨고 눈이 쌓인 것과 같은 경우에는 다 짖어댈 터이니, 위남은 이

3) 종전에……있었지만 : 張籍은 시인으로 韓愈의 친구이고, 皇甫湜은 한유를 스승으로 섬겼으며, 崔群은 겨우 18세의 나이로 한유와 벗이 되었고 侯喜는 한유의 제자이다. 이들은 모두 한유의 후광을 입은 사람들이고, 이들의 이름이 ≪韓昌黎集≫에 많이 보인다.

4) 개미가……짓 : 韓愈의 〈調張籍〉에, "개미가 큰 나무를 흔들려고 하니, 자기 역량을 모르는 게 가소롭네.〔蚍蜉撼大樹 可笑不自量〕"라 하였다.(≪韓昌黎集≫ 권5)

5) 王介甫가……편지 : 唐宋八大家의 한 사람인 王安石의 자가 介甫이다. 이 편지의 제목은 〈答段縫書〉로, '縫'자가 ≪臨川文集≫ 권75에는 '逢'자로 되어 있고 ≪唐宋八大家文鈔≫에는 '縫'자로 되어 있다.

6) 슬프다……글이다 : 子固는 唐宋八大家의 한 사람인 曾鞏의 자이니, 張渭南을 증공에 비긴 것이다. 왕안석의 〈答段縫書〉는, 段縫이 소문을 듣고 증공을 오해하여 증공은 행실이 좋지 않은 사람이라고 비방한 데 대해 해명한 글이다. 즉 '슬프게도 단봉은 증공과 같이 훌륭한 사람을 오해했는데, 그 증공과 같이 훌륭한 장위남이 현재 세상에 살면서 오해를 받고 있으니, 지금 읽고서 오해를 풀 수 있게 하는 것은 왕안석의 〈답단봉서〉이다.'라는 뜻으로 말하였다.

7) 개가……아니다 : '蜀犬吠日'과 '越犬吠雪' 두 고사를 인용하였다. '蜀犬吠日'은 蜀 땅인 四川省 지방은 산이 높고 안개가 짙어서 해를 보는 날이 드물기 때문에 어쩌다 해가 뜨면 개가 이상

정도에서 그치는 게 좋겠다. 점점 더 나아가 그만두지 않으면 개가 짖는 것이 장차 그대에게 미칠 것이다.

王介甫與段縫書云 世之愚者衆而賢者希하니 愚者固忌賢者어늘 而賢者又自守하여 不與愚者合하니 愚者加怨於心이라 是以로 無之焉而不謗이라하니 悲哉段縫이여 赫然子固가 猶在今世하니 而懃懃乎使人讀之興起者는 介甫之文也라 張渭南은 吾鄕之超然特異者也요 而與余相善이라 余爲渭南恐焉하노니 夫犬之吠所未見이 非必日與雪也라 其爲日之臨而雪之積焉者를 皆吠之矣리니 渭南猶可及止也어다 駸駸焉而不已이면 吠且及於子哉인저

하게 여기고 짖는다는 것이다. '越犬吠雪'은 越 땅은 남쪽이라 좀처럼 눈이 내리지 않기 때문에 눈이 내리면 개들이 마구 짖어 댄다는 것이다. 원래는 식견이 좁아 당연한 일을 보고도 이상하게 여기는 사람을 비유하는 말로 쓰이는데, 여기서는 소인이 군자를 비방하는 것을 비유하였다.(≪古今合璧事類備要 別集≫ 권84, ≪柳河東集≫ 권34 〈答韋中立論師道書〉)

14. 方抱之에게 준 序　贈方抱之序*

* 유대괴가 만년에 安徽省 黟縣敎諭를 지낼 때 쓴 글로 추정된다. 이현은 높은 산들로 둘러싸인 외진 고을이라 찾아오는 친척도 친구도 없이 적적하게 사는 중에 방포지를 만나 그동안 매우 즐거웠는데 이제 그마저 떠나보내야 하니, 작자의 마음이 매우 허전하다. 抱之는 자인데 어떤 사람인지 고찰하지 못하였다.

新安은 많은 산들 가운데 있고 黟縣[1]이란 고을은 게다가 산들이 사방을 막은 요충에 있으니, 사람이 그 안에 있는 것이 마치 항아리 안에 앉아 있는 것과 같다. 산 밖에서 이 고을로 들어오자면 가파른 벼랑, 높은 산등성이에 원숭이처럼 손으로 부여잡고 개미처럼 기어가야 하니, 비록 매우 힘이 있는 사람일지라도 늘 가쁜 숨과 흐르는 땀을 이기지 못한다. 때로는 그 험준하고 좁은 요충을 한 사람이 지키면 천 사람도 지나가지 못한다. 黟山[2]은 봉우리들이 깎아지른 듯이 솟아 있어 올라가 구경할 수 있는 巖壑이 없다. 그리고 물은 여울져 세차게 흘러 소나기가 오면 노한 물결이 천 尺 높이로 치솟다가도 날이 개면 언제 그랬냐는 듯이 잠잠해진다.

한 해의 수확이 석 달의 양식만을 지탱할 수 있기에 조석 끼닛거리를 江右[3]에서 가져다 먹는데 물이 마르면 배가 다닐 수 없어 곡식 가격이 폭등하고 과일과 채소는 가격이 다른 고을보다 열 배가 된다. 魚物도 생산되지 않고 오리도 생산되지 않고 기러기도 오지 않는다. 조망할 수 있는 곳으로 삼을 정자나 동산도 없고, 한적하게 머물러 쉴 것으로 삼을 사찰이나 道觀도 없다.

新安在萬山之中하고 黟之爲邑은 又當群山四塞之衝하니 人於其間이 如坐甕盎이라 自山外而來하면 層崖絶嶺에 猿攀蟻附하니 雖强有力者라도 常喘汗弗勝이라 時其險隘를 一人守之어든 千人不能過也라 黟山頑梗하여 無巖壑足以登臨이요 水湍悍奔瀉하여 驟雨則怒濤千尺하고 霽則溘然而盡이라 一歲之收가 支三月之糧일새 饔餐取給於江右하니 水涸則舟楫不通而穀價騰涌하고 百

1) 黟縣 : 지금의 安徽省 남부에 있는 縣이다.
2) 黟山 : 安徽省에 있는 黃山의 별칭이다.
3) 江右 : 양자강 하류 서쪽 지역으로 江西라고도 한다.

果蔬菜가 價十倍於他州요 鰕魚不生하고 鳧鷖(예)不産하고 鴻雁不至라 無亭臺苑囿以爲眺望之資하며 無梵宇琳宮之開覩以爲棲遲之地라

나는 매달린 뒤웅박[4]처럼 이곳에 생활하면서 쓸쓸한 작은 집에서 종일토록 우두커니 혼자 있을 뿐 친척이나 친구도 들러서 안부를 묻는 이가 없었다. 그런데 方君 抱之가 먼 길을 걸어오는 수고를 마다 않고 과분하게도 나를 찾아와 주었다. 그와 얘기해보니 가슴속이 후련히 틔어서 밝아졌고, 오래 함께 지내노라니 유쾌하고 평안해져서 나 자신이 객지에 살면서 적막하고 무료한 줄도 잊었다.

余匏繫於玆에 斗室蕭條라 塊然終日에 族戚交遊가 無過而問者러니 方君抱之不辭跋涉하고 辱以顧余라 與之語에 豁然以明하고 久與之居에 暢然以適하여 忘其身在羈旅寂寞而無聊也라

포지는 학문이 博通하고 게다가 篆刻을 잘하여 秦漢 이래의 書體를 잘 摹寫하였다. 그가 그린 그림은 山水와 人物, 초목의 꽃, 鳥獸・곤충・물고기 등의 情狀에 대해 자세히 묘사하여 그 정신까지 그대로 닮지 않은 것이 없었다. 그의 시를 읽어보면 한가로이 俗塵 밖을 스스로 노닐어 굳이 시를 잘 짓고자 하지 않아도 시를 잘 짓는 이들도 그를 대적할 수 없다. 그렇다면 방군의 기예가 많다. 한번 과거에 응시하여 큰 도회지에서 재능을 보인다면 필시 赫然히 사람들을 놀라게 할 수 있을 것이니, 어찌 죄수처럼 갇혀 곤궁한 몸으로 객지인 新安에 살겠는가. 비록 그렇지만 방군이 떠나면 나는 더욱 무료해질 것이다. 그가 돌아가기에 말을 해주는 것[5]을 잊을 수 없어 드디어 그 시편의 뒤에 써서 그가 가는 길에 주노라.

抱之는 辭業通博하고 又長於篆刻하여 善摹秦漢以來之字書라 其所爲圖畫는 於山水人物과 草木花卉와 鳥獸蟲魚之情狀에 靡不研揣而肖似其神이요 讀其詩에 蕭然自放於塵壒(애)之外하여 不求工而工詩者莫之與敵하니 然則君之技能多矣라 一鼓而售其才於通都大邑이면 當必有赫

4) 매달린 뒤웅박 : 孔子가 "내가 어찌 뒤웅박과 같아 한곳에 매달린 채 먹지 않을 수 있으리오. [吾豈匏瓜也哉 焉能繫而不食]"라 한 데서 온 말이다.(≪論語≫ 〈陽貨〉) 사람이면 여러 곳을 다니며 벼슬하여 녹봉을 먹고 살아야 하는데 자신은 그렇지 못하니 한곳에 매달린 뒤웅박 신세와 같다는 뜻으로 말하였다.

5) 말을……것 : ≪史記≫ 〈孔子世家〉에 "老子가 전송하면서, '나는 들으니 부귀한 자는 사람을 보낼 때 재물을 주고, 어진 사람은 사람을 보낼 때 말을 준다.'라고 하였다.[老子送之曰 吾聞富貴者送人以財 仁人者送人以言]"라 한 것을 인용하였다.

然驚人者니 夫豈窘困囚拘爲新安之客邪아 雖然이나 君去則余之無聊又甚矣라 於其歸也에 不能忘言하여 遂書其詩後하여 以贈其行하노라

【論評】

客愁의 정서를 筆墨이 치달리는 밖에 부쳤다.

羈愁之情韻을 寄之筆墨馳驟之外로다

15. 남쪽으로 돌아가는 姚姬傳을 보내는 序
送姚姬傳南歸序*

*자신의 제자이자 자신과 함께 桐城派의 대표적 문인으로 손꼽히는 姚鼐(1731~1815)가 과거에 낙방하고 향리로 돌아갈 때 준 글이다. 불세출의 재능을 타고 났다고 요내를 극찬하면서 과거에 급제하여 현달한 벼슬아치가 되기보다 후세에 불후의 업적을 남기는 큰 인물이 되길 기대한다고 하였다.

옛날의 賢人은 하늘에게 얻은 것이 유독 완전하였다. 그러므로 태어나면서부터 학문을 좋아하여 장성하길 기다리지 않고도 그 道가 이루어졌으니, 이미 늙은 뒤에 학문에 종사하면 비록 밤낮의 노력을 다해도 한갓 수고만 할 뿐 얻은 바는 적다.

古之賢人은 **其所以得之於天者獨全**이라 **故生而向學**하여 **不待壯而其道已成**하니 **旣老而後從事**하면 **則雖其極日夜之勤劬**라도 **亦將徒勞而鮮獲**이라

姚君 姬傳은 겨우 弱冠의 나이에 학문은 이미 보지 않은 글이 없을 정도이니, 내가 매우 畏敬한다. 희전은 나의 벗 季和[1]의 아들이니, 그의 백부는 南靑[2]이다. 회상해보면 소싯적에 내가 남청과 교유할 때 남청은 나이 겨우 스무 살이었고, 희전의 尊府(타인의 부친을 높인 말)는 바야흐로 땋은 머리를 늘어뜨린 소년으로 아직 장가도 들지 않았다. 太夫人(모친의 존칭)은 인자하고 공손하여 예법이 있었다. 내가 그 집에 가면 태부인은 어김없이 술을 내오게 하여 우리는 술을 마시다가 밤이 이슥해서야 자리를 파하곤 했다.

姚君姬傳은 **甫弱冠而學已無所不窺**하니 **余甚畏之**하노라 **姬傳**은 **余友季和之子**니 **其世父則南**

1) 季和 : 姚鼐 부친 姚淑(1707~1760)으로, 벼슬하지 못하고 평생 布衣로 지냈다. 요내는 姚孔鋏의 次子인 요숙의 長子이자 姚範의 조카인데, 요범이 유대괴와 친분이 깊었다.
2) 南靑 : 姚鼐의 伯父인 姚範(1702~1771)의 자이다. 요범은 安徽 桐城 사람으로, 또 다른 자가 已銅이고 호는 薑䲦이다. 進士試에 급제하고 翰林院編修가 되었으며, 유대괴와 매우 친밀하였다. 저서에 ≪援鶉堂詩集≫, ≪援鶉堂文集≫, ≪援鶉堂筆記≫ 등이 있다.

青也라 **憶少時與南靑遊**할새 **南靑年纔二十**이요 **姬傳之尊府**는 **方垂髫未娶**러라 **太夫人仁恭有禮**라 **余至其家**하면 **則太夫人必命酒**하여 **飮至夜分乃罷**러라

그 후 나는 외지를 떠돌아다닌 지가 어느덧 30년이 훌쩍 지났다. 돌아와 희전을 만나니, 희전의 나이가 벌써 그의 존부가 나와 교유할 때 나이를 지났다. 그 이듬해에 내가 經學으로 과거에 응시하러 다시 京師에 갔더니, 오래지 않아 희전이 이미 鄕試에 합격하여 경사로 왔다는 말을 들었지만, 여전히 장가를 들지는 않았다. 그가 지은 詩賦며 古文을 보건대, 거의 우리 같은 사람들을 압도하고 오히려 더 높이 오를 듯하였으니, 희전이 당세에 명성을 떨칠 것은 진실로 미리 알 수 있었다. 그렇지만 유독 나는 곤궁하기가 종전과 같고 학문은 장차 쇠락할 지경[3]이라 희전을 마주하고서 感慨에 젖어 탄식하지 않을 수 없었다.

其後余漂流在外가 **倏忽三十年**이라 **歸與姬傳相見**하니 **則姬傳之齒已過其尊府與余遊之歲矣**라 **明年**에 **余以經學應擧**하여 **復至京師**러니 **無何則聞姬傳已擧於鄕而來**하되 **猶未娶也**라 **讀其所爲詩賦古文**에 **殆欲壓余輩而上之**하니 **姬傳之顯名當世**는 **固可前知**로되 **獨余之窮如曩時而學殖將落**이라 **對姬傳**에 **不能不慨然而歎也**러라

옛날에 王文成公[4]이 동자 시절에 그의 부친이 그를 데리고 京師에 갔더니, 貴人들이 그를 보고 "마땅히 第一流가 되겠다고 자처하라."라 하기에 왕문성공이 묻기를 "어떤 것이 제일류입니까?" 하였다. 귀인들이 다들 말하기를 "甲科에 급제하여 현달한 벼슬아치가 되는 것이다."라 했는데, 왕문성공이 빙그레 웃으며 말하기를 "아마도 제일류는 응당 성현일 것입니다."라 하니, 귀인들이 모두 크게 부끄러워하였다.

지금 하늘이 이미 희전에게 不世出의 재능을 주었거늘, 희전은 게다가 古人의 不朽[5]에 깊이 뜻을 두었으니, 갑과에 급제하여 현달한 벼슬아치가 되는 것은 희전

---

3) 학문은……지경 : ≪春秋左氏傳≫ 昭公 18년 조에 "학문은 곡식을 기르는 것과 같으니, 기르지 않으면 장차 쇠락할 것이다.〔夫學 殖也 不殖將落〕"라 한 대목을 인용하였다.

4) 王文成公 : 明나라의 학자 王守仁(1472~1528)으로, 자는 伯安이고 호는 陽明이며, 시호가 文成이다. 浙江省 餘姚 사람으로 陽明學의 시조이다. 저술에 ≪王文成公全書≫가 있다.

5) 古人의 不朽 : 춘추시대 魯나라 大夫 叔孫豹가 말하기를, "가장 으뜸은 덕을 세우는 것이요, 그 다음은 공을 세우는 것이요, 또 그 다음은 말을 세우는 것이라, 아무리 세월이 오래 지나도 없어지지 않으니, 이를 일러 불후라 한다."라 하였다.〔太上有立德 其次有立功 其次有立言 雖久

을 위해 말할 것이 못 되고, 설사 구구히 문장으로만 후세에 이름이 알려지는 것도 내가 희전에게 바라는 바가 아니다.

昔에 **王文成公**이 **童子時**에 **其父攜至京師**러니 **諸貴人見之**하여 **謂宜以第一流自待**라하여늘 **文成問何爲第一流**오하니 **諸貴人皆曰 射策甲科爲顯官**이라한대 **文成莞爾而笑**하여 **恐第一流當爲聖賢**이라하니 **諸貴人乃皆大慙**이라 **今天旣賦姬傳以不世之才**어늘 **而姬傳又深有志於古人之不朽**하니 **其射策甲科爲顯官**은 **不足爲姬傳道**요 **卽其區區以文章名於後世**도 **亦非余之所望於姬傳**이라

孟子는 "사람은 모두 堯舜과 같은 성인이 될 수 있다."라 하였으니,[6] 요순 같은 성인을 될 만한 게 못 된다고 하는 것을 '하늘을 거역한다'라 하며, 요순과 같은 성인이 될 자질을 가지고서도 스스로 나는 될 수 없다고 하는 것을 '하늘을 모멸한다'라 한다. 저 旄[7]를 잡고 鈇鉞을 짚고서 만리 밖 青海[8] 지역에서 武功을 세우는 것은 영웅호걸이 하는 바이지만 나는 도리어 그 아래라 생각한다. 희전이 禮部試에 급제하지 못하고 돌아가기에 이 글을 써서 희전에게 주노라.

孟子曰 人皆可以爲堯舜이라하니 **以堯舜爲不足爲**를 **謂之悖天**이요 **有能爲堯舜之資而自謂不能**을 **謂之慢天**이라 **若夫擁旄仗鉞**하여 **立功青海萬里之外**는 **此英雄豪傑之所爲**로되 **而余以爲抑其次也**라 **姬傳試於禮部不售而歸**라 **遂書之以爲姬傳贈**하노라

【論評】

문장이 질펀하면서 힘차고 거침없으니, ≪史記≫를 배운 歐陽公(歐陽脩)과 같은 문장이다.

淋漓遒宕하니 **歐公學史記之文**이라

不廢 此之謂不朽]"라 한 것을 말한다. 여기서는 말을 세운다는 '立言'은 저술을 후세에 남기는 것을 말한다.(≪春秋左氏傳≫ 襄公 24년)

6) 孟子는……하였으니 : 曹交가 묻기를, "사람은 다 堯舜이 될 수 있다라 하셨다 하니, 그러한 말을 하신 적이 있습니까?〔人皆可以爲堯舜 有諸〕"라 하니, 孟子가 "그렇다."라 하였다.(≪孟子≫ 〈告子 下〉)

7) 旄를……짚고서 : 旄는 犛牛(건장하고 검은 털이 긴 소)의 꼬리로 만든 큰 깃발로 대장군의 상징이다.

8) 青海 : 중국 甘肅省에 있는 지명이다. 황하의 발원이 되는 호수인 青海가 있어서 지명도 청해가 되었다. 이 지역은 중국 서쪽 변경의 오랑캐들이 사는 지역과 인접해 있어 오랑캐의 침공이 잦다. 唐나라 때 오랑캐 기병이 쳐들어오자 장수 薛仁貴가 청해의 天山이란 곳에서 화살 3대를 쏘아서 3명을 죽이니, 오랑캐들이 겁을 먹고 모두 항복하였다는 고사가 있다. (≪新唐書≫ 권111 〈薛仁貴傳〉)

16. 王君에게 보낸 편지　與王君書*

* 왕군이 누군지는 고찰하지 못하였다. 왕씨 姓을 가진 인물이며, 유대괴가 자신이 지은 글을 보내 품평해주길 부탁한 것으로 보아 당시에 고문으로 이름난 사람임은 짐작할 수 있다. 자신의 문장은 당세에 알아줄 사람이 없고 오직 왕군만이 알아볼 수 있으며 왕군의 문장은 당세에 자신만이 알아볼 수 있다고 한 데서 문장을 자부하면서 時流에 영합하지 않아 불우하게 살아야 했던 유대괴의 울울한 심정을 읽을 수 있다.

나는 삼가 예전에 지은 글 13편을 再拜하고 王君 足下께 바칩니다. 지금 都市를 왕래하면서 當路者의 門墻에 발을 들여놓는 자가 어찌 한량이 있겠습니까. 나는 일찍이 자신을 그들 중에 들여 넣지 않았습니다. 이에 홀로 時俗이 숭상하는 것을 물리치고 족하의 문을 두드려 청하오니, 다른 뜻이 있어 족하께 干求하는 게 아님은 분명히 알 수 있을 것입니다.

홀로 생각건대 근세 이래 문장으로 세상에 이름난 이들이 時勢를 좇아 날로 쇠퇴하고 비루한 데로 나아가는데 유독 족하만은 간담을 짜내어 문장을 彫琢하여 남을 모방하지 않고 글이 자기에게서 나오며 不純한 것을 말끔히 걸러내어 丘壑이 변천하는[1] 오랜 세월을 거슬러 千古의 고인들과 어깨를 겨루되 터럭만큼도 양보하는 바가 없고자 하니, 족하의 뜻은 어쩌면 그리도 오늘날 세상 사람들과 다른지요.

櫆는 謹以舊所爲文十三首로 再拜獻王君足下하노라 方今往來都市하여 側足當道之門牆者何限가 櫆曾不以身與其間이라 乃獨排擯俗尚하고 叩足下之門而請하니 其非有他意以干足下가 皭然明矣라 獨念近世以來로 其以文章鳴世者가 追逐時趨하여 日就衰壞로되 獨足下鐫脾琢腎하여

1) 丘壑이 변천하는 : 산천이 변모할 정도로 오랜 세월이 흐르는 것을 말한다. 穆員의 〈相國義陽郡王李公墓誌銘〉에 "만약 산골짜기가 변천하고 세월이 훌쩍 지나가면 이 비석을 의지해야 할 것이니, 기록하지 않을 수 없다.〔若邱壑遷化 歲序超忽 則貞石是賴 不可以不識焉〕"라 하였다.(≪文苑英華≫ 권937)

辭出於己하고 淘汰淨盡하여 邱壑變遷에 頡頏古人千載하여 毫毛不欲有所讓하니 足下之志는 何其與世殊也오

나는 성품이 우둔하고 태어날 때부터 병치레를 잘하는 데다 외진 고을에 치우쳐 살아 藉賴할 데가 없었습니다. 〈그래서 글을 지을 때〉 깊이 고심해 古人을 뒤쫓아 따를 뿐이었습니다. 이런 까닭으로 무릇 지은 글들이 다 요즘 세상의 취향과는 어긋나니, 그저 스스로 즐길 뿐이고 다른 사람들과 함께 보고 質正할 만한 것은 못되었습니다. 간혹 지은 글을 꺼내어 보여주면 보거나 듣고서 깜짝 놀라고 해괴하게 여겨 비웃지 않으면 노하니, 나에게 노하는 자는 나를 厚待하는 것이요 나를 비웃는 자는 나를 薄待하는 것입니다. 오늘날 사람들의 생각은 대개 같습니다. 이전에는 남들에게 지은 글을 보여준 것이 이미 그들의 마음에 들지 못하였으니, 이후로도 어떠하리란 것을 또한 알 수 있을 것입니다. 이 때문에 지은 글들을 거두어 적막한 곳에 감추어두고서 후세의 子雲을 기다릴 뿐[2] 더 이상 세상 사람들과 應對하지 않았습니다. 그런데 유독 족하에게 이렇게 말하는 것은 족하가 지은 글은 내가 아니면 좋아할 수 있는 사람이 없고 내가 지은 글은 진실로 족하가 아니면 알지 못하기 때문입니다.

櫆는 性椎魯하고 生即善病이요 又僻處窮鄕하여 無所賴藉라 乃冥其心思하여 追古人而從之라 以故로 凡厥所有가 皆與世齟齬하니 祗可自娛요 不堪共質이라 間嘗出以示어든 人驚見駭聞하여 非笑則怒하니 其怒我者는 其厚我者也요 其笑我者는 其薄我者也라 今人之懷抱는 大抵同矣라 前此以觀於人者가 旣不相入하니 則後此者도 亦可知矣라 用是로 卷而藏之寂寞하여 以俟來世之子雲하고 不復與世人相爲酬答이어늘 而獨於足下云云者는 足下所爲文은 非櫆則莫之能好요 而櫆所爲文은 固非足下면 不知也라

대저 같은 소리끼리 서로 호응하는 법이니,[3] 설사 옛날의 걸출한 선비인 韓愈·

2) 후세의……뿐 : 후세에 자기 글을 알아줄 사람을 기다린다는 뜻이다. 子雲은 前漢 말기의 학자인 揚雄의 자이다. 양웅이 《周易》을 모방하여 《太玄經》을 지었는데 그 내용이 매우 어려웠다. 사람들이 "이처럼 어려운 글을 누가 읽겠는가."라고 하였는데, 양웅은 "나는 후세의 자운을 기다린다."라고 하였다. 후세에 자기 같은 사람이 나와 자기 글을 알아주길 기다린다는 말이다.(《漢書》 권87 〈揚雄傳〉)

3) 같은……법이니 : 뜻이 같은 사람끼리 서로 意氣投合함을 뜻한다. 《周易》 乾卦 〈文言〉에 "같

柳宗元이 자기와 같은 고을에서 태어났는데도 서로 그런 줄을 종신토록 들어 알지 못했다면 비록 천년 뒤인 지금에도 오히려 餘恨이 있을 것입니다. 그렇다면 내가 족하에 있어서 어떠한 심정이리란 것을 알 수 있을 것입니다.

이제 족하의 글은 내가 이미 입수하여 보배로 여기고 있지만 나의 글은 도리어 족하가 아직 보지 못했을 터이니, 이 때문에 내가 족하의 문을 두드려 청하기를 급급하게 서둘러 마지못하는 것입니다. 세상이 나를 알아주지 못하는 것은 상관이 없지만 족하 같은 분이 나를 알아주지 못한다면 필시 나는 알아줄 만한 점이 없는 사람일 것입니다. 이런 까닭에 이 글들을 우편으로 부쳐 보내 이에 스스로 결정하고자 하니,[4] 족하는 읽어보아 주십시오.

夫同聲相應하나니 **設使古之魁閎之士如韓愈柳宗元**이 **生同州里**어늘 **而畢世不相聞知**면 **雖至今千載**라도 **猶有餘恨**이라 **然則櫆之於足下**에 **可知矣**라 **乃足下之文**은 **櫆則已收而寶之**로되 **而櫆之文**은 **足下顧猶未之見**하니 **此櫆叩足下之門而請汲汲焉所不能自已也**라 **世不我知**는 **無害**어니와 **足下而不知我**면 **則必我之無可知者矣**라 **是以**로 **郵寄之**하여 **於此**에 **用以自決**하노니 **惟足下賜觀覽焉**이어라

【論評】

생경한 말이 이어지는데도 氣韻이 생동하니, 神妙하기가 昌黎와 같다.

硬語相接이어늘 **而氣韻生動**하니 **神似昌黎**로다

은 소리끼리 서로 호응하고, 같은 기운끼리 서로 찾는다.〔同聲相應 同氣相求〕"라 한 데서 온 말이다.

4) 이에……하니 : 왕군이 자신이 지은 글을 보고 평가하면 이를 가지고 자신의 글에 대한 판단을 하겠다는 말이다. ≪新唐書≫ 〈柳宗元傳〉에 "진실로 한번 대도를 환히 알아 세상에 베풀 수만 있다면 죽어도 유감이 없을 터이니, 이로써 스스로 결정하겠다.〔苟一明大道 施於人世 死無所憾 用是自決〕"라 하였다.

17. 左君에게 보낸 편지　與左君書*

*이 편지는 ≪海峰先生文集≫에는 제목이 〈再與左君書〉로 되어 있다. 左君이 누군지는 고찰하지 못하였다. 좌군이 汪氏 節婦의 사적을 글로 쓰고 나아가 縣令에게 보고하여 ≪縣志≫에 넣고자 한 것에 대해 '사람이 바른 일을 하는 것은 후세에 이름을 남기기 위한 것이 아니라 자기 마음에 흡족하고자 하는 것일 뿐이다. 古人이 남긴 서책에도 이름을 알 수 없는 경우가 많으니, 굳이 이름을 남기는 일에 집착할 필요는 없다.'고 하고, 자신이 지은 글 몇 편을 보내주어 품평을 받고자 하였다. 이로 보아 좌군도 당시에 이름이 알려진 문장가로 추정할 수 있다.

예전에 家庭에 있을 때 족하가 쓰신 汪節婦의 일을 보고 족하께서 不善에 대해서는 譏貶하지 않음이 없고 善에 대해서는 칭찬하고자 하지 않음이 없어 덕을 높이고 악을 징벌하는 것이 간절한 誠心에서 우러났음을 알았습니다. 이미 족하의 마음가짐과 품은 뜻이 남들보다 월등히 높다는 데 탄복하였는데, 甸南 땅에 이르고 皖城[1)]에 도착하여 족하가 이 일을 縣令에게 보고하여 ≪縣志≫에 넣어 절부를 위하여 그 사실이 千秋에 길이 남도록 하고자 한다는 것을 또 알았으니, 족하는 사람에 대해 어쩌면 그리도 생각하고 생각하여 마지않는 것입니까! 비록 옛날의 어진 이들의 생각일지라도 이보다 더할 수는 없을 것입니다. 그러나 내가 보건대 이 일은 해도 되고 하지 않아도 됩니다.

前在庭에 **見所書汪節婦事**하고 **知足下於不善**에 **無不譏**하며 **於善**에 **無不欲張而大之**하여 **崇德罰惡**이 **動於肫懇**이라 **旣歎足下之處心居志**가 **絶乎人**이러니 **及甸南到皖城**하여 **又知足下欲以此事聞之縣令**하여 **入縣志**하여 **爲節婦留不死於千載**하니 **足下之於人**에 **何其思思無已也**오 **雖古仁人之念**이라도 **無以踰此**라 **然樾視之**컨대 **此事亦可爲可不爲耳**라

무릇 사람의 傳에는 성명이 있으니, 성명이 어찌 몹시 근거로 삼을 만하겠습니

1) 皖城 : 安徽省 桐城縣을 말한다.

까. 왕왕 이를 바꾸는 사람이 있습니다. 서책에 기재된 그 사람이 그 사람이라는 오해를 받게 되면, 오히려 이에 附和雷同하는 자가 있을 것입니다. 게다가 옛날의 서책을 저술하는 이들은 혹 다른 사람에 가탁하여 전하기도 하고, 혹 서책은 남아 있으나 성명은 마멸하여 없어지기도 하고, 혹 하나의 서책인데 여러 사람의 손으로 저술한 것 같기도 하여 끝내 변별할 수 없으니, ≪詩經≫ 300篇 중에 작자의 유래를 알 수 없는 경우가 많습니다. ≪尙書≫에 唐虞·三代의 言動을 기록해놓은 것도 당시 史官이 무슨 성씨이고 무슨 이름인지 어찌 알겠습니까. ≪論語≫와 ≪禮經≫은 孔子의 제자가 기록한 것이만 결국 제자의 성명을 알지 못하고, 左丘明이 ≪春秋≫에 傳을 썼는데, 어떤 사람은 좌구명이 지은 것이 아닐 것이라 의심하고 劉歆은 반드시 좌구명이 지은 것임이 틀림없다고 하니, 누가 그르고 누가 옳겠습니까?

凡人之傳에 **姓字存也**니 **姓字何足深據**리오 **往往有更易之者矣**라 **方策所載其人**이 **見以爲其人云爾**면 **尙有雷同者矣**라 **且古之著書者**가 **或託於他人以傳**하고 **或書存而姓字磨滅**하고 **或一書而疑似數人之手**하여 **終不可辨**하니 **詩三百篇**에 **多不知其作者所自**라 **尙書紀唐虞三代言動**도 **亦安知當日史官爲某氏爲某名也**리오 **論語禮經**은 **孔子弟子所錄次**로되 **究竟不知弟子之名氏**요 **左邱**[2]**明傳春秋**도 **或疑非邱明作**하고 **劉歆必謂之邱明無疑**하니 **孰非孰是**오

공자는 "좌구명이 부끄럽게 여겼는데, 나 또한 부끄럽게 여긴다."라고 하였으니,[3] 이 ≪春秋左氏傳≫을 지은 좌구명이겠습니까? 이 ≪춘추좌씨전≫을 지은 좌구명이 아니겠습니까? 알 수 없습니다. 공자가 좌구명으로 자신에 비겼으니, 좌구명은 공자와 동시대 사람이요 선배일 것입니다. ≪춘추≫는 공자가 세상을 떠난 뒤에 傳이 지어졌으니, 이는 또 한 명의 좌구명이 있는 것이거늘 세상에서는 단지 좌구명이라고만 합니다. 좌구명은 이미 한 사람이 아니니, 어떻게 변별하겠습니까. ≪國語≫란 책은 과연 좌구명이 지은 外傳이겠습니까?[4] 아니면 다른 사람이

2) 邱 : 저본에는 '邱'로 되어 있으나, ≪海峰先生文集≫에는 '丘'로 되어 있다. 이는 孔子의 諱인 丘를 避諱한 것이다. 아래도 같다.

3) 공자는……하였으니 : 孔子가 "말을 잘하고 얼굴빛을 좋게 하고 공손을 지나치게 하는 것을 左丘明이 부끄럽게 여겼는데, 나 또한 부끄럽게 여기노라. 원망을 감추고 그 사람과 사귐을 좌구명이 부끄럽게 여겼는데, 나 또한 부끄럽게 여기노라.〔巧言令色足恭 左丘明恥之 丘亦恥之 匿怨而友其人 左丘明恥之 丘亦恥之〕"라 하였다.(≪論語≫ 〈公冶長〉)

4) 國語란……外傳이겠습니까 : ≪春秋左氏傳≫을 ≪春秋內傳≫이라 하고 ≪國語≫를 ≪春秋外傳≫

지은 것이겠습니까? 사마천이 "이에 ≪국어≫가 있게 되었다."[5]고 한 그 ≪국어≫가 바로 ≪춘추좌씨전≫이 아니라고 어찌 단정할 수 있겠습니까?

孔子曰 左邱明恥之러니 丘亦恥之라하니 其爲此之邱明歟아 不爲此之邱明歟아 未可知也라 孔子以邱明自比하니 邱明當爲孔子同時人이요 且先達者라 春秋傳於孔子卒之後하니 是又有一邱明矣어늘 世第曰左邱明이라 邱明旣不一人이니 胡以別之리오 國語之書는 果邱明外傳乎아 抑他人作乎아 司馬遷所稱厥有國語者가 安知非卽春秋傳이리오

혹자는 "穀梁赤[6]은 漢나라 학자이다."라 합니다. 그러나 이 또한 반드시 子夏의 제자가 아니라고 어찌 단정할 수 있겠습니까. ≪戰國策≫은 반드시 한 사람이 지은 것은 아닐 터이나 그 작자는 누구이겠습니까. 책을 저술한 사람의 성명이 이처럼 湮沒되었으니, 그 책에 기재된 사람인들 어찌 믿을 수 있겠습니까. ≪春秋≫에 "尹氏가 卒하였다."라고만 썼으니,[7] 尹氏는 남자이겠습니까? 婦人이겠습니까? 李白은 어느 지역에서 생장했습니까? ≪舊唐書≫와 ≪新唐書≫의 기록이 서로 어긋나 시끄럽게 爭辨하지만 끝내 밝히지 못하였습니다. 宋나라 조정 사람 중에 張先이란 이가 있으니, 湖州의 張先과 동시대 사람이고 두 사람 다 자가 子野이니, 신분의 高下는 반드시 같지는 않지만 성명은 전혀 다르지 않습니다. 그렇다면 士君子의 立身·行己는 후세에 이름을 남기기 위해서가 아니라 자기 마음에 흡족하길 바라는 것일 뿐입니다.

或曰 穀梁赤은 漢儒也라하나 然亦安知必非子夏弟子邪아 戰國策은 未必一人作也나 抑其作者爲誰哉아 著書者姓字淪沒若此하니 其載於書者가 安足爲信이리오 春秋書尹氏卒하니 尹氏는 男子乎아 婦人乎아 李白生長何地오 舊唐書與新唐書牴牾하여 辨論嘵嘵하되 卒不明白이라 宋朝人有張先者하니 與湖州張先同時요 皆字子野니 高下不必等이나 而姓字了無所異라 然則士君子立身行己가 非以爲名於後世也요 蘄己心之快足耳라

이라 한다.

5) 이에……되었다 : ≪史記≫ 권130 〈太史公自序〉에 "左丘明이 실명하자 이에 ≪國語≫가 있게 되었다.〔左丘失明 厥有國語〕"라 하였다.

6) 穀梁赤 : 본서 〈春秋發微序〉의 역주 3) 참조.

7) ≪春秋≫에……썼으니 : ≪春秋左氏傳≫ 隱公 3년 조에 "여름 4월 신묘일에 尹氏가 죽었다.〔夏四月辛卯 尹氏卒〕"라 하였다.

堯·舜·禹·周公·孔子도 지금부터 12만 9,600년[8] 만 지나면 더 이상 아무도 알지 못하게 될 것입니다. 세상에서 알지 못하더라도 요·순·우·주공·공자는 진실로 존재합니다. 그 정신이 우주 상하에 流行하여 日月과 竝立하고 鬼神[9]을 관통하니, 천지가 존재하면 곧 그 理도 존재하고 그 理가 존재하면 곧 그 사람도 존재하는 것입니다. 따라서 浩大한 四海도 이에는 큰 것이 못 되며, 영구한 고금의 세월도 이에는 오래고 먼 것이 못 되니, 성명이 무슨 필요가 있겠습니까? 그런데 군자는 세상의 사소한 節行에 대해서도 서둘러 기록하여 오직 들은 것이 상세하지 못하며 쓴 것이 확실하지 못하고 이를 전파하는 것이 넓지 못할까 염려하니, 이는 단지 자신의 德을 좋아하는 마음을 스스로 抑止하지 못하고 한편으로는 후세를 위해 권면하고자 하는 것일 뿐이다.

堯舜禹周孔子도 **過此十二萬九千六百年後**면 **亦不復知矣**라 **世雖不知**라도 **堯舜禹周孔子固在也**니 **其精意流於上下**하여 **竝日月貫鬼神**하니 **天地存**이면 **卽其理存**이요 **其理存**이면 **卽其人存**이라 **浩乎四海**가 **不足爲大**요 **亘乎往古來今**이 **不足以爲久且遠**이니 **安用姓字爲**리오 **而君子於世之末節小行**에 **汲汲焉惟恐聞之不詳**하며 **書之不實**하고 **而傳之不廣**하니 **特吾人好德之心**을 **不能自止**요 **且以爲來世勸耳**라

아아! 이는 또 그 기록한 글이 좋은지 서툰지 여부를 볼 뿐이니, 글이 좋으면 기록된 사람이 후세에 전해질 것이고 글이 좋지 못하면 기록된 사람이 후세에 전해질지라도 크게 드러나지는 못할 것입니다. 周나라 이래로 史籍이 다 남아 있으나 세상 사람들이 宋·元의 史書를 읽는 것이 반드시 ≪春秋左氏傳≫·≪史記≫를 읽

8) 12만 9,600년 : 우주가 한 번 생성하고 소멸하는 기간인 1元을 말한다. 宋나라 학자 邵雍의 元會運世說에 의하면, 12辰을 1日, 30일을 1月, 12월을 1年, 30년을 1世, 12세를 1運, 30운을 1會, 12회를 1元이라 하니, 1會는 1만 800년이고, 1元은 12만 9,600년이다.(≪皇極經世書≫〈觀物〉)

9) 鬼神 : ≪中庸章句≫ 16장에 나오는 말로 우주의 元氣가 屈伸 運行하는 것을 말한다. 이에 대해 朱熹는, "귀신은 천지의 功用이요, 조화의 자취이다.〔鬼神 天地之功用 而造化之迹也〕"라 한 程子의 설과 "귀신은 陰·陽 두 기운의 良能이다.〔鬼神者 二氣之良能也〕"라고 한 張子의 말을 인용하고, "陰陽 二氣로 말하면, 鬼는 陰의 靈이고, 神은 陽의 靈이며, 一氣로 말하면 이르러 펴짐은 神이고, 돌이켜 되돌아감은 鬼가 되니, 그 실제는 하나이다.〔以二氣言 則鬼者陰之靈也 神者陽之靈也 以一氣言 則至而伸者爲神 反而歸者爲鬼 其實一物而已〕"라 하였다.

는 것만 못할 것입니다. 許遠이 睢陽城을 지킨 일은 당시 사람들에게 퍽 비난을 받았다가 韓愈에 와서 傳의 後敍를 지었고,[10] 近古 이래로 國事에 죽은 신하들이 人口에 전파되는 것이 허원에 미치지는 못하는 경우가 많았습니다.

嗚呼라 **此又視其文字之工拙何如矣**니 **工則其人傳**이요 **不工則其人雖傳**이라도 **不顯**이라 **周以來**로 **史籍具在**나 **而世人讀宋元之史**가 **必不如其讀左史**라 **許遠守睢陽**은 **頗爲當世所詬詈**라가 **及韓愈**하여 **爲作傳後敍**하고 **而近古來**로 **死事之臣**이 **流播人口**가 **蓋多不及遠者矣**라

汪節婦의 일은 족하가 이미 종이에 써서 간악한 자를 주벌하고 숨겨진 일을 밝혀낸 것이 우뚝하여 湮滅될 수 없으니, 또 어찌 ≪縣志≫에 넣을 필요까지야 있겠습니까. 나의 先大父에게 側室 章氏가 있었는데, 志行이 자랑할 만할 뿐 아니라 자식을 보살펴 기른 은혜가 감동할 만한 점이 있습니다. 그래서 보답할 방도를 생각했으나 할 수 있는 길이 없던 차에 마침 郡守가 ≪府志≫를 편찬하고자 하기에 ≪부지≫에 이름을 넣고자 하다가 근래에 생각해보니 또한 군이 이렇게 할 필요가 없겠기에 제가 〈장씨에 대해〉 알고 있는 사실의 大槪를 대략 모아 글 한 통을 써서 보여드립니다. 그리고 〈節婦傳〉 한 편과 〈經義〉 4편을 부쳐 보내니, 이는 이른바 향리의 부호에게 戎菽을 먹이고 햇볕을 등에 쬐는 따스함을 임금에게 바친다[11]는 것이니, 족하가 받아 보시면 생각건대 어이가 없어 웃으실 것입니다. 겨울이 춥습니다. 부디 保重하시기 바랍니다. 예를 다 갖추지 못합니다.

汪節婦事는 **足下旣以書之於紙**하여 **誅姦發潛**이 **卓不可廢**하니 **又安以縣志爲也**리오 **櫆之先大**

10) 許遠이……지었고 : 安祿山의 亂 때 許遠은 張巡과 함께 睢陽城을 지키다가 모두 전사했다. 韓愈가 〈張中丞傳後敍〉에서 "허원은 성이 함락되었을 때 포로가 되었다가 죽었으니 장순과는 단지 죽음의 선후가 다를 뿐이다. 그런데 두 집안의 자제가 재지가 모자란 탓으로 두 부친의 뜻을 제대로 알지 못했기 때문에, 장순은 죽었고 허원은 포로로 잡혔다고 하면서, 허원이 죽음을 두려워하여 적에게 굴복했다고 의심하였다."라 하였다.(≪韓昌黎集≫ 권13)

11) 향리의……바친다 : 戎菽은 山戎 사람들이 기르는 콩이다. 고대 宋나라의 가난한 시골 사람이 겨우내 춥게 지내다가 봄이 되어 등에 햇볕을 쬐어보니 따뜻하였다. 이에 자기 아내에게 말하기를, "해를 등지고 있으면 따뜻하다는 것을 사람들이 모를 것이니 이것을 임금께 바치면 큰 상을 내릴 것이다." 하였다. 이 말을 들은 마을의 부자가 얘기하기를, "옛날에 어떤 사람이 戎菽, 甘枲(도꼬마리), 莖芹(미나리), 萍子(개구리밥) 따위를 맛있다고 여겨 마을의 부호에게 얘기를 하자 그 부호가 가져다 먹어보니 맛이 쓰고 배가 아팠다. 그러자 사람들이 그 사람을 원망하고 비웃으니 그 사람이 몹시 무안해하였다."라고 얘기해준 고사에서 온 말이다.(≪列子≫ 〈楊朱〉)

父有側室章氏하니 非獨志行可矜이요 乃其撫字之恩이 有可感者라 思所以報之나 末由러니 會郡守修府志에 欲籍名志中이라가 近思之컨대 亦不須此라 略撮所知大概하여 草書一通呈閱하고 寄往節婦傳一首經義四篇하노니 此所謂啖鄕豪以戎菽하며 以負日之暄獻君王이라 足下接之에 想見啞然笑也리라 冬寒矣라 惟萬萬自重하라 不宣이라

【論評】

입에서 나오는 대로 붓을 휘둘러 쓴 것이 옛글의 운치 아님이 없으니, 昌黎에게 이러한 글이 있다.

信口肆筆이 無非古致니 昌黎有之라

18. 吳殿麟에게 답한 편지　答吳殿麟書*

* 오전린은 어린 아기 때 어머니를 여의고 癃疾이 있어 몸이 불편한 아버지를 봉양하며 평생을 보내느라 과거에 응시하지도 못한 사람이다. 유대괴는 과거에 낙방하여 불우하게 사는 현실을 자신에게 주어진 운명이라 여기고 분수를 지키며 살 것이라 자위하고, 말미에 이러한 오전린의 효행을 칭찬하였다. 이 글은 편지로서는 매우 장황한 편인데, 이는 유대괴의 울울한 심정이 奔放하게 분출한 결과라 생각된다.

殿麟 족하께.

접때 보내주신 手書에서 言辭와 意旨를 거듭하셨으니, 대저 나의 곤궁한 형편을 불쌍히 여기고 내가 과거에 억울하게 낙방했다고 분하게 여겨 그 간절하고 돈독한 意氣가 세상 사람의 尋常한 정을 훨씬 벗어났습니다. 茫然히 슬픔만 더해져 한편으로는 감사하고 한편으로는 부끄러웠습니다.

殿麟足下 頃惠手書에 辭重指疊하니 大抵閔我之窮하고 憤我之屈에 意氣肫篤이 逈出世俗尋常之外라 茫然增悲하여 且感且愧라

그러나 스스로 생각해보건대 저는 비록 곤궁하지만 요컨대 자랑할 만한 것이 없습니다. 억울한 것이 있지 않은데, 또 어찌 분하게 여길 수 있겠습니까? 하늘이 사람을 냄에 있어, 하늘이 성품을 준 것과 사람이 성품을 받은 것이 금수와 다릅니다.

이런 까닭에 옛날의 군자는 戰戰兢兢하고 반성함으로써 스스로 靈明한 천성을 보존하여 오직 실추할까 염려하느라 종신토록 늘 근심과 두려움 중에 있으면서 자신을 善하게 잘 지켰습니다. 그렇게 하면서도 同類가 困苦한 것을 차마 두고 보지 못하여 비로소 그 자신이 세상에 나가서 천하에 先覺이 되었으니, 그 자신은 높은 지위에 있더라도 그 마음은 실로 겸손하고 敬畏하였으며, 그 외면은 비록 안락한 듯이 보이지만 그 내면으로는 더욱더 애써 노력하였으니, 이와 같이 한 것은 무엇 때문이겠습니까? 무릇 천하의 백성을 위한 것이었지 자기를 위한 것이 아니었습니다. 이런 까닭에 반드시 부유하고 존귀했던 것도 아니고 반드시 부유하고 존귀하지 않았던 것도 아니었습니다. 존귀하면 은택을 베푸는 것이 한 세상에 미치고 下賤하면 자기 일신에 德을 지녔으며, 부유하면 스스로 자기 삶을 넉넉하게 할 수 있고 貧寒하면 스스로 가난한 삶을 살 수 있었습니다. 그리하여 淸明한 때에는 천하의 사람들과 다 함께 昌盛하고 암울한 때에는 천하의 사람들과 다 같이 閉塞하였습니다. 爵祿이 오면 자신이 거부하지 않았고, 작록이 떠나면 자신이 만류하지 않았으니, 작록이 와도 자신은 터럭만큼도 더 보태진 것이 없었고 작록이 떠나도 자신은 터럭만큼도 더 줄어든 것이 없었습니다. 그러므로 부유해도 좋고 빈한해도 좋았으며 존귀해도 좋고 하천해도 좋았으니, 자기의 修身과 操行은 요컨대 하루아침에 바뀌지 않았습니다.

然竊自思念컨대 僕雖窮이나 要無足矜이라 非有屈이어니 又何能憤耶아 天之生人에 其賦性受性이 異於禽獸라 故古之君子는 戰兢怵惕하여 以自保其靈明하여 惟恐失墜하여 而終其身常在憂懼之中하여 自善其身矣요 而又不忍同類之顚連하여 乃始出其身하여 以先覺乎天下하니 其身雖在崇高나 而心實存乎抑畏하며 其外雖若逸豫나 而內更益其劬勤하니 若是者何也오 凡以爲天下之民이요 非爲己也라 是故로 不必富貴요 不必不富貴라 貴則施澤及一世하고 賤則抱德在一身하며 富則有以自厚其生하고 貧則有以自處其約이라 時其天明則與物皆昌하며 時其陰閉則與物皆塞이라 爵廩之來也에 吾不拒하고 其去也에 吾不留하니 其來也에 吾不以一毫而增하며 其去也에 吾不以一毫而減이라 故可富可貧하며 可貴可賤하니 而吾之修身勵行은 要不以一朝而變易也라

그리고 저 군자의 마음은 어찌 四海와 九州를 다 같이 태평한 세상으로 만들고 싶지 않겠습니까? 그러나 운명이 있으니, 자신이 마음대로 할 수 있는 것이 아닙니다. 지금 저 隋侯의 구슬[1]은 그물이 없으면 스스로 깊은 물속에서 나올 수 없고 崑山의 옥은 망치와 끌이 없으면 스스로 原石에서 벗어날 수 없으며, 九和의 활[2]

1) 隋侯의 구슬 : ≪淮南子≫ 〈覽冥訓〉에 "隋侯의 구슬과 和氏의 구슬을 얻는 자는 부유해지고 잃는 자는 가난해진다."라 하였는데, 그 注에 "수후는 漢나라 동쪽에 있는 나라의 姬姓을 가진 제후이다. 수후가 배가 갈라진 큰 뱀을 보고 약을 발라 치료해주었는데, 후일에 그 뱀이 강속에서 큰 구슬을 물고 나와 보답하였다."라 하였다.

2) 九和의 활 : ≪周禮≫ 〈冬官 考工記 下〉에 나오는 좋은 활로 뿔, 나무, 아교, 生絲, 漆 등의 재료가 균등하고 적절하게 들어가 만들어진 것이다.

과 少府의 쇠뇌[3]는 발사하는 사람이 없으면 魯縞도 꿰뚫지 못하고[4] 樸屬(복촉)한 수레바퀴[5]와 駃騠(결제)[6]와 같은 말도 고삐를 잡고 모는 사람이 없으면 짐승 한 마리 잡지 못하며, 기린도 발이 묶인 채 달리지는 못하고 붕새도 날개를 접은 채 날지는 못합니다. 대저 뛰어난 재주를 지니고 남다른 자질을 품어도 조정의 실권을 잡은 近臣과 인연을 맺지 못하여 시골 험한 산골짜기에서 곤궁하게 살면서[7] 그 좋은 능력을 스스로 드러낼 길이 없는 것은 예로부터 다 그러했으니 한 세상의 일만은 아닙니다.

且夫君子之心은 **豈不欲四海九州同歸於太和之域哉**아 **然而有命焉**하니 **非我之所能爲也**라 **今夫隋侯之珠**는 **無網罟**면 **不能自出於淵**이며 **崑山之玉**은 **無椎鑿**이면 **不能自達於璞**이며 **九和之弓**과 **少府之弩**는 **無射者以發其機**면 **不能貫魯縞**며 **樸屬之輪**과 **駃騠之馬**는 **無御者以執其轡**면 **不能獲一禽**이요 **麟不能䠂(칩)足而走**며 **鵬不能戢翼而飛**라 **夫挾奇材懷異質**하되 **不能自結於中貴執柄之人**하여 **阨於州部巖巖**하여 **無由自見其美**는 **從古以皆然**이니 **非獨一世也**라

만약 천하의 좋은 점이 자신에게 있다고 여겨 남들이 따를지 거스를지를 분간하지 않고 옳은지 그른지를 따지지 않고서 단지 제 마음대로 곧장 해나가고자 한다면, 이는 매우 무더운 날씨에 두터운 털가죽으로 만든 따뜻한 옷을 주고자 하고

3) 少府의 쇠뇌 : 전국시대 韓나라에서 생산되던 강한 쇠뇌다. ≪戰國策≫ 〈韓策 1〉에 "천하의 강한 활과 쇠뇌는 모두 한나라에서 생산되고 있다. 谿子·少府·時力·距來와 같은 활과 쇠뇌들은 모두 600步 이상 날아가며, 한나라 군졸이 이를 밟고 당겨 쏘면, 화살 백 개가 연속으로 쉴 새 없이 날아가서 멀리는 적의 가슴에 이르고 가까이는 갑옷을 뚫고 심장을 찌를 수 있다."라 하였다.

4) 魯縞도……못하고 : 魯縞는 魯나라 曲阜에서 생산되던 흰색의 좋은 비단으로, 매우 얇고 정밀하다. ≪史記≫ 권108 〈韓長孺列傳〉에, "강한 활로 쏜 화살도 사정거리의 끝에 이르러서는 노호도 꿰뚫지 못하고, 맹렬하게 부는 바람도 그 힘이 다하는 끝에 가서는 기러기 털도 날리지 못한다."라 하였다.

5) 樸屬(복촉)한 수레바퀴 : 수레에 견고하게 부착한 바퀴이다. ≪周禮≫ 〈考工記序〉에 "무릇 수레를 잘 만들었지를 살펴보는 방법은 樸屬하고 微至해야 하니, 복촉하지 않으면 튼튼하고 오래 갈 수 없고, 미지하지 않으면 빨리 달릴 수 없다.〔凡察車之道 欲其樸屬而微至 不樸屬 無以爲完久也 不微至 無以爲戚速也〕"라 하였는데, 鄭玄의 注에 "복촉은 附着이 견고한 것이고, 미지는 수레바퀴가 매우 둥글어서 지면에 닿는 부분이 매우 적은 것이다."라 하였다.

6) 駃騠(결제) : 唐나라 때 천자의 말을 담당하는 尙乘局에 六閑의 명마가 있었으니, 첫째가 飛黃, 둘째가 吉良, 셋째가 龍媒, 넷째가 騊駼, 다섯째가 駃騠, 여섯째가 天苑이다.(≪新唐書≫ 권47 〈百官志〉)

7) 시골……살면서 : ≪莊子≫ 〈在宥〉에 "현자는 큰 산 험한 골짜기 아래 숨어 살고 만승의 군주는 묘당 위에서 근심하고 두려워한다.〔賢者伏處大山嵁巖之下 而萬乘之君憂慄乎廟堂之上〕"라 하였다.

몹시 추운 날씨에 얇은 베로 만든 시원한 옷을 주고자 하는 격이요, 원숭이를 잡아서 黼黻・裘裳[8]과 같은 옷을 입히고 메추라기를 대우하면서 鈞天九奏[9]의 음악으로 饗應하는 격이니, 필시 뜻대로 되지 못할 것입니다. 사람은 스스로 자기 얼굴을 보지 못하지만 거울에 비추면 환히 볼 수 있습니다.

如以天下之美在我하여 不辨從違하며 不論可否요 而第欲從心直遂면 是溽暑而欲進其狐貉하며 沍寒而欲施其絺綌이요 執獼猴而衣以黼黻裘裳之服하며 遇斥鷃而饗以鈞天九奏之音이니 必不售矣라 人不能自見其面이나 而鑑以照之則明이라

저 태어나면서부터 부유하고 존귀한 사람은 그 骨相이 남들과 다릅니다. 그 외면은 아름다우니 그 용모를 보면 사람들이 기뻐하며, 그 내면은 지혜로우니 그 말을 들으면 사람들 마음에 흡족합니다. 이에 제철 옷을 입고 화려한 갓끈을 떨치면서 가벼운 몸과 부드러운 걸음으로 진퇴하는 것이 법도에 맞으니, 좋은 珠玉으로 만든 귀걸이는 평소에 갖고 있는 장신구요 광채가 수레 여러 대를 비추는 좋은 碧盧[10]는 남들이 보내주는 선물입니다. 천하의 남자와 부인들로 하여금 자나 깨나 다들 그와 사귀기를 원하면서 미처 만나지 못할까 염려하게 하는 것이 마치 越女[11]와 秦娥[12]가 바람을 맞으며 홀로 서 있는데 도리어 동쪽 집의 못 생긴 아낙으

8) 黼黻・裘裳 : 黼黻는 도끼 모양을 수놓은 고대의 의복이다. ≪漢書≫ 권48 〈賈誼傳〉에 "아름다운 것은 보수이니, 이는 옛날 천자의 의복이다.〔美者黼繡 是古天子之服〕"라 하였다. 裘裳은 따스한 갖옷과 화려한 장식이 있는 치마이다. ≪禮記≫ 〈曲禮 上〉에 "동자는 구상을 입지 않는다.〔童子不衣裘裳〕"라 하였다.

9) 鈞天九奏 : 천상의 음악으로 鈞天廣樂이라고도 한다. 鈞天은 하늘의 한복판, 天帝가 머무는 곳이라고 한다. 춘추시대 晉나라 趙簡子가 병이 들어 혼수상태에 빠졌다가 깨어나 大夫에게 말하기를 "내가 상제가 계신 곳에 가서 매우 즐거웠다. 온갖 신들과 더불어 균천에서 노닐었는데, 廣樂 九奏와 萬舞가 三代의 음악과는 달라 그 소리가 사람의 마음을 감동시켰다.〔我之帝所甚樂 與百神遊於鈞天 廣樂九奏萬舞 不類三代之樂 其聲動人心〕"라 하였다. 九奏는 아홉 樂章을 연주하여 한 曲을 다 완성하는 것이다.(≪史記≫ 권43 〈趙世家〉)

10) 광채가……碧盧 : 碧盧는 좋은 옥이다. ≪淮南子≫ 〈氾論訓〉에 "검을 만드는 장인들은 莫耶劍 비슷한 검을 보면 미혹하지만 歐冶子만은 그 종류의 이름을 알 수 있고, 옥이 벽로와 비슷한 것을 보면 옥을 다듬는 장인들은 현혹하지만 猗頓만은 그 실체를 정확히 안다.〔劍工惑劍之似莫邪者 唯歐冶能名其種 玉工眩玉之似碧盧者 唯猗頓不失其情〕"라 하였다. 옥의 광채가 수레 여러 대를 비춘다는 말은 ≪史記≫ 〈田敬仲完世家〉에, "魏王이 齊王과 들에서 만나 사양하면서 말하기를, 寡人의 나라는 소국이지만 그래도 수레 열두 채의 앞뒤를 비출 수 있는 지름 1寸이 되는 구슬이 열 개 있다."라 한 데서 온 말이다.

11) 越女 : 춘추시대 越나라 미녀 西施를 가리킨다.

12) 秦娥 : 춘추시대 秦나라 穆公의 딸 弄玉을 일컫는 말이다. 생황을 잘 불었던 농옥은 자신과

로 하여금 그들 사이에 끼게 하였다가 아낙이 스스로 자기가 그만 못한 줄 알기 때문에 머뭇거리며 앞으로 나아가지 못하게 하는 것과 같습니다.

彼生而富貴者는 其骨相與人殊矣라 其外姸하니 覩其貌而相悅하며 其中慧하니 聞其言而愜心이라 於是에 被之以時服하며 振之以華纓하여 輕軀輭步에 進退中繩하니 瑤珥珠璣는 其所素蓄也요 碧盧照乘은 以相投贈也라 使天下之男子婦人으로 寤寐寢興에 咸願與之交歡하여 而恐其不及이 有如越女秦娥가 凌風獨立하되 而顧使東家之醜婦로 參錯其間이라가 自以爲不類라 故裹足不敢前也라

저는 천하의 못난 사람이니, 뒤집힌 입술, 엉성한 치아에 찌푸린 이마, 웅크린 어깨요 해진 솜옷을 입고 거친 미투리를 신고 있습니다. 지금 사람들이 비록 본 바가 없다 할지라도 어떻게 땔나무나 하는 사내와 호화로운 생활을 하는 貴人을 나란히 세워놓고 함께 보도록 할 수 있겠습니까.

夫僕者는 天下之䫏(기)①醜也니 反(번)脣歷齒며 蹙額豎肩이요 衣敝緼之衣하며 繫疏麻之履라 今人目雖無所見이나 奈何令薪采之夫與繁華之子로 比立而幷觀哉아

① '䫏'는 平聲이다.
平聲이라

지금 저 농사를 짓는 사람은 손에는 흙탕물을 묻히고 발에는 진흙을 묻힌 채 살길을 도모하며 장사하는 사람들은 싸게 사고 비싸게 팔아서 재물을 불리며, 무당과 장의사 같은 사람들은 산 사람을 위해 기도하고 죽은 사람을 葬送하여 이익을 추구하며, 벼슬하는 사람들은 영예와 利祿을 훔쳐서 자신을 살찌우지만 초야나 산림의 선비는 巖穴 속에 묻혀 살면서 세상과 함께 살되 마음은 함께 있지 않으며, 세속과 멀어져도 몸은 세속과 멀어지지 않습니다. 이들은 또한 저마다 자기 분수가 있어서 오직 하늘이 준 운명대로 따라야 할 뿐이니, 비유하자면 향초와 惡草, 얼음과 숯을 어찌 억지로 같게 만들 수 있겠습니까.

합주할 수 있는 사람이 아니면 남편으로 맞지 않겠다고 하여 鳳臺를 짓고 부부가 함께 살다가 봉황을 타고 신선이 되어 날아갔다고 한다. 李白의 詞牌에 이 고사를 매개로 한 〈憶秦娥〉라는 曲이 있는데, 그 첫머리에 "퉁소 소리 울리는데 秦娥의 꿈은 진루의 달에 끊어지누나.〔簫聲咽 秦娥夢斷秦樓月〕"라 하였다.

今夫農圃之人은 汙手塗足以謀食하며 商販之輩는 買賤鬻貴以阜財요 巫匠之徒는 祈生送死以逐利하며 仕宦之侶는 偸榮竊祿以肥身이어니와 若夫畎畝山林之士는 埋藏於窟穴之中하여 與世共處而心不與處하며 與俗相違而身不與違하니 此亦各有其分하여 (願)〔顧〕[13)]惟上天所命하니 譬如薰蕕冰炭이 豈得而强同哉아

저 높은 산과 좁은 골짜기는 곰과 범이 사는 곳인데 사람들이 그 험한 곳을 지날 때 서글퍼하며, 늙은 고목과 구불구불한 가지는 원숭이들이 편안히 지내는 곳인데 사람들은 그 꼭대기에 오르면 벌벌 떨며, 외딴 시내와 물살이 세찬 도랑은 미꾸라지와 드렁허리와 같은 작은 물고기들이 노는 곳인데 사람들은 그 물속에 들어가면 빠져 죽습니다. 사람은 이미 그 성품이 동물과 다르고 사람과 사람도 또 성품이 같지 않습니다. 저 같은 사람은 비루한 자품과 비쩍 마른 몸으로 泉石을 몹시 좋아하고 淡泊한 삶을 즐기니, 제가 公卿大夫가 될 수 없는 것은 개가 무거운 짐을 지지 못하고 소가 빨리 달리지 못하고 말이 쥐를 잡지 못하고 돼지가 집을 지키지 못하는 것과 같으며, 벙어리에게 말하게 할 수 없고 곱사등이에게 위로 우러러보게 할 수 없고 난장이에게 높은 것을 잡아당기게 할 수 없는 것과 같습니다. 태어나면서부터 불구의 결함이 신체에 있으니, 어찌 건강한 사람과 같이 달려 앞을 다툴 수 있겠습니까!

夫崇山狹谷은 熊虎之所據也니 人歷其險而悽傷하며 古木虯(규)枝는 猿猱之所狎也니 人陟其顚而惴慄하며 斷港梢(소)溝는 鰌鮰之所遊也니 人入其中而溺死라 人旣性異於物이요 而人與人性更不齊하니 若僕者는 鄙野之姿요 枯槁之質이라 泉石之耽而澹泊之爲樂하니 僕之不可爲公卿大夫는 猶犬之不可負重과 牛之不可急驅와 馬之不可執鼠와 豕之不可守閭하며 猶喑者不可使言하며 傴者不可使仰하며 短者不可使援이라 生而有疾이 在其體하니 安得與彊梁者竝走而爭先邪아

세상 사람들이 좋아하는 것은 저의 마음으로는 헤아려 알 수 없으니, 눈은 색을 보고 싶어 하지 않음이 없지만 아름다운 색을 반드시 사랑하지는 않으며, 귀는 소리를 듣고 싶어 하지 않음이 없지만 희미한 소리[14)]를 반드시 듣지는 못하며, 입은

13) (願)〔顧〕 : 저본에는 '願'으로 되어 있으나, ≪海峰先生文集≫에 의거하여 '顧'로 고쳤다.

음식을 맛보고 싶어 하지 않음이 없지만 잘 요리한 음식을 반드시 좋아하지는 않으며, 코는 냄새를 맡고 싶어 하지 않음이 없지만 냄새가 향기로운 꽃을 반드시 허리춤에 차고 다니지는 않습니다. 그러므로 無鹽과 같은 여인으로도 주제넘게 後宮들 속에 끼어들기도 하고[15] 下里와 같은 음악으로도 화답하는 자가 수천 명이나 되기도 하며,[16] 부스럼 딱지와 같이 더러운 것을 피를 철철 흘리며 씹어 먹기도 하고,[17] 큰 악취가 나서 함께 살 수 없는 사람을 따라다니면서 곁을 떠나지 못하기도 하니,[18] 좋아하고 싫어하는 것은 자기에게 있고 비방하고 칭찬하는 것은 남에게 있습니다. 저 밖에서 오는 外物은 어찌 나 자신이 도모할 수 있겠습니까.

人世之好尙은 **匪我之心思所能測度**(탁)**也**니 **目無不欲色**이로되 **而色之美者未必愛**요 **耳無不欲聲**이로되 **而聲之希者未必聽**이요 **口無不欲味**로되 **而味之和者未必嗜**요 **鼻無不欲臭**로되 **而臭之芳者未必佩**라 **故有以無鹽而濫厠於深宮**하며 **以下里而和者數千人**이요 **以創痂之穢汙**로 **而嚼之流血**하며 **以大臭之無能與居**로 **而隨之不能去**하니 **好惡者存乎己者也**요 **誹譽者存乎人者也**라 **彼物之自外至者**가 **豈我之能爲謀乎**아

지금 저 星紀[19]의 운행과 江·淮의 흐름은 밤낮으로 달려가서 그칠 때가 없습니다. 저 세상에서 부귀를 얻으려고 부지런히 노력하는 것은 尊貴와 영화라고 여기

---

14) 희미한 소리 : 들어도 들리지 않는 소리이다. ≪老子≫에 "큰 그릇은 늦게 이루어지고 큰 소리는 소리가 희미하고 큰 형상은 형체가 없다.〔大器晩成 大音希聲 大象無形〕"라 한 데서 온 말이다. 王弼의 注에 "들어도 들리지 않는 것을 希라고 하니, 들을 수 없는 소리이다."라 하였다.

15) 無鹽과……하고 : 전국시대 齊나라의 鍾離春이란 못 생긴 여인이다. 無鹽 땅에 살았기 때문에 무염이라 부른다. 나이 마흔 살에 宣王을 찾아가서 제나라가 위기에 빠지게 된 연유를 직언을 하니, 선왕이 감동하여 후궁으로 삼았다고 한다.(≪烈女傳≫ 권6 〈齊鍾離春〉)

16) 下里와……하며 : 下里는 수준이 낮은 노래이다. 宋玉의 〈對楚王問〉에 "어떤 사람이 楚나라 수도 郢에서 처음에 〈下里〉와 〈巴人〉을 부르자 그 소리를 알아듣고 화답하는 사람이 수천 명이었고, 〈陽阿〉와 〈薤露(해로)〉를 부르자 화답하는 사람이 수백 명으로 줄었고, 〈陽春〉과 〈白雪〉을 부르자 화답하는 사람이 수십 명으로 줄었다."라 하였다.(≪文選≫ 권45)

17) 부스럼……하고 : 劉邕이란 사람은 상처에서 생긴 부스럼 딱지를 좋아하여 그 맛이 복어와 같다고 여겼다. 한번은 孟靈休를 찾아갔는데, 맹영휴가 얼마 전에 부스럼을 앓아 그 부스럼 딱지가 떨어져 침상에 있으니, 유옹이 주워 먹었다.(≪宋書≫ 권42 〈劉穆之傳〉)

18) 큰……하니 : 몸에 큰 악취가 나는 사람이 있어 친척, 형제, 아내, 친지들조차 그와 함께 살 수 없었다. 그래서 이 사람이 홀로 바닷가에 가서 살았는데, 그 바닷가에 사는 한 사람이 유독 그 악취를 좋아하여 밤낮으로 그를 따라다녀서 그의 곁을 떠날 수 없었다.(≪呂氏春秋≫ 〈遇合〉)

19) 星紀 : 黃道 十二宮의 하나로 十二支의 丑方에 속하는 星次이다. 여기서는 하늘을 운행하는 별자리를 뜻하는 말로 쓰였다.

기 때문입니다. 그러나 내가 보건대 안락을 좋아하고 勞苦를 싫어하며 편안함을 좋아하고 위태함을 싫어하며 삶을 좋아하고 죽음을 두려워하는 것은 사람의 常情입니다. 벼슬하는 사람은 안락을 버리고 노고로 나아가며 편안함과 삶을 버리고 위태함과 죽음의 땅에 들어가면서, 스스로 영화로움으로 여기니 나는 영화로운 줄 알지 못하겠고, 스스로 존귀함으로 여기니 나는 존귀한 줄 모르겠습니다.

今夫星紀之運과 **江淮之流**가 **日夜奔趨**하여 **無時而止息**하나니 **彼世之勤求富貴**는 **以爲尊榮也**라 **自我觀之**컨대 **好逸而惡勞**하며 **喜安而懼危**하며 **貪生而怖死**는 **人之情也**라 **仕宦者**는 **舍逸即勞**하며 **去安生而入於危死之地**하여 **自以爲榮**하니 **吾不知其榮也**라 **自以爲尊**하니 **吾不知其尊也**라

게다가 천하의 일은 그 義가 아니면 그 이익을 무턱대고 가져서는 안 되며, 그 德이 없으면 그 복을 받고자 해서는 안 되니, 의가 아닌데 이익을 누리면 이익이 장차 재앙이 될 것이며 덕이 없으면서 복을 누리면 복이 장차 殃禍가 될 것입니다. 옛날의 시대에는 작록을 영화로 여긴 자가 없었는데, 후세로 내려와 덕이 쇠한 뒤에야 제후는 자기 國를 가진 것을 이롭게 여기고 대부는 자기 家를 가진 것을 이롭게 여기고 庶士는 자기 職位를 가진 것을 이롭게 여겼습니다. 황금으로 만든 탄환을 높은 바위 위에 있는 참새를 향해 쏘면 사람들은 필시 어리석다고 비웃을 것입니다. 그런데 마음속으로 부귀의 즐거움을 부러워하여 진실로 사는 집을 크게 하고 妻妾을 많이 가지며 가볍고 따뜻한 옷을 입으며 기름지고 좋은 음식을 먹을 수만 있다면 비록 죽을죄에 걸려 칼과 도끼로 목이 잘려 처형될지라도 달갑게 받아들이고 후회하지 않습니다.

且夫天下之事는 **非其義則不可以冒其利**요 **無其德則不可以邀其福**이니 **非義而利**면 **利將爲祟**요 **無德而福**이면 **福且爲戮**이라 **古之時**에 **未有以爵祿爲榮者也**러니 **世降而德衰然後**에 **諸侯利有其國**하고 **大夫利有其家**하고 **庶士利有其職位**라 **夫黃金爲丸**에 **彈瓦雀於高巖之上**이면 **人必笑其爲愚**언마는 **心艶乎富貴之爲樂**하여 **苟得壯其宮室**하며 **多其妾媵**하며 **服其輕煖**하며 **飫其肥甘**하면 **則雖觸死亡之罪**하여 **嬰刀斧之誅**라도 **甘心而不悔**라

저 郊祀에 쓰일 희생은 滌에 있은 지 석 달 뒤[20]에 어깻죽지와 앞다리가 鼎·

20) 郊祀에……뒤 : 郊祀는 고대 제왕이 교외에서 天地에 올리는 제사이다. ≪春秋公羊傳≫ 宣公

俎[21]에 진열되니, 영화롭지 않은 것은 아닙니다. 그러나 그 희생을 위해 도모해 본다면 그냥 다른 가축들과 같이 우리나 목책 안에 있는 것만 못합니다. 여우와 표범의 가죽을 벗겨 천자의 갖옷을 만들어 明堂[22]에 앉고 宗廟에 서게 되는 것이 존귀하지 않은 것은 아닙니다. 그러나 여우로서는 자기 굴이 있는 언덕을 향해 머리를 눕히지 못하는 것[23]을 슬퍼하며, 표범으로서는 끝까지 안개 속에 몸을 숨기지 못하는 것[24]을 슬퍼합니다. 사람 마음의 신령함은 동물들과 다르지만 곤궁과 영화, 현달과 隱晦가 교차하는 즈음에 이르러서는 지혜가 여우와 표범보다 못한 것은 어째서이겠습니까?

夫郊祀之牲은 **在滌三月然後**에 **陳肩臑**(노)**於鼎俎**가 **非不榮也**라 **然而爲牲謀**컨댄 **不如其在牢柵之中**하며 **辟狐豹之皮**하여 **以爲天子之裘**하여 **坐明堂而蒞宗廟**가 **非不尊也**나 **然而爲狐者**는 **悲其不得首邱**하며 **爲豹者**는 **痛其不終隱霧**라 **人心之靈**이 **異於物**이로되 **至於窮達顯晦之交**하여는 **智不如狐豹**는 **何也**오

군자는 자기에게 있는 본성을 닦을 따름입니다. 해와 달이 근심하고 슬퍼하는 늙은이를 위하여 그 운행을 늦추어주지 않으며, 우레와 번개가 두려워하는 아기를 위하여 그 소리와 빛을 감추어주지 않으며, 都梁[25]과 蘇合[26]이 착용하여 어여삐해 줄 사람이 없다고 하여 그 냄새를 바꾸지 않나니, 군자는 天理를 즐기고 天命을 알아서[27] 어리석은 백성들의 변덕스런 마음 때문에 지조를 느슨히 풀어놓지 않습

3년 조에 "上帝에 제사를 올릴 때 쓰는 희생은 滌에 석 달 동안 있는다.〔帝牲在于滌三月〕"라 했는데, 何休의 注에 "滌은 宮 이름이니, 상제에 제사를 올릴 때 쓸 희생을 기르는 곳이다. 滌이라 한 것은 몸뚱이를 씻겨 청결하게 한다는 뜻을 취한 것이다."라 하였다.

21) 鼎・俎 : 솥과 도마로, 희생의 고기를 얹는 祭器이다.

22) 明堂 : 고대 제왕이 政敎를 선포하고 제후를 조회하던 正殿이다.

23) 여우로서는……것 : ≪禮記≫ 〈檀弓 上〉에, "고인의 말에 여우가 죽을 때 머리를 똑바로 하고 자기의 굴이 있는 언덕 방향으로 향한다.〔古之人有言曰 狐死正丘首〕"라 하였다.

24) 표범으로서는……것 : 劉向의 ≪烈女傳≫에, "陶答子의 처가 答子에게 말하기를, '첩은 들으니, 남산에 검은 표범이 있어 안개 속에서 7일을 내려오지도 않고 먹지도 않는데, 그것은 그 털을 윤택케 하여 무늬를 만들고자 함이며 숨어서 해를 피하고자 함이라 합니다.'라 하였다."라 하였다.

25) 都梁 : 물가에 자라는 난초의 별칭이다. 좋은 향의 일종이라고도 한다.

26) 蘇合 : 蘇合香이다. 소합향으로 만든 약이 蘇合丸, 蘇合元이다.

27) 天理를……알아서 : ≪周易≫ 〈繫辭傳 上〉에 "天理를 즐기고 天命을 알기 때문에 근심하지 않는다.〔樂天知命 故不憂〕"라 하였다.

니다. 姚姒의 精髓를 두루 섭렵하고 盤誥의 文辭를 씹어 음미함[28)]은 나의 지식을 쌓는 것이요, 앉아서 사색하고 다니면서 추구함에 黃帝・堯・舜・孔子를 묵묵히 기억함은 나의 뜻을 높이는 것이요, 곤궁하게 살면서 터럭 하나도 감히 남에게서 취하지 않음은 나의 지조를 견고히 지키는 것이요, 살아 있는 동물을 보고 그 동물이 죽는 것을 보지 못함[29)]은 나의 은혜를 기르는 것이요, 義로 말미암아 생겨나 그 기운이 浩然히 충만하여 굽히고 흔들리는 바가 없음은 나의 용기를 온전히 갖추는 것[30)]입니다.

하늘의 높음은 步仞[31)]으로 엿볼 수 없으며 땅의 넓음은 道里로 헤아릴 수 없나니, 군자가 자기에게 있는 본성을 다함에 있어 다른 사람이 어찌 간여할 수 있겠습니까! 대개 하늘의 도를 밝히며 땅의 이치를 살피며 四時의 次序를 따라서 본래 그러한 섭리를 편안히 여길 따름이니, 어찌 천지의 常道를 거스르고 사시의 운행에 어긋나 낮을 밤으로 삼으며 겨울을 여름으로 삼고 奔忙을 휴식으로 삼을 수 있겠습니까.

君子者는 **修其在我而已**라 **日月**이 **不爲黎老之憂悲**하여 **而稽其躔度**하며 **雷電**이 **不爲嬰兒之恐懼**하여 **而匿其聲光**이요 **都梁蘇合**이 **不爲服媚之無人而移其臭味**하나니 **君子**는 **樂天知命**하여 **不爲愚氓之冷暖**하여 **而惰其操持**라 **獵姚姒之精**하며 **咀盤誥之華**는 **所以蓄吾之知**요 **坐思行追**에

28) 姚姒의……음미함 : ≪書經≫과 같은 글을 읽는 것을 말한다. 姚는 舜임금의 姓이고 姒는 禹임금의 성으로, 여기서는 상고의 글인 ≪서경≫의 〈虞書〉와 〈夏書〉를 뜻한다. 盤誥는 殷盤・周誥의 준말이다. 은반은 ≪서경≫ 〈盤庚〉 상・중・하이고, 주고는 ≪서경≫ 〈大誥〉・〈康誥〉・〈酒誥〉 등을 가리킨다. 韓愈의 〈進學解〉에 "위로는 姚・姒의 辭意가 광대하여 끝이 없음과 周誥와 殷盤의 문장이 굴곡이 많고 난삽함과 ≪春秋≫의 근엄함과 ≪左氏傳≫의 화려하고 과장됨과 ≪周易≫의 기이하면서도 법도에 맞음과 ≪詩經≫의 바르면서도 화려함을 엿보았다."라 하였다.(≪古文眞寶後集≫ 권3 〈進學解〉)

29) 살아……못함 : ≪孟子≫ 〈梁惠王 上〉에 "군자는 금수에 있어 그 살아 있는 것을 보고 그 죽는 것을 차마 보지 못하며, 죽으면서 애처롭게 울부짖는 소리를 듣고 차마 그 고기를 먹지 못한다. 이 때문에 군자는 푸줏간을 멀리하는 것이다.〔君子之於禽獸也 見其生 不忍見其死 聞其聲 不忍食其肉 是以君子遠庖廚也〕"라 하였다.

30) 義로……것 : 孟子가 浩然之氣에 대해 말하기를 "그 기운은 지극히 크고 강한 것이어서 곧음으로 기르고 해치는 일이 없으면 천지 사이에 가득 차게 될 것이다. 그 기운은 義와 道에 짝하니 이것이 없으면 주리게 된다. 이는 義를 쌓아서 생겨나는 것이다. 義가 하루아침에 갑자기 엄습하여 취할 수 있는 것은 아니니, 행하고서 마음에 부족하게 여기는 바가 있으면 이 氣가 주리게 된다.〔其爲氣也 至大至剛 以直養而無害 則塞于天地之間 其爲氣也 配義與道 無是 餒也 是集義所生者 非義襲而取之也 行有不慊於心 則餒矣〕"라 하였다.(≪孟子≫ 〈公孫丑 上〉)

31) 步仞 : 옛날의 길이를 측정하는 단위로 대략 1步는 6尺이고 1仞은 7척이다.

默識(지)乎黃帝堯舜孔子는 所以尙吾之志요 居窮履困하여 毫毛不敢取於人은 所以堅吾之守요 見物之生하고 不見其死는 所以長吾之恩이요 由義以生하여 其氣浩然充塞하여 而無所屈撓는 所以全吾之勇이라 天之高는 非步仞之可窺也요 地之廣은 非道里之可計也니 君子盡其在我에 而人何與焉이리오 蓋明天之道하며 察地之理하며 因時之序하여 安其固然而已니 豈能拂天地之經하며 乖四時之運하여 以日爲夜하며 以冬爲夏하고 以奔忙爲休暇哉아

아아! 우리 그대 같은 이는 어린 아기 때 모친을 잃었고 부친은 癃疾이 있거늘 좌우로 모시고 봉양하며[32] 어김이 없이[33] 무릇 7, 8년 동안 게으르지 않았습니다. 근래에 부친이 더욱 연로하면서 병환도 더욱 위독해지자 게다가 한 침상에서 누워 자면서 조석으로 부축하여 감히 잠깐도 寢席을 떠나지 않았으니, 옛 현인이 한 어버이를 잘 섬긴 일이요 진실로 내가 우리 그대에게 깊이 바라는 바입니다. 세상 사람들이 부귀를 영화로 여겨 자기 어버이를 버리고 천리 밖으로 가서 조석의 문안도 하지 않고 병환이 들어도 보살피지 않는 짓 따위는 우리 그대의 마음을 움직여 부럽게 할 수 없다는 것을 분명히 알 수 있습니다. 족하가 보낸 편지의 글을 읽으면서 마음속에 感慨가 없을 수 없습니다. 답장의 글이 너무 번다하니, 諒察하시기 바랍니다.

嗟乎라 若吾子者는 孩穉喪其母하고 而父有癃殘之疾이어늘 左右侍養無違하여 凡七八年不倦이러니 近者父年彌老에 病亦彌篤이어늘 乃更與同牀而臥하여 昕夕扶持하여 不敢須臾違離其寢處하니 昔賢所爲善事其親이요 固僕之所厚望於吾子者라 比俗之人이 富貴爲榮하여 棄其親於千里之外하여 定省缺然하고 疴癢莫問은 其不足動吾人之歆羨이 皭然明矣라 誦足下之書辭에 不能無慨於中이라 報章繁贅하니 惟加諒察하라

32) 좌우로……봉양하며 : ≪禮記≫ 〈檀弓 上〉에 “어버이를 섬기되 숨김은 있고 범함은 없으며, 좌우로 나아가 봉양함에 일정한 방소가 없다.〔事親 有隱而無犯 左右就養無方〕”라 하였다. ‘좌우로 나아가 봉양함에 일정한 방소가 없다’는 것은 부모를 봉양할 때는 무슨 일이든지 가리지 않고 해야 할 일은 다한다는 말이다.

33) 어김이 없이 : 孟懿子가 孝에 대해 묻자, 孔子가 “어김이 없어야 한다.〔無違〕”라 했는데, 朱熹의 註에는 “도리에 위배되지 않음을 말한다.”라 하였다.(≪論語≫ 〈爲政〉)

19. 周君에게 답한 편지 答周君書*

* 周君이 누군지는 고찰하지 못하였다. 편지의 내용으로 보아 뜻을 굽혀 세상에 나와서 벼슬하라고 권유했던 듯한데, 유대괴는 자신은 安貧樂道의 삶을 살겠다고 하면서 거절하였다. 부귀영화에는 위험이 도사리고 있으니 부러워할 게 못 된다는 뜻을 누누이 말하지만, 자신을 알아주지 못하는 세상에 대해 울울한 마음을 숨길 수 없다.

周君 足下께.

저는 타고난 자품이 魯鈍하고 게다가 외진 시골에서 생장하여 機宜를 알지 못하며 진퇴를 알지 못합니다. 오직 古人을 사모할 줄만 알아 힘써 한마음으로 進取하고자 하지만 세상 사람들과는 뜻이 서로 맞지 않습니다. 마음은 매우 모나서 아무리 깎아도 둥글어지지 않으며, 혀는 몹시 둔하여 아무리 갈아도 유창해지지 않습니다. 혈혈단신으로 도와줄 친구도 없고, 친교를 맺는 데 쓸 재물도 없고, 貴人들의 이목을 즐겁게 해줄 번듯한 얼굴, 부드러운 말솜씨도 없습니다.

하루는 京師에 있을 때 사대부들과 만났는데 서로 뜻이 맞지 않고 어긋나 그들의 歡心을 사지는 못하고 단지 그들의 노기만 만났을 뿐이었습니다. 그래서 스스로 泥塗에 버려지고[1] 溝壑을 메꾸며[2] 쑥대처럼 떠돌다 일생을 마치는[3] 것을 당연한 분수로 여겨 더 이상 후회와 여한이 없었는데, 족하께서 저의 곤궁한 삶을 불쌍히 여겨 書翰을 내려주어 권면함에 정성스런 마음이 간절하고 돈독하니, 감격

---

1) 泥塗에 버려지고 : 泥塗는 진흙탕 길로, 軒冕의 반대말로 벼슬길에 오르지 못하고 곤궁하게 사는 것을 뜻한다. 춘추시대에 杞나라의 성을 쌓을 적에 綘縣에서 동원되어 공사에 참여한 73세 된 노인에게 趙孟이 "당신을 욕되게도 니도에 오래도록 있게 한 것은 나의 죄이다.〔使吾子辱在泥塗久矣 武之罪也〕"라 한 데서 온 말이다.(≪春秋左氏傳≫ 襄公 30년)

2) 溝壑을 메꾸어 : 溝壑은 도랑과 산골짜기로, 上古에 사람이 죽으면 내다 버리는 곳이다. ≪孟子≫ 〈滕文公 下〉에 "志士는 구학에 버려질 것을 잊지 않는다.〔志士不忘在溝壑.〕"라 하였다. 지조를 잃지 않고 곤궁하게 살다 죽는다는 의미를 내포하고 있다.

3) 쑥대처럼……마치는 : 바람에 날리는 쑥대처럼 정처 없는 신세를 뜻한다. ≪史記≫ 권63 〈老子韓非列傳〉에 "군자가 때를 얻으면 수레를 타고 때를 얻지 못하면 쑥대처럼 다닌다.〔君子得其時則駕 不得其時則蓬累而行〕"라 하였다.

이 지극한 나머지 부끄러운 마음이 생깁니다. 저를 두고, "반드시 甲科에 급제하여 의젓하게 관복을 걸친 뒤에야 명성과 걸맞다."라 하셨으니, 저의 마음속과는 부합하지 않는 듯합니다.

周君足下 僕賦資椎魯하고 **又生長窮鄕**하여 **不識機宜**하며 **不知進退**요 **惟知慕愛古人**하여 **務欲一心進取**로되 **而與世俗不相投合**이라 **心甚方**하여 **雖鑿之**라도 **不圓**이요 **舌甚鈍**하여 **雖磨之**라도 **不利**라 **單身孑立**하여 **無親舊以爲攀援**하며 **無錢財以資結納**하며 **無華顔輭語以媚悅貴人之耳目**이라 **日在京師**에 **與縉紳大夫相接見**하되 **而外戾乖違**하여 **不得其歡心**이요 **而祗逢其怒氣**라 **自分委泥塗塡溝壑**하고 **蓬累終身**하여 **無復悔恨**이러니 **足下哀其困憊**하여 **賜書勸勉**에 **勤懇諄篤**하니 **感至愧生**이라 **然謂僕必待弋取甲科簪紱垂紳而後**에 **與其聲華相稱**이라하니 **則與僕之中心**으로 **似不比附也**라

대저 천하는 크고 고금의 사람은 많습니다. 혹자는 조정의 높은 자리에서 영화롭고, 혹자는 草澤 중에서 침체하여 살며, 혹자는 자신을 욕되게 하여 높은 官爵을 얻고, 혹자는 뜻을 높여서 곤궁한 삶을 달게 받아들이니, 이는 천차만별로 같지 않지만 모두 다 하늘이 명한 바이고 인력으로 어떻게 할 수 있는 것이 아닙니다. 겉모습만 보면 서로 부러워하지만 마음속에 들어가면 저마다 근심과 슬픔이 지극하니, 내가 어찌 公相의 존귀한 爵位를 미천한 하인배 같은 신분에 바랄 수 있겠습니까.

夫天下는 **大矣**요 **古今之人**은 **多矣**라 **或焜耀巖廊之上**하고 **或沈湮草澤之中**하며 **或辱身以取顯榮**하고 **或抗志以甘窮餓**하니 **此其不齊**가 **什伯千萬**이로되 **皆上天所命**이요 **非人力能爲**라 **居其外則互相歆羨**이나 **入其中則各極愁悲**하니 **予安得以公相之尊**으로 **望之輿臺之賤哉**아

게다가 저 조화를 부리는 應龍[4]도 회오리바람을 타고 구름을 타지 않으면 날아서 하늘로 올라가지 못하며, 스스로 솟구쳐 오르는 靈蛇도 상서로운 안개가 없으면 발 없이도 큰 늪에서 오르락내리락 마음대로 노닐지 못합니다.[5] 오늘날 세상에서는 용이 巖穴 속에 스스로 웅크리고 있음에 구름이 일어나지 않고[6] 뱀이 늪 속

4) 應龍 : 날개가 달려 하늘을 난다는 전설상의 용이다. 禹가 홍수를 다스릴 적에 응룡이 꼬리로 땅을 그어 江河를 만들어 물을 바다로 흘러가게 하였다고 한다.(≪楚辭≫ 〈天問〉)

5) 靈蛇도……못합니다 : ≪荀子≫ 〈勸學〉에 "螣蛇란 뱀은 발이 없어도 하늘을 난다.〔螣蛇無足而飛〕"라 하였다.

6) 용이……않고 : ≪周易≫ 乾卦 〈文言〉에 "구름은 용을 따르고, 바람은 범을 따른다.〔雲從龍 風

에 스스로 똬리를 틀고 있음에 안개가 일어나지 않습니다. 구름과 안개 또한 때가 있어 한갓 스스로 昏蒙하고 否塞할 뿐이라, 비록 응룡과 영사와 같은 재주를 지녔을지라도 스스로 표현할 길이 없으니, 지렁이나 개미와 무엇이 다르겠습니까.

應龍

且夫應龍之變化는 **不因回風而載浮雲**하면 **則不能飄擧而上天**이요 **靈蛇之自騰**은 **無瑞霧**면 **則不能無足而遨遊上下於方澤**이라 **方今之世**에 **龍自蛐蚪**(유규)**於巖穴**에 **而雲不爲興**하고 **蛇自蟠屈於淵菹**에 **而霧不爲起**라 **雲霧亦時有**하여 **徒自爲昏蒙否塞**이라 **雖有龍蛇之才**라도 **能無由自表見**(현)**也**하니 **與螾蟻何以異乎**아

옛날에 史魚는 자신은 죽으면서도 오히려 蘧伯玉을 천거하였고,[7] 趙武는 천거한 管庫의 선비가 70여 명이었습니다.[8] 兩漢 때에 賈誼[9]·終軍[10]·王褒[11] 같은 이

從虎]"라고 한 대목을 차용하였다. 즉 용이 나와야 구름이 일어난다는 말이다.

7) 史魚는……천거하였고 : 史魚는 춘추시대 衛나라의 史官으로 이름은 鰌이고 자는 魚이다. 사어가 죽으면서 그 아들에게 유언하기를, "내가 임금에게 蘧伯玉이 어질다고 자주 말하였으나 등용시키지 못했고 彌子瑕는 불초한데도 물리치지 못하였다. 내가 죽거든 正堂에서 治喪하지 말고 방 밖에 草殯을 하라."라 하였는데, 衛 靈公이 문상하러 왔다가 그 말을 전해 듣고 뉘우쳐서 거백옥을 등용하고 미자하를 물리쳤다. 이에 대하여 평하기를, "살아서는 몸으로 간하고 죽어서는 시신으로 諫하였으니 곧다고 할 만하다."라 하였다. 이를 尸諫이라 한다.(≪韓詩外傳≫ 권7)

8) 趙武는……명이었습니다 : 趙武는 춘추시대 晉나라 대부로 시호가 文子이다. 管은 자물쇠이다. 管庫는 창고를 여닫는 일을 관장하는 하급 관리이다. 조무가 천거한 사람 중에 창고지기가 70여 명이었으나, 살아서는 그들과 이익을 주고받지 않았고 죽어서는 자기 자식을 부탁하지 않았다고 한다.(≪禮記≫ 〈檀弓 下〉)

9) 賈誼 : 前漢 文帝 때의 賢臣이다. 그는 불과 20세의 어린 나이로 太中大夫에 발탁되어 服色·制度·官名 등을 대대적인 개혁할 것을 주장하다가 당시 대신들의 미움을 받아 長沙王 太傅로 좌천되어 33세의 젊은 나이로 죽었다.(≪漢書≫ 권48 〈賈誼傳〉)

10) 終軍 : 前漢 武帝 때 사람으로, 18세의 나이로 博士弟子가 되고 이어 諫大夫에 발탁되었다. 20세 때에 무제가 南越을 굴복시키기 위해 사신을 보내려 하자, 그는 밧줄을 주면 南越王을 묶어 오겠다고 무제에게 자청하여 마침내 남월왕을 잘 설득하여 사명을 완수했다.(≪漢書≫ 권64 〈終軍傳〉)

11) 王褒 : 前漢時代에 揚雄과 함께 저명한 辭賦家이다. 宣帝 때 諫議大夫를 지냈다. 그가 지은

들은 모두 다 州郡의 천거로 관직을 얻었습니다. 그 당시에 直指는 雋不疑를 천거할 수 있었고,[12] 執金吾는 龔勝을 천거할 수 있었고,[13] 衛將軍은 鮑宣을 천거할 수 있었으니,[14] 同坐의 법[15]이 비록 엄했으나 천거하는 길이 매우 넓었습니다. 그러므로 "붕우에게 믿음을 받지 못하면 윗사람에게 신임을 얻지 못할 것이다."[16]라고 하였던 것입니다.

昔者에 **史魚身死**로되 **而猶薦伯玉**하고 **趙武所擧管庫之士**가 **七十有餘家**라 **其在兩漢**에 **賈誼終軍王褒輩**는 **皆由州郡薦擢得官**이라 **當其時**하여 **直指可薦雋不疑**하고 **執金吾可薦龔勝**하고 **衛將軍可薦鮑宣**하니 **同坐之法雖嚴**이나 **而薦擧之塗甚廣**이라 **故曰 不信於朋友**면 **不獲乎上**이라하니라

근대 이래로 書升論秀[17]의 법이 폐지되자 곧 漢代의 과거제도[18]도 파기되어 시

〈聖主得賢臣頌〉은 명문으로 유명하다.(≪漢書≫ 권64 〈王褒傳〉)

12) 直指는……있었고 : 直指는 直指使者의 준말이다. 漢나라 武帝 때 지방에 도적이 횡행하기에 暴勝之(포승지)가 直指使者에 임명되어 무력으로 도적들을 토벌하였다. 포승지가 평소 雋不疑의 명성을 듣고 찾아가니, 준불의가 충고하기를 "관리는 너무 강하면 부러지고, 너무 약하면 위엄이 서지 않습니다. 은혜로써 위엄을 떨쳐야 공을 세워 이름을 떨칠 수 있고 天祿을 길이 누릴 것입니다."라고 하였다. 이에 포승지는 준불의가 비상한 인물인 줄 알고 무제에게 천거하였다. 직지사자라는 직책에 있으면서 사람을 천거하는 것은 혐의쩍은 일이라 한다.(≪漢書≫ 권71 〈雋不疑傳〉)

13) 執金吾는……있었고 : 龔勝은 漢나라 哀帝 때 사람이다. 그가 渤海太守로 있다가 王莽이 皇位를 찬탈하자 벼슬을 버리고 향리로 돌아가 은거하고 있었는데, 왕망이 使者를 보내어 上卿으로 부르자 門人 高暉 등에게 말하기를, "내가 조만간에 땅속으로 들어갈 터인데, 어찌 한 몸으로 두 성씨를 섬길 수 있겠는가?"라고 하고, 14일 동안 음식을 먹지 않다가 죽었다. 그가 重泉縣令으로 있다가 병들어 관직을 버리고 떠났을 때 大司空 何武와 執金吾 閻崇이 그를 천거하였다. 집금오라는 직책에 있으면서 사람을 천거하는 것은 혐의쩍은 일이다.(≪漢書≫ 권72 〈兩龔傳〉)

14) 衛將軍은……있었으니 : 衛將軍은 漢나라 宣帝 때 승상에 오른 王商을 가리킨다. 鮑宣은 漢나라 哀帝 때 사람으로 강직한 신하였다. 司隷 鮑宣이 죄를 받아 감옥에 갇히자, 博士弟子 王咸이 太學 아래에서 깃대를 들고 "鮑司隷를 구하려는 사람은 이 아래에 모이라."라 하니, 諸生 1천여 명이 모여서 대궐 문을 지키고 상소하여 포선의 죄를 경감시켰다는 고사가 있다. 왕상이 위장군으로 있으면서 포선을 천거하였다. 위장군이란 직책에 있으면서 사람을 천거하는 것은 혐의쩍은 일이라 한다.(≪漢書≫ 권72 〈鮑宣傳〉)

15) 同坐의 법 : 한 가지 일로 죄를 받는 법이다. 連坐法과 같다.

16) 붕우에게……것이다 : ≪中庸章句≫ 20장에 "아랫자리에 있으면서 윗사람에게 신임을 얻지 못하면 백성을 다스리지 못할 것이다. 윗사람에게 신임을 얻는 데 방법이 있으니, 붕우에게 믿음을 받지 못하면 윗사람에게 신임을 얻지 못할 것이다.〔在下位不獲乎上 民不可得而治矣 獲乎上有道 不信乎朋友 不獲乎上矣〕"라 하였다.

17) 書升論秀 : 고대에 지방의 뛰어난 선비를 추천해 올린 제도이다. ≪禮記≫ 〈王制〉에 "지방 고을에 명하여 秀士가 누구인지 논하여 司徒에게 올리게 하니 이들을 選士라고 한다. 사도가

행되지 않았습니다. 進士科는 隋나라 煬帝 때 처음 만든 것이고, 糊名[19]하는 법과 壯元이란 호칭은 唐나라 則天武后 때 처음 시작한 것입니다. 그런데 이러한 제도들을 宋나라 및 元나라・明나라 때에 遵奉하여 법령으로 만들고 확고히 따라서 감히 바꾸지 못하였습니다. 명나라 때에는 게다가 八比文[20]으로 과거 시험을 보이니, 선비들이 서로 악취가 나는 썩은 글을 지어서 오로지 급제하고자 할 뿐입니다. 아아, 이 어찌 천하의 뛰어난 인물들이 그중에서 나올 수 있겠습니까!

近代以來로 **書升論秀之典旣廢**에 **卽漢世科擧之制**도 **亦罷而不行**이라 **進士之科**는 **煬帝之所建也**요 **糊名之法**과 **壯元之號**는 **武后之所開也**어늘 **宋及元明**이 **奉爲科律**하여 **確遵之而不敢移易**이라 **明代**는 **復試以八比之文**하니 **相與爲臭腐之辭**하여 **以求其速**售라 **嗚呼**라 **此豈有天下之豪俊出於其間哉**아

琴瑟鐘鏞[21]・鈞天九奏[22]와 같은 고상한 음악일지라도 귀머거리의 귀에 시끄럽게 연주하면 차라리 소리가 없느니만 못할 것이니, 무슨 까닭이겠습니까? 저 귀머거리는 진실로 귀가 있어도 듣지 못하기 때문입니다. 山龍・藻火・黼黻[23]과 같은

선사 중에서 뻬어난 자를 논하여 太學에 올리니 이들을 俊士라고 한다. 사도에게 올라간 자는 고을의 부역을 면제받고, 태학에 올라간 자는 사도에게서도 부역을 면제받는다. 이들을 造士라고 한다.〔命鄕 論秀士 升之司徒 曰選士 司徒論選士之秀者 而升之學 曰俊士 升於司徒者不征於鄕 升於學者不征於司徒 曰造士〕"라 하였다. 수사는 才德이 빼어난 선비이다. 淸나라 儲欣의 〈擧善而教不能則勸〉에 "오직 書升論秀의 법이 폐지되자 행실을 쌓으며 巖穴에 은거하는 선비들이 위로 알려질 길이 막혔다.〔惟是書升論秀之典廢 而積行而處巖穴者有壅於上聞者焉〕"라 하였다.

18) 漢代의 과거제도 : 漢나라 때 전국 각 郡으로 하여금 뛰어난 인재를 천거하게 하고 이들에게 策問을 시험 보여서 우수한 사람을 선발하였다. 이를 賢良科 또는 賢良方正科라 하였다.

19) 糊名 : 과거 시험에서 수험자의 성명과 생년월일, 주소와 四祖 부분을 풀로 封하거나 꿰매어 고시관이 보지 못하게 하는 제도이다.

20) 八比文 : 明・淸時代 과거 시험의 文體 중 하나로, 八股・制藝・制義라고도 한다. 원래 宋・元時代의 經義에서 비롯하였다. 明代 이후로 지속되다가 청나라 德宗 光緖 말년에 폐지되었다. 排律의 本體인 6韻 12句 중 처음과 끝의 1운 2구를 제외하고, 그 중간의 4운 8구를 八比라고 한다. 그중 4운의 처음을 承題 또는 頷比라 하고, 그 다음을 頸比 또는 中比라 하고, 그 다음을 腹比라 하고 끝 부분을 後比라 한다.

21) 琴瑟鐘鏞 : 거문고와 비파, 종과 큰 종으로 모두 종묘에 연주하는 악기들이다.

22) 鈞天九奏 : 天上의 음악이다. 본서 〈答吳殿麟書〉 역주 9) 참조.

23) 山龍……黼黻 : 山龍은 산과 용, 藻火는 마름과 불의 문양이다. 黼는 斧(도끼의 일종) 형상이고, 黻은 두 개의 己 자가 서로 등지고 있는 문양이다. 모두 조정의 禮服에 수놓는 문양들이다. 舜임금이 禹에게 "내가 옛사람의 상을 관찰하여 해와 달과 별과 산과 용과 꿩으로 무늬를 만들고, 宗彝와 물풀과 불과 흰쌀과 黼와 黻을 수놓아서 다섯 가지 채색을 다섯 가지 빛깔로 물들여 옷을 만들고자 하면 그대는 그것을 밝게 만들라.〔予欲觀古人之象 日月星辰山龍

휘황한 문양일지라도 장님의 눈에 어지럽게 보여주면 차라리 색채가 없느니만 못할 것이니, 무슨 까닭이겠습니까? 저 장님은 진실로 눈이 있어도 보지 못하기 때문입니다. 그러므로 귀먹은 사람과는 우레와 천둥의 진동을 말할 수 없고, 눈이 먼 사람과는 구름과 해의 광채를 말할 수 없습니다.

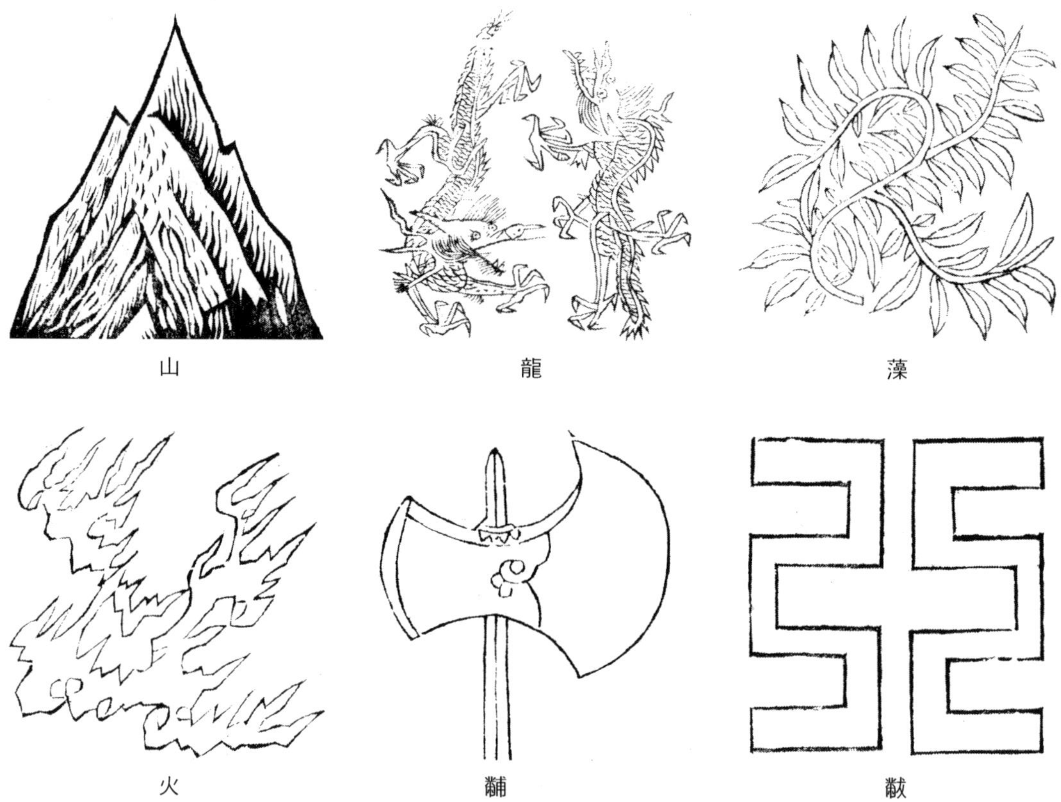

구더기와 파리는 측간에 알을 슬기 때문에 난초를 향기롭지 못하다고 여기고, 땅강아지와 지렁이는 두엄더미 속에 노닐기 때문에 양고기·소고기로 만든 국을 맛없다고 여깁니다. 〈科場의〉 有司는 好惡가 자기 마음에서 나오고 取捨를 자기 臆斷에 의거하여 흰 것을 헐뜯어 검다 하고 흐린 것을 칭찬하여 맑다 하며, 嫫母[24]를 先施[25]라 하고 毛嬙[26]을 魔女라 합니다. 지금 천하의 초야에 사는 선비 중 다

華蟲 作會 宗彜藻火粉米黼黻 絺繡 以五采彰施于五色 作服 汝明]" 하였다.(≪書經≫〈虞書 益稷〉)

24) 嫫母 : 상고의 제왕인 黃帝의 넷째 부인으로, 품행은 정숙하였으나 몹시 못생겨 醜女의 대명사로 흔히 쓰인다.(≪戰國策≫〈楚策〉)

25) 先施 : 춘추시대 越나라 미인 西施의 이칭이다.

26) 毛嬙 : 춘추시대 越王의 애첩인데, 이름난 미인이었다.

낡은 옷을 입고 미투리를 신고 은거하는 이들은 사람들이 알지 못하겠지만, 비록 다시 몸과 행실을 깨끗이 닦고 詩書를 읽어 先王의 道를 밝게 알며 六藝의 뜻을 깊이 알고, 周秦·漢唐과 ≪左傳≫·≪史記≫, 孟子·韓愈의 문장에 두루 출입함으로써 과거에 급제하여 조정 벼슬아치의 명부에 이름을 올리고자 하는 이라 할지라도 과거의 考試官과 평소 선물을 보낸 舊情이 없으면, 그 고시관은 반드시 귀먹고 눈먼 질병이 있게 될 터이니, 난초와 양고기·소고기 국이 측간과 두엄더미만큼도 좋지 못한 취급을 받게 될 것입니다.

琴瑟鐘鏞鈞天九奏之響이라도 而以聒聾聵之耳하면 則不如其無聲이니 何者오 彼固有耳而不聞也일새라 山龍藻火黼黻之煌煌이라도 而以炫瞽矇之目하면 則不如其無色이니 何者오 彼固有目而不見也일새라 故耳之聧者는 不可與言雷霆之震이요 目之眇者는 不可與言雲日之輝라 蛆蠅胚胎於溷厠이라 故以蘭茝(채)爲不芳하며 螻蚓遊止於鬱棲라 故以膷臐爲無味라 有司者는 美惡出於其心하고 取舍憑於其臆하여 毁白以爲黑하고 譽濁以爲淸하며 以嫫母爲先施하고 以毛嬙爲魔女라 今天下草茅卑賤之士가 鶉衣絺履는 人所未知어니와 雖復修身潔行하고 誦詩讀書하여 明於先王之道하며 深於六藝之旨하고 出入於周秦漢唐左馬孟韓之文하여 欲拾取科名하여 以求自通於朝籍이라도 而與衡文者素無苞苴之舊면 則其人必有聾聵瞽矇之疾이니 是蘭茝臐膷不如溷厠鬱棲之美也라

하늘이 사람에 대해 吉祥을 내림은 늘 적고 재앙을 내림은 반드시 많으니, 吉은 하나뿐이고 凶·悔·吝은 셋입니다. 게다가 세상이 달라지면 일도 변하고 때가 가면 道도 달라지나니, 아침에 재상으로 있다가 저녁에 죄수가 되기도 하며, 추켜세우면 궁전 섬돌 위에 있고 억누르면 한길 모퉁이에 나앉게 됩니다. 우레가 울리고 천둥이 치며, 산이 무너지고 물이 마르며, 무궁화는 아침에 피고[27] 촌락의 연기는 저녁에 사라집니다.

天之於人에 降祥常少하고 降殃必多하니 吉一也요 凶悔吝三也라 且世異則事變하고 時去則道殊하나니 朝爲公輔라가 暮作鉗徒하며 揚之則在殿階之上하고 抑之則居衡術之隅라 雷轟電掣(철)하고

27) 무궁화는……피고 : 무궁화는 이른 아침에 피었다가 저녁에 시든다. ≪淮南子≫ 〈時則訓〉에 "무궁화가 핀다.〔木堇榮〕"라 한 대목에 대한 高誘의 注에 "무궁화는 아침에 피고 저녁에 시든다.〔木堇 朝榮莫落〕"라 하였다. 세상의 덧없는 변화를 비유한 것이다.

山崩水竭하며 **木槿晨榮**하고 **爐烟夕滅**이라

일찍이 보건대, 도시의 어린아이와 잘생긴 젊은이들이 權門을 돌아다니면서 세련된 모습으로 예쁘게 웃고 어떻게 하면 미움을 받을지 잘 헤아려 자신을 좋아하도록 비위를 잘 맞추어 권문의 사람에게 珠玉을 때로 보내주고 비단을 거듭 바치니, 이런 사람들은 복이 鴻毛처럼 가벼워 아무도 오래 유지하지 못하였습니다. 자신을 보살펴줄 羽翼이 이루어지면 이들은 교만과 사치가 부쩍 드러나 좋은 말과 가벼운 수레를 타고서 한길을 메우며 흙먼지를 일으키고 권세의 길을 치달리면서 자신을 돌아보며 스스로 으스대고 종족들도 다들 부러워합니다. 그러나 오래지 않아 千壽를 마치지 못한 채 중도에 요절하기도 하고, 탐욕을 부리다가 법을 저촉하여 刑戮이 그 몸에 미치기도 합니다. 이렇게 되면 호화로운 삶은 아직도 눈에 선하지만 差跌이 바로 뒤를 따르니, 일순간의 光榮이 비천한 신세로 전락하는 치욕을 보상할 수 없으며 터럭만큼 작은 이익이 탐욕을 부린 더러운 행실을 상쇄할 수 없습니다. 세상에 명철한 사람이 있다면 어찌 부러워하는 마음을 일으키겠습니까.

그러므로 許由는 마침내 나무에 걸어둔 표주박을 버렸으며,[28] 無擇은 마침내 淸冷의 물속에 몸을 던졌으며,[29] 段干木은 담장을 넘어서 文侯를 피하였으며,[30] 披裘公은 땔나무를 짊어진 채 季子를 꾸짖었으며,[31] 顔闔은 魯나라 임금이 자신을 초빙한다는 말을 듣자 담장을 뚫고 도망쳤으며,[32] 莊周는 楚나라 재상 자리를 물

28) 許由는……버렸으며 : 許由는 堯임금 때 隱士이다. 漢나라 蔡邕의 ≪琴操≫ 〈箕山操〉에, "요임금 때 허유는 기산에 은거하면서 늘 손으로 물을 움켜서 마셨다. 어떤 사람이 그에게 그릇이 없는 것을 보고 표주박을 주었다. 허유는 표주박으로 물을 떠 마시고는 나무에 걸어두었다. 그런데 바람이 불 때마다 달그락 소리가 나기에 시끄럽고 귀찮아 표주막을 버렸다."라 하였다.

29) 無擇은……던졌으며 : ≪淮南子≫ 〈齊俗訓〉에 "북쪽 사람 無擇이 舜임금을 옳지 않다고 하고 스스로 淸冷의 물속에 몸을 던졌다."라 하였다.

30) 段干木은……피하였으며 : 단간목은 전국시대 晉나라의 高士이다. 그는 魏나라에 살면서 벼슬하지 않았다. 위나라 文侯가 그를 만나러 집으로 찾아가니 그는 담장을 넘어 피하였다.(≪史記正義≫ 권44 〈魏世家〉, ≪孟子≫ 〈滕文公 下〉)

31) 披裘公은……꾸짖었으며 : 披裘公은 춘추시대의 高士로서 성명을 알 수 없고 갖옷을 걸치고 있었다고 하여 피구공이라 부른다. 季子는 춘추시대 吳나라의 公子이자 賢人인 延陵 季札을 가리킨다. 피구공이 땔나무를 지고 가다가 길에서 계찰을 만났다. 계찰이 길에 떨어진 황금을 보고는 피구공에게 "주워라."라 하니, 피구공은 노하여 꾸짖기를 "그대는 어찌 自處는 높이 하면서 남은 낮게 보시오. 더운 5월에도 갖옷을 입고 섶을 지는데 어찌 황금을 주울 사람이겠소."라 하였다.(≪論衡≫ 권4 〈書虛篇〉)

리쳐 하지 않고[33] 監河侯에게 가서 양식을 꾸었으니,[34] 이들은 모두 다 용처럼 비늘을 숨기고 봉황처럼 날개를 감추고서 길이 높은 하늘을 나는 기러기가 되어 천 길 높이로 훨훨 날아서 그물에 걸리지 않은 이들이었습니다. “내 재물을 더해주는 것은 내 정신을 손상시키고, 내 명성을 생기게 하는 것은 내 몸을 죽일 것이다.”[35] 라는 말이 어찌 사실이 아니겠습니까.

嘗見都市中孺稚之嬰과 **輕俊之少**가 **遊歷權門**하여 **姸姿巧笑**하고 **善度**(탁)**憎嫌**하여 **能迎喜好**하여 **珠玉時投**하고 **綺紈疊效**하니 **此其人**이 **福如鴻毛**어늘 **而莫能久御也**라 **羽翼旣成**에 **驕奢頓著**하여 **良馬輕輿**로 **塡塞衢路**하여 **揚撲地之塵**하고 **騁當塗之步**하여 **指顧自雄**하고 **宗黨傾慕**로되 **曾未幾時**에 **不終天年**하여 **而中道夭死矣**요 **貪惏**(람)**觸法**에 **而刑戮及身矣**라 **豪華猶在目**이나 **而差舛隨其後**하니 **瞬息之光榮**이 **不足以償其苟賤之辱**이요 **毫毛之利益**이 **不足以蓋其貪競之**汙라 **世有明達之人**이면 **豈足動其瞻企乎**아 **故許由終去掛樹之瓢**하고 **無擇竟投淸冷之淵**하고 **段干木踰垣而避文侯**하고 **披裘公負薪而瞋季子**하고 **顔闔聞魯君之聘而鑿**坏**以遁**하고 **莊周**郤**楚相不爲而往貸粟於監河侯**하니 **此皆龍隱其鱗**하고 **鳳藏其羽**하여 **長爲冥飛之鴻**하여 **高翔於千**仞하여 **而不爲網羅之所得者也**라 **益我貨者**는 **損我神**이요 **生我名者**는 **殺我身**이 **豈不然與**아

莊周가 말하기를 “富를 옳다고 여기는 자는 祿을 사양하지 못하고 顯達을 옳다고 여기는 자는 명성을 사양하지 못한다.”라 하였습니다.[36] 개가 바야흐로 뼈다귀를

---

32) 顔闔은……도망쳤으며 : 顔闔은 춘추시대 魯나라의 高士이다. 임금이 안합을 불러 재상으로 삼고자 하여 먼저 사람을 시켜 폐백을 보내니, 집 뒤의 담장을 뚫고 도망쳤다.(≪淮南子≫ 〈齊俗訓〉)

33) 莊周는……않고 : 莊周는 莊子의 성명이다. 楚나라 威王이 장주가 賢人이라는 소문을 듣고 使者를 통해 후한 폐백을 보내면서 재상의 자리를 주겠다고 하자 장주가 웃으면서 그 사자에게 말하기를 “그대는 郊祭에 쓸 희생으로 길러지는 소를 보지 못했는가? 몇 해 동안 잘 먹여 기르면서 비단옷을 입히다가 태묘로 끌려 들어가니, 이때에는 외로운 돼지 신세가 되고자 하더라도 될 수 있겠는가. 그대는 속히 떠나고 나를 더럽히지 말라.”라 하였다.(≪史記≫ 권63 〈老莊申韓列傳〉)

34) 監河侯에게……꾸었으니 : 監河侯는 西河의 縣令이었다. 莊周가 집이 가난하여 감하후에게 곡식을 꾸러 갔다. 감하후가 “좋습니다. 나는 머지않아 백성들에게 세금을 거둘 터이니, 300金을 빌려주겠습니다.”라 하자, 장주가 받지 않았다.(≪莊子≫ 〈外物〉)

35) 내……것이다 : 後漢 때 權臣 王鳳이 교유를 청하니, 嚴君平이 거절하면서 “내 재물을 더해주는 것은 내 정신을 손상시키고, 내 명성을 생기게 하는 것은 내 몸을 죽일 것이다. 그러므로 벼슬하지 않는다.〔益我貨者損我神 生我名者殺我身 故不仕也〕”라 하였다.(≪太平御覽≫ 권509 〈逸民部 9〉)

36) 莊周가……하였습니다 : ≪莊子≫ 〈天運〉에 보인다.

물어뜯고 있는데 또 다른 개가 그 곁에서 흘겨보면 입술을 뒤집고 이빨을 드러낸 채 으르렁거리며 막으면서 오직 뼈다귀를 빼앗길까 걱정합니다. 사람은 진실로 이런 뼈다귀가 필요 없습니다. 그러므로 비록 걸인이라도 그 곁을 지나며 아예 못 본 것처럼 여기거늘 개는 도리어 그 뼈다귀를 가지고 그 사람에게 자랑합니다. 대저 사람은 차라리 걸인이 될지언정 곁에서 뼈다귀를 흘겨보는 개가 될 수 없는 것임은 분명합니다. 그런데 그대는 장차 나를 인도하여 어디로 가게 하고자 하십니까?

莊周有言하되 以富爲是者는 不能讓祿이요 以顯爲是者는 不能讓名이라하니 狗方囓骨이어늘 復有一狗睨其旁하면 則掀唇歷齒하여 狺狺相拒하여 惟恐其奪之也라 人固無庸此骨也라 故雖乞者라도 過之若無覩어늘 而狗顧以其骨詫(타)人이라 夫人之寧爲乞者언정 而不得爲旁睨之狗也明矣어늘 而子將導我其何之오

대저 봄바람이 불면 온갖 초목이 자라고 가을 서리가 내리면 초목이 누렇게 시드는 것은 자연의 형세입니다. 저는 나이가 이미 쉰 살을 넘었으니, 이른바 "명성이 알려진 바 없어 두려워할 게 없는 사람"[37]입니다. 돌이켜 생각해보면 어릴 때에는 이목이 총명하고 근골이 강건하여 나가서 다른 아이들과 어깨를 나란히 하고 과거에 응시하였는데 수십 년이 지나도록 끝내 성취한 바가 없습니다. 사람은 8, 90살까지 사는 이가 드무니, 100살은 더욱 드뭅니다. 이제 벌써 인생의 태반이 지나 정력과 기운이 소진하고 머리털이 빠져 엉성하니, 어찌 미혹하여 부끄러워할 줄 모르고 다시 시키는 대로 俗塵 속에 달려가서 마음속을 어지럽히고 눈과 귀를 구속당한 채 근골을 수고롭게 할 수 있겠습니까! 저는 태어날 때부터 병치레가 잦았고 성장해서는 온갖 병이 한 몸에 다 모였으니, 비록 지각없이 다시 다른 아이들과 어울려 과거를 본다 할지라도 필시 때를 만난 다른 아이들만 못할 것입니다. 다른 아이들의 뒤를 따라 급제한다면 비록 다시 급제할 수는 있다 할지라도 또 어찌 오래 누릴 수 있겠습니까?

夫春風鼓動에 百卉昌하고 秋霜旣降에 草木黃은 自然之勢也라 僕年已過五十하니 所謂無聞

37) 명성이……사람 : 孔子가 "후생이 두려우니, 후생이 장래에 어찌 나만 꼭 못하겠는가? 40, 50살이 되어도 이름이 알려지지 않으면 두려워할 것이 없다.〔後生可畏 焉知來者之不如今也 四十五十而無聞焉 斯亦不足畏也已〕"라 하였다.(≪論語≫ 〈子罕〉)

而不足畏者라 **回思幼少時**에 **耳目聰明**하며 **筋骨壯健**하여 **出與群兒輩**로 **比肩應擧**러니 **閱數十寒暑**에 **卒無所成**이라 **人生鮮至八九十者**니 **百年則更鮮矣**라 **今已去其大半**하여 **精氣銷亡**하고 **鬢髮凋落**하니 **豈可迷不知恥**하여 **復使之趨走塵埃**하여 **煩亂其心腸**하며 **拘牽其耳目**하고 **而勞苦其筋骨哉**아 **生本善病**하고 **年長則百病叢集**하니 **縱使頑然更與群兒相追逐**이라도 **必不如兒輩之逢時**라 **尾其後而有獲**이면 **雖復倖獲**이라도 **又豈能長享哉**아

저는 선친이 남기신 집이 있으니, 띠를 엮어 방문을 만들고 대나무를 굽혀 울타리를 만들었습니다. 문은 長河를 굽어보아 岷江[38]과 강물이 통하니 가벼운 배를 타고 홀로 가서 낚싯대를 걸어 낚시하고 물고기를 잡으면 술을 사서 때로 목동, 나무꾼과 함께 어울려 취하곤 합니다. 산 남쪽, 물 북쪽에 몇 마지기 거친 밭이 있으니, 깊이 갈고 김을 잘 매면 제사 음식은 마련할 수 있습니다. 장서가 3천 권이니, 아침 저녁으로 읽노라면 그 音調가 가락에 맞고 발휘하여 문장을 지으면 천만 世에 전해져 소멸하지 않을 것입니다.

漁樂圖

명성은 헛된 것이라 나는 사후에 취할 것이요, 이익은 더러운 것이라 나는 마음에 두지 않을 것이니, 무엇이 존귀하고 무엇이 下賤하겠습니까? 평안히 살고 한가히 노니니, 무엇이 적고 무엇이 많겠습니까? 배불리 먹고 느긋하게 거니니, 무엇이 못하고 무엇이 낫겠습니까? 나는 천지가 크고 一室이 작은 줄도 알지 못한 채 허름한 옷을 걸치

38) 岷江 : 양자강 상류에 있는 지류로 四川省 중부 지역에 있다. 고대에는 汶江이라 불렀다.

고서 先王의 治世를 노래합니다. 여기에 태어나 한가로이 살다가 여기에서 죽어 땅에 묻힐 것이니, 살아서는 부끄럽지 않고 죽어서도 소멸하지 않습니다.[39] 옛날에 孔子는 팔을 굽혀 베고 자더라도 즐거움이 그 가운데 있었고,[40] 顔淵은 누추한 거리에 살면서도 그 즐거움을 바꾸지 않았으니,[41] 저는 이 두 성인을 사모합니다. 그러므로 그 밖의 다른 것을 사모하지 않습니다.

僕有先人之舊廬하니 **編茅爲戶**하고 **屈竹爲籬**라 **門俯長河**하여 **與岷江通流**하니 **輕舟獨往**하여 **揭竿而漁**하고 **得魚沽酒**하여 **時與牧童樵叟**로 **連行共醉**요 **山南水北**에 **薄田數畝**니 **深耕熟耨**면 **足以備饔飧**라 **藏書三千卷**이니 **朝吟夕諷**에 **聲中宮商**이요 **發爲文章**에 **傳之千萬世而不可澌滅**이라 **名**은 **虛器也**니 **吾取其身後**요 **利**는 **穢濁也**라 **吾不以置於靈臺**어니 **何貴何賤**이리오 **安居而游衍**이어니 **何少何多**리오 **飽食而委蛇**어니 **孰短孰長**이리오 **吾不知天地之大**와 **一室之小**하고 **而披褐以歌詠乎先王**이라 **生於是乎遨**하고 **死於是乎葬**하니 **其生不愧**하고 **其死不亡**이라 **昔者**에 **孔子曲肱而樂在其中**이요 **顔淵在陋巷而不改其樂**하니 **竊慕此二聖**이라 **故無慕乎其他也**라

삼가 생각건대 족하의 의리는 높고 깊어 측량할 수 없으나 불초의 구구한 마음은 오만하고 편벽하여 바꾸기 어렵습니다. 그러므로 비루한 저의 생각을 늘어놓으니, 군자께서는 諒察하소서.

伏惟足下之義는 **高深不可爲量**이나 **而不肖區區之心**은 **敖辟難移**라 **故輒陳鄙陋之懷**하노니 **惟君子察焉**하라

39) 죽어서도……않습니다 : 지은 문장이 후세에 남을 것이라는 말이다.

40) 孔子는……있었고 : 孔子가 "거친 밥을 먹고 물을 마시며 팔을 굽혀 베더라도 즐거움이 그 가운데 있으니, 의롭지 않으면서 누리는 부귀는 나에게 뜬구름과 같다.〔飯疏食飮水 曲肱而枕之 樂亦在其中矣 不義而富且貴 於我如浮雲〕"라 한 데서 온 말이다.(≪論語≫ 〈述而〉)

41) 顔淵은……않았으니 : 孔子가 "어질다, 顔回여. 한 그릇의 밥과 한 표주박의 물로 지내면서 누추한 시골에서 사는 생활을 사람들은 그 근심을 견뎌내지 못하는데, 안회는 그 즐거움을 바꾸지 않으니, 어질다, 안회여.〔賢哉回也 一簞食一瓢飮 在陋巷 人不堪其憂 回也不改其樂 賢哉回也〕"라 하였다.(≪論語≫ 〈雍也〉)

20. 胡孝子의 傳　胡孝子傳*

*가난한 집안 형편에도 병든 어머니를 극진히 봉양한 胡其愛란 사람의 효행을 기록하였다. 贊에서 한마을에 사는 潘元生이란 또 다른 효자가 불타는 집에 들어가 어머니를 구출한 효행을 기록한 것이 특이하다.

효자 胡其愛란 이는 桐城 사람이다. 태어나 詩書는 알지 못하고 때때로 남을 위해 품팔이를 하여 그 품삯으로 어머니를 봉양하였다. 어머니가 중년에 癃疾에 걸려 오래 자리보전을 하였는데, 효자가 늘 좌우로 모시고 봉양하며[1] 어김이 없이[2] 눕고 앉는 것으로부터 음식, 대소변에 이르기까지 다 효자가 안아 부축하였고, 한 몸으로 모든 일을 죄다 하였다.

孝子胡其愛者는 **桐城人也**라 **生不識詩書**하고 **時時爲人力傭**하여 **而以其傭之直**(치)로 **奉母**러라 **母中歲**에 **遘罷**(피)**癃之疾**하여 **長臥牀褥**이어늘 **而孝子常左右之無違**하여 **自臥起以至飮食溲便**히 **皆孝子躬自扶抱**하고 **一身而百役**을 **靡不爲也**러라

효자는 집에 비축한 곡식이 조금도 없어 매일 새벽에 일어나 어머니를 위해 세수를 시켜드리고 머리를 감겨드리고 음식을 만들어 조반을 차려드린 다음에야 감히 품팔이를 하러 나갔다. 품팔이하러 갈 곳이 좀 멀어서 미처 조반을 짓지 못할 때에는 한 줌의 쌀을 꺼내어 이웃 할미에게 주고서 머리를 조아리면서 대신 밥을 지어달라고 청하고, 할미가 머리를 조아려 인사하는 것을 사양하면 몇 리쯤 가서 멀리서 그 할미 쪽을 향해 절하였다. 밤이 되면 반드시 집에 돌아왔고 돌아오면 어머니의 오물이 묻은 속옷을 가져다 손수 깨끗이 빨았다.

효자는 옷과 신발이 모두 낡고 허름했지만 때때로 신선하고 살진 고기를 어머니께 드렸고 함께 품팔이하는 집에서 肉食을 만나면 먹지 않고 갖고 돌아가겠다고

---

1) 좌우로……봉양하며 : 본서 〈答吳殿麟書〉 역주 32) 참조.
2) 어김이 없이 : 본서 〈答吳殿麟書〉 역주 33) 참조.

청하여 어머니께 드리니, 같이 있던 사람들이 그러한 모습을 보고 음식을 나누어 주면 받지 않았다. 평소에 남에게 취하는 바가 없고 주는 사람이 있으면 반드시 보답하였다.

孝子家無升斗之儲라 每晨起하여 爲母盥沐烹飪하여 進朝饌이라야 乃敢出傭이라 其傭地稍遠하여 不及炊면 則出勺米하여 付隣媼하여 而叩首以祈其代爨하고 媼辭叩어든 則行數里外하여 遙致其拜焉이러라 至夜必歸하고 歸則取母中裙穢汚하여 自浣滌之러라 孝子衣履皆敝垢로되 而時致鮮肥供母하고 其在與傭者之家에 遇肉食이면 卽不食而請歸하여 以遺其母하니 同列見其然而分以餉之면 輒不受러라 平生無所取於人하고 有與之者면 必報러라

어머니는 또 구경하고 놀러 다니기를 좋아하였다. 마을에 광대의 연극이 있으면 효자가 늘 어머니를 등에 업고 가서 풀을 깔고 편안히 앉혀드렸다가 밤이 이슥하여 사람들이 흩어지기를 기다려서 그제야 다시 어머니를 등에 업고 집으로 돌아왔다. 날씨가 맑고 화창하면 어머니는 종친이나 마을 이웃의 집에 가고 싶어 하였는데, 그때에도 똑같이 업고 다녔다. 효자는 살림이 가난하다는 이유로 끝내 장가를 들지 않았다. 그래서 홀몸으로 힘을 다해 일하여 어머니를 봉양하면서 일생을 마쳤다.

母又喜出(望外)〔觀遊〕[3]라 村隣有伶優之劇이어든 孝子每負母以趨하여 爲藉艸安坐라가 候至夜分人散하여 乃復負而還이러라 時其和霽하여 母欲往宗親里黨之家에도 亦如之러라 孝子以生業之微로 遂不娶라 惟單獨一人이 竭力以養하여 終其身이라

어머니 陳氏는 雍正 8년(1730)에 癃疾에 걸려 乾隆 27년(1762)에 이르러 천수를 다 누리고 죽었으니, 대개 그동안 30여 년을 효자가 봉양하기를 하루같이 하였다. 어머니가 세상을 떠나자 효자는 흙을 져서 무덤을 만들었고, 무덤 가에 거적을 걸고서 侍墓하다가 슬픔으로 병들어 그 이듬해 계미년(1763)에 효자 호기애가 卒하였다.

母陳氏는 以雍正八年病하여 至乾隆二十七年乃以天年終하니 蓋前後三十餘年을 而孝子奉之

3) (望外)〔觀遊〕: 저본에는 '望外'로 되어 있으나, ≪海峰先生文集≫에 의거하여 '觀遊'로 바로잡았다.

如一日也러라 母既沒에 負土成墳하고 墳傍挂片席而居라가 悽傷成疾하여 逾年癸未에 孝子胡其愛卒하다

贊은 다음과 같다.

오늘날 사대부들은 천리 밖에 가서 벼슬살이하느라 부모가 집에서 죽어도 그 시일을 알지 못하거늘, 향리의 품팔이꾼 중에서 도타운 품행, 깊은 효성의 德을 가지고서 하룻밤도 어버이 곁을 차마 떠나 밖에서 자지 못하는 胡君 같은 이가 있을 줄 어찌 생각이나 했겠는가!

호군은 자가 汝彩이고, 부친은 志賢이다.

또 한마을에 潘元生이란 이가 있는데, 밖에 나갔다가 들어오니 집이 불타고 있었다. 그의 어머니가 불길 속에 갇혀 있거늘 원생이 몸을 떨쳐 불길 속에 들어가 어머니를 구출하니, 그의 머리와 얼굴이 온통 화상을 입었다. 이 또한 사람의 至情이라 이상할 것은 없으나 어리석은 사람은 혹 겁나서 불길 속에 나아가지 못하기도 하니, 그렇게 되면 終身의 슬픔을 품어도 소용이 없다. 용감하기가 원생과 같은 사람은 또한 讚美할 만한 점이 있다. 내가 그래서 후미에 덧붙인다.

贊曰 今之士大夫는 遊宦數千里外하여 父母沒於家而不知其時日이어늘 豈意鄉里傭雇之間에 懷篤行深愛之德하여 有不忍一夕離其親宿於外如胡君者哉아 胡君字汝彩요 父曰志賢이라 又同里有潘元生者하니 入自外而其家方火라 其母閉在火中이어늘 元生奮身入火하여 取其母以出하니 頭面皆灼爛이라 此亦人之至情이라 無足異나 然愚夫或怯懦不進하니 則抱終身之痛無及矣라 勇如元生은 蓋亦有足多者라 余故爲附著(착)之하노라

【論評】

묘사가 극히 逼眞하고 質實하되 저속하지 않아 곧장 ≪史記≫에 다가간다.

摹寫極眞하고 質而不俚하여 直逼史記로다

21. 程書原의 傳　程書原傳*

* 刑部郎官 程晉升의 부탁을 받아 그의 부친 程志洛의 傳을 써준 것이다. 정지락의 효행은 정진승으로부터 들은 말을 그대로 옮기는 형식으로 기술하고 장황한 修辭를 가급적 생략하였다.

尙書 秋官郞(刑部郎官) 程君 晉升의 부친은 휘는 志洛이고 자는 書原이니, 대개 純孝한 사람이다. 대대로 歙縣(섭현)의 巖鎭에 살았는데, 남들이 보고 듣지 못하는 곳에서 늘 깊은 사랑[1]을 스스로 다하기를 종신토록 하루같이 하되 남이 알아주기를 바라지 않았고 세상 사람들도 마침내 아는 사람이 없었다. 그런데 秋官이 賢能한 덕분에 그 선친의 숨은 행실을 稱揚하여 당세에 드러내고 이어서 후세에 전해질 수 있도록 하였다.

尙書秋官郞程君晉升之尊府는 諱志洛이요 字書原이니 蓋純孝人也라 世居歙之巖鎭이러니 常以深愛之衷으로 自致於人不見聞之地하여 終其身如一日하되 不求人知하고 而世亦遂無知之者어늘 賴秋官之賢하여 能推揚其先人之隱行하여 使之表著於當時하고 而因得以傳於後世라

추관이 말하였다.

"나는 우리 아버님이 우리 조부모님을 모실 때의 모습을 그나마 볼 수 있었습니다. 매일 동이 틀 무렵이면 우리 아버님은 서책을 손에 잡고 종종걸음으로 가서 寢門 앞에 서서 조부모님이 기침하셨는지 귀 기울여 기척을 엿듣다가 방문이 열리면 곧바로 들어가 안부를 물으셨습니다. 우리 조부모님께서는 일찍이 우리 아버님께 말씀하시기를, '너는 무슨 까닭으로 일찍이 일어나 말없이 水項門 밖에 홀로 서 있기를 좋아하느냐?'라 하셨습니다. 우리 아버님이 우리 조부모님 침실로 가시려면

1) 깊은 사랑 : ≪禮記≫ 〈祭義〉에 "효자로서 깊은 사랑이 있는 이는 반드시 온화한 기운이 있고, 온화한 기운이 있는 이는 반드시 즐거운 안색이 있고, 즐거운 안색이 있는 이는 반드시 온순한 용모가 있다.〔孝子之有深愛者 必有和氣 有和氣者 必有愉色 有愉色者 必有婉容〕"라 한 데서 온 말로, 깊은 효성을 뜻한다.

반드시 먼저 백부님 방을 지나가야 했는데, 그 중간에 작은 문을 많이 설치했고 우리 조부모님은 샘물을 마시기를 좋아하셨기에 항아리에 샘물을 담아서 문 안에 두었습니다. 그래서 수강문이라 한 것입니다. 대개 우리 아버님이 새벽마다 일어나 이 문 앞에 서 계신 것이 그동안 수십 년이었습니다. 우리 아버님은 형제분들과 서로 우애로워 틈 없이 친밀하였습니다. 형제분들 중 한 분의 병이 위독하면 우리 아버님은 祖廟에 가서 향을 사르고 기도하기를 마치 자신을 대신 죽게 해달라고 비는 것처럼 하셨습니다."

秋官之言曰 吾猶及見吾父事吾祖父母時하니 **每昧爽**에 **吾父手執書策**하여 **趨立寢門**하여 **傾聽祖父母興居**라가 **門啓卽入**하여 **問安否**러라 **吾祖母嘗謂吾父曰 汝何故**로 **早起**하여 **默默喜獨立水瓨門外**아하다 **吾父至吾祖父母寢室**에 **必先過世父室**하니 **中間多置小門**이요 **而吾祖母喜飮泉水**라 **因以瓨盛泉水**하여 **置門內**라 **因謂之水瓨門**이라 **蓋吾父晨興立此門者**가 **前後凡數十年云**이러라 **吾父與諸父相友愛無間**이라 **諸父或病篤**이어든 **吾父輒至祖廟中**하여 **焚香禱祝**을 **若欲以身代者然**이라하다

추관의 말이 이상과 같다.

대저 옛날에 舜을 일컬어 大孝라 한 것[2]은 완악하고 간특한 부모가 있고 게다가 象 같은 오만한 아우가 있었기 때문이니,[3] 가사 아우가 상과 같이 오만하지 않고 瞽瞍와 같은 자를 아버지로 두지 않았다면 비록 孔子와 같이 지극한 덕을 지닌 성인일지라도 孝로 일컬어질 수 없는데, 하물며 평상한 행실의 보통 이하 사람은 어리석은 사람을 놀라게 하고 뭇사람들을 움직일 만한 남이 따르기 어려운 高遠한 才德을 갖고 있지 않으니, 무슨 수로 자신을 표현할 수 있겠는가? 비록 선비가 돈독히 행동하여 나태하지 않는 것은 이로써 남이 알아주기를 구하려는 것이 아니지만 그 자손 된 이들이 자기 父祖의 덕행을 숨겨서 湮沒하여 드러나지 않으며, 문장을 지어 風化의 權柄을 잡은 이가 그 사실을 알고도 말하지 않아 善人·군자로 하

---

2) 舜을……것 : ≪孟子≫ 〈萬章 上〉에 "大孝는 종신토록 부모를 사모하나니, 50세에도 부모를 사모한 이를 나는 大舜에게서 보았다.〔大孝終身慕父母 五十而慕者 予於大舜見之矣〕"라 하였다.

3) 완악하고……때문이니 : ≪書經≫ 〈虞書 堯典〉에 "虞舜의 아버지는 완악하였고 어머니는 우매하였으며 이복동생 象은 오만하였는데도 효성으로 능히 잘 화합시켜서 점점 다스려 간악한 데 이르지 않게 하였다.〔虞舜父頑母嚚象傲 克諧以孝 烝烝乂 不格姦〕"라 하였다. 舜의 아버지는 瞽瞍이다.

여금 후세에 전해지지 않게 하면 후세에 善을 하는 이들을 어떻게 권장할 것이며, 不善을 하는 이들을 어떻게 勉勵하리오. 이것이 추관이 내게 글을 지어 기록해주기를 지성스럽게 간청하여 마지않은 까닭이다.

秋官之言이 **如此**라 **夫古稱舜爲大孝**는 **以其有頑嚚之父母**하고 **而又有傲弟如象者也**일새니 **使弟傲非象而無瞽瞍以爲其父**면 **則雖孔子之至德**이라도 **不得以孝稱**이온 **況在中人以下庸行之常**은 **非有高遠難幾足以驚愚而動衆**하니 **何由以自表見哉**아 **雖士之敦行不怠**하고 **非以求人知**나 **然爲人子孫**이 **閟匿其父祖之德**하여 **使湮沒而不彰**하고 **爲文章操風化之權者**가 **知之而不言**하여 **使善人君子無傳於後世**면 **則後之爲善者**를 **何以勸**이며 **爲不善者**를 **何以勉焉**이리오 **此秋官所以索余文以誌之**하여 **惓惓而不已也**라

府君은 평소 자기 성명을 세상에 알리고 싶어 하지 않아 하나의 善行이라도 하면 늘 다른 사람의 이름을 빌렸다. 雍正・乾隆 연간에 몇 차례 賢良方正[4]으로 천거되었고, 博學鴻詞科[5]를 열자 부군을 추천하고자 하는 벼슬아치가 있었는데 부군이 사양하고 받지 않았으며, 나이 일흔 살에 歲貢[6]으로 일생을 마쳤다. 평소 ≪春秋≫와 朱子의 ≪資治通鑑綱目≫을 읽기를 좋아하였고, 저술한 史鈔 몇 권이 집에 보관되어 있다.

府君素不欲以姓字傳於人世하여 **行一善**에 **輒借名他人**이러라 **雍正乾隆間**에 **數擧賢良方正**하고 **開博學鴻詞之科**에 **在位有欲以府君薦者**어늘 **而府君輒辭不受**하고 **年七十**에 **以歲貢終**하다 **平生好讀春秋及朱子綱目之書**하고 **有史鈔數卷**이 **藏於家**하다

贊은 다음과 같다.

나는 추관을 알지 못했는데, 추관은 내 글을 한번 보자 곧바로 오늘날의 韓子(韓

---

4) 賢良方正 : 본서 〈答周君書〉 역주 18) 참조.

5) 博學鴻詞科 : 淸나라 康熙帝 때부터 황제의 特旨로 시행한 과거로, 학식과 행실, 문장이 탁월한 인재를 각 省으로부터 추천받아 북경으로 불러들이고 궁궐에서 황제가 직접 시험을 보인 다음 선발하여 관직을 주던 제도이다. 康熙 17년(1678)에 1회, 乾隆 1년(1736)에 1회 실시하였다.(≪淸史稿≫ 권109 〈選擧4 制科〉, 〈薦擢〉)

6) 歲貢 : 歲貢生을 말한다. 淸나라 때 府・州・縣 등 지방 학교의 生員 중에서 학문과 행실이 뛰어난 사람을 뽑아 京師로 올려 보내 太學에 입학시키는 제도가 있었다. 여기에 선발된 사람을 貢生이라 한다. 공생에는 副貢・拔貢・優貢・歲貢・恩貢 등의 구별이 있었다.(≪淸會典≫ 〈禮部〉)

愈)라 하고서 그 부친의 傳을 부탁하였으니, 어질지 않고 이렇게 할 수 있겠는가?

부군은 비록 때를 만나지 못했으나 추관이 스스로의 힘으로 현달한 관직에 올랐기에 부군은 아들의 관작에 걸맞은 贈職을 받았으니, 추관은 또한 지극한 효자라 할 만하도다.

그러나 부군의 효성이 아니라면 어떻게 추관과 같은 효자를 둘 수 있겠는가.

贊曰 余未識秋官이어늘 **秋官一見余文**에 **卽以爲今之韓子**라하여 **因付託以其家傳**하니 **不賢而能如是乎**아 **府君雖不遇於時**나 **秋官自致通顯**하여 **而府君得贈如其(秋)**[7]**官**하니 **秋官亦可謂至孝矣**라 **然非府君之孝**면 **安得有子孝如秋官者哉**아

---

7) (秋) : 저본에는 '秋'가 있으나, ≪海峰先生文集≫에는 없다. 이 글자가 없는 것이 문리에 맞다고 판단하여 삭제하였다.

22. 吳義士의 傳　吳義士傳*

* ≪海峰先生文集≫에는 제목이 〈義士吳君傳〉으로 되어 있다. 吳爾襄이란 사람이 객지를 떠도는 일개 장사꾼으로서 백성들을 모아 앞장서서 세 차례나 叛軍의 침략을 막았을 뿐 아니라 殉死한 사람의 장사를 도와주고 그 가족을 보살펴준 몇 가지 사실을 간결한 필치로 서술하였다.

吳君 爾襄은 자가 贊公이니 歙縣(섭현) 西溪南 사람이다. 어린 나이로 어버이를 봉양하느라 豫章에서 장사를 하였는데, 그 당시 滇·閩[1] 지역의 반란을 만났다. 樂安[2]은 민 땅과 인접한 터라 민 땅의 叛賊이 돌격해 와서 성이 장차 격파될 지경이었는데, 군이 앞장서서 젊은이들을 통솔하여 힘써 방어하여 낙안이 屠戮되지 않을 수 있었다.

吳君爾襄은 字贊公이니 歙西溪南人也라 少以養親하여 服賈於豫章이러니 時値滇閩叛亂한대 樂安隣逼閩疆이라 閩寇突至하여 城且破어늘 君爲倡率少壯하여 力爲防禦而樂安得免殘僇이러라

樂安教諭 許君이란 이는 단정한 사람이다. 의리상 叛賊의 汚辱을 받지 않으려고 장차 그 자신은 殉死하고자 하면서 오군이 義를 실행하는 長者임을 일찍부터 알아온 터라 오군에게 자기 처자식을 부탁했는데, 오군이 승낙하였다. 허군이 목숨을 끊고 나자 오군은 곡하며 몹시 슬퍼하고 그의 喪을 치르기 위해 물자를 많이 도와주어 靈柩를 호송하여 歸葬할 수 있게 하였다.

臨川[3] 사람들이 오군의 명성을 들은 지 오래라 역시 반적의 침략을 오군에게 알려왔다. 오군은 즉시 배를 사서 타고 달려가서 고을 수령을 설득하여 향교에 諸生을 모아 同盟한 다음 고을 백성들 중 건장하고 용맹한 사람들을 모집하여 다 함께

---

1) 滇·閩 : 滇은 雲南省을 말하니, 滇池가 있음으로 해서 이 이름이 붙었다. 閩은 福建省을 말한다.
2) 樂安 : 縣 이름으로 豫章 땅에 속한다. 雷次宗의 〈豫章記〉에 "漢나라 永元 연간에 樂安縣을 설치하였다."라 하였다.
3) 臨川 : 郡으로, 옛 豫章의 동쪽 지역에 해당한다.

방어할 계책을 세웠다. 그러다가 관군이 이르러 반적이 평정되자 오군은 대중을 거느리고 길 왼쪽에서 맞이하는 한편 백성들을 위해 請命[4)]하였다. 그가 임천을 방어할 수 있었던 것이 낙안에 있을 때와 같았다.

樂安敎諭許君者는 **端人也**라 **義不受賊汚**하여 **將以身殉**이라가 **而夙知吳君行義長者**라 **屬**(촉)**君以其妻子**한대 **君許諾**하다 **許君旣畢命**에 **而君哭之慟**하고 **爲經紀其喪而厚資之**하여 **以得扶柩歸葬**이러라 **臨川人聞君名且久**라 **亦以寇告君**한대 **君卽買舟奔赴**하여 **說**(세)**邑令同盟諸生於泮宮**하고 **更募鄕民壯勇者**하여 **共爲防守之計**라가 **及王師至而寇平**하여 **君率衆**하여 **迎於道左**하고 **且爲民請命**하니 **其所以保障臨川者**가 **猶之其在樂安也**러라

饒賊[5)]이 新安을 침략하자 오군은 노모가 집에 계시기 때문에 노모를 보살피기 위해 서둘러 돌아가다가 吳城에 이르렀을 때 반적들이 포탄을 쏘아 그가 탄 배를 공격했는데, 오군은 돛배를 타고 빨리 지나갔으니, 그의 효성이 하늘의 保佑를 받은 듯하다.

饒賊寇新安이어늘 **君以老母在堂**이라하여 **遄歸省視**러니 **至吳城**하여 **賊黨擧礮**(포)**火**하여 **擊其舟**어늘 **而君得飛帆疾過**하니 **蓋其孝思若爲天所佑云**이라

그 10여 년 뒤에 오군이 漢上에 있었는데, 夏逆이 병사의 額數를 줄인다는 이유로 반란을 일으키자[6)] 민심이 흉흉하여 도망가서 숨었다. 오군은 한상의 屯營에 비축해둔 소금 600여만 섬은 상인들의 물자일 뿐만 아니라 국가의 賦稅가 나오는 곳이라 여겨 다시 鄕兵을 모아서 굳게 지켰으니, 漢陽 지역 또한 오군 덕분에 온전할 수 있었다. 대개 오군은 객지를 떠도는 장사꾼으로 江漢 땅에 잠시 머물고 있었는데 몇 차례 백성들을 위해 재난을 막아주었으니, 그 智勇은 보통 사람보다 뛰어난 점이 있다. 그러나 평소에는 늘 어눌하여 사람들이 그를 보고서 아무런 장점도 없

---

4) 請命 : 처분을 따르겠다고 명을 내려주길 청하는 것인데, 叛軍이 아닌 백성들을 안전하게 보호하기 위한 것이다.

5) 饒賊 : 饒州의 叛賊일 듯한데, 누구를 가리키는지 고찰하지 못하였다.

6) 夏逆이……일으키자 : 康熙 27년(1688)에 반란을 일으킨 夏逢龍을 가리킨다. 湖廣 지역의 군영들이 兵額을 삭감하는 데 불만을 품고서 하봉룡을 추대하여 우두머리로 삼고 반란을 일으켜 司道 등 관원을 죽였다.(≪欽定盛京通志≫ 권86)

다고 여겼다.

其後十餘年에 君在漢上이러니 夏逆以裁兵故而倡亂이라 居民洶洶逃匿이어늘 君以漢上屯鹽六百餘萬石은 匪惟商資요 抑且國賦所出이라하여 復團結鄕兵固守하니 而漢陽亦賴君以全이러라 蓋吳君以羈旅로 暫寓江漢之地어늘 而數爲居民捍禦災患하니 其智勇有過人者라 然其居恒訥訥然하여 人見之以爲無所短長也러라

贊은 다음과 같다.

천하에 인재가 없었던 적이 없으나 산골에 숨어 살아 윗사람들이 알지 못하는 이들이 많다.

옛날 聖王이 천하를 다스릴 때는 반드시 賢明한 이를 官位에 앉히고 유능한 이를 직위에 앉혔다. 그런 뒤에 어리석고 불초한 이들이 다 스스로 의탁하여 저마다 제 삶을 살 수 있었으니, 천하를 위해 인재를 얻는 것은 본디 執政에게 달려 있도다!

贊曰 天下未嘗無才나 而伏處山巖하여 爲上之人所不知者多矣라 夫古者聖王之治天下에 必使賢者在位하고 能者在職하니 而後에 愚不肖者皆有以自託하여 而各遂其生하니 夫爲天下得人은 是故在執政哉인저

【論評】

서너 가지 일을 사실 그대로 서술하면서 가지와 잎은 다 버리고 늙은 줄기만 남겨두었으니, 신묘한 맛이 ≪史記≫와 같도다.

直序三四事에 掃除枝葉하고 獨存老榦하니 神味似史記로다

23. 樵髥의 傳　樵髥傳*

*이 글은 康熙 60년(1721)에 지은 것이다. 탁월한 재능을 펴지 못하고 초야에 묻혀 산 程駿이란 사람이 자신의 성명을 후세에 남기고 싶어 하기에 써준 글이다. 글이 매우 짧고 간결하지만, 정준의 인품과 모습이 鮮然히 떠오르도록 잘 묘사하였다.

樵髥翁은 성은 程氏이고 이름은 駿이니, 대대로 桐城縣 서쪽 시골에 살아왔다. 성품이 소탈하여 가식이 없고 수염이 많았다. 그래서 스스로 호를 樵髥이라 하였다.

樵髥翁은 **姓程氏**요 **名駿**이니 **世居桐城縣之西鄙**라 **性疎放**하여 **無文飾**하고 **而多髭(자)鬚**라 **因自號曰樵髥云**이라

소싯적 독서할 때 총명이 또래들보다 월등히 뛰어났고 각종 기예, 공예, 놀이 같은 것들도 섭렵하지 않음이 없었다. 그러나 다 끝까지 배우려 하지 않고 말하기를 "나는 이로써 스스로 즐길 뿐이다."라 하였다. 바둑을 특히 좋아하여 늘 마을 사람과 바둑을 두곤 하였다. 翁은 장고하는 것을 견디지 못하였는데, 마을 사람이 혹 바둑판을 주시하며 정신을 집중하면 옹은 문득 이마를 찌푸리면서 말하기를 "우리가 어찌 바둑을 참으로 아는 자이겠는가. 애오라지 놀이로 즐길 뿐이거늘 어린아이처럼 애써 사리를 아는 양[1] 진지하게 구는가?"라 하였다.

少讀書에 **聰穎拔出凡輩**하고 **於藝術匠巧嬉遊之事**에 **靡不涉獵**이라 **然皆不肯窮竟其學曰 吾以自娛而已**라하다 **尤嗜奕棋**하여 **常與里人奕**이라 **翁不任苦思**어늘 **里人或注局凝神**하면 **翁輒顰蹙曰 我等豈眞知奕者**리오 **聊用爲戱耳**어늘 **乃復效小兒輩强爲解事耶**아하다

때로 남을 위해 병을 치료해주어도 그다지 마음에 두지 않았다. 부자들 중에서 서로 왕래하던 자가 병이 나서 옹에게 진찰을 받고 싶어 僮僕을 시켜 찾아가게 하

1) 어린아이……양 : 杜甫의 〈彭衙行〉에 "어린애는 애써 사리를 아는 양하여, 짐짓 쓴 오얏을 얻어서 먹는구나.〔小兒强解事 故索苦李餐〕"라고 하였다.(≪杜少陵詩集≫ 권5)

였다. 옹은 바야흐로 바둑을 두느라 옥신각신 다투면서 끝내 가지 않았다.

時爲人治病에도 **亦不用以爲意**라 **諸富家嘗與往來者病作**이라 **欲得翁診視**하여 **使**僮**奴候之**러니 **翁方據棋局**하여 嘵嘵**然竟不往也**러라

옹의 季父가 建寧으로 부임하기에 옹은 따라 건녕의 관아에 가서 맘껏 산수를 즐겼다. 옹이 말하는 武夷九曲[2)]은 그윽하고 빼어난 경치가 몹시 좋아 사람으로 하여금 세상일을 버리고 가서 노닐고 싶도록 할 정도였다.

翁季父官建寧할새 **翁隨至建寧官**廨하여 **得以恣情山水**러라 **其言武夷九曲**이 **幽絶可愛**하여 **令人遺棄世事**하고 **欲往遊焉**이러라

劉子(유대괴)는 이르노라.

"내가 張氏의 勺園[3)]에 우거하고 있었는데 옹도 의원으로 그곳에 왔다. 내가 오래 옹과 함께 지내다 보니 그의 性情을 안다. 옹은 내가 글을 짓는 것을 보고 서둘러 나에게 그의 성명을 글에 써서 무궁한 후세에 남겨달라고 부탁하였다. 내가 슬퍼하면서 〈樵髯傳〉을 짓노라."

劉子曰 余寓居張氏勺園中이러니 **翁亦以醫至**라 **余久與翁處**하여 **識其性情**이라 **翁見余爲文**하고 亟**求余書其名氏**하여 **以傳於無窮**이라 **余悲之而作樵髯傳**하노라

2) 武夷九曲 : 朱熹가 武夷精舍를 짓고 강학하던 武夷山의 아홉 물굽이다. 지금의 福建省 武夷山市 서남쪽에 있다. 주희는 〈武夷九曲歌〉를 지었다.

3) 張氏의 勺園 : 張若矩의 별장으로 安徽省 桐城에 있었다. 크기가 1畝에 지나지 않았기 때문에 작다는 의미에서 '勺'이란 이름을 붙였다. 康熙 末年(1722)에 張閑中이 劉大櫆를 불러서 별장에 私叔을 차려 두 아우를 가르치게 하였다. 장약구는 자는 閑中이고 桐城 사람이며, 詩文을 잘 지었고 유대괴의 친구이다.

24. 李節婦의 傳　李節婦傳*

*李寧의 부탁을 받고 그의 어머니 錢氏가 과부로 守節하면서 시부모를 잘 봉양하고 어린 시동생, 시누이들을 잘 길러 집안을 일으킨 행실을 기록하였다. 이녕의 말을 그대로 옮겨 간결하게 서술한 것이 특징이다. 이는 부탁을 받아 말만 듣고 지은 글임을 분명히 드러낸 것이기도 하다.

節婦는 성은 錢氏이니, 淮寧 李生의 처이다. 아들을 두었으니 寧이다. 영이 편지를 보내와서 자기 어머니의 傳을 지어달라고 부탁하였다. 그 편지에 다음과 같이 말하였다.

"우리 아버님은 縣學弟子[1]였고, 우리 어머님은 대대로 浙西 지방의 名族 후손으로 나이 19세에 시집왔습니다. 우리 아버님은 조부모의 집안 형편이 빈곤한 것을 염려하여 늘 녹봉을 받는 벼슬을 얻어서 어버이를 顯彰하길 바라고서 매우 열심히 글을 읽었습니다. 우리 어머님은 바느질, 길쌈을 부지런히 하여 음식을 마련하여 돕느라 비록 날씨가 더운 아침이나 눈보라가 치는 밤일지라도 잠시도 쉬지 않았습니다.

節婦는 **姓錢氏**니 **淮寧李生之妻也**라 **有子曰寧**이니 **寧以書來**하여 **求爲其母傳**이라 **其言曰 吾父爲縣學弟子**요 **吾母世爲浙西名族**이니 **年十九**에 **來歸**러라 **吾父念大父母家世貧困**하여 **常冀得食祿之榮**하여 **以顯其親**하여 **攻苦誦讀**이어늘 **吾母勤女紅**하여 **烹飪以佐之**하여 **雖炎暑之朝**와 **風雪之夜**에도 **無有間息**이라

정유년(1717)에 우리 아버님이 秋闈[2]의 考試가 끝나자 질병에 걸려 한 달을 못 넘기고 세상을 떠났으니, 저는 태어난 지 겨우 한 돌이 되었고 우리 어머님은 마침 누이 한 사람을 낳았습니다. 어머님은 哀毁한 나머지 죽고자 한 것이 몇 차례였

1) 縣學弟子 : 縣에 설립된 향교의 生徒이다.
2) 秋闈 : 가을철에 대궐에서 거행하는 과거를 말한다.

습니다. 그러나 조부모님이 살아 계시고 저와 누이가 바야흐로 젖먹이로 품 안에 있는 것을 생각하여 애써 시부모 봉양을 받들고 감히 슬픔을 안색에 드러내지 않았습니다.

歲在丁酉에 **吾父秋闈試罷得疾**하여 **未逾月而**歿하니 **寧年甫及周**요 **吾母適生女弟一人**이라 **哀毁欲死者數矣**나 **然念大父母在堂**하고 **寧兄妹方在懷抱**라 **勉以承舅姑之養**하여 **不敢以哀痛形於顔色**이러라

우리 할머님은 우리 아버님이 사망하신 뒤로 우울한 나머지 병이 들어 수족을 움직이지 못한 지가 몇 해였습니다. 우리 어머님이 늘 곁에서 약 수발을 들면서 첫닭이 울면 곧 일어나 밤이 깊어서야 잠자리에 들었습니다. 우리 아버님에게는 아우 두 사람과 누이들이 있었는데, 다 어린 나이였습니다. 우리 어머님이 정성껏 보살피고 가르쳐서 배고프기 전에 밥을 먹이고 목마르기 전에 물을 마시게 하였으며, 옷이 때 묻으면 빨아주고 옷이 낡으면 다시 지어주었습니다. 두 숙부가 결혼하고 고모들이 출가하자 우리 어머님이 비로소 고생을 벗어났습니다. 우리 할아버님은 늘 사람들에게 칭찬하기를, "우리 아들이 죽었지만 다행히 이러한 며느리가 있으니, 하늘이 남겨두어 우리 李氏의 血食(제사)를 보존하게 한 것이다."라 하니, 사람들이 그 말을 기록하였습니다.[3)]

吾大母以吾父之亡으로 **憂鬱成疾**하여 **手足不能動履者數年**이어늘 **惟吾母常侍湯藥**하여 **雞初鳴**이어든 **卽起**하여 **至夜分**하여 **乃就寢息**이러라 **吾父有弟二人及諸姑皆在穉齡**이어늘 **吾母勤撫敎之**하여 **未飢而與之食**하며 **未渴而與之飮**하고 **衣垢則爲之煩擱**하며 **衣敝則爲之改作**이러라 **迨二叔親迎**하고 **諸姑出嫁**하여 **而吾母之辛勤始謝焉**이러라 **吾大父常號於衆曰 吾兒亡**이로되 **賴有若婦在**하니 **乃天所留以存李氏之血食也**라하니 **衆載其言**이러라

대개 우리 아버님이 세상을 떠나고부터 오늘에 이르기까지 20년입니다. 우리 어머님의 연세 마흔이요 할머님의 병환이 문득 나았고 저도 아들을 낳고 성인이 되

3) 사람들이……기록하였습니다 : ≪史記≫ 권6 〈秦始皇本紀〉에 三世皇帝 子嬰에 대해 "자영은 어질고 검소하니 백성들이 다 그의 말을 기록하였다.〔子嬰仁儉 百姓皆載其言〕"라 한 데서 온 표현이다. 이는 그 사람의 말을 믿고 명심한다는 뜻이다.

었습니다.”

蓋自吾父之沒로 及今二十年이라 吾母年四十이요 而大母之疾忽瘳하고 寧亦生子成人矣라

진실로 이 말대로라면 옛날의 陰禮[4)]에 말한 婦德에 節婦는 손색이 없을 것이다. 그 아들 寧이 弱冠의 나이에 천리를 머다 않고 와서 글을 부탁하여 그 어머니의 賢德을 顯揚하고자 하니, 李氏 집안은 훌륭한 아들을 두었다 할 만하도다!

信如斯言인댄 則古陰禮所謂婦德에 節婦는 其無媿矣라 其子寧年在弱冠에 不遠千里하여 求一言以揚其母氏之賢하니 李氏可謂有子哉인저

【論評】

그 아들의 말에 나아가 간결하게 直敍하였다.

就其子之言하여 直敍簡淨이라

4) 陰禮 : 婦人의 禮를 말한다. ≪周禮≫ 〈天官 內宰〉에 “陰禮로써 六宮을 가르치고 음례로써 九嬪을 가르치고 婦職의 법으로써 九御를 가르쳐 각각 소속이 있게 한다.〔以陰禮教六宮 以陰禮教九嬪 以婦職之法教九御 使各有屬〕”라 하였는데, 鄭司農의 注에 “음례는 婦人의 禮이다.”라 하였다.

25. 江貞女의 傳　江貞女傳*

*江氏 여인이 겨우 돌이 된 아기로 襁褓에 있을 때 양가의 부친끼리 혼인하기로 언약했는데, 강씨는 그 언약을 지키기 위해 남편 될 사람이 어린 나이에 죽었음에도 守節하다가 기어코 시댁으로 가서 집안의 종부로서 역할을 하였다. 혼례를 치르지 않았으면 부부 관계가 성립하지 않으므로 비록 약혼했다 할지라도 다른 곳에 시집갈 수 있는 것이 古禮이다. 강씨의 경우는 고례에 맞지 않고 융통성 없이 완고한 점이 있지만, 정절을 지킨 행실이 세상 사람들의 귀감이 될 수 있기 때문에 이 글을 서술한 것이다.

貞女는 성은 江氏이니 錢塘 사람이다. 부친은 이름이 煜이니 進士로서 京師에서 謁選[1]하여 장차 岳州守備가 되려고 하였다. 그런데 이때 吳門[2]에 顧君 朝楹이란 이가 같이 선발되어 荊州로 발령을 받았다. 두 사람이 같이 京師에서 謁選하였고 벼슬한 곳이 같은 지방이라 서로 알게 된 뒤로 이어서 서로 좋아하게 되었다. 두 집의 家書가 왔는데 顧氏네는 아들을 낳았고 江氏네는 딸을 낳았다. 嘉興 沈光庭이란 이는 이 兩家를 왕래하여 매우 사정을 잘 알던 터라 양가를 위하여 혼인을 주선하였다. 막상 부임하자 형주와 악주는 지역이 가까워 서로 마주 보고 있었다. 고군이 악주에 이르러서는 마침내 宮錦[3]으로 만든 團扇과 수정 가락지를 강씨네 어린 딸에게 보내주어 定婚의 예물로 삼았으니, 당시 양가의 자녀는 겨우 돌이 된 아기들이었다.

貞女는 姓江氏니 錢塘人也라 其父는 名煜이니 以進士謁選京師하여 將爲岳州守備러니 而是時에 吳門有顧君朝楹者同選하여 得荊州라 兩人同在京師謁選하고 仕又同方일새 旣相知에 因相愛라 兩家家書至에 顧氏生男하고 江氏生女라 嘉興沈光庭者가 往來兩家甚習일새 因爲議婚이러니 及之官하여 荊州與岳州地近相望이라 顧君至岳州하여 遂以宮錦團扇水晶連環으로 授江氏幼女하여 以爲訂하니 時兩家子女纔周歲러라

---

1) 謁選 : 관리가 吏部의 관원 선발에 응시하는 것이다.
2) 吳門 : 蘇州 지역을 일컫는 말이다. 이 일대가 춘추시대 吳나라 땅이기 때문에 이런 이름이 붙은 것이다.
3) 宮錦 : 궁중에서 만든 매우 좋은 비단이다.

그 후 고군이 관직을 그만두고 떠나면서 그 아들을 데리고 향리로 돌아갔고, 강군도 탄핵을 받고서 경사에 들어가 관직에 補任되니, 양가 사이에 소식이 끊어지고 말았다. 을묘년(1735)에 한 망령된 사람이 고씨네 아들이 병들어 죽었다고 거짓말을 하였다. 貞女는 당시 아홉 살이었는데 그 말을 듣고 슬피 눈물을 흘리고는 마침내 음식을 먹지 않았고 또 일체의 놀이를 끊어버렸다.

其後顧君罷去에 **攜其子歸里**하고 **江君亦被議**하여 **入京補官**하니 **兩家音問闊絶**이러라 **歲在乙卯**에 **有妄人譌言顧氏子病沒**이라하여늘 **貞女時九齡**이로되 **聞之悲涕**하여 **遂不食**하고 **且絶去一切嬉戱事**러라

정녀는 성품이 조용하고 독서를 좋아하였다. 일찍이 고금의 정절을 지킨 烈婦들의 얘기를 보면 흐뭇하게 기뻐하였다. 그 거짓말을 듣고는 늘 사람을 등진 채 눈물을 흘리곤 하였다. 그리고 5년 뒤에 강군이 安慶의 관리로 보임되니, 정녀가 열세 살이었다. 하루는 어머니를 돌아보고 말하기를 "제가 요즘 열흘 동안 까닭 없이 심장이 절로 놀라 뛰며, 밤이 되면 불안하고 답답하여 편안히 자지 못하니, 이것이 무슨 조짐인지요?"라 하고는 말을 마치자 곧 눈물을 흘렸다. 이해 가을에 심광정이 顧君의 편지를 가지고 왔기에 보니, 고씨네 아들이 初夏인 5월에 어린 나이로 죽었던 것이다.

貞女性幽靜하고 **好讀書**라 **嘗見古今節烈**하면 **則欣然喜**러라 **及聞譌言**하여 **每背人而泣**이러니 **其後五年**에 **江君補官安慶**하니 **貞女年十三**이라 **一日顧謂其母曰 兒旬日以來**로 **無故心自驚**하고 **至夜輒煩寃不安寢**하니 **此何祥也**오하고 **語罷**에 **卽淚出**이러니 **而是秋**에 **沈光庭以顧君書至**하니 **則顧氏子已於初夏之月殤矣**러라

정녀는 이 소식을 듣고 너무도 애통한 나머지 거의 기절하였다. 그러나 부모님이 슬퍼하는 모습을 보고는 천천히 말하기를 "부모님이 계시니, 자식이 어찌 감히 죽겠습니까. 그러나 4년 전에 거짓말이 갑자기 전해왔을 때 마음은 죽었습니다."라 하고 드디어 고씨 집으로 가고자 했다. 부모는 정녀가 아직 어린 것이 가여웠고 게다가 천여 리나 멀리 떨어진 곳이라 차마 떠나보낼 수 없었지만 그렇다고 해서 정녀의 뜻을 거듭 어기고 싶지 않아 우선 허락하였다.

정녀는 어머니가 해를 넘기도록 병석에 누워 있는 것을 보고, 부모님의 마음을

아프게 할까 염려하여 잠시 머물러 부모님을 모셨다. 밤에는 옷에 띠를 풀지 않은 채 잠자리에 들고 낮에는 오래도록 齋戒하며 素食하고 거친 밥을 먹었다. 늘 자기 몸은 남의 몸이라 하면서 일심으로 고생을 마다 않고 부모를 봉양하는 일에만 힘써 부모님이 기뻐하면 정녀도 기뻐하고 부모님이 근심하면 정녀도 근심하였다. 음식과 의약을 노비에게 맡기지 않았고 더욱 길쌈에 힘써 좋은 음식을 마련하였다. 부모님이 우연히 생각하는 것이 있으면 어김없이 힘을 다해 가져다드렸다. 그러나 정녀는 비록 몸은 부모 곁에 의탁하고 있었으나 고씨 집으로 가고 싶어 하는 마음은 하루도 잊은 적이 없었다.

貞女聞之慟하여 幾絶이나 然見父母悲哀하고 乃徐曰 父母在하니 兒何敢死리오 然在四年前譌言乍傳에 心死矣라하고 遂欲歸顧氏어늘 父母憐其幼小하고 且遠隔千餘里라 不忍其去로되 又不欲重違其志하여 姑允之러니 而貞女見母氏病臥經年하고 恐傷父母心하여 乃暫留侍할새 夜則衣不解帶하고 日則長齋糲食이라 每謂己身爲他라하고 而一心習苦하여 以奉父母爲事하여 父母喜則女亦喜하며 父母憂則女亦憂하고 飮食醫藥을 不以任奴婢하고 更勤紡績하여 以佐甘旨요 父母偶有所思면 必竭力致之라 然貞女雖身依父母之側이나 而欲歸顧氏하여 其心未嘗一日忘也러라

집에 머물러 부모님을 모신 지 17년 만에 장차 고씨 집으로 가려 할 때 강군이 吳門으로 사람을 보냈더니, 고씨 집에서 편지가 와서 집이 가난하다는 이유로 사양하였다. 정녀는 "비록 가난할지라도 무슨 문제 될 게 있으리오. 내가 바라는 것은 방 한 칸, 밥 한 그릇이요 죽으면 널 하나에 넣고 흙으로 덮으면 그만이다."라 하였다.

그리고 5년 뒤에 顧君의 嗣子인 德煒가 다시 延命할 양식도 없고 와서 머물 집도 없다는 이유로 사양하자 정녀는 "내가 불행히 고씨 집안의 복이 쇠락한 때를 만나 어린 시동생은 외로운 몸으로 곤궁하니, 어린 後嗣를 길러 조상의 제사를 잇는 것은 나의 책임이다. 설령 힘이 부족할지라도 힘을 다하다 죽으면 또한 지하에서 시부모님을 뵐 수 있을 것이다."라 하였다.

旣留侍十有七年에 將歸할새 江君使人於吳門한대 而顧氏書來에 以貧乏爲辭라 貞女曰 雖貧何害리오 吾所求者는 屋一間飯一盂요 死則一棺坯土而已라하다 越五年에 顧君嗣子德煒가 復以救死不贍無家可歸로 辭어늘 貞女曰 予不幸値顧氏門祚之衰하여 幼叔零丁窮窶하니 撫遺孤延先祀는 予之責也라 卽力有不逮라도 盡瘁而死면 亦可見翁姑於地下也라하다

이때부터 정녀는 고씨 집으로 가고 싶은 마음이 더욱 절박하여 浩然한 기세를 더 이상 만류할 수 없었다. 이에 신사년(1761) 4월에 종을 데리고 배를 타고서 곧장 오문으로 갔다. 도착하기 전에 미리 사람을 보내 물으니, 嗣子 덕위가 배를 대놓은 곳에 와서 禮를 갖추는 것이 매우 공손하였다. 그 이튿날 冠帔[4]와 吉服을 가지고 오자 정녀가 말하기를 "우리 시아버님이 이미 돌아가셨고 우리 시어머님의 喪中에 服도 아직 끝나지 않았는데 어찌 吉禮를 따를 수 있으리오."라 하고는 角簪(뿔로 만든 비녀)과 베옷 차림으로 갔다. 고씨 집안사람들도 모두 素服을 입고 길 가에서 정녀를 맞이하여 위로하니, 그 광경을 보는 사람들이 다 감탄하면서 禮를 안다고 하였다.

自是로 **貞女欲歸顧氏心益迫**하여 **浩然不可復挽**이라 **乃以辛巳之四月**로 **攜僕從乘舟**하여 **直抵吳門**할새 **先使問**하니 **而嗣子德**煒**詣舟次**하여 **執禮甚恭**이라 **翼日**에 **齎冠**帔(피)**吉服以來**어늘 **貞女曰 吾舅已亡**하고 **吾姑服未闋**하니 **何吉可從**이리오하고 **乃角簪布衣以往**이어늘 **其顧氏家人**도 **亦皆素服迎勞道旁**하니 **觀者咸歎嗟**하여 **以爲知禮**러라

정녀가 顧氏 집에 오자 덕위가 맏형수로 모셔 한 집안의 주인으로 삼아 名分을 바로 세우고 尊卑를 구별한 다음 3일 만에 사망한 맏형의 제사를 지내고 말하기를 "제가 아들을 낳으면 맏형님의 후사를 삼겠습니다."라 하였다. 정녀는 樓房에 거처하면서 길쌈과 바느질에만 힘쓰고 여타 집안일은 참견하지 않으려 했다. 그러나 덕위는 집안에 큰일이 있을 때를 만나면 반드시 그의 생모와 함께 누방으로 가서 형수와 상의하였다. 덕위는 또 그의 형을 위하여 분묘를 修築하고 무덤 주위에 나무를 심고 생전의 모습을 그려 영정을 만들었다. 덕위는 소년의 나이에 우애가 돈독하기가 이와 같으니, 정녀는 의탁할 시댁을 잘 얻었다 하겠다.

貞女旣歸顧氏에 **德**煒**奉邱嫂**하여 **爲一家之主**하여 **正名分**하며 **別尊卑**하여 **三日而祭**하고 **且曰 待德**煒**生子**하면 **卽以爲長兄後**라하다 **貞女樓居**하여 **惟女紅是務**하고 **其他家政**은 **不欲聞**이라 **然德**煒**遇家有鉅事**면 **必偕生母詣樓**하여 **就嫂氏商確**이러라 **德**煒**又爲其兄**하여 **修墳墓**하며 **植宰樹**하고 **追繪儀容**이러라 **德**煒**少年**에 **其篤於友愛如此**하니 **貞女蓋得所歸矣**라

---

4) 冠帔 : 고대 부녀자의 복식이다. 冠은 모자, 帔는 披肩으로 어깨에 걸치는 의복이다. ≪東京夢華錄≫ 권5 〈娶婦〉에 "무릇 장가들 때에는 혼인 하루 앞서 신부에게 단장을 재촉하는 뜻으로 冠帔와 花粉을 보낸다."라 하였다.

贊은 다음과 같다.

부인은 남편을 따르는 것을 의리로 삼지만 아직 자식을 낳지 않았으면 부부 관계가 성립하지 못한다. 경전을 살펴보아도 여자가 시집가지 않고 집에 있으면서 정절을 지키겠다고 맹세한 경우는 듣지 못했다.

그러나 근세 이래로 풍속이 옛날과 달라져 남녀가 바야흐로 襁褓에 있거늘 부모가 벌써 許婚한 경우가 있으니, 이미 서로 定婚하기로 했으면 한 지아비를 따라 일생을 마쳐야 하는 도리[5]가 있다.

정녀의 효성을 지키는 의리는 어린 나이 때부터 있었으니, 대개 그 천성의 순수하고 현명하기가 보통 사람보다 월등히 뛰어났던 것이다. 어찌 융통성 없이 오활한 경우와 비교해 말할 수 있으리오.

贊曰 婦以從夫爲義로되 **其未字則未成其爲夫婦也**라 **考於經**에 **未聞女在家而矢節者**라 **然近世以來**로 **俗與古異**하여 **男女方在襁抱**어늘 **而父母已爲許婚**하니 **相許旣定**하면 **則亦有從一以終之道矣**라 **貞女之孝義**는 **乃在幼穉之年**하니 **蓋其天性純明**이 **度越尋常人遠甚**이라 **豈可以拘迂擬議哉**아

【論評】

至性이 자연스러운 데서 나왔으니, 비록 聖人의 中庸의 道는 아닐지라도 또한 본디 泯滅할 수 없는 것이다. 글이 곡진히 묘사하여 읽는 사람으로 하여금 처연히 눈물을 떨구게 한다. 앞부분에서 혼인을 맺게 된 과정을 서술한 곳은 어쩌면 그리도 ≪史記≫의 문장과 흡사한가!

至性出於自然하니 **雖非聖人中庸之道**라도 **亦自不可磨滅**이라 **文能曲折摹寫**하여 **使讀之者悽然淚下**라 **前敍結婚處**는 **何其似史記也**아

5) 한……도리 : ≪周易≫ 恒卦에 "부인은 정하고 길하니 한 지아비를 따라 생을 마친다.〔婦人貞吉從一而終也〕"라고 한 구절에서 인용한 말이다

26. 걸인 張氏의 傳　乞人張氏傳*

*張氏 여인이 남편이 죽은 뒤 改嫁하지 않고 떠돌아다니면서 구걸하여 시아버지를 끝까지 봉양한 미담을 기록하였다. 이 글의 말미에 明나라가 망했을 때 한 걸인이 물에 몸을 던져 자결한 일을 덧붙임으로써 인륜과 節義를 모르는 당시 사대부들을 신랄하게 풍자하였다.

楚의 남쪽 지역은 천지의 기운이 사람에게 모이지 않고 돌에 모이며, 流沙의 서쪽 지역은 천지의 기운이 사람에게 모이지 않고 기러기에 모인다.[1] 그리고 근세 이래로 천지의 기운이 사대부에 모이지 않고 굶주려 구걸하는 사람에 모인다.

楚之南은 **天地之氣**가 **不鍾於人而鍾於石**하고 **流沙之西**는 **天地之氣**가 **不鍾於人而鍾於鴻雁**이요 **近世以來**로 **天地之氣**가 **不鍾於士大夫而鍾於窮餓行乞之人**이라

合肥[2] 사람 張美之는 집이 縣城 북쪽 80리 거리의 元潭이란 곳에 있었는데, 딸의 나이 15세에 한 고을의 馬彦章이 사위로 왔다. 딸 張氏의 나이 28세 때 부모가 다 죽었고 두 딸을 낳았는데 역시 죽었다. 장씨의 시아버지 馬青芝는 처가 일찍 죽고 3남 2녀를 두었다 3남 중에 언장이 맏이인데, 언장도 나이 마흔 남짓에 또 죽고 말았다. 언장이 죽고 마청지의 두 아들은 다 어렸으므로 장씨의 힘을 입어 양육되었고, 두 딸은 장씨의 힘을 입어 시집갈 수 있었다.

合肥張美之는 **家在城北八十里之元潭**하니 **有女年十五**에 **而同邑馬彦章來贅**라 **張氏年二十八**에 **而父母皆已死**하고 **生二女亦死**라 **其舅馬青芝**는 **妻早死**하고 **有三子二女**라 **三子**에 **彦章爲長**이러니 **彦章年四十餘又死**라 **彦章死**하고 **而青芝之二子皆幼**라 **賴張氏以養**하고 **其二女**는 **賴張**

1) 楚의……모인다 : 楚나라 남쪽 지역에 좋은 寶玉이 많이 나고, 流沙 서쪽 지역에 기러기가 서식하기 때문에 이렇게 말하는 것이다. 유사는 중국 서북방 사막 지대이다. ≪書經≫ 〈虞書 禹貢〉에 "동쪽으로 바다에까지 다다르고, 서쪽으로 유사에까지 교화가 미쳤다.〔東漸于海 西被于流沙〕"라 하였다.

2) 合肥 : 淸나라 때 安徽省 廬州府의 屬縣이다.

氏以嫁려라

그 후 합비에 연이어 흉년이 들었다. 장씨는 시아버지 청지와 두 시동생을 모시고 남쪽으로 池州에 가서 걸식하였는데, 또 두 시동생이 다 죽었다. 장씨는 다시 시아버지를 모시고 지주로부터 桐城으로 가서 左氏네 행랑채 아래 의탁하여 걸식하면서 들나물을 뜯어 봉양하였다. 이때에 동성의 백성 중에서 장씨를 아내로 맞고 싶어 하는 사람이 있었지만 장씨는 시아버지가 늙고 곤궁하여 갈 곳이 없다는 이유로 서로 의지하여 죽을 때까지 차마 떠나지 못하였다. 시아버지 청지가 죽자 장씨는 이미 나이 60여 세였는데도 여전히 간혹 우리 집에 와서 구걸하곤 하였다.

其後에 **合肥歲連不登**이라 **張氏奉其舅青芝及二叔**하여 **南走池州乞食**이러니 **而二叔又皆死**라 **張氏復奉其舅**하여 **自池州之桐城**하여 **依左氏之廡下乞食**하여 **挑野菜以養**이러라 **當是時**하여 **桐之民**에 **有欲娶張氏者**어늘 **而張氏以其舅老窮無歸**로 **相依至死不忍去**라 **青芝死**에 **而張氏年已六十餘**로되 **猶間至余家行乞也**러라

옛날에 며느리가 시부모를 섬기면서 첫닭이 울면 세수와 양치질을 하였는데,[3] 그 禮가 세상에 행해지지 않은 지 천년이 넘었다. 그러나 나는 생각건대, 사람들의 秉彝[4]는 사람들의 마음에서 다 없어지지는 않는 법이니, 사대부 집안에 반드시 禮를 높이고 의리를 지켜 시부모를 잘 섬기는 것이 효자가 자기 부모를 섬기는 것과 다름없는 사람이 있을 터이지만 왕왕 찾아봐도 찾을 수가 없다.

대저 사대부들은 의복과 음식 같은 봉양에 필요한 물품들이 갖추어져 있다. 그런데도 며느리와 시어머니가 다투다가[5] 욕설을 퍼붓는 것을 못 하게 막아도 그치지 않는다. 몹시 굶주린 나머지 구걸하러 다니는 데 이른 사람이라면 진실로 남에게 의탁하여 음식을 얻을 수만 있다면 그 사람이 改嫁하는 것을 막을 수 없다. 그런데도 죽을 때까지 곁을 떠나지 않고 시아버지를 봉양하면서 일생을 마쳤으니,

---

3) 옛날에……하였는데 : ≪禮記≫ 〈內則〉에 "자식이 부모를 섬길 때에는 첫닭이 울면 모두 일어나 세수하고 양치질한다.〔子事父母 雞初鳴 咸盥漱〕"라고 하였다.

4) 秉彝 : ≪詩經≫ 〈大雅 烝民〉에 "사람이 떳떳한 본성을 가진지라 이 아름다운 덕을 좋아하도다.〔民之秉彝 好是懿德〕"라 한 데서 온 말로 仁義禮智와 같은 天性을 말한다.

5) 며느리와……다투다가 : ≪莊子≫ 〈外物〉에 "방에 빈 공간이 없으면 며느리와 시어머니가 서로 다툰다.〔室無空虛 則婦姑勃谿〕"라 한 대목을 인용하였다.

이 어찌 천성의 돈독함이 보통 사람들보다 뛰어난 이가 아니겠는가.

애석하도다! 여자의 몸이고 게다가 궁핍하여 구걸하러 다닌 것이여. 가사 이 사람이 장부이고 조정에 올랐다면 臣子로서 君父의 인륜에 있어 至性에서 우러나 필시 건립한 바가 비상했을 것이다.

古者에 婦事舅姑하여 雞初鳴而盥漱러니 其禮曠千載不行矣라 然吾以爲民秉之彝는 不盡絶於人心하나니 縉紳大夫之家에 必有隆禮守義하여 善事其舅姑가 與孝子之事父母無異者로되 而往往求之不可得이라 夫縉紳者는 衣食奉養之物備具也라 然勃谿詬誶하여 禁之而不止라 窮餓至於行乞하여는 苟可以依人而得食이면 不能禁其改適也라 然至死不去하여 而養其舅以終身하니 豈非其天性之篤摯有過人者哉아 惜乎라 其爲女子요 且窮而行乞也라 設使斯人爲丈夫而登於朝댄 則其於君父人倫之間에 出其至性하여 必有建樹非常者라

대저 천지의 기운은 모이는 곳이 없을 수 없다. 明나라가 망할 때 金陵의 한 걸인이 그 소식을 듣고 물에 들어가 죽었다. 장부가 하지 못하는 일을 여자가 하고 부귀한 자가 하지 못하는 일을 걸인이 하였으니, 또한 슬픈 일이로다!

夫天地之氣는 不能無所鍾也니 明之亡也에 金陵之乞人이 聞之而赴水以死러라 丈夫不能而女子能之하고 富貴者不能而乞人能之하니 亦可慨也夫인저

【論評】

걸인을 빌려 세상을 풍자하였으니, 응당 이 글을 읽으면 진땀이 흐를 것이다.

借乞人以諷世하니 當有讀之汗下라

27. 黃山을 유람한 記　遊黃山記*

*1764년 유대괴가 67세 때 친구들과 安徽省 黃山을 6일 동안 유람하고 쓴 기행문이다. 다 탐방하지 못한 곳들은 예전의 기록을 참고하여 보충하고 注를 달아서 당시의 정황을 설명해놓았다. 문장이 비단을 짠 듯이 정교하기 이를 데 없고, 기록이 매우 자세하니, 실로 황산 탐방에 귀중한 자료가 된다.

乾隆 29년(1764) 갑신년 9월 上弦[1]에 내가 歙縣(섭현)의 友人 程易田・方晞原・吳韓封・吳蕙川 및 오혜천의 아우 箕浦와 더불어 黃山을 함께 유람하고 6일 만에 돌아오니, 황산을 다 유람하지는 못하였다. 혹자가 유람기를 쓰라고 청하기에 황산에 대한 예전의 기록들을 가져다 보충하여 한 편의 글을 이루어 후세의 유람을 좋아하는 이들을 부르노라.

乾隆二十九年歲在甲申九月之上弦에　**余與歙縣友人程易田方晞原吳韓封吳蕙川及蕙川之弟箕浦**로 **共遊黃山**하여 **六日而返**하니 **遊未能徧也**라 **或請爲記**일새 **乃取黃山舊志**하여 **補綴成篇**하여 **以招後之好遊者**하노라

歙城으로부터 서북쪽으로 120리를 가서 湯口에 이르면 시냇물이 큰 바위 사이로 거세게 부딪치며 쏟아져 흐른다. 우러러보면 봉우리들이 마치 하늘 위에 있는 듯하다가 祥符寺에 이르면 봉우리들이 도리어 반쯤 숨어 보이지 않는다. 작은 다리를 건너 북쪽으로 가면 온천이 있다. 온천은 硃沙峰으로부터 흘러 와서 움푹 파인 곳에서 작

湯池

1) 上弦 : 음력으로 매월 7일 또는 8일을 말한다. 이때 상현달이 뜬다.

은 못이 되고 半巖으로 덮였는데, 깊이는 2尺을 넘지 않는다. 온천은 모래 아래에서 콸콸 솟아나오고 못 북쪽에는 冷泉이 바위틈에서 솟아나와 두 물줄기가 서로 섞여서 물이 뜨겁지 않다가 겨울에 냉천이 마르면 물이 더욱 따뜻해진다. 못의 북쪽 모퉁이에 틈이 있어 더러운 물을 흘려보낸다. 그래서 목욕을 하는 대로 물이 깨끗해지니, 硃沙泉은 그 기운이 맑고 향기롭다. 그러므로 천하에 온천이 많지만 황산의 온천을 으뜸으로 친다.

由歙城西北行百二十里하여 **至湯口**하면 **溪流噴薄大石間**이라 **仰視諸峰**이 **如在天上**이라가 **及抵祥符寺**하여는 **諸峰反半隱不見**이라 **踰小橋而北**에 **有溫泉焉**하니 **泉自**硃**沙峰而來**하여 **窪爲小池**하고 **蔭以半巖**[①]하니 **深不逾二尺**이라 **而泉自沙底汩汩起**하고 **池北**은 **冷泉出石罅**하여 **兩水相和得不熾**라가 **凌冬冷泉**涸하면 **則水愈溫**이라 **池之東隅有隙**하여 **以流其惡水**일새 **隨浴而淨**하니 **而**硃**沙泉其氣清芬**이라 **故天下多溫泉**이로되 **而黃山爲之冠云**이라

① 지금은 이미 바위를 깎고 정자를 세웠다.
今已鑿石砌亭이라

목욕을 한 다음 바위를 넘고 시내를 건너서 왼쪽으로 수십 步를 가서 桃花源에 이르니, 돌길이 그윽하고 좁았다. 그래서 바위틈을 통과해 들어가니, 그 형상이 마치 문과 같았다. 그 바위들은 앉아 있는 모양도 있고 비스듬히 서 있는 모양도 있고 덮여 있는 것도 있고 드러나 있는 것도 있으며, 바위 사이는 마치 좁은 골목길 같고 그 길이는 마치 회랑과 같았다. 다시 한 石門을 통과해 나오니, 늙은 매화가 바위틈에 늘어선 것이 매우 많았다.

旣浴에 **跨石越澗**하여 **左行數十步**하여 **至桃花源**하니 **石徑幽狹**일새 **穿一石而入**이 **如門**이라 **其石有妥有**欹하고 **或覆或露**하며 **其夾如巷**하고 **其長如廊**이라 **復穿一石門而出**하니 **而老梅布石罅甚**夥라

상부사로부터 오른쪽으로 가서 天梯를 따라 100여 보 올라가니, 깊은 골짜기라 넘어갈 수 없었다. 나무 두 개를 벼랑에 걸쳐놓았기에 건너가서 길을 꺾어 왼쪽으로 반 리 가량 돌아서 가니, 골짜기가 높직이 벼랑 위로 솟아 있었다. 골짜기의 바위는 광택이 나고 정결하여 마음에 들었으며, 깊이는 3丈, 높이는 3길이었고 너비

는 높이의 반쯤 되었다.

由寺右緣天梯而上百餘步하니 幽壑不可越이라 以二木揞崖而度하여 折左紆行可半里하니 有洞穹然出崖上이라 洞石瑩潔可愛하고 深三丈高二尋이요 廣半之라

골짜기가 다하자 다시 작은 골짜기가 있었는데, 그 모양은 마치 龕室과도 같고 깊숙한 내실과도 같았다. 폭포가 골짜기 어귀를 가리면서 떨어져 내려 물줄기가 끊이지 않으니, 이를 水簾洞이라 한다. 골짜기를 나와서 벼랑을 따라 왼쪽으로 가면 두 개의 작은 골짜기가 있는데 중간이 막혀 담장처럼 되어 있다. 이를 餐霞洞이라 한다. 산의 왼쪽 기슭에서 물이 어지러이 널린 바위 사이를 뚫고 흘러내리니, 이를 藥溪라 한다. 약계의 바위는 너비가 1丈 남짓이고 중앙이 절구처럼 움푹 파여서 위에서 흘러내리는 물을 우러러 받으니, 이를 藥銚라 한다. 약요는 왼쪽으로 기우뚱하니 물이 그쪽으로 흘러나와 높은 곳에서 떨어진다. 그 떨어진 물을 받는 바위는 주둥이가 작은 둥근 동이와 같고 그 속은 나선형이며, 오색을 띤 기이한 돌들이 있는데 그중에 흰 돌은 마치 구슬과 같다. 이곳을 丹井이라 한다.

洞盡에 復有小洞이 如龕如堂奧然한대 飛泉蔽洞門而下하여 灑灑不絶하니 是曰水簾之洞이요 出洞하여 循崖而左에 有二小洞이 中隔如墻하니 曰餐霞之洞이요 而山之左腋에 有水穿亂石而下하니 是曰藥溪라 溪石廣丈餘요 中凹如臼하여 仰承上流하니 是曰藥銚라 銚左欹而水出懸溜하니 承溜一石이 如圓盎弇口而中如螺旋이요 異石五色에 白者如珠하니 是曰丹井이라

이곳에서 길을 꺾어 오른쪽으로 가니, 蓮花菴이다. 암자에 들어가 누각에 올라 아래로 白龍潭을 굽어보니, 못은 너비가 10여 丈이요 위쪽은 큰 바위가 가로질러 있는데 높이가 3장 남짓이다. 약요는 여러 시냇물을 모아서 겹겹 바위 사이로 높은 곳에서 흘러내리는데, 못이 바위 하나로 이 물을 받으니, 그 형세가 충돌하고 분출

白龍潭

하여 울부짖는 듯한 굉음이 우레와 같다. 못이 물을 받으면 가득 고여 출렁이는 물은 그 깊이를 알 수 없다. 한참 동안 바라보노라니 다들 두려운 마음이 생겼다. 못가의 한 바위에 고목 한 그루가 마치 일산처럼 그늘을 드리우고 있는데, 그 아래에 수십 명이 앉아서 술을 마실 만하였다.

折而右하니 **爲蓮花菴**이라 **入菴登閣**하여 **下瞰白龍潭**하니 **潭廣十餘丈**이요 **其上大石橫亘**하니 **高三丈餘**라 **而藥銚合諸溪之水**하여 **從疊石乘高而下**어늘 **而潭以一石仰承之**하니 **其勢撞衝奮躍**하여 **鳴吼如雷**라 **潭既受水**에 **淵渟滉瀁**하여 **其深不測**이라 **睇觀既久**에 **咸生恐慄**이러라 **潭上一石**에 **老木垂陰如蓋**하니 **下可坐飮數十人**①이라

① 백룡담은 지금은 교룡에 의해 망가져서 눈에 가득 보이는 것이 다 모래와 자갈뿐이다. 그러나 이곳이 名勝이기 때문에 옛 기록을 따라 기록해둔다.
白龍潭은 今爲蛟龍所敗하여 彌望皆沙礫이라 以其名勝也라 故記從其舊라

백룡담 물가를 따라 1리쯤 가면 바위 하나가 산을 등지고 서서 머리를 쳐들고 포효하는 형상을 하고 있으니, 이를 虎頭巖이라 한다. 여기서 100武(半步)를 더 가면 쓰러질 듯 기우뚱하여 마치 술잔을 이기지 못하는 듯한 형상의 큰 바위가 보이니, 이를 이름하여 醉石이라 한다. 취석 곁에는 샘물이 졸졸 바위 벼랑에서 떨어져 내리니, 洗杯泉이라 한다. 그 아래에 엎드린 바위는 그 색깔이 위쪽은 희고 아래쪽은 검푸르니, 停雪石이라 한다.

循潭滸里許에 **有石負山而立**하여 **昂首作咆哮之狀**하니 **是曰虎頭之巖**이요 **行百武**에 **見大石頹然傾倚若不勝杯杓者**하니 **名之曰醉石**이라 **醉石之旁**에 **有泉淙淙從石壁下**하니 **曰洗杯之泉**이라 **下有伏石**이 **其色上白而下黝**하니 **曰停雪之石**이라

골짜기를 반 리쯤 들어가면 용과 같은 형상의 물줄기가 높은 벼랑에서 곧장 떨어져 바위에 쏟아져서 부딪쳐 구덩이를 만들고는 구덩이를 메우고 다시 떨어져 내려 지나는 곳마다 구덩이를 만들고 떨어지니, 그 구덩이가 모두 여덟 개다. 이를 落星泉이라 한다.

入谷半里에 **有泉如龍**하여 **自懸崖直下注石**하여 **激而成坎**하고 **盈科復下**하여 **歷歷成坎而懸**하니 **其坎凡八**이라 **是曰落星之泉**이라

이곳에서 길을 꺾어 위로 올라가면 바위 벼랑이 중앙은 움푹하고 주변은 입을 벌린 듯이 넓으며, 바위들이 겹겹으로 쌓여 있다. 그 위에 폭포가 100尺 높이로 떨어져 내리는데, 산의 중간 지점에서 큰 바위가 물줄기를 막아 물줄기가 부딪쳐 거슬러 올라가 위쪽으로부터 몇 갈래로 물줄기가 나뉘어 아래로 쏟아져 내린다. 그 아래 바위가 가로질러 있는데 길이 십여 丈이요 속이 텅 비어 마치 琴과 같다. 그래서 물이 바위 위를 지나갈 때 弦을 퉁기는 것처럼 맑은 음향이 울린다. 그래서 이 물줄기를 鳴弦泉이라 한다.

鳴弦泉

折而上에 石崖中凹而旁哆(치)하고 層石磊磊요 而其上飛瀑懸流百尺이어늘 山半大石拒之하여 激而逆上이라 自上分數道下注라 有橫石長十餘丈이요 中空若琴이라 水徑石上에 其音疏越이라 故名其泉曰鳴弦이라

명현천을 거슬러 위로 올라가면 땅이 모두 험준하다. 사람들이 마치 다람쥐처럼 숲속을 뚫고 지나다가 조금 더 나아가면 땅이 갑자기 평평해지고 우뚝한 佛寺가 있으니, 이곳이 慈光寺이다. 절의 앞뒤에 푸른 나무가 우거져 햇살이 체로 친 듯이 부서져 떨어지니, 마치 마름이 떠 있는 물속을 걸어가는 것과 같았다. 寺門에 앉아서 멀리 靑鸞峰을 보니, 그 정상에 한 사람이 가부좌를 틀고 앉아 있는 것 같았다. 자세히 보니, 바위였다.

慈光寺

遡鳴弦泉而上에 **地皆阻險**이라 **行者如鼯鼠之穿林**이라가 **稍進**에 **地忽平曠**에 **有佛舍巍然**하니 **是爲慈光寺**라 **寺前後**에 **翠木交陰**하여 **日光罅落**하니 **如行荇藻中**이라 **坐寺門**하여 **遙睇青鸞峰**하니 **其巓若有一人趺坐**어늘 **諦視之**하니 **石也**러라

자광사로부터 왼쪽으로 길을 꺾어 북쪽으로 계곡에 들어가니, 계곡 어귀에 마치 灩澦(염여)[2)]와 같은 형상의 바위가 있고 소나무 한 그루가 그 위에 버티고 있다. 그래서 계곡 물이 그 바위 좌우로 나뉘어 흐르다가 바위가 다하면 두 물줄기가 다시 만나니, 그 형상이 그림쇠로 그린 듯이 동그랗다. 바위 좌우로 흐르는 물은 물 밑에 겹겹으로 바위가 있는지라 물살이 무딪쳐 흩날리는 광경이 마치 두 마리 白龍이 꿈틀꿈틀 골짜기로 달려가는 것과 같다. 그 왼쪽으로 떨어지는 물줄기 아래 굴이 있으니, 마치 우물 속으로 물이 쏟아져 들어가는 것 같다. 그 가운데 바위는 羅漢級이다. 나한급의 층계는 500개이니, 아래서 보면 돌층계가 마치 사닥다리 같고 위에서 보면 물줄기가 마치 띠 같다.

由寺左折而北入澗하니 **澗口有石**이 **如灩澦**하고 **一松據其上**이라 **而澗水分流石之左右**라가 **石盡水合**하니 **其圜中規**라 **其左右之流**는 **下皆石疊**이라 **水激而飛**가 **如二白龍蜿蜒赴壑**이라 **其左霤**(류) **有穴**하니 **水注之如井**이요 **其中石則羅漢級也**이라 **級五百**이니 **自下視石如梯**하며 **自上視水如帶**①라

① 지금은 이 또한 교룡에 의해 망가졌다.
今亦爲蛟所敗라

자광사로부터 오른쪽으로 길을 꺾어 硃沙溪를 거슬러 위로 올라가 鉢盂峰·老人峰 아래를 지나노라니, 양쪽 벼랑이 깎아지른 듯 가팔랐다. 벼랑에 손바닥을 붙인 채 나아가니, 홀연 골짜기가 문이 열리듯이 툭 틔었다. 이곳으로부터 가파른 산에 구불구불한 돌길이 비스듬히 뻗어 있다. 바위 위에 앉아서 잠시 쉬다가 언뜻 앞길을 보니, 아득한 바위 벼랑의 허공에 뜰이 있고 섬돌이 있으며 마치 지게문인 듯도 하고 지도리인 듯도 하니 불상이 있는 곳이라 욕실과 주방이 사방에 있고 흡사

2) 灩澦(염여) : 중국의 四川省 三峽의 하나인 瞿唐峽 어귀에 있는 큰 바위이다. 구당협은 양쪽 언덕이 가파르게 높이 치솟았고 물살이 거센데다 강 어귀에 이 바위가 서 있어 이곳을 지나는 배들이 많이 전복된다 한다.

승려가 발우를 잡고 문에 기대 서 있는 것 같았다. 이를 空相廬라 하니, 空相이란 바위 그림자이다.

由寺右折하여 遡硃沙溪而上하여 徑鉢盂老人峰趾하니 兩崖峻削일새 捫壁往에 忽洞開如門이라 自是로 危巒曲磴이 傾側迤行이라 坐石上稍憩라가 乍見前塗하니 茫茫乎石壁之虛에 有庭有除하며 若戶若樞하니 像佛攸居라 湢室齋廚가 周於四隅하고 若有浮屠持鉢而倚於門閭라 是曰空相之廬니 空相者石影也라

바위 그림자를 떠나 3리쯤 가면 觀音巖에 이른다. 벼랑이 마치 기울인 일산처럼 기우뚱하게 서 있고 그 아래는 수십 명이 들어갈 만하다. 한 벼랑은 관음암 오른쪽에 삐죽 솟아 있고 한 벼랑은 가운데가 비어 있는 것이 마치 사발을 놓아둔 것과 같은데 붉은빛이 강렬하게 뿜어져 나온다. 이곳은 硃砂洞이다.

去石影三里許에 至觀音巖하니 崖欹立如側蓋요 下可容數十人이라 一壁巉出巖右하고 一壁中嵌空如仰盂에 赤色熊熊有光하니 蓋硃砂洞也라

관음암을 넘어 작은 둑을 지나 노인봉에 이르니, 봉우리는 작고 뾰족하며 서 있는 바위가 마치 노인이 허리를 구부리고 있는 형상이다. 높이는 1丈이 채 못 되고 아래는 100길 낭떠러지이다. 계단이 없기에 등넝쿨을 부여잡고 올라가니 울퉁불퉁한 큰 바위를 푸른 소나무가 덮었고 햇살이 바위에 비추고 있으니, 비록 한여름에도 그늘의 서늘한 기운이 사람에 와 닿는다. 위로 크고 어둑한 계곡을 지나니, 계곡에는 숫돌처럼 생긴 바위가 깎아지른 듯이 많이 서 있다. 계곡을 지나 잿마루에 오르면 시야가 시원하게 툭 트인다. 온 길을 돌아보면 우리는 이미 깊은 못 속에 떨어져 있는 것 같은데 天都峰・蓮華峰은 우러러보면 그대로 하늘 위에 있다.

逾巖過小塢하여 至老人峰하니 峰小而銳하고 立石如老人傴僂之狀하니 高不盈丈이요 而下臨百仞이라 無階할새 挽藤上하니 大石磥砢에 蒼松覆之하고 日影著石하니 雖盛夏而陰蔭逼人이라 上歷大陰澗하니 澗多礪石嶄立이라가 過澗陟嶺하면 則豁然高朗이라 回顧來徑에 已如墮淵底로되 而天都蓮華는 仰視猶在霄漢上이라

수십 보를 가면 山勢가 점차 사람에게 가까이 다가와 山色이 두건 위로 솟아나오는 듯하였다. 이곳을 떠나서 잿마루를 넘어 서쪽으로 가니, 貝葉寺라는 절이 있다. 바위 골짜기가 사방 너비는 3丈 남짓인데 왼쪽 벼랑은 깎아지른 듯이 곧장 솟아올라 그 위에 물줄기가 떨어지면서 소리를 내었다. 한번 길을 꺾어 벼랑을 돌아보니, 벼랑이 마치 담장과 같았다. 그 앞에 큰 바위가 불쑥 수십 尺 높이로 솟아올라 곧바로 골짜기 어귀를 마주하여 서 있다. 오른쪽에는 한 협곡이 갈라져 골짜기 정상까지 뻗은 채 덮개 모양의 높은 벼랑을 등지고 있다. 골짜기 어귀에는 주렴처럼 떨어지는 물이 끊이지 않고 그 곁에는 깊고 푸른 못이 하나 있다. 이를 蓮花洞이라 한다.

數十步에 **峰勢漸逼**에 **山色從幘上起**라 **舍之**하여 **越嶺而西**하니 **有寺曰貝葉**이라 **石洞**이 **方廣可三丈**이니 **左壁峭絶直出**에 **水懸溜作聲**하고 **一折如墉**이라 **其前大石**이 **突起數十尺**하여 **直當洞門**이라 **右劈一峽**이 **淩洞巓**하여 **背負懸崖如覆**라 **洞口水不絶如簾**하고 **旁一池泓碧**하니 **是曰蓮花之洞**이라

연화동을 떠나 다시 잿마루를 올라 동쪽으로 가면 큰 바위가 길을 막고 서 있는데 속이 텅 비었다. 그 속에 돌을 쌓아 수십 계단을 만들어놓았기에 이를 이용하여 올라가니 형상이 마치 문과 같았고, 雲巢라는 이름이 적혀 있었다. 이곳에서 길을 꺾어 올라가면 두 그루 소나무가 길 양쪽 바위 곁에 서 있는데 가지와 잎이 서로 얽혀 있는 모습이 마치 유람 온 사람과 서로 揖讓하는 것 같다. 이를 이름하여 迎送松[3)]이라 한다.

去洞復上嶺東行에 **有巨石當路而中虛**라 **於其中**에 **累石爲磴數十級**이라 **以上**에 **如門**하고 **題之曰雲巢**라 **折而上**에 **有二松緣石夾路**하여 **枝葉交結**이 **若與遊者相揖讓**하니 **名之曰迎送之松**이라

갑자기 큰 바위가 거북 등줄기처럼 비스듬히 솟아나오고 좌우는 만 길 절벽이다. 거북 등줄기 위를 따라 조심조심 걸어가노라니, 사람들 모두 다리가 덜덜 떨렸다. 길가에 평평하고 둥근 바위가 있고 소나무가 그 위를 덮어 앉아 있을 만하

---

3) 迎送松 : 迎松과 送松 두 그루 소나무를 合稱한 것이다.

였다. 이를 이름하여 蒲團石이라 한다.

忽巨石仄起如龜脊하고 **左右絶壑萬仞**이라 **從脊上跼步以行**하니 **行者皆股慄**①이라 **路旁有石平圓**하고 **松蔭其上**하여 **可坐**하니 **名曰蒲團**②이라

① 지금은 돌난간을 만들어 두려워하지 않아도 된다.
今爲石欄하여 可無恐이라

② 지금은 소나무가 없다.
今松不存이라

蒲團松

포단석을 지나가면 양쪽으로 벼랑이 마치 담장처럼 서 있다. 그 사이로 들어가 걷노라니 하늘이 몹시 좁게 보였다. 소나무가 왼쪽 벼랑에 누워 있는데 길이는 몇 丈이고 가지가 서리어 오른쪽 벼랑까지 뻗어 있으니, 이름하여 臥龍松이라 한다. 이곳에서 다시 길을 꺾어 올라가면 바위 벼랑이 서 있고 그 가운데 소나무 한 그루가 있는데 마치 앉아 있는 듯한 모습이라 돌아보아야 겨우 볼 수 있다.

過石則二壁夾立如墻이라 **入罅中行**에 **見天甚狹**이라 **有松臥其左壁**하니 **長數丈**이요 **而枝蟠右壁**하니 **名之曰臥龍**이라 **再折而上**에 **石壁立**하고 **其中一松如坐**하여 **回顧乃見之**라

조금 더 나아가면 길은 더욱 좁아지다가 협곡이 다하고 바위가 끊겨 더 이상 나아갈 수 없다. 이에 나무를 걸쳐 다리를 만들어놓았으니, 다리는 얇으면서 길고 아래는 깊은 골짜기라 왼쪽으로 이끼 낀 벼랑에 몸을 기댄 채 간신히 건너갔다. 이를 斷凡橋라 한다.

稍進에 徑益險라가 峽盡石斷하여 不可前일새 乃架木爲筏하니 筏薄而修하고 下臨深壑이라 左倚蘚(선)壁하여 僅得度하니 是曰斷凡之橋라

다리가 끝나는 지점에서 다시 바위 동굴 속으로 들어가니, 동굴은 삼면이 빙 둘러 막혀 있는지라 길이 다시 끝났다. 우러러보니 동굴 꼭대기가 굴뚝처럼 터져 있고 하늘빛이 그 틈으로 들어오고 있었다. 이에 나무 사다리를 타고 올라가니, 마치 우물 입구로 나오는 것 같았다. 굴뚝 같은 구멍으로부터 벼랑을 내려가니, 양쪽 벼랑이 높이를 다투어 서로 양보하지 않았다. 다시 더 가니 길이 조금 평탄해지고 고목들이 울타리처럼 늘어서 있었다. 굽은 길을 돌아가면, 文殊院이다.

筏窮에 更入石洞中하니 洞三面環阻라 徑復窮에 仰視洞頂이 缺若突에 天光入焉이라 乃憑木梯以上하니 如出自井口라 從突降壁하니 兩壁爭高不相讓이라 再行稍坦하고 而老木列植如藩이요 徑轉則文殊院也라

文殊院

황산 36峰 중에서 天都峰과 蓮華峰 두 봉우리가 가장 높다. 문수원에 오르면 천도봉은 왼쪽에 있고 연화봉은 오른쪽에 있어 두 산이 문과 같은 형상으로 나란히 서 있고, 문수원의 뒤쪽은 실로 玉屛峰을 의지하고 있다. 옥병봉은 천도봉과 연화

봉의 중간에서 경계를 이루면서 두 봉우리보다 조금 낮고 평평하니, 멀리서 보면 마치 문과 같다. 문수원 앞에는 臺가 있으니, 대에 오르면 봉우리들이 모두 뒤쪽에 늘어서 있고 대 아래는 깎아지른 듯이 가파르다. 이곳에서 뒤돌아보면 올 때 지나온 봉우리들이 모두 이 봉우리들 아래 엎드려 있어 볼 수 없고 먼 산들은 개밋둑처럼 조그맣게 보인다.

黃山三十六峰에 而以天都蓮華兩峰爲最高라 登文殊之院하면 則天都峰在左하고 蓮華峰在右하여 兩山夾立如門이요 而院之背는 實倚玉屛峰이라 玉屛峰界天都蓮華之中하여 亞而平하니 自遠望之如門限이라 院之前有臺하니 登臺則諸峰皆羅列在後요 臺下峻絶이라 顧瞻來時所歷之峰에 皆伏處其下하여 不可見하고 見遠山如蟻垤焉이라

天都峰

蓮華峰

천도봉은 길이 없어 오를 수 없기에 서쪽으로 연화봉을 오르기로 했다. 문수원으로부터 오른쪽으로 길을 꺾어 내려가니, 바위를 깎아 돌계단을 만들어놓았다. 따라 올라가니 계단이 좁아 발을 제대로 디딜 수가 없었다. 배를 벼랑에 붙인 채로 구불구불 층층으로 이어진 길을 따라 가서 산 아래에 이르러서야 다시 산을 올랐다. 연화봉 아래에 바위 벼랑의 갈라진 틈이 수백 길로 뻗어 있고 그 틈을 따라 물길이 나 있었다. 물길을 따라 돌을 포개 만든 돌길 계단이 천 개나 된다. 이를

이용하여 올라가니 계단이 좁아 발을 디디면 뒤꿈치는 계단에 들어가지 않았다. 그래서 유람하는 사람들은 이마는 계단이 닿고 무릎은 계단을 누른 채 엉금엉금 기다시피 해서 올라가야 한다. 그 위쪽은 바위 벼랑이 병풍처럼 둘러쳐 지그시 덮어 누르는 듯한 형세가 정수리에 거의 닿을 지경이다.

天都峰無徑하여 不可登일새 乃西登蓮華之峰이라 從文殊院右折而下하니 鑿石爲磴에 不容武라 以腹摩壁하여 屈曲層疊이라가 至山之麓하여 乃復上하니 蓮華峰下에 石壁折裂數百仞이요 水道由焉이라 乃循水道하여 疊石爲磴이 可千級이라 以上에 級之受足이 不盡踵이라 遊者觸額齧膝이요 而其上石壁如障하여 覆壓將及頂이라

층계가 끝나는 지점에서 다시 바위의 갈라진 틈 사이로 들어가니, 하늘이 몇 척도 안 보이고 어둑한 양쪽 벼랑에 물이 부딪쳐서 옷소매를 적혔다. 다시 100보 가량 올라가니 가로 누운 작은 산등성이가 나왔다. 산등성이를 따라 동쪽으로 가서 蓮華萼(연화악)에 이르렀다. 이곳에서 위로 올라가 100武(半步) 가량 가자 홀연 거북처럼 생긴 큰 바위가 길 앞을 막았다. 그 바위를 넘어 북쪽으로 다가가서 보니 그 곁에 갈라진 틈이 있기에 그 틈 속으로 몸을 디밀고 들어가 몇 계단을 올라가자 문 모양의 바위가 있었다. 그 문 안으로 들어가 벼랑을 따라 왼쪽으로 가니, 길이 발을 디딜 수 없을 만큼 좁았다. 이에 길을 꺾어 골짜기로 들어가니, 골짜기는 두 개의 바위가 서로 의지하고 있어 하늘빛은 겨우 틈 하나 사이로 보였다. 다시 몇 계단을 오르내리노라니, 다 바위 속으로 좁은 굴이 뚫린 터라 문득 어두웠다 문득 밝았다 하였다. 다시 수십 계단을 올라가니, 암자가 있었다.

級盡에 更入石罅中하니 見天不數尺이요 兩崖陰陰에 水激溼衣袂라 再上可百步에 得橫岡이라 循岡東行하여 抵蓮華之萼하여 躋而上하여 且百武에 忽巨石當道如龜라 踰石而北할새 窺其旁有罅라 遂闖(틈)入罅中하여 陟數級에 有石如門이라 入門循壁左行하니 徑不容趾라 乃折入洞하니 洞兩石相倚하여 見天光一隙이라 復登降數級하니 皆自石腹中得竇하여 倏晦倏明이요 又陟數十級에 有僧广(암)焉이라

암자 왼쪽 추녀를 따라가서 돌다리에 오르니, 다리 너비는 1尺을 넘지 않고 그 길이로는 허공에 걸쳐 있었다. 돌다리에 오르니 감히 아래로 굽어볼 수 없었다.

다시 길을 돌아가니 문득 중간이 갈라진 바위가 나타났다. 나무를 걸쳐놓았기에 타고 건너가서 다시 깎아지른 벼랑에 다다랐으니, 그 사이에 빈틈을 메우고 사닥다리를 놓았기에 타고 올라간 것이 두 곳이었다. 사다리 아래는 갈라진 바위 틈이 수십 丈 깊이라 두려워 감히 올라갈 수 없었고, 올라가면 층계가 끊어져 바위가 가슴에 닿기에 배를 바위에 붙인 채 더위잡고 일어나니 바위가 다시 3척 남짓 너비로 갈라져 있다. 그 틈을 넘어 건너가서 비로소 연화봉 정상에 이르니, 아래에서 올려 보면 정상은 온통 하나의 바위 덩어리였다.

循广左檐하여 **上石梁**하니 **梁廣不踰尺**이요 **其修凌虛**라 **乘之**에 **無敢俯視**라 **再轉而石忽中裂**일새 **以木架而度**하여 **復抵絶壁**할새 **嵌梯以上者二**①라 **梯之下**는 **石裂數十丈**이라 **懼不敢升**이요 **升則級絶而石抵其胸**일새 **以腹附石**하여 **攀而起**하니 **則其石復裂可三尺**이라 **跨而越之**하야 **乃至巔**하니 **自下視巔**이 **塊然一石也**라

① 지금은 이미 나무 사다리를 돌계단으로 바꾸어놓았다.
今已易木梯爲石磴이라

막상 그 바위 속으로 들어가면 겹겹의 담장과 누각이 서로 얽히고 이어진 것과 같은 형국이라 함께 유람 온 사람들이 벼랑 위로 서로 부르는 소리가 마치 옹기 안에서 얘기하듯이 울렸다. 부르는 소리를 따라 찾아가서 겨우 바위 속을 빠져나오니, 봉우리 정상은 너비는 1丈쯤 되는데 靑石들을 다발로 묶어 세워 떨기를 이룬 형상이었고 그 중앙은 사발처럼 움푹한 것이 막 망울을 터뜨린 연꽃과 같았다. 그 위에 앉아보니, 시야가 끝없이 펼쳐지고 산천과 성곽들은 흐릿하여 마치 안개 속에 있는 것처럼 식별할 수 없었다. 연화봉 남쪽에 蓮蕊峰(연예봉)이란 봉우리가 있으니, 만 길 높이로 깎아 세운 듯이

蓮蕊峰

서 있는 모습이 기둥과 같고 그 씨방에 해당하는 부위가 갈라지지 않은 것이 마치 연꽃 몽우리와 같다. 또 그 북쪽에는 낮은 벼랑이 연예봉과 100길 거리로 떨어져 있는데 둥글둥글한 모습이 연잎과 같고 그 가운데 고인 물은 오랜 가뭄에도 마르지 않는다.

及入其中하여는 **則重垣複閤**이 **宛轉交通**이라 **同遊從壁上相呼**가 **如**甕**中語**라 **循呼聲求之**하여 **乃得出**하니 巓**廣盈丈**에 **青石叢抱**하고 **中凹若盂狀**이 **如蓮之初綻**이라 **坐其上**에 **極望無際**라 **山川城郭**이 濛濛**如在烟靄中不辨**이라 **峰之南**에 **有峰曰蓮**蕊하니 **一削萬**仞**如柱**하고 **而其房未剖**가 **狀如蓮之苞**요 **又其北有卑崖**가 **距蓮峰百**仞하니 **田田如蓮葉**이요 **中有積水**하여 **歷久旱不枯**라

연화봉 정상으로부터 내려와 오던 길을 따라 가서 작은 산등성이에 이르니, 산등성이가 문득 끊어지고 그 아래는 깊은 물이었다. 그래서 벼랑을 파서 돌계단 100여 개를 만들어놓았는데, 계단의 발을 디딜 수 있는 곳이 1尺도 못 되기에 유람하는 사람들의 어깨와 발을 서로 잇닿았다. 이곳을 이름하여 雲梯라 한다. 丞相源[4]으로부터 오는 이는 운제를 올라가고, 樣符寺로부터 오는 이는 운제를 내려간다.

自峰巓**而下**하여 **循舊徑至岡**하니 **岡忽斷**하여 **下臨淵渚**라 **乃鑿壁爲**磴**百餘級**하니 **級之受足**이 **不一尺**이라 **遊者肩踵相接**하니 **名之曰雲梯**라 **由丞相源而來者**는 **上雲梯**하고 **由樣符寺而來者**는 **下雲梯**라

百步雲梯

운제가 끝나는 지점에서 길을 꺾어 동쪽으로 가니 길이 조금 평탄해졌다. 큰 골짜기 안을 3리가량 가자 바위 벼랑이 1000尺 높이로 깎아지른 듯이 서 있었다. 바

4) 丞相源 : 宋나라 때 승상이 된 程元鳳이 젊을 때 이곳에서 독서했기 때문에 이 이름이 붙여졌다는 전설이 있다.

라보니 마치 담장과 같아 넘어갈 수 없었다. 이것이 鰲魚峰이다. 벼랑의 움푹 파이고 굽은 곳을 따라 돌을 깎아서 수백 개의 계단을 만들어놓았기에 이를 이용하여 올라갔다. 그 곁에 두 봉우리가 있으니, 懸鐘峰이요 海濤峰이다. 이에 새로 열어놓은 바위틈으로 나오니, 그 길이 마치 난간과 같았다. 길을 꺾어 올라가서 石窟 속으로 들어가니, 돌을 포개 쌓아 층계를 만들어놓았다. 층계를 이용해 나오니, 石門이란 곳이다. 석문을 나와서 平天岡에 오르니, 이곳이 海子로, 황산의 絶頂이다.

石門

梯盡에 折而東하니 徑稍平이라 行大壑中可三里에 而石壁巉削千尺이라 望之如墉不可越하니 是爲鰲魚之峰이라 乃隨壁之坳曲하여 鑿石爲磴數百級이라 以上하니 其旁有二峰하니 曰懸鐘이요 曰海濤라 乃出新闢石罅하니 其徑如欄楯이라 折而上하여 入石窟中하니 累石爲磴이라 以出하니 曰石門이라 出石門하여 登平天之岡하니 是爲海子니 黃山之極巓也라

황산의 봉우리들은 모두 깎아지른 바위가 땅에서 수백 길씩 솟아올라 하늘을 가리키는 모습이 마치 圭[5]를 잡은 것도 같고 笏을 잡은 것도 같다. 유람하는 사람이 절벽을 오를 때는 다들 숨이 차고 땀이 나 힘들다고 투덜대다가 막상 석문을 나와 평천강에 이르면 산은 다 흙을 이고 있고 매우 넓으며 평탄하다. 세로는 5리가량 되고 가로는 3리쯤 되니, 멀리서 보면 들판과 같다.

黃山之峰은 皆峭石이 拔地數百仞하여 指天如執圭하며 如秉笏이라 遊者絶壁而上에 多喘汗勞怨이라가 及出石門하여 至平天岡하면 則山皆戴土하고 甚廣而平이라 其縱可五里요 而橫猶三里니 望之如原隰焉이라

5) 圭 : 고대 제후가 朝聘·祭祀·喪葬 등의 중요한 의식을 거행할 때 쓰는 옥으로 만든 禮器이다. 모양은 긴데 위쪽으로 갈수록 좁고 아래쪽은 네모났다.

평천강에는 기이한 소나무가 많지만 棋枰松이 특히 기이하다. 이 소나무는 높이는 2척이 채 못 되지만 열 아름을 둘레를 덮고 가지와 잎이 얽혀서 평평한 모양이 마치 손바닥과도 같고 방석과도 같고 직물의 문양과도 같다. 그 위에는 바둑을 둘 수 있고 네 사람이 둘러앉아서 술을 마실 수도 있다. 평천강에서 조금 융기하여 土山을 이룬 곳을 光明頂이라 하니, 꼭대기는 불룩하여 넓은 이마 모양이고 높이는 연화봉과 비슷하되 형세는 다소 평판하다. 바위 모서리가 동남쪽에 불쑥 솟아올라 아래로 절벽을 굽어보며, 五老峰이 골짜기 안에서 솟아올라 매우 거리가 가까운데 바라보면 어린애같이 작게 느껴진다.

岡多異松하되 **而棋枰松尤奇**하니 **高不盈二尺**이로되 **而覆十圍**요 **枝葉糾結**하여 **平密如掌如席如織文**이라 **其上可奕**이요 **可容四人坐而相向飮**①이라 **岡之稍起而堆阜者曰光明之頂**이니 **頂突如廣顙**하고 **高埒蓮華峰**이로되 **而勢稍平衍**이라 **有石角嶄然崛起於東南**하여 **下臨絶壑**이요 **而五老峰起自壑中甚近**하여 **視之如小兒**라

① 지금은 나무꾼이 땔감으로 베어가고 말았다.
今爲樵者所薪이라

가을 하늘이 맑게 갠 날이라 절정에 올라 바라보니, 해와 달이 뜨고 지는 곳과 노을과 무지개가 비치고 빛나는 곳에 匡廬山·九子山·天目山 및 金陵의 報恩寺의 浮圖가 또렷이 보여 손가락으로 일일이 셀 수 있을 정도였다. 그러다 조금 지나자 산 중턱에서 솟아 나오는 구름이 마치 솜뭉치와 같고 白龍과 같은 모양으로 뭉게뭉게 피어오르더니 마구 일렁이면서 사방으로 치달려 황야를 가득 뒤덮고 평평하게 깔려 산들을 에워싸니 오직 흰색만 끝없이 하늘 저편까지 펼쳐져 있었다. 햇살이 쏘아 비추니 마치 하얀 눈이 사방에 쌓여 있는 것 같고, 봉우리들은 그 사이에서 솟아나 겨우 꼭대기만 보이는 광경이 마치 소라고둥이 숨었다 나타났다 하는 것과 같았다. 평천강에 기댄 채 가로누운 것은 물가 기슭과 같으며, 나무를 뒤집어 쓴 채 솟아 나온 것은 돛대와 같고, 구름이 바람 따라 때때로 오르락내리락하는 것은 물결과 같다. 그래서 사람이 봉우리 정상에 있는 것이 마치 뗏목을 타고 바다 위에 떠 있는 것과 같았다. 이윽고 가벼운 바람이 불어와 구름이 흩어지자 바위가 나오고 산은 높이 솟아 바다 위 섬들처럼 나타나니, 조금 전에 본 광경은

마치 허깨비 같고 물거품 같았다. 한번 기침하는 사이에 자취도 없이 사라져버렸으니, 이것이 이른바 鋪海雲이다.

秋空澄霽라 **登頂而望**하니 **日月之所出沒**과 **霞虹之所照耀**에 **匡廬九子天目**으로 **以及金陵報恩之浮圖**가 **瞭然可指數焉**이러니 **頃之**에 **山半出雲**이 **如冒絮**하고 **如白龍**하여 滃浡晃蕩이라가 **奔逐四合**하여 **瀰漫荒野**하고 **平布**匼匝(갑잡)에 **一白無涯**하여 **渺極天際**라 **日光射之**에 **如積雪之環周**요 **而諸峰錯出其間**하여 **僅見其頂**이 **如螺髻**가 **乍隱乍見**이라 **其依岡而橫者如岸**하고 **其冒樹而拔者如檣**이요 **其因風而時高時下如浪**이라 **人在峰巓**이 **如乘**槎**而浮於海上**이라 **已而輕風驟捲**하여 **雲氣**迸駮에 **石出山高**하여 **島嶼聳峙**하니 **向之所見**이 **如幻如泡**라 **一謦欬之間**에 **不知其消歸何有**하니 **此所謂鋪海之雲也**라

대저 황산은 仙靈이 사는 집이요 운무가 모이는 都會이니, 발을 들어 내디뎌도 봉우리와 골짜기의 경치가 바뀌며 눈만 감았다 떠도 흐리고 갠 날씨가 달라진다. 雲海를 보고자 한다면 광명정이 좋으니, 문수원에 있을 경우엔 뒤쪽 운해가 있는 줄 모르고 始信峰에 있을 경우엔 앞쪽 운해가 있는 줄 모른다. 광명정에 오르면 사해에 이르기까지 온 천하가 다 머리 숙여 朝見(조현)한다. 늘 장마가 막 개어 해가 나올 때 이 광경을 볼 수 있다. 그러나 혹 한 해에 한 번도 못 볼 경우도 있다. 내가 등산한 것은 모두 6일인데 세 차례나 운해를 보았으니, 아마도 하늘이 도운 것 같다.

夫黃山者는 **仙靈之宅**이요 **雲霧之都**니 **擧足而巒壑移焉**하며 **瞬目而陰晴異焉**이라 **欲觀雲海**인댄 **於光明之頂爲宜**니 **其在文殊院者**는 **不知有後海**요 **其在始信峰者**는 **不知有前海**라 **登光明之頂**하면 **則放乎四海而莫不來王也**라 **常於積雨初晴日出時見之**나 **然或終歲不一見**이라 **余之登山**이 **凡六日**이로되 **而三見雲海**하니 **蓋若天所佑焉**이라

평천강으로부터 서북쪽으로 2리쯤 가서 鍊丹臺에 오르니, 臺는 사방 너비가 만 명을 수용할 만하였고, 아래는 깊은 골짜기라 그 깊이를 알 수 없었다. 서북쪽 봉우리들이 둘러선 것이 사람과도 같고 귀신과도 같으며 鳥獸나 器物과 같아 그 형상을 천 가지로 헤아릴 수 있을 정도였다. 한 봉우리가 연단대 앞에 일어선 모습이 마치 几案을 바치는 것과 같고 그 위에는 소나무가 일산처럼 덮고 있었다. 그

이름이 紫玉屛이다. 연단대 곁에는 네모난 연못이 있는데 혹 丹井이라고도 한다. 물이 맑아 머리털을 비추어 볼 수 있고 소나무 가지가 거꾸로 그 물속에 비친 광경이 그림과도 같았다.

由平天岡西北行二里하여 登鍊丹之臺하니 臺方廣可容萬人이요 俯臨邃壑에 深不測이라 而西北諸峰環峙가 如人如鬼하며 如鳥獸器物하여 狀以千計라 一峰當臺而起가 如供几案이요 上有松覆之如蓋하니 其名曰紫玉屛이라 臺畔有方池하니 或曰丹井也라 淸冷可鑑毛髮이요 而松枝倒影入其中이 如畫라

연단대를 따라 아래로 내려와 石門峰을 지나니, 큰 바위가 두 산 밑에 가로 걸쳐져 있는 것이 길이 몇 丈이었다. 사람들이 이를 仙建梁이라 하였다. 그 바위 아래는 사람이 다닐 수 있고 가운데는 보름달처럼 둥근 石塔이 있는데 위쪽은 크고 아래쪽은 작은 모습이 흡사 사람의 손으로 깎아서 만든 것 같았다. 선건량 양쪽 끝에는 각각 거북 모양의 바위가 벼랑에 기댄 채 서로 마주 보고 있으며, 바위 위는 평평하여 사람이 앉고 누울 수 있으니, 이를 仙牀이라 한다. 그중 한 벼랑에는 병 모양의 바위가 있는데 주둥이를 내민 모습이 마치 술을 따르는 것 같고 물이 그 주둥이에서 끝없이 흘러나오니, 이를 仙瓶이라 한다.

循臺而下하여 歷石門之峰하니 大石橫跨兩山之趾가 長數丈이라 人謂爲仙建之梁이라 其下通人行하고 而中有石塔이 圓如月하되 上大下小가 類削成이라 其梁之兩端은 各有石倚壁하여 相對如龜하고 而上平可坐臥하니 謂之爲仙牀이라 其一壁有石如瓶하여 引觜(취)如斟(짐)하고 流水出其中不竭하니 謂之爲仙瓶이라

석문을 나와서 비로소 鍊丹峰을 오르니, 봉우리는 높이 870길이요 그 위에는 큰 바위가 두 산의 중턱에 걸쳐져 있어 멀리서 보면 마치 긴 무지개와 같으니, 이른바 仙橋이다. 선교의 곁에 이르면 두 개의 바위가 기둥처럼 서 있는데 하나의 길쭉한 바위가 그 위를 덮고 있다. 왼쪽 바위기둥은 발뒤꿈치 부분이 공중에 떠 있고 오른쪽 바위기둥은 정강이 부분이 끊어졌는데도 서로 기대어 지탱해서 얹혀 있는 바위가 떨어지지 않는다. 선교의 등마루는 너비가 5寸이 채 못 되는데 아래는 1,000尺 깊이의 계곡이다.

出石門하여 乃登鍊丹之峰하니 峰高八百七十仞이요 其上有大石이 橫跨兩山之腹하여 遠望如長虹하니 所謂仙橋也라 及至橋側하면 則兩石如柱어늘 一橫石覆之라 而左踵下浮하고 右脛中絶이로되 相倚泊하여 得以不墜라 上脊不盈五寸이로되 而下臨深溪千尺이라

황산은 옛날의 黟山이다. 그런데 후세에 와서는 "黃帝가 이 산에 丹藥을 만들다가 그 후에 신선이 되어 갔다."라 하였으니, 이산이 황산으로 이름이 바뀐 것이 唐나라 天寶 때부터다.

黃山은 故黟山也러니 而後世乃曰 黃帝鍊藥於此山이라가 其後仙去라하니 蓋黟山之名黃山이 自唐天寶時也라

연단대로부터 곧바로 수십 보 가서 海門에 이르니, 높은 벼랑이 양쪽으로 서 있고 가운데는 열려 있으며 검푸르기가 쇠의 빛깔과 같다. 해문 위에 올라 아래를 굽어보니 그 아래는 깎아지른 듯이 가팔라 바닥이 안 보이고 뭇 봉우리들이 깊은 골짜기 속에서 불쑥불쑥 솟아올라 있으니, 우뚝이 서 있는 형세는 마치 노한 무사들이 매우 많이 서 있는 것과 같다. 깊은 골짜기를 둘러싸고 높이 서 있는 것으로 세 해문이 있으니, 100보마다 闕門이 하나씩 있고 궐문을 이룬 것이 셋이다. 해문에 들어가면 길이 발을 디디지 못할 만큼 좁으니, 마치 담장을 등지고 서서 가는 것 같았다.

由丹臺直出數十步하여 至海門하니 懸崖夾立而中闢하여 黝色如鐵이라 據門俯瞰하니 其下直削無底하고 而群峰於絶壑中에 奮踊以出하니 其勢屹崒이 如武士之怒立者甚衆이라 環絶壑而峙가 有三海門하니 每百步一闕이요 爲闕者三이라 入其門에 徑不容足하니 如負墻而立焉이라

해문 곁에 걸출한 모습으로 서 있는 것은 飛來峰이니, 그 봉우리는 다른 봉우리들보다 수십 길 더 높이 솟아 있다. 그 위에 10丈 가량 크기의 바위 하나가 봉우리 끝에 우뚝 서 있는데, 반석이 그 바위를 떠받치고 있다. 그 바위는 반석과 서로 끊어져 아예 다른 바위라 흡사 딴 곳에서 날아온 것 같기에 이 봉우리에 비래봉이란 이름을 붙인 것이다. 그 아래 못이 있는데 용이 그 속에 숨어 있다고 한다. 엿보아

도 깊이를 알 수 없기에 돌을 던져 보았더니, 부딪치는 소리가 수백, 천으로 이어져 그치지 않았다. 이곳을 鐵線潭이라 한다.

傑然聳峙於海門之側者는 **飛來峰也**니 **其峰高出群峰數十仞**이라 **其上有石**이 **卓立峰端可十丈**이어늘 **盤石承之**하여 **而斷不相屬**(촉)이 **類飛來者然**할새 **而峰因以名**이라 **其下有潭**하니 **龍伏其中**이요 **窺之不可測**일새 **投以石**하니 **撞擊至數百千聲不已**하니 **是曰鐵線之潭**이라

飛來峰

해문으로부터 동쪽으로 완만한 길을 따라 5리쯤 가서 시신봉에 오르노라니, 봉우리는 갑자기 중도에 끊어지고 두 절벽이 우뚝 서 있다. 두 절벽 사이 거리는 한 길가량 되고 천 길 아래 들쭉날쭉한 봉우리들이 보인다. 이에 나무를 깎아 다리를 만들어놓았기에 이를 이용하여 건너가니, 다리 오른쪽은 벼랑에 의지하여 왼쪽은 허공이고 골짜기를 굽어보는데, 북쪽 벼랑에 있는 소나무가 가지를 옆으로 뻗어 곧바로 남쪽 벼랑까지 이르러 그 허공을 마치 난간 모양으로 덮고 있다. 이를 이름하여 接引松이라 한다.

由海門東迤五里許에 **登始信之峰**하니 **峰忽中斷**하고 **兩壁嶄然**하니 **相去可尋丈**이요 **下視嶙峋千仞**일새 **乃斬木爲橋**라 **以度**하니 **橋右憑崖**하여 **其左空而臨壑**이어늘 **而北崖有松橫枝**하여 **直抵南巖**하여 **蔽障其空如檻**하니 **名之曰接引之松**이라

접인송의 가지를 잡고 건너가 시신봉 정상에 오르면, 뭇 봉우리들이 시신봉을 향하여 에워싸고 奇巖怪石들이 병사처럼 호위하고 있는 듯하니, 연단대와 해문에서 본 경치를 다 모아서 그 앞에 세워놓은 것 같았으며, 왼쪽으로 石筍岡을 바라보고 오른쪽으로 散花塢를 굽어본다.

석순강은 두 산의 사이를 나누며 서 있다. 산들이 다발을 묶은 듯이 서서 협곡을 이루는데, 그 협곡 속에서 불쑥 일어난 바위들이 가늘기는 손가락 같고 날카롭기는 창과 같으며 繁盛하기는 마치 대숲의 죽순이 땅을 찢으며 노하여 솟아나는 것

이 百千으로 헤아릴 정도이다.

산화오는 또한 일천 봉우리가 늘어선 가운데 골짜기 아래 울긋불긋한 빛깔이 수를 놓은 것처럼 交錯해 나오니, 신선이 마주 앉아 바둑을 두고 있는데 귀한 손님이 곁에서 구경하고 오랑캐 장사꾼이 보물을 바치는 것과 같은 갖가지 형태의 물상들이 있다. 그런데 한 봉우리가 골짜기 안에서 솟아올라 아무런 의지하는 곳 없이 홀로 10丈 가량 높이로 서 있다. 이 봉우리에 소나무가 있으니, 그 뿌리는 길이가 2장 남짓이고 구불구불 뻗어 나와 그 줄기가 어디 있는지 알 수 없다.

攀枝而過하여 **陟其巓**하면 **則群峰環拱**하고 **怪石兵衛**하니 **盡丹臺海門所見**하여 **若皆薈萃而植立其前**이라 **左瞰石筍岡**하고 **右臨散花塢**하니 **石筍岡**은 **界兩山之間**이라 **而山東爲峽**이어늘 **石起峽中**이 **纖如指**하며 **銳如戟**하며 **繁如竹林之筍**이 **裂土而怒生者**가 **以千百計**요 **散花塢**는 **亦千峰排列**에 **壑底丹黃**이 **錯出如繡**하니 **有神仙對奕**에 **貴客旁觀及賈胡獻寶諸肖物之形**이어늘 **而一峰拔壑而起**하여 **獨立無倚可十丈**이라 **有松焉**하니 **其根長二丈餘**요 **蜿蜒出走**하여 **未知其榦所在**라

봉우리를 따라 오른쪽으로 돌면 봉우리에 갈라진 틈이 보인다. 소나무 한 그루가 이 갈라진 틈에서 곧게 솟아올라 정상까지 이르러 그 몸체의 반을 드러내어 사람들이 엿볼 수 있으며, 다시 그 곁으로 바위 하나를 찢고서 구불구불 봉우리 정상 주위에 두루 서리고 옆으로 뻗은 한 가지가 다시 아래로 드리운 것도 그 길이가 오히려 3丈이다. 이 소나무를 이름하여 擾龍松이라 한다.

循峰右轉하면 **則見峰有裂罅**어늘 **而松於罅中直上達頂**하여 **露其半**하여 **可窺**요 **更旁裂一石**이 **乃屈曲蟠結於峰頂之四周**하고 **而橫曳一枝復下垂者**는 **其長猶三丈**이니 **名其松曰擾龍**이라

擾龍松

시신봉 서쪽이 獅子峰이다. 사자봉으로부터 동쪽으로 내려가면 벼랑 곁에 큰 바

獅子峰

위가 우뚝 서 있는데 그 윗부분은 손바닥처럼 평평하다. 높이 4척쯤 되는 소나무 하나가 있는데 뿌리는 그 큰 바위 정수리를 뚫고 아래로 뻗었고 줄기는 바위 위쪽에 단단히 버티고 있다. 이 소나무를 이름하여 破石松이라 한다.

始信峰之西가 **爲獅子峰**이라 **自獅子峰東降**하면 **其崖側巨石矗**(촉)**立**하니 **上平如掌**이라 **有松高四尺**하니 **其根穿巨石之頂而下**하고 **而幹據其上甚堅**하니 **名其松曰破石**이라

석순강에서 松谷庵으로 내려오니, 그 사이 거리가 20리가량 되었다. 松谷山에 당도할 무렵 점점 올라갈수록 山勢는 더욱 가파르고 뭇 바위들이 들쭉날쭉 교착해 있는 형상이 마치 헌걸찬 장부가 의관을 걸치고 서 있는 것과 같았다. 그 곁에 牌 모양의 바위가 있다. 그 바위 속에 '緣'자가 들어 있는데 햇빛과 서로 반사하여 그 글자는 볼 수 없고, 보면 문득 우레가 쳐서 그 글을 지운다고 한다. 어떤 사람이 그 글자를 기필코 보고자 했더니, 하늘이 바야흐로 쾌청하다가 걸어서 바위로 다가가자 갑자기 구름이 피어오르고 안개가 자욱하여 지척도 분간할 수 없을 만큼 캄캄하여 끝내 보지 못했다고 한다.

由石筍岡下松谷庵하니 **其間可二十里**라 **將至松谷山**에 **漸上益銳**하고 **群石參錯**이 **若有偉丈夫衣冠而立者**라 **其旁有石如牌**하니 **中含緣字**로되 **與日光相激射**하여 **其字不可視**요 **視之**면 **雷輒擊去其字**라 **或決欲見之**러니 **天方晴旭**이라가 **行將近**에 **忽湧雲塞霧**하여 **咫尺晦冥**하여 **終莫能見云**이라

松谷을 둘러싼 것은 다 산이다. 사방 산들로부터 쏟아져 내리는 폭포가 대개 100개는 넘는데, 그 음향들이 저마다 달라 아무리 들어도 끝이 없다. 전후로 있는 五龍潭은 靑龍潭·烏龍潭·黃龍潭·白龍潭이 저마다 그 못물이 받는 벼랑의 색깔을 가지고 이름을 붙인 것이요, 하늘 모습·구름 그림자·사람과 동물이 왕래하는 형상이 光明한 물속에 고요히 비치는 광경을 이루 형용할 수 없다.

環松谷은 皆山이라 其自四山飛瀑而下가 蓋百數로되 而聲響各殊하여 聽之不窮이라 前後五龍潭은 靑者黑者黃者白者가 各以其水所受之壁色爲名이요 而天容雲影人物往來之形이 靜映於光明之中하여 不可名狀이라

송곡암으로부터 왼쪽으로 가서 길을 꺾어서 내려오니, 淸潭이란 곳이다. 바위 벼랑은 푸른데 쏟아지는 물줄기가 어지러운 바위 사이에서 나와 모여서 못으로 들어간다. 돌다리가 그 위에 걸쳐져 있는데 못을 다 덮지 못하는 것이 10분의 3이라 멀리서 바라보면 마치 못물이 푸른 琉璃와 같다.

由庵之左하여 折而下하니 曰淸潭이라 石壁靑蒼에 奔泉出亂石間하여 匯入潭이요 有石梁覆其上하되 而不盡覆者十之三이니 望之如碧琉璃라

송곡암을 따라 3리가량 올라가면 잔잔한 물소리가 들리고 바위 빛깔은 흰 광택이 나서 물과 어울리니, 이곳이 白潭이다. 油潭이란 곳이 있으니, 형상은 큰 가마솥과 같고 절벽이 가팔라 다가갈 수 없었다. 맨발로 뱀처럼 기어가서 가마솥 위쪽 테두리에 해당하는 물가를 따라 엿보니 그 못물 바닥이 보이는 듯하였다. 그러나 노끈으로 그 깊이를 측량해보니 열 길이 들어가도 바닥까지 닿지 않았다.

循庵而上可三里에 聞水聲潺潺하고 石色瑩白하여 與水稱하니 則白潭也라 有油潭者하니 狀如大釜하고 巉絶不可卽이라 跣足蛇行하여 緣釜眉而窺之하니 如見其底나 而以綆測之하니 十尋猶不竟이라

송곡암을 넘어 서쪽으로 가면 큰 바위가 계곡 안에 있는데 속이 텅 빈 것이 마치 室內와 같고 거센 물살이 가로질러 흐르면서 우레 같은 소리가 울린다. 실내의 아래 부분에는 바위에 구멍이 뚫려 있고 그 안에 고인 물이 맑고 푸르다. 바위에 龍淵이란 이름이 적혀 있다.

踰庵以西에 有大石當溪中하니 嵌空如室하여 激水橫行에 聲若雷轟이요 而室下石竅闢通하고 積水澄碧이라 題之曰龍淵이라

송곡을 떠나 서쪽으로 가서 비로소 翠微峰에 당도하니, 봉우리는 높이가 850길

이고 푸르스름한 이내가 끝없이 펼쳐져 있었다. 그래서 산꼭대기는 모두 翠微라 하거늘 이곳만 유독 취미로 봉우리에 이름을 붙인 것이다. 절 하나가 봉우리 서북쪽에 있는데, 절을 둘러싼 것은 다 고목이요 긴 대나무들이라 그 경내가 시원하여 앞서 지나온 척박한 곳들과는 조금 달랐다. 石澗이 길을 가로질러 흐르는데 승려가 다리를 놓고 그 위에 지붕을 덮어 찾아온 사람들을 쉬도록 하였다. 이 절에서 서쪽으로 바라보면 나란히 선 두 봉우리가 가파르게 솟아 그 높이가 하늘을 찌르니, 그중에 구름이 왕래하는 것이 조석으로 끊이지 않는다. 구름이 지나가는 곳이라 하여 雲門이란 이름이 붙었다.

雲門雙峰

去松谷而西하여 乃至翠微峰하니 峰高八百五十仞이요 而嵐光一碧無際라 故山之椒皆曰翠微어늘 而此獨以名其峰이라 有寺在峰之西北하니 環寺皆古木修篁이라 其境爽塏하여 與向之磽角稍異라 有石澗橫道어늘 僧橋焉하고 而覆之以屋하여 以息遊者라 自寺西望에 有兩峰相竝하여 巉絶而銳하여 其高刺天하니 雲之往來於其中者가 晨夕不絶也라 以其爲雲所徑이라 故名之曰雲門이라

서북쪽의 산이 다 끝났기에 逍遙溪로 가는 길을 물으니 혹자는 길이 막혔다고 했지만 가보고 싶은 마음은 주체할 수 없었다. 황산의 물은 북쪽에서 나오는 것은 池州 石埭縣으로 들어가고 동쪽에서 나오는 것은 宣州 太平縣으로 들어가며, 남쪽에서 나오는 것은 歙浦(섭포)로 들어가고 산의 서쪽 물들은 섭포에 모여서 嚴州를 지나 錢塘으로 내려간다. 소요계는 靑潭峰 아래에 있으니, 서쪽에서 나오는 물이다.

西北之山이 旣盡에 乃問逍遙之溪하니 或曰 徑塞矣나 而心慕之不能已라 黃山之水는 北出者는 入池之石埭하고 東出者는 入宣之太平이요 其南出者는 入歙浦하고 而山西諸水는 合歙浦하여 徑嚴州而下錢塘라 溪在靑潭峰下하니 蓋西出之水也라

새벽에 일어나 길을 나섰다. 높은 바위 절벽이 보이는데, 벼랑 사이에 움푹한 바위 동굴이 있고 저마다 색깔이 달랐다. 절벽 아래는 곧 시냇물이다. 지세가 매우 가팔라 길이 없고 시냇가에는 모두 기암괴석이 바둑알처럼 놓여 있다. 바위가 물을 막기에 물이 굴곡을 이루며 흘러 못을 이루어 못들이 펼쳐져 바위틈을 가득 메운다. 유람하는 사람들이 바위 위로 길을 잡아서 가는데 두 발을 모으고 한 발씩 올라가야[6] 넘어지지 않을 수 있었다.

더 멀리 갈수록 바위는 더욱 기이하여 바위마다 제각각 자태가 다른 것이 못물과 기이함을 다투었다. 못은 모난 것은 도장과 같고 둥근 것은 보름달과 같고 길쭉한 것은 검과 같고 굽은 것은 뿔과 같으며, 흘러가는 것은 은빛처럼 희고 그친 것은 먹빛처럼 검다. 돌이 희면 못물도 희고 돌이 붉으면 못물도 붉으니, 높은 곳에서 보면 마치 많은 별들이 하늘에 매달려 있는 것과 같다.

晨起就道할새 見石壁巍然하니 而壁間石洞嵌空하여 各異色이요 壁下卽溪流라 峻絶無行徑하고 沿溪皆怪石棊置라 石阻水에 曲折成潭하여 潭布滿石隙이라 遊者取徑於石上以行할새 聚足以拾이라야 乃不仆라 行益遠에 石益異하여 一石一態가 與潭水爭奇라 其潭이 方者如印하며 圜者如月이요 長者如劍하며 曲者如角이요 行者如銀이며 止者如黛라 石白則潭水亦白이요 石赭則潭水亦赭하니 憑高視之에 如繁星之綴天이라

시내를 따라 10리쯤 가자 길이 끝나고 한 봉우리가 시냇가를 막아 서 있는데, 노송이 그 위를 덮고 있었다. 다가갈 수는 없었으나 마음이 쏠렸다. 白沙嶺을 넘으려다가 다 넘지 못하고 길을 꺾어서 깊은 산골짜기 속에 들어가니, 깊이 50여 步쯤 되는 작은 동굴이 있었다. 앞쪽은 너비가 1장 남짓 되고 중간은 그 곱절이 되고 뒤쪽은 더욱 넓은데, 석벽 하나가 중간을 막아 두 개의 동굴이 되었다. 그 오른쪽 동굴 안에 두 개의 못이 있는데, 승려가 그 위에 나무를 얽어 집을 지었다. 집 아래로 물이 흘러 나와 바위에 부딪쳐 소리를 내고, 밤이 이슥할 때에는 점점이

6) 두……올라가야 : ≪禮記≫ 〈曲禮 上〉에 "계단을 올라가면서 발을 모아 발걸음을 서로 이어서 올라가되, 東階를 오를 때는 오른발을 먼저 내딛고 西階를 오를 때는 왼발을 먼저 내딛는다.〔拾級聚足 連步以上 上於東階 則先右足 上於西階 則先左足〕"라 한 데서 온 말이다. 鄭玄의 注에 의하면, 앞발이 먼저 한 계단 올라가면 뒷발이 따라 올라가 나란히 서고, 다시 앞발이 한 계단 오르면 뒷발이 따라 올라가 나란히 서는 방식으로 계단을 오르는 것이다.

반짝이는 빛들이 마치 등불이 동굴 밖으로 나오는 것 같으니, 이곳을 仙燈洞이라 한다.

溪行十里에 道窮하고 一峰塞溪之滸이어늘 老松冠之라 不能至나 然神往焉이라 將踰白沙嶺이라가 不竟하고 折入深壑中하니 有洞深五十餘步라 前廣丈餘에 中倍之하고 其後益廣이어늘 而一壁間之하여 爲二洞이라 其右洞中에 有二池어늘 僧架木爲室하니 流水出其下하여 激石作聲하고 夜分時에 光點點이 如燈出洞外하니 是曰仙燈之洞이라

仙燈洞

선등동을 떠나 몇 리쯤 가서 계곡을 따라 올라가 披蓬에 이르면 산봉우리들이 다 모여 있으니, 보이는 광경은 대략 시신봉과 같다. 그러나 시신봉에 오르면 봉우리들이 다 발아래에서 일어나 사람이 봉우리 위에 있었는데, 피봉에서는 봉우리들이 나를 둘러싸고 다가와 봉우리가 사람 위에 있다. 길가의 한 바위 봉우리를 그 아래의 바위가 떠받치고 있으니, 그 형상이 마치 다른 곳에 바위가 날아온 것과 같고 그 머리 부분은 유독 뾰족하다. 이것이 月塔이다. 월탑 곁에 한 바위 봉우리는 깎은 듯이 반반한 평면에다 위쪽과 아래쪽이 온통 하나의 바위 덩어리처럼 되어 있다. 그 평면 중에 가로 1척 가량의 은은한 흔적이 있는데 마치 古篆 10여 자와 같아 손으로 만져볼 수 있었다.

披蓬

去洞數里하여 循澗而上하여 至披蓬하면 則諸峰皆聚하니 所見略如始信峰이라 然登始信에 諸峰皆從足下起하여 人在峰上이러니 披蓬則諸峰環我而逼하여 峰在人上이라 道旁一峰을 下一石戴之하니 狀如飛來요 而其首獨銳하니 月塔也라 塔旁一峰이 面平如削에 上下渾然이요 而中橫一尺痕이 隱隱如古篆十餘字하여 可按이라

몇 리를 가서 丞相源에 당도하였다. 황산의 봉우리들은 다 곧고 가파르게 솟아 곁가지가 없고 게다가 깊은 골짜기 속에서 솟아올랐는데, 승상원에 이르러서는 어둑한 골짜기가 반쯤 가려진 채 고목이 빽빽하게 우거져 마치 촌락 안을 걸어가는 것 같았다. 寺門을 나와서 수십 武(半步)를 가자 시내가 졸졸 흘러 물소리가 느렸다 빨랐다 하였다. 큰 바위가 그 시냇물 가운데를 누르고 앉아 있는데 평평하고 넓기가 마치 臺와 같아 그 위에는 자리를 펴고 앉을 수 있고 그 아래는 술잔을 물에 띄우고 술을 마실 수 있다.

行數里하여 **抵丞相源**이라 **黃山之峰**이 **皆直削無枝**하고 **又拔自絶壑**이러니 **及至丞相源**하여는 **則陰崖蔽虧**하고 **老木森翳**하여 **如行墟落間**이라 **出寺門數十武**에 **有溪淙淙**하여 **聲乍緩乍急**이어늘 **巨石鎭其中流**하니 **平闊如臺**하여 **其上可布席而坐**하고 **其下可流觴**이라

승상원을 1리쯤 내려오자 산세와 시내가 회전하더니, 분출하는 물줄기가 숲속에서 솟구쳐 올라 벼랑 끝에서 아래로 쏟아지고, 계곡을 흘러 폭포가 되고, 폭포가 쏟아져 못이 되고, 못이 다시 흘러 폭포가 되어, 한 구비마다 하나의 못이 바위 골짜기 비탈에 겹겹이 이어져 있다. 모두 아홉 개의 폭포가 떨어져 내리는데, 비가 지나가면 물살이 빨라져 물줄기가 공중에 걸려 있는 광경이 마치 용과 같다. 이를 九龍瀑布라 한다.

下丞相源里許에 **山迴溪轉**이러니 **有飛泉自叢薄中騰踊**하여 **至崖端而下注**라 **澗注爲瀑**하고 **瀑注爲潭**하고 **潭復注爲瀑**하여 **一曲一潭**이 **纍纍巖壑之阿**라 **凡九瀑懸下**하니 **雨過則流急而飛挂如龍**하니 **是之曰九龍瀑水**라

九龍潭

이곳에서부터는 길이 점차 평탄해지더니, 멀리 구름 저편에 다섯 손가락으로 하늘을 움켜쥐는 형상의 봉우리 하나가 보였다. 이를 仙掌峰이라 한다. 그 밖에 祴中·潛口·栗村·長潭·容成臺·芙蓉嶺 같은 것들은 다 황산의 支脈으로, 그윽하고 아름

다워 유람할 만하지만 유람을 좋아하는 사람들도 다 구경하지는 못하니, 예로부터 황산은 너비 500리요 높이 4000길이라 한 것이 어찌 빈말이겠는가!

自是以往으로 **路漸夷**러니 **而遙見一峰雲際**에 **五指撮天**하니 **是曰仙掌**이라 **其外若**徙**中潛口栗村長潭**과 **容成之臺**와 **芙蓉之嶺**은 **皆山之支**隴이니 **幽麗甚可遊也**로되 **而好遊者不能盡**하니 **古稱黃山廣五百里高四千**仞이 **豈虛言哉**아

내가 기록한 바는 산을 등정하여 본 경치의 대략이 이와 같거니와, 봉우리가 험준해 오르지 못한 곳, 그윽한 시내와 기이한 바위가 깊은 골짜기 속에 숨어 있어 보지 못하거나 비록 보았더라도 일일이 다 서술하지 못한 것, 그리고 구름과 안개가 펼쳤다 걷혔다 하는 모습, 조석으로 어둡고 밝음이 다른 기후, 비 올 때와 볕이 날 때, 추울 때와 더울 때, 봄철 꽃과 겨울철 눈의 제각기 다른 경관들은 아무리 말 잘하는 사람이 있다 할지라도 다 형언할 수 없다.

余所記는 **蓋登山之大略如此**어니와 **若其峰之峻不可登**과 **幽泉異石之**翳**於深壑而不可見**이어나 **雖見之**라도 **而難以悉擧者**와 **與夫雲烟之開斂**과 **朝夕晦明之異候**와 **雨暘寒暑春花冬雪之殊觀**은 **則雖有辯者**라도 **莫得而言也**라

【論評】

이어진 산, 끊어진 등성이에 봉우리들은 들쭉날쭉하거늘 氣脈이 관통하도록 서술한 것이 마치 실을 끌어당기고 줄을 잇는 것과 같으니, 이를 두고 大手筆이라 한다. 고금의 筆法을 다 모아서 구사하였으니, 河東의 小記[7] 또한 그 안에 포함되고, 太史公(司馬遷)에 있어 특히 그 오묘한 필법을 깊이 터득하였다.

連山斷嶺에 **峰頭參差**어늘 **而氣脈貫通**이 **如絲牽繩聯**하니 **是之謂大手筆**이라 **盡集古今之筆法而用之**하니 **河東小記亦在所包**요 **而於太史公**에 **尤爲深得其妙**로다

---

7) 河東의 小記 : 唐宋八大家의 한 사람인 唐나라 柳宗元(773~819)의 짧은 記를 말한다. 하동은 유종원이 하동 사람이므로 하동이 그의 호칭이 된 것이다. 유종원은 산수를 유람한 기행문을 특히 잘 짓기로 유명하다. 그가 永州로 좌천되어 있을 때 산수를 유람하면서 지은 〈始得西山宴游記〉·〈鈷鉧潭記〉·〈鈷鉧潭西小丘記〉·〈至小丘西石潭記〉·〈袁家渴記〉·〈石渠記〉·〈小石城山記〉 등 명문들이 소위 永州八記로 뽑혀 《御選唐宋文醇》 권16에 실려 있다.

28. 三遊洞을 유람한 記　遊三遊洞記*

* 彝陵州의 삼유동이란 곳을 유람하고 쓴 기행문이다. 삼유동의 경관을 먼저 핍진하게 묘사하고 삼유동이란 이름이 붙은 유래를 서술한 다음, 산천도 멀고 외진 곳에 있으면 좋은 경관이 세상에 알려지지 않는다는 사실을 들어서 불우한 자신의 울울한 심정을 비유하였다.

彝陵州의 治所를 나와 서북쪽으로 20리를 육로로 가자 大江의 왼쪽 물가에 이르렀으니, 이곳이 이른바 下牢關이다. 길이 좁아 갈 수 없기에 가마를 버리고 배를 타니, 1리쯤 뱃길로 가자 세찬 물소리가 양쪽 벼랑 사이에서 나왔다. 다시 배를 버리고 뭍으로 올라서 오솔길을 따라 구불구불 올라갔고 산꼭대기에 이르러는 다시 위에서 밧줄을 매달아 타고서 가파르고 미끄러운 길을 내려오니, 그 아래 땅은 점점 평탄해지고 큰 바위가 길을 덮어 지그시 누르고 있기에 몸을 구부려 바위 뱃속을 지나서 나왔다.

밖으로 나오자 후련히 시야가 트여 평탄하고 넓은데, 불룩 솟은 巖洞이 높이는 60여 尺이요 너비는 12丈가량 되었다. 두 바위 기둥이 그 입구에 우뚝 서서 세 문으로 나뉘어 있는 모습이 마치 세 기둥이 있는 집과 같았다. 중앙의 방은 堂과 같고 오른쪽 방은 주방과 같고 왼쪽 방은 別館과 같았다. 그 가운데 하나의 鐘乳石이 아래로 드리워져 있기에 두드려 보았더니 그 소리가 종소리와 같았고, 왼쪽 방 밖에 작은 바위가 반듯한 모양으로 불쑥 서 있기에 두드려보았더니 그 소리가 경쇠소리와 같았고, 그 땅의 바위는 흙이 섞여 있어 때리면 둥둥 북소리가 났다. 뒤쪽에 평상 모양의 바위가 있어 앉을 수 있기에 내가 두세 사람과 그 바위에 앉아 호방한 노래를 부르니, 그 소리가 크고 요란하여 마치 종과 경쇠가 음향을 돕는 것만 같았다. 아래로 깊은 시냇물을 보니, 시원한 물소리가 땅 밑에서 나오고 있었다. 시내 저편에는 푸른 벼랑이 천 길이고 그 아래 길에는 땔나무를 지고 가면서 노래하는 나무꾼들이 줄줄이 이어져 끊이지 않았다.

出彝陵州治하여 西北陸行二十里에 瀕大江之左하니 所謂下牢之關也라 路狹不可行일새 舍輿登舟하니 舟行里許에 聞水聲湯湯하여 出於兩崖之間이라 復舍舟登陸하여 循仄徑하여 曲折以上하고 窮山之巓하여는 則又自上緣危滑以下하니 其下地漸平하고 有大石覆壓當道일새 乃傴俯徑石腹以出하니 出則豁然平曠에 而石洞穹起하니 高六十餘尺이요 廣可十二丈이라 二石柱屹立其口하여 分爲三門이 如三楹之室焉하니 中室如堂하고 右室如廚하고 左室如別館이라 其中一石乳而下垂어늘 扣之하니 其聲如鐘하고 而左室外에 小石突立正方이어늘 扣之如磬이요 其地石雜以土일새 撞之則逢逢然鼓音이라 背有石如牀可坐일새 予與二三子浩歌其間하니 其聲轟然하여 如鐘磬助之響者라 下視深溪水하니 聲泠然出地底라 溪之外는 翠壁千尋이요 其下有徑에 采薪者負薪行歌가 縷縷不絶焉이라

옛날에 白樂天[1)]이 江州司馬로 있다가 忠州刺史로 옮겨가는데 元微之[2)]가 마침 通州로부터 장차 북쪽으로 돌아가려 하고 있었다. 백낙천의 그의 아우 知退와 微之를 데리고서 彝陵에서 모여 술을 마시며 매우 즐겁게 놀면서 눌러 앉아서 차마 헤어져 떠나가지 못하였다. 그래서 이 골짜기에서 함께 놀았으니, 이 골짜기는 이 세 사람으로 해서 이 이름이 붙게 된 것이다. 그 후 歐陽永叔[3)]과 黃魯直[4)] 두 분이 다 조정에서 배척을 받고 떠돌면서 서로 이어서 이 땅을 밟으면서 혹 詩文을 지어 기록하기도 하였다.

나는 자신을 돌아보고 탄식하노니, 누가 나를 배척했는가? 누가 나로 하여금 떠돌다가 이곳에 이르게 했는가? 나와 함께 온 사람은 學使[5)] 陳公의 아들 伯思·仲思이니, 나는 진공이 아니면 비록 이곳에 오고 싶어도 올 수 없었을 것이다. 그러나 진공은 관직을 지키느라 이곳에 오지 못하였다. 그렇다면 이곳에 오른 것에도 幸이 있고 不幸이 있는 것인가.

昔에 白樂天自江州司馬로 徙爲忠州刺史어늘 而元微之適自通州로 將北還이라 樂天攜其弟知退與微之하여 會於彝陵하여 飮酒歡甚하여 留連不忍別去라 因共遊此洞하니 洞以此三人得名이라

1) 白樂天 : 唐나라 시인 白居易이다. 그의 자가 樂天이다.
2) 元微之 : 唐나라 시인 元稹이다. 그의 자가 微之이다. 白樂天과 원진은 교분이 두터워서 시를 서로 주고받은 것이 매우 많고, 元白으로 병칭된다.
3) 歐陽永叔 : 唐宋八大家의 한 사람인 宋나라 歐陽脩이다. 그의 자가 永叔이다.
4) 黃魯直 : 宋나라 때의 문호 黃庭堅이다. 그의 자가 魯直이다.
5) 學使 : 관직 이름으로 學政의 이칭이다.

其後歐陽永叔暨黃魯直二公이 皆以擯斥流離로 相繼而履其地하여 或爲詩文以紀之라 予自顧而嘻하노니 誰擯斥予乎아 誰使予之流離至於此乎아 偕予而來者는 學使陳公之子曰伯思仲思니 予非陳公이면 雖欲至此無由어늘 而陳公以守其官未能至라 然則其至也에 其又有幸有不幸邪아

대저 樂天・微之 같은 이들은 세상에서 말하는 위인으로 당대에 혁혁하게 名位를 취할 수 있었다. 그러므로 무릇 그 족적이 지나간 곳들은 모두 그 이름이 후세에 전해지고 땅이 그 사람으로 인하여 드러났지만 나 같은 사람은 비록 幽深한 골짜기에 들어가고 험준한 산에 오를지라도 벌레나 새가 우연히 왔다가 우연히 가는 것과 무엇이 다르리오. 비록 그렇지만 山川의 勝景이, 가사 큰 도시나 읍에 생겼다면 유람을 좋아하는 사람들의 발길이 서로 이어질 터인데 도리어 멀고 외진 지역에 놓여 있는 탓에 아름답고 좋은 점이 밖으로 드러나지 못하고, 사람들도 그 풍광을 직접 볼 수 없다. 슬프다! 이 어찌 한 사람의 불행일 뿐이겠는가.

夫樂天微之輩는 世俗之所謂偉人이니 能赫然取名位於一時라 故凡其足跡所經이 皆有以傳於後世요 而地得因人以顯이어니와 若予者는 雖其窮幽陟險이 與蟲鳥之適去適來로 何異리오 雖然이나 山川之勝이 使其生於通都大邑이면 則好遊者踵相接也어늘 顧乃置之於荒遐僻陋之區하여 美好不外見하고 而人亦無以親炙其光하니 嗚呼라 此豈一人之不幸也哉아

【論評】

인간 세상의 기이한 景象과 내 마음속의 縹緲한 情思에 대해 曲折을 이루며 종횡으로 묘사하는 것이 뜻대로 되지 못함이 없으니, 筆力은 거의 하늘이 낸 천재이다.

於人世間境象之離奇와 吾心中情思之縹緲에 曲折縱橫이 無不如意하니 筆力殆由天縱이로다

29. 百門泉을 유람한 記　遊百門泉記*

* 蘇門山의 백문천을 유람하고 쓴 기행문이다. 글이 짧지만 백문천의 유래와 경관, 그 역사적 의미를 짜임새 있게 잘 묘사하였으며, 한편으로 담긴 意思가 은근히 깊다.

輝縣 서북쪽 7리쯤 되는 거리에 蘇門山이란 산이 있으니, 이 산은 대개 太行山(태항산)에서 뻗어 나온 갈래이고 산의 서남쪽에 백 줄기의 샘물이 평지의 바위 구멍에서 마치 구슬을 포개는 듯이 퐁퐁 솟아오르니, 이것이 〈衛風〉에서 말한 泉源[1]이란 것이다. 이 물들이 모여 큰 호수를 이루니, 사방 너비가 거의 수십, 백 畝[2]이다. 호수 동북쪽 기슭에는 매우 크고 화려한 사찰이 있고, 사찰 서쪽에는 衛泉神의 사당이 있고, 사당 서쪽에는 百泉書院이 있다.

蘇門山圖

明나라 萬曆 연간(1573~1619)에 縣令 紀雲鶴이 이 호수 중앙에 정자를 지었으니, 정자는 세 칸의 室로 되어 있고 室은 이층으로 만들어 멀리 조망할 수 있게 하였다. 정자 밖은 사방을 회랑으로 둘러쳤고 회랑 안에는 늙은 잣나무 십여 그루가 햇빛을 가려 한 여름에도 그 안에 앉으면 더운 줄 모른다.

輝縣之西北七里許에 **有山曰蘇門山**이니 **蓋卽太行之支麓**이요 **而山之西南**에 **有泉百道**가 **自平**

1) 衛風에서……泉源 : ≪詩經≫ 〈衛風 竹竿〉에 "泉源이 왼쪽에 있고 淇水는 오른쪽에 있도다.〔泉源在左 淇水在右〕"라 한 것을 가리킨다. 朱熹의 ≪集傳≫에 "泉源은 곧 百泉이니, 衛나라 서북쪽에 있으면서 동쪽으로 흘러 淇水에 들어간다."라 하였다.

2) 畝 : 대략 100步가 1畝에 해당하는데, 오늘날의 면적으로는 사방 100m쯤 된다.

地石竇中으로 涌而上出하여 纍纍若珠然하니 衛風所謂泉源者也라 匯爲巨浸하니 方廣殆數十百畝라 其東北岸上에 有佛寺甚宏麗하고 寺西有衛泉神祠하고 祠西有百泉書院이라 明萬歷時에 縣令紀雲鶴築亭於水之中央하니 其亭三室이요 室重屋하여 可遠眺望이라 亭外廊四周요 廊之內에 老柏十數株蔽日하여 長夏坐其內에 不知有暑也라

호수의 물은 맑아서 물 밑에 수초가 빽빽하게 얽혀 있는 것을 볼 수 있으나 물 위에는 수초가 없다. 작은 물고기, 새우, 게 등이 무수히 물속을 헤엄치고, 친숙한 白鷗・해오라기며 좋은 소리를 내는 새들이 날아와 그 위에 앉는다. 그리고 배를 물가에 대어놓아 노를 저을 수 있다.

其水淸澈하여 見其下藻荇이 交橫蒙密이나 而水上無之라 小魚鰕蟹無數히 游泳於其中하고 狎鷗馴鷺와 好音之鳥가 翔集於其上이요 有舟艤其旁하여 可櫂라

정자 앞에는 돌다리가 있다. 이 돌다리를 건너 동남쪽으로 가면 3칸 집이 둘 있으니, 모두 양쪽 미닫이창이 영롱하고 바위 문이 그 남쪽을 가리고 있다. 물이 바위 문 아래로 나와서는 흐름이 빨라져서 수백 頃[3]의 民田에 물을 대니, 세상 사람들이 이 물을 衛河라 한다. 이곳으로부터 남쪽으로 新鄕縣을 경유하여 동쪽으로 衛輝府의 城을 지나고 북쪽으로 淇水와 합류하여 濬縣・館陶・臨淸을 지나 漕河로 들어가서 바다에 이른다.

亭前爲石橋라 過而東南에 爲屋三間者二니 皆夾窗玲瓏하고 石戶障其南이라 水自戶下出하여 其流乃駛하여 溉民田數百頃하니 世俗謂之衛河라 自此而南經新鄕하여 東逕衛輝之城하고 北合淇水하여 歷濬縣館陶臨淸하여 入漕河하여 以達於海라

옛날에 孫登이 일찍이 이 산에 은거했는데 阮籍이 찾아가자 아무 말도 하지 않고 휘파람만 불었다.[4] 아아! 가사 내가 불행히 손등과 같은 시대에 태어났다면 종

3) 頃 : 논밭의 면적 단위로 대략 100畝이다.

4) 孫登이……불었다 : 阮籍은 晉나라 때 竹林七賢의 한 사람으로 휘파람을 매우 잘 불었다. 그가 일찍이 蘇門山에 은거하던 孫登을 만나서 道家의 神仙術에 대해 물었으나 손등이 전혀 대꾸하지 않았다. 이에 완적이 휘파람을 길게 불면서 내려갔다. 완적이 내려오다 산 중턱에 이르렀을 때 마치 鸞鳳이 우는 것처럼 아름다운 소리가 골짜기에 울려 퍼졌다. 바로 손등의 휘파람 소리였다고 한다. 진정한 隱士로서의 면모를 보여준 것이다.(≪晉書≫ 권49 〈阮籍列傳〉)

적이 또한 손등과 같았겠는가. 손등이 嵇康에게 이르기를 "그대는 재주는 많고 식견은 적다."라 하였는데, 그 후에 혜강은 과연 죽임을 당하였다.[5] 비록 그렇지만 가사 손등이 불행히 나와 처지가 같아서 산을 사서 은거하고 싶어도 그럴 재력이 없었다면, 누가 그로 하여금 이 땅에 오래 살도록 할 수 있었겠는가. 그렇다면 은자가 세상에 사는 것도 또 幸과 不幸이 있는 것인가.

昔에 **孫登嘗隱此山**이러니 **阮藉詣之**어늘 **不言而嘯**하니 **嗚呼**라 **使余不幸而生於登之時**면 **其踐履亦將與登同邪**아 **登謂嵇康曰 子才多識寡**라하더니 **而其後康果見殺**이라 **雖然**이나 **使登不幸而與余同**하여 **欲買山而無其力**이면 **孰使之長居此土邪**아 **然則隱者之生於世**가 **其又有幸不幸邪**아

나는 어릴 때부터 ≪詩經≫을 읽어 衛나라 땅에 천원이 있는 줄 알았고 조금 자라서는 또 천원 가에 소문산이 있는 줄 알았기에 한번 보고 싶었으나 볼 수 없었다. 이제는 늙었는데 종일 이곳에서 휴식할 수 있으니, 이는 나의 幸이다.

余自幼讀詩하여 **知衛有泉源**하고 **稍長**에 **又知泉上有蘇門山**이라 **思一見之無由**러니 **今老矣**어늘 **乃得終日憩息於此**하니 **是則余之幸也已**로다

【論評】

工巧한 글의 짜임새와 글 속에 담긴 深遠한 意思야말로 문장 중의 洞天이다.

點綴之工과 **寄託之遠**이 **文章中洞天也**라

冷峭함[6]은 子厚(柳宗元)와 같고 風神이 曠逸함은 또 永叔(歐陽脩)과 같으니, 문장이 신묘한 경지에 들어가 거의 一家의 문장으로는 비슷하게 형용할 수 없다.

冷峭似子厚하고 **而風神曠逸**은 **又似永叔**하니 **文至入妙**하여 **殆不可以一家形似之**로다

---

5) 손등이……당하였다 : 嵆康은 晉나라 때 竹林七賢의 한 사람으로 악인을 원수처럼 미워하다가 마침내 鍾會의 참소를 입어 司馬昭에게 살해당하였다. 혜강이 죽기 전에 감옥에 갇혀 있을 때, 예전에 孫登이 "그대는 재주는 많으나 식견이 부족하니 오늘날 세상에서 화를 면하기가 어려울 것이다. 많은 것을 얻으려 하지 말라.〔今子才多識寡 難乎免于今之世矣 子無多求〕"라 한 충고를 생각하고 〈幽憤〉이란 시를 지었는데, 그 시에 "옛날에 부끄럽게 충고를 받았는데, 지금 손등에게 부끄럽구나.〔昔慙下惠 今愧孫登〕"라는 구절이 있다.(≪晉書≫ 권49 〈嵇康傳〉, ≪世說新語≫ 〈棲逸〉)
6) 冷峭함 : 싸늘한 기운이 사람을 핍박하는 것으로 문장의 기상이 준엄함을 말한다.

30. 萬柳堂을 유람한 記　遊萬柳堂記*

*유대괴가 北京에 갔을 때 萬柳堂이란 별장을 보고 느낀 감회를 적은 글이다. 만류당은 재상을 지낸 馮氏의 별장이다. 유대괴는 이 별장에 도합 세 차례 구경하러 갔었는데, 갈 때마다 별장은 점점 더 쇠락하여 급기야는 많이 심어놓았던 버드나무조차 한 그루도 남아 있지 않았다. 유대괴는 이 사실을 들어서 선비들은 부귀를 부러워할 것이 없고 부귀한 사람들은 굳이 백성들을 수탈하여 호화로운 별장을 지을 필요가 없다고 警戒하였다.

옛 사람은 부귀가 극도에 이르면 왕왕 별장을 지어 스스로 즐기느라 토목공사를 힘닿는 데까지 벌여 재물을 아끼는 바가 없다가 막상 별장을 완성하고 나면 그곳에 오래 거주하지 못하고 우연히 한번 와보고 말 따름이거나 종신토록 와보지 못하는 사람도 있다. 그런데 이러한 곳에 오래 거주할 수 있는 사람은 또 재력이 별관을 짓기에 부족하다. 대저 어진 公卿들은 王事에 부지런히 수고하느라 진실로 이런 일에 겨를이 없거늘 비루하고 용렬한 자들이 이를 가지고서 鄕里의 어리석은 백성들에게 자랑하곤 한다.

昔之人이 **貴極富溢**하면 **則往往爲別館以自娛**하여 **窮極土木之工**하여 **而無所愛惜**이라가 **旣成則不得久居其中**하고 **偶一至焉而已**요 **有終身不得至者焉**이어늘 **而人之得久居其中者**는 **力又不足以爲之**라 **夫賢公卿**은 **勤勞王事**하여 **固將不暇於此**어늘 **而卑庸者類**가 **欲以此震耀其鄕里之愚**라

臨朐[1]의 相國 馮公은 조정에 있을 때 비방 받을 만한 일이 없었고 또한 칭찬 받을 만한 일도 없었다. 별장이 도성 동남쪽 모퉁이에 있으니, 그 너비는 30畝에 잡목이 없으며, 지세의 높낮이를 따라 온통 다 버드나무를 심어놓고서 별장에 萬柳堂이란 편액을 걸었다. 낮은 담장 너머로 말을 타고 가는 이들이 멀리서 별장 안을 들여다볼 수 있었다. 정원의 길은 구불구불하고 幽深하기에 움푹한 땅을 이용하여

---

1) 臨朐 : 山東省 青州府에 속하는 縣이다.

못을 만들고 흙을 쌓아서 假山을 만들었다. 못가에는 다 갈대뿐이요 풍광이 蕭灑하여 사랑스러웠다.

臨朐相國馮公은 其在廷時에 無可訾하며 亦無可稱이요 而有園在都城之東南隅하니 其廣三十畝에 無雜樹하고 隨地勢之高下하여 盡植以柳하고 而榜其堂曰萬柳之堂하니 短牆之外에 騎行者可望而見其中이라 徑曲而深일새 因其窪以爲池하고 而累其土以成山이라 池旁皆蒹葭요 雲水蕭疎하여 可愛라

雍正 초년에 내가 처음 京師에 가니, 유람을 좋아하는 이들이 모두 나에게 이곳의 빼어난 경치를 말하였다. 한 번 이곳에 갔을 때에는 그래도 정자는 좀 남아 있더니, 재차 갔을 때에는 앞서 물 위에 높이 걸쳐 있던 다리가 이젠 기울어져 물속에 누워 있었고, 세 번째 갔을 때는 심어놓았던 버드나무들이 슬프게도 한 그루도 남아 있지 않았다. 인간 세상 부귀의 光榮이 세월을 따라 오르내리는 것이 대개 이 별장과 같다. 그렇다면 선비가 진실로 자기 뜻대로 살아갈 수만 있다면 마땅히 밖으로 부귀를 부러워하지 말아야 한다. 저 몸이 부귀 가운데 있는 이들은 바야흐로 근심할 겨를도 없거늘 또 어찌하여 굳이 백성의 膏血을 긁어모아 호화로운 별장을 만든단 말인가!

雍正之初에 予始至京師하니 則好遊者咸爲予言此地之勝이라 一至에 猶稍有亭榭러니 再至則向之飛梁架於水上者가 今欹臥於水中矣요 三至則凡其所植柳斬焉無一株之存하니 人世富貴之光榮이 其與時升降이 蓋略與此園等이라 然則士苟有以自得인댄 宜其不外慕乎富貴라 彼身在富貴之中者는 方殷憂之不暇어니 又何必朘民之膏하여 以爲苑囿也哉아

【論評】

기탁한 감회가 高遠하며 문장의 意境이 독특하니, 前人에게서 찾아봐도 이와 비슷한 글을 찾을 수 없다.

感寄高遠하고 而文境奇創하니 求之前人에 不得其形似者로다

31. 竇祠에 대한 記　竇祠記*

*竇祠는 明나라 말엽에 일개 졸병으로서 流賊의 책략을 막아 桐城을 지킨 竇成을 제향하는 사당이다. 유대괴는 당시 유적이 횡행하자 사대부들은 줄줄이 성문을 열고 항복하는데 두성은 일개 졸병으로서 목숨을 바쳐 성을 지켰다고 그 忠義를 찬양하는 한편, 明나라가 士族을 높이고 백성을 천시하였지만 결국 명나라를 망하게 한 것은 백성이었다는 사실을 상기시켰다.

桐城縣 治所 서북쪽에 竇祠가 있으니, 고을 사람들이 건립한 것으로, 蜀 사람 竇成에게 제사를 올리는 곳이다. 明나라가 망할 무렵 流賊[1]이 장차 桐城을 격파하려 할 때 두성이 동성을 구한 공로가 있었다. 그래서 고을 사람들이 그 德을 추모하여 사당을 세워 제사한 것이다.

桐城縣治之西北에 **有竇祠**하니 **邑之人所建**이니 **以祀蜀人竇成者也**라 **明之亡**에 **流賊將破桐城**할새 **成有救城功**이라 **故邑人戴其德**하여 **而建祠以祀之也**라

그 당시 유적이 동성을 공격하는 것이 매우 급박했지만 성이 견고하여 졸지에 함락할 수 없었다. 유적이 때로 떠났다 때로 오거늘 巡撫 安慶 등이 部將 廖應登에게 분부하여 蜀兵 3000명을 거느리고 방어하게 하였다. 이때 유적이 있지 않기에 요응등이 군사를 거느리고 廬州로 갈 때 舒城을 지나면서 바야흐로 안장을 풀어놓고 휴식하고 있는데, 유적의 기마병들이 갑자기 들이닥쳐서는 요응등을 겁박하고 떠나게 하였다. 유적이 요응등을 돌아보며 말하기를 "이제 동성을 유인하여 항복하게 하고자 하는데, 너의 병졸 중에 누가 보낼 만한 자인가?"라 하였다. 요응등이 "두성만 한 사람이 없다."라 하니, 유적이 두성에게 "네가 갈 수 있겠느냐?"라고 물

---

1) 流賊 : 떠돌아다니며 노략질하는 도적인데 明나라 말엽에 농민들을 모아 봉기했던 李自成·張獻忠 등 또는 그들이 이끄는 군대를 멸시하여 일컫는 말로 쓰인다. 여기서는 장헌충의 군대를 가리킨다. 장헌충은 이자성과 갈라서서 長江 유역으로 진출하여 江西·四川으로 침입하여 독립세력을 이루었다. 장헌충이 桐城을 여러 차례 공격하였는데 함락되지 않았다.

었다. 두성이 승낙하고 어려워하는 기색이 없자, 유적이 드디어 졸개 두 명을 시켜 병기를 쥐고 두성을 양쪽에 끼고 지키면서 성 아래로 가서 두성으로 하여금 높은 언덕에 올라 성의 守備軍을 큰 소리로 불러 고하게 하였다.

두성은 자세히 살펴보다가 자기와 아는 사람이 보이자 크게 소리치기를 "나는 廖將軍 휘하의 두성이다. 유적이 나를 협박하여 너희를 유인하여 항복하게 하는 것이니, 너희는 반드시 항복하지 말라. 너희는 너희의 성을 신중히 지키고 급히 사람을 보내 구원병을 청하라. 적이 지금 굴을 뚫고 있지만 굴이 모두 바위라 뚫을 수 없으니, 계책이 궁하면 장차 떠날 것이다."라 하였다.

두성을 양쪽에서 끼고 있던 두 졸개는 생각지도 못한 일이 갑자기 일어났기에 서로 돌아보며 경악하고 드디어 칼로 두성의 머리를 쳐서 쪼개니, 두성은 腦髓가 나와서 죽었다. 이로부터 수비병이 비로소 유적에게 항복할 뜻이 없어져 밤낮으로 더욱 엄중히 성을 호위하는 한편 은밀히 사람을 안경에게 보내 구원병을 청하였다. 구원병이 오자 성은 그 덕분에 온전할 수 있었다.

當是時하여 賊攻城甚急이로되 城堅不可卒下라 賊時去時來어늘 巡撫安慶等이 處部將廖應登하여 率蜀兵三千人하여 爲防禦하니 時賊不在라 應登將兵往廬州할새 經舒城하여 方解鞍憩息이러니 而賊騎突至하여 遂劫應登去라 賊顧謂應登曰 今欲誘降桐城하니 汝卒中誰可遣者오 應登曰 宜莫如竇成이라 賊問成若能往否라하여늘 成許之하고 無難色이라 賊遂以二卒持兵夾成하여 擁至城下하여 使登高阜하여 呼城守而告之어늘 成諦視라가 見所與相識者하고 乃大呼曰 我廖將軍麾下竇成也라 賊脅我誘若令降하니 若必無降이니라 若謹守若城하고 且急使人請援하라 賊今穿洞하되 洞皆石骨이라 不可穿하니 計窮且去矣라하니 夾成之二卒이 卒出不意라 相顧驚愕하여 遂以刃劈其頭하니 腦出而死라 自是로 守兵始無降賊意하여 益晝夜謹護城하고 而密使人之安慶請援하니 援至而城賴以全이라

명나라 말엽에 유적이 횡행하여 大江 북쪽은 온전한 고을이 없었다. 그런데 동성은 작은 고을로서 홀로 견고히 지켜 온전할 수 있었으니, 비록 天命일 터이나 어찌 人力이 아니겠는가. 두성은 본래 武夫요 사나운 졸병이지만 능히 大義를 알아 賊徒에게 굽히지 않고 자기 일신을 버려 죽음으로써 졸병으로서 한 고을 수만 명의 生靈을 온전히 지켜 백성에게 공덕이 있으니, 사당을 세워 祭享함이 마땅하도다. 저 한 고을, 백 리의 땅을 받아 지키는 수령으로서 君父의 은혜가 지극히 깊고

優渥하거늘 유적이 오기도 전에 성문을 열어 영접한 자들은 유독 무슨 마음이었던가! 미천한 일개 졸병으로서 한 고을의 사대부들로 하여금 모두 다 그 앞에 머리 조아리고 무릎을 꿇고서 절하게 하는 것은 어찌 義 때문이 아니겠는가. 하물며 士君子로서 목숨을 바쳐 仁을 이룬[2] 이야 말할 나위 있겠는가.

當明之季世하여 **流賊橫行**하여 **江之北**에 **鮮完邑焉**이어늘 **而桐以蕞爾**로 **獨堅守得全**하니 **雖天命**이나 **豈非人力哉**아 **成本武夫悍卒**이나 **然能知大義**하여 **不爲賊屈**하여 **捐一身之死**하여 **以卒全一邑數萬之生靈**하여 **有功德於民**하니 **則廟而食之**가 **宜矣**로다 **彼其受專城之寄百里之命**하여 **君父之恩至深且渥也**어늘 **賊未至而開門迎揖者**는 **獨何心歟**아 **夫以一卒之微**로 **而使一邑之縉紳大夫**로 **莫不稽首跪拜其前**은 **豈非以義邪**아 **又況士君子之殺身以成仁者哉**아

내가 보건대 明나라의 정치는 늘 士族를 귀하게 여기고 백성을 천하게 여겼다. 士가 초야에서 글을 읽다가 어느 날 갑자기 추천서에 이름이 오르면 벌써 편안하고 부유하며 존귀하고 영화롭게 된다. 그리고 조정에 관원으로 들어가면 그 존귀함이 손가락으로 가리킬 수 없는[3] 데 이른다. 그런데 백성들은 유독 고생하고 流浪하면서 하소연할 데 없었다. 그러나 마침내 명나라의 천하를 멸망시킨 것은 백성이니, 후세의 임금 된 이들은 鑑戒로 삼아야 할 것이다.

吾觀有明之治는 **常貴士而賤民**이라 **誦讀草茅之中**이라가 **一日列名薦書**에 **已安富而尊榮矣**요 **繫官於朝**하면 **則其尊至於不可指**로되 **而百姓獨辛苦流亡**하여 **無所控訴**라 **然卒亡明之天下者**는 **百姓也**니 **後之爲人君者可以鑑矣**니라

2) 자신을……이룬 : ≪論語≫ 〈衛靈公〉에 "志士와 仁人은 삶을 구하여 인을 해침이 없고, 목숨을 바쳐 인을 이룸이 있다.〔志士仁人 無求生以害仁 有殺身以成仁〕"라 하였다

3) 손가락으로……없는 : 宋나라 蘇洵의 〈上王長安書〉에 "천자의 존귀함은 손가락으로 가리켜서는 안 되는 데 이르고 士의 비천함은 죽여도 되는 데 이른다.〔天子之尊 至於不可指 而士之卑 至於可殺〕"라 하였다.

32. 侑經精舍에 대한 記　侑經精舍記*

*謝香祖는 농부로서 서당을 지어서 자제들에게 경서를 가르치는 사람이니, 필시 큰 학자나 문장가는 아닐 것이다. 유대괴는 옛날의 鄭玄과 같은 학자들이 고생하여 箋注를 달아 경서의 뜻을 밝혀놓았으니, 후인들을 크게 수고하지 않고도 경서를 읽을 수 있다고 하면서 농사짓는 일을 굳이 가르쳐주지 않아도 스스로 아는 것처럼 경서도 오래 공부하다 보면 절로 그 이치를 터득할 것이라고 하였다. 농부인 사향조에 맞게 글공부하는 방법을 적절히 일러준 것이다.

옛날에 성인이 천 년 이전에 경서를 지었지만 천 년 이후의 만물의 형상과 兆民의 실정이 그 가운데 갖춰져 있지 않음이 없으니, 경서의 쓰임이 크도다! 그런데 秦나라가 천하를 차지함에 미쳐서 李斯가 경서를 불사르자 경서가 이에 망실되었으니, 漢나라의 학자들이 구구히 남은 것들을 주워 모아 백발이 되도록 다른 일은 하지 않고 전력을 기울인 뒤에야 章句가 조금 밝혀졌다. 그러나 허황하게 천착하고 牽强附會하여 성인의 眞意를 상실한 것이 대개 10에 4, 5는 된다. 전국시대에 살았던 孟子 때부터 이른바 〈武成〉은 오늘날의 〈무성〉이 아니었는데도 오히려 다 믿을 수 없다고 하였는데,[1] 하물며 진나라의 불길을 만난 뒤야 말할 나위 있겠는가. 그렇다면 학자가 경서에 있어서는 또한 잘 취사해보아야 할 것이다.

昔者에 **聖人作經於千載之上**이로되 **而千載之下**의 **萬物之象**과 **兆民之情**이 **無不備具其中**하니 **經之爲用**이 **大矣**라 **及秦有天下**하여 **李斯焚燒之**라 **而經以亡**하니 **漢之群儒**가 **區區掇拾**하여 **白首而不治他事然後**에 **章句粗明**이라 **然其鑿空附託**하여 **以至喪失其眞者**가 **蓋十四五矣**라 **自孟子生當戰國之世**로 **其所謂武成**은 **非今之武成**이로되 **猶以爲不可盡信**이온 **況遭秦火之後乎**아 **然則學者之於經**에 **亦在善取之而已**라

대저 선비는 반드시 경서에 통달한 뒤에야 세상에 나가서 천하의 선비들을 벗할

1) 전국시대에……하였는데 : 본서 〈讀伯夷傳〉 역주 8) 참조.

수 있는 법이다. 오늘날의 선비들은 오직 과거에 급제하는 데 힘쓸 줄만 알아 經術을 사람들에게 唱導하면 사람들이 다들 비웃으니, 과거제도는 진나라의 불길에 비해 도리어 더욱 혹독하다.

夫士必通經然後에 **可以出而友天下之士**어늘 **今世之士**는 **惟知決科之爲務**하여 **其有以經術倡道於人**이면 **則人皆笑之**하니 **科擧之制**는 **比之秦火**에 **抑又甚焉**이라

내가 소싯적에 경서를 정리해볼 뜻을 가졌으나 녹록하게 세상일에 분주하느라 잠깐의 겨를도 없어 그럭저럭 나태해 손을 대지 못한 채 노쇠한 나이에 이르러 끝내 성취한 바가 없다. 늘 나 자신을 반성하면서 부끄러워하고 있었는데, 나의 벗 謝君 香祖가 荊谿 가에 집을 짓고서 자제들을 거느리고 그곳에서 강습하면서 侑經精舍란 이름을 붙였다. 옛날의 사람들은 이미 먹었는데 더 먹으라고 권할 경우에는 반드시 華美한 물건을 꺼내어 식사를 권유하였다. 六經의 道는 화미하다 할 만하거늘, 게다가 산천의 빼어난 경치와 집과 초목의 그윽하고 향기로운 멋까지 더하였으니, 그 맛은 아마도 씹을수록 더 맛있을 것이다.

余自少時嘗有志修葺하되 **而碌碌奔走**하여 **無須臾之暇**하여 **因循怠廢**하여 **以至衰老**하여 **卒無所成就**라 **每反己內顧而慙**이러니 **而吾友謝君香祖**가 **築室荊谿之側**하여 **率子弟講習其間**하고 **名之曰侑經精舍**라 **古之人**이 **已食而益勸之使食**하면 **則必出華美可愛之物以侑之**라 **六經之道**는 **可謂華美矣**어늘 **而重以山川之勝**과 **室廬草木之幽芳**하니 **其味殆有咀之而愈出者**라

내가 듣건대, 鄭氏 康成[2]은 雍州·幷州·兗州·豫州 지역을 두루 다니면서 공부하다가 오래 세월이 지나서야 집에 돌아갔거늘 지금 향조는 자기 門庭을 나가지 않고서 一室 안에서 유연히 自得하고 있다. 옛날의 사람은 그 공부에 노고를 떠맡았고 지금의 사람은 그 공부에 逸樂을 누리고 있으니, 향조의 학문의 道가 세월이 오랠수록 더욱 밝아질 것은 얕은 수준으로 기대할 수 없으리라.

抑余聞之컨대 **鄭氏康成**이 **遊學雍幷兗豫之地**하여 **久之乃歸**어늘 **今香祖不出戶庭**하여 **而翛**(소)**然自得於一室之內**라 **昔之人**은 **任其勞**하고 **而今之人**은 **享其逸**하니 **則其道之久而愈明者**는 **非可**

2) 鄭氏 康成 : 後漢 때 학자 鄭玄(127~200)을 가리킨다. 康成은 그의 字이다. 馬融의 高弟로 후한 말기의 대표적 학자이다.

以淺求已也라

농부가 경작에 있어서와 장사꾼이 재물에 있어서는 굳이 지혜로운 사람이 아닐지라도 잘하지만 성인의 경서를 읽는 일에는 아득히 그 까닭을 알지 못하니, 경서의 도를 오래 공부한 적이 없기 때문이다. 대저 성인이 경서를 지어서 후세에 가르침을 드리워준 것이 어찌 사람의 실정에 멀겠는가. 오랜 세월 공부하여 찾으면 그 이치는 장차 번거롭게 말해주지 않아도 절로 알 수 있을 것이다. 그러므로 경서를 잘 읽은 사람은 성인과 농부・장사꾼을 보기를 다름없이 여긴다. 향조는 오래 농사를 지어본 농부이다. 따라서 나는 그가 경작하는 일에 익숙한 지 오래임을 안다.

農夫之於耕과 商賈之於貨賄는 不待智者而能之로되 讀聖人之經에 茫然而不知其故는 則以未嘗久於其道也일새라 夫聖人作經以垂教가 豈其遠於人情이리오 積歲月以求之면 則其理將不煩言而自解라 故善讀經者는 其視聖人與農夫商賈에 無以異焉이라 香祖는 老農也라 吾知其習於耕者久矣로다

【論評】

글이 끊어졌다 이어졌다 하여 마치 전후로 문단이 接續하지 않는 듯하면서 格局이 매우 뛰어나고 그 맛이 매우 깊으니, 경지가 얕고 조급한 사람은 쉽게 알 수 없다.

斷斷續續하여 若不相承接하여 格局甚奇하고 而其味淵永하니 非淺躁者所可易知라

33. 無齋에 대한 記　無齋記*

*객지에 거처하는 집에 無齋라는 편액을 걸고 그 의미를 풀이한 글로, ≪老子≫의 '無'에 사상의 뿌리를 두고 있다. 이 글에서 유대괴는 사람은 가질수록 더 갖고 싶어지니 아예 자신의 존재마저 잊어버려야 진정한 즐거움이 있다고 하였지만, 그 근저에는 쉰 살이 넘도록 아무런 성취한 바가 없고 자식마저 없는 자신의 곤궁한 삶을 자조하는 심정이 깔려 있다.

천하의 물건이 없으면 근심이 없고 있으면 근심이 있으니, 사람의 근심은 몸이 있는 것보다 큰 것이 없고[1] 室家가 있는 것이 그 다음이다. 지금 저 눈이 없을 경우에는 천하의 색채에 무엇을 좋아하며 귀가 없을 경우에는 천하의 소리에 무엇을 좋아하며, 코가 없고 입이 없을 경우에는 천하의 냄새와 맛에 무엇을 좋아하리오. 마음과 생각이 없으면 천하의 治亂·是非·得失을 내맡겨두어 자신은 그 문제에 간여하지 않아 자신의 인생에서 할 일이 마칠 것이다.

그런데 눈은 가로 찢어지고 발이 둘인 사람들은 멍청하게 없음이 즐거운 줄 모르고서 있음을 귀중하게 여겨 음식이 있으면 더 좋은 음식을 바라고 옷이 있으면 더 사치한 옷을 바라고 宮室이 있으면 더 크고 화려한 집을 바란다. 예쁜 동자·고운 여인이 앞에서 모시고 음악을 연주하는 사람들이 뒤에 늘어서 있는 것일지라도 이미 소유한 뒤에는 또 그 마음을 만족시킬 수 없다. 집을 가졌으면 또 나라를 갖고 싶어 하고, 나라를 가졌으면 또 천하를 갖고 싶어 하고, 천하를 가졌으면 또 九夷·八蠻[2]이 남김없이 다 朝貢하기를 바라고, 구이·팔만이 남김없이 다 조공하면 또 죽지 않고 오래 살아 만년을 지나도 죽지 않기를 바란다. 이로써 미루어 보건대 사람이 부귀와 안락을 부러워하여 갖고 싶어 하는 것이 어찌 끝이 있겠는가.

---

1) 사람의……없고 : ≪老子≫에 "나에게 큰 근심이 있는 것은 나에게 몸이 있기 때문이다.〔吾有大患 爲吾有身〕"라 하였다.

2) 九夷·八蠻 : 중국 주변의 이민족들을 통틀어 일컫는 말이다. ≪書經≫ 〈周書 旅獒〉에 "商을 이기니 드디어 九夷와 八蠻에 길을 통하였다.〔惟克商 遂通道于九夷八蠻〕"라 하였다.

天下之物이 無則無憂하고 而有則有患하니 人之患이 莫大乎有身이요 而有室家가 卽次之라 今夫無目이면 何愛於天下之色이며 無耳면 何愛於天下之聲이며 無鼻無口면 何愛於天下之臭味리오 無心思면 則任天下之理亂是非得失하여 吾無與於其間하여 而吾事畢矣어늘 橫目二足之民이 瞀然不知無之足樂하고 而以有之爲貴하여 有食矣어든 而又欲其精하고 有衣矣어든 而又欲其華하고 有宮室矣어든 而又欲其壯麗라 明童艶女之侍於前하고 吹竽擊筑之陳於後라도 而旣已有之하면 則又不足以厭其心志也라 有家矣어든 而又欲有國하고 有國矣어든 而又欲有天下하고 有天下矣어든 而又欲九夷八蠻之無不賓貢하고 九夷八蠻이 無不賓貢矣면 則又欲長生久視하여 歷萬祀而不老라 以此推之컨대 人之歆羨於富貴佚遊하여 而欲其有之也가 豈有終窮乎아

옛날의 시인이 마음속으로 그러한 뜻을 알았기 때문에 노래하기를 "진펄에 보리수나무 있으니 야들야들한 가지로다. 어리고 예쁘며 반들거리니 너의 無知함을 즐거워하노라."라 하였다.[3] 자기 일신의 괴로움을 스스로 알지 못하고 단지 보리수나무의 無知한 상태를 즐거운 것으로 여겼으니, 그 뜻은 비록 슬픈 듯하지만 그 立言한 것은 또한 좋다.

古之詩人이 心知其意라 故爲之歌曰 隰有萇楚하니 猗儺其枝로다 夭之沃沃하니 樂子之無知하노라하니 夫不自明其一身之苦하고 而第以萇楚之無知爲樂하니 其意雖若可悲나 而其立言則亦旣善矣라

나는 성품이 우매하여 즐길 만한 外物에 대해 즐거운 줄 알지 못하니, 하늘도 드디어 내 마음을 순종해주는 것 같다. 그래서 무릇 인간 세상에 있는 것들을 나는 모두 갖지 못하였으니, 위로는 말을 타고 萬里를 달려가서 戰功을 세우지도 못하였고 아래로는 좋은 음악과 아름다운 女色도 곁에 두고 누려보지 못하였다. 나이 이미 쉰 살이 넘었으나 아직 자식이 없고 있는 것이라곤 오직 이 몸뿐이다. 슬프다! 그 또한 다행히 갖고 있는 것이 오직 이 몸뿐이니, 가사 이 몸 밖에 다시 가진 것이 있으면 나의 괴로움이 장차 끝이 있으리오. 그 또한 불행히 오히려 이 몸을

3) 옛날의……하였다 : 인용한 시는 ≪詩經≫ 〈檜風 隰有萇楚〉에 보인다. 이 시는 朱熹의 ≪集傳≫에, "정사가 번다하고 부역이 무거워 백성들이 그 고통을 견디지 못하여 차라리 초목이 無知하여 근심이 없는 것만 못하다고 탄식한 것이다."라 하였다. 즉 제왕의 끝없는 소유욕 때문에 백성들이 고통받는 심정을 잘 알아서 이 시를 지었다는 것이다.

갖고 있으니, 가사 이 몸마저도 없다면 나의 즐거움이 또 장차 끝이 있으리오.

余性顓而愚하여 **於外物之可樂**에 **不知其爲樂**하니 **而天亦遂若順從其意**라 **凡人世之所有者**를 **我皆不得而有之**하니 **上之不得有馳驅萬里之功**하고 **下之不得有聲色自奉之美**라 **年已五十餘而未有子息**하고 **所有者惟此身耳**니 **嗚呼**라 **其亦幸而所有之惟此身也**니 **使其於此身之外**에 **而更有所有**면 **則吾之苦**가 **其將何極矣**리오 **其亦不幸而猶有此身也**니 **使其竝此身而無之**면 **則吾之樂**이 **其又將何極矣**리오

객지 생활 중 일이 없어 방 좌우에 도서를 쌓아놓고 한가로이 自足하고 있노라니, 자식의 배고파 우는 소리가 귀에 들리지 않고 춥다고 부르짖는 모습이 눈에 보이지 않는다. 나는 스스로 무지하다고 여기고 인하여 즐거워할 만하다고 여긴다. 이에 '無'로 나의 집에 이름을 붙이노라.

旅居無事라 **左圖右史**에 **蕭然而自足**하니 **啼饑之聲**이 **不聞於耳**하고 **號寒之狀**이 **不接於目**이라 **自以爲無知**하여 **而因以爲可樂**이라 **於是**에 **以無名其齋云**이라

【論評】

옛사람이 글을 논하면서 莊周를 怒에 신묘한 자라 하였다.[4)] 그렇기 때문에 그 글이 세상 사람들의 이목을 놀라게 할 수 있는 것이니, 이 글을 읽어 귀가 밝은 사람에게 들려주면 오히려 사흘 동안 귀가 먹을 것이다.[5)]

昔人論文에 **以莊周爲神於怒者**라 **故其言足以驚駭世人之耳目**하니 **試誦此文**하여 **與聽者聽之**면 **猶當耳聾三日**이라

4) 옛사람이……하였다 : 明나라 方以智의 ≪通雅≫ 卷首3 〈詩說〉에 "莊子는 흑백을 가리는 눈을 쉬고 교묘하고 격렬한 말로 두루 寓言을 지었으니, 奇兵을 잘 써서 怒에 神妙하여 創傷을 입어도 피하지 않는 자이다.〔莊子休具黑白之眼 而甘以巧激旁寓 善用奇兵 神于怒 創不避者乎〕"라 하였다.

5) 사흘……것이다 : 百丈이 馬祖禪師의 喝(할) 소리에 사흘 동안 귀가 먹었다는 고사가 있다.(≪景德傳燈錄≫ 권6)

34. 家夔翁의 화상에 대한 贊　家夔翁畫像贊*

*사당에 모실 가기옹이란 사람의 화상에 대한 贊이다. 가기옹이 누군지는 고찰하지 못하였지만, 글의 내용으로 보아 벼슬하지 못하고 향리에서 유유자적하며 산 선비임을 알 수 있다.

翁의 재능은
비록 세상에 베풀지 못했으나
예전에 살던 곳에 평안히 계셨으니
관복을 입고 패옥을 찬 사람을 어찌 부러워하리오
옹의 德은
옥이 璞(원석) 안에 있는 것과 같아
자신에게서 누리지 않고 자손에게 發福하리니
그 權柄은 오직 옹 자신이 쥐고 있도다
저 현숙한 配位를 보건대
곁에서 내조가 훌륭하였어라[1)]
아름다운 생전 얼굴 그대로 있는 듯하니
陰教[2)]가 아직도 엄연히 남아 있도다

翁之才는 雖不見設施나 而凝然古處하니 何羨乎冠佩之陸離리오 翁之德은 如玉之在璞하여 不於身이요 於其子孫이니 其權惟翁之自握이라 瞻彼淑配컨대 援手之鶉이라 宛芳顏之如在하니 儼陰教之猶存이로다

좌우로 도서를 쌓아놓았고

1) 곁에서……훌륭하였어라 : 漢나라 揚雄의 《揚子法言》 권5 〈問明〉篇에 "초목의 싹이 돋아나듯이 나의 손을 이끌어줌이 아름답도다.〔春木之芚兮 援我手之鶉兮〕"라 한 대목을 차용하였다. 李軌의 注에 "鶉은 美와 같다."라 하였다.
2) 陰教 : 婦人이 가정에서 베푸는 교화이다. 본서 〈李節婦傳〉 역주 4) 참조.

차를 달이는 이는 동자로다
옹은 葛巾 쓰고 野人의 옷을 입고 그 가운데서 시를 읊조리니
隱士의 생활 모습에 부끄러움이 없도다
아아!
이 화상을
北堂에 높이 안치하고서
孝順한 자손들이 그 곁에 모시고 서면
거의 현실인지 화상인지 분간할 수 없으리라

左圖右史요 煎茶者童子로다 維翁之葛巾野服而嘯咏乎其中이여 無愧乎幽人之素履로다 嗚呼라 以此畫像으로 高置之北堂之上하여 而孝子慈孫이 侍立於其旁이면 幾無分於眞妄이리라

사람이 세상에 사는 것이
얼마나 오랠 수 있으랴
오직 선행을 한 사람은 훌륭한 자손을 두어
비로소 소멸하지 않는 법이지
옹의 마음은
맑고도 깨끗하며
옹의 용모는 단정하고 좋도다
백 년, 천 년을 지나고 만 년을 지나도록
자자손손 대대로
길이 보배로 삼아 모실지어다

人之生世가 其能幾何리오 惟爲善者之有後하여 乃以不磨로다 翁之心은 澄以皎兮여 翁之貌는 端且好兮로다 更百千而萬祀兮여 子子孫孫이 其永寶之어다

35. 方愷林의 墓表　方愷林墓表*

*方善祖의 墓表인데 그의 부인 汪氏의 행실을 아울러 서술하였다. 방선조의 자가 愷林이다. 출중한 재주를 지니고도 과거공부를 하지 못하고 소금 판매하는 장사꾼에 그칠 수밖에 없었던 방선조의 불우한 일생을 안타까워하는 한편 방선조 부부의 훌륭한 행실을 선양하였다.

方君 愷林이 일찍이 그의 숙부 夢堂을 따라 豫章에서 장사할 때 소금을 출납하는 일을 하면서 계획이 周密하지 않은 적이 없었다. 그의 집은 이로 인해 더욱 饒足해졌다. 그러나 군은 동자 시절 서당 훈장에게 글을 배울 때 穎悟하기가 벌써 보통 아이들과 달랐다. 비록 그 후 장사하는 일을 하였으나 글을 읽고 학문을 좋아하여 늙어 죽을 때까지 공부를 게을리하지 않았다. 그러므로 이치를 환히 보며 매사에 신중하고 찬찬하여 중요한 일이 올 때마다 헤아려 처리하는 것이 합당하지 않음이 없으니, 비록 당시의 이름난 卿大夫일지라도 다들 군과 交遊하기를 좋아하였다. 그리하여 일을 가지고 군에게 가서 상의하면 군은 그 사람 대신 籌劃하면서 자기 충심을 다하여 주획한 것이 일의 요체에 다 맞았다. 이런 까닭에 경대부들의 안부 편지가 하루도 비는 날이 없이 왔기에 군이 손수 답장을 쓰는 것이 하루에 수십 통에 이른 적도 있었다. 그 精明하고 민첩한 재주가 대개 이와 같았다.

方君愷林이 嘗從其叔父夢堂하여 服賈於豫章할새 經營鹽筴之出入에 計無弗周라 而其家因益以饒裕라 然君爲童子時에 從塾師讀書할새 穎悟已異於常兒라 雖其後業在貿遷이나 而讀書好學하여 至老死不倦이라 故其見理通明하고 億事矜審하여 幾務之來에 揆度(탁)無有不當하니 雖當時名卿大夫라도 皆樂與交遊하여 有以事就商校어든 君代爲籌畫에 竭一己之忠誠하여 而悉以中其竅要라 以故로 卿大夫書札問訊이 無虛日일새 而君手答之가 一日嘗至數十函하니 蓋其才之精敏如此라

애석하도다! 그 재주를 겨우 소금 장사에 써서 한 집을 풍요롭게 했을 뿐이니,

가사 그 지혜와 능력을 미루어 국가와 천하에 펼쳤다면 그 성취한 바가 어찌 당시의 경대부들만 못하였겠는가. 저 경대부들은 일을 처리할 능력이 없어 군에게 자문하면 군은 홀로 그 일을 능히 처리하였거늘 하늘은 경대부의 직임을 군에게 맡기지 않고 도리어 무능한 자들로 하여금 경대부의 직임을 차지하게 하였으니, 이는 크게 한숨을 내쉬며 하늘이 이 사람을 이런 미천한 자리에 배치한 것을 두고 유감스럽게 생각할 만한 일이다. 세상의 군자가 時運을 만나 좋은 군주를 얻어 능히 국가를 위하여 一世의 공훈을 세우기도 하지만, 그 가정 안을 들여다보면 사랑하는 사람과 미워하는 사람이 서로 공격하여 혹 서로 욕하고 다투는 일이 그치지 않기도 한다. 군은 가정 일에 있어 잘 다스렸거늘 도리어 그 능력을 국가와 천하에 펼치지 못한다고 하는 것은 나는 믿지 못하겠다.

惜乎아 **其僅用於鹽筴**하여 **豊裕其一家而已**니 **使推其智能**하여 **以施於邦國天下**면 **則其所就**가 **豈出當時之卿大夫下邪**아 **彼卿大夫不能**하여 **以諮之於君**이어든 **而君獨能之**어늘 **乃天不以卿大夫任君**하고 **而顧使不能者**로 **冒卿大夫之任**하니 **此可太息而爲天之位置斯人者憾也**로다 **世之君子**가 **遭時得主**하여 **能爲國家**하여 **建一世之功**이로되 **及觀其門內**하여는 **愛惡相攻**하여 **或至詬誶紛爭之無已**라 **君之於家事**에 **治矣**어늘 **而顧謂其不能施之於邦國天下**는 **吾不信也**라

방군은 漢나라 黟侯[1)]의 후예이다. 그의 21世祖 弦이 처음으로 歙州(섭주)의 鋼山 路口로 이주하였고 몇 代를 내려와 군의 부친 怡園에 이르렀다. 이원이 세상을 떠나자 군의 조부 鹿村도 곧 세상을 떠났으니, 군은 부친을 여읜 동자로서 조부와 부친의 뒤를 이어야 했다. 그러므로 夢堂이 과거공부를 그만두라고 했기에 군은 그의 숙부를 따라 繼祖母 朱太安人[2)]을 豫章에서 모셨으니, 군의 모친 汪太安人은 당시 섭주의 집에 살고 있었다. 군은 소금 판매하는 일을 보는 여가에 늘 歲暮에는 彭蠡[3)]·潯陽[4)]을 건너 험한 풍랑을 무릅쓰고 집에 가서 모친을 찾아뵈었다. 주태

---

1) 黟侯 : 後漢 때 贈尙書令 方儲를 가리킨다. 그는 자는 聖明이고 이후는 그의 封號이다. 그는 어릴 때 아버지를 여의고 어머니를 모시고 살았다. 어머니가 세상을 떠나자 스스로 흙을 져서 무덤을 만들고 기이한 나무 천 그루를 심어놓으니, 鸞鳥가 그 나무 위에 내려와 앉고 흰 토끼가 그 나무 아래 뛰놀았다 한다.(≪後漢書補逸≫ 권9)

2) 朱太安人 : 朱氏 太夫人이란 말과 같다. 太安人은 남의 모친에 대한 존칭이다. 아래 汪太安人도 汪氏 태부인이란 뜻이다.

3) 彭蠡 : 중국 江西省에 있는 鄱陽湖를 가리킨다. 彭蠡澤이라고도 한다.

안인이 세상을 떠나자 군은 상여를 모시고 향리로 돌아왔고 다시 집 동산에 누각을 지어 아우 匏舫과 같이 살면서 형제가 함께 모친을 조석으로 봉양하여 기쁘게 해드렸다. 그리고 家廟를 보수하고 家乘을 편수하는 한편 方氏로서 新安에 거주하거나 외지로 이사한 종족들을 조사하여 支派로 나누어진 것을 遡及하여 12개로 만들고 모아서 족보를 편찬하였다.

方君爲漢黟侯之後裔라 其二十一世祖弦이 始遷居歙之鋼山路口하고 數傳而至君之尊府怡園이라 怡園既沒에 而君之祖鹿村乃終하니 君以孤童子로 承祖父後라 故夢堂謂其宜棄擧子業할새 而從其叔父하여 侍繼祖母朱太安人於豫章하니 而君之母汪太安人은 方家居在歙이라 君於經理鹺務之暇에 每歲終에 輒涉彭蠡潯陽하여 犯風濤之險하여 以省其母氏於家라 及朱太安人卒하여는 君扶櫬歸里하고 乃更構閣於家園하여 而偕其弟匏舫하여 以共承母氏朝夕之歡하고 葺宗祠하며 修家乘하고 而又以方氏家於新安이나 或遷於外로 遡其支之分爲十二者하여 會而譜之러라

군은 집에 있을 때는 매우 검소하였지만 남의 어려운 사정을 만나면 자신의 힘을 다 기울여 구제하였고, 종족이나 인척 중 가난한 사람에 대해서는 더욱더 후하게 보살펴주었다. 대개 군은 비록 벼슬하지는 못했으나 집안에서 孝友하고 은택이 마을에까지 미친 것은 진실로 당세의 卿大夫에 손색이 없다.

게다가 군의 아내 汪安人[5]은 남편을 잘 보필하여 군의 어진 덕행을 이루어주어 명성이 후세에 길이 전파되도록 하였다. 방군은 숙부를 따라 타향인 豫章에 가서 살고 모친 汪太安人만 홀로 섭주에 있을 때 安人은 한 몸으로 집 안팎의 일들을 도맡아서 위로는 시어머니께 좋은 음식을 만들어 올렸고, 집안의 上下·大小 모든 사람들의 음식과 의복을 모두 다 안인에게 의지하였다. 안인은 쌀과 소금, 땔감으로부터 대문을 여닫는 일과 세수와 목욕, 바느질과 빨래 등 사소한 일에 이르기까지 모두 홀로 노고를 떠맡으면서 집안에 한 사람이라도 밥을 먹지 못했으면 감히 밥을 먹지 않았고 한 사람이라도 잠자리에 들지 못했으면 감히 잠자리에 들지 않았다.

4) 潯陽 : 潯陽江으로, 중국 江西省 九江縣 부근을 흐르는 양자강을 일컫는 말이다.
5) 汪安人 : 汪氏 夫人이란 말과 같다. 安人은 본래 命婦의 封號로 明·淸 때에는 六品官의 妻를 안인에 봉했는데, 부인의 존칭으로 쓰였다.

君之居家甚儉이로되 及其遇人之急難하여는 則傾身救之하고 而於宗族㛰親之貧寡에 尤撫恤之甚厚라 蓋君雖不仕나 而其孝友於家하고 澤及里黨은 固可無愧於當世之卿大夫也라 而君之配汪安人者가 又能相夫子하여 以成君之賢하여 以播其聲於不泯이라 方君旣隨叔父하여 客於豫章하고 獨母氏汪太安人在歙할새 安人以一身秉內外之政하여 上奉堂上之甘旨하고 而其家之上下大小飮食衣服을 一皆仰望於安人이어늘 安人自米鹽薪火로 以及開闔盤湢縫紉澣濯之微히 皆獨任其勞勩(예)하여 其家一人未食이어든 不敢食하고 一人未寢이어든 不敢寢이러라

방군은 손님 접대를 좋아하여 친구가 많았는데 안인은 제사를 모시고 손님을 접대할 때 언제나 음식을 지극히 정갈하게 장만하지 않은 적이 없었다. 방군이 주태안인의 喪中에 있을 때는 오직 안인만이 居喪 중인 상주가 미처 할 수 없는 일들을 잘 도와서 모두 예법에 처리하였으며, 몹시 바쁜 와중에도 왕태안인의 안부를 살피는 것은 더욱더 정성스러웠다. 왕태안인이 병석에 눕자 안인은 눕고 일어날 때 扶腋하고 약 수발을 들면서 잠시도 해이하지 않았고 병세가 위독해졌을 때에는 게다가 넓적다리 살을 베어내어 탕약에 섞어 넣음으로써 만에 하나라도 소생하길 바랐다.

方君好客하여 多交遊어늘 安人於祭祀賓客之供에 靡不極其蠲潔이러라 及方君居朱太安人之喪하여는 惟安人能贊苫塊之所不及하여 而悉中於禮하고 而倥偬之餘에 問視汪太安人이 愈益勤이러라 旣汪太安人病在牀에 而安人掖臥起하며 侍湯藥하여 無須臾稍懈하고 病篤則又刲(규)股和藥하여 以徼幸於萬一之生이러라

방군은 자신이 장사를 하기 때문에 후손이 마침내 詩書를 읽는 공부를 하지 않아 가문의 명성을 떨어뜨릴까 걱정하였다. 그래서 아들을 교육하는 것이 유독 엄격하였는데 안인이 곁에서 도와 자식들을 敎導하되 세속의 고식적인 사랑이 없었다. 그리하여 마침내 아들 大成이 학문을 좋아하고 옛글을 많이 읽어서 그 재주가 당대에 功名과 事業을 세울 만하고 지금 邑의 廩貢生[6]으로 있다.

方君自以業賈로 恐其後嗣遂廢詩書之業하여 以殞其家聲이라 故其敎子獨嚴이어늘 惟安人能

---

6) 廩貢生 : 府・州・縣의 학생으로서 廩料를 지급받는 사람을 廩生이라 한다. 늠생으로서 중앙의 國學에 뽑혀 올라가는 貢生이 된 사람을 廩貢生이라 한다. 조선시대 성균관 생원과 같다.

左右提撕하되 **無世俗姑息之愛**라 **卒其子大成**이 **嗜學稽古**하여 **才足以建名立業於時**요 **今爲邑之廩貢生**이라

안인의 부친이 세상을 떠난 뒤로 안인의 형제들이 서로 이어 세상을 떠나자 안인은 아버지를 여읜 친정 조카들을 家塾에 데리고 와서 자기 아들과 함께 공부하게 하였다. 안인은 몸이 평소 여위고 약했다. 방군의 아우 포방이 죽자 안인은 당시 寒疾에 걸렸었다. 방군이 집에 돌아오자 안인은 방군의 우애가 돈독하여 애통한 정이 매우 깊다는 것을 생각하여 게다가 자기 병 때문에 남편의 근심을 가중하고 싶지 않아 끝내 병을 숨기고 말하지 않았다. 이때부터 병이 위중해져서 일어나지 못하고 말았다.

安人之父旣沒에 **而安人之昆弟相繼徂謝**어늘 **安人携其孤於家塾**하여 **俾與其子共學焉**이라 **安人體素羸**러니 **方君之弟匏舫沒**에 **而安人於其時有寒疾**이라 **方君歸**에 **而安人以君之篤於友愛**하여 **痛已深矣**라하여 **不欲更以己之疾**로 **重夫子之憂**하여 **終匿不以告**라 **自是**로 **疾遂劇**하여 **不起**라

방군은 乾隆 20년(1755) 11월 7일에 세상을 떠났으니, 향년 62세였고 안인은 방군보다 8년 전에 세상을 떠났다. 방군은 諱는 善祖요 자는 聖述이니 愷林은 그의 다른 자이다. 방군이 세상을 떠나자 방군의 일족 자제로서 평소 방군의 재주와 행실을 尊慕하던 이들이 또 敏毅先生이란 私謚[7]를 올렸다. 안인은 섭주 芝黃里에 世居하였는데, 부친은 芝秀이다. 아들 대성이 건륭 27년(1762) 9월 24일에 안군과 안인을 섭주 동쪽 勳充의 둔덕에 合葬하였다. 友人 吳宁가 이미 墓誌銘을 썼다. 그리고 2년 뒤에 대성이 다시 先人의 德을 선양하고자 나에게 이 글을 서술하여 무덤에 墓表로 세우게 해달라고 청하였다.

方君以乾隆之二十年十一月七日卒하니 **享年六十有二**요 **而安人先君之卒者八年**이라 **方君諱善祖**요 **字聖述**이니 **愷林其別字也**라 **君旣卒**에 **而君之族子弟素欽君之才行者**가 **又爲之私謚曰敏毅先生**이라 **安人世居歙之芝黃里**하니 **父曰芝秀**라 **大成以乾隆二十七年九月二十四日**로 **合葬君與安人於歙東之勳充原**이라 **友人吳宁已銘其墓矣**라 **旣二年**에 **大成乃復推揚其先人之**

7) 私謚 : 학덕이 높은 선비로서 官爵이 낮아 국가로부터 시호를 받지 못한 사람에게 제자나 친지들이 사사로이 지어 올리는 시호이다.

德하여 請余論次之하여 以表於其阡이라

【論評】

방기림 부부 두 사람의 事蹟을 서술하면서 단숨에 거침없이 써 내려갔으니, 이 얼마나 대단한 역량인가!

敍述檤林夫婦兩人事蹟에 只一氣轉蕩而下하니 何等力量가

36. 吳君의 墓誌銘　吳君墓誌銘*

* 吳閬이란 선비의 묘지명이다. 오랑은 과거에 여섯 차례 응시하여 번번이 낙방한 뒤로 문장을 짓고 학생들을 가르치면서 살아가는 가난한 선비이지만, 효성과 우애가 지극하고 재물을 가벼이 여길 줄 아는 지조가 있었다.

吳君은 諱는 閬이고 자는 崙上이니 歙縣(섭현) 사람이다. 吳氏는 唐나라 左臺御史 少微로부터 11代를 내려와 歙州로 이주하였고, 또 14대를 내려와 섭주의 巖鎭으로 이주하였다. 증조는 諱가 銑이고, 조부는 휘가 文翰이고, 부친은 휘가 正通인데, 대대로 隱德[1)]이 있었다.

吳君은 諱閬이요 字崙上이니 歙縣人也라 吳氏自唐左臺御史少微로 十一傳而遷歙하고 又十四傳而遷歙之巖鎭이라 曾祖諱銑이요 祖諱文翰이요 父諱正通이니 世有隱德이라

군은 태어나면서부터 남달리 穎悟하여 머리는 곧고 눈은 단정하였으며 익히지 않아도 글을 읽을 줄 알아 經·史·百家의 글들에 대해 왕왕 그 심오한 뜻을 궁구하였다. 24세에 縣學 諸生이 되고 順天府의 省試[2)]에 참가하여 성균관에 들어가니, 사람들은 다들 군이 장차 오씨 가문을 크게 일으키리라고 기대하였다. 그러나 秋闈[3)]에 여섯 차례 응시했으나 번번이 낙방하자 慨然히 과거를 포기하였다.

君生而穎異하여 頭直目端하고 不習而能하여 經史百家를 動窮其奧러라 年二十四에 補縣學生하여 赴順天省試하여 入成均하니 衆皆謂君將大興吳氏之門이라 然六試秋闈에 輒報罷라 乃慨然棄去러라

1) 隱德 : 남에게 덕을 베풀었는데도 남들이 알지 못하는 것인데, 대개 벼슬하지 않고 은거하는 사람을 일컬을 때 쓴다.
2) 順天府의 省試 : 省試는 元나라 이후로는 鄕試와 같은 말로 쓰인다. 淸나라 兪正燮의 ≪癸巳存稿≫ 〈科場時日名目題目字號〉에 의하면, 康熙 16년(1677)에 천하에 鄕試를 거행하게 했는데, 順天에 과장이 하나이고 山東, 山西, 河南, 陝西에 과장이 하나이고 湖廣, 江西, 江南에 과장이 하나이고, 福建, 浙江에 과장이 하나였다고 한다.
3) 秋闈 : 가을철에 대궐에서 거행하는 과거로 大科를 말한다.

일찍이 남쪽으로 會稽山에 오르고 建康에서 노닐고 絶塞를 넘어 雁門에 들어가 介子推[4]의 遺墟에 들러보고 公孫杵臼[5]의 遺跡을 弔問하였다. 그 후 다시 서쪽으로 匡廬(廬山)에 오르고 滕王閣에 올라 지금 侍郎인 曹公 地山 및 江右의 名流들과 서로 시를 주고받았다. 秦·漢 이래 문장의 眞僞를 환히 식별할 줄 알아서 詩歌를 지으면 古雅, 淡泊하고 簡約, 深遠하였으며, 간간이 웅장하고 호방한 문장을 짓기도 하였다. 술이 거나하게 취할 때마다 한숨을 쉬며 말하기를, "하늘에게 인색하게 받은 이는 사람이 풍족하게 해주고 운수가 곤궁한 이는 학문을 하여 뚫어야 한다." 라 하였으니, 대개 군은 비록 과거를 포기했으나 학문과 문장에 있어서는 잠시도 나태한 적이 없었던 것이다. 이는 참으로 자신이 세상을 떠난 뒤에도 이름이 후세에 전해지지 않게 되는[6] 것을 차마 그냥 두고 볼 수 없었던 것이다.

嘗南登會稽하고 **遊建康**하고 **踰絶塞**하고 **入雁門**하여 **經子推之故墟**하고 **弔公孫杵臼之遺躅**(촉)이라 **其後復西陟匡廬**하고 **上滕王閣**하여 **與今侍郎曹公地山及江右名流**로 **相賡和**하고 **能洞徹秦漢以來文章之眞贗**(안)하여 **爲詩歌**에 **古淡簡遠**하고 **間發爲雄肆**러라 **酒酣**에 **輒喟然曰 嗇於天者**는 **人豊之**하고 **窮於數者**는 **學通之**라하니 **蓋君雖捐棄科名**이나 **而其於學問文章**에 **未嘗須臾怠廢**하니 **誠不忍其沒世無傳於後也**라

---

4) 介子推 : 춘추시대 晉나라 文公의 충신이다. 문공이 公子 重耳로서 19년 동안이나 타국에 망명할 때 개자추는 배가 고픈 중이에게 자신의 넓적다리를 살을 베어 먹였다. 그러나 중이가 진나라로 돌아와 즉위하고 자신을 수행한 사람들에 대해 論功行賞할 때 개자추를 깜박 잊고 말았다. 이에 개자추는 어머니를 모시고 綿山에 은거하였다. 문공이 뒤늦게 산으로 찾아갔으나 그가 산속에 들어가 나오지 않자 그를 나오게 하려고 산에 불을 질렀으나 개자추는 끝내 나오지 않고 어머니와 함께 나무를 껴안고 불에 타 죽고 말았다. 문공은 크게 슬퍼하여, 산 아래 사당을 지어 제사를 지내게 하고 그가 불에 타 죽은 날에는 불을 피워 음식을 익히지 말고 미리 만들어놓은 찬 음식을 먹게 하였다. 이날이 바로 寒食이다. 면산은 그 후로 介山으로 불리게 되었다.(≪春秋左氏傳≫ 僖公 24년)

5) 公孫杵臼 : 춘추시대 晉나라 사람이다. 진나라 景公 3년에 大夫 屠岸賈가 대신 趙朔의 집안을 몰살하였다. 이때 조삭의 부인이 임신한 몸으로 궁중에 숨어서 유복자를 낳았다. 공손저구가 조삭의 벗인 程嬰과 함께 조삭의 아이를 보전할 것을 의논하여 다른 사람의 아이를 조삭의 아이인 것처럼 꾸며서 공손저구가 그 아이를 거짓으로 지키다 도안가에게 잡혀 죽음으로써 도안가를 안심하게 하였다. 정영은 진짜 조삭의 아이인 趙武를 데리고 산중에 숨어서 키워 마침내 도안가를 죽이고 조삭의 원수를 갚았다.(≪史記≫ 권43 〈趙世家〉)

6) 자신이……되는 : 孔子가 "군자는 자신이 죽은 뒤에도 이름이 일컬어지지 않음을 싫어한다.〔君子疾沒世而名不稱焉〕"라고 하였다.(≪論語≫ 〈衛靈公〉)

군은 조부 때부터 집안이 중도에 몰락하였고 부친은 더욱 가난하였다. 그래서 군은 학생들을 가르치는 일로 생계를 꾸리면서 받은 脩脯(예물)는 죄다 부모님께 드리고 자신은 아내 程氏와 함께 배고픔을 참고 일하여 끝내 양친은 궁핍한 형편을 모르게 하였다. 그렇게 해를 넘기자 부모님이 이어 세상을 떠났다. 군은 바야흐로 부친의 命을 받들어 豫章으로 가다가 도중에 변고를 듣고 돌아오느라 飯含[7]을 직접 보지 못한 것을 애통하게 여겼다. 그래서 自號를 悔堂이라 하였다.

自君之大父로 **家已中落**하고 **父益貧**이라 **君以授徒爲生**하여 **所得脩脯**를 **盡以供其父母**하고 **而獨與妻室程氏**로 **忍飢操作**하여 **卒不使堂上二老聞知**러라 **踰年**에 **父母相繼沒**이라 **君方奉命往豫章**이라가 **中塗聞變而返**하여 **痛不得親視含飯**이라 **故自號曰悔堂**이라

군은 廢疾(중풍)에 걸려 손발이 마비되었다. 그러나 歲時로 先人의 忌日을 만나거나 선인의 화상을 펼 때는 반드시 애써 일어나 사람을 시켜 부축하게 하여 무릎을 꿇고 절하면서 눈물을 줄줄 흘렸고, 우연히 제철 음식을 먹을 때마다 선인이 생각나서 젓가락을 놓고 음식을 다 먹지 못하였다. 형이 있는데 일을 하지 못하기에 군이 가난한 諸生으로서 온 집안 남녀들을 다 부양하여 성장하게 하고 다 혼인을 시켰으니, 마음과 힘을 수고롭게 하지 않았다고 할 수 있겠는가. 군도 그만 세상을 떠나고 말았다.

君旣遘廢疾에 **手足拘攣**이라 **然歲時値先人諱日**이어나 **或展張畫像**에 **必勉力使人扶持跽拜**에 **涕泣交橫**하고 **偶食時食**에 **輒念先人**하여 **或輟箸**하여 **不終其食**이러라 **有兄**하되 **不事事**어늘 **君以貧諸生**으로 **供養其一門男女**하여 **以長以立**하여 **婚嫁旣畢**하니 **謂可無勞心力**이리오 **而君亦長逝矣**라

당초에 군이 부친을 따라 예장에 간 적이 있었다. 예장의 옛 친구들이 군을 매우 愛重하여 군의 집에 식구가 많은 것을 염려하여 白金 1000兩을 모아 살림에 보태라고 주었다. 그런데 군이 그 백금을 좋지 못한 사람에게 부탁해 집에 전달하게 했다가 죄다 잃어버리고 말았다. 사람들은 군이 장차 爭訟하리라 여겼는데, 군은 모두 운명에 맡기고 터럭만큼도 曲直을 따지지 않았다. 친구들이 다시 종전과 같

7) 飯含 : 殮襲할 때 죽은 사람의 입속에 구슬이나 쌀·동전 등을 물리는 의식이다. 옛날에는 천자는 珠, 제후는 玉, 大夫는 璧, 士 이하는 쌀을 사용하였다.

이 금을 모아 주었는데, 군은 병들고 말았다. 군은 운명이 곤궁한 것을 서글피 탄식하는 한편 자신 때문에 남에게 빚을 지게 될까 오로지 염려하여 병든 몸으로 천리 먼 길을 가서 마침내 자기 재물을 내어 각각 친구들이 준 금만큼씩 이자까지 쳐서 갚고는 혼자 몸으로 해진 옷을 걸치고 돌아왔다. 군은 평상시에는 말과 용모가 온순하지만 막상 禍福과 利害를 만나면 오로지 義理로 결단하여 터럭만큼도 머뭇거리고 미련을 둔 적이 없었다.

初에 **君隨父往豫章**하니 **豫章舊遊**가 **最重君**하여 **念君家口繁盛**하여 **合白金千兩**하여 **以相補助**어늘 **君付託不得其人**하여 **蕩然悉歸無有**라 **人謂君且將爭訟**이러니 **而君一委之於命**하여 **不與毫毛計曲直**이라 **舊遊復合金如前**한대 **而君疾作**이라 **君乃愴然自咎其時命之窮**하고 **且惟恐以我負人**하여 **扶病遠涉千里**하여 **卒出己資**하되 **各(於)〔如〕**[8]**其人之金**하되 **竝其息以償**하고 **獨身衣敝袍而歸**러라 **居恒言貌循循**이로되 **至其臨禍福利害**하여는 **則一斷以義命**하여 **而無纖芥遲徊眷顧之私**라

군은 乾隆 38년(1773) 2월 29일에 세상을 떠났으니, 향년이 64세였다. 아들은 한 사람으로 定이니 邑의 庠生[9]이고, 딸은 程家璉에게 출가하여 일찍 죽었다. 정은 나와 종유하였다. 군이 세상을 떠난 지 두 달 뒤 4월 23일에 古塘村의 英山에 부모를 합장하고 사람을 보내 나에게 묘지명을 부탁하였다.

君以乾隆三十八年二月二十九日卒하니 **享年六十有四**라 **子一人定**은 **邑庠生**이요 **女適程家璉**여 **早卒**이라 **定從余遊**라 **以君卒之後二月當四月之二十三日**로 **合葬其父母於古塘村之英山**하고 **而使人請銘於余**라

銘은 다음과 같다.
군에게 후하게 주어 태어나게 했으나
세상 운수는 박하게 주어서
마침내 여기에 그치고 말았도다
녹위는 용렬한 자들에게 주고

---

8) (於)〔如〕: 저본에는 '於'로 되어 있으나, ≪劉大櫆集≫(上海古籍出版社, 1990)에 의거하여 '如'로 바로잡았다.
9) 庠生: 府·州·縣學의 生員인데, 明淸時代에는 秀才의 別稱으로 쓰였다.

영준하고 賢能한 이에게만 유독 주지 않았도다
하늘은 흐릿한 채 아무 말이 없으니
뉘라서 그 까닭을 알 수 있으리오
군은 진실로 窮通을 하나로 보니
생사인들 어찌 구분하리오
몸은 癃疾에 걸렸지만
마음은 書史를 잊지 않았도다
군이 비록 가고 없지만
없어지지 않는 것이 있으니
사람들이 다들 군은 훌륭한 아들을 두었다 하네

銘曰 厚君以生이나 而薄於其遇하여 遂止此也로다 祿位以畀庸愚하고 而英賢獨否也로다 天混混而無言兮여 孰知其以也리오 君固一視乎窮通하니 而何分於生死也리오 身旣癃殘이나 而志不忘乎書史也로다 蓋君雖亡이나 不亡者存하니 人皆謂君之有子也로다

37. 下殤子 張十二郎의 壙銘　下殤子張十二郎壙銘*

＊9세의 어린 나이로 죽은 제자 張若盼의 생전 모습이 생생하게 떠오르도록 핍진하게 묘사하였다. 제자에 대한 깊고 애틋한 정이 짧은 글 속에 드러나 있다.

下殤子[1] 張十二郎[2]은 이름이 若盼이니, 康熙 계사년(1713) 10월 26일에 태어났고 신축년(1721) 7월 10일에 죽어 龍眠山 社壇의 기슭에 묻혔다.

下殤子張十二郎은 名若盼이니 康熙癸巳十月二十六日生하고 辛丑七月十日死하여 瘞(예)龍眠山社壇之麓하다

약분은 아홉 살에 내게 수학하여 句讀를 배우다가 겨우 여섯 달 만에 병들었고, 병든 지 열흘도 못 되어 죽었으니, 슬프도다!

盼九歲에 從余受書하여 學句讀라가 甫六月餘日而病하고 病未及旬而死하니 悲夫라

약분은 성품이 느려 늘 땋은 머리털을 늘어뜨린 채 집 안채의 뜰로부터 천천히 걸어서 學舍에 이르러 북쪽을 향하여 단정하게 拱手하고 서서 길게 揖한 다음 비로소 제자리로 나아가서는 또 천천히 손으로 서책을 펴서 낮은 소리로 읽는데 한 구절을 읽는 것이 다른 사람들에 비하면 거의 서너 구절을 읽는 시간이 걸렸다. 읽기를 마치면 혹 돌아가 아침을 먹기도 하는데 또 천천히 걸어가는 것이 올 때 모습과 같았다. 내가 그 모습을 그의 형에게 손가락으로 가리켜 보이며 웃은 적이 있었다. 하루는 해가 이미 졌는데도 낮에 배운 글을 외지 못하기에 내가 회초리로 때렸다. 슬프다! 이와 같이 될 줄 내가 미리 알았더라면, 그렇게 독책할 필요가 있

1) 下殤子 : 19세에서 16세 사이에 죽는 것을 長殤이라 하고, 15세에서 12세 사이에 죽는 것을 中殤이라 하고, 11세에서 8세 사이에 죽는 것을 下殤이라고 한다. 7세 이하에 죽으면 無殤이라고 한다.(≪儀禮≫ 〈喪服〉 傳)

2) 張十二郎 : 張氏 일족 8촌 이내의 형제 중에 서열이 12번째인 사람을 일컫은 것이다.

었겠는가.

盼性緩하여 每垂髫(초)自內庭徐徐行하여 至學舍하여 北向端拱立하여 長揖乃就坐하고 又徐徐以手開書冊하여 低聲讀하니 讀一句가 視他人殆三四句者라 讀畢에 或歸早餐할새 又徐徐行이 如來時狀이라 余嘗指其兄以爲笑러라 一日에 日已入이어늘 日午所授書를 未能誦일새 余撻之하다 嗚呼라 余早知其如此런들 而督責之奚爲也리오

銘은 다음과 같다.

龍眠山이여
깊고도 험준하도다
네가 거처하는 무덤이여
너의 형과 함께 모였으니
서로 우애롭게 영구히 지내리라

龍銘曰 眠之山兮여 幽且阻로다 惟汝之居兮여 與汝之兄聚하니 式相好兮終古어다

38. 姚南靑 50세 壽序　姚南靑五十壽序*①

*姚南靑이란 사람의 50세 생일에 장수를 축원한 글이다. 요남청의 호가 石農이다. 요남청은 재주와 문장이 뛰어나고 과거에 장원급제하여 앞날이 촉망되는 관원이었는데 하루아침에 벼슬을 버리고 낙향하였다. 宦路에 장애가 많아 여의치 않았을 터임을 짐작할 수 있다. 글의 내용은 壽序의 특성상 장수와 앞날을 축원하는 범주를 벗어나지는 못하지만, 문장이 간결하고 자연스럽다.

① 代作한 것이다.

代라

石農先生은 그의 증조가 大司寇[1] 관직에 있을 때 억울한 獄事를 많이 바로잡아 천하에 陰德을 쌓았고, 그의 조부가 湖廣 羅田縣의 수령으로 있으면서 자혜로워 백성을 사랑한다고 칭송을 받았다. 그리고 그의 先君子(선친의 존칭) 瓊修先生은 篤學하여 諸生으로 있다가 과거에 급제하지 못한 채 일찍 세상을 떠나니, 太夫人은 守節하기로 스스로 맹세하였다. 당시 石農은 바야흐로 댕기 머리를 드리운 동자였고 그의 아우 季和는 아직 襁褓에 있었다. 태부인은 갖은 고생을 하며 이들 형제를 교육시켜 成人이 되기에 이르렀다.

석농은 어릴 때 달리 좋아하는 것은 없고 오직 각고의 노력하여 글을 읽어 한번 눈으로 본 글을 곧바로 기억하였다. 손으로 책을 펼치고 입으로 글을 외느라 朝夕과 寒暑도 없이 게으르지 않고 부지런히 노력하였다. 그리하여 옛 성현의 經傳과 史書, 百家들에 대해 깊은 곳까지 탐구, 섭렵하여 지식을 모으고 이치를 관통하니, 그 지은 문장은 幽深한 골짜기에 들어가고 험준한 봉우리에 오르는 것과 같아서 읽는 사람의 마음을 움직이고 귀를 놀라게 하면서도 義法[2]은 前人의 軌範에 위배

1) 大司寇 : 刑部의 장관을 일컫는 말이다.
2) 義法 : 桐城派 古文家들이 글을 쓸 때 준수해야 할 준칙을 말한다. 方苞의 〈又貨殖傳後〉에 "≪春秋≫에서 義法을 제정한 것은 太史公부터 시작되었고 이후에 문장에 조예가 깊은 이들도 이를 갖추었다.〔春秋制義法 自太史公發之 而後之深于文者亦具焉〕"라 하여 義法이란 용어의 출전을 밝혔다.

되지 않는다.

石農先生은 其曾王父官大司寇할새 於犴(안)獄에 多所平反하여 積陰德於天下하고 其王父知湖廣之羅田하여 稱慈惠愛人하고 其先君子瓊修先生篤學하여 爲諸生不售而早卒하니 太夫人守節自誓라 石農方垂髫에 其弟季和는 猶在襁褓라 太夫人辛勤教育하여 以至成人이라 而石農弱無他好하고 獨刻苦讀書하여 一寓目에 輒能記憶이라 手披口誦에 無朝夕寒暑하여 不惰以勤하여 於古聖賢之經傳諸史百子에 探涉奧窔(요)하여 淵渟穿貫하니 爲文章이 窮幽陟險하여 動心駭聽하되 而義法不詭於前人이라

석농은 乾隆 초년에 잠깐 京師에 와서 한번 향시를 보고 재차 禮部의 과거를 보아 두 考試에서 선비들 중 으뜸으로 뽑혀서 드디어 翰林院에 들어가 명성이 사람들 사이에 두루 퍼졌다. 사람들은 천자가 장차 이 사람을 크게 쓰리라고 여겼는데, 그는 갑자기 관직을 버리고 떠났다. 士[3]는 종일토록 俗塵 속에서 동분서주하니, 어찌 국가의 闕失에 털끝만 한 도움인들 줄 수 있겠는가. 한갓 스스로 고생하며 어렵게 살아갈 뿐이다. 그런데 석농은 하루아침에 관직을 버리고 떠났으니, 후련하기가 마치 고인 물에 갇혔던 물고기가 강물에 간 것과 같으며, 원숭이가 우리에서 벗어난 것과 같으며, 추운 겨울철 변방에서 큰 갖옷을 얻어 입은 것과 같다.

乾隆之初에 薄遊京師하여 一試於鄉하고 再試於禮部하여 皆冠冕多士라 遂入翰苑하여 名聲流於人間이라 人謂天子方將大用之러니 而忽休官以去라 士終日塵埃之中하여 東西馳逐하니 豈能於國家之闕遺에 有毫末之裨補哉아 徒自爲勞苦艱難而已라 一日舍之而去하니 蕭然如涸魚之適江河하며 如狙猿之逸出於欄檻하며 如冬之塞外에 得大裘而衣之로다

용면산은 산수가 아름답다. 석농은 그곳에서 독서하여 학문은 날이 갈수록 더욱 깊어지고, 行身은 날이 갈수록 더욱 신중해지고, 문장은 날이 갈수록 더욱 贍富해질 것이니, 하늘이 장차 석농을 大成시키려는 것이다. 그러므로 이와 같이 복을 내려 보살펴주는 것이거늘 석농이 이를 편안히 받아들여 자신에게 오고 가는 관직을

3) 士 : 선비의 의미보다 관리의 의미로 쓰였다. 士는 大夫 아래 직급의 관리로 上士·中士·下士의 세 등급이 있다.

돌아보기를 겨우 티끌과 같이 하찮게 여긴다. 가사 석농이 향리로 돌아가지 못한다면 비록 官爵이 높아져 卿相이 될지라도 필시 古人에 대해 크게 역량을 발휘하여 뒤쫓아가서 나란히 서고 조금도 양보하지 않게 될 수는 없을 것이다. 비록 그렇지만 석농이 어찌 山林에서 끝까지 늙고 말 사람이겠는가. 세상의 盛衰와 消長이 큰 우주의 조화 중에서 은밀히 바뀌고 운행하는 것은 마치 고리의 시작과 끝이 없는 것과 같다. 석농의 이름은 천자께서 익히 알고 계시고 조정의 사대부들도 듣고 알지 못하는 이가 없으니, 하늘이 아마도 장차 그의 재주를 오래 묵혀두었다가 큰 임무를 내려주려고 하는 것이리라.

龍眠佳山水라 **石農讀書其中**에 **學道日益深**하며 **行身日益謹**하며 **爲文日益富**하니 **天將以大成石農**이라 **故福庇之如此**어늘 **石農安受焉**하여 **回視官職之去來**에 **僅與塵埃比**하니 **藉使石農**으로 **不得歸**면 **雖貴爲卿相**이라도 **其於古人**에 **未必能大肆其力**하여 **以追媲**(비)**之不少讓**이라 **雖然**이나 **石農豈終老山林者哉**아 **盛衰消長**이 **密移轉運於大化之中**이 **如環無端**하니 **石農之名**은 **天子旣在所熟悉**이요 **朝之士大夫**도 **亦罔不聞知**하니 **天蓋將老其材而因降之以大任也**라

옛날에 公孫弘은 이미 일흔의 나이로 하루아침에 布衣의 신분에서 기용되어 漢나라 승상이 되었는데, 올해 8월에 석농은 겨우 50세일 뿐이다. 옛사람이 말한 "'艾'이니 국정에 참여한다."는 나이이다.[4] 큰 임무가 오기를 진실로 여유롭게 기다릴 수 있을 것이다.

昔公孫宏[5]이 **年已七十**에 **一旦起布衣**하여 **爲漢相**이러니 **今年八月**에 **石農纔五十壽耳**라 **昔人所謂艾而服官政者**니 **其於大任**에 **固可優游俟之**라

나는 석농과 同年及第한 進士이고 같은 부서의 관리로 서로 친하게 지냈다.[6] 그

4) 옛사람이……나이이다 : ≪禮記≫ 〈曲禮 上〉에 "50세를 '艾'라 하니 국정에 참여한다.[五十曰艾服官政]"라 하였다. 艾는 쑥이니, 50세가 되면 머리털이 蒼白하여 쑥 색깔과 같기 때문에 이렇게 말한 것이다.

5) 宏 : 저본에는 '宏'으로 되어 있으나, 淸나라 高宗의 이름이 弘曆이기 때문에 황제의 이름을 避諱한 것이다. 번역에서는 '弘'으로 되돌렸다.

6) 나는……지냈다 : 유대괴는 乾隆 원년(1736)에 博學鴻詞科에 급제하고 건륭 15년(1750)에 經學에 급제하였으나 錄用되지 못하였다. 조정의 관원 중 알고 지내던 이들과 提督學政으로 있던 이들이 그를 幕中으로 불러들여 문서를 관장하게 하였다. 나이 예순이 넘어 黟縣의 敎諭가

러나 이곳에 매여 있는 몸이라 堂에 올라 祝壽의 술잔을 들지 못하고 도리어 〈南山有臺〉[7] 시를 홀로 읊조려 "和樂한 즐거운 군자여! 국가의 영광이로다. 화락한 군자여! 만수무강하리로다."라 하노니, 석농이 장수하면 마침내 국가에 光榮이 되리라는 것을 확신할 수 있다.

余於石農에 **爲同年進士**요 **同官相得也**어늘 **而係**縻**於茲**하여 **不得躋堂稱**兕(시)하고 **顧獨誦南山有臺之詩云 樂只君子**여 **邦家之光**이로다 **樂只君子**여 **萬壽無疆**이로다라하노니 **蓋石農壽**하면 **則其終爲光於邦家**를 **必可知也**라

【論評】

손 가는 대로 썼는데도 古雅한 운치를 남들은 끝내 따를 수 없다.

信手寫來로되 **古致**를 **終不可及**이로다

된 것이 마지막 관직이다. 姚鼐의 〈劉海峰先生傳〉 참조.

7) 南山有臺 : ≪詩經≫ 〈小雅〉의 篇名이다.

39. 謝氏 누이 60세 壽序　謝氏妹六十壽序*

* 누이의 60세에 장수를 축원하는 글이다. 과거 어렵게 살아온 시절을 회상하고 생질에게 어머니를 잘 봉양하길 당부하는 짧고 단순한 내용 속에 누이에 대한 깊은 사랑을 담고 있다.

우리 부모님은 우리 형제 네 사람을 낳았고 게다가 누이가 세 사람이라 집이 며느리를 맞이하고 딸을 시집보내느라 더욱 가난해졌다. 나의 큰형님은 鄕擧[1]에 들고 謁選[2]하여 徐溝에서 관직 생활을 하였으니, 당시 우리 어머님은 아직 살아계셨지만 길이 먼 탓에 모시고 가서 봉양하지 못하였기에 종신토록 한을 품고 말았다. 양친이 다 돌아가시자 큰형님은 喪期를 마친 뒤에 비로소 起用되어 黔州의 普定으로 갔고, 큰형님이 세상을 떠난 뒤에 나는 비로소 黟縣의 博士가 되었다.[3] 슬프다, 가난이여! 자식이 봉양하고 싶어도 부모님이 안 계시니, 종신토록 痛恨이 남을 뿐이다.

吾父母生吾兄弟四人하고 **又女弟三人**이라 **家以娶婦嫁女而益貧**이라 **吾伯兄鄕擧謁選**하여 **官於徐溝**하니 **時吾母尙在**로되 **乃以道遠不獲迎養**하여 **緘恨於終身**이라 **二親旣沒**에 **伯兄始起官黔之普定**하고 **伯兄沒**에 **而余始爲博士於黟**하니 **傷哉**라 **貧也**여 **子欲養而親不待**하니 **終古有餘痛焉**이라

누이 세 사람은, 맏이는 같은 마을 方氏에게 시집갔고, 그 다음은 殷氏, 그 다음은 謝氏에게 시집갔으니, 모두 우리 부모님이 보물처럼 아끼고 사랑하던 딸들이다. 세 사람의 사위들은 다 일찍 세상을 떠났다. 지난해 殷氏 누이도 세상을 떠났고 方氏네에 있는 누이는 비록 아직 죽지는 않았으나 해진 옷을 입고 거친 음식을

---

1) 鄕擧 : 지방 郡縣에서 인재를 중앙에 천거하는 법이다. 周나라 때 이 법이 만들어져서 漢·唐·宋·明·淸까지 시행되었다. 그 제도는 ≪周禮≫ 〈地官 大司徒〉에 보인다. 후대에는 주로 향시에 합격한 인재를 중앙으로 올려 보내는 것을 뜻한다.
2) 謁選 : 관리가 吏部의 관원 선발에 응시하는 것이다.
3) 나는……되었다 : 유대괴가 만년에 黟縣敎諭로 있었던 것을 가리킨다.

먹으면서 거의 살아갈 수 없을 정도로 궁핍하다. 오직 謝氏 누이만이 衣食이 조금 풍족하나 가정에 多難한 일들을 만나 하루도 편안히 지낸 적이 없었다. 남편 謝師其가 세상을 떠나자 우리 누이는 門戶를 유지하고 겨우 여섯 살 난 아들을 撫育하느라 두려워하고 근심하며 갖은 고생을 다 겪었는데, 이제 그 아들이 아내를 맞아 손자를 낳았다. 생질이 능히 자립하여 家產을 탕진하는 데 이르지 않았고 재물을 官府에 바쳐 장차 관리가 되려 하는데, 우리 누이는 나이 벌써 예순이다. 30년 전을 돌이켜 생각해보면 거센 바람, 성난 물결처럼 험난했던 세월이 흡사 꿈만 같다.

女弟三人은 長適同里方氏하고 次殷氏요 次謝氏니 皆吾父母所寶貴而憐惜之者라 三人之壻는 皆早世라 去年殷氏妹亦亡하고 其在方氏者는 雖未死나 而敝衣糲食하여 幾無以爲生이요 唯謝氏妹는 衣食粗足이나 而遭家多難하여 未嘗得一日安居라 其壻師其旣殂에 吾妹維持門戶하고 撫其孤纔六歲라 恐懼憂傷하여 備嘗艱苦러니 今其孤已受室生孫이라 甥能自立하여 不至蕩廢其產業하고 入貲將爲官할새 而吾妹年已六十矣라 回思三十年前에 驚風怒濤가 恍如夢寐로다

갑신년 5월 중순은 우리 누이의 수건을 걸었던 날[4]이다. 자손·친척·이웃 사람으로서 와서 장수를 頌祝하는 이들에 있어서는 다 술자리를 베풀고 잔치를 벌이건만 유독 우리 큰형님·둘째 형님·殷氏 누이만은 저승에 가서 그 자리에 오지 못하고 나는 또 직무에 매어 수백 리 밖에 있는 몸이라 가서 내 손으로 술 한 잔도 올리지 못하기에 이 글을 써서 생질에게 이르노라.

"이 술을 빚어서 만들어 장수를 돕는다[5]는 것은 옛사람들이 다 그렇게 하였다. 생질이 능히 어버이를 사랑하고 공경한다면 술자리를 베풀고 자손·친척·이웃 사람들을 초대하는 것도 또한 어버이를 사랑하고 공경하는 방도이다. 자기 어버이를 사랑하고 공경함으로써 남의 어버이에까지 그 사랑과 공경이 미치면,[6] 사람들이 이로 말미암아 나의 어버이를 사랑하고 공경할 터이니, 자손·친척·이웃 사람들

4) 수건을……날 : 여자의 생일을 말한다. 《禮記》 〈內則〉에 "자식이 태어났을 때 아들이면 대문 왼쪽에 활을 걸고, 딸이면 대문 오른쪽에 수건을 건다.〔子生 男子設弧于門左 女子設帨于門右〕"라 하였다.

5) 이……돕는다 : 《詩經》 〈豳風 七月〉에 "8월에 대추를 따고 10월에 벼를 수확하여 술을 빚어서 장수를 송축한다.〔八月剝棗 十月穫稻 爲此春酒 以介眉壽〕"라 하였다.

6) 자기……미치면 : 《孟子》 〈梁惠王 上〉에 "내 노인을 노인으로 섬겨서 남의 노인에게까지 미친다.〔老吾老 以及人之老〕"라 한 대목을 차용하였다.

이 와서 장수를 송축하게 되는 것도 또한 자기 어버이를 사랑하고 공경하는 방도이다. 지금 이후로 모친의 연세가 더욱 높아질 터이니, 자식이 봉양할 날은 더욱 기다리기 어려워질 것이다. 아들로서 의당 모친을 더욱 사랑하고 공경해야 할 것이니, 아들이 사랑하고 공경해주길 기대하는 모친의 마음이 더욱 절박할 것이다. '내가 손수 부지런히 일하고 내가 손수 갈대를 가져오고 내 물건을 물어 날라서 쌓느라 내 입이 모두 병든다.'[7]는 말을 謝氏 생질은 하루라도 잊을 수 있겠는가?"

甲申五月中旬은 爲吾妹設帨之辰이라 其在子姓姻親黨友來爲頌禱者에 皆得置酒高會로되 獨吾伯兄仲兄及殷氏妹는 九原不可復作하고 余又羈縻數百里外하여 未得手擧一觴일새 乃書以告其甥曰 爲此春酒하여 以介眉壽는 古之人皆然이라 甥能愛敬其親하면 則置酒以延子姓姻親黨友도 亦愛敬其親之道也라 愛敬其親하여 以及人之親이어든 而人因以愛敬吾親이리니 則子姓姻親黨友之來相頌禱도 亦愛敬其親之道也라 繼自今하여 親之年益高하리니 則子之養益難待라 子之愛敬其親이 宜有加니 而親待其子之愛敬이 乃益迫矣라 予所拮据요 予所捋荼(날도)요 予所蓄租요 予口卒瘏(도)를 謝氏甥은 其能一日忘哉라하노라

【論評】

한 조각 眞氣가 폐부로부터 흘러나오니, 단지 高古하고 심후하다는 것만 알 수 있을 뿐 그 경지에 남들은 도달할 수 없다.

一片眞氣가 從肺腑中流出하니 但見其高古深厚요 不可幾及이라

7) 내가……병든다 : ≪詩經≫ 〈豳風 鴟鴞〉에 "내 손을 부지런히 움직여 내 갈대를 가져오며 내 물건을 물어다 날라서 쌓느라 내 입이 모두 병든 것은 내 아직 집이 없어서였다.〔予手拮据 予將捋荼 予所蓄租 予口卒瘏 曰予未有室家〕"라 하였다. 이는 올빼미의 입장에서 하는 말을 옮긴 것이다. 올빼미가 부지런히 노력하여 둥지를 만드는 것으로 사람이 부지런히 노력하여 가정을 유지하는 것을 비유하였다.

40. 望溪先生에 대한 祭文　祭望溪先生文*

* 유대괴가 평소 존경하는 스승인 方苞에게 올린 제문이다. 방포의 經學과 강직한 인품, 탁월한 문장, 효성과 우애, 자신을 인정하고 이끌어준 은혜 및 고인과의 추억을 차례로 서술하면서 극도로 尊慕하는 정을 유감없이 보여준다.

슬프다
漢나라 이래로
학자들이 구구히 노력하여
六經의 道가 비록 열렸으나 황폐하거늘
공이 다스려 그 근저에까지 궁구하였으니
마치 저울로 무게를 잴 때
黍銖[1)]도 틀리지 않는 것과 같았습니다
≪春秋≫의 여러 傳들은
대개 기록이 서로 틀린 곳이 많거늘
공이 褒貶하여 정리하자
孔子의 생각이 다시 밝혀졌고[2)]
≪周官≫[3)]과 ≪士禮≫[4)]는

1) 黍銖 : 지극히 가벼운 무게 단위이다. ≪漢書≫ 〈律曆志 上〉에 "1龠에는 1200黍가 들어가고 무게는 12銖이다."라 하였다.
2) 春秋의……밝아졌고 : 方苞의 저술로 인해 ≪春秋≫를 저술한 孔子의 本意가 환히 밝혀졌다는 말이다. 방포의 저술로 ≪春秋比事目錄≫ 3권이 있다. '比事'는 褒貶한 史實들을 배열하는 것이다. ≪禮記≫ 〈經解〉에 "文辭를 엮고 사실을 배열함은 ≪춘추≫의 가르침이다.〔屬辭比事 春秋敎也〕"라 하였는데, 孔穎達의 疏에 "褒貶한 사실을 배열하는 것이 比事이다."라 하였다.
3) 周官 : ≪周禮≫의 이칭으로, 周나라 왕실의 官制를 기록한 책이다. 원래 명칭은 ≪周官≫ 또는 ≪周官經≫이었는데, 前漢 말엽에 이르러 禮經에 포함되면서 ≪주례≫라는 명칭을 얻게 되었다. 方苞의 저술로 ≪周官析疑≫ 36권·≪考工記析疑≫ 4권·≪周官辨≫ 1권·≪周官集註≫ 12권이 있다.
4) 士禮 : 前漢 때 학자 高堂生이 ≪士禮≫ 17편을 전수했는데, 이것이 지금의 ≪儀禮≫ 17편이다. ≪의례≫의 이칭으로 쓰인다. ≪禮記≫는 당초에는 ≪의례≫의 傳과 記라는 의미를 지닌 것으로, ≪禮經≫의 記란 말이었는데, 唐나라 때 ≪五經正義≫에 들어가면서 經의 지위를 받

오래 황폐한 채 두고 김매지 않았는데
璞을 깎아 옥을 꺼내자
虯珠가 환히 빛났습니다[5)]
그 저술의 한마디 말은
百世에 길이 믿을 만하니
闕里[6)]에 배향됨이
또한 마땅할 것입니다

嗚呼라 **漢氏以來**로 **群儒區區**하니 **六經之道**가 **雖闢而蕪**라 **惟公治之**하여 **究其根株**하니 **如受衡量**에 **不溢黍銖**로다 **春秋諸傳**은 **類多齟齬**어늘 **公比其事**에 **孔思昭蘇**요 **周官士禮**는 **久荒不鉏**러니 **斲璞出玉**에 **朗然虯珠**로다 **一言之立**이 **百世可孚**하니 **從祀闕里**가 **亦其宜與**인저

공이 품은 큰 뜻은
멀리 黃虞에 오르건만[7)]
젊어서는 고난이 많은 탓에
백에 하나도 뜻을 펴지 못했지요
만년에는 宗伯의 차관[8)]이 되어
날로 국가의 원대한 계책 올리니
시골 아동과 촌로들조차

아 三禮의 하나가 되었다. 방포의 저술로 ≪禮記析疑≫ 46권이 있다.

5) 璞을……빛났습니다 : ≪韓非子≫ 〈和氏〉에 실려 있는 和氏璧의 고사를 인용하였다. 춘추시대 楚나라의 卞和라는 사람이 荊山에서 옥의 원석인 璞을 발견하고 진귀한 보물이라 여겨 초나라 厲王에게 바치니, 여왕은 왕을 속였다고 하여 그의 왼발을 잘랐고, 그 뒤를 이은 武王도 거짓말로 의심하며 그의 오른발을 베었다. 文王이 즉위하자 변화가 박을 안고서 밤낮으로 피눈물을 흘리며 슬피 울기에 문왕이 玉人에게 원석을 깎아내니, 천하에 으뜸가는 寶玉인 화씨벽이 나왔다. 虯珠는 驪珠와 같은 말로 검은 용의 턱 밑에 있는 진귀한 구슬이다. ≪莊子≫ 〈列禦寇〉에 "천금의 값어치가 있는 구슬은 반드시 깊은 물속에 사는 검은 용의 턱 밑에 있다.〔夫千金之珠 必在九重之淵 而驪龍頷下〕"라 하였다.

6) 闕里 : 山東省 曲阜에 있는 마을로 孔子의 고향이다. 이곳에 공자의 사당인 孔廟가 있다.

7) 공이……오르건만 : 先秦 古經을 연구하고 정리하겠다는 큰 포부를 가졌다는 말이다. 黃虞는 상고의 제왕인 黃帝와 舜임금의 병칭이다. 虞는 순임금의 나라 이름이다.

8) 宗伯의 차관 : 宗伯은 禮部의 관직이다. 禮部尙書를 大宗伯 또는 종백이라 하고 禮部侍郞을 少宗伯이라 한다. 방포는 康熙 50년(1711)에 戴名世의 ≪南山集≫에 서문을 썼다는 이유로 연루되어 옥고를 치렀고, 그 후에 복권되어 관직이 예부시랑에 이르렀다.

발돋움하며 공을 기다렸건만
저 참소하는 자들은
공이 허위로 명성을 얻고자 한다 했으니
누가 실로 이러한 짓을 했는가
아아! 비루한 소인이로다[9)]
공은 그렇다 하더라도
백성들은 무슨 죄가 있는가[10)]
공은 大義를 창도하였거늘
사람들은 실정에 어둡다 하였지요
가장 공을 알아준 이는
高安의 相國 朱氏[11)]이니
슬프도다 저 세상 사람들은
겨우 공의 겉모습만 알았습니다
周나라 인사에 견주어 보면
子美[12)]와 夷吾[13)]와 같건만
끝까지 재능을 펴지 못했으니
누가 誣陷 때문이 아니라 하리오

公之懷抱는 邁登黃虞언만 少而多難하여 百不一攄러라 晩貳宗伯하여 日進訏謨하니 村童野老가

9) 누가……소인이로다 : 방포는 조정에서 곧잘 直言하여 폐단을 적발하였는데, 乾隆帝가 즉위한 뒤로 政敵들이 그를 공격하였고 건륭제는 그 말을 믿고 방포를 신임하지 않았다. 乾隆 4년(1739) 8월 丙子日에 御史 張湄가 大臣이 言路를 막고 있다고 탄핵하니, 황제가 이를 두고 "방포의 惡習에 물들어간다.〔漸染方苞惡習〕"라 한 일도 있다.(≪淸史稿≫ 〈高宗本紀〉) 방포는 성격이 강직하고 문장이 신랄한 탓에 만년에 정적들이 만들어내는 좋지 못한 소문 때문에 관직을 그만두고 낙향했다고 한다.

10) 공은……있는가 : 방포는 이러한 일은 대수롭지 않게 여길 수 있지만, 방포와 같은 사람이 政事에 참여하지 못하면 백성들이 불행히 그 恩澤을 입지 못한다는 말이다.

11) 高安의……朱氏 : 미상이다. 고안 사람으로 朱軾이란 인물이 있는데, 호가 可亭이고 관직이 尙書에 이르렀다. 주식이 ≪重訂禮記纂言≫이란 책을 저술하고 방포에게 굳이 부탁하여 서문을 받은 일이 있는 것으로 보아 이 사람일 수도 있다고 추측한다. ≪望溪集≫ 권6 〈重訂禮記纂言序〉 참조.

12) 子美 : 춘추시대 鄭나라의 명재상인 公孫僑의 자이다. 그의 다른 자는 子産, 또는 僑寓이다. 鄭子産으로 많이 일컬어진다.

13) 夷吾 : 춘추시대 齊나라 재상으로 桓公을 보좌하여 霸業을 이룬 管仲의 이름이다. 그의 자가 敬仲이라 관중이라 부른 것이다.

跛足以須리라 彼譖人者는 謂公釣譽하니 誰實爲此오 嗟嗟鄙夫로다 公則猶是어니와 民也何辜리오 公倡大義어늘 衆見爲迂로다 最知公者는 高安相朱니 慨彼世俗은 僅識公麤로다 擬之周士컨대 子美夷吾로되 申施未竟하니 孰謂非誣리오

문장으로 말하자면
공에게는 부차적인 일이지만
그러나 공이 지은 문장은
귀신이 감추고 펼친 것이었지요
六藝[14)]를 통째로 구워서
그 정수를 발라 먹었으니
높은 전당 제왕의 자리에
관을 바로 쓰고 단정히 앉은 격이었습니다
구름이 떠오르고 물이 솟는 듯
맑게 개어 화창한 날씨인 듯
魏晉[15)]을 아래로 굽어보아
마치 노예처럼 하찮게 여겼지요

至於文章하여는 乃公緖餘나 然其所爲는 鬼閟神敷라 燔剝六藝하여 炙刮膏腴하니 高堂黼座에 正冠危裾라 雲升水涌에 風日晴舒하니 卑視魏晉하여 有如隸奴로다

공의 부모에 대한 효성은
잠시도 잊은 적이 없었으니
모친의 상을 만났을 때
집에 돌아가지 못하고
藩府에 가 있으면서
관복을 걸치고 趨蹌하였기에[16)]

14) 六藝 : 六經의 이칭이다.
15) 魏晉 : 魏晉時代에 유행한 四六騈儷文을 가리킨다.
16) 모친의……趨蹌하였기에 : 藩府는 藩鎭과 같은 말로 변경에 설치한 軍鎭이다. 方苞는 康熙 50년(1711)에 戴名世의 ≪南山集≫에 서문을 썼다는 이유로 15개월 동안 獄苦를 치르다가

종신토록 슬픔을 품고서
피눈물을 줄줄 흘렸지요
형을 잘 섬겨서
우애와 禮가 아울러 지극했으니
형의 자식을 보살피는 정성이
자기 자식보다 더 지극했습니다
특히 붕우와의 사이에는
진정을 다하며 친밀하였고
의리로써 責勵하여
주저하지 않고 충고하였지요
한 마을에 사는 左丈[17)]과
한 마음으로 서로 절친하여
살아서나 죽어서나 늘
시종일관 우정이 변치 않았으니
그 사실은 글에 누차 보여
슬픈 심정을 이미 서술하였고[18)]
그의 사후에 손자까지도
공이 사랑하고 보살펴주었지요

公之孺慕는 **無間須臾**하니 **遭値母喪**하여 **不獲歸廬**라 **而於藩府**에 **纓佩以趨**하니 **抱痛一世**에 **泣血漣如**라 **善事其兄**하여 **情至禮俱**하니 **庇其兄子**가 **過於己雛**라 **尤於朋友**하여 **摧膈磨膚**하고 **相責以義**에 **言不囁嚅**라 **同里左丈**이 **一心相於**하여 **生闊死別**에 **終始不渝**라 **屢見於文**에 **哀情旣鋪**하고 **逮其孫子**하여 **眷眷呵嘘**라

康熙帝의 특명으로 석방되고 특혜를 받아 南書房에 들어간 뒤 매년 강희제를 따라 熱河의 行宮에 갔었는데, 이 시기에 방포의 모친이 죽었던 것으로 추정된다. 방포의 모친 吳氏는 방포의 나이 48세 때인 康熙 54년(1715) 12월에 죽었다.

17) 左丈 : 左待(1652~1720)를 가리킨다. 좌대는 자가 未生이고 左光斗의 손자이며, 桐城 사람이다. 좌대는 방포의 절친한 친구로 방포가 ≪南山集≫ 筆禍 사건으로 감옥에 갇혀 있을 때 방포를 그리워하며 걱정하였고, 康熙 58년(1719) 방포가 황제를 따라 熱河의 行宮에 가 있을 때에는 열하로 찾아와서 방포를 만나 잠시 머물다가 떠났다. 이때 좌대를 보내면서 방포가 써준 글이 〈送左未生南歸序〉이다.

18) 그……서술하였고 : 方苞가 쓴 〈祭左未生文〉·〈左未生墓誌銘〉을 말한다.

나(劉大櫆)와 같이 무능한 사람은
온 세상의 야유를 받거늘
공만 홀로 나를 돌아봐주어
메말라가는 나무를 땅에 심어
흙을 북돋우고 물을 주어서
꽃을 피우도록 해주었으며
손을 잡아주고 이끌어주어
굶주림을 면하게 해주었으며
인도하여 부축해주어서
혼몽한 정신을 일깨워주어
마침내 우둔한 나로 하여금
평탄한 길을 조금 알게 하였습니다

不材如櫆는 **擧世揶揄**어늘 **公獨左顧**하여 **栽植其枯**라 **雝之灌之**하여 **使之榮荂**(과)하며 **提之挈之**하여 **免於飢驅**라 **誘而掖之**하여 **振**〔聵〕19) **開愚**하여 **卒令頑鈍**으로 **稍識夷途**라

계축년이라 그해에
조명을 내려 鴻儒를 부르거늘
공이 나를 추천하셨기에
외람되이 竽를 연주하였지요[20]
저는 적은 녹봉 얻으려 했는데
제 생각보다 과분한 대우받으니
얼굴에 기쁜 기색이 움직였지만
식은땀이 흘러 등을 적셨습니다

19) 〔聵〕: 저본에는 글자가 훼손되어 판독이 어려우나, ≪劉大櫆集≫에 의거하여 '聵'로 보충하였다.

20) 외람되이……연주하였지요 : 무능한 사람이 녹봉을 받는 것을 비유한 말이다. 전국시대 齊나라 宣王이 사람들에게 竽라는 피리를 불게 하되 반드시 300명이 함께 불게 하였다. 南郭處士라는 사람은 竽를 불 줄도 모르면서 다른 樂工들과 같은 녹봉을 받으며 살다가 湣王 때에 가서는 한 사람씩 피리 불게 하자 남곽처사가 도망가고 말았다.(≪韓非子≫ 〈內儲說〉)

내가 과거에서 낙방할 때면
공은 언제나 기쁘지 않아
며칠 동안 시름에 잠긴 채
발을 구르며 길게 한숨 쉬셨지요
평생에 친하게 교유하던
이들을 일일이 헤어보건대
진실로 걸출한 인물이면
문득 앞길이 막히곤 했으니
어쩌면 저 하늘의 뜻이
진실로 사람과 다른 것인가요
저는 실로 몸을 움츠리고 물러나
기꺼이 泥塗[21]에 머물고자 했거늘
공의 염려를 끼쳐드린 것이
이 정도에 이르게 했단 말입니까

歲在癸丑에 **詔徵鴻儒**어늘 **公以楓應**하니 **瑟濫以竽**라 **我營薄祿**이러니 **過願所圖**라 **喜動於色**하되 **背汗有濡**라 **楓試而蹶**에 **公每不愉**하여 **愀然累日**에 **頓足長吁**러라 **歷數平生**에 **游好之徒**컨대 **苟其傑立**이면 **輒見次且**(자저)라 **豈彼蒼意**가 **固與人殊**아 **我實卷曲**하여 **分甘泥塗**어늘 **而厪公念**이 **乃至斯乎**아

공은 어린 시절에
갖은 고생을 겪었지만
감히 세월을 허비하지 않고
더욱 힘을 내어 글을 읽었지요
三禮를 저술하신 것은
반이 감옥에 계실 때였으니[22]
죽은 뒤에 그만둔지라[23]

---

21) 泥塗 : 진흙탕 길로, 宦路를 뜻하는 軒冕의 반대말이다. 〈答周君書〉 역주 1) 참조.
22) 三禮를……때였으니 : 三禮는 《儀禮》·《周禮》·《禮記》이다. 방포가 《南山集》 필화 사건에 연루되어 감옥에 갇혀 있을 禮書에 관한 저술을 하였다는 것이다. 본서 〈祭望溪先生文〉의 역주 3)·4) 참조.
23) 죽은……그만둔지라 : 曾子가 "선비는 弘毅하지 않아서는 안 되니, 책임이 무겁고 길이 멀다.

그 삶이 헛되지 않았습니다
공은 향리로 돌아온 뒤로
복건을 쓰고 홑가분한 옷차림이라
冶城의 북쪽에는
산도 있고 호수도 있었지요
물가에 바람 부는 정자에는
좋은 수목이 우거졌고
물결 위로 뛰어오르고 나와서 볕을 쬐는 것은
큰 거북이요 긴 물고기라
벗들과 모여 연회를 여는 한편
경서를 정리하는 일도 그만두지 않아
아홉 번 ≪士禮≫에 대해 저술해도
쌓인 의심을 다 없애지 못했기에
이제 열 번째 저술을 하느라
밤낮으로 부지런히 연구하시니
손꼽아보면 저술을 완성할 날이
응당 가을 초순에 있을 터였지요[24)]

當公少日하여 **備歷崎嶇**로되 **匪敢玩愒**하고 **愈勇讀書**러라 **其治三禮**가 **半在囚拘**하니 **死而後已**라 **其生不虛**로다 **公旣歸里**에 **幅巾袴襦**니 **冶城之北**에 **有山有湖**로다 **水亭風榭**에 **嘉木扶疎**하고 **跳波出曝**은 **穹龜長魚**라 **賓朋燕集**에 **不廢菑畬**(치여)하고 **九治士禮**에 **積疑未祛**라 **乃今十治**에 **早夜勤劬**하니 **屈指成就**가 **當在秋初**라

복사꽃이 곱게 피던 봄날
저를 데리고 봄놀이를 가셨을 때
누각의 계단을 오르면서

仁을 자기 임무로 삼으니 또한 무겁지 아니한가. 죽은 뒤에야 그만두니 또한 멀지 아니한가. 〔士不可以不弘毅 任重而道遠 仁以爲己任 不亦重乎 死而後已 不亦遠乎〕"라 하였다.(≪論語≫ 〈泰伯〉)

24) 아홉……터였지요 : ≪士禮≫는 ≪儀禮≫를 가리킨다. 方苞가 생애 마지막 해인 乾隆 14년(1749)에 ≪儀禮析疑≫를 완성하였다.

남의 부축을 받지 않으시기에
공의 근력이 강건하시니
백세는 넘길 수 있으리 여겼건만
어이 알았으랴 헤어진 뒤
다섯 달 만에 세상을 떠나실 줄
공이시여 어이 차마
저를 조금도 기다려주지 않으셨습니까

夭桃華灼에 **携我嬉娛**할새 **登樓拾級**에 **不賴人扶**라 **謂公矍鑠**(확삭)하니 **百年可逾**러니 **詎知背面**에 **五月而殂**리오 **公乎何忍 不我少需**오

슬프다
공의 명성과 덕망은 이미
海內를 두루 비추고 있으니
팔순의 고령의 연세에
오히려 무슨 근심이 있으리오
오직 평소에
제자들과 토론하셨는데
아무리 찾아도 보지 못하기에
이 때문에 슬피 탄식합니다
부디 흠향하소서

嗚呼라 **公之名德**은 **照耀海隅**하니 **年躋大耋**은 **尙何煩紆**아 **惟其平昔**에 **師友諮諏**러니 **望望不見**일새 **所爲欷歔**로다 **尙饗**하소서

【論評】

賢人을 존숭하는 의리와 知己에 대한 감회를 손 가는 대로 써 내려갔는데도 감정과 문장이 다 지극하다.

尊賢之義와 **知己之感**을 **信手敷輸**에 **情文備至**로다

41. 左繭齋에 대한 祭文　　祭左繭齋文*

* 左繭齋의 이름은 고찰하지 못하였다. 繭齋는 호일 것으로 추측된다. 견재는 이름이 알려지지 않은 향리의 士族임은 알 수 있다. 그는 明나라 말엽의 강직한 충신인 左光斗(1575~1625)의 후손으로 유대괴와 동향 사람이며, 유대괴보다 27세가 많은데도 유대괴의 탁월한 才德을 인정하여 許交하였다. 유대괴는 이 글에서 생전에 자기를 몹시 좋아하고 아껴준 고인과의 추억을 절절한 감정과 유려한 文彩로 서술하였다.

슬프다
군은 나보다 나이 많은 것이
스물하고도 일곱 살인데도
연치를 잊고서
나와 서로 어울렸지요
나와 군은 대대로 인척이니
군은 내게 아버지 연배인데도
그 연배를 꺾고서
나와 동년배처럼 사귀어주었으니
내가 어떻게 군에게 이런 대우를 받을 수 있었던가
어찌 내가 남보다 어질었기 때문이리오
또한 군이 허심탄회하게 善을 좋아했기에
그래서 남의 美醜를 따지지 않았던 것이지

嗚呼라 君之長於余者가 二十有七年이로되 而忘其年齒하여 以與余相後先이라 余與君世爲姻婣戚하니 君丈人行(항)이로되 而折其行(항)輩하여 以與余相頡亢하니 余何以得此於君哉아 豈余之能賢이리오 抑亦君之虛懷樂善이라 故不計人之媸姸이로다

옛날 熹宗 때에
간사한 환관이 권세를 부리거늘
그 광포한 예봉을 꺾으니
史官이 忠毅라 일컬었지[1)]
그 명성이 혁혁히 빛나니
군은 실로 그 후예로다
군의 할 바를 맘껏 할 수 있었다면
선대의 가업을 이을 수 있었으련만
외진 산골에서 늙으면서
詩歌나 읊으며 유유자적했으니
무릇 온축한 才德을 백에 하나도 펴지 못했어라

昔在熹宗에 **姦閹竊勢**어늘 **挫其狂鋒**하니 **史稱忠毅**라 **赫赫厥聲**하니 **君實其裔**라 **恣君所爲**인댄 **先業可繼**언만 **而老窮山**하여 **嘯歌適志**하니 **凡所蘊藏**을 **百不一試**로다

군은 산중에 있으면서
좌우로 도서를 쌓아두었으며
맑은 물이 흐르는 연못에는
우거진 연꽃이 어리어 비쳤어라
수양버들은 물가를 둘러싸고
물속에는 좋은 물고기들 노닐었으며
천 그루 큰 나무들이
집을 에워싸고 우거졌었지
온갖 아름다운 화초들을

1) 옛날……일컬었지 : 明나라 때 충신 左光斗(1575~1625)를 두고 말한 것이다. 좌광두는 자는 遺直·共之이고 호는 浮丘이다. 명나라 神宗 萬曆 35년(1607)에 進士가 되어 中書舍人에 제수되고 御史에 선발되었으며, 東林黨 六君子의 한 사람으로, 史可法의 스승이다. 天啓 4년(1624) 趙南星·楊漣·魏大中 등과 함께 상소하여 환관 魏忠賢(1568~1627)을 탄핵하였다가 이듬해 도리어 위충현의 誣告를 입고 투옥되어 고문을 받다가 옥사하였다. 그는 매우 강직하여 사람들이 鐵骨御史라 일컬었다. 毅宗 연간에 右都御史·太子少保에 추증되었고, 南明 弘光 연간에 忠毅라는 시호를 받았다.

뜰에 둘러 심어놓았으니
꽃들이 피는 날에는
마을에서 곱게 빛났어라
이에 친구들을 불러서
술을 내오고 나물을 안주 삼아
시가를 지어 부르면서
애오라지 스스로 즐겼지

君在山中에 左圖右書요 池水瀏瀏하여 映蔚芙蕖라 垂楊匝岸하고 潛有嘉魚하고 千章之木이 繞屋扶疎라 佳花異卉를 環植階除하니 花開之日에 照耀里閭라 呼召僚黨하여 薦酒陳蔬하여 作爲詩歌하여 聊以自娛러라

군이 시를 짓는 것은
명성을 얻고자 해서가 아니요
마음속 性情을 쏟아냄에
절로 높고 飄逸하였어라
그 수준은 古人과 앞을 다퉈
조금도 못하지 않다 할 정도니
깊고도 淡泊한 가운데
절로 향기로운 운치 나왔어라
마치 난초 떨기를
천 길 벼랑에 둔 것과 같이
천추만세에 길이길이
전해질 것임을 믿을 수 있도다

君之爲詩는 不求名聞이요 寫其衷情에 高騫逸運이라 與古爭長하여 較量分寸하니 玄淡之中에 自抒芳韻이라 如置崇蘭을 層崖千仞하니 千秋萬世에 傳其可信이라

나는 태어나 객지를 떠도느라
집 밖에 있는 날이 많았으니

군은 자주 나를 그리워했으나
어떻게 해볼 수 없는지라
내가 편지를 보내면
상자 속에 보관해두었다가
나를 보고파도 보지 못할 때
그 편지들을 반복해 읽었어라
내가 향리로 돌아올 때
군이 그 소식을 들으면
집에 도착하기도 전에
말을 달려 마중 나오곤 했지
나를 仁으로 가르쳐주고
나를 義로써 대해주었으며
잔 가득 술을 부어 마시면서
조용히 고담준론을 말하곤 했어라

我生飄泊하여 在外日多러니 君亟思我나 莫之如何라 我有致書어든 君黏在匱하여 思我不見에 循環誦讀이라 我之來歸에 君得聞知면 不俟安次하고 馬迎以馳라 誨我以仁하며 接我以義요 淋漓酒卮에 從容鴻議러라

올해 정월에
내가 군의 집에 갔더니
군은 여전 식사를 잘하시고
거동도 문제가 없었는데
내가 군에게 작별하고 돌아와
아직 반년도 채 되기 전에
어이하여 불행하게도
갑자기 세상을 떠났단 말인가
나에게 회포가 있으면
누구와 함께 얘기할 것이며

나에게 지은 글이 있으면
누구와 함께 토론하리오
나는 세상과 어긋나서
오직 군과 사귀었거늘
이제 이마저 빼앗아가다니
하늘이여, 무슨 죄가 있단 말인가

今年正月에 **我詣君家**하니 **君猶健飯**하고 **動履無差**라 **我告君歸**하여 **未及半歲**에 **如何不淑**하여 **而遽長逝**오 **我有懷抱**면 **誰與同傾**이며 **我有文章**이면 **誰與譏評**이리오 **我與世違**하여 **惟君交契**어늘 **而又奪之**하니 **天乎何罪**오

예전에 군이 살아 계실 때
언론을 들어내지는 않았지만
소인은 군을 두려워하였고
군자는 군을 가까이하였었지
이제 군이 세상을 떠난 뒤에는
그나마 이 향리 사람들이지만
바른 법도를 지키는 이들은
더불어 어울릴 사람이 없고
경박하여 서로 추켜세우는 자들은
감화시켜줄 어른이 없도다

昔君之存에 **不著言論**이나 **然小人以爲可憚**이요 **而君子以爲可親**이로다 **今君之沒**은 **猶此鄕隣**이나 **然規繩自守者**는 **無與爲徒侶**요 **而輕儇相尙者**는 **無與爲陶甄**이로다

슬프다
군의 행실은
허물이 없다 할 만하고
지은 詩作들도
후세에 전할 만하며

연세 여든일곱이니
上壽라 할 만한 데다
자손들이 줄줄이 나와서
대대로 忠厚한 가풍 이으니
하늘에 무슨 유감이 있으리오
그런데도 내가 痛恨하는 것은
오로지 인척의 정이요
오랜 知己이기 때문이지
생각건대 군을 다시는 못 볼 터이니
나는 장차 누구를 의지할거나

嗚呼라 君之制行은 可謂無咎요 其於詩歌에 可用不朽라 年八十七이니 可稱上壽요 而子孫繩繩하여 世濟其忠厚하니 何憾於天이리오 而爲之疾首는 惟其婚親之情이요 久故之知라 念君之不可再見하니 而余將疇依오

【論評】

정과 문장이 아름다우니, 거침없이 내달리는 붓끝을 막을 수 없도다.

情文斐亹(미)하니 奔赴筆端을 不可抑遏이라

42. 張十二郎에 대한 祭文　祭張十二郎文*

* 장십이랑은 張若盼이니, 유대괴에게 글을 배운 지 겨우 여섯 달 만에 아홉 살의 어린 나이로 죽었다. 짧은 글 속에 어린 나이에 요절한 제자를 보내는 안타깝고 슬픈 심정이 잘 드러나 있다. 본서 〈下殤子張十二郎壙銘〉 참조.

슬프다!

너는 이제 어린 나이이거늘 갑자기 죽어 종전의 형체를 보전하지 못하게 될 줄 누가 생각이나 했으랴.

하늘이 진실로 너를 이렇게 살고 말도록 하려 했다면 차라리 태어나지 말게 하느니만 못했을 것이다.

嗚呼라 **孰謂汝方在蒙養也**어늘 **而忽焉影削**하여 **不保其向聚之形**이리오 **天固將使汝若斯而已**인댄 **不如無生**이라

슬프다!

너는 나와 師弟의 관계를 맺은 지 채 한 해도 못 되었는데 나를 버리고 떠나 나로 하여금 홀로 외롭게 남아 너를 잊지 못하게 하는구나.

嗚呼라 **惟汝於我**에 **師弟之分**이 **蓋猶未及乎周歲**어늘 **而遂捨我以去**하여 **使我獨處之煢煢**이라

슬프다, 이제 그만이로다! 너와 영영 이별하는구나. 내가 말하는 것을 너는 능히 듣느냐?

嗚呼已矣라 **與汝永隔矣**로다 **我言之**어늘 **而汝其能聽**가

【論評】

말이 합당하고 簡約하다.

言當則簡이라

姚姬傳文鈔

제4권 姚姬傳文鈔

01. 范蠡[1)]에 대한 論 范蠡論*

*이 글은 범려의 둘째 아들이 楚나라의 옥에 갇혀 죽게 되었을 때의 일을 논하여서 범려라는 인물에 대해 평한 것이다. 범려에 대한 일반적인 평가를 뒤집고, 범려의 잔인하고 각박한 행실이 교유관계에도 영향을 미쳐 결국 아들을 구제하지 못하는 화를 불러들인 것임을 밝혔다.

范蠡의 아들이 사람을 죽여서 楚나라에 붙잡혀 있었는데, 범려가 막내아들로 하여금 친분이 있던 초나라 莊生에게 千金을 가지고 가서 구제하도록 하였다. 그 큰아들이 가기를 청하자 허락하지 않았는데, 그 후에 큰아들이 마침내 굳이 가겠다고 청하여 갔다. 이에 장생이 이로 인하여 조정에 들어가 楚王을 조현하고서 설득하여 사면하도록 하니, 범려의 큰아들이 초왕이 장차 사면령을 내릴 것이라는 소식을 듣고서는 아우가 진실로 살 수 있게 되었다고 하여, 장생의 집에 들어가서 다시 천금을 취하여 떠났다. 그러자 장생이 노하여 마침내 초왕을 설득하여 그 아

1) 范蠡 : 중국 춘추시대 越나라의 대신이자 모략가로, 자는 少伯이다. 본래 楚나라 사람이었으나 월나라로 가서 句踐을 섬겼다. 구천이 吳나라 왕 夫差와 會稽山에서 싸우다가 패하자, 그를 도와 부차를 패망시켜 會稽의 치욕을 씻게 하였는데, 오나라를 멸망시키고 난 뒤에 구천을 맹주로서 섬길 만한 왕이 아니라고 생각하여 가족을 데리고 떠났다. 이후 범려는 齊나라에 가서 鴟夷子皮라고 성명을 바꾸고 재산을 모았는데 제나라에서 그를 재상으로 삼으려 하자 재물을 사람들에게 나누어주고 다시 陶나라로 가서 재산을 모았고, 스스로를 陶朱公이라 칭하였다. 그는 도나라에서 막내아들을 낳았는데, 막내아들이 장성할 무렵 둘째 아들이 사람을 죽여 초나라의 옥에 갇혔다. 도주공은 "사람을 죽였으니 죽는 것이 도리에 맞다. 그러나 내가 듣자하니 천금을 가진 집의 자식은 저잣거리에서 죽지 않는다고 한다."라고 하고는 막내아들에게 천금을 주어 초나라에 보내려고 하였는데, 큰아들이 한사코 자신이 간다고 나서는 바람에 도주공은 큰아들에게 자신의 오랜 친구인 莊生에게 편지를 써서 천금과 함께 전해달라고 부탁하였다. 장생은 천금을 받고는 일이 끝난 뒤 다시 돌려주어 신의를 보이려고 하였으며, 楚王을 설득하여 사면령을 내리게 하고자 하였으나, 이 소식을 들은 큰아들은 장생의 공인 줄 모른 채 다시 찾아와서 장생으로부터 천금을 받아갔다. 장생은 모욕을 당한 것이 부끄러워 다시 초왕에게 말하여 도주공의 둘째 아들을 죽게 만들었고, 큰아들은 결국 동생의 시신을 가지고 돌아가니, 도주공은 막내를 본래 보내고자 하였던 것은 부유하게 자라 재물을 버릴 수 있었기 때문이라고 하면서, 어렸을 때에 고생하고 자라 재물을 버리지 못하는 큰아들이 동생을 결국 죽게 한 것이라고 하였다.(≪史記≫ 권41 〈越王句踐世家〉)

우를 논좌하여 죽였다. 사람들이 이로써 범려가 애초에 그의 큰아들을 보내지 않으려고 했던 것은 지혜로운 판단이었다고 일컫는데, 君子의 입장에서 본다면 범려는 진실로 결코 지혜롭지 못하였다.

范蠡之子殺人하여 **繫于楚**어늘 **蠡令其少子行千金於所善楚莊生**하여 **救之**라 **其長子請行**에 **不許**라가 **其後卒强以行**이라 **於是**에 **莊生因爲入朝楚王而說之赦**하니 **蠡長子聞楚將赦**하여 **謂弟固可活矣**라하여 **入莊生家**하여 **復取金去**하니 **莊生怒**하여 **竟說楚王論殺其弟**라 **人以此稱蠡始不欲遣其長子爲知也**하니 **自君子觀之**컨대 **蠡固未嘗知也**라

比之蹇에 "사람답지 않은 사람과 친하게 지낸다."라고 하였고,[2] 隨之震에 "善에 진실하니 길하다."라고 하였으니,[3] 무릇 사람답지 않은 사람과 친하게 지내면서 선에 진실한 길함을 바란다면 이것이 가하겠는가. 내가 보건대 莊生은 어진 사람이 아니었다. 그 좁은 마음이 저잣거리의 小人들의 생각과도 다를 바가 없거늘, 범려가 도리어 자식의 목숨을 맡겼으니, 어찌 지혜롭다 할 수 있으리오. 범려의 아들이 장생에게 천금을 드릴 때 장생이 만일 과연 받고 싶지 않았다면 물리치는 것이 옳았고, 이미 끝내 돌려주려고 생각했었다면 비록 가지고 갔다고 하더라도 어찌 거리낄 것이 있었겠는가. 장생이 '범려의 아들을 구제해주었으나 그 집안에서 은혜롭게 여기지 않으니 좋은 평판이 될 수가 없다.'고 여겼고, 또 자신은 힘써 남을 위하다가 도리어 남에게 홀대를 받은 것에 분개하였다. 그러므로 후대하며 교유하던 벗의 부탁을 받았으나 아랑곳하지 않고서 반드시 술수로써 그 아들을 죽게 하였으니, 아, 너무 심하였도다.

比之蹇에 **曰 比之匪人**이라하고 **隨之震**에 **曰 孚於嘉吉**이라하니 **夫以匪人之比而望嘉孚之吉**이 **其可乎**아 **吾觀莊生**은 **非賢者也**라 **其褊心**이 **與市井小人之爲慮**로 **無以異**어늘 **而蠡顧以其子之命委之**하니 **烏得知**리오 **方蠡子之進金莊生也**하여 **如果不欲受**면 **卻之可也**요 **旣思終還之**면 **則雖爲取去**라도 **奚嫌焉**이리오 **蓋生以爲救蠡之子**로되 **而其家不見德**하니 **則不足以爲名**이요 **又忿己以力爲人**이라가 **而反爲人所易**(이)라 **故**로 **雖當其厚友之託**하여도 **不顧而必以術**로 **殺其子**하니 **噫**라

2) 比之蹇에……하였고 : 比卦에서 蹇卦로 변할 때는 六三인 음효가 변하여 九三인 양효가 되므로, 比卦 六三의 효사를 인용하였다.
3) 隨之震에……하였으니 : 隨卦에서 震卦로 변할 때는 九五인 양효가 변하여 六五인 음효가 되므로, 隨卦 九五의 효사를 인용하였다.

抑甚矣로다

郈邑의 成子가 衛나라에 들렀을 때에 右宰 穀臣이 그를 대접하고 자신의 처자식을 부탁하고자 하였으나 말하지 못하였는데, 곡신이 죽자 성자가 곡신의 처자식을 맞이하여 집을 나누어서 살게 하였으며,[4] 晉나라 叔向이 옥에 갇혔을 때에 祁奚가 역말을 타고 달려가서 范宣子를 만나 말을 해서 그를 꺼내주고는 숙향을 만나보지도 않고서 돌아갔다.[5] 무릇 남의 일을 받으면 그 사람이 살든 죽든 간에 그 뜻을 변하지 않아야 하고, 사람의 환난을 서둘러 구해주되 이것이 명성이 높아지기를 위하는 것이 아닌 것은, 이는 진실로 옛 賢人君子들이 하였던 바이다. 범려는 도리어 이것을 장생에게 기대하였고, 자식이 살아 돌아오지 못하게 되었을 때에 이르러서 큰아들이 초래한 일이라고 하였으니, 어쩌면 그리도 잘못되었단 말인가.

郈成子過衛할새 **右宰穀臣饗之**하고 **欲託以其孥而未言**이러니 **及穀臣死**하여 **迎其妻子**하여 **分宅而居之**하며 **晉叔向繫獄**에 **祁奚乘馹見范宣子**하여 **言而出之**하고 **不見叔向而歸**하니 **夫受人之事**면 **則死生不以變其志**요 **急人之難**에 **而非爲名高**는 **此固古賢人君子所爲**어늘 **而蠡乃以望於莊生**하고 **及其不得反**하여 **以爲其長子致之**하니 **何其謬也**오

더구나 범려가 당일에 즉시 막내아들을 보내어 楚나라에 가게 하였더라도 초나라에 갇힌 그 아들을 또한 필시 구할 수 없었을 것이다. 어째서 그렇겠는가. 큰아들은 태어날 때부터 가난하였으니 인색하여 재물을 귀하게 여겼고, 막내아들은 장성해서 부유하였으니 또한 교만하여 선비를 경시하였을 것이다. 지금 부귀한 집안에서 자란 자식으로 하여금 가난한 선비를 홀대하면서 지휘하여서 부렸다면, 비록 후한 이익을 준다 하더라도 달게 받지 않을 터이다. 하물며 莊生처럼 마음이 좁고

---

4) 郈邑의……하였으며 : 춘추시대 魯나라 郈邑의 成子가 그의 절친한 벗인 衛나라 右宰 穀臣이 난리에 죽자, 곡신의 처자식을 데려가서 자기 집 한쪽을 나눠주고 곁에서 살게 하였다고 한다.(≪孔叢子≫ 卷中)

5) 晉나라……돌아갔다 : 晉나라의 대부 叔向의 동생 羊舌虎가 난리를 꾸미다가 실패하자 숙향도 잡혀갔다. 집안 식구들이 걱정하자 숙향이 말하기를, "우리를 구원해줄 사람은 반드시 祁大夫(祁奚)일 것이다. 그는 밖으로 천거할 적에는 원수도 버리지 않고 안으로 천거할 적에는 친자식을 버리지 않았으니, 나만을 버리겠는가?"라고 하였다. 기해는 致仕해 있다가 숙향의 소식을 듣고는 급히 말을 달려, 집권하고 있던 范宣子를 만나 숙향의 어짊을 말하여 사면하게 한 다음 숙향을 만나보지도 않고 갔으며, 숙향 역시 사례하지 않았다고 한다.(≪春秋左氏傳≫ 襄公 21년)

시기심이 많아 잔인함을 품고서 작은 원한을 보복하는 이에게 소년의 경솔하고 방자한 기세까지 더 부렸다면 범려의 아들이 더욱 위태롭지 않았겠는가.

且蠡當日卽令遣其少子如楚라도 而其子之囚於楚者를 亦必不可救니 何則고 長子生而貧하니 則嗇而貴財요 少子長而富하니 則亦驕而輕士라 今使膏粱之子로 忽視貧士하여 指麾而爲之用이면 則雖予之厚利라도 而不甘이온 況以莊生之褊心多忌하여 挾殘忍以報睚眦로 設以少年輕肆之氣乘之면 蠡之子不愈危哉아

일찍이 범려의 행실을 살펴보건대 越나라의 재상이 되었을 때에 도모한 것들이 모두 사특하고 음험한 모략이었고, 월나라가 吳나라를 격파하였을 때에 오나라가 위급하게 여겨 화친을 구하였는데 句踐은 이를 허락하고자 하였으나 유독 범려가 불가하다고 하여 굳이 서둘러 죽이고자 하였으니, 그 뜻이 또한 잔인하다 하겠다. 무릇 물가의 얕은 물에는 상어와 다랑어와 같은 큰 물고기가 노닐지 못하며, 풀만 무성한 곳에는 범과 표범 같은 짐승이 살지 못하며, 조석으로 변하는 벗은 君子가 함께하지 않는 법이다. 그러므로 반드시 內行이 갖추어진 뒤에 천하의 선비를 벗할 수 있고, 천하의 선비를 벗한 뒤에 그를 위하여 도모하면 忠信하여 사사롭지 않으며 일을 당하면 이해에 따라서 바뀌지 않게 된다. 그러므로 군자는 행실을 닦는 것을 중히 여기고 교유할 이를 가려 사귀는 것을 귀하게 여기니, 범려가 한 일이 잔인하고 각박하여 그 일이 오직 장생과 서로 비슷하였다. 그를 어질게 여겨 든든하게 믿고 의지하고자 했던 것이 당연하니, 자신이 그 화를 입을 줄을 어찌 알았겠는가.

嘗考范蠡之行컨대 當其相越하여 所圖皆傾險之謀요 及越破吳하여 吳危急而求成이어늘 句踐欲許로되 獨蠡不可하여 而必亟斃之하니 其意蓋亦忍矣라 夫涘頻之水에 鱣鮪不游요 離靡之草에 虎豹不居요 旦暮之交는 君子弗與라 故로 必內行備而後可友天下之士요 友天下之士而后爲之謀하면 則忠信而不私하며 當其事則利害而不渝라 故로 君子重修身而貴擇交하니 而蠡之所爲가 殘忍刻薄하여 其事獨與莊生者相近이니 宜其心賢之하여 而欲倚以爲重也니 而豈知身受其禍也哉리오

02. 伍子胥에 대한 論　伍子胥論*

* 伍子胥는 춘추시대 楚나라의 大夫 伍員으로, 子胥는 그의 字이다. 오원은 楚 平王의 太傅였던 아버지 伍奢가 간신 費無忌의 참언으로 살해당하자, 吳나라로 망명하여 吳王 闔閭를 도와 오나라를 강대국으로 키우고 아버지의 원수를 갚았으나, 합려의 아들 夫差 때에 이르러 모함을 받아 자결하였다. 이 글은 오자서가 오나라에서 버림받았을 때 떠나지 않고 간하다가 죽은 까닭을 밝힌 史論으로, 오자서가 오나라에 남아 결국 죽게 된 것은 그렇게 하는 것이 그 마음에 편안한 바였기 때문임을 역설하였다.

예전에 樂毅는 燕나라에서, 伍子胥는 吳나라에서 모두 先王(燕 昭王과 吳王 闔閭)의 때에 임무를 받았는데 嗣子(燕 惠王과 吳王 夫差)가 자신을 버리자 이에 악의는 마침내 초연히 멀리 떠났거늘 오자서는 도리어 연연하여 떠나지 못하다가 결국 오나라에서 간하다가 죽은 것[1]을 이상하게 여긴 적이 있으니, 이처럼 다른 것은 어째서인가. 대개 옛날에 이른바 忠臣의 행동은 반드시 그 마음이 편안히 여기는 바를 헤아린 뒤에 행한다는 것이니,[2] 구차히 명분과 의리에 가탁하여 이로써 자처하여 실행하는 것이 옳은 것이 아니다.

昔者에 **嘗怪樂毅之於燕**과 **伍子胥之於吳**에 **皆以受任於先君之時**하되 **及至嗣子棄之**하여는 **於是**에 **毅遂超然遠引**이어늘 **而子胥乃戀戀不去**라가 **終以諫死于吳**하니 **若是之不同**은 **何也**오 **蓋古**

1) 樂毅는……것 : 樂毅는 전국시대 燕나라의 武將으로, 燕 昭王의 신임을 받아 趙나라, 楚나라, 韓나라, 魏나라, 燕나라의 군사를 이끌고 齊나라를 토벌하여 前代의 패배를 설욕하였다. 그 후 昭王이 죽고 惠王이 즉위하자 齊나라 田單의 이간책으로 죄를 입고 趙나라로 달아났다. (≪史記≫ 〈樂毅列傳〉) 伍子胥는 吳王 闔閭를 도와 楚나라를 함락시켜 私怨을 갚고 吳나라를 강대국으로 발전시켰으나, 합려의 아들 夫差 때에 越나라를 공격해야 한다고 수차례 간하였다가 월나라의 이간책과 伯嚭의 참소를 입고 자결하였다.(≪史記≫ 〈伍子胥列傳〉)

2) 忠臣의……것이니 : ≪書經≫ 〈商書 微子〉 제9장 蔡沈의 註에 "孔子가 '殷나라에 세 仁者가 있었다.' 하였으니, 세 사람의 행실이 비록 같지 않으나 모두 天理의 올바름에서 나와 각각 그 마음에 편안히 여기는 바를 얻었다. 그러므로 孔子가 모두 仁으로 허여한 것이다.〔孔子曰 殷有三仁焉 三人之行 雖不同 而皆出乎天理之正 各得其心之所安 故孔子皆許之以仁〕" 하였다.

所謂忠臣之行은 **必度**(탁)**其心之所安而後爲**니 **非以苟託於名義**하여 **以自居而遂**가 **可也**라

저 악의가 燕나라에서 벼슬할 때 맡은 바는 군대의 일일 따름이니, 惠王이 죽고 兵權을 빼앗겼을 때 악의가 비록 연나라에 머물렀더라도 진실로 할 수 있는 일이 없었다.

오자서가 楚나라와 鄭나라의 교외에서 곤욕을 당할 때에 江海의 사이를 떠돌다가 草野의 사이에서 吳光[3]과 結交하여 하루아침에 吳나라를 攝政하여 그 형세를 타고서 마침내 임금과 신하가 서로 의지하여 아버지의 원수를 갚고 천하에 임금의 이름을 이루었으니, 오자서가 오나라와 서로 뜻이 맞은 것은 마치 父子나 手足과 같았다. 伍員(오자서)은 비록 무질서하게 사람을 모아 起兵하였으나 기실 世家의 후예로서 나라와 安樂과 憂患을 함께하는 자[4]들과 같았다. 내 생각으로는 闔廬가 죽을 때 반드시 오나라를 오자서에게 맡기고, 오자서도 틀림없이 慨然히 이를 맡아 사양하지 않았으리니, 오자서의 마음은 바야흐로 '先王의 은혜를 받고 社稷의 중대함을 맡아 輔弼하는 임무를 다할 것을 생각하여 비록 버려질지라도 차마 스스로 오나라를 멀리할 수는 없다.'라고 생각하고, 夫差가 끝내 고집을 부리고 뉘우치지 않아 마침내 자기 몸을 죽이면서도 다시 살필 줄을 모르리라고는 예상하지 못하였을 것이다.

설령 오자서가 누차 간하여도 받아들여지지 않던 때에 즉시 몸을 빼어 나라를 떠났다면 또한 누가 비난할 수 있겠는가. 그런데 악의의 편지에 심지어 "오자서는 임금의 도량이 같지 않다는 것을 몰랐다."[5] 하니, 이는 그 행동이 실로 천하의 기

---

3) 吳光 : 吳王 闔閭를 가리킨다. 합려는 성은 姬이고 씨는 吳이고 이름은 光이다. 闔廬로도 쓴다.

4) 世家의……자 : 여러 대에 걸쳐 중요한 지위에 있으면서 나라와 운명을 함께하는 신하인 喬木世臣을 이른다. ≪孟子≫ 〈梁惠王 下〉에 "이른바 故國이라는 것은 喬木이 있음을 말하는 것이 아니요, 世臣이 있음을 말하는 것이다.〔所謂故國者 非謂有喬木之謂也 有世臣之謂也〕" 하였는데, 朱熹의 註에 "世臣은 여러 대에 걸쳐 勳功이 있는 신하이니, 나라와 休戚을 함께하는 자이다.〔世臣 累世勳舊之臣 與國同休戚者也〕" 하였다.

5) 오자서는……몰랐다 : 燕 惠王이 趙나라에 투항한 것을 꾸짖고 아울러 사과의 말을 전하는 편지를 樂毅에게 보내자, 악의의 答書에 "吳王(夫差)은 伍子胥가 앞서 간한 것으로 공을 세울 수 있다는 것을 깨닫지 못하였기 때문에 오자서를 강물에 던지면서도 뉘우치지 못했고, 오자서는 임금의 도량이 같지 않다는 것을 일찍부터 알지 못하였으므로 강물에 던져지는 지경에 이르러서도 생각을 바꾸지 않았습니다.〔吳王不寤先論之可以立功 故沈子胥而不悔 子胥不蚤見主之不同量 是以 至於入江而不化〕" 하였다.(≪史記≫ 권80 〈樂毅列傳〉)

롱거리가 됨을 면치 못한 것이다. 그러나 오자서가 끝내 저것으로 이것을 바꾸려 하지 않은 것[6]은 대개 저것은 단지 오자서의 마음에 만족스러워 유감이 없기를 추구하였기 때문이지, 어찌 자신이 한 일을 가지고 많은 사람의 입에 의하여 잘한 것으로 밝히고자 해서였겠는가.

今夫毅之仕燕也에 **所任者**는 **軍旅之事耳**니 **惠王死而兵權奪**에 **毅雖留**라도 **固無可爲矣**라 **當伍子胥困屈楚鄭之郊**하여 **飄搖江海之間**이라가 **結吳光于草野之際**하여 **一旦攝吳國而乘之**하여 **卒以君臣相倚**하여 **報父仇而成君之名于天下**하니 **其與吳相得**이 **如父子手足**이라 **員雖鳥集起事**나 **而其實與世胄同國休戚者等**하니 **吾意闔廬之死也**에 **必以吳託之子胥**요 **子胥亦必慨然任而不辭**니 **子胥之心**은 **方以爲受先君之恩**하고 **寄社稷之重**하여 **思盡其輔弼之任**하여 **雖播棄**라도 **而不忍自疏**요 **而不料夫差之終愎不悛**하여 **遂泯絶其身而莫之復省也**라 **設令子胥于驟諫不用之時**에 **卽引身去國**이면 **人亦誰得而議之**오 **而樂毅之書**에 **至謂子胥不知主之不同量**이라하니 **是其行固不免爲天下之所譏**어늘 **而子胥終不肯以彼易此者**는 **蓋彼徒以求其心之慊然而無憾者**니 **夫豈以行事求白於衆多之口也哉**아

혹자는 말하기를 "오자서가 부차에게 간할 때 季札이 조정에 함께 서 있었으니, 季子(季札)는 오나라와 친밀한데도 도리어 諫하다가 죽지 않은 것은 어째서인가." 한다. 대개 諸樊과 戴吳(餘祭) 때부터 王位를 계자에게 전하고자 하였고[7] 계자 또한 어짊으로 민심을 얻었으니, 저 부차라는 사람은 계자를 매우 꺼리어 멀리하였다. 微子 啓는 帝乙의 長子인데 紂王에 대하여 의심하거늘 주왕이 그를 소원히 대하므로 祭器를 가지고 周나라로 가서 商나라의 제사를 받들었다.[8] 미자와 계찰이 諫하지 않은 것은 諫할 수 없는 상황임을 알고서 제 몸으로써 宗祀를 보존한 것이

---

6) 저것으로……것 : '이것'은 吳나라를 떠나지 않고 남아 諫한 것이고, '저것'은 천하의 기롱거리가 되는 것이다. 즉, 천하의 기롱거리가 될 줄 알면서도 吳나라에 남아 충성을 바친 것을 이른다.

7) 대개……하였고 : 諸樊, 餘祭, 季札은 모두 춘추전국시대 吳나라의 제후인 壽夢의 아들이다. 수몽은 넷째 아들 계찰이 어질다 하여 왕위를 잇게 하려 했으나, 계찰이 사양하여 長子 제번이 왕위를 계승하였고, 제번이 죽자 둘째 여제가 왕위를 계승하였다.(≪史記≫ 권31 〈吳太伯世家〉)

8) 微子……받들었다 : 微子 啓는 商나라의 왕 帝乙의 長子인데 후궁이었던 紂王의 생모가 정실이 되면서 이복동생인 紂王에게 왕위를 양보하였다. 미자는 紂王에게 학정을 멈출 것을 여러 차례 간하였으나 받아들여지지 않자, 商나라에서 천명이 떠난 것을 알고 祭器를 가지고 周나라에 투항하였다.

요, 伍員이 諫한 것은 옛 은혜를 믿고 임금이 한 번 깨우치기를 바란 것이다. 그런데 柳宗元은 도리어 좇아서 오자서를 비난하여 "오나라의 親屬이 아니니 諫하다가 죽은 것은 지나치다."[9] 하니, 저 유종원이 말한 친속인 자들은 진실로 마땅히 죽어야 한다면 죽지 않은 미자와 계찰 같은 이들은 또 어찌 친속이 아니란 말인가.

或曰 子胥之諫夫差에 **其時季札與同立于朝**하니 **季子親于吳**어늘 **而反不以諫死**는 **何耶**오 **蓋自諸樊戴吳**로 **欲以位傳季子**요 **而季子又以賢得民**하니 **彼夫差者忌而遠之**가 **甚矣**라 **微子啓**는 **帝乙之長子也**니 **疑于紂**어늘 **而紂疏之**라 **故**로 **抱器適周**하여 **而奉商祀**라 **微子季札之不諫**은 **知不可諫**하여 **而以身存宗也**요 **伍員之諫**은 **恃夙昔之恩**하여 **而冀君之一悟也**어늘 **而柳宗元乃從而非之**하여 **以爲非吳親屬**이니 **諫死爲過**라하니 **夫彼謂爲親屬者**가 **固宜死也**하니 **而微子季札之不死**가 **又豈非親屬者哉**아

9) 오나라의……지나치다 : 柳宗元은 〈非國語 下〉에서 伍子胥가 吳나라의 가까운 친족이 아니면서도 夫差와 이미 뜻이 맞지 않고 諫言을 올리면 讒訴만 입는 상황에서 오나라를 떠나지 않고 남아 자결한 것을 비판하였다.

03. 李斯에 대한 論　李斯論*

*李斯는 秦 始皇을 도와 천하를 통일하고 제국의 기초를 다진 인물로, 일찍이 楚나라 荀卿의 제자였는데 훗날 秦나라의 재상이 되었다. 이 글은 蘇軾의 〈荀卿論〉에 나오는 "이사는 순경의 학설로 천하를 어지럽혔다."라는 말을 반박한 史論이다. 이 글에서 요내는 이사가 순경의 학설로 천하를 어지럽힌 것이 아니라 오히려 순경의 학술을 버리고 時尙을 좇았다는 점을 부각하였다.

蘇子瞻(蘇軾)이 "李斯는 荀卿의 학설로 천하를 어지럽혔다." 하니,[1] 이는 그렇지 않다. 秦나라가 천하의 법을 어지럽힌 것은 이사를 기다릴 것이 없었고, 이사 또한 일찍이 순경의 학설로 진나라를 섬긴 적이 없었다.

蘇子瞻謂李斯는 **以荀卿之學**으로 **亂天下**라하니 **是不然**이라 **秦之亂天下之法**은 **無待于李斯**요 **斯亦未嘗以其學事秦**이라

秦나라 중엽을 당하여 孝公이 즉위하여 商鞅을 임용하니, 상앙이 효공으로 하여금 詩書를 불사르고 법령을 밝히고 告坐의 罪[2]를 만들고 遊宦[3]하는 사람을 막게 하였다. 진나라의 지형이 편리한 것을 이용하고 상앙의 법을 써서 부강해진 지 여러 대 만에 제후국을 겸병하여 始皇에 이르니, 시황의 때에는 상앙이 이루어놓은 법을 한결같이 쓸 따름이었다. 비록 이사가 이를 조장하여 그 편리함을 말하여 진

1) 蘇子瞻(蘇軾)이……하니 : 蘇軾의 〈荀卿論〉에 "荀卿이 王道를 밝히고 禮樂을 기술하였는데 李斯가 순경의 학설로 천하를 어지럽혔으니, 순경의 高談과 異論이 이사를 격동시킴이 있었던 것이다.〔荀卿明王道 述禮樂 而李斯以其學亂天下 其高談異論 有以激之也〕" 하였다.

2) 告坐의 罪 : 백성을 열 집이나 다섯 집씩 묶어 죄를 범한 일이 있으면 서로 고발하게 하고, 고발하지 않을 경우 연좌한 법을 말한다. ≪韓非子≫ 〈和氏〉에 "商君(商鞅)이 秦 孝公으로 하여금 열 집이나 다섯 집씩 묶어 告坐의 罪를 만들게 하였다.〔商君教秦孝公以連什伍 設告坐之過〕" 하였는데, 舊注에 "열 집이나 다섯 집을 서로 묶이게 하여 그 속에 죄를 범한 일이 있고 혹 그것을 고발하는 자가 있으면 그 열 집이나 다섯 집까지 아울러 연좌한다. 그러므로 '告坐'라고 한다.〔使什家伍家相拘連 中有犯罪 或有告者 則并坐其什伍 故曰告坐〕" 하였다.

3) 遊宦 : 춘추전국시대에 士人이 자기 나라를 떠나 다른 나라에 가서 벼슬을 구하는 것을 말한다. 商鞅은 秦 孝公에게 遊宦을 금하는 대신 농부와 군사를 표창하게 하였다.(≪韓非子≫ 〈和氏〉)

나라의 혼란함을 더욱 조성하였으나, 가사 이사가 그 편리함을 말하지 않았다 하더라도 시황은 진실로 스스로 상앙의 법을 행하여 싫어하지 않았으리니, 이는 어째서인가.

진나라가 각박한 정사를 달게 여기고 엄한 법을 편리하게 여긴 지 오래였으니, 〈각박한 정사와 엄한 법은〉 後代의 임금들이 익숙해져서 좋게 여기는 바였다. 이사는 始皇과 二世皇帝(胡亥)의 마음을 미리 헤아려 이것(상앙의 법)이 아니면 放肆한 임금의 마음에 들어서 자신의 총애를 키울 수 없다고 여겼다. 이러한 까닭으로 그 스승 순경의 학설을 모두 버리고 상앙의 학설을 행하여 三代(夏·商·周) 先王의 仁政을 쓸어버리고 모든 것을 마음대로 하는 데서 취하여 다스림을 삼아, 시서를 불사르고 學士를 금하고 삼대의 법을 버리고 督責[4]을 숭상하였으니, 이는 이사가 자신이 배운 바를 행한 것이 아니라 時尙을 좇은 것일 따름이었다. 설혹 만난 시대가 始皇과 二世皇帝의 때가 아니었더라면 이사의 治術이 아마도 이에서 나오지 않았을 것이나, 仁政을 행하려 한 것이 아니라 역시 時尙을 좇은 것일 따름이다.

當秦之中葉하여 孝公卽位하여 得商鞅任之하니 商鞅敎孝公燔詩書明法令하고 設告坐之過而禁遊宦之民이라 因秦國地形便利하고 用其法하여 富强數世에 兼幷諸侯하여 迄至始皇하니 始皇之時에 一用商鞅成法而已라 雖李斯助之하여 言其便利하여 益成秦亂이나 然使李斯不言其便이라도 始皇固自爲之而不厭이리니 何也오 秦之甘于刻薄而便于嚴法이 久矣니 其後世所習以爲善者也라 斯逆探始皇二世之心하여 非是면 不足以中侈君而張吾之寵이라 是以로 盡舍其師荀卿之學하고 而爲商鞅之學하여 掃去三代先王仁政하고 而一切取自恣肆以爲治하여 焚詩書禁學士하고 滅三代法而尙督責하니 斯非行其學也라 趨時而已라 設所遭値가 非始皇二世면 斯之術이 將不出於此나 非爲仁也라 亦以趨時而已라

君子는 벼슬할 때 나아가서는 어짊을 숨기지 않거든,[5] 小人은 벼슬할 때 〈그 소

4) 督責 : 그 죄를 살펴 형벌로써 책하는 것이다. ≪史記≫ 〈李斯列傳〉에 "무릇 현명한 군주는 반드시 모든 수단을 다하여 督責하는 術策을 행할 수 있어야 한다.〔夫賢主者 必且能全道而行督責之術者也〕" 하였는데, 司馬貞의 ≪史記索隱≫에 督責은 "그 죄를 살펴 형벌로써 책하는 것이다.〔察其罪 責之以刑罰也〕" 하였다.

5) 君子가……않거니와 : ≪孟子≫ 〈公孫丑 上〉에 "柳下惠는 더러운 임금을 부끄러워하지 않았고 작은 벼슬을 사양하지 않았으며 나아가면 어짊을 숨기지 아니하여 반드시 그 道로써 하였으며 버림받아도 원망하지 않고 곤액을 당하여도 근심하지 않았다.〔柳下惠不羞汚君 不卑小官 進不隱賢 必以其道 遺佚而不怨 阨窮而不憫〕" 하였다.

인의〉 학식이 그른 것을 막론하고 설령 학식이 매우 합당하더라도 그 임금이 나라를 다스려 일을 하는 것이 사리에 어긋나 義理가 없는 것을 보면 私家 안에서는 골치를 앓고 이마를 찡그리면서도 조정 위에서는 임금의 능력을 자랑하며 명예를 구한다. 그 불의함을 알면서도 그렇게 하기를 부추기는 자는 '천하가 장차 내가 우리 임금을 어떻게 할 수 없었다는 것을 알아 나를 죄주지 않으리라.' 여기고, 장차 국가가 망하리란 것을 알면서도 그렇게 하는 자는 '내 몸에 있어서는 혹 화를 면할 수 있으리라.' 여긴다. 게다가 저 소인들은 비록 세상이 장차 어지러워지리라는 것을 분명히 알지라도 끝내 눈앞의 富貴와 바꾸지 아니하여 부귀해지려는 計謀로 천하에 혼란을 끼치나니, 진실로 종신토록 편안히 榮樂만 누리고 禍는 後人들에게 물려주어 저들은 태연히 〈화에〉 관계되지 않는 경우도 있다.

아아! 秦나라가 아직 망하지 않았는데 이사가 먼저 五刑[6]을 받고 三族이 夷滅되었으니, 하늘이 惡人을 주벌하는 것은 또한 때때로 믿을 만한 것인가. ≪周易≫에 이르기를 "애꾸눈이 잘 보며 절름발이가 잘 걷는 것이다. 범의 꼬리를 밟아 사람을 무니 凶하다."[7] 하니, 이사가 잘 보고 또 잘 걷는 것은 요행이지만 凶함에서 마친 것은 대개 自招한 일일 것이다.

君子之仕也에 進不隱賢이어든 小人之仕也에 無論所學識非也하고 卽有學識甚當이라도 見其君國行事가 悖謬無義하면 疾首嚬蹙于私家之居하고 而矜夸導譽於朝廷之上이라 知其不義而勸爲之者는 謂天下將諒我之無可奈何于吾君하여 而不吾罪也하고 知其將喪國家而爲之者는 謂當吾身容可以免也라 且夫小人은 雖明知世之將亂이라도 而終不以易目前之富貴하여 而以富貴之謀로 貽天下之亂하나니 固有終身安享榮樂하고 禍遺後人하여 而彼宴然無與者矣라 嗟乎라 秦未亡而斯先被五刑夷三族也하니 其天之誅惡人이 亦有時而信也邪아 易曰 眇能視며 跛能履라 履虎尾하여 咥人이니 凶이라하니 其能視且履者는 倖也어니와 而卒于凶者는 蓋其自取邪아

더구나 사람은 善行을 하려고 남에게 가르침을 받는 경우는 있어도 惡行을 하려

6) 五刑 : 이마에 刺字하는 墨刑, 코를 베는 劓刑, 발꿈치를 자르는 刖刑, 생식기를 자르는 宮刑, 사형시키는 大辟의 다섯 가지 형벌을 이른다. 李斯는 반역죄로 몰려 五刑을 받았다.(≪史記≫ 〈李斯列傳〉)

7) 애꾸눈이……凶하다 : ≪周易≫ 履卦 六三爻辭에 보이는 말이다. 자격이 없는 사람이 높은 자리에 오르면 결국 재앙을 초래하여 낭패를 본다는 뜻이다.

고 굳이 남에게 가르침을 받았다는 경우는 듣지 못하였다. 순경은 先王을 稱述하고 儒學의 功效를 분명히 말하였으니, 비록 그 가운데 득과 실이 있으나 대체로 세상을 다스리는 要體를 얻었다. 그런데 蘇氏는 이사가 천하에 해를 끼쳤다 하여 죄를 순경까지 미치니 또한 거리가 멀지 아니한가. 자신의 학설을 행하여 秦나라에 해를 끼친 자는 상앙이고, 자신의 학설을 버려서 진나라에 해를 끼친 자는 리사이다. 商君(상앙)은 遊宦을 금하고 이사는 逐客令에 대해 간하였으니,[8] 그 처음은 방법이 같지 않았으나 끝은 같은 데서 나온 것이다. 이 어찌 그들의 본뜻이었겠는가.

宋나라 때 王介甫(王安石)가 평생 배운 바를 가지고 熙寧 新法[9]을 세웠는데, 그 후에 章惇, 曾布, 張商英, 蔡京 같은 이들이 어찌 일찍이 介甫의 학설을 배운 적이 있겠는가마는 개보의 新政으로 송나라의 멸망을 재촉하였으니, 이사의 일과 퍽 서로 유사하다. 세상에서 말하기를 "法術의 학설[10]이 족히 나라를 망하게 하는 것은 본디 그러하다." 하지만, 나는 생각건대 신하가 그 임금의 속마음을 잘 살펴 오로지 자기 뜻을 굽히고 변화하는 것으로 時尙을 좇는 자는 그 사람됨이 더욱 두려워할 만하다, 더욱 두려워할 만하다고 여긴다.

且夫人有爲善而受教于人者矣어니와 未聞爲惡而必受教于人者也라 荀卿述先王하고 而頌言儒效하니 雖間有得失이나 而大體得治世之要어늘 而蘇氏以李斯之害天下로 罪及于卿하니 不亦遠乎아 行其學而害秦者는 商鞅也요 舍其學而害秦者는 李斯也라 商君은 禁遊宦하고 而李斯는 諫逐客하니 其始之不同術也나 而卒出于同者니 豈其本志哉아 宋之世에 王介甫以平生所學으로 建熙寧新法이러니 其後에 章惇曾布張商英蔡京之倫이 曷嘗學介甫之學邪리오만은 而以介甫之政으로 促亡宋하니 與李斯事로 頗相類라 夫世言法術之學이 足亡人國은 固也로되 吾謂人臣善探其君之隱하여 一以委曲變化로 從世好者는 其爲人이 尤可畏哉로다 尤可畏哉로다

---

8) 이사는……간하였으니 : 李斯가 秦나라의 客卿으로 있을 때 진나라 조정에서 다른 나라에서 온 유세객들을 쫓아낼 것을 논의하자 이사가 글을 올려 이에 대해 반박하였다.(≪古文眞寶後集≫ 〈上秦皇逐客書〉)

9) 熙寧 新法 : 熙寧 연간에 행해진 王安石의 新法을 이른다. 靑苗法, 均輸法, 免役法, 保甲法 등 농민과 상인을 보호하여 세수를 늘리고 관료체제를 정비하여 중앙집권을 강화하는 부국강병책으로서의 성격이 강했다.

10) 法術의 학설 : 法家의 학설을 가리킨다. 先秦 때 韓非子가 商鞅은 法을 말하고 申不害는 術을 말하였는데 두 사람이 말한 바가 모두 치우쳤다 하여 法과 術을 겸용할 것을 주장하였다. 이로써 후대에는 法術이 法家의 학설을 이르는 말로 쓰였다.

04. 賈生이 申不害와 商鞅의 학술을 밝혔다는 것에 대한 論
賈生明申商論*

* 요내가 司馬遷이 〈太史公自序〉에서 '賈誼와 鼂錯(조조)는 申不害와 商鞅의 학술을 밝혔다.'라고 한 말의 의미를 해명한 글이다. 요약하자면, 가의는 법가 사상을 통해 漢나라의 法制를 정비하였는데, 이것이 가능하였던 것은 文帝가 仁厚하고 무력을 좋아하지 않는 인물이라 형벌을 엄하게 적용하는 法治의 폐해가 발생할 우려가 없었기 때문이었다. 그런데 조조는 애당초 각박한 성품을 타고난 景帝에게 法家의 주장을 펼쳤기 때문에, 이것이 결국 吳楚七國의 반란으로 이어졌다는 것이다.

太史公(司馬遷)이 "賈生(賈誼)과 鼂錯는 申不害와 商鞅의 학술을 밝혔고, 公孫弘은 儒術로 현달하였다."라고 하였으니,[1] 세상 사람들이 대부분 이 말을 의심하였다. 과연 이와 같다면 공손홍이 가생보다 나은 것인가. 宋儒[2]가 "가생이 상소하여 '엉치뼈와 넓적다리뼈가 있는 곳은 자귀가 아니면 도끼를 사용합니다.'라고 하였으니,[3] 이로써 제후를 대하는 것이 신불해와 韓非[4]의 뜻이다."라고 하였으니, 나는 그렇지 않다고 생각한다.

1) 太史公(司馬遷)이……하였으니 : ≪史記≫ 〈太史公自序〉에 "曹參이 蓋公(합공)을 추천한 뒤로 黃老를 말하였고, 賈生과 晁錯는 申不害와 商鞅의 학술을 밝혔고, 公孫弘은 儒學으로 현달하였다.〔自曹參薦蓋公言黃老 而賈生晁錯明申商 公孫弘以儒顯〕"라고 하였다. 가의와 조조는 漢 景帝와 武帝 때의 학자이다. '申商'은 戰國時代의 法家 사상가 申不害와 商鞅을 병칭한 것으로, 신불해는 韓나라의 재상으로서 15년간 刑名에 근거한 정치를 행하였고, 상앙은 秦나라의 재상으로서 20년간 엄격한 법치주의 정치를 행하였다. 公孫弘은 漢 武帝 때의 학자로, 儒學을 높이고 百家 사상을 배척하여 유학이 國學이자 정치 이념으로 자리 잡는 데 기여하였다.

2) 宋儒 : 미상이다. 인용된 宋儒의 말은 姚鼐의 이 글 외에는 보이지 않는다.

3) 가생이……하였으니 : 賈誼가 漢 文帝에게 올린 〈治安策〉에서 "소를 도살하는 坦이 하루아침에 열두 마리의 소를 해체해도 칼날이 무뎌지지 않는 것은 밀치고 가죽을 벗기는 것이 다 모든 결대로 해체하기 때문이요, 엉치뼈와 넓적다리뼈가 있는 곳에 이르러서는 자귀가 아니면 도끼를 사용하니, 仁義와 恩厚는 人主의 칼날이고 權勢와 法制는 人主의 자귀와 도끼입니다.〔屠牛坦 一朝解十二牛 而芒刃不鈍者 其排擊剝割 皆衆理解也 至於髖髀之所 非斤則斧 夫仁義恩厚 人主之芒刃也 權勢法制 人主之斤斧也〕"라고 하였다.(≪漢書≫ 권48 〈賈誼傳〉)

4) 韓非 : 전국시대 韓나라 公子로, 法家 사상의 집대성자이다.

가생은 法制를 세워 諸侯王[5]들을 단속하여, 그들로 하여금 일정한 토지를 받아서 죄에 빠져 목이 베이게 되지 않게 하였으니, 이것이 국가를 安全하게 하는 방법이었다.[6] 자귀와 도끼는 비유를 한 것일 뿐이니, 어찌 刑戮을 이르는 것이겠는가. 이는 가생의 병통이 되기에는 부족하다. 그러나 마침내 태사공이 가생을 무함했다고 한다면 또한 잘못이다.

太史公曰 賈生鼂錯는 **明申商**하고 **公孫宏**[7]은 **用儒術顯**이라하니 **世多疑之**라 **果若是**인댄 **則公孫宏賢于賈生邪**아 **宋儒者以爲生上書謂髖髀之所**는 **非斤則斧**라하니 **以此待諸侯**가 **爲申韓之意**라하니 **吾謂不然**하니 **生欲立法制**하여 **以約諸侯王**하여 **使受地有定**하여 **不致入于罪而抗剄之**하니 **所以爲安全也**라 **斤斧**는 **以取譬耳**니 **豈刑戮謂哉**리오 **此不足爲生病**이라 **然**이나 **遂謂太史公爲誣賈生**이면 **則亦非也**라

무릇 戰國時代 이래로 百家가 함께 발흥하였으니, 비록 어떤 것은 순수하고 어떤 것은 잡박하며 어떤 것은 비루하고 또 이치에 어긋났지만, 근본을 미루어 따져보면 저들 또한 저마다 聖人의 一端에서 근원하여 일찍이 서로 쓰임이 되지 못한 적이 없었으니, 다만 어떻게 쓰느냐에 달려 있을 뿐이다. 겨울에는 반드시 갖옷을 입고 여름에는 반드시 갈옷을 입는 것[8]은 때〔時〕이고, 단맛, 쓴맛, 신맛, 매운맛, 짠맛을 섞어 조절하는 것은 조화〔和〕이다. 諸葛武侯[9]가 先主(劉備)의 시대를 만나 法孝直(法正)을 관대히 처리하고[10] 李邈[11]과 張裕[12]를 구원하였으니 그 뜻이 한

5) 諸侯王 : 漢나라 때 皇子로서 왕에 봉해진 자를 말한다.

6) 가생은……방법이었다 : 賈誼는 〈治安策〉에서 제후왕을 경계하여 강력하게 다스릴 것을 건의하며 "黃帝가 '태양이 중천에 있을 때 반드시 물건을 말려야 하고, 손에 칼을 들었을 때 반드시 물건을 잘라야 한다.'고 하였습니다. 만약 지금 이런 도를 따른다면 安全해지는 것이 매우 쉬울 것입니다. 만약 서둘러 하지 않는다면 이에 골육간의 정이 실추되고 목이 베어지고 말 것이니, 어찌 秦나라 말엽과 다르겠습니까.〔黃帝曰 日中必熭 操刀必割 今令此道順而全安 甚易 不肯早爲 已乃墮骨肉之屬而抗剄之 豈有異秦之季世虖〕"라고 하였다.(≪漢書≫ 권48 〈賈誼傳〉)

7) 宏 : 저본의 '宏'은 淸나라 高宗의 이름이 '弘曆'이기 때문에 황제의 이름을 避諱한 것이다. 아래도 같다.

8) 겨울에는……것 : 韓愈의 〈原道〉에 "여름에는 갈옷을 입고 겨울에는 갖옷을 입으며 목마르면 물을 마시고 굶주리면 밥을 먹는 것은 그 일은 비록 다르나 지혜가 되는 것은 같다.〔夏葛而冬裘 渴飮而飢食 其事雖殊 其所以爲智一也〕"라고 하였다.

9) 諸葛武侯 : 三國時代 蜀나라 승상 諸葛亮으로, 劉備를 보좌하여 蜀漢을 세우는 데 큰 공헌을 하였으며, 재상이 되어 法家 사상을 바탕으로 통치를 하였다. 유비 사후에 遺詔를 받들어 後主 劉禪을 보필하였다

결같이 자애롭고 인자한 마음에서 나온 것이었는데, 도리어 신불해와 한비의 글을 後主에게 가르쳤으니[13] 후주가 능하지 못한 바를 알았기 때문이다.[14]

夫戰國以來로 **百家竝興**하니 **雖或純或駁**하며 **或陋且謬悖**나 **推本之**면 **彼亦各原於聖人之一端**하여 **未嘗不可相爲用也**하니 **顧用之何如耳**라 **冬必裘而夏必絺者**는 **時也**요 **齊甘苦酸辛鹹而御之者**는 **和也**라 **諸葛武侯當先主之時**하여 **寬法孝直**하고 **救李邈張裕**하니 **其用意一出於慈仁**이어늘 **乃以申韓之書敎後主**하니 **知其所不能也**라

게다가 가생과 제갈량은 모두 이른바 천하의 인재로서 時務의 要領을 아는 자들이었다. 신불해와 상앙은 임금과 신하의 분수를 밝히고 명분과 실상을 살펴서 관리로 하여금 법령을 받들게 하여 度數[15]가 그대로 좇아 지킬 만하였으니, 비록 聖人이 다시 살아나더라도 어찌 그 주장을 무시할 수 있겠는가. 그러나 이 주장을 漢나라 景帝와 武帝의 시대에 편다면 세찬 바람 속에 있으면서 부채질을 하는 것과

---

10) 法孝直(法正)을……처리하고 : 法正은 東漢 말엽의 謀士로, 자가 孝直이다. 유비는 법정의 건의로 蜀地를 점령하고 법정을 蜀郡太守로 삼았다. 법정이 권력을 믿고 악행을 일삼자, 어떤 이가 제갈량에게 유비에게 上奏하여 법정의 위세를 억눌러달라고 청하였다. 그러자 제갈량은 主公이 지금 법정의 보필에 힘입어 남의 제어를 받지 않게 되었으므로, 법정이 자기 뜻대로 하는 것을 막을 수 없다고 답하였다.(≪三國志≫ 권37 〈法正傳〉)

11) 李邈 : 劉璋 휘하에 있다가, 劉備가 益州를 차지한 뒤 益州從事가 된 인물이다. 李邈은 유비를 만난 자리에서 유비가 익주를 취한 것이 부당하다고 말하였다가 유비의 분노를 샀다. 관원이 이막을 죽이고자 하였으나, 諸葛亮이 사정하여 죽음을 면하였다.(≪華陽國志≫ 권10)

12) 張裕 : 劉璋 휘하에 있다가, 劉備가 益州를 차지한 뒤 익주의 後部司馬가 되었다. 유장이 涪땅에서 유비와 회담을 가졌을 때, 장유가 유비가 수염이 없는 것을 비웃은 일이 있어서, 유비는 그의 불손함을 마음에 담아두고 있었다. 이후 유비가 漢中에서 曹操의 군대를 공격하려 할 때, 유비에게 出兵하면 이롭지 않을 것이라고 간언하였다가 유비의 앙심을 사기도 하였다. 장유는 조만간 朝代가 바뀌어 劉氏의 운수가 다할 것이라며 그 시기를 예언하는 말을 하고 다녔는데, 그 말이 유비의 귀에 들어갔다. 유비는 한중 전투 당시에 장유의 간언이 효험이 없었다는 것을 핑계 삼아 그를 하옥하였다. 그때 제갈량이 용서해줄 것을 청하였지만, 유비는 "향기 나는 난초라도 문 앞에 오래도록 나 있다면 반드시 제거해야 한다."고 하며 장유를 결국 처형하였다.(≪三國志≫ 권42 〈周群傳〉)

13) 신불해와……가르쳤으니 : 劉備가 劉禪에게 내린 遺詔에서, ≪漢書≫와 ≪禮記≫를 읽고, 한가하면 제자백가를 비롯한 ≪六韜≫와 ≪商君書≫를 읽으며, 丞相(諸葛亮)이 필사한 ≪申子≫, ≪韓非子≫와 ≪管子≫, ≪六韜≫ 등을 얻어 숙독할 것을 권면한 바 있다.(≪冊府元龜≫ 권196 〈誡勵〉)

14) 後主가……때문이다 : 後主 劉禪의 나이가 어리고 성품이 柔弱하여 권력을 장악하기 어렵다는 것을 알았으므로, 제갈공명이 법가 사상을 통치술로 권했다는 뜻이다.

15) 度數 : 법령으로 제정된 표준, 규칙을 말한다.

무엇이 다르겠는가. 좋은 의원은 鍾乳와 烏頭의 독성[16]을 없애버리지는 못하지만 그 독성이 근심거리가 되지 않게 할 수 있다.

오직 문제는 仁厚하였지만 부족한 점은 法制에 있었다. 그러므로 가생이 권면하여 임금과 신하의 분수를 세우고 상하의 등급을 나누었다.[17] 법제가 정해지자 천하가 안정되었으니, 이는 모두 신불해와 상앙의 장점이다. 신불해와 상앙의 단점은 각박했다는 데 있다. 가생의 지혜로는 문제가 반드시 신불해와 상앙처럼 각박하지는 않을 줄 알 수 있었고, 다만 그 장점을 이용하지 못할까 근심할 뿐이었다.

경제는 타고난 資品이 진실로 각박하였으니, 유희하는 자리에서 바둑판을 던져 吳나라 太子를 죽였고,[18] 張釋之[19]를 멀리하고 周亞夫[20]를 주살하였다. 그 자품이 이와 같은데 조조가 또 신불해와 상앙의 주장을 바쳤으니, 吳楚의 난[21]이 일어난 것이 어찌 이상한 일이겠는가. 어진 자는 군주의 자품을 살펴 바로잡고 불초한 자는 군주의 욕심을 따르니, 군주의 욕심을 따르면 말이 비록 바르더라도 실은 사특하고 망령된 자와 똑같다.

且賈生諸葛은 **皆所謂天下之才**로 **識時務之要者矣**라 **申商明君臣之分**하고 **審名實**하여 **使吏奉法令**하여 **而度數可循守**하니 **雖聖人作**이라도 **豈能廢其說哉**리오 **然**이나 **使述此於景武之時**면 **則與處烈風而進翣**(삽)**者**로 **何以異**리오 **良醫不能使鍾乳烏頭之無毒**이나 **而使其毒不爲患也**라 **惟文**

---

16) 鍾乳와……독성 : 鍾乳는 鐘乳石, 烏頭는 草烏로 독성이 강한 약재이다.

17) 임금과……나누었다 : 賈誼는 文帝에게 올린 〈治安策〉에서 "무릇 임금과 신하의 분수를 세우고 위아래의 등급을 나누어 부자 사이에 예가 있고 六親 사이에 기강이 있게 해야 합니다. 이는 하늘이 하는 일이 아니라 사람이 설행하는 일입니다.〔夫立君臣 等上下 使父子有禮 六親有紀 此非天之所爲 人之所設也〕"라고 하였다.(≪漢書≫ 권48 〈賈誼傳〉)

18) 유희하는……죽였고 : 漢 景帝가 황태자 시절에 吳나라 태자와 바둑을 두다가, 오나라 태자가 바둑을 두는 방식이 공손하지 못하다 하여 바둑판을 던져 죽인 일이 있었다.(≪史記≫ 권106 〈吳王濞列傳〉)

19) 張釋之 : 張釋之는 漢 文帝 때 公車令으로 있으면서 太子였던 景帝를 탄핵한 적이 있었다. 경제가 즉위한 후에 장석지는 화를 입을까 두려워 경제를 알현하여 사죄하였다. 경제는 그 당시에는 죄를 묻지 않았으나, 1년 남짓 뒤에 장석지는 결국 淮南王의 재상으로 좌천되었다.(≪漢書≫ 권50 〈張釋之傳〉)

20) 周亞夫 : 周亞夫는 漢 景帝 때의 장군으로, 황제의 친척과 투항한 흉노를 제후로 봉하는 일에 반대하여 경제의 미움을 샀다. 경제는 주아부의 아들이 바친 순장용 갑옷과 방패를 반란을 일으키려는 단서라고 트집을 잡아, 주아부를 옥에 가두었는데, 5일간 단식하다가 피를 토하고 죽었다.(≪史記≫ 권57 〈絳侯周勃世家〉)

21) 吳楚의 난 : 漢 景帝 治世인 B.C. 154년, 吳・楚・膠西・膠東・淄川・濟南・趙 7국이 연합하여 중앙 정부에 일으킨 반란이다.

帝仁厚로되 **而所不足者**는 **在于法制**라 **故**로 **賈生勸之立君臣**하고 **等上下**하니 **法制定**에 **則天下安**이니 **此皆申商之長也**라 **申商之短**은 **在于刻薄**이라 **賈生之知**는 **足以知文帝必不如申商之刻**이요 **特患不能用其長耳**라 **景帝之天資固薄矣**니 **提殺吳太子于嬉戲**하고 **疏張釋之而誅周亞夫**하니 **其資如此**어늘 **而鼂錯又以申商進之**하니 **何怪有吳楚之難**이리오 **賢者視其君之資而矯正之**하고 **不肖者則順其欲**하니 **順其欲**이면 **則言雖正**이라도 **而實與邪妄者等爾**라

가생은 문제 때에 신불해와 상앙의 학술을 밝혔고 汲長孺[22]는 武帝를 위해 黃老學을 말하였다. 저들은 모두 世主의 폐단을 구제하여 화합하되 雷同하지 않았으니,[23] 公孫弘과 匡衡[24]의 무리가 비록 儒者라고 불리는 자들로 誦說한 말이 사람들의 귀에 가득하지만, 다만 이로써 자신들의 간악한 주장을 꾸민 것과 어찌 같겠는가. 周公이 成王에게 고하기를 "그대의 군대를 다스려 천하에 행하소서."라고 하였고[25] 召公과 芮伯이 康王에게 고하기를 "六師를 크게 펼치소서."라고 하였으니,[26] 만약 이 말을 武力을 좋아하는 군주에게 했다면 그 폐해가 어찌 신불해와 상앙보다 더 심하지 않았겠는가. 오직 성왕과 강왕의 시대에 이 말이 다시는 바꿀 수 없는 定論이 되는 것이다.

賈生當文帝而明申商하고 **汲長孺爲武帝言黃老**하니 **彼皆救世主之弊**하여 **和而不同**이니 **豈如公孫宏匡衡之流**가 **雖號爲儒者**라 **誦說之辭**가 **洋洋盈耳**로되 **而適以文其姦說者邪**아 **周公之告成王曰 詰爾戎兵**하여 **方行天下**라하고 **召公芮伯之告康王曰 張皇六師**라하니 **若以此言施之好武**

22) 汲長孺 : 漢 武帝 때의 신하 汲黯으로, 字가 長孺이다. 黃老의 학설을 배워 無爲의 정치를 무제에게 간하였으나 받아들여지지 않았다. 淸靜함을 좋아하여 官民을 다스릴 적에도 각박하게 굴지 않았다고 한다.(≪史記≫ 권120 〈汲鄭列傳〉)

23) 화합하되……않았으니 : ≪論語≫ 〈子路〉에 "군자는 화합하되 부화뇌동하지 않으며 소인은 부화뇌동하되 화합하지 못한다.〔君子和而不同 小人同而不和〕"라는 말이 나온다.

24) 匡衡 : 前漢 때의 관리이자 학자로 자는 稚圭이다. 벼슬은 太子少傅, 丞相에 이르렀고, 樂安侯에 봉해졌다. 문장에 능하고 ≪詩經≫에 밝아 당대에 이름을 떨쳤다.

25) 周公이……하였고 : ≪書經≫ 〈周書 立政〉에, "능히 그대의 군대를 다스려 禹임금의 자취에 올라 천하에 행하여 먼 바다 밖에 이르기까지 모두 복종하게 함으로써 文王의 빛나는 덕을 보고 武王의 크나큰 공렬을 선양하소서.〔其克詰爾戎兵 以陟禹之迹 方行天下 至于海表 罔有不服 以覲文王之耿光 以揚武王之大烈〕"라고 한 것을 축약한 표현이다.

26) 召公과……하였으니 : ≪書經≫ 〈周書 康王之誥〉에서 太保 召公과 芮伯이 새로 즉위한 康王에게 "今王께서는 공경하여 六師를 크게 펼쳐 우리 高祖께서 하늘에서 얻은 大命을 무너뜨리지 마소서.〔今王敬之哉 張皇六師 無壞我高祖寡命〕"라고 하였다. 六師는 천자가 통솔하는 여섯 부대의 군사를 말한다.

之主면 **其害豈不更重於申商哉**아 **惟於成康之時**에 **則無以復易矣**라

내가 일찍이 "사람의 진위를 살피는 것과 글의 진위를 살피는 것은 그 방법이 똑같다."라고 하였다. 세상에서 ≪古文尙書≫[27]라고 하는 것은 그 말이 어쩌면 그리도 아득하여 泛博한가. 남들로 하여금 그 글을 외워서 아무도 오류를 지적하지 못하게 하는 저 사람들은 반드시 성현의 말이 이처럼 이치에 합당하다고 여기고, 말이 切實하지 못한 것은 모두 이치에 합당하지 않은 것임을 알지 못한다.

吾嘗謂觀人之眞僞와 **與書之眞僞**가 **其道一而已**라 **世所謂古文尙書者**는 **何其言之漫然泛博也**오 **彼以爲使人誦其書**하여 **莫可指摘者**는 **必以爲聖賢之言**이 **如是其當於理也**하고 **而不知言之不切者**는 **皆不當於理者也**라

27) 古文尙書 : 漢 武帝 때 魯恭王이 孔子의 옛집을 허물다가 벽에서 발견한 ≪尙書≫로, 蝌蚪文字로 되어 있었고 孔安國이 이를 해석한 傳을 지었다. ≪古文尙書≫와 공안국의 傳은 소실되었는데, 東晉 때 梅賾이 이를 발견하여 나라에 헌상하였다. 이를 둘러싸고 진위 논쟁이 그치지 않았는데, 매색의 僞作이라는 견해가 많았다.

05. 晏子가 邶殿을 받지 않은 것[1]에 대한 論 晏子不受邶殿論*

* 이 글은 晏嬰이 齊 景公으로부터 邶殿(배전)을 받지 않고 사양한 것이 어진 행동이었음을 논하고, 나아가 세간에서 안영을 비방하는 것은 안영의 훌륭한 실상과 다르다고 주장한 論이다. 특히 孔子가 제 경공에게 봉해지려고 하였을 때에 안영이 이를 저지하였다는 ≪史記≫ 〈孔子世家〉의 기록을 두고서 이는 司馬遷의 착오였음을 밝혔다.

大夫가 서로 멸망시키고 서로 병탄하는 것은 그 군주를 찬탈하고 시해할 조짐이니, 齊나라와 晉나라의 말엽이 바로 그러하였다. 제나라의 崔氏가 망하자 邑이 慶氏의 수중에 들어갔고, 경씨가 망하자 읍이 惠公의 두 손자의 諸族의 수중에 들어갔으니,[2] 당시에 大夫들이 읍을 나눌 때에 子雅는 稅額이 많은 읍을 사양하고 적은 읍을 받았으며, 子尾는 받고 나서 이내 公에게 바쳤으며, 陳氏는 읍을 취하지 않고 百車의 材木을 취하였다.[3] 이 세 사람은 심하게 삼키고 물어뜯는 자보다 어질다고 한다면 그렇다고 할 수는 있겠으나, 私家로서 서로 취한 것이 人臣의 道가 아니라는 점은 마찬가지일 따름이다.

---

1) 晏子가……것 : 晏子는 춘추시대 齊나라의 정치가 晏嬰이다. 字는 仲이며, 시호는 平으로 보통 平仲이라고도 불리며, 晏子라고 존칭된다. 齊나라 靈公과 莊公, 景公 3대를 섬기면서 검소하게 생활하며 나라를 이끌어 管仲과 더불어 훌륭한 재상으로 알려졌다. 慶封을 토벌한 뒤에 齊 景公이 읍을 나누어 봉해주면서 안자에게는 邶殿의 邊鄙에 있는 60邑을 주었는데, 안자가 이를 사양하며 받지 않았다는 기록이 ≪春秋左氏傳≫ 襄公 28년 조에 보인다.

2) 제나라의……들어갔으니 : 齊나라의 靈公과 莊公을 섬기던 권신인 崔杼는 장공을 시해하고 景公을 세웠다. 경공 즉위 후 자신은 右相이 되고 慶封은 左相이 되어 정권을 장악하였으나, 경봉이 다시 최저의 아들 私鬪와 함께 崔氏를 모두 멸하여 慶氏가 정권을 잡았다. 후에 子雅와 子尾, 鮑國 등이 경씨를 공격하였고 경봉은 다른 나라로 도망갔다. 자아와 자미는 齊 惠公의 손자를 가리키는데, 자아는 欒氏이고, 자미는 高氏여서, 고씨와 난씨가 다시 경공의 총애를 받았다.(≪春秋左氏傳≫)

3) 子雅는……취하였다 : 당시에 陳文子가 그 아들 桓子에게 "장차 禍亂이 일어날 것이니, 우리가 무엇을 얻을 수 있겠느냐?"라고 하자, 桓子는 "莊街에 있는 慶氏의 材木 1백 수레를 얻을 것입니다."라고 답하였다. 또 子雅에게 邑을 주니 稅額이 많은 읍은 사양하고 적은 읍만 받았으며, 子尾에게 읍을 주자 받았다가 이내 도로 齊 景公에게 돌려주니, 제 경공이 그를 충성스럽다고 여겨 총애하였는데, 이 내용이 ≪春秋左氏傳≫ 襄公 28년 조에 보인다.

晏子가 장차 그 의롭지 않음을 분명히 말한다면 온 나라에 죄를 얻으므로 할 수 없었다. 장차 따라서 나누어준 邑을 받고자 한다면 자신의 마음을 어기므로 차마 말을 낼 수 없었다. 나라에 道가 없을 때에는 행동은 소신껏 하되 말은 겸손하게 하여야 한다.[4] 喪에 처하였을 때에는 "오직 卿이어야 大夫라 할 수 있다."라고 핑계를 대었고,[5] 邶殿을 사양할 때에는 "富를 잃을까 두려워서이다."라고 핑계를 대었으니,[6] 안자의 마음이 진실로 또한 괴로웠을 것이다.

大夫相滅而相幷者는 **是簒殺其君之漸也**니 **齊晉之末載**가 **是已**라 **齊崔氏也亡**에 **而邑入乎慶**하고 **慶氏也亡**에 **而邑入乎二惠諸族**하니 **其時大夫分邑**에 **子雅辭多受少**하며 **子尾旣受而稍致諸公**하며 **陳氏不取邑而取百車之木**하니 **是三子者**는 **以爲賢於呑噬之甚者則可矣**어니와 **以其私家相取爲非人臣之道則一而已**라 **晏子將明言其不義乎**인댄 **得罪一國而不可爲也**요 **將從而受分乎**인댄 **違己之心而不忍出也**라 **邦無道**에 **危行言孫**이니 **其處喪則託曰 惟卿爲大夫**라하고 **其辭邶**(배)**殿則託曰 畏失富**라하니 **晏子之心**이 **固亦苦矣**라

무릇 안자의 어짊은 儒者에게도 손색이 없는데, 세상에서 도리어 孟子가 管仲·晏嬰과 견주고자 하지 않았던 것[7]과 孔子를 봉하는 것을 저지한 일[8]을 가지고서

---

4) 나라에……한다 : 이 말은 ≪論語≫ 〈憲問〉에 보인다.

5) 喪에……대었고 : 晏嬰은 부친인 晏桓子가 죽자 거친 삼베로 지은 斬縗服을 입고 삼을 꼬아 만든 首絰을 쓰고 腰帶를 띠고 喪杖을 짚고, 짚신을 신고, 죽을 먹고 倚廬에 居處하며 거적을 깔고 짚으로 만든 베개를 베었는데, 그 家老가 "이는 大夫의 禮가 아니다.〔非大夫之禮也〕"라고 하니, 안영이 말하기를 "오직 卿이어야 大夫라 할 수 있다.〔唯卿爲大夫〕"라고 하였다. 이에 대해 注에서는 "晏子는 자신이 행하는 禮가 옳다고 여겨 당시의 失禮를 排斥하기를 싫어하였다. 그러므로 겸손한 말로 간략하게 家老에게 답한 것이다."라고 하였다.(≪春秋左氏傳≫ 襄公 17년)

6) 邶殿을……대었으니 : 邶殿은 齊나라의 別都이다. 慶封을 토벌한 뒤에 齊 景公이 읍을 나누어 봉해주면서 晏子에게는 배전의 邊鄙에 있는 60邑을 주었는데 안자가 받지 않았다. 子尾가 "富는 사람마다 원하는 바인데 어째서 당신은 홀로 부를 원하지 않습니까?"라고 하니, 안자가 대답하기를 "慶氏는 읍이 慾望에 만족하였기 때문에 國外로 도망가는 禍를 당한 것입니다. 나는 읍이 慾望에 만족하지 않기 때문에 집안을 보존한 것인데 배전의 60邑을 보태면 욕망에 만족하게 되니, 욕망이 만족하게 이루어지면 머지않아 국외로 도망가게 될 것입니다. 외국으로 도망가 있으면 나의 읍 하나도 主宰할 수 없으니 내가 배전을 받지 않는 것은 부를 싫어해서가 아니라 부를 잃을까 두려워서입니다.〔慶氏之邑足欲 故亡 吾邑不足欲也 益之以邶殿 乃足欲 足欲 亡無日 在外 不得宰吾一邑 不受邶殿 非惡富也 恐失富也〕"라고 답하였다.(≪春秋左氏傳≫ 襄公 28년)

7) 孟子가……것 : ≪孟子≫ 〈公孫丑 上〉에 공손추가 맹자에게 "夫子께서 齊나라에서 요직을 담당하신다면 管仲과 晏子의 공적을 다시 기대할 수 있습니까?"라고 묻자, 맹자가 "그대는 진실로 제나라 사람이로다. 관중과 안자를 알 뿐이구나.〔子誠齊人也 知管仲晏子而已矣〕"라고 핀잔을 주었던 일을 말한다.

그가 어진 이가 아니라고 의심하니, 이는 모두 그렇지 않다. 안자는 성대한 덕을 지녔으되 재주가 약간 부족했던 것이고, 또 陳氏가 정권을 얻은 날을 당하여 용렬한 군주인 景公을 섬김에 관중이 전권을 잡았던 것처럼 임금의 신임을 얻은 적이 없었다. 그러므로 그 功烈이 맹자가 말한 王佐의 인재가 바랄 바는 아니었던 것이다. 그러나 다만 "관중은 曾西도 하지 않는 바이다."라고만 하고[9] 안자를 말하지 않은 것은 안자의 덕을 중히 여긴 것이다. 공자가 齊나라에 갔을 때, 경공의 용렬하고 나약함으로 보건대 어찌 그가 대번에 季孫氏와 孟孫氏의 중간으로 이웃 나라의 한 儒士를 대우하기를[10] 기대할 수 있었겠는가. 이는 필시 안자가 천거하였기 때문이다. 공자를 등용하지 못한 것으로 말하자면, 이는 필시 안자가 슬퍼한 바로서 나라가 장차 망하여 구제할 수 없을 줄 알았던 것이었으니, 어찌 도리어 공자를 봉하지 못하도록 막은 일이 있었겠는가.

夫晏子之賢은 **無愧儒者**어늘 **世乃以孟子不欲比管晏及沮封孔子事**로 **疑其非賢**하니 **是皆不然**이라 **晏子蓋盛德而才差不足**이요 **又直**(치)**陳氏得政之日**하여 **事景公庸主**하니 **未嘗得君如管仲專也**라 **故**로 **其功烈**이 **非孟子王佐之才之所希也**라 **然**이나 **第曰 管仲**은 **曾西所不爲**라하고 **不言晏子者**는 **重晏子之德也**라 **當孔子至齊**하여 **以景公之庸懦**로 **豈遽能以季孟之間**으로 **期以待隣之一儒士哉**아 **此必晏子薦之故也**라 **及其不能用孔子**하여는 **此必晏子所痛而知其國之將亡不可救者**니 **夫何有反沮孔子事哉**아

---

8) 孔子를……일 : 齊 景公이 孔子를 좋아하여 尼谿의 땅에 봉하고자 하였는데, 晏嬰이 반대하여 마음이 흔들리자, 이를 알아챈 공자가 즉시 제나라를 떠났다고 한다.(≪史記≫ 권47 〈孔子世家〉, ≪孟子≫ 〈萬章 下〉)

9) 다만……하고 : ≪孟子≫ 〈公孫丑 上〉에서 공손추가 맹자에게 管仲과 晏子의 공적을 기대하였다. 그러자 맹자는 혹자가 曾子의 손자인 曾西에게 "그대가 자로와 비교하면 누가 더 어진가?" 하자, 증서가 불안해하며 말하기를 "우리 선자께서 두려워하신 바이니라." 하므로, "그렇다면 그대가 관중과 비교하면 누가 더 어진가?" 하자, 증서가 발끈 화를 내며 "네가 어찌 나를 관중에게 비교하는가. 관중은 군주의 신임을 저렇게 독차지했으며, 국정을 저렇게 오래 하였는데도 공렬이 저렇게 낮았거니, 네가 어찌 나를 관중에게 비교하는가.〔爾何曾比予於管仲 管仲得君 如彼其專也 行乎國政 如彼其久也 功烈如彼其卑也 爾何曾比予於是〕"라고 하였던 일을 인용하면서 "관중은 증서도 하지 않은 것인데, 그대는 나를 위해서 원한다 말인가.〔管仲 曾西之所不爲也 而子爲我願之乎〕"라고 하였다.

10) 그가……대우하기를 : ≪論語≫ 〈微子〉에 齊나라 景公이 孔子를 대우하는 것에 대하여 말하기를, "季氏같이 대우함은 내 하지 못하겠으나 계씨와 孟氏의 중간으로 대우하겠다.〔若季氏則吾不能 以季孟之間待之〕"라고 하였다. 춘추시대 魯나라의 三卿인 季孫氏, 叔孫氏, 孟孫氏 중에 계손씨가 세력이 가장 강하고 맹손씨가 가장 약했으므로, 상등과 하등의 중간을 의미하는 말로 쓴 것이다.

안자는 검약함으로 저명하였는데,[11] 춘추시대 이후에는 墨子의 무리가 그 說에 가탁하여 儒者들을 힐난하였으니, 공자가 봉해지는 것을 막은 일은 묵자의 무리가 날조해낸 말이다. 그러므로 ≪묵자≫ 〈非儒〉篇에 실린 것이다. 그 말이 儒者들을 장례를 숭상하여 슬픔을 그칠 줄 몰라서 가산을 탕진해가면서 장례를 후하게 치른다고 하였으니,[12] 이는 묵자의 비루한 말이지, 거친 삼베로 지은 斬縗服을 입고서 아버지의 喪에 禮를 다한[13] 이의 말이 아니다. 諸侯가 땅을 찢어서 大夫를 봉한 것은 三晉[14]과 田齊[15] 이후의 일이니, 공자 때에 國이 田邑을 하사하는 데 지나지 않았던 제도가 아니다. 子長(司馬遷)이 변별하지 못하여서 이를 〈世家〉에 실었으니, 朱子와 같은 大儒도 또한 이를 잘못 믿었다. 그러므로 안자가 세상의 비난을 받았으나 그것이 진실로 사실이 아님을 알지 못하였던 것이다.

晏子以儉著러니 **春秋之後**에 **墨子之徒**가 **假其說以難儒者**하니 **沮孔子封事**는 **墨者造之也**라 **故**로 **載于墨子非儒篇**이라 **其言以儒者爲崇喪遂哀**하여 **破産厚葬**이라하니 **此墨者之陋說**이요 **非**

11) 안자는……저명하였는데 : ≪史記≫ 권62 〈管晏列傳〉에 晏嬰을 두고 "齊나라 靈公, 莊公, 景公을 섬겼고, 節儉에 힘을 써서 제나라에서 중시했다.〔事齊靈公莊公景公 以節儉力行重於齊〕"라고 하였다.

12) 그 말이……하였으니 : ≪史記≫ 권47 〈孔子世家〉에 景公이 孔子를 尼谿의 땅에 봉하고자 하자, 晏嬰이 경공에게 "대개 유자들은 말을 잘 꾸미기 때문에 법의 틀에 넣을 수 없으며, 오만하고 자기 멋대로라 아랫사람으로 부릴 수 없습니다. 장례를 숭상하여 슬픔을 절제할 줄 모르고, 가산을 탕진해가면서 장례를 후하게 치르니 풍속으로 삼을 수 없습니다. 유세를 다니며 돈과 관직을 구하니 나라를 맡길 수 없습니다. 큰 현자들이 떠난 뒤로 周 왕실이 쇠퇴하고 예악이 흩어진 지 오래입니다. 지금 공자는 용모를 거창하게 꾸미고, 오르고 내리고, 빨리 가고 돌고 하는 번거로운 예절을 내세우니 이런 것들은 몇 대를 배워도 다 배울 수 없고 평생을 다 바쳐도 추구할 수 없습니다. 군께서 그를 기용하여 제나라의 풍속을 바꾸려고 하시는 것은 백성들을 이끄는 방법이 아닙니다.〔夫儒者滑稽而不可軌法 倨傲自順 不可以爲下 崇喪遂哀 破産厚葬 不可以爲俗 游說乞貸 不可以爲國 自大賢之息 周室旣衰 禮樂欠有間 今孔子盛容飾 繁登降之禮 趨詳之節 累世不能殫其學 當年不能究其禮 君欲用之以移齊俗 非所以先細民也〕"라고 하였다고 기록되어 있다. 이 내용은 ≪墨子≫ 〈非儒〉에도 보이지만 글이 다소 다르다.

13) 거친……다한 : 晏嬰은 부친인 晏桓子가 죽자, "안영이 거친 삼베로 지은 斬縗服을 입고 삼을 꼬아 만든 首絰을 쓰고 腰帶를 띠고 喪杖을 짚고, 짚신을 신고, 죽을 먹고 倚廬에 居處하며 거적을 깔고 짚으로 만든 베개를 베고 잤다.〔晏嬰麤縗斬 苴絰帶杖 菅屨 食鬻 居倚廬 寢苫枕草〕"라는 말이 ≪春秋左氏傳≫ 襄公 17년 조에 보인다.

14) 三晉 : 춘추시대 말기에 晉나라를 三分하여 諸侯가 된 魏·韓·趙를 말한다.

15) 田齊 : 田氏가 세운 齊나라를 말한다. 제나라는 원래 太公望 呂尙의 封國이었는데, 춘추시대에 이르러 田敬仲이 陳나라로부터 제나라로 망명해 와 그 집안이 대대로 제나라의 卿相이 되었다. 그 뒤 田和에 이르러 백성들로부터 환심을 사서 제나라를 찬탈하였는데, 이를 田齊라고 한다.

麤縗斬以喪父盡禮者之言也라 諸侯裂地以封大夫는 此三晉田齊以後之事니 非孔子時國不過賜田邑之制也라 子長不能辨하여 而載之世家하니 雖大儒如朱子라도 亦誤信焉이라 是以로 晏子爲世詬나 而不知其固非實也라

魯 襄公 17년에 晏桓子가 졸하니, 平仲이 이어 즉위하여 喪禮를 능히 행하였다. 또 平陰에서의 전쟁에 從事하였으니,[16] 생각건대 그 나이가 필시 20세가 넘었을 것이다. 그 57년 뒤에 夾谷에서 회합하니,[17] 계산해보면 안자는 필시 이미 죽었을 것이다. 안자가 죽은 후에 景公의 行事가 더욱 패려해졌거늘, 子長(司馬遷)이 협곡에서 회합하였을 때에 안자가 있었다고 말하였으니,[18] 내 더욱 〈世家〉의 말 가운데 오류가 많은 줄 알겠다.

魯襄公十七年에 晏桓子卒하니 平仲嗣立하여 能爲喪禮라 又從平陰之役하니 意其年必逾二十이라 其後五十七年에 乃會夾谷하니 計晏子必已喪矣라 晏子喪而後景公行事益悖어늘 而子長言會夾谷時有晏子하니 吾益知世家言之多謬也라

16) 平陰에서의……從事하였으니 : 魯 襄公 25년에 崔氏가 平陰에서 평음의 大夫로서 齊 莊公의 外嬖인 鬷蔑을 죽였는데, 이 일에 종사한 것을 말한다.(≪春秋左氏傳≫ 襄公 25년)

17) 그 57년……회합하니 : 魯 定公 10년에 齊 景公이 魯 定公과 修好하기 위하여 夾谷에서 회합하였는데, 처음에는 제나라가 노나라를 얕보고서 망신을 주려고 모임을 주선하였으나, 오히려 낭패를 당하고는 점령하고 있던 노나라 땅을 돌려주며 사과하였다. 이때에 孔子가 大司寇가 되어 정공을 수행하였는데, 齊侯가 음악을 연주하게 하고 광대들이 앞에서 희롱하자, 공자가 계단을 올라가서 "필부가 諸侯를 모욕한 자는 죄를 마땅히 참수해야 한다."라고 하고는 광대를 참수하고 머리와 발을 다른 곳에 두었다. 이에 齊侯가 두려워하며 부끄러운 기색을 띠었다고 한다.(≪史記≫ 권47 〈孔子世家〉, ≪春秋左氏傳≫ 定公 10년)

18) 子長(司馬遷)이……말하였으니 : 司馬遷의 ≪史記≫ 권47 〈孔子世家〉의 기록에 따르면, 夾谷에서 齊 景公과 魯 定公이 회합할 때에 齊나라에서 음악을 연주하면서 깃발, 활 등을 든 무리가 북을 치고 고함을 지르며 달려 나오게 하자 孔子가 소매를 휘두르며 오랑캐 음악을 물러가게 하도록 하였는데, 이때에 "좌우로 晏子와 景公을 보았다.〔左右視晏子與景公〕"라고 하여서 안자가 그 자리에 있었다고 전하였다.

06. 郡縣에 대한 考察　郡縣考*

* 郡縣이 都鄙와 다른 점은 무엇인지, 郡縣이라는 명칭이 처음 등장한 것은 언제인지, 郡과 縣의 차이점은 무엇인지 등의 문제를 고찰한 글이다. 郡縣이라는 용어가 보이는 옛 문헌을 폭넓게 활용하여 자신의 견해를 드러내었다.

周나라 제도에 왕이 사는 곳을 國中이라 하고 大夫에게 나누어 명하여 살게 한 곳을 都鄙라 하니,[1] 國에서부터 밖으로 家稍라는 것이 있고 邦縣이라는 것이 있고 邦都라는 것이 있는데[2] 이를 통틀어 이름하면 모두 都鄙이다. 鄭君(鄭玄)이 이르기를 "都에서 거주하는 곳을 鄙라 한다."[3] 하였는데, 이는 매우 옳지 않으니, "鄙에서 거주하는 곳을 都라 한다."라고 하여야 한다. ≪詩經≫에 "向 땅에 都를 만든다." 하고,[4] ≪禮記≫ 〈月令〉에 "都에서 휴식하지 않게 한다." 하였으니,[5] 그렇다면 都라는 것은 鄙에서 거주하는 城을 이른다. ≪詩經≫, ≪書經≫의 傳記를 보건대, 무릇 齊나라·魯나라·衛나라·鄭나라가 王朝의 都鄙라는 명칭은 다 같았다.

周之制에 **王所居曰國中**이요 **分命大夫所居曰都鄙**니 **自國而外**히 **有曰家稍者矣**요 **曰邦縣者矣**요 **曰邦都者矣**로되 **而統名之**하면 **皆都鄙也**라 **鄭君云 都之所居曰鄙**라하니 **殆非是**니 **宜曰鄙之所居曰都**라 **詩曰 作都於向**(상)이라하고 **月令曰 毋休於都**라하니 **然則都者**는 **鄙所居城之謂也**라 **見**

---

1) 周나라……하니 : 國中은 王城 안을 이르고, 都鄙는 公卿大夫의 采邑과 王子弟의 食邑을 이른다. 國中과 都鄙는 ≪周禮≫ 〈地官 小司徒〉와 〈天官 大宰〉에 보이는데, 國中은 孫詒讓의 ≪周禮正義≫에 "무릇 經에서 國中이라고 말한 것은 모두 王城 안을 이른다.〔凡經言國中 竝謂王城之中〕" 하였고, 都鄙는 鄭玄의 註에 "公卿大夫의 采邑이요 王子弟의 食邑이다.〔公卿大夫之采邑 王子弟所食邑〕" 하였다.

2) 國에서부터……있는데 : 家稍는 大夫의 采邑으로 王城 밖 300리 안을 이르고, 邦縣은 卿의 채읍으로 왕성 밖 400리 안을 이르고, 邦都는 公의 채읍과 王의 同母弟 및 庶子의 食邑으로 왕성 밖 500리 안을 이른다.(≪周禮≫ 〈天官 大宰〉)

3) 都에서……한다 : 이 말은 ≪周禮≫ 〈天官 大宰〉의 "여덟 가지 법규로 都鄙를 다스린다.〔以八則治都鄙〕"에 대한 鄭玄의 註에 보인다.

4) 詩經에……하고 : ≪詩經≫ 〈小雅 十月之交〉에 보인다.

5) 禮記……하였으니 : ≪禮記≫ 〈月令〉의 孟夏之月에 "司徒에게 명하여 縣鄙를 순행하여 농사를 힘써 짓도록 명하게 하고 都에서 휴식하지 않게 한다.〔命司徒巡行縣鄙 命農勉作 毋休于都〕"라는 말이 보인다.

於詩書傳記건대 **凡齊魯衛鄭之國**이 **率同王朝都鄙之稱**이라

周나라 법에 中原의 侯服[6]은 주나라의 법으로 토지를 구획하고 蠻夷에 가까운 나라는 戎人의 법으로 토지를 구획하였다. 그러므로 齊나라·魯나라·衛나라·鄭나라는 〈都鄙라는〉 명칭이 주나라와 같지만, 晉나라·秦나라·楚나라는 마침내 주나라와 같지 않아 都鄙라 하지 않고 縣이라 하였다. 그러나 처음에는 縣만 있었을 따름이고 아직 郡이라는 명칭은 없었다.

내가 생각건대 郡이라는 명칭은 秦나라와 晉나라에서 시작되었다. 秦나라와 晉나라는 획득한 戎狄의 땅이 멀어 사람을 보내어 그곳을 지키게 하여 융적 백성들의 君長으로 삼았기 때문에 郡이라고 이름하였으니, '陰地의 命大夫'[7]라고 이른 것과 같은 경우는 바로 郡守를 말한 것이다. 趙簡子(趙鞅)의 盟誓에 "上大夫는 縣을 받을 것이고 下大夫는 郡을 받을 것이다."[8] 하였으니, 郡은 멀고 縣은 가까우며 縣은 聚落을 이루어 물자가 풍부하고 인구가 많으나 郡은 황량하고 누추하기 때문에 좋은 것(縣)과 나쁜 것(郡)으로 등급을 달리한 것이고 郡과 縣이 서로 통할하고 예속되는 관계인 것은 아니다. ≪國語≫ 〈晉語〉에 公子 夷吾가 公子 縶에게 말하기를 "임금(秦 穆公)께서도 실로 郡과 縣을 가지고 계십니다."[9] 하였으니, 晉나라 땅으로서 秦나라에 예속된 것이 秦나라의 가까운 縣과 다르다고 말한 것이니, 郡과 縣이라고 말한 것은 또한 郡과 縣이 서로 통할하고 예속되는 관계라고 말한 것이 아니다. 三卿(韓氏·魏氏·趙氏)이 范氏, 中行氏, 知氏의 縣을 나누어 가진 때에 미쳐

---

6) 侯服 : 周나라의 제도에 王城 주위 500리에서 1000리 사이의 땅을 말한다. 고대에 천하를 五服으로 나누어 甸服, 侯服, 綏服, 要服, 荒服이라 한 데서 비롯되었다.(≪周禮≫ 〈夏官 職方氏〉)

7) 陰地의 命大夫 : 陰地는 춘추시대 晉나라의 한 지명이다. ≪春秋左氏傳≫ 哀公 4년에 "司馬眅이 豐鄕과 析縣의 사람과 狄戎을 동원하여 上雒을 逼迫하였다. 左軍은 菟和에 주둔시키고 右軍은 倉野에 주둔시키고는 陰地의 命大夫 士蔑에게 사람을 보내어 이르기를〔司馬起豐析與狄戎以臨上雒 左師軍于菟和 右師軍于倉野 使謂陰地之命大夫士蔑〕"이라는 말이 보인다. 命大夫는 別縣의 監尹이다.

8) 上大夫는……것이다 : ≪春秋左氏傳≫ 哀公 2년에 晉나라의 대부 趙鞅이 鄭나라와의 전쟁을 앞두고 "적을 이긴 자는, 上大夫는 縣을 받을 것이고 下大夫는 郡을 받을 것이다.〔克敵者 上大夫受縣 下大夫受郡〕"라고 맹세한 일이 보인다.

9) 임금(秦 穆公)께서도……계십니다 : ≪國語≫ 〈晉語〉에 晉나라의 公子 夷吾가 秦나라의 지원을 얻고자 秦나라의 公子 縶에게 자신이 晉나라의 임금이 되면 秦나라에 5개의 성을 바치겠다고 약속하는 대목에서 "임금(秦 穆公)께서도 실로 郡과 縣을 가지고 계십니다만 장차 黃河 너머에 늘어선 성 5개를 들여놓겠습니다.〔君實有郡縣 且入河外列城五〕"라고 한 말이 보인다.

서는[10] 그 縣이 자신들의 옛 縣과 멀리 떨어져 있었기에 사람을 나누어 보내어 縣을 지키게 하였으니, 옛날에 사람을 보내어 먼 지방을 지키게 했던 체제와 대략 같았으므로 대체로 郡으로 이름한 것이다. 그런데 郡은 크니 통할하는 바에 屬縣을 두게 되었다.

蓋周法에 中原侯服은 疆以周索하고 國近蠻夷者는 乃疆以戎索이라 故로 齊魯衛鄭은 名同於周로되 而晉秦楚는 乃不同於周하여 不曰都鄙而曰縣이라 然이나 始者有縣而已요 尙無郡名이라 吾意郡之稱이 蓋始於秦晉하니 以所得戎翟地遠에 使人守之하여 爲戎翟民君長이라 故로 名曰郡이라하니 如所云陰地之命大夫는 蓋卽郡守之謂也라 趙簡子之誓에 曰 上大夫受縣하고 下大夫受郡이라하니 郡遠而縣近이요 縣成聚富庶而郡荒陋라 故로 以美惡異等이요 而非郡與縣相統屬也라 晉語에 夷吾謂公子縶曰 君實有郡縣이라하니 言晉地屬秦이 異於秦之近縣이니 則謂之曰郡縣은 亦非云郡與縣相統屬也라 及三卿分范中行(항)知氏之縣하여는 其縣與己故縣隔絶이라 分人以守하니 略同昔者使人守遠地之體라 故로 率以郡名이라 然而郡乃大矣라 所統有屬縣矣라

그 후에 秦나라와 楚나라도 모두 획득한 제후국의 땅을 郡이라 이름하였는데, 齊나라만은 郡이 없었으니 齊나라는 周나라의 제도를 따랐기 때문이다. 都鄙라는 것은 王朝의 본래 명칭이다. 그러므로 晉나라, 秦나라, 楚나라는 비록 縣이라 하였으나 일찍이 주나라의 명칭을 그대로 쓰지 못한 적이 없고, 주나라에는 필시 郡이라는 명칭이 없었을 터이니 郡이라는 것은 먼 지역의 명칭이기 때문이다. 秦나라의 內史[11]와 漢나라의 三輔[12]도 끝내 郡이라 이름할 수 없었는데 하물며 周나라의 畿內[13]야 말할 나위가 있겠는가. 그런데 ≪周書≫ 〈作雒〉에 "縣에 4개의 郡이 있다."[14]라는 말이 있으니, 이는 진짜 西周의 글이 아니라 周나라 말기에 참람한 짓을 한 엉터리 선비가 만들어낸 것이다.

---

10) 三卿(韓氏·魏氏·趙氏)이……미쳐서는 : 춘추시대 晉나라의 范氏, 中行氏, 知氏, 韓氏, 趙氏, 魏氏 여섯 집안이 국정을 잡고 부국강병을 도모하다가 서로 겸병하여 다툰 끝에 결국 晉나라는 韓나라·趙나라·魏나라로 분열되었다.

11) 內史 : 秦나라 때 행정 구역의 명칭으로, 京畿 부근의 지역을 가리킨다. 이 지역을 다스리는 관직을 內史라 하였는데, 관직명을 그대로 행정 구역의 명칭으로 썼다.

12) 三輔 : 漢나라 때 행정 구역의 명칭이다. 長安의 동쪽인 京兆, 長安의 북쪽인 馮翊과 渭城, 長安의 서쪽인 扶風을 통틀어 일컫는 말이다.

13) 畿內 : 周나라의 제도에 王都와 그 주위 1000리 이내의 지역을 畿內라 하였다.

14) 縣에……있다 : ≪逸周書≫ 〈商誓解〉에 이 말이 보인다.

其後에 秦楚亦皆以得諸侯地名郡이로되 惟齊無郡하니 齊用周制故也일새라 都鄙者는 王朝本名이라 故로 晉秦楚는 雖爲縣이나 而未嘗不可因周之稱이요 而周必無郡之稱하니 以郡者遠地之稱也일새라 秦之內史와 漢之三輔를 終不可名之郡이어든 況周畿內乎아 周書作雒篇에 乃有縣有四郡之語하니 此非眞西周之書라 周末誣僭之士가 爲之也라

07. ≪老子章義≫의 序　老子章義序*

*≪老子章義≫는 저자가 ≪道德經≫에 章句를 나누고 주석을 붙인 책으로, 이 글은 ≪노자장의≫에 붙인 序文이다. 이 글에서 姚鼐는 孔子가 "옛것을 傳述하기만 하고 創作하지 않으며 옛것을 믿고 좋아함을 내 속으로 우리 老彭에게 견주노라."라고 한 데서 노팽이 바로 老子임을 주장한 한편, 노자의 말이 비록 치우치고 지나친 면은 있었지만 莊子나 楊朱에 의해 본뜻이 왜곡되었다는 점을 강조하였다. 뿐만 아니라 노자의 姓氏, 字, 諡號, 출생지 등과 관련한 諸家의 異說에 대한 본인의 견해를 밝히고 있다.

천하의 道는 하나일 뿐이니,[1] 어진 사람은 그 큰 것을 알고 어질지 못한 사람은 그 작은 것을 안다.[2] 그런데 어진 사람들의 성품은 또 高明함과 沈潛함[3]의 구분이 있어 도를 실행하면서 저마다 자신이 좋아하는 바를 좋게 여긴다. 이에 先王의 도에 다른 系統이 생겨 마침내 서로 비난하여 하늘 아래 함께 설 수 없다고 여기는 지경에 이르니, 어찌 그 시작은 하나임을 알겠는가.

天下에 **道一而已**니 **賢者**는 **識大**하고 **不賢者**는 **識小**라 **賢者之性**이 **又有高明沈潛之分**하여 **行而各善其所樂**이라 **於是**에 **先王之道**가 **有異統**하여 **遂至相非而不容竝立於天下**하니 **夫惡**(오)**知其始之一也**리오

孔子가 말하기를 "옛것을 傳述하기만 하고 창작하지 않으며 옛것을 믿고 좋아함을

1) 천하의……뿐이니 : 滕文公이 세자일 때 孟子가 인간의 본성이 선함을 말해주었는데, 등문공이 이를 의심하여 거듭 찾아와 묻자 맹자가 "세자는 나의 말을 의심하십니까? 道는 하나일 뿐입니다.〔世子疑吾言乎 夫道一而已矣〕" 하였다.(≪孟子≫ 〈滕文公 上〉)

2) 어진……안다 : ≪論語≫ 〈子張〉에 "文王과 武王의 道가 아직 땅에 떨어지지 않아 사람들에게 남아 있다. 어진 사람은 그 큰 것을 알고 어질지 못한 사람은 그 작은 것을 알고 있어, 문왕과 무왕의 도가 없는 곳이 없다.〔文武之道 未墜於地 在人 賢者識其大者 不賢者識其小者 莫不有文武之道〕"라는 子貢의 말이 나온다.

3) 高明함과 沈潛함 : 高明함은 高亢하고 쾌활한 성품을, 沈潛함은 침착하고 부드러운 성품을 이른다.

내 속으로 우리 老彭에게 견주노라."[4] 하였으니, 노팽이라는 사람은 노자이다. 공자가 曾子와 子夏에게 고해줄 때 老聃에게서 들은 禮를 논한 說과 ≪노자≫ 책에서 말한 喪禮로써 전쟁에 임한다는 뜻을 말하였으니,[5] 〈노자가〉 예에 대하여 정밀히 살핀 것이 옛것을 믿고 좋아함이 아니었다면 그렇게 할 수 있었겠는가. 남쪽으로 길을 간 지가 오래인데도 冥山을 보지 못하는 것은 구함이 지나치기 때문이니,[6] 노담이 예를 말한 것은 대개 이른바 구함이 지나치다는 것이다. 바야흐로 배우기를 좋아하고 깊이 생각하여 先王이 예를 만든 본뜻을 구하여 선왕이 예를 만든 본뜻을 터득하여, 말세에 예를 행하는 자들이 예의 자취만 따르고 그 뜻에는 어긋나며 그 설명을 까다롭게 하여 번거로움을 보태며 그 이름만 빌리고 실상에는 어긋남을 보고는 분노를 이기지 못하고 미워하였다. 예이다 예이다 하지만, 玉帛을 이르는 것이겠는가.[7]

무릇 예는 정성을 귀하게 여긴다. 노자의 처음 뜻도 공자와 같았으되 마음을 써서 연구함이 지나쳐 말세의 非禮之禮[8]를 폄하하여 그 말이 치우치고 과격하여 不平하니, 이른바 군자다우나 駟馬도 그 혀를 따라가지 못한다[9]는 경우이리라. 또 공자는 진실로 예의 근본을 중시하였으나 사람들로 하여금 차라리 검소하고 차라리 슬퍼하며[10] 아래로 人事를 배운 뒤 위로 天理에 도달하게[11] 하였을 따름이다.

---

4) 옛것을……견주노라 : ≪論語≫ 〈述而〉에 나오는 말이다.

5) 공자가……말하였으니 : ≪禮記≫ 〈曾子問〉에 孔子가 老聃에게서 들은 禮에 대한 설을 曾子에게 말해주는 대목이 여럿 보인다. 또 子夏가 삼년상 중에 전쟁을 피하지 않는 것이 잘못인지를 묻자 공자가 노담에게서 들은 말을 인용하여 답해주는 대목도 〈曾子問〉에 보이는데, 이는 싸움에서 이겨도 喪禮로써 임한다는 ≪道德經≫의 내용과 통한다.

6) 남쪽으로……때문이니 : ≪莊子≫ 〈天運〉에 "무릇 남쪽으로 길을 떠난 자가 郢에 이르러 북쪽을 바라보면 冥山이 보이지 않으니, 이는 어째서인가. 너무 멀리 떠나왔기 때문이다.〔夫南行者至於郢 北面而不見冥山 是何也 則去之遠也〕"라는 구절을 응용한 표현으로, 지나치게 구하다 보면 애초에 목표했던 바를 벗어나버린다는 뜻이다.

7) 禮이다……것이겠는가 : ≪論語≫ 〈陽貨〉에 나오는 孔子의 말을 인용한 문장이다. 玉帛은 예를 차릴 때 갖추는 폐백으로, 형식적인 玉帛보다는 예의 본질인 공경이 더 중요하다는 뜻이다.

8) 非禮之禮 : 표면상으로는 예를 행하는 것처럼 보여도 사실은 예가 아닌 것을 말한다. ≪孟子≫ 〈離婁 下〉에 "예 아닌 예와 의 아닌 의를 대인은 하지 않는다.〔非禮之禮 非義之義 大人弗爲〕"라는 맹자의 말이 나온다.

9) 군자다우나……못한다 : 말에 실수가 있음을 말한 것이다. ≪論語≫ 〈顔淵〉에 "夫子의 말이 군자다우나, 駟馬도 그 혀를 따라가지 못한다.〔夫子之言 君子也 駟不及舌〕" 하였다. 駟馬는 네 마리의 말이 끄는 마차이다. 사람이 한 번 失言을 하면 그것을 없애려 하지만 말은 순식간에 퍼지므로 네 마리의 말이 끄는 마차로 좇아도 미칠 수 없다는 뜻이다.

10) 차라리……슬퍼하며 : 林放이 예의 근본을 묻자, 孔子가 "예는 사치하기보다는 차라리 검소해야 하고 喪은 잘 치르기보다는 차라리 슬퍼해야 한다.〔禮 與其奢也 寧儉 喪 與其易也 寧戚〕" 하였다.(≪論語≫ 〈八佾〉)

그리하여 일상적인 말을 반드시 삼갔는데,[12] 70인의 제자에 이르러 공자가 말한 이치를 미루어 지극하게 말하면서 高遠하여 중도를 잃은 것이 참으로 많으니, 이 또한 성인 문하의 옛것을 좋아하고 예에 통달한 이들의 말이 중도를 잃은 것이다. 저 노자는 특히 더 심했을 뿐이로다.

子曰 述而不作하며 信而好古를 竊比於我老彭이라하니 老彭者는 老子也라 孔子告曾子子夏에 述所聞老聃論禮之說과 及老子書言以喪禮處戰之義하니 其於禮精審이 非信而好古면 能之乎아 南行者久而不見冥山은 求之過也일새니 夫老聃之言禮는 蓋所謂求之過者矣라 方其好學深思하여 以求先王制禮之本意하여 得先王制禮之本意하여 而觀末世爲禮者가 循其迹而謬其意하며 苛其說而益其煩하며 假其名而悖其實하면 則不勝悁忿而惡(오)之라 禮云禮云이나 玉帛云乎哉아 夫禮는 貴有誠也라 老子之初志가 亦如孔子로되 而用意之過에 貶末世非禮之禮하여 其辭偏激而不平하니 則所謂君子駟不及舌者與아 且孔子固重禮之本이나 然使人寧儉寧戚下學上達而已라 庸言之必謹이러니 逮七十子之徒하여 推孔子之義하여 極言之에 固多高遠失中하니 此亦聖門好古達於禮者之言失也라 夫老子는 特又甚焉耳로다

공자가 노담을 만나 禮를 물은 것은 그 중년이고, ≪노자≫라는 책은 만년에 이루어졌으니, 공자는 아마도 미처 알지 못하였을 것이다. ≪노자≫라는 책에서 이른바 "聖을 끊고 智를 버려야 한다."[13]라는 말은 대개 聖과 智, 仁과 義의 僞名이 마치 臧武仲이 聖人이 된 것[14]과 같음을 말한 것일 뿐 성인을 폄훼한 것이 아닌데

11) 아래로……도달하게 : 孔子가 자신을 알아주는 이가 없음을 탄식하자, 子貢이 어찌 알아주는 이가 없는지를 물었다. 이에 공자가 "하늘을 원망하지 않으며 사람을 탓하지 않고, 아래로 人事를 배워 위로 天理에 도달하니, 나를 알아주는 이는 하늘일 것이다.〔不怨天 不尤人 下學而上達 知我者 其天乎〕" 하였다.(≪論語≫ 〈憲問〉)

12) 그리하여……삼갔는데 : ≪中庸章句≫ 제13장에 "평상시 지켜야 할 덕을 행하며 일상적인 말을 삼가야 한다.〔庸德之行 庸言之謹〕"라는 孔子의 말이 나온다.

13) 聖을……한다 : ≪道德經≫에 "聖을 끊고 智를 버려야 백성의 이로움이 백 배가 된다. 仁을 끊고 義를 버려야 백성들이 다시 효성스럽고 자애로워진다.〔絶聖棄智 民利百倍 絶仁棄義 民復孝慈〕" 하였다.

14) 臧武仲이……것 : 臧武仲은 魯 襄公 때 司寇 벼슬을 한 대부 臧孫紇로, 武仲은 그 시호이다. 장무중은 당시 지혜가 뛰어나기로 유명하여, 孔子도 "장무중의 지혜와 公綽의 욕심 없음과 卞莊子의 용맹과 冉求의 재예에 禮樂으로 문채를 내면 또한 완성된 사람이라 할 수 있을 것이다.〔若臧武仲之知 公綽之不欲 卞莊子之勇 冉求之藝 文之以禮樂 亦可以爲成人矣〕" 하였다.(≪論語≫ 〈憲問〉) 지혜가 뛰어나다고 하여 聖人이 되는 것은 아니지만, 당시 사람들은 지혜로운 장무중을 성인이라 하였다. ≪春秋左氏傳≫ 襄公 22년 조에 "장무중이 晉나라에 갈 때 비를 만나 御叔의 집에 들렀는데, 어숙은 자신의 封邑에 있으면서 장차 술을 마시려다가 말하기를

問禮老聃圖

도 장자는 도리어 "성인이 죽지 않으면 큰 도적이 그치지 않는다."[15] 하였고, 노자가 "자기 몸을 천하를 위하는 것보다 중시한다."라고 한 것은 천하의 봉양이 자신의 몸에 더해지는 것을 유쾌하게 여기지 않는다는 말이니 비록 궁궐이 있더라도 편안히 거처하며 외물에 초연하여 이로써 자신을 귀하게 여기고 사랑한 것인데도 楊朱는 도리어 "터럭 하나를 뽑아서 천하를 이롭게 하더라도 하지 않는다." 하였으니, 모두 노자의 설을 말미암아 더욱 심하게 잘못된 것이다.

저 노자의 말이 진실로 지나친 점이 있으니, 비록 그 後學의 더욱 잘못된 것을 들어서 근원을 거슬러 노자에게 소급하여 천하에 해를 끼친 시초로 여긴다면 노자 또한 사양할 수 없는 바가 있을 것이다. 그러나 이것이 또 어찌 노자가 미처 헤아린 바이겠는가. 세상에서는 도리어 노자의 말이 실로 이미 이를 언급하였다 하여 儒者들은 마침내 옛것을 傳述하기만 하고 創作하지 않으며 옛것을 믿고 좋아한 것을 노자의 행실로 여기려 하지 않는다. 공자는 노자에 대하여 〈노자가 공자에게〉 학업을 전수하고 의혹을 풀어준[16] 사람이 아니라고 할 수 없다. 師友의 情誼가 매우 친밀함이 있었기 때문에 '우리 노팽'이라 하였는데, ≪論語≫를 풀이하는 이들은 도리어 〈노팽을〉 商나라의 大夫라고 설명하니[17] 또한 거리가 먼 말이 아니겠는가. 그 說은

'성인이 무슨 소용인가? 내 장차 술을 마시려는데 저 사람은 빗속에 길을 가니, 어찌 성인이라 할 수 있겠는가.' 하였다.〔臧武仲如晉 雨 過御叔 御叔在其邑 將飮酒 曰 焉用聖人 我將飮酒 而己雨行 何以聖爲〕" 하였는데, 杜預의 註에 "장무중이 지혜가 많은 것을 두고 당시 사람들이 성인이라 하였다.〔武仲多知 時人謂之聖〕" 하였다.

15) 성인이……않는다 : ≪莊子≫ 〈胠篋〉에 나오는 말이다.

16) 학업을……풀어준 : 韓愈의 〈師說〉에 "스승이란 道를 전하고 학업을 전수하고 의혹을 풀어주는 사람이다.〔師者 所以傳道授業解惑也〕" 하였다.

17) 論語를……설명하니 : 何晏의 ≪論語集解≫와 朱熹의 ≪論語集註≫ 등 ≪論語≫의 대표적인 주석서들이 老彭을 殷나라의 賢大夫라고 설명하였다. 특히 朱熹의 ≪논어집주≫는 "노팽은 商나라의 어진 大夫이니 ≪大戴禮≫에 보인다.〔老彭 商賢大夫 見大戴禮〕"라고 하여, 공자가 말

≪大戴禮記≫에서 나왔는데, 내가 생각하기에 〈≪대대례기≫는〉 그 말을 공자에 가탁하고 있지만 실제로는 〈공자의 말이〉 아니니, 아마도 근거로 삼을 수 없을 듯하다. 어쩌면 〈≪대대례기≫에서〉 거명한 바는 별도로 이러한 사람이 있지 않을까? ≪논어≫에 나오는 노팽의 경우에는 상나라의 대부가 아님이 분명하다 하겠다.

孔子遇老聃問禮가 **於其中年**이요 **而老子書**는 **成於晩歲**하니 **孔子蓋不及知也**라 **老子書所云絶聖棄智**는 **蓋謂聖智仁義之僞名**이 **若臧武仲之爲聖耳**요 **非毁聖人也**어늘 **而莊子乃曰 聖人不死**면 **大盜不止**라하고 **老子云 貴以身爲天下者**는 **言不以天下之奉加於吾身爲快**니 **雖有榮觀**이라도 **燕處超然**하여 **以是爲自貴愛也**어늘 **而楊朱乃曰 不拔一毛以利天下**라하니 **皆因其說**하여 **而益甚爲謬**라 **夫老子言**이 **誠有過焉**하니 **雖擧其末學益謬**하여 **推原及老子**하여 **以爲害天下之始**면 **老子亦有所不得辭**라 **然**이나 **是又豈老子所及料哉**아 **世乃謂老子之言**이 **固已及是**라하여 **而儒者遂不肯以述而不作**하고 **信而好古**로 **爲老子之行**이라 **夫孔子於老子**에 **不可謂非授業解惑者**니 **以有師友之誼甚親**이라 **故**로 **曰我老彭**이라하여늘 **解論語者**는 **顧說爲商之大夫**하니 **不亦遠乎**아 **其說出於大戴禮記**어늘 **吾意其辭託於孔子而實非**하니 **殆不足據耶**아 **抑所擧別有是人耶**아 **若論語之老彭**은 **非商大夫**가 **可決也**라

≪노자≫라는 책은 六朝 이전에는 해석한 이가 매우 많았는데 지금은 모두 보이지 않고 이른바 河上公의 ≪章句≫[18]라는 것만 있다. 대개 〈하상공의 ≪장구≫의〉 원류는 俗人이 지어내어 신선의 說에 가탁한 것이고 章을 나눈 것이 특히 이치에 맞지 않는데, 唐宋 이래로 아무도 감히 바꾸지 못하고 劉知幾만 그 옳지 않은 줄을 알았을 뿐이다.[19]

내가 다시 ≪노자≫ 책의 실상을 밝혀보고자 적은 것은 몇 글자만으로 끊고 많게는 수백 글자를 이어 章을 만드니, 그 뜻이 비로소 분명해지고 또 아래에 그 뜻을 꽤 풀이해두었다. 무릇 글을 저술하는 것은 남들이 그 뜻을 알게 하고자 함이다. 그러므로 말의 首尾와 曲折을 분명하게 꿰지 않은 적이 없으니, 반드시 일부러

한 노팽과 ≪大戴禮記≫에 나오는 상나라의 대부 노팽을 동일 인물로 보았다.

18) 河上公의 章句 : 漢 文帝 때 河上公이라는 사람이 주석한 ≪老子道德經河上公章句≫를 가리킨다. 현전하는 ≪老子≫ 주석서 가운데 가장 오래된 것으로, 漢나라 초기에 유행한 黃老學的 養生論의 시각에서 ≪노자≫를 해석하였다는 평가를 받는다.

19) 劉知幾만……뿐이다 : 劉知幾(661~721)는 唐나라 때의 역사가로, 오랫동안 史官을 역임하면서 실록과 ≪唐書≫ 등의 편수에 참여하였다. 開元 초에 상소하여 ≪老子≫ 河上公 注를 폐하고 王弼 注로 대신할 것을 요청하였지만 받아들여지지 않았다.

심오하고 감추어지게 하지 않는다. 그런데도 심오하고 감추어지며 에둘러 이해하기 어렵게 하는 것은 남들이 자신의 생각을 저술에 섞어 넣기를 좋아하기 때문이다. ≪莊子≫ 〈天下〉에 인용된 ≪노자≫의 말 중에 今文에 없는 것이 있으니, 그렇다면 전하는 판본에 지금 빠지거나 잘못된 곳이 있음을 알 수 있다. 그 앞뒤로 착오가 매우 분명한 것을 내가 조금 바로잡았으니, 모두 세상의 학문을 좋아하는 군자들의 논평을 기다리는 바이다.

老子書는 六朝以前에 解者甚衆이러니 今竝不見하고 獨有所謂河上公章句者라 蓋本流는 俗人所爲託於神仙之說이요 其分章尤不當理어늘 而唐宋以來로 莫敢易하고 獨劉知幾識其非耳라 余更求其實하여 少者斷數字하고 多則連字數百爲章하니 而其義乃明이요 又頗爲訓其旨於下라 夫著書者는 欲人達其義라 故로 言之首尾曲折을 未嘗不明貫이니 必不故爲深晦也라 然而使之深晦하고 迂而難通者는 人好以己意亂之也일새라 莊子天下篇引老子語에 有今文所無하니 則知傳本今有脫謬라 其前後錯失甚明者를 余少正之하노니 竝以待世好學君子論焉이라

≪太史公書≫(司馬遷의 ≪史記≫)는 姓과 氏의 구별을 잘 알지 못했고 또 唐나라 이전에는 讀者들이 〈≪태사공서≫가〉 ≪漢書≫의 상세함보다 다소 못하다고 여겼으므로 글에 착오가 많다. 노자는 老가 그 氏이고 聃이 그 字이다. 太史公의 글에 대개 "노자라는 사람은 楚나라 苦縣 厲鄕 曲仁里 사람이다. 姓은 李氏이고 이름은 耳이고 字는 聃이니, 周나라 守藏室의 史官이다."[20] 하였다. 漢나라 말기에 망령되이 老子를 不死의 仙人이라고 여겼기 때문에 唐固가 ≪國語≫를 주석할 때 "바로 伯陽父(백양보)이다."[21] 하였는데, 流俗의 엉터리 책에는 도리어 "노자는 字가 伯陽이다." 하니, 이는 군자가 의당 말하지 않았을 것이다. 唐나라가 일어날 때에는 스스로 노자의 후예라고 하였다. 이에 ≪史記≫ 列傳의 차서를 옮겨서 노자를 첫머리로 삼았다.[22] 이에 아첨하는 자들이 드디어 俗說을 인하여 司馬遷의 옛 글을 고

20) 老子라는……史官이다 : ≪史記≫ 〈老子韓非列傳〉에 나온다.

21) 바로 伯陽父(백양보)이다 : ≪國語≫ 〈周語 上〉에 "幽王 2년에 西周의 세 하천이 모두 지진으로 마르자 伯陽父가 말하기를 '西周가 장차 망할 것이다.' 하였다.〔幽王二年 西周三川皆震 伯陽父曰 周將亡矣〕" 하였는데, 唐固의 注에 "백양보는 周나라의 柱下史이니 老子이다.〔伯陽父 周柱下史 老子也〕" 하였다.

22) 唐나라가……삼았다 : 唐나라는 老子와 같은 李氏라 하여 스스로 노자의 후손이라 여기며 존숭하였다. 唐 高宗 때에는 노자를 추존하여 太上玄元皇帝라는 尊號를 올리는가 하면, 開元

쳐서 마침내 자가 백양이고 시호가 聃이라는 말이 생겨났으니, 나는 그것이 엉터리임을 분명하게 안다.

노자는 匹夫일 따름이니 본디 시호가 없다. 만약 제자들이 시호로 追尊하고자 하였다면 반드시 그 아름다운 덕을 드러내는 자를 썼을 것이니 어찌 聃이라고 할 수 있었겠는가. 공자는 師事한 어진 사대부를 거론할 때 모두 씨와 자를 들었으니, 晏平仲, 蘧伯玉, 老聃, 子産[23]은 그 호칭이 한결같다. 陸德明(陸元朗)의 ≪音義≫ 중 ≪노자≫를 주석한 두 곳에서 모두 ≪사기≫를 인용하여 자가 聃이라고 하였고, 하상공은 자가 伯陽이라 하고 ≪사기≫의 말이라고는 하지 않았다. 陸氏의 책이 가장 당나라 초기에 해당하니, 육씨가 말한 ≪사기≫의 眞本이 대개 이와 같다면 후대에 전승된 판본이 잘못된 것이 분명하다.

太史公書不甚知姓氏之別이요 又自唐以前에 讀者差不若漢書之詳이라 故로 文多舛誤라 夫老子는 老其氏也요 聃은 其字也라 太史公文蓋曰 老子者는 楚苦縣厲鄕曲仁里人也라 姓李氏요 名耳요 字聃이니 周守藏室之史也라하니라 漢末妄以老子爲仙人不死라 故로 唐固注國語에 以爲卽伯陽父라하여늘 流俗妄書에 乃謂老子字伯陽이라하니 此君子所不宜道라 當唐之興하여 自謂老子之裔라 於是에 移史記列傳하여 以老子爲首라 而媚者遂因俗說하여 以改司馬之舊文하여 乃有字伯陽諡曰聃之語하니 吾決知其妄也로라 老子는 匹夫耳니 固無諡라 苟弟子欲以諡尊之인댄 則必擧其令德이니 烏得曰聃이리오 孔子擧所嚴事之賢士大夫에 皆擧氏字하니 晏平仲蘧伯玉老聃子産은 其稱一也라 陸德明音義註老子兩處에 皆引史記曰字聃이라하고 河上公曰字伯陽이라하고 不謂爲史記之語라 陸氏書最在唐初하니 所言史記眞本이 蓋如此면 則後傳本之非가 明矣라

노자가 태어난 곳은, 태사공은 楚나라 苦縣이라 하고, 혹자는 陳나라 相縣 사람이라 하고,[24] ≪장자≫에 공자와 陽子 朱(楊朱)가 모두 남쪽으로 沛縣에 가서 노자를 만난 일이 실려 있으니,[25] 宋나라에는 老氏가 있고 패현이라는 곳은 송나라 땅

연간에는 칙명을 받들어 노자와 莊子를 ≪史記≫ 列傳의 첫머리로 삼아 〈伯夷列傳〉보다 앞에 次序하였다.(≪舊唐書≫ 〈禮儀志〉, ≪史記正義≫ 〈老子伯夷列傳〉)

23) 晏平仲……子産 : 晏平仲(晏嬰)은 氏가 晏이고 平仲이 字이며, 蘧伯玉(蘧瑗)은 씨가 蘧이고 伯玉이 자이다. 子産은 鄭子産으로 알려진 公孫僑로, 자산은 공손교의 자이다.

24) 혹자는……하고 : 郭象의 ≪莊子注≫에 "老子는 陳나라 相縣 사람이다. 상현은 지금 苦縣에 속하니, 沛縣과 서로 가깝다.〔老子 陳國相人 相今屬苦縣 與沛相近〕" 하였다.

25) 장자에……있으니 : ≪莊子≫ 〈天運〉에 쉰한 살의 孔子가 남쪽으로 沛縣에 가서 老聃을 만나 道에 대해 물은 일화가 실려 있다. 陽子 朱는 楊朱로, 양주는 문헌에 楊子, 陽子, 陽生 등

이다. 老子가 태어난 곳을 말한 것이 세 가지 설이 다르지만, ≪장자≫가 더욱 오래되었으니 그 진실에 맞을 것이다. 그렇다면 노자는 송나라 사람으로 子姓인가? '子'가 '李'가 된 것은 말이 변하여 그러한 것이니, 姒姓이 간혹 弋이 된 것[26]과 같을 것이다. 彭城은 패현과 가까우니, 생각건대 노담이 일찍이 이곳에 산 적이 있으므로 '老彭'이라 하였을 것이다. 이는 展禽을 柳下로 칭하는 것과 같으니,[27] 모두 당시 사람들이 道가 있는 군자가 사는 곳을 높여 氏로 삼은 것이다. 晉 穆帝는 이름이 聃이고 字가 彭子이니, 漢晉 시대의 舊儒 중에 틀림없이 老彭이 老聃의 氏라는 설을 아는 사람이 있었을 터인데, 후세에 逸失하여 마침내 밝히지 못했을 것이다.

乾隆 48년(1783) 여름 6월에 桐城의 姚鼐가 序文을 쓰다.

老子所生은 **太史公曰 楚苦縣**이라하고 **或曰 陳國相人**이라하고 **莊子**에 **載孔子陽子朱**가 **皆南之沛**하여 **見老子**하니 **夫宋國有老氏**요 **而沛者宋地**라 **言老子所生**이 **三者說異**로되 **而莊子尤古**하니 **宜得其眞**이라 **然則老子其宋人子姓耶**아 **子之爲李**는 **語轉而然**이니 **猶姒姓之或以爲弋也**라 **彭城近沛**하니 **意聃嘗居之**라 **故**로 **曰老彭**이라하니 **猶展禽稱柳下也**니 **皆時人尊有道而氏之**라 **晉穆帝**는 **名聃**이요 **字彭子**니 **漢晉舊儒必有知老彭爲聃之氏之說者矣**러니 **後世失之**하여 **乃不能明也**라 **乾隆四十八年夏六月**에 **桐城姚鼐**는 **序**①하노라

① ≪後漢書≫ 〈桓帝紀〉 章懷太子(李賢, 唐 高宗의 아들)의 註에 "≪사기≫에 이르기를 '노자라는 사람은 楚나라 苦縣 厲鄕 曲仁里 사람이다. 이름은 耳이고 字는 聃이고 姓은 李氏이다.' 하였다." 하니, 내가 이 序文을 지을 때 미처 보고 인용하지 못하였다. 그렇다면 이 문장을 고친 것은 아마도 唐 玄宗 이후의 일일 것이다.
後漢書桓帝紀章懷注에 史記曰 老子者는 楚苦縣厲鄕曲仁里人也라 名耳요 字聃이요 姓李氏라하니 吾作此序에 未及檢引이라 然則改此文은 疑元[28]宗以後事라

다양하게 표기되어 있다. ≪장자≫ 〈寓言〉에 陽子居가 老聃을 만나기 위해 남쪽으로 패현에 가려다가 노담이 秦나라에 갔다는 말을 듣고 魏나라의 교외에서 그를 기다려 만났다는 일화가 실려 있는데, 양자거는 양주라는 설이 유력하다.

26) 姒姓이……것 : ≪春秋≫ 襄公 4년 8월 조에 "우리 小君 定姒를 장사 지냈다.〔葬我小君定姒〕" 하였는데, ≪春秋公羊傳≫에는 정사가 定弋으로 되어 있다. ≪詩經≫ 〈國風 桑中〉에 "누구를 그리워하나 아름다운 孟弋이라네.〔云誰之思 美孟弋矣〕" 하였는데, 朱熹의 ≪集傳≫에 "弋은 ≪시경≫에 혹 姒로 되어 있다.〔弋春秋或作姒〕" 하였다.

27) 展禽을……같으니 : 展禽은 춘추시대 魯나라의 대부 展獲으로, 禽은 그 字이다. 전획은 封地가 柳下이고 諡號가 惠인지라 柳下惠라는 호칭으로 더욱 알려져 있다.

28) 元 : 저본에 '元'으로 되어 있는데, 이는 淸나라 康熙帝의 이름이 '玄燁'이기 때문에 황제의 이름을 避諱한 것이다. 번역에서는 '玄'으로 번역하였다.

08. ≪莊子章義≫의 序　莊子章義序*

* 요내가 ≪莊子≫의 뜻을 풀이한 ≪莊子章義≫에 쓴 自序이다. 이 글에서 요내는 장자가 中庸의 의리를 모르기는 하였으나, 學術에는 취할 만한 점이 있으므로 정확한 이해가 필요하다고 역설하였다. ≪장자≫와 관련된 다양한 典籍을 인용하여 주장을 펼치고 있어, 考證에 강한 요내의 특성이 잘 드러난다.

≪漢書≫ 〈藝文志〉[1]에 "≪莊子≫ 52편"이라 하였고, 陸德明의 ≪莊子音義≫에 晉나라와 劉宋의 ≪莊子≫를 注解한 7家가 실려 있으니,[2] 司馬彪와 孟氏만이 그 全書를 실었고, 나머지는 內篇 7편은 모두 같지만 外篇과 雜篇은 저마다 마음대로 취사하였다. 唐·宋 이래로 諸家들의 주석본이 모두 없어지고 지금은 郭象의 주석본만 남아 있으니, 모두 33편으로 그중 19편은 곽상이 산삭하여 볼 수가 없다.

漢藝文志에 **莊子五十二篇**이라하고 **陸德明音義**에 **載晉宋注莊子者七家**하니 **惟司馬彪孟氏載其全書**요 **其餘惟內七篇皆同**이로되 **外篇雜篇**은 **各以意爲去取**라 **自唐宋以後**로 **諸家之本盡亡**하고 **今惟有郭象注本**하니 **凡三十三篇**이니 **其十九篇**은 **經象刪去**하여 **不可見矣**라

옛날에 孔子께서 詩書, 六藝로 弟子들을 가르치실 때, 性과 天道는 듣지 못하였으니,[3] 들을 수 있었던 이들은 반드시 제자들 중에서 특히 뛰어난 자들이었다. 그러나 道와 術의 분기가 대개 이로부터 시작되었다.

무릇 子游의 門徒가 夫子께서 자유에게 하신 말씀을 傳述하기를 "사람은 天地의

1) 漢書 藝文志 : 後漢의 역사가 班固가 劉歆의 ≪七略≫에 근거하여 前代 典籍의 명칭과 卷帙, 저자명 등을 기재한 중국 최초의 목록서이다.

2) 陸德明의……있으니 : 陸德明은 唐나라의 經學家로 國子博士를 지냈다. 14종의 經傳을 대상으로 문자의 異同을 밝히고 諸家의 訓詁와 音義를 모아 ≪經典釋文≫ 30권을 지었는데, 그중 ≪莊子音義≫가 있다. ≪장자음의≫에는 晉나라의 崔撰, 西晉의 向秀, 司馬彪, 郭象, 李頤, 孟氏, 劉宋의 王叔之의 ≪莊子≫ 주석서 7종이 기재되어 있다.

3) 性과……못하였으니 : ≪論語≫ 〈公冶長〉에 子貢이 "夫子의 문장은 들을 수 있으나, 부자께서 性과 天道를 말씀하시는 것은 들을 수 없다.〔夫子之文章 可得而聞也 夫子之言性與天道 不可得而聞也〕"라고 하였다.

마음이며 五行의 단서이다."이라 하였고, "聖人이 禮를 제정하여 天道를 통달하고 人情을 따른다."[4]라고 하였으니, 그 뜻이 훌륭하다. 그러나 결국 夏·商·周 3代의 다스림을 大道가 이미 숨겨진 시대[5]의 일로 간주하고 말았다.

子夏의 문도가 부자께서 자하에게 하신 말씀을 전술하기를 "군자는 반드시 禮樂의 근원에 통달해야 한다."라 하였고, "예악은 마음속에서 그만둘 수 없는 것에서 근원하여 志氣가 천지에 가득하다."[6]라고 하였으니, 예악의 근본에 대해 말한 것이 또한 지극하다. 그러나 林放이 예의 근본에 대해 물었을 때 부자께서는 '차라리 검소하게 하고 차라리 슬퍼하는 것이 낫다.'[7]고 말해주었을 뿐이니, 聖人께서 예가 자연스러운 마음에서 나온 것임을 사람들에게 알려주려 하지 않으신 것이 아니지만, 조화〔和〕만 알아 예로써 절제하지 않을까 두려워한 것이다.[8]

이로 말미암아 말하건대 자유와 자하의 문도들이 전술한 말에는 성인의 道가 보

---

4) 사람은……따른다 : 두 문장은 ≪禮記≫ 〈禮運〉에 보인다. 五行은 金·木·水·火·土를 말한다.

5) 大道가……시대 : 大道가 행해지던 堯舜 때의 大同 시대보다는 못하지만, 조금 안정된 三代의 小康 시대를 가리킨다. ≪禮記≫ 〈禮運〉에서 "지금은 大道가 이미 숨겨져 천하를 자기 집으로 여겨 저마다 자기 어버이를 친애하고 저마다 자기 자식을 사랑하며 재화와 힘을 자기를 위해 쓰고 大人(天子와 諸侯)은 세습을 禮로 여긴다.……그러므로 간사한 꾀가 이 때문에 일어나고 兵亂이 이로 말미암아 일어나니, 禹王, 湯王, 文王, 武王, 成王, 周公은 이 때문에 선발된 것이다. 이 여섯 君子 중에는 예를 삼가 지키지 않은 자가 없었다.……이런 세상을 小康이라 이른다.〔今大道旣隱 天下爲家 各親其親 各子其子 貨力爲己 大人世及以爲禮……故謀用是作 而兵由此起 禹湯文武成王周公 由此其選也 此六君子者 未有不謹於禮者也……是謂小康〕"라고 한 데서 나왔다.

6) 군자는……가득하다 : ≪禮記≫ 〈孔子閒居〉에 子夏가 어떻게 해야 백성의 부모라고 할 수 있냐고 묻자, 孔子가 "무릇 백성의 부모가 되려면 반드시 예악의 근원에 통달하여 五至를 이루고 三無를 행하여 천하에 가득 펼쳐야 한다.〔夫民之父母 必達於禮樂之源 以致五至而行三無 以橫於天下〕"라고 하였고, 이어서 자하가 '五至'에 대해 묻자, "뜻이 지극하면 詩 또한 지극하며, 시가 지극하면 禮 또한 지극하며, 예가 지극하면 즐거움 또한 지극하며, 즐거움이 지극하면 슬픔 또한 지극해서 슬픔과 즐거움이 相生하니 이 때문에 눈을 바로 뜨고 보더라도 볼 수 없고 귀를 기울여 듣더라도 들을 수 없으며, 뜻과 기운이 천지에 가득 차니 이를 '오지'라고 한다.〔志之所至 詩亦至焉 詩之所至 禮亦至焉 禮之所至 樂亦至焉 樂之所至 哀亦至焉 哀樂相生 是故正明目而視之 不可得而見也 傾耳而聽之 不可得而聞也 志氣塞乎天地, 此之謂五至〕"라고 하였다.

7) 차라리……낫다 : ≪論語≫ 〈八佾〉에 孔子가 林放에게 "예를 행할 때에는 사치하기보다는 차라리 검소해야 하고, 喪을 당했을 때는 형식적으로 잘 치르기보다는 차라리 슬퍼해야 한다.〔禮與其奢也寧儉 喪與其易也寧戚〕"라고 하였다.

8) 조화〔和〕만……것이다 : ≪論語≫ 〈學而〉에 有子가 "예의 쓰임은 조화가 귀하니 先王의 道가 이를 아름답게 여겼다. 그러므로 작고 큰 일이 모두 이를 따랐다. 행해서는 안 될 것이 있으니 조화만 알아 조화만 행하고 예로 절제하지 않는다면 또한 행해서는 안 된다.〔禮之用 和爲貴 先王之道 斯爲美 小大由之 有所不行 知和而和 不以禮節之 亦不可行也.〕"라고 하였다. '和'는 예를 적용할 때 지나치게 엄격하고 급박하게 하지 않는 것을 말한다.

존되지 않은 것이 없지만 덧붙인 말이 그 폐단을 감당하지 못하였다. 무릇 말의 폐단이 처음에는 진실로 七十子[9)]에게 있었는데 끝에 가서는 마침내 莊周의 무리까지 이르렀다.

昔孔子以詩書六藝教弟子에 而性與天道는 不可得聞이니 其得聞者는 必弟子之尤賢也라 然而道術之分이 蓋自是始라 夫子游之徒가 述夫子語子游하여 謂人爲天地之心이요 五行之端이라하고 聖人制禮하여 以達天道順人情이라하니 其意善矣라 然而遂以三代之治로 爲大道既隱之事也라 子夏之徒가 述夫子語子夏者하되 以君子必達於禮樂之原이라하고 禮樂原於中之不容已하여 而志氣塞乎天地라하니 其言禮樂之本亦至矣라 然이나 林放問禮之本에 夫子告以寧儉寧戚而已니 聖人非不欲以禮之出於自然者示人이나 而懼其知和而不以禮節也라 由是言之컨대 子游子夏之徒所述者는 未嘗無聖人之道存焉이로되 而附益之가 不勝其弊也라 夫言之弊가 其始固存乎七十子하고 而其末遂極乎莊周之倫也라

≪莊子≫는 本數를 밝히고[10)] 禮의 뜻을 아는 것[11)]에 대해 말했으니, 진실로 바로 이른바 '禮樂의 근원에 통달하여 神明과 배합하고 天地에 순수하게 합하며 造物者와 벗이 되니[12)] 또한 地氣가 天地에 가득하다.'는 뜻이다. 韓退之(韓愈)가 장주의 학문이 子夏에게서 나왔다고 하였으니,[13)] 거의 그러하도다! 장주가 공자의 末

9) 七十子 : 孔子의 제자 가운데 뛰어난 72명의 제자를 말하는데, 대략의 수를 들어 '七十子'라고 한다.

10) 本數를 밝히고 : 本數는 根本의 道, 즉 仁義를 가리킨다. ≪莊子≫ 〈天下〉에 "옛사람은 완전한 덕을 갖추었도다. 神明과 짝하고 천지에 순수하게 합하며 만물을 육성하고 천하를 화평하게 하여 그 은택이 백성에게 미치고, 本數에 밝고 末節의 法度까지 체계화하며 상하사방으로 통하고 사계절에 열려, 작고 크고 정밀하고 거친 모든 존재에 이르기까지 道의 운행이 미치지 않은 데가 없다.〔古之人 其備乎 配神明 醇天地 育萬物 和天下 澤及百姓 明於本數 係於末度 六通四辟 小大精粗 其運無乎不在〕"라고 하였다.

11) 禮의……것 : ≪莊子≫ 〈大宗師〉에 子桑戶가 죽었을 때 孟子反과 子琴張을 시신 곁에서 노래를 부르고 거문고를 탔다. 子貢이 이것이 예이냐고 묻자, 두 사람이 "이 사람이 어찌 예의 뜻을 알겠는가?〔是惡知禮意〕"라고 하였다.

12) 造物者와……되어 : ≪莊子≫ 〈大宗師〉에 子貢이 孟子反과 子琴張을 만나고 돌아와 孔子에게 두 사람에 대해 묻자 "저들은 예법의 테두리 밖에서 노니는 자들이고 나는 예법의 테두리 안에서 노니는 자이다.……저들은 바야흐로 조물자와 벗이 되어 천지의 一氣에서 노닌다.〔彼遊方之外者也 而丘遊方之內者也……彼方且與造物者爲人 而遊乎天地之一氣〕"라고 하였다. 여기서 人은 '짝〔偶〕', '무리〔徒〕'의 뜻이다.

13) 韓退之(韓愈)가……하였으니 : 韓愈가 〈送王秀才序〉에서 "대개 子夏의 학문을 그 후에 계승한 사람이 田子方이고, 전자방 이후에 그 학설이 流傳되어 莊周의 학설이 되었다.〔蓋子夏之學 其後有田子方 子方之後 流而爲莊周〕"라고 하였다.

流를 계승하여 마침내 도를 엿본 것이 있었으나, 中庸의 의리를 듣지 못해 재단할 줄을 몰라[14] 마침내 멋대로 猖狂하여 끝이 없었으니, 어찌 지혜로운 자는 지나치다는 것[15]의 폐해가 아니겠는가.

莊子之書는 **言明於本數及知禮意者**하니 **固卽所謂達禮樂之原**하여 **而配神明**하고 **醇天地**하며 **與造化爲人**하니 **亦志氣塞乎天地之旨**라 **韓退之謂莊周之學**이 **出於子夏**라하니 **殆其然與**인저 **周承孔子之末流**하여 **乃有所窺見於道**로되 **而不聞中庸之義**하여 **不知所以裁之**하여 **遂恣其猖狂而無所極**하니 **豈非知者過之之爲害乎**아

그 마지막 〈天下〉 한 편은 ≪장자≫의 後序에 해당한다. 거기에서 "詩書禮樂에 적힌 것들은 鄒魯의 선비와 縉紳先生[16] 중에 밝게 아는 이들이 많다."고 한 것은 이것을 도의 말단으로 여긴 것이다. 도의 근본에 있어서는, "道의 大宗에서 떠나지 않는 사람을 天人이라 한다."는 말[17]이 있으니, 장주는 대개 천인으로 자처한 것이다. 그러므로 "위로 조물자와 노닌다."[18]라고 하고 次序를 매겨 천인을 至人과 聖人의 위에 둔 것이다. 그 말이 이처럼 불손한데, 蘇子瞻(蘇軾)과 王介甫(王安石)는 그가 성인을 추존하여 여러 방면을 두루 갖추지 못하고 한쪽에 치우친 선비로 자처했다고 하였으니,[19] 장주와 얼마나 거리가 먼 말인가.

---

14) 재단할……몰라 : 본래 공자가 陳나라에 있을 때 中庸의 도에 부합하지 못한 제자들을 걱정하여 이르기를 "돌아가련다. 돌아가련다. 吾黨의 젊은이들이 뜻만 크고 소략하여 찬란하게 문장만 이루었을 뿐이요 그것을 재단할 줄은 모른다.〔歸與歸與 吾黨之小子狂簡 斐然成章 不知所以裁之〕"라고 한 데서 온 말이다.(≪論語≫ 〈公冶長〉)

15) 지혜로운……것 : ≪中庸章句≫ 제4장에서 孔子가 "도가 행해지지 못하는 이유를 내가 알겠으니, 지혜로운 자는 지나치고 어리석은 자는 미치지 못해서 그런 것이다.〔道之不行也 我知之矣 知者過之 愚者不及也〕"라고 하였다.

16) 鄒魯의……縉紳先生 : 魯나라는 孔子의 고향, 鄒나라는 孟子의 고향이므로, 鄒魯의 선비는 儒生을 가리킨다. 縉紳先生은 笏을 띠에 꽂은 벼슬아치를 가리킨다.

17) 道의……말 : ≪莊子≫ 〈大宗師〉에서 "道의 大宗에서 떠나지 않는 자를 天人이라 하고, 道의 精髓에서 떠나지 않는 자를 神人이라 하고, 도의 眞髓에서 떠나지 않는 자를 至人이라 하고, 天을 道의 大宗으로 삼고 德을 근본으로 삼고 道를 문으로 삼아 출입하여 만물의 변화의 조짐을 미리 아는 자를 聖人이라 한다.〔不離於宗 謂之天人 不離於精 謂之神人 不離於眞 謂之至人 以天爲宗 以德爲本 以道爲門 兆於變化 謂之聖人〕"라고 하였다.

18) 위로……노닌다 : ≪莊子≫ 〈天下〉에서 자신을 두고 "위로는 조물자와 함께 노닐며, 아래로는 死生을 도외시하고 끝도 시작도 없는 사람을 벗으로 사귄다.〔上與造物者遊 而下與外死生無終始者爲友〕"라고 하였다.

19) 蘇子瞻(蘇軾)과……하였으니 : 蘇軾은 〈莊子祠堂記〉에서 "내가 생각건대 莊子는 孔子를 도운 자이다.……천하의 道術을 논할 적에 墨翟 · 禽滑釐 · 彭蒙 · 愼到 · 田駢 · 關尹 · 老聃의 무리

其末天下一篇은 **爲其後序**하니 **所云其在詩書禮樂者**는 **鄒魯之士**와 **縉紳先生**이 **多能明之**는 **意謂是道之末焉爾**라 **若道之本**은 **則有不離於宗**을 **謂之天人者**라하니 **周蓋以天人自處**이라 **故曰上與造物者游**라하고 **而序之**하여 **居至人聖人之上**이라 **其辭若是之不遜也**어늘 **而蘇子瞻王介甫者**는 **謂其推尊聖人**하여 **自居於不該不偏一曲之士**라하니 **其於莊生**에 **抑何遠哉**아

郭象의 주석은 옛사람들이 莊生의 뜻을 특히 잘 이해했다고 추켜세웠다. 내가 보건대 다만 正始 연간 이래의 이른바 淸談[20]일 뿐이고, 장주의 뜻에 대해서는 열 중 네다섯은 놓쳤다. 무릇 ≪장자≫ 52편에는 진실로 後人들이 섞어 넣은 말이 많다. 지금의 판본은 곽상의 산삭을 거쳤음에도 오히려 섞여 들어간 말이 있으니, 그 말뜻이 반드시 장생이 한 것이 아니라고 단정할 수 있다. 그러나 산삭한 19편에도 진짜 장생의 글이 있었을 듯한데 곽상이 없애버렸다. 나는 장생의 뜻이 註說한 사람들에 의해 가리어진 것이 애석하다. 이에 조금 논하여 ≪莊子章義≫를 지으니 모두 약간 권이다.

若郭象之注는 **昔人推爲特會莊生之旨**하니 **余觀之**컨대 **特正始以來所謂淸言耳**요 **於周之意**엔 **十失其四五**라 **夫莊子五十二篇**은 **固多後人雜入之語**라 **今本**은 **經象所刪**에도 **猶有雜入**하니 **其辭義可決其必非莊生所爲者**라 **然則其十九篇**은 **恐亦有眞莊生之書**어늘 **而爲象去之矣**라 **余惜莊生之旨**가 **爲說者所晦**라 **乃稍論之**하여 **爲章義**하니 **凡若干卷**이라

에서부터 자신에 이르기까지 모두 一家라고 하였으나 공자는 포함되지 않았으니, 공자를 높인 것이 지극하다.〔余以爲莊子蓋助孔子者……其論天下道術 自墨翟禽滑釐彭蒙愼到田駢關尹老聃之徒以至於其身 皆以爲一家 而孔子不與 其尊之也至矣〕"라고 하였고, 王安石는 〈莊周論 上〉에서 "장자가 어찌 성인에 대해 알지 못했겠는가.……이로써 성인의 도를 밝히는 것이 전적으로 저쪽에 있고 이쪽에 있지 있는 것이 아니라 하고, 또한 스스로 자기 글을 宋鈃・愼到・墨翟・老聃의 무리에 넣어서 모두 여러 방면을 두루 갖추지는 못하고 한쪽에 치우친 선비들이라 하였다. 이는 자신의 학설을 밝히려는 의도가 있어서 지은 것은 大道의 전체가 아니라고 한 것이다. 그렇다면 장자가 어찌 천하의 폐단을 바로잡으려는 뜻을 가지고 성인의 도를 보존하려 하지 않았다 하겠는가.〔莊子豈不知聖人者哉……用是以明聖人之道 其全在彼而不在此 而亦自列其書於宋鈃愼到墨翟老聃之徒 俱爲不該不偏一曲之士 蓋欲明吾之言 有爲而作 非大道之全云爾 然則莊子豈非有意於天下之弊而存聖人之道乎〕"라고 하였다.

20) 正始……淸談 : 正始는 三國時代 魏나라 齊王 曹芳의 연호로 240년부터 249년까지 사용되었다. 이때 何晏과 王弼로부터 淸淨無爲와 空理空談을 일삼는 청담의 풍조가 크게 유행하였다.

09. 족보에 대한 序　族譜序*

* 요내 집안의 족보에 대한 序이다. 글의 전반부에서는 世族의 흥폐와 존망에 따른 족보의 詳略이라는 측면에서 족보의 역사를 통시적으로 살폈다. 후반부에서는 요내 집안의 譜系를 언급하면서 餘姚에서 桐城으로 이주한 뒤에야 보계를 정확하게 상고할 수 있음을 밝히고, 족보가 만들어진 뒤에 자손이 더욱 많아졌으므로 체제를 바꾸어 간약하여 보기 쉽도록 다시 편찬하였음을 말하였다.

옛날에 三代의 帝王 및 卿·士·大夫, 무당·의원·祝官·卜師의 직분이 世族에서 나오지 않는 경우가 없었으니, 당시에 姓氏가 나뉨에 그 단서가 드러나 구비되어 있었고, 조정에서 또 관직을 전적으로 마련하여 맡게 하였다. 그러므로 黃帝·神農·虞舜·夏禹[1]의 수천 년 동안의 流波를 알 수 있었다.

漢나라 이래로 王者가 民間에서 일어나고 將相이 백정이나 牧人에게서 나와[2] 모두 그 先世를 기록할 수 없어서 譜牒이 점차 자세하지 않게 되었는데, 晉宋時代에 이르러 魏나라의 제도를 말미암아 九品으로 관직을 나누어 門戶를 중시하고 門地를 분별하니,[3] 그 후에 譜學이 다시 일어나 唐나라에 이르렀다. 그러나 상고해보면 당나라 이전에 諸家의 世譜에서 상세히 밝힐 수 있는 바는 모두 魏晉時代에서 시작되니, 위진시대 이상은 혹 허황한 설에 가탁하였다. 郎邪 王氏는 王子 晉[4]에서 나왔다고 스스로 말하고, 蘭陵 蕭氏는 蕭何와 蕭望之[5]에게서 비롯되었다고 스

1) 黃帝……夏禹 : 모두 중국 상고시대 皇帝들이다.

2) 漢나라……나와 : 예컨대 漢 高祖는 沛縣 豐邑 출신으로, 본디 서민으로서 그 신분이 미약하였고, 그를 도와 漢나라를 세운 공신들 역시 미천한 출신이었다. 예를 들어 樊噲는 백정이었고, 夏侯嬰은 마부였으며, 周勃은 나팔수였던 것으로 알려져 있다.

3) 晉宋……분별하니 : 각 지방의 문벌과 인망이 있는 사람을 뽑아 中正으로 두어 그 군현의 인재를 아홉 등급으로 구분하여 조정에 보고하게 하고, 이를 근거로 관리를 선발하던 것으로 九品官人法 혹은 九品中正制라 한다.

4) 王子 晉 : 神仙으로 알려진 王子喬로, 본래 周나라 靈王의 태자였는데, 이름이 晉이었으므로 왕자 진으로도 불린다.

5) 蕭何와 蕭望之 : 蕭何는 漢 高祖를 도와 漢나라를 세운 공신이며, 蕭望之는 漢나라 元帝 때의 太子太傅이다.

스로 말하여서, 모두 옛사람들의 비방을 받았다.

이를 말미암아 말해보건대 보첩의 자세함과 소략함은 당시의 풍속에 盛衰가 있었던 것이 아니라, 세족의 흥폐와 존망이 달랐던 데서 연유한 것이다. 세족이 존속될 때에는 단지 자손들만이 그 선조들이 이어온 譜系를 상세히 알 수 있을 뿐만 아니라, 모든 천하의 學士로서 견문이 넓은 이들이 각 宗族의 世系를 하나하나 들기를 마치 뜰에 있는 나무의 갈래를 따라서 가리키듯, 집안의 시렁에 있는 물건들을 들어서 보이듯 구체적으로 하지만, 세족이 망할 때에 이르러서는 자손이 그 조상을 미루어서 분명하게 알 수가 없어서, 비로소 이름난 사람에게 거짓으로 가탁하여 자기 집안의 명성을 무겁게 하고자 하였으니, 이는 또한 어리석다고 할 만하다.

昔에 **三代帝王及卿士大夫巫醫祝卜之職**이 **莫不出於世族**하니 **當〔時〕**[6]**姓氏之分**이 **端緖著備**요 **而朝廷又專設之官而掌之**라 **故**로 **黃農虞夏**의 **支裔流別**의 **數千歲之紀**를 **可得而知也**라 **自漢以降**으로 **王者興於草澤**하고 **將相出於屠牧**하여 **皆不能紀其先世**하여 **而譜諜寖以不詳**이러니 **及晉宋因魏制**하여 **以九品官人**하여 **重門戶**하고 **辨族地**하니 **而後譜學復興**하여 **以至於唐**이라 **然**이나 **攷唐以前諸家世譜所能詳**이 **皆始於魏晉**하니 **魏晉而上**으로는 **或依託謬妄**이라 **蓋郞邪**(야)**王氏**는 **自云出於王子晉**하고 **蘭陵蕭氏**는 **自謂本蕭何望之**하여 **皆爲昔人所誚**라 **由是言之**컨대 **譜諜之詳略**은 **非時俗風尙之有盛衰**요 **由世族之崇替存亡異也**라 **當世族之存**하여는 **非特子孫能詳其先人之傳**이요 **凡天下學士博於聞見者**가 **歷擧各族系世**를 **如循庭木之支**하고 **如擧其室之庋物**이어니와 **迄世族亡**하여는 **則子孫有不能推明其祖**하여 **而始誣託名人**하여 **求以自重**하니 **是亦可謂愚也與**인저

五代로부터 宋나라에 이르는 동안 故家[7]가 잔멸하였고 元明時代에 이르러 누차 兵火를 겪어서, 오늘날 천하에는 천 년 동안 전해진 족보가 다시는 존재하지 않는다. 우리 종족의 先世는 田農에 근본을 두었고, 또 餘姚[8]로부터 桐城[9]으로 옮겼으니 바로 南宋의 말엽으로 元나라가 흥기하는 때였다. 江淮의 사이에 거주하는 선

6) 〔時〕: 저본에는 '時'가 없으나, ≪惜抱軒詩文集≫(上海古籍出版社, 1992)에 의거하여 보충하였다.
7) 故家 : 여러 대에 걸쳐 중요한 지위에 있으면서 나라를 다스려온 집안을 말한다. ≪孟子≫ 〈梁惠王 下〉에 "이른바 고국이란 대대로 커서 높이 치솟은 나무가 있다는 말이 아니요, 대대로 신하를 배출한 오래된 집안이 있다는 것을 의미한다.〔所謂故國者 非謂有喬木之謂也 有世臣之謂也〕"라고 하였다.
8) 餘姚 : 浙江省 紹興府에 있는 도시이다.
9) 桐城 : 安徽省 서쪽에 있는 도시이다.

조들이 조금 정착하였으나 譜系는 모두 일실하고 말았다. 그러므로 여요에 거주하기 이전의 조상을 알 수가 없으니, 알 수 없다면 빼놓는 것이 거짓으로 가탁하는 어리석음보다는 나을 것이다.

족보는 선조 雲南參政에서부터 선조 職方府君에 이르고, 叔祖 瀛州太守에 이르러서 일찍이 세 번 개수하였는데, 지금에 이르러서는 자손이 더욱 많아져서 글이 더욱 많아졌다. 그러므로 그 체제를 조금 바꾸어서 옛 世表의 법에 의거하여 橫列을 따라서 역임한 관직과 生卒과 妻子를 그 아래에 주석으로 달았으니, 글이 간약하여 찾아보기 쉽게 하고자 한 것이다. 당초에 여요에서부터 동성의 大有鄕의 麻谿로 와서 거주하였기에 사람들이 麻谿 姚氏라고 하였다. 明나라 중엽에 이르러 비로소 족보가 만들어졌고, 또 후대로 내려와 지금에 이르기까지가 200여 년이다. 이 이후로는 자손들의 흥폐를 알 수 없으니, 족보의 존망을 기필할 수 없다. 그러나 오래도록 전해지기를 조금 바라는 것은 오직 글과 책이 가볍고 분량이 적어 가지고 다니고 보관하기 쉽기 때문이니, 이것이 오래도록 전해지는 방도일 것이다.

自五代至宋에 故家殘滅하고 及元明하여 屢遭兵火하여 今日天下無復有千年相傳之家譜矣라 吾族先世는 本於田農이요 又自餘姚遷桐城하니 正當南宋末元興之日이라 江淮之間에 居民麤定이나 而譜敍皆失이라 故로 居餘姚以前祖를 不可得而知하니 不可知則闕이니 以爲愈於誣託者之愚也라 譜自先雲南參政으로 及先職方府君하고 及叔祖瀛州太守하여 嘗三修之러니 逮今孫子益衆하여 爲文益繁이라 故로 少變其體하여 依古世表之法하여 率橫列而注歷職生卒妻子於其下하니 欲其文簡而易檢也라 初自餘姚來居桐城大有鄕之麻谿일새 人謂麻谿姚氏라 逮明中葉而始有譜하고 又垂及今二百餘年이라 自是以往으로 子孫之崇替를 不可知니 而譜之存亡을 不可必也라 然而差冀其經歷久遠者는 惟文冊輕簡하여 易挾而藏이니 則傳久之道與인저

10. 張冠瓊 遺文의 序　張冠瓊遺文序*

* 요내가 자신의 처남 張元臚의 문집에 붙인 서문이다. 장원려는 專一하고 고요한 성품으로 어버이를 영광스럽게 하고자 학문에 정진하였으나 병에 걸려 22세의 젊은 나이로 세상을 떠났다. 冠瓊은 그의 字이다.

張冠瓊은 나의 처남으로, 재주가 있는데 일찍 죽었다. 우리 장인께서 黃州通判이 되었을 때 두 아들이 있었으니, 冠瓊은 그 막내이다. 黃州(장인)께서 관직에 나아갈 때에 당시 연세가 60세였다. 집안사람들을 모두 집에 머물게 하고 따라오지 못하게 하였는데 관경이 따라가려고 하자, "너는 집에 있을 때 마음이 專一하고 고요하니 학문을 하기가 쉬울 것이다."[1] 하고 허락하지 않았다. 관경은 아버지를 생각하면 몹시 슬프고 자신이 따라가지 못한 것이 마음 아파서 더욱 분발하여 학문에 힘쓰더니 얼마 지나지 않아 마침내 병들어 반년도 못 되어 죽었다.

張冠瓊은 **予妻弟也**니 **才而早卒**이라 **予婦翁**이 **爲黃州通判**에 **有二子**하니 **冠瓊**은 **其季也**라 **黃州就官**에 **時年六十矣**라 **家人皆留不使從**이어늘 **冠瓊求從**한대 **則曰 汝在家**에 **專靜**하니 **爲學易**(이)라하고 **不許**라 **冠瓊念父甚悲**하고 **傷己之不得從**하여 **則益奮厲於學**이러니 **未幾**에 **遂病**하여 **未半歲而死**하다

죽은 후에 그 아내가 남에게 말하기를 "우리 남편은 올해 학문에 더욱 부지런히 힘썼으니, 매일 밤 고요하여 집안사람들이 다 잠들었을 때 그가 글 읽는 소리만 처연하게 들렸습니다." 하였다. 이에 나는 애통하면서도 그가 아직 장년에 미치지 못한 나이로 되레 빨리 이름을 이루고자 하다가 精氣를 소모하여 요절하는 지경에 이른 것을 탓하였으니, 어찌 그리도 심하게 자신을 아끼지 않은 것인가. 사람은 누구나 몸을 고생하여 이름을 세워서 부모를 영광스럽게 할 것을 생각하지만, 마침내 이로써 생명을 해친다면 뜻한 바를 이룸과 이루지 못함이 모두 어버이의 마

1) 마음이……것이다 : ≪近思錄≫ 〈爲學〉에 "성품이 고요한 자가 학문을 할 수 있다.〔性靜者 可以爲學〕"라는 程明道의 말이 보인다.

음을 아프게 하기에 알맞을 뿐이므로 군자는 이를 조심한다. 그러나 관경은 몸이 그다지 여위고 약하지 않았기에 능히 수고로움을 이겨낼 만하였으니, 그가 죽음에 이른 것은 대개 몸을 保養하지 못했기 때문이고[2] 미리 헤아려 알 수 있는 바는 아니었다. 그 뜻이 진실로 슬퍼할 만하다.

死後에 其妻語人曰 吾夫今年에 學尤勤苦하니 每夜靜家人盡寐에 獨聞其誦書聲悽然이라하니 於是에 予旣痛之로되 而亦咎其以未及壯之年으로 乃亟欲成名이라가 敝耗精氣하여 而至於短折하니 何不自惜之甚也오 人莫不思苦身立名하여 以光父母라 然이나 竟以害其生하면 則所志者를 有得有不得이 皆適以傷親之心이라 故로 君子愼之也라 然이나 冠瓊은 體非甚羸弱이라 能勝勞하니 其及死는 蓋出於不養이요 非意所料니 而其志가 固可悲矣로다

관경은 사람됨이 專一하고 고요하여 벗 사귀는 일에는 관심이 없었다. 내가 막 혼인한 뒤 이따금 그 집에 이르러 관경은 어찌하여 보이질 않느냐고 물으면 江安 사람인 장모가 웃으며 말하기를 "우리 아이는 마치 여자처럼 사람을 피하네." 하였는데, 잠시 후에 불러서 오면 앉아서 오랜 시간이 지나도 묵묵히 있을 따름이었다. 후일에는 더욱 친해졌으나 그의 말을 듣는 일은 역시 드물었고, 다만 만날 때마다 좋아하는 눈길로 나를 향하고 차마 떠나질 못하였으니 애틋하였다.

그의 병은 처음 발병했을 때에는 또한 심하지 않았는데 좋은 의원을 만나지 못했기 때문에 마침내 치료하지 못하였다. 임종 때에는 나의 손을 잡고 눈물을 흘리며 黃州公에 대해 말하였다. 대개 관경의 재주와 뜻을 다 발휘했더라면 모두 자신을 드러낼 만하였을 터인데, 그 학문을 이루지 못한 것이 애석하다. 그러나 그가 지은 글은 오랫동안 글을 지은 자들도 혹 미치지 못할 것이다.

冠瓊은 爲人專靜하여 淡於交遊라 予初婚後에 間至其家하여 問冠瓊何弗見하면 外姑江安人이 笑曰 吾兒避人如女子也라하더니 須臾呼至하여 坐逾時에 默然而已러라 後乃益親이나 然亦寡聞其言이요 獨每見에 依依向余하고 不忍離하니 可念也라 其疾初起엔 亦不甚이러니 以不遇良醫로 遂不救라 臨訣에 執余手하고 流涕而言黃州也라 蓋極冠瓊才與志면 皆足自表見(현)하리니 惜乎라 其學未成이여 然이나 所爲文은 久於文者가 或不逮也라

---

2) 대개……때문이고 : 원문은 '蓋出於不養'인데, ≪惜抱軒文集≫에는 '蓋出於不幸(대개 불행에서 나온 것이고)'으로 되어 있다.

올해 黃州公께서 公事로 淮上에 파견되는 명을 받았을 때 집에 들렀다가 그의 遺文을 살펴보고는 나에게 刪削하고 次序를 정하게 하여 10여 편을 얻고 장차 이를 판각하여 자신의 슬픔을 스스로 달래려 하니, 나는 인하여 그 서문을 짓는다. 관경은 이름이 元臚이고 죽을 때 나이가 22세였으니, 아들 하나를 낳은 지 겨우 10여 일 되던 날이었다. 그 후 반년이 지나 그 아들도 죽었다.

今年에 黃州公이 以公事로 被使淮上에 過家라가 檢其遺文하고 俾余刪次하여 得十餘篇하고 將刻之하여 以自慰其悲하니 余因爲之序하노라 冠瓊은 名元臚요 死時年二十二니 生一子纔十餘日이러라 後半年에 其子亦亡하다

11. 吳荀叔 ≪杉亭集≫의 序 吳荀叔杉亭集序*

* 吳烺(1719~1771)의 문집인 ≪杉亭集≫에 붙인 序文이다. 荀叔은 오랑의 字이다. 오랑은 淸나라의 관리이자 문인으로, 詩文에 능할 뿐 아니라 數學과 音韻學에도 정통하였다는 평가를 받는다. 이 글에서 요내는 오랑의 저술에 독창적인 견해가 많음을 지적하고, 그의 시에 꾸밈이 없는 면을 높이 평가하였다.

蘄州[1)]와 黃州[2)]로부터 동쪽으로 潛山[3)]과 霍山[4)]이 에워싸고 淝河[5)]와 滁河[6)]에 둘러싸여 있으니, 그 사이는 모두 산간 고을이다. 淮水가 그 뒤를 두르고 江水가 그 앞을 두르므로 安慶[7)]과 廬州[8)] 등의 몇몇 府는 이름은 비록 江南省[9)]에 예속되나 기실 강의 북쪽이다. 우리 집은 桐城에 있고 吳君 荀叔의 집은 全椒[10)]에 있으니 서로 거리가 겨우 300리인데 집에 있을 때는 일찍이 순숙을 알지 못하다가 京師에 이르러서야 비로소 서로 알게 되었다.

그러나 내가 일찍이 논하기를, "江水와 淮水 지역은 山川이 웅장하고 빼어나니 의당 세상에 쓰일 위대한 인물이 당대에 나오리라." 하였다. 어리석고 변변치 못한 나야 실로 同類와 나란히 서기에 부족하지만, 순숙은 뛰어난 재주를 지녔으면서도 늘 겸손하여 세상을 벗어나려는 뜻이 있었으니, 그렇다면 이른바 세상에 쓰일 위대한 인물은 나와 순숙은 진실로 모두 아닌 것인가.

---

1) 蘄州 : 지금의 湖北省 黃岡市 蘄春縣 일대의 옛 지명이다.
2) 黃州 : 지금의 湖北省 黃岡市 黃州縣 일대의 옛 지명이다.
3) 潛山 : 지금의 安徽省 安慶市와 潛山市에 있는 산의 이름이다.
4) 霍山 : 지금의 安徽省 安慶市에 있는 산의 이름이다. 潛山의 산줄기로, 天柱山이라고도 불린다.
5) 淝河 : 지금의 安徽省 合肥市 서북쪽에서 발원하여 두 갈래로 나뉘어 서북쪽으로는 淮河로, 동남쪽으로는 巢湖로 흘러 들어가는 강의 이름이다.
6) 滁河 : 揚子江과 淮河의 사이에 있는 강의 이름으로, 지금의 安徽省 肥東縣 梁園鎭에서 발원하여 江蘇省 南京까지 흐른다.
7) 安慶 : 지금의 安徽省 安慶市 일대를 이른다.
8) 廬州 : 지금의 安徽省 合肥市 일대의 옛 지명이다.
9) 江南省 : 淸나라 順治 연간에 설치한 省으로, 康熙 연간에 江蘇省과 安徽省으로 나뉘었다.
10) 全椒 : 지금의 安徽省 滁州市 全椒縣 일대를 이른다.

自蘄黃而東은 包潛霍하며 帶淝滁하니 其間은 皆山邑也라 淮水遶其後하며 江水環其前이라 故로 安慶廬州數府는 名雖隸江南省이나 其實乃江北云이라 余家桐城하고 吳君荀叔家全椒하니 相去僅三百里로되 在家에 未嘗識이라가 至京師에 乃相知라 然이나 予嘗論江淮間은 山川雄異하니 宜有偉人用世者가 出於時호니 予之庸闇無狀은 固不足比儕類어니와 荀叔負儁才로되 而亦常頹然有離世之志하니 然則所云偉人用世는 予與荀叔이 固皆非與아

순숙은 비록 벼슬길로 나아갈 뜻이 없으나 시를 잘 짓고, 게다가 曆象·章算·音韻에 통달하여 저술한 글이 매양 古人의 생각이 이르지 못하는 바였으니, 이는 내가 순숙에게 한참 미치지 못하는 것이다. 내 일찍이 논하기를, "비유컨대 오늘날 시를 잘 짓는 이들은 마치 고귀한 사람과 현달한 관원이 서로 마주할 때 衣冠을 성대히 하고 걸음걸이를 조심하는 것이 참으로 아름답지만 情實이 부족한 것과 같거니와 순숙의 시로 말하면 다만 순숙과 같을 따름이다." 하였는데, 순숙이 이 말을 듣고서 매우 기뻐하였다. 내 비록 순숙과 나란히 서기에 부족하지만 순숙의 학문을 내가 모른다고 할 수 있겠는가. 순숙이 자신이 지은 詩文을 교정하여 ≪杉亭集≫이라 하고 ≪삼정집≫이 완성되자 나에게 서문을 지어달라고 청하기에 마침내 사양하지 못하고 이 글을 짓는다.

荀叔은 雖無意進取나 而工於詩하고 又通曆象章算音韻하여 所著書가 每(占)〔古〕[11] 人意思所不到하니 是則余遜荀叔이 抑遠矣라 予嘗譬今之工詩者는 如貴介達官相對에 盛衣冠하고 謹趨步가 信美矣로되 而寡情實이어니와 若荀叔之詩는 則第如荀叔而已호니 荀叔聞是에 甚喜라 夫予雖不足比荀叔이나 然謂荀叔之學을 余爲不知也가 其可乎아 荀叔訂所著詩文하여 曰杉亭集하고 成에 請余序之일새 遂不辭而爲之說하노라

11) (占)〔古〕: 저본에는 '占'으로 되어 있으나, ≪惜抱軒文集≫에 의거하여 '古'로 바로잡았다.

12. ≪荷塘詩集≫의 序　荷塘詩集序*

*요내가 乾隆 56년(1791)에 張五典의 詩集에 써준 서문이다. 요내는 1790년 南京 鍾山書院의 主講으로 있을 때 장오전을 알게 되었다. 장오전은 字가 敘百, 號가 荷塘으로 涇陽(지금의 陝西省) 사람이다. 건륭 17년(1752)에 擧人이 되었고, 평생 上元知縣 등 현령 자리에만 머물러 세상에 울분이 많았으므로 요내와 마음이 부합하였다. 요내는 이 글에서 시는 人品의 반영이라 하면서 道를 文보다 앞세우는 '文以載道'의 儒家的 文道觀을 드러내고 있다.

옛날에 시를 잘 짓는 자는 스스로 시인이라 일컫지 않은 자들이다. 흉중에 쌓인 것이 높고 드넓으며 심원하므로, 우연히 이를 시에 드러내면 시가 더불어 높아지고 드넓어지며 또 심원해진다. 그러므로 시를 잘 짓는다고 한 것이다. 曹子建·陶淵明·李太白·杜子美·韓退之·蘇子瞻·黃魯直[1) 같은 이들에 대해, 忠義의 기운과 고상한 절개와 도덕의 수양과 천하를 經濟하는 재주를 제쳐두고 다만 일개 시인이라고 한다면, 이 몇 군자가 어찌 달갑게 여기는 바이겠는가. 뜻이 시인이 되는 데 있을 뿐이면 비록 공교하게 짓더라도 그 시는 비루하고 하찮게 된다.

내가 이 논지를 가지고 옛사람의 시의 高下를 가늠하고 또 지금 세상의 시 짓는 자들을 논하였으니, 만약 천하에 끝내 조자건·도연명·이태백·두자미·한퇴지·소자첨·황노직과 같은 무리가 없다면 그만이지만, 만약 있을진댄 내 말을 고해준다면 반드시 나를 그르다 여기지는 않을 것이다.

古之善爲詩者는 **不自命爲詩人者也**라 **其胸中所蓄**이 **高矣廣矣遠矣**라 **而偶發之於詩**하면 **則詩與之爲高廣且遠焉**이라 **故曰善爲詩也**라하니라 **曹子建陶淵明李太白杜子美韓退之蘇子瞻黃魯直之倫**은 **忠義之氣**와 **高亮之節**과 **道德之養**과 **經濟天下之才**를 **捨而僅謂之一詩人耳**라하면 **此數君子**가 **豈所甘哉**리오 **志在於爲詩人而已**면 **爲之雖工**이라도 **其詩則卑且小矣**라 **予執此以衡古**

1) 曹子建……黃魯直 : 曹子建은 三國時代 魏나라의 시인이자 曹操의 아들인 曹植, 陶淵明은 晉나라 시인 陶潛, 李太白은 唐나라의 시인 李白, 杜子美는 당나라의 시인 杜甫, 蘇子瞻은 北宋의 시인 蘇軾, 黃魯直은 北宋의 시인 黃庭堅을 가리킨다.

人之詩之高下하고 亦以論今天下之爲詩者하니 使天下終無曹子建陶淵明李杜韓蘇黃之徒則已어니와 苟有之인댄 告以吾說이면 其必不吾非也라

마침 江寧[2]에 왔다가 涇陽 사람 張君(張五典)을 알게 되었으니, 君은 여러 대가 함께 사는 義門[3]의 자손으로서 굳센 기운이 있고 번다한 사무를 다스리는 재주까지 겸비하였다. 비록 일개 縣令이 되어 20여 년 동안 누차 굴곡을 겪었으나 뜻을 꺾을 수는 없었으니, 지금 세상의 특출한 선비이다. 그런데 시를 좋아하여 政事를 보거나 길을 가는 사이에도 시를 읊는 것을 그치지 않았다.

자기 시를 꺼내어 내게 보여주거늘, 내가 생각건대 군의 시는 군의 사람됨과 같다. 군의 시를 가져다 조자건・도연명・이태백・두자미・한퇴지・소자첨・황노직의 아름다움에 비긴다면 진실로 미치지 못하는 점이 있지만, 그 맑은 기운과 고상한 운치가 흉중의 고상함을 드러내어 세속의 영합하는[4] 모습이 없는 것은 옛사람과 가깝고 지금 사람과는 거리가 멀다.

適來江寧하여 識涇陽張君하니 君以累世同居義門之子로 負剛勁之氣하고 兼治煩之才라 雖爲一令하여 卄餘年屢經躓起나 而志不可抑하니 今世奇士也어늘 而耽於詩하여 政事道途之間에 不輟於詠이라 出其詩示余어늘 余以爲君之詩는 君之爲人也라 取君詩而比之子建淵明李杜韓蘇黃之美면 則固有不逮者어니와 而其淸氣逸韻이 見胸中之高亮하여 而無世俗脂韋之槪는 則與古人近而於今人遠矣라

무릇 시 중에 지극히 훌륭한 것은 文과 質이 갖추어지고 道와 藝가 합한지라 마음과 손을 운용하는 것이 萬物을 관철하여 사람의 마음에서 표출하고자 하는 것을 모두 써낼 수 있다. 이와 같은 자는 천 년 중에 몇 사람뿐이고, 그 나머지는 한쪽으로 치우침이 없을 수 없어 어떤 이는 文에 치우치고 어떤 이는 質에 치우친다. 두 가지 가운데 하나를 고른다면 내가 진실로 식견이 짧지만 숭상하는 바는 여기〔質〕에 있지 저기〔文〕에 있지 않다고 여긴다. 사람됨이 시보다 중요하다는 것

2) 江寧 : 지금의 江蘇省 南京市이다.
3) 義門 : 의리를 숭상하는 門族 또는 몇 대가 화목하게 함께 사는 문족을 가리킨다.
4) 영합하는 : 원문은 '脂韋'이다. 미끈미끈한 기름과 무두질한 가죽인데, 時俗에 영합하여 아첨하는 것을 비유한다.

을 아는 자라야 그 시가 중해지니, 장군이 거의 그런 부류일 것이다.

夫詩之至善者는 文與質備하고 道與藝合이라 心手之運이 貫徹萬物하여 而盡得乎人心之所欲出하니 若是者는 千載中數人而已요 其餘不能無偏하여 或偏於文焉하고 或偏於質焉하니 就二者而擇之인댄 愚誠短於識이나 以爲所尙者는 蓋在此而不在彼라 惟能知爲人之重於爲詩者라야 其詩重矣니 張君殆其倫與인저

13. ≪小學考≫의 序　小學攷序*

*이 글은 謝啓昆(1737~1802)의 ≪小學考≫에 대한 서문으로, 요내가 78세 무렵에 지은 것이다. 사계곤은 字는 蘊山, 호는 蘇潭이며, 江西 南康(지금의 江西省 南康縣) 사람이다. 乾隆 26년(1761) 進士가 되어 國史館纂修, 日講起居注官, 鎭江·揚州·寧國知府, 浙江按察使, 山西·浙江布政史, 廣西巡撫 등을 역임하였다. 저서에는 ≪소학고≫ 외에도 ≪樹經堂詩初集≫, ≪西魏書≫ 등이 있다. ≪소학고≫는 사계곤이 절강포정사로 있을 때에 朱彝尊의 ≪經義考≫ 가운데 形聲·訓詁의 책으로서 빠진 것들을 보충하기 위해 만든 것이다. 모두 50권으로, 1180종의 책이 수록되어 있다.

六藝는 小學의 일이지만,[1] 소학에서 다할 수 있는 것이 아니다. 무릇 九數[2]의 정미함은 심지어 天運을 推步하여, 목도할 수 없는 곳을 깊이 헤아리며 전후 천백 년의 접할 수 없는 때를 멀리서 정하여서, 어둡고 아득한 가운데 헤매지 않으며 털끝만 한 부분에서도 어긋나지 않으니, 이는 術家의 지극한 학문으로, 어린이가 필시 할 수 없는 바이다. 무릇 六書의 은미한 이치는 그 訓詁가 傳說의 옳고 그름을 족히 변별하며, 그 形音이 위로는 옛 聖人이 처음 文字를 제작한 시초를 탐색하며 아래로는 후세의 遷移와 轉變의 잘잘못을 꿰뚫으니, 이는 박학한 君子로서 호학하고 깊이 생각하는 이가 마음을 써서 연구하는 것으로, 어린이가 미칠 수 없는 바이다. 禮樂에 이르러서는 본디 聖賢이 述作[3]하여 삼가서 말하는 바이니, 더욱이

1) 六藝……일이지만 : 六藝는 禮·樂·射·御·書·數를 가리킨다. 朱熹의 〈大學章句序〉에 사람이 태어나서 8살이 되면, 王公으로부터 서인의 자제에 이르기까지 모두 小學에 들어가서 물 뿌리고 쓸며 응하고 대답하며 나아가고 물러가는 예절과 예·악·사·어·서·수의 글을 배운다."라고 하였다.

2) 九數 : 고대 수학의 9가지 계산법인 方田·粟米·差分·少廣·商功·均輸·贏不足·方程·句股를 가리킨다. 方田은 토지의 면적을 측정하는 방법이며, 粟米는 물자의 교역과 매매를 셈하는 방법이며, 差分은 비례를 나누는 방법이며, 少廣은 평방과 입방을 재는 방법이며, 商功은 공정에 드는 힘을 계산하는 방법이며, 均輸는 배·수레·말·사람의 운임을 계산하는 방법이며, 贏不足 남는 것과 부족한 것을 셈하는 방법이며, 方程은 방정식을 계산하는 방법이며, 句股는 삼각형의 면적을 구하는 방법이다.

소학으로 말할 수가 없다.

그러나 이를 소학이라고 하는 것은, 制作하고 講明하는 것은 君子의 일이지만, 이를 이루고 나서 전수하여 어린이들에게 그 단서를 보고 듣도록 하면 어린이가 전수받을 수 있는 바이기 때문이다. 지금 萬里를 가서 산과 바다를 다 본 사람이 그 종신토록 밟아본 곳과 어렵고 위태로운 중에 수고하며 겨우 얻은 바를 기록하여서 집안에 머물며 나가지 않은 이에게 고해주면 하루 만에도 다 알 수 있을 것이니, 무릇 소학이란 진실로 또한 이와 같을 따름이다.

六藝者는 小學之事라 然이나 不可盡之於小學也라 夫九數之精이 至於推步天運하여 冥測乎不得目睹之處하며 遙定乎前後千百載不接之時하여 而不迷於冥茫하며 不差於毫末하니 此術家之至學이라 小子所必不能也라 夫六書之微는 其訓詁가 足以辨別傳說之是非요 其形音이 上探古聖初制文字之始하며 下貫後世遷移轉變之得失이니 此博聞君子好學深思者之所用心이라 小子所不能逮也요 至於禮樂하여는 則固聖賢述作之所慎言이니 尤不得以小學言矣라 然而謂之小學者는 制作講明者는 君子之事이니와 旣成而授之하여 使見聞之端於幼(者少)〔少者〕[4]하면 則小子所能受也라 今夫行萬里窮山海者가 紀其終身之所履와 艱危勞苦之所僅獲하여 以告於居不出於室中者하면 可以一日而盡得也니 夫小學者는 (因)〔固〕[5]亦若是而已라

秀水 朱錫鬯 檢討[6]가 일찍이 ≪經義考≫[7]를 지어서 經書를 해설한 책들을 기재한 것이 이미 갖추어졌으되 소학에는 미치지 못하였는데, 이제 南康 謝蘊山 方伯이 '소학은 실로 經義 중 한 가지로서 經을 논할 때 시초가 되는 일이다. 게다가 禮

3) 述作 : ≪論語≫ 〈述而〉에 "옛것을 傳述하기만 하고 創作하지 않는다.〔述而不作〕"라고 하였는데, 朱子가 이에 대해 "述은 옛것을 전할 뿐인 것이다.……孔子께서는 모두 선왕의 옛것을 전하고 일찍이 창작한 적이 없었다.〔述 傳舊而已……皆傳先王之舊 而未嘗有所作也〕"라고 설명하였다. 또 ≪禮記≫ 〈樂記〉에 "創作하는 자를 聖이라 하고, 傳述하는 자를 明이라 한다.〔作者之謂聖 述者之謂明〕"라고 하였다.

4) (者少)〔少者〕: 저본에는 '者少'로 되어 있으나, ≪惜抱軒詩文集≫에 의거하여 '少者'로 바로잡았다.

5) (因)〔固〕: 저본에는 '因'으로 되어 있으나, ≪惜抱軒詩文集≫에 의거하여 '固'로 바로잡았다.

6) 秀水……檢討 : 朱彝尊(1629~1709)으로, 자는 錫鬯, 호는 竹垞, 醧舫, 小長蘆釣魚師, 金風亭長이며, 浙江 秀水 사람이다. 康熙 18년(1679) 博學鴻詞科에 선발되어 檢討에 임명된 뒤 日講起居注官 등을 지냈다. 古學에 힘써 金石考證 및 古文詩詞에 밝았다. 많은 저술을 남겼는데, 경학 관련 저술로는 ≪經義考≫가 있으며, 그 밖에 ≪明史≫ 편찬에 참여하였으며, ≪文苑≫과 ≪瀛洲道古錄≫, ≪日下舊聞≫ 등을 편찬했다.

7) 經義考 : 朱彝尊의 저술로, 漢나라 때부터 明나라 때까지의 經說을 모두 수집한 것이다. 存·佚·闕·未見 등으로 자료마다 주석을 달아 목록학의 발전에 공헌했다.

朱彝尊

樂은 이에 대해 말한 것이 광대하며, 射御는 지금 선비들이 익히지 않는 바이며, 九數는 진실로 術家가 전문적으로 연구하는 바이지만, 오직 글은 진실로 사람들마다 이해해야 하는 것으로 學者들이 잠시도 떠날 수 없는 것이니, 전문적인 일이 아니다.

전대에 好古한 학자들 가운데 진실로 여기에 전심한 이들이 많아 오늘날에 이르러 그 책이 많아졌으니 혹은 예전에 들은 것을 인하여 덧보태어 내용을 깊이 있게 만들고 혹은 창작해 얻은 것을 말미암아 옛것을 뛰어넘었다. 비록 그 사이의 순수함과 잡박함, 얕음과 깊음이 연구하는 자가 혹 반드시 모두 같지는 않지만, 저들은 모두 스스로 어렵고 위태로운 중에 수고하여서 어린이들에게 편안히 얻을 수 있는 방도를 전수하고자 하였으니, 그러한 사람의 그러한 뜻이 진실로 모두 민멸되어서는 안 된다.'라고 여겼다.

그리하여 漢나라 이래 文字의 訓詁와 形音을 말한 책으로부터 오늘날 박학한 英才가 찬술한 바에 이르기까지를 수집하여 모두 책에 실었으니, 전부 약간 권이다. 이를 ≪小學考≫라고 명명하여, 朱氏가 미처 갖추지 못한 바를 보완하였다. 筆勢와 八法[8]을 말한 것은 이에 버려두고서 채록하지 않았으니, 經學과 무관하기 때문이다.

秀水朱錫鬯檢討가 嘗作經義攷하여 載說經之書가 旣備로되 而不及小學이러니 今南康謝蘊山方伯이 以爲小學은 實經義之一端이니 爲論經始肇之事라 且禮樂則言之大廣이며 射御則今士所不習이며 九數則誠術家專門之所爲로되 惟書文은 固人人當解요 學者須臾不能去니 非專門之事也라 前世好古之儒가 固多究心於斯라 至於今日하여는 其書旣衆하니 或因舊聞而增深하고 或由創得而邁古라 雖其間粹駁淺深이 爲者或不必盡同이나 然而彼皆欲自爲其艱危勞苦하여 而授小子以逸獲之道하니 其人其志가 固皆不可泯也라 因輯漢以來言文字訓詁形音之書至於今日英才博學所撰하여 擧載於編하니 凡若干卷이니 名之曰小學攷라하여 以補朱氏之所未備라 其言筆勢八法者는 乃棄不錄하니 以其無關於經學也라

8) 八法：側·勒·努·趯·策·掠·啄·磔의 여덟 가지 書法이다.

≪小學考≫가 완성됨에 나에게 그 책을 보여주니, 나는 진실로 方伯이 뭇 善을 빠뜨리지 않고 채집하는 훌륭한 뜻을 지녔음을 가상히 여기고, 또 생각건대 능히 大人君子의 마음을 다하여 이에 어린이에게 그 가르침을 전수하니, 방백의 마음 씀이 이와 같음에 훗날 국가의 禮樂의 다스림을 도와서 이룰 것을 또한 기대할 수 있을 것이다!

嘉慶 3년(1798) 8월에 桐城 姚某는 序文을 쓰다.

攷成에 以其書示某하니 某誠嘉方伯有不遺衆善採輯之美意요 又以爲能盡大人君子之心하여 乃能授其敎於小子라 方伯之用心如此하니 異日助成國家禮樂之修가 其亦有望也與인저 嘉慶三年八月에 桐城姚某序하노라

14. ≪梅湖詩集≫의 序　梅湖詩集序*

*明末淸初의 隱逸 문인인 汪之順의 詩集에 붙인 序文으로, 梅湖는 왕지순의 號이다. 왕지순(1622~1677)은 安徽 懷寧 사람으로, 明나라가 망하고 淸나라가 들어서자 諸生의 業을 버리고 梅湖에 隱居하여 시를 짓는 데 힘을 쏟았다. 이 글에서 요내는 왕지순이 생전에 알아주는 이가 적었을 뿐 아니라 死後에도 명성이 드러나지 않는 것을 애석하게 여기고, 그 시집이 간행된다는 소식에 크게 기뻐하고 있다.

汪梅湖 선생은 이름이 之順이고 字가 禹行이다. 梅湖라는 곳은 懷寧[1]의 西北向에 있으니, 桐城의 서남쪽 경계와 서로 맞닿아 있다. 매호의 물은 桐城의 練潭으로 들어가 양자강으로 내달리는데, 왕선생은 梅湖 가에 살았으므로 號를 梅湖라 하였다.

汪梅湖先生은 **名之順**이요 **字禹行**이라 **梅湖者**는 **在懷寧西北鄉**이니 **與桐城西南境相際**라 **其水入桐城練潭**하여 **以趨江**하니 **而汪先生居湖側**이라 **故**로 **號梅湖焉**이라

선생은 明나라 말의 諸生[2]으로, 國朝(淸朝)에 들어와서는 스스로 종적을 감춘 채 나이가 들어 죽었다. 사람됨이 재주와 능력이 많았는데 특히 시에 뛰어났으니, 청아한 韻이 悠遠한 것이 마치 옅은 노을과 엷은 구름이 높은 하늘에서 햇살을 받는 듯한지라 꼭 廣博하지는 않아도 혼탁한 俗塵이 터럭 하나만큼도 들어갈 수 없었다.

당시에 우리 고을에서 시를 잘 짓기로 이름난 사람은 錢田間[3]이 선생과 나란하였으니, 두 사람의 재주가 저마다 장단점이 있거니와 견주어보면 그야말로 서로 대등하였다. 그러나 田間은 교유가 비교적 폭넓었기에 세상에서 성대히 일컬어지

1) 懷寧 : 지금의 安徽省 懷寧縣 일대로, 북쪽으로 大沙河를 사이에 두고 桐城市와 인접해 있다.
2) 諸生 : 明淸 때 省에서 실시하는 考試에 합격하여 太學에 들어가 공부하는 生員을 가리킨다.
3) 錢田間 : 錢澄之(1612~1693)를 이른다. 田間은 그의 호이다. 전징지는 原名이 秉鐙이고, 字가 飮光·幼光이며, 安徽 桐城 사람이다. 明末에 抗淸 운동을 전개한 志士이자 저명한 문인으로, 특히 시에 뛰어나 顧炎武, 吳嘉紀와 함께 江南의 3대 遺民 詩人으로 일컬어진다. 저서에 ≪田間詩集≫, ≪田間文集≫, ≪所知錄≫, ≪藏山閣詩存文存≫ 등이 있다.

는데, 매호는 草野에 은거하였기에 겨우 南昌의 陳伯璣[4]만이 선생을 알아주기는 했으나 더 이상 다 알지는 못하였고, 그 후로는 마침내 명성이 적막하였다.

그리하여 무릇 諸家 중에 명나라 시를 選한 이들이 비록 遺老들의 시를 매우 골고루 수록하였으나 매호의 작품은 끝내 이에 끼지 못하였다. 생전에 몸이 드러나고 드러나지 못함에 운수가 있을 뿐만 아니라 사후의 명성 또한 마치 드날리지 못하게 하는 액운이 있는 듯하니, 泯沒되어서는 안 되는 것이 있는 줄 누가 알겠는가.

先生은 **明末諸生**이니 **入國朝**에 **自匿以老死**라 **爲人多技能**이로되 **而尤長於詩**하니 **淸韻悠邈**이 **如輕霞薄雲**이 **俊空映日**이라 **不必廣博**이나 **而塵埃濁翳**가 **無纖毫可入也**라 **當時**에 **吾郡名工詩者**는 **錢田(洵)〔間〕**[5]**與先生竝**하니 **二人之才**가 **各有優絀**이어니와 **較之**에 **正相埒**라 **然**이나 **田(門)〔間〕**[6]은 **交遊較廣**이라 **爲世盛稱**이로되 **而梅湖**는 **伏處草澤**이라 **僅南昌陳伯璣知之**하고 **而復不盡**이요 **其後**에 **遂聲華寂寞**이라 **凡諸家選明詩者**가 **雖錄遺老甚備**나 **而梅湖之作**은 **終不與焉**이라 **非徒生前身之顯晦有數**라 **卽死後之名**도 **亦若有厄之使不揚者**하니 **而孰知其有不可沒者存哉**아

나는 처음에 매호의 族子 銳齋 德鉞[7]을 알아 매호의 시를 얻고 그것을 애호하여 한 책으로 抄錄하여 상자 속에 두어서 海內의 시를 논하는 자들에게 남겨주고자 하였는데 10여 년이 바삐 흘러가는 동안 매호에 대해서 말하는 이가 없다가 올여름 銳齋가 京師로부터 편지를 보내와 "바야흐로 ≪梅湖詩集≫을 板刻하고 있으니 장차 완성될 것입니다." 하니, 내가 크게 기뻐하여 이에 이 序文을 써서 부친다. 생각건대 이로부터 세상에 장차 매호가 있은 줄 아는 사람이 많아질 것이니, 예재의 일이 참으로 훌륭하도다.

嘉慶 13년(1808) 6월 7일에 桐城 姚鼐가 序文을 쓰다.

---

4) 陳伯璣 : 陳允衡(1622~1672)을 이른다. 伯璣는 그의 字이다. 진윤형은 號가 玉淵이며, 江西 南昌 사람이다. 일찍이 諸生이 되었으나 明나라가 멸망한 뒤 芙江으로 避身하여 시 짓는 것으로 自娛하며 생을 마쳤다. 저서에 ≪愛琴館集≫, ≪澄怀閣集≫ 등이 있다.

5) (洵)〔間〕: 저본에는 '洵'으로 되어 있으나, ≪惜抱軒全集≫(中華書局, 1936)에 의거하여 '間'으로 바로잡았다.

6) (門)〔間〕: 저본에는 '門'으로 되어 있으나, ≪惜抱軒全集≫(中華書局, 1936)에 의거하여 '間'으로 바로잡았다.

7) 매호의……德鉞 : 汪德鉞(1748~1808)을 이른다. 銳齋는 그의 字이다. 왕덕월은 安徽 懷寧 사람이다. 嘉慶 元年(1796)에 進士가 되어 禮部員外郎, 會典館總纂修 등의 관직을 역임하였다. 宋代 理學을 독실히 연구하여 저서에 ≪讀經札記≫, ≪七經餘說≫, ≪女範≫ 등이 있다.

余始識梅湖族子銳齋鉞하여 得梅湖詩하고 愛之하여 抄一冊하여 置笥中하여 欲遺海內論詩者러니 匆匆十餘年에 無與言이라가 今夏에 銳齋自京師書來하여 言方刻梅湖詩集하니 將成矣라하니 余大喜하여 乃書是寄之하노라 意自是世將多知有梅湖者리니 則銳齋之事가 誠善矣哉로다 嘉慶十三年六月七日에 桐城姚鼐는 序하노라

15. ≪南園詩存≫의 序　南園詩存序*

* 錢澧(1740~1795)의 시집인 ≪南園詩存≫에 붙인 서문이다. 錢澧는 淸나라 乾隆 연간에 翰林院 庶吉士, 江南道 監察御史, 督湖南學政 등을 지낸 인물로, 청렴함과 直言으로 명성이 있었다. 이 글에서 요내는 전례의 꼿꼿한 성품을 보여주는 일화를 기록하고, 그의 시가 蒼鬱하고 勁厚한 風으로 古人의 뜻을 얻었다고 평가하였다.

昆明[1)]의 錢 侍御[2)] 澧가 운명하였을 때 아들이 어려 시집이 散失되었는데, 長白[3)]의 法 祭酒 式善[4)]과 趙州[5)]의 師 令君 範[6)]이 대신 수집하여 가까스로 백여 수를 얻어 기록하여 두 권을 이루었다. 侍御가 일찍이 南園이라 自號하였으므로 이 책을 이름하여 ≪南園詩存≫이라 하였다.

昆明錢侍御澧旣喪에 **子幼**라 **詩集散亡**이러니 **長白法祭**(좨)**酒式善趙州師令君範**이 **爲蒐輯**하여 **僅得百餘首**하여 **錄之**하여 **成二卷**이라 **侍御嘗自號南園**이라 **故**로 **名之曰南園詩存**이라

錢澧

乾隆 말기에 和珅[7)]이 執政하여 스스로 위엄과 복을 펼치매[8)] 조정의 관원 가운

1) 昆明 : 지금의 雲南省 昆明市 일대의 지명이다.
2) 侍御 : 御史를 가리킨다. 唐代에 殿中侍御史와 監察御史를 侍御라 불렀던 데서 비롯되었다.
3) 長白 : 지금의 吉林省 長白縣 일대의 지명이다.
4) 法……式善 : 淸나라의 관리이자 문학가인 法式善(1752~1813)을 이른다. 법식선은 원래 성이 伍堯이고 이름이 運昌인데, 乾隆帝가 그의 재주를 칭찬하며 법식선이라는 이름을 하사하였다. 字는 開文이고, 號는 時帆·梧門·陶廬·小西涯居士이다. 乾隆 45년(1780)에 進士가 되어 벼슬이 侍讀에 이르렀다. '祭酒'는 법식선이 國子監 祭酒를 지낸 것을 말한다.
5) 趙州 : 지금의 雲南省 大理市 일대의 지명이다.
6) 師……範 : 淸나라의 관리인 師範(1751~1811)을 이른다. 사범은 字가 端人이고, 號가 荔扉·金華山樵이다. 乾隆 39년(1774)에 擧人이 되어 일찍이 安徽 望江知縣을 지냈다. '令君'은 縣令의 존칭으로, 사범이 망강지현을 지낸 것을 말한다.
7) 和珅 : 1750~1799. 字는 致齋이고, 號는 嘉樂堂·綠野亭主人이다. 淸나라의 관리로, 乾隆帝의 총애를 받아 벼슬이 文華殿大學士에 이르는 등 승승장구하였으나, 전횡과 축재를 일삼다가 嘉慶帝 즉위 이후 여러 신하의 탄핵을 받아 자결을 명 받았다.

데 그 門下에 나아가 임용되길 바라는 것을 수치스럽게 여기는 이들은 이미 귀하게 될 수 있었지만, 立論이 강직하여 그 잘못을 章奏에 공공연히 말할 수 있었던 이로 말하면 錢 侍御 한 사람뿐이었다. 지금 上(嘉慶帝)께서는 이미 政柄을 거두어들여 간특한 자들을 제거하고 지난날 이익에 유혹되지 않은 선비들을 수차례 임용하셨는데, 시어만 불행하게도 앞서 운명하여 褒獎하여 錄用하는 데 끼지 못하였으니, 어찌 슬픈 일이 아니겠는가.

當乾隆之末하여 和珅秉政하여 自張威福에 朝士有恥趨其門下하여 以希進用者가 已可貴矣어니와 若夫立論侃然하여 能訟言其失于奏章者는 錢侍御一人而已니 今上既收政柄하여 除慝掃奸하고 屢進疇昔不爲利誘之士로되 而侍御獨不幸前喪하여 不與(예)褒錄하니 豈不哀哉아

君(錢灃)이 처음에 御史로서 山東巡撫 國泰[9]의 난잡한 작태를 아뢰자, 高宗(乾隆帝)이 화신에게 명하여 君과 함께 가서 다스리게 하였다. 군이 길에 있을 때 옷이 해어져 화신이 옷을 가지고 군에게 바꾸어 입기를 청하였으나 군이 끝내 사양하였다. 그리하여 화신이 군에게는 사사로운 청탁을 할 수 없다는 것을 알았다. 그러므로 獄事를 다스릴 때 감히 편파적으로 함이 없이 國法을 펼 수 있었다. 그 후에 군이 발탁되어 通政副使와 督學湖南에 이르니, 이때에 화신은 이미 크게 顯貴하여 군의 短處를 찾아내어 謀害하려 하다가 그렇게 하지 못하고, 마침내 湖北의 鹽政에 잘못이 있다 하여 군의 資級을 깎아내렸다. 군은 곧이어 親喪을 당하여 향리로 돌아가서 喪期를 마치자 部曹[10]에 補任되었다.

고종은 군의 정직함을 알아 다시 발탁하여 御史로 삼고서 軍機處[11]를 맡게 하였다. 군이 화신 및 軍機大臣들이 늘 直所에 있지 않은 허물을 아뢰자, 고종이 詔書

8) 스스로……펼치매 : 執政者가 권력을 함부로 농단하여 상〔福〕과 벌〔威〕을 마음대로 하는 것을 말한다. ≪書經≫ 〈周書 洪範〉에 "오직 군주만이 복을 짓고 오직 군주만이 위엄을 지을 수 있다.〔惟闢作福 惟闢作威〕" 하였다.

9) 山東巡撫 國泰 : 淸 乾隆 연간에 山東巡撫를 지낸 國泰(?~1782)를 이른다. 국태는 滿洲 鑲白旗 사람으로, 和珅의 私黨이 되어 산동순무로 있을 때 부정을 일삼다가 京師로 압송되어 伏法되었다.

10) 部曹 : 淸朝 各部 司官의 통칭이다. 여기서는 錢灃가 乾隆 58년(1793) 喪期를 마치고 京師로 돌아와 戶部主事에 제수된 것을 가리킨다.

11) 軍機處 : 淸代 군사상의 비밀 사무를 맡아보던 기관으로 乾隆 1년(1736)에 공식 기구가 된 이래 청대 최고의 정무 기관으로 역할을 하였다.

를 내려 질책하면서 군의 말이 옳다고 하였다. 그리하여 화신이 더욱 군에게 원한을 품었으나, 고종이 군의 어짊을 아는지라 참소하지 못하니, 군기처의 수고로운 일들을 군에게 많이 맡겼다. 군은 집안이 가난하여 의복이 변변찮았는데 늘 밤에 官府에 들어가 저녁에 물러 나오다가 피로가 쌓인 탓에 질병에 걸려 운명하고 말았다.

君始以御史奏山東巡撫國泰穢亂이어늘 高宗命和珅하여 偕君往治之라 君在道에 衣敝라 和珅持衣하여 請君易이어늘 君卒辭라 和珅知不可私干이라 故로 治獄에 無敢傾陂하여 得伸國法이라 其後에 君擢至通政副使督學湖南하니 時에 和珅已大貴하여 媒蘗其短不得하고 乃以湖北鹽政有失로 鐫君級이라 君旋遭艱歸하여 服終에 補部曹라 高宗知君直하여 更擢爲御史하여 使直(치)軍機處라 君奏和珅及軍機大臣常不在直之咎어늘 有詔飭責하여 謂君言當이라 和珅益嗛(함)君이로되 而高宗知君賢이라 不可譖하니 則凡軍機勞苦事를 多以委君이라 君家貧하여 衣裘薄이어늘 嘗夜入暮出이라가 勞感疾以殞이라

바야흐로 천자가 어질고 현명하여 紀綱이 아직 남아 있었기에 大臣이 비록 원망하고 미워하는 사람이 있었으나 쫓아내지 못하고 단지 수고롭게 하고 욕보일 따름이었다. 君이 그 곤욕을 당했는데도 몇 해를 끌어 그 몸을 남겨두어 公論이 크게 밝혀질 날을 기다려 국가로 하여금 자신의 재능을 다 발휘할 수 있게 하고 선비로 하여금 君子가 훌륭한 일을 하는 모습을 다 볼 수 있게 하지 못하였으니, 슬프고 슬프도다.

方天子仁明하여 綱紀猶在라 大臣이 雖有所怨惡이나 不能逐去하고 第勞辱之而已라 而君遭其困이로되 顧不獲遷延數寒暑하여 留其身하여 以待公論大明之日하여 俾國得盡其才用하고 士得盡瞻君子之有爲也하니 悲夫悲夫인저

나는 辛卯年(乾隆 36, 1771) 會試에서 分校[12]로서 군을 알게 되었는데, 4년이 지나 내가 향리로 돌아가게 되어 마침내 군을 보지 못하였다. 내가 논하는 詩와 古文의 法을 군이 들으면 유독 기뻐하였으니, 군의 시는 특히 蒼鬱하고 勁厚하여[13]

12) 分校 : 과거를 치를 때 試卷을 校閱하는 各房 관원을 이른다. 姚鼐는 乾隆 36년(1771) 會試 때 禮部員外郎으로서 分校를 맡은 적이 있다.

古人의 뜻을 얻었다. 선비의 立身이 군과 같다면 군이 시를 잘 짓지 못해도 귀하게 될 수 있을 것이나, 그 시를 보면 또한 그 사람됨을 제대로 알 수 있을 것이다. 나는 예전에 군의 喪을 듣고 이미 시를 지어 곡하였는데, 지금 그 시집을 얻어 보고서 이에 다시 序文을 지어 나의 슬픔을 드러낸다.

予於辛卯會試에 **分校得君**이러니 **四年而予歸**하여 **遂不見君**이라 **予所論詩古文法**을 **君聞之**에 **獨喜**하니 **君詩尤蒼鬱勁厚**하여 **得古人意**라 **士立身如君**이면 **誠不待善詩乃貴**나 **然觀其詩**에 **亦足以信其人矣**라 **余昔聞君喪**에 **旣作詩**하여 **哭之**러니 **今得其集**하여 **乃復爲序**하여 **以發予痛云**이라

13) 蒼鬱하고 勁厚하여 : 蒼鬱함은 詩文의 筆力과 風格이 雄渾함을 뜻하고, 勁厚함은 힘이 있고 重厚함을 뜻한다.

16. ≪望溪先生集外文≫의 序　望溪先生集外文序*

* 요내가 嘉慶 15년(1810)에 ≪望溪先生集外文≫에 쓴 서문이다. ≪망계선생집 외문≫은 方苞의 曾孫 方傳貴가 ≪望溪集≫에 누락된 방포의 글을 모아 편찬한 것이다. 요내는 서문에서 이 책을 읽는 이들이 방포가 ≪망계집≫을 직접 編定할 때 글을 산삭했던 뜻을 깨닫기를 기대한다는 뜻을 밝혔다.

望溪先生[1]의 古文은 우리 淸朝 100여 년의 문장 중 으뜸이니 천하에서 문장을 논하는 이들이 異說이 없다. 내가 선생의 同邑 弟子로서 그 글을 읽었으니 특히 선생을 사모하였다. 헤아려보건대 나의 젊은 시절이 또한 선생의 老年과 서로 맞닿았다. 그러나 선생은 江南에 계시고 나는 桐城에 있었으므로, 다만 乾隆 연간 庚午年(1750)의 鄕試에 한 번 江寧[2]에 이르렀으나 미처 선생을 뵙지는 못했고 그 뒤에 마침내 都城에 들어갔는데 또 수년 만에 선생이 별세하시어[3] 결국 지금까지 선생을 뵙지 못한 것이 한이 되었다.

望溪先生之古文은 爲我朝百餘年文章之冠이니 天下論文者가 無異說也라 鼐爲先生邑弟子하여 誦其文하니 蓋尤慕之라 計鼐少時가 亦與先生之老年相接이라 然이나 先生居江南하고 鼐居桐城이라 惟乾隆庚午鄕試에 一至江寧이나 未及謁先生하고 其後遂入都러니 又數年에 先生沒하여 遂至今以不見先生爲恨矣라

嘉慶 庚午年(1810)에 내가 강녕에 있었으니, 처음 강녕에 이르렀던 해로부터 60년이 지났다. 先生의 曾孫(方傳貴)이 이에 先生의 ≪集外文≫[4]을 보여주니, 선생의

1) 望溪先生 : 淸나라의 학자이자 문인인 方苞(1668~1749)를 가리킨다. 방포는 安徽 桐城 사람으로, 桐城派의 실질적인 창시자로 꼽히는 인물이다. 望溪는 그의 호이다.

2) 江寧 : 지금의 江蘇省 南京市이다.

3) 乾隆……별세하시어 : 方苞는 乾隆 14년(1749) 8월 18일에 사망하였고, 요내가 江寧府 鄕市에 참가한 것은 1750년이다. 이 부분은 요내의 기억에 착오가 있는 듯하다.

4) 集外文 : ≪望溪先生集外文≫을 가리킨다. 현재 ≪抗希堂十六種≫에 포함되어 있는데, 方苞의 글 52편이 수록되어 있다.

立言은 반드시 義法[5)]에 근본을 두어 文氣가 高古하고 深厚하니 다른 사람이 위조할 수 있는 것이 아니다.

지금 이 책의 □십 首는 읽어보면 진실로 모두 선생의 글인 것이 의심할 나위가 없다. 그러나 선생의 ≪望溪集≫은 손수 직접 編定하신 것이다. 이것들은 모두 산삭해서 남겨두려 하지 않으신 글이니,[6)] 비록 후대의 君子가 이 산삭된 글을 읽으면 또한 여기에 미칠 수 없다고 여기겠지만, 우러러 선생께서 산삭한 의도를 생각하면 의당 선생의 마음 씀이 깊고 엄정함을 알게 되어 문득 한층 더 문장의 깊이를 깨닫는 자가 있을 것이다. 그렇다면 다시 판각하여 문집 뒤에 덧붙여도 될 것이다. 산삭하신 이유에 대해서는 나는 淺學인지라 망령된 헤아림이 반드시 선생의 뜻에 부합하지는 못할 듯하다. 그러므로 또한 감히 대뜸 논하지 못하니, 장차 후에 이 글을 읽은 자들이 스스로 깨닫기를 기다린다.

嘉慶 庚午年(1810) 重陽日에 同里의 後學 姚鼐가 序文을 쓰다.

嘉慶庚午에 **鼐在江寧**하니 **去始至江寧之年六十矣**라 **先生之曾孫**이 **乃以先生集外文見示**하니 **先生立言**이 **必本義法**하여 **而文氣高古深厚**하니 **非他人所能僞**라 **今此編凡□**[7)]**十首**는 **讀之**에 **誠皆先生文無疑也**라 **然**이나 **先生望溪集**은 **乃手自定**이라 **此皆其芟去不欲存者**니 **雖後之君子**가 **閱此芟去之文**에 **亦以爲不可及**이라 **然**이나 **仰思先生之芟**에 **宜有知其用意深嚴**하여 **而憬然增悟者矣**라 **然則其復鐫刻坿之集後可也**라 **至其所以芟之之理**는 **鼐淺學也**라 **恐妄度**(탁)**未必當先生之意**이라 **故亦不敢遽有論**하니 **將以待後有讀者自得之焉**이라 **嘉慶庚午重陽日**에 **同里後學姚鼐序**하노라

---

5) 義法 : 방포가 제창한 古文論으로, 문장의 내용·사상에 해당하는 義와 문장의 형식에 해당하는 法을 겸비할 것을 요구하는 이론이다. 방포는 〈又書貨殖傳後〉에서 "≪春秋≫에서 제정한 義法은 太史公으로부터 나와서 이후에 문장에 깊이 깨달은 자들 또한 이를 갖추었다. '義'는 ≪易≫에서 말한 '말에 내용이 있다.'라는 것이고 '法'은 ≪역≫에서 말한 '말에 질서가 있다.'라는 것이다. 의가 날줄이 되고 법이 씨줄이 된 뒤에야 體裁가 완성된 문장이 된다.〔春秋之制義法 自太史公發之 而後之深於文者亦具焉 義卽易之所謂言有物也 法卽易之所謂言有序也 義以爲經而法緯之 然後爲成體之文〕"이라고 하였다.

6) 이것들은……글이니 : 方傳貴는 嘉慶 17년(1812)에 작성한 〈刻望溪先生文外集跋〉에서 "혹자는 ≪集外文≫의 글은 필시 당시에 先公께서 산삭하신 것이라고 의심하지만 다 그런 것은 아니다. 지금 ≪집외문≫의 〈與張相國論澤望事意〉편은 手序가 모두 남아 있고 선공께서 긴요한 글이라 여겨 그 뒤에 직접 跋을 쓰셨다. 그렇다면 ≪望溪集≫에 실리지 않은 글들은 당시에 대번에 세상에 내놓으려 하지 않고서 後人을 기다리신 뜻이 있는 것이니, 모두 선공께서 산삭하신 글이 아니다.〔或疑集外之文 必當時先公所芟去 是不盡然 今集外與張相國論澤望事意篇 手序具在 而先公以爲緊要之文 自跋其後 然則集所不載者 蓋有當時不欲遽出以待後人之意 不盡先公所芟去也〕"라고 하며 이 견해를 비판한 바 있다.

7) □ : 저본에 한 글자가 누락되어 있다.

17. 程綿莊 文集의 序　程綿莊文集序*

*이 글은 程綿莊의 文集에 대한 서문으로, 요내가 80세 무렵의 고령의 나이에 지은 것이다. 정면장은 程廷祚(1690~1767)로, 초명은 默 또는 石開, 자는 啓生, 호는 綿莊, 青溪居士, 淸나라 江蘇 南京 사람이다. 乾隆 元年(1736) 博學鴻詞科에 천거되었지만 과거에 낙방하자 은거하여 학문에 전념했다. 李塨에게 수학하여 顔元의 사상을 계승하여서, 안원의 학설로 程朱學의 부족한 부분을 보충하였다. 黃宗羲와 顧炎武의 사상을 참조하여, 공리공론을 일삼는 宋明理學에 반대하고 實用之學을 제창하였으며, 漢儒와 宋儒의 폐단을 모두 비판하고 장점만을 따르려 했다. ≪古文尙書≫를 위작으로 보고 毛奇齡의 설을 배척했으며, ≪周易≫에 있어서는 象數學을 반대하고 義理學을 위주로 하였다. 저서에 ≪易通≫, ≪大易擇言≫, ≪易說辨正≫, ≪象爻求是說≫, ≪晩書訂疑≫, ≪尙書通義≫, ≪魯詩說≫, ≪青溪詩說≫ 등이 있다.

내가 예전에 京師에 있을 적에 江寧에 程綿莊 先生이란 분이 있다는 말을 들었으니, 지금 세상의 한 학자이다. 乾隆 庚戌年(1790)에 내가 鍾山書院에 와서 長이 되었는데[1] 綿莊은 이미 별세한 뒤였고, 저서를 찾아보았으나 또한 볼 수 없었다. 올해 楊存齋 令君[2]이 이에 면장의 文集을 가져와 보여주었기에 마침내 끝까지 읽어볼 수 있었다. 이에 궁구하여 다음과 같이 논한다.

孔子의 道는 하나일 뿐이었는데, 공자가 별세함에 門下의 제자들이 각각 자신의 성품에 가까운 것을 가지고서 스승이 전한 진리라고 여겨서 어긋나고 달라서 서로 쟁론하는 이가 있었으니, 하물며 후세에 공자의 문하에 미치지 못하여, 남기신 말씀을 구하여 聖人의 緖業이 끊어진 뒤에 스스로 분발하는 이의 경우에야 말할 나위 있겠는가. 그들이 서로 옳다 그르다 하는 것이 진실로 당연한 이치이다. 그러나 천하의 학문이 필시 종지로 삼는 바가 있으니, 孔孟의 統緖를 이을 것을 논함에

1) 乾隆……되었는데 : 姚鼐는 乾隆 55년(1790)부터 嘉慶 20년(1815)까지 南京의 鍾山書院의 長으로 있었다.
2) 楊存齋 令君 : 令君은 縣令에 대한 존칭으로, 당시 楊存齋는 江寧縣令으로 있었다.

후세의 군자들이 필시 程朱에게 귀의하는 것은 조정의 功令을 감히 어길 수 없어서가 아니라, 程朱의 평소의 行己와 立身이 진실로 聖門에 부끄러운 점이 없어서 그 저술로 闡發한 바가 위로는 聖人의 뜻에 합당하고 아래로는 천하의 公心에 합치되는 것이 크고도 많은지라 만약 후세의 賢者가 과연 능히 독실하게 믿고서 이를 따르고 지킨다면 병통이 없게 되기 때문이다. 그 밖에 程朱와 異見을 세우고자 한 자의 경우에는 비록 학문에 있어서 얻은 바가 있더라도 또한 賢者와 智者의 지나침[3]을 면치 못하고, 그 아래로는 방자하게 邪說을 주장하여 자신의 不肖한 점을 그럴싸하게 문식한 자일 따름이다.

鼐往昔在京師할새 聞江寧有程綿莊先生하니 今世一學者也라 乾隆庚戌에 余來主鍾山書院하니 則綿莊已死요 求所著書로되 亦不得見이러니 今歲楊存齋令君이 乃持綿莊集見示라 遂獲卒讀이라 乃究論曰 孔子之道는 一而已라 孔子沒而門弟子가 各以性之所近爲師傳之眞하여 有舛異交爭者矣은 況後世不及孔子之門하여 而求遺言以自奮於聖緖墜絶之後者與아 其互相是非가 固亦其理라 然而天下之學이 必有所宗이니 論繼孔孟之統에 後世君子必歸於程朱者는 非謂朝廷之功令不敢違也라 以程朱生平行己立身이 固無愧於聖門이요 而其論說所闡發이 上當於聖人之旨하고 下合天下之公心者가 爲大且多라 使後賢果能篤信하여 遵而守之하면 爲無病也라 若其他欲與程朱立異者는 縱於學有所得焉이나 而亦不免賢知者之過요 其下則肆焉爲邪說하여 以自飾其不肖者而已라

지금 면장의 글을 보니, 학문을 좋아하고 깊이 생각하며 博聞强記한 사람이라고 할 만하지만, 다만 程朱를 비난하기를 좋아하였던 것이 애석하다. 대개 그가 처음에 科擧를 위한 학문을 싫어하여서 세상의 程朱를 존경하는 이들이 모두 功令에 구속되어 있지 반드시 道에 과연 합당하지는 못하다고 의심하였는데, 오랜 시간이 지나자 의견이 더욱 편벽해져서 程朱의 말씀에 있어서 다시 깊이 생각하고 완숙하게 음미하지 못하여 그 말이 마침내 가려지고 빠지는 잘못으로 빠져들면서도 스스로 알지 못하였던 것이다.

---

3) 賢者와……지나침 : ≪論語≫ 〈先進〉의 "子貢이 묻기를 '師와 商은 누가 낫습니까?'라고 하였다.〔子貢問 師與商也孰賢〕"라는 대목의 ≪集註≫에 "도는 中庸을 극치로 삼으니, 賢者와 智者의 지나침이 비록 愚者와 不肖한 자의 미치지 못함보다 나을 것 같으나 그 도를 잃음에 있어서는 똑같다.〔道以中庸爲至 賢知之過 雖若勝於愚不肖之不及 然其失中則一也〕"라는 말이 있다.

근세의 休寧 戴東原[4]과 같은 이는 그 재주가 본래 세속의 사람들을 뛰어넘었으나, 그 논한 바의 편벽됨에 미쳐서는 잘못이 세속의 사람들보다도 심한 점이 있다. 면장의 견해가 대저 東原과 비슷한데, 동원은 만년에 ≪四庫全書≫의 撰修官으로 禁林(翰林院)에서 직책을 얻어 그 글 또한 판각되어 세상에 유행하였으되, 면장은 재차 조정의 부름에 응하였으나[5] 끝내 등용되지 못하고 향리로 돌아가 늙어 죽어서 그 편찬하고 저술한 것이 겨우 남겨진 본만 있어 세상에 전해지지 않으니 장차 민멸될 것이 걱정스럽다. 이는 조우한 바가 혹은 다행스러웠고 혹은 불행하였던 것이다.

면장의 글 중에서 ≪周禮≫를 東周 사람의 글이라고 논한 것[6]과 六宗[7]을 풀이하고 ≪古文尙書≫의 僞作[8]을 변별한 것은 모두 나의 說과 은연중에 절로 합치하고, 그밖에 ≪易≫과 ≪詩≫를 풀이하여 논한 것의 경우에는 내가 감히 옳다고 여기지 못하겠다. 그 文辭가 분명하여 좋아할 만하니 진실로 또한 근세의 걸출한 사람이지만, 다른 사람을 위해 代作한 應酬 문자의 경우에는 보존하여 기록할 것이 못 된다. 훗날 면장의 글을 보게 되는 이가 있다면 필시 마땅히 취해야 할 바를 능히 취하는 이가 있을 것이다.

嘉慶 15년(1810) 12월 18일에 姚鼐는 序文을 쓰다.

---

4) 休寧 戴東原 : 戴震(1723~1777)으로, 자는 東原 또는 愼修, 安徽 休寧 사람이다. 고증학자이자 경학자로, 江永에게 사사하였으며 음운, 훈고, 지리, 천문, 산수, 제도, 명물 등 여러 분야에 통달했다. 乾隆 27년(1762)에 擧人이 되고 38년(1773)에 ≪四庫全書≫의 纂修官이 되었다. 그 후 會試에서 낙방했지만 특명으로 殿試에 나가 進士가 되었다. 저서에 ≪孟子字義疏證≫, ≪考工記圖≫, ≪戴東原集≫ 등이 있다.

5) 재차……응하였으나 : 程廷祚는 乾隆 元年(1736)에 博學鴻詞科에 응하였지만 합격하지 못하여서, 이로부터 鄕擧에 응하지 않고 학문을 하였으며, 건륭 6년(1751)에 經明行修로 천거되어 京師에 들어갔으나 다시 돌아왔다.

6) 周禮를……것 : ≪周禮≫를 古文經學家는 周公이 지은 것이라고 하였으나, 今文經學家는 전국시대에 나온 것이라고 하였다.

7) 六宗 : 옛날에 임금이 제사를 올렸던 여섯 종류의 神으로, ≪書經≫ 〈虞書 舜典〉에 "舜임금이 즉위하고 나서, 육종에 제사를 올렸다.〔禋于六宗〕"라는 기록이 보인다. 육종에 대한 해석은 다양한데, 蔡沈은 ≪集傳≫에서 이를 四時, 寒暑, 日, 月, 星, 水旱이라고 하였다.

8) 古文尙書의 僞作 : 漢 武帝 말년에 魯나라의 恭王 余가 孔子의 옛집을 헐면서 벽 속에서 과두문자로 쓰인 ≪尙書≫를 얻었다. 당시에 이를 해독할 수 있는 사람이 없었는데, 공안국이 ≪상서≫ 45편 중 29편을 今文으로 해독해내었다. 이 ≪상서≫는 伏生이 가르치고 있던 ≪今文尙書≫보다 10편이 많았으며, 이를 ≪古文尙書≫라고 한다. ≪고문상서≫는 明·淸代에 위작임이 밝혀졌다.

今觀綿莊之立言하니 可謂好學深思博聞强識(지)者矣로되 而顧惜其好非議程朱니 蓋其始厭惡(오)科擧之學하여 而疑世之尊程朱者가 皆束於功令이라 未必果當於道러니 及其久하여 意見益偏하여 不復能深思熟玩於程朱之言하여 而其辭遂流於蔽陷之過而不自知라 近世如休寧戴東原이 其才本超越乎流俗이나 而及其爲論之僻하여는 則過有甚於流俗者라 綿莊所見이 大抵有似東原이라 東原晩以修四庫書得官禁林하여 其書亦皆刻行於世로되 而綿莊再應徵車에 卒不用而歸老死하여 其所撰著가 僅有留本하여 不傳於世하니 將憂泯沒이니 斯則所遭或幸或不幸也라 綿莊書中에 所論周禮爲東周人書와 及解六宗辨古文尙書之僞가 皆與鄙說不謀而合이요 若其他如解易詩所論則余未敢以爲是라 其文辭明辨可喜니 固亦近世之傑이나 而爲人代作應酬文字는 則不足存錄이라 後有得綿莊書而觀之면 必有能取其所當取者리라 嘉慶十五年十二月十八日에 姚鼐序하노라

18. 方望溪 先生이 鄂·張 두 相國[1]에게 보낸 편지 원고의 뒤에 쓴 跋　跋方望溪先生與鄂張兩相國書稿後*

* 準噶爾(중가르)를 制御하는 일로 方苞가 鄂爾泰와 張廷玉 두 相國에게 보낸 편지의 뒤에 쓴 跋文이다. 방포는 雍正 10년(1732) 악이태와 장정옥에게 편지를 보내어 중가르를 제어하는 일을 12가지 조목으로 나누어 논하면서, 지금은 군사를 주둔시켜 힘을 비축해야지 기필하기도 어려운 공적을 구하려고 경솔히 출병하여 敵陣 깊숙이 들어가서는 안 된다고 주장하였다. 이 글에서 요내는 방포의 우국충정을 기리는 한편, 훗날 그의 문집을 판각할 이에게 반드시 이 작품을 포함할 것을 당부하였다.

方望溪(方苞) 宗伯[2]이 鄂爾泰와 張廷玉 두 相國에게 편지를 보내어 準夷[3]를 제어하는 일을 논하였다. 乾隆 연간에 準噶爾의 나라에 內亂이 발생하여 禍變이 이어졌는데, 우리 高宗 純皇帝(乾隆帝)께서 한 번 그 피폐한 틈을 타서 擧兵하여 마치 마른 나뭇잎을 흔들어 떨어뜨리듯 쉬이 정벌하여 마침내 만 리의 疆域을 여셨다. 이는 진실로 聖人(乾隆帝)의 지혜와 용맹이 비상하였기 때문이요, 또한 하늘이 우리 國家에 복을 내려서 저 적의 무리를 멸망시키고자 한 것이다.

鄂爾泰

1) 鄂……相國 : 淸나라 雍正·乾隆 연간의 大臣인 鄂爾泰(1677~1745)와 張廷玉(1672~1755)을 이른다. 두 사람은 雍正帝의 두터운 신임을 받아 벼슬이 모두 保和殿大學士, 軍機大臣에 이르렀다.
2) 宗伯 : 周나라의 六卿 중 하나로 宗廟 제사 등의 사무를 관장한 직책인데, 후대에 禮部의 직임을 가리키는 말로 쓰였다. 方苞는 禮部侍郎을 지낸 바 있다.
3) 準夷 : 서몽골 지역에서 활동한 오이라트 계통의 유목 민족인 중가르[準噶爾]를 이른다. 중가르는 康熙 연간부터 乾隆 연간까지 70여 년간 淸나라와 겨루었는데, 건륭 20년(1755)과 23년 두 차례에 걸친 청나라의 공격으로 패망하였다.

方望溪宗伯이 與鄂張兩相國書하여 論制準夷事라 當乾隆年間하여 準噶爾國生內亂하여 禍變相尋이어늘 我高宗純皇帝가 一乘其弊하여 擧若振槁하여 遂闢萬里之疆하니 此固由聖人智勇非常이요 而亦天之祐福我國家而欲滅彼賊醜也라

옛날 雍正帝 때에는 저들의 國勢가 그래도 완전하였으니 하나의 强敵이 아니라고 할 수 없었다. 그런데 宗伯(方苞)은 '〈두 相國이〉 擧兵하여 적중에 깊이 들어가 기필하기 어려운 공을 바란다.'라고 하였으니, 두 상국이 이 편지를 본 뒤에 들어가 황제께 아뢴 것이 어떠하였는지 모르겠으나, 나라를 근심하고 벗에게 忠直한 公의 마음은 모두 지극하다고 할 만하다.

若昔雍正之時엔 則彼國勢猶完하니 未可云非一勍敵矣라 宗伯擧深入以邀難必之功이라하니 未知兩相國見此書後에 所以入告者何如로되 而公之憂國忠友之情은 則皆可以謂至矣라

공은 스스로 文集을 刪定할 때 이 편지를 싣지 않았으니, 이 편지는 공의 친필 원고로서 집안에 소장된 것이다. 공의 평생의 풍도와 의리에 대하여 관계되는 바가 자못 중하니, 훗날 공의 문집을 판각하는 이가 있으면 마땅히 이 글을 함께 넣어야 할 것이다.

嘉慶 辛未年(1811) 5월 26일 同里의 後學 姚鼐가 쓰다.

公自定文集에 未載此書하니 此係公手稿藏於家者라 於公平生風義에 所關頗重하니 後有刻公集者면 宜竝入此篇이니라 嘉慶辛未五月二十六日에 同里後學姚鼐는 題하노라

19. 史 閣部의 편지 뒤에 쓴 跋　跋史閣部書後*

* 요내의 六世從祖인 湘潭公의 장녀가 吳氏에게 시집가서 절의를 지켜 旌閭를 받았는데, 그 아들이 어머니의 정려를 조정에 청하였던 史 閣部에게 사례하고서 그로부터 답장을 받았다. 이 글은 요내가 그 편지의 뒤에 적은 것이다.

나의 六世從祖이신 湘潭公은 明 神宗 때의 청백리였다. 그 장녀가 吳氏에게 시집갔는데, 남편이 죽자 수절하면서 남은 자식을 길렀고, 그 후에 형과 함께 流賊의 난리를 만나 적을 꾸짖어 절의를 지키다 죽었다. 史 閣部가 皖(安徽省 桐城)을 다스릴 때에 그 行誼를 높이 여겨 조정에 청하여 정려를 내려주었다.

鼐之六世從祖湘潭公이 爲明神宗時淸吏라 其長女適吳氏러니 夫亡에 守節育孤하고 後與兄同遭流寇之亂하여 罵賊死義라 史閣部撫皖時에 高其誼하여 請於朝하여 旌之라

夫人의 아들 爾玉公은 지금 侍御인 賡枚의 고조이다. 史公이 부모님의 喪으로 향리에 돌아가 있을 때에 啓를 올려 사례하자 사공이 답하였는데, 그 편지가 吳氏의 집안에 보관되어 있다. 지금 시어가 보여주었다.

夫人子爾玉公은 今侍御賡枚之高祖也라 於史公憂歸時에 以啓陳謝어늘 史公復之하니 書藏於吳氏라 今侍御以見示하다

나는 생각건대 史公은 천고의 위인으로 皖을 다스릴 때에 우리 고을이 더욱 그 은택을 입어 백성들이 공경히 제사를 올려서 제사가 지금까지도 끊이지 않고 있다. 우리 五世祖姑의 節烈의 風度가 두 집안의 家乘에서 빛나고, 또 史公의 말을 인하여 더욱 드러났으니, 手書를 펼쳐 읽어봄에 감격과 공경이 교차한다. 인하여 그 뒤에 쓰는 바이다.

鼐惟史公千古偉人이니 撫皖時吾鄕尤被其賜하여 民敬祀之하여 至今不衰라 而吾五世祖姑節烈之風이 光於兩氏家乘이요 又因史公之言而彌顯하니 展讀手書에 感敬交至라 因題其後云爾라

20. ≪孫子≫를 읽고　讀孫子*

＊요내가 ≪孫子≫를 읽고 쓴 독후감이다. ≪손자≫는 春秋時代 齊나라의 兵法家 孫武가 저술했다고 알려진 兵法書로, ≪孫子兵法≫이라고도 한다. 요내는 ≪손자≫에서 10만 군사를 출동하는 전술을 논한 것과 군주를 '主'로 칭한 것을 근거로 들어, ≪손자≫가 戰國時代에 지어진 僞作임을 논증하였다.

左氏(左丘明)가 闔閭의 일을 서술할 때 孫武에 대한 언급이 없었는데, 太史公(司馬遷)이 列傳을 지어 "손무가 ≪孫子兵法≫ 13편을 가지고 합려를 알현했다."고 말하였다.[1] 내가 보건대 吳나라에 혹 손무라는 자가 있었더라도 13편은 그의 저술이 아니니, 戰國時代에 兵法을 말하는 자가 지어서 손무에 假託한 것일 뿐이다.

左氏序闔閭事에 **無孫武**어늘 **太史公爲列傳**하여 **言武以十三篇見於闔閭**라 **余觀之**컨대 **吳容有孫武者**라도 **而十三篇非所著**니 **戰國言兵者爲之**하여 **託於武焉爾**이라

春秋時代에 大國이 동원하는 병력이 수백 乘에 불과했으니 10만의 군대를 일으킨 일이 없었는데, 하물며 합려 때야 말할 나위가 있겠는가.[2] 田齊와 三晉[3]이 이

---

1) 太史公(司馬遷)이……말하였다 : ≪史記≫ 〈孫子吳起列傳〉에 따르면, 孫武가 ≪兵法≫ 13편을 가지고 吳王 闔閭를 알현하자, 합려가 궁중의 미녀 180명을 그에게 주고 용병술을 시험하게 하였다. 미녀들이 군령을 따르지 않고 크게 웃기만 하였는데, 손무가 대장을 맡은 합려의 寵姬 2명을 참수하여 본보기를 보이자 미녀들이 일사분란하게 군령을 따르게 되었다. 이에 오왕이 손무의 병법을 인정하여 장수로 삼았다.

2) 春秋時代에……있겠는가 : ≪孫子≫에는 10만의 군대를 출동시키는 전술에 대한 언급이 나온다. 제2편 〈作戰〉에서 "무릇 用兵하는 법은 달리는 수레가 1천 駟, 가죽으로 만든 수레가 1천 乘, 무장한 甲士가 10만이다. 천 리에 군량을 공급하면 안팎의 비용과 賓客의 비용과 아교와 옻칠의 재료와 수레와 갑옷의 장만에 하루에 千金을 소비하니, 그런 뒤에야 10만의 군대를 출동시킬 수 있다.〔凡用兵之法 馳車千駟 革車千乘 帶甲十萬 千里饋糧 內外之費 賓客之用 膠漆之材 車甲之奉 日費千金 然後十萬之師擧矣〕"라 하였고, 제13편 〈用間〉에서 "무릇 10만 명의 군대를 일으켜서 천 리를 출정하면, 백성들의 비용과 국가의 공급이 날마다 千金을 소비하고 안팎이 騷動하고 도로에서 지쳐 생업에 종사하지 못하는 자가 70만 가호가 된다."라고 하였다.〔凡興師十萬 出征千里 百姓之費 公家之奉 日費千金 內外騷動 怠於道路 不得操事者 七十萬家〕

3) 田齊와 三晉 : 田齊는 戰國時代에 田氏가 세운 齊나라를 말한다. 제나라는 원래 太公望 呂尙의

미 나라를 세워 諸侯가 되자 신하들이 마침내 임금을 일컬어 '主'라고 하였으니, '主'는 춘추시대에는 大夫의 稱號였다. 그러므로 이 책에서 말하는 것은 모두 전국시대의 일일 뿐이다.[4)]

春秋에 **大國用兵**이 **不過數百乘**하니 **未有興師十萬者也**어든 **況在闔閭乎**아 **田齊三晉**이 **旣立爲侯**에 **臣乃稱君曰主**라하니 **主在春秋時**에 **大夫稱也**라 **是書所言**은 **皆戰國事耳**라

그가 군사를 부린 法은 바로 秦나라 사람이 백성을 노예처럼 부리던 법[5)]이니, 不仁한 사람의 말이다. 그러나 이때부터 세상에서 用兵을 말하는 자들은 손무만 한 이가 없다고 하게 되었다.

其用兵法은 **乃秦人以虜使民法也**니 **不仁人之言也**라 **然**이나 **自是**로 **世言用兵者**는 **以爲莫武若矣**라

封國이었는데, 春秋時代에 田敬仲이 陳나라에서 망명해온 뒤로 그 집안이 대대로 제나라의 卿相이 되었다. 그 뒤 田和에 이르러 백성들로부터 환심을 사서 제나라를 찬탈하였는데, 이를 田齊라고 한다. 三晉은 춘추시대 말기에 晉나라를 三分하여 諸侯가 된 魏·韓·趙를 말한다.

4) 이……뿐이다 : ≪孫子≫에는 임금을 '主'라고 칭한 구절이 보인다. 일례로 제12편 〈火攻法〉에서 "그러므로 '현명한 임금〔主〕은 사려하고 훌륭한 장수는 잘 실행한다.'고 하였다.……임금은 노여움 때문에 군대를 일으켜서는 안 되고 장수는 원망 때문에 싸워서는 안 된다.……그러므로 '현명한 임금은 삼가고 훌륭한 장수는 경계한다.'라고 하는 것이다.〔故曰 明主慮之 良將修之……主不可以怒而興師 將不可以慍而致戰……故曰 明主愼之 良將警之〕"라고 하였다.

5) 秦나라……법 : 戰國時代 齊나라의 高士 魯仲連이 魏나라의 장군 新垣衍에게 "저 秦나라는 禮義를 버리고 남의 목을 잘라 오는 것을 숭상하는 나라이며, 선비들에게 權謀詐術을 쓰게 하며 백성을 노예처럼 부리고 있소.〔彼秦者 弃禮義 而上首功之國也 權使其士 虜使其民〕"라고 한 데서 온 표현이다.(≪史記≫ 권83 〈魯仲連鄒陽列傳〉)

21. 〈貨殖傳〉 뒤에 씀　書貨殖傳後*

＊요내가 司馬遷 ≪史記≫의 〈貨殖傳〉에 대해서 논하여 적은 글이다. 요내는 이 글에서 사마천이 發憤하여 〈화식전〉을 저술한 것이라는 통념을 뒤집고, 사마천이 당시 사회 현실을 보고서 느낀 바가 있어서 이 글에서 그 뜻을 드러낸 것이라고 주장하였다. 당시 통치자들이 사치스럽고 욕심을 부려서 수단을 가리지 않고 이익을 추구하는 것이 바로 큰 난리의 연고임을 밝혔다는 것이 요지이다.

세상에서는 司馬子長(司馬遷)이 자신이 漢나라에 죄를 입음에[1] 自贖[2]할 수 없어서 發憤하여 〈貨殖傳〉을 지었다고 하는데, 나는 그렇지 않다고 여긴다. 子長이 보건대, 당시에 天子가 안정되고 淸靜하여 담박함으로 海內에서 솔선하여 재물이 넉넉한지 부족한지 따지지 않는 마음이 없고, 制度를 가지고서 禮俗의 말류를 막지 못하였으므로, 이에 백성들로 하여금 지나친 사치를 본받아서 염치를 버리고 財用을 좇게 하였는지라, 賢士가 빈곤한 상황에 빠져 곤액을 당하였으며 素封[3]이 君長보다 참람하였다.

또 생각하기를 里巷의 장사치들이 10분의 1의 이윤을 추구하여 행동이 지극히 외람되고 천박한데, 〈국가가〉 鹽鐵과 술의 전매[4] 및 均輸[5]를 행하는 것이 帝王의

---

1) 자신이……입음에 : 漢 武帝 때 匈奴를 정벌하기 위해 출전하였던 李陵이 흉노에게 항복하자 모든 사람이 이릉을 비난하였는데 오직 司馬遷만이 그의 신의를 인정하여 변호하였다. 결국 이 일로 사마천은 죄를 입어 宮刑을 당하였다.

2) 自贖 : 漢나라 때 죄인이 돈을 내면 죄를 감면해주는 제도가 있었는데, 이를 自贖이라 한다. 司馬遷은 돈이 없었으므로 또 다른 감면 방법인 宮刑을 자청하였다. 사마천이 쓴 〈報任安書〉에 "上을 속인 일로 인하여 집이 가난하여 끝내 논핵을 따라 옥에 갇혔으나, 집안이 가난하여 재물이 自贖하기에 부족하였고, 교유하는 이 중에도 구원해주는 이가 없었으며, 좌우의 가까운 사람도 한 마디도 변호해주지 않았다.〔因爲誣上 卒從吏議 家貧貨賂不足以自贖 交遊莫救 左右親近不爲一言〕"라는 내용이 보인다.

3) 素封 : 官爵이나 封土는 없어도 그 부유함이 公侯에 봉해진 것과 같다는 말이다. ≪史記≫ 권129 〈貨殖列傳〉에 "요즈음 관직의 녹봉도 없고 작읍의 수입도 없으면서 즐거움이 관직과 작읍이 있는 사람과 비등한 자들이 있는데 그들을 명명하여 소봉이라 한다.〔今有無秩祿之奉爵邑之入 而樂與之比者 命曰素封〕"라고 하였다.

4) 鹽鐵과……전매 : 漢代 이래로 역대 왕조들이 모두 소금과 철, 술의 전매권을 정부에서 행사하였다.

부유함을 가지고 이러한 細民의 일을 직접 하는 것이 부끄러워할 만한 일이라고 여겼다. 그러므로 그 말에 "가장 좋은 정치는 순리대로 따르는 것이고, 그 다음은 이익으로 이끄는 것이고, 또 그 다음은 가르쳐 깨우치고, 가지런히 바로잡으려는 것이다."[6]라고 한 것이다.

무욕을 마음으로 삼고 禮敎를 방도로 삼는다면 사람들이 어찌 편안하지 않겠으며 나라가 어찌 부유하지 않겠는가. 탐욕을 품고서 백성들과 다투어서 한스러운 마음을 지녀 이길 바를 생각하여 각박하게 聚斂하고 백해무익한 습속의 화려함을 일삼아 사람으로 하여금 한갓 자신의 재물을 근심하여 안절부절 하루도 마치지 못할까 하는 근심을 품게 한다. 집에 쌓아둔 재물이 없고 物力은 고갈되니, 큰 난리의 연고가 이를 말미암아 시작된다. 그러므로 그 천한 이를 기롱하여 귀한 이를 규제하며, 그 습속을 살펴 그 정사를 보며, 그 사치함을 관찰하여 그 폐해를 안 것이니, 이것이 자장의 뜻이다.

世言司馬子長因己被罪於漢에 **不能自贖**하여 **發憤而傳貨殖**이라하니 **余謂不然**이라 **蓋子長見其時天子不能以寧靜淡薄**으로 **先海內**하여 **無校于物之盈**絀이요 **而以制度防禮俗之末流**라 **乃令其民**仿**效**(校)〔淫〕[7]**侈**하여 **去廉恥而逐利資**라 **賢士困於窮約**하며 **素封僭於君長**이라 **又念里巷之徒**가 **逐取十一**하여 **行至猥賤**이어늘 **而鹽鐵酒**酤**均輸**가 **以帝王之富**로 **親細民之役**이 **爲足羞也**라 **故**로 **其言曰 善者因之**요 **其次利道之**요 **又次敎誨之**하고 **整齊之**라하니 **夫以無欲爲心**하며 **以禮敎爲術**이면 **人胡弗寧**이며 **國奚不富**리오 **若乃懷貪欲以競黔首**하여 **悁悁焉思所勝之**하여 **用刻剝聚斂無益習俗之靡**하여 **使人徒自患其財**하여 **懷促促不終日之慮**라 **戶亡積貯**하고 **物力凋**敝하니 **大亂之故**가 **由此始也**라 **故**로 **譏其賤以繩其貴**하며 **察其俗以見其政**하며 **觀其靡以知其**敝하니 **此蓋子長之志也**라

또 무릇 人主가 이익을 구하는 것이 진실로 어찌 끝이 있겠는가. 바야흐로 秦 始

5) 均輸 : 均輸法을 가리킨다. 漢 武帝 때의 大農丞이던 桑弘羊이 당시 잦은 外征과 토목 공사로 피폐한 국가 재정을 충당하고자, 지방에 均輸官을, 長安에 平準官을 두어서 가격이 싼 지방의 물자를 비싼 지방에 옮겨 팔고, 값이 쌀 때 물자를 사 두었다가 비쌀 때에 물가를 조절하는 등의 방법으로 국가에서 막대한 이익을 취하였다. ≪漢書≫ 〈食貨志〉에 "차츰 均輸를 두어 財貨를 통하게 하였다.〔稍稍置均輸 以通貨物〕"라고 하였다.

6) 가장……것이다 : ≪史記≫ 권129 〈貨殖列傳〉에 보인다.

7) (校)〔淫〕 : 저본에는 '校'로 되어 있으나, ≪惜抱軒詩文集≫(上海古籍出版社, 1992)에 의거하여 '淫'으로 바로잡았다.

皇이 中夏를 통일하여 蠻夷를 채찍질할 때에 웅대한 지략이 당세에 떨쳤지만, 목장의 주인과 과부의 재물을 엿봄에 이르러서는[8] 匹夫匹婦를 받들어서 마치 그들의 환심을 잃을까 두려운 것처럼 하였으니, 아첨하고 기회를 틈타 이익을 도모하는 행동을 선비도 수치로 여기는데, 하물며 천자와 같이 존귀한 이에 있어서겠는가. 아아, 물욕에 가려진 자는 반드시 행동을 이치에 거스르게 하는 법이니, 개탄할 만하도다.

且夫人主之求利者가 固曷極哉리오 方秦始皇統一區夏하여 鞭箠夷蠻에 雄略震乎當世로되 及其伺睨牧長寡婦之貲하여는 奉匹夫匹婦而如恐失其意하니 促訾啜汁之行을 士且羞之온 矧天子之貴乎아 嗚呼라 蔽於物者는 必逆於行이니 其可慨矣夫인저

8) 목장의……이르러서는 : ≪史記≫ 권129 〈貨殖列傳〉에 "烏氏(오지)의 倮는 목축업을 하였는데, 가축이 많아지자 팔아서 기이한 옷감을 구해서 몰래 戎王에게 바쳤다. 융왕이 열 배로 보상했는데, 가축을 줄 때 소와 말을 됫박으로 곡식을 퍼주듯이 주었다. 秦 始皇帝는 倮를 封君과 나란하게 대우하여 때로 신하들과 함께 만났다. 巴蜀에 과부 淸은 그 선조가 丹穴을 얻어 몇 대째 그 이익을 독점하여 가산 또한 헤아릴 수 없을 정도였다. 淸은 과부였으되 능히 가업을 지켜서 재물로 자신을 지켜서 침범 당하지 않았다. 진 시황제는 貞婦라 하여 그녀를 客으로 대하고 女懷淸臺를 지어주었다. 대저 倮는 변방에 사는 牧長이었고, 淸은 궁벽한 고을에 사는 과부였는데 萬乘의 제후와 대등한 禮를 받아서 명성이 천하에 드러났으니, 이 어찌 부 때문이 아니겠는가?〔烏氏倮畜牧 及衆 斥賣 求奇繒物 閒獻遺戎王 戎王什倍其償 與之畜 畜至用穀量馬牛 秦始皇帝令倮比封君 以時與列臣朝請 而巴蜀寡婦淸 其先得丹穴 而擅其利數世 家亦不訾 淸 寡婦也 能守其業 用財自衛 不見侵犯 秦皇帝以爲貞婦而客之 爲築女懷淸臺 夫倮鄙人牧長 淸窮鄕寡婦 禮抗萬乘 名顯天下 豈非以富邪〕"라고 하였다.

22. 〈何孺人節孝詩〉의 跋 뒤에 씀　何孺人節孝詩跋後*

* 요내가 자신의 벗 何君의 祖母인 何孺人의 節行을 읊은 詩篇의 跋文 뒤에 쓴 글이다. 이 글에서 요내는 하유인이 비록 旌表를 받지는 못했으나, 그 높은 행실과 밝은 절개를 넓히면 천하의 士君子를 감화할 만하다고 칭송하였다.

옛날에 孔子가 ≪詩經≫을 刪定할 때 〈鄘風〉은 〈柏舟〉편[1]을 첫머리에 놓았으니, 대개 춘추시대에 禮敎가 쇠하고 풍속이 피폐하여 여자로서 共姜 같은 이가 드물었기 때문에 聖人이 지극히 허여하신 것이다. 그 후로 풍속이 더욱 경박해져 魯나라의 貞女나 淮陽의 陳孝婦[2] 같은 이들이 간혹 세상에서 일컬어졌는데, 宋나라 때 이르러 儒者들이 禮義에 대한 說을 거듭 밝히자 천하가 이를 존숭하였고, 오늘날에 이르러서는 여자들이 모두 節行이 아름다운 줄을 알아 〈백주〉처럼 어진 자가 많아졌다. 어찌 사대부의 德은 옛날보다 나날이 쇠하고 유독 여자들의 節行은 周나라 말기보다 성한 것인가.

昔에 孔子刪詩할새 鄘風首柏舟之篇하니 蓋春秋之時에 禮敎衰하며 風俗敝에 女子若共姜者가 鮮矣라 故로 聖人亟與之也라 其後風俗益偸에 若魯貞女淮陽陳孝婦之倫이 間稱於世러니 及宋時하여 儒者申明禮義之說에 天下宗之하고 至於今日하여는 女子皆知節行之爲美하여 若柏舟之賢者가 多矣라 是何士大夫之德은 日衰於古하고 而獨女子之節은 有盛於周之末世也아

乾隆 15년(1750)에 禮部에서 의논하여 결정하기를 江蘇巡撫가 아뢴 바를 따라 천하에 節婦가 된 자가 많은지라 모두 旌表를 내릴 수는 없다 하여 이에 별도로 정

1) 柏舟편 : ≪詩經≫ 〈鄘風〉의 篇名이다. 衛나라 世子 共伯이 일찍 죽은 후 그의 부인 共姜이 절의를 지켰는데, 부모가 공강을 개가시키려 하자 이 시를 지어 차라리 죽을지언정 다른 곳에 시집가지 않겠다고 거절하였다.

2) 淮陽의 陳孝婦 : 後漢 文帝 때의 열녀이다. 변방에 수자리 살러 간 남편이 죽자, 젊은 나이에 과부가 된 딸을 가엾게 여긴 친정 부모가 개가시키려 하였다. 그러나 陳孝婦는 남편이 떠날 때 시어머니를 잘 모시기로 약속한 것을 저버릴 수 없다며 개가하지 않고 시어머니를 모셨다. 淮陽太守가 이 사실을 조정에 아뢰어 황금 40斤을 하사받고 부역을 면제받았다.(≪小學≫ 〈善行〉)

하여 격식을 만들어 격식대로인 자라야 비로소 정표하니, 여자의 행실이 혹 사람이 능히 하기 어려운 바에서 나왔으되 불행하게도 격식에 미치지 못하여 끝내 旌表에 포함되지 못하는 경우가 있었다. 그러나 그 실제는 敎化를 보존하고 풍속을 아름답게 할 만하므로 君子는 이를 기꺼이 시로 읊어 칭송하고 정표 여부에는 얽매이지 않는다.

乾隆十五年에 **禮部議從江蘇巡撫奏**하여 **以天下爲節婦者衆**이라 **不可盡予旌表**라하여 **乃別定爲格**하여 **如格者**라야 **乃旌表**하니 **而女子之行**이 **或出於人所難能**이로되 **不幸不及格**하여 **有終不與**(예)**於旌表者矣**라 **然**이나 **其實**은 **足以存敎化**하며 **美風俗**이라 **君子樂得詠歌而稱道之**하고 **不繫乎旌與否也**라

鳳陽[3]의 何太孺人[4]은 젊어서 과부가 되어 守節하면서 남겨진 아들을 길렀다. 불행하게도 아들이 요절하자 스스로 우물에 몸을 던졌는데, 집안사람이 구출하고 養子를 들여 嗣子로 세웠다. 嗣子가 장성하여 또 죽자 마침내 아버지를 여읜 손자를 돌보아 길렀다. 그 손자가 지금의 武淸令 何君이니, 나와 같은 해에 급제한 벗이다. 京師의 士大夫들이 孺人의 節行이 특히 남다르다 하여 많이들 歌詩를 지어 찬미하니, 하군이 이를 나에게 보여주었다. ≪시경≫에 이르기를 "너를 낳아주신 분을 욕되게 하지 말라."[5] 하였으니, 무릇 유인의 높은 행실과 밝은 절개는 넓혀서 천하의 士君子를 감화할 만한데 하물며 그 자손에게야 어떠하겠는가. 그렇다면 유인이 남긴 가르침은 멀리까지 이어질 것이다.

鳳陽何太孺人은 **少寡守節**하여 **育其遺孤**러니 **不幸孤子夭**에 **自投於井**이어늘 **家人救出之**하고 **爲立嗣**러니 **嗣子長而又死**에 **卒撫孤孫**하니 **今武淸令何君也**니 **與鼐**로 **爲同年友**라 **京師士大夫以孺人節行尤異**로 **多作歌詩**하여 **以美之**하니 **何君以視予**라 **詩曰 無忝爾所生**이라하니 **夫孺人高行明節**은 **可以張之**하여 **以風乎天下之士君子**어든 **而況其子孫也哉**아 **然則孺人之遺敎**가 **遠矣**로다

---

3) 鳳陽 : 지금의 安徽省 滁州市 鳳陽縣 일대이다.

4) 何太孺人 : 孺人은 부인에 대한 尊稱으로 널리 쓰이는 말이지만, 古代에는 大夫 아내의 封號로, 明淸代에는 7품 관원의 아내나 모친 혹은 조모의 封號로 쓰였다. 관원의 모친이나 조모의 封號로 쓸 때에는 孺人 앞에 '太'자를 붙여 太孺人이라 칭하기도 하였는데, 이 글에서는 何氏가 武淸令 何君의 祖母이므로 태유인이라 칭하였다.

5) 너를……말라 : ≪詩經≫ 〈小雅 小宛〉에 나오는 구절이다.

23. 남쪽으로 돌아가는 벗 龔君을 보낸 序　送龔友南歸序*

*江南의 향리로 돌아가는 벗 龔劍戌을 전송하며 지어준 序文이다. 이 글에서 요내는 狂狷之士에 가까운 공검술에게 京師는 어울리지 않는 곳이므로 그가 宜興으로 돌아가고자 하는 것이 당연하다고 말하면서도, 도덕이 성대한 사람은 어느 곳인들 마땅하지 않은 곳이 없으니 다시 경사로 돌아오기를 바란다는 소망을 드러내고 있다.

龔君 劍戌은 江南의 宜興[1]에 사니, 이곳에 田園이 있다. 그가 京師에 와서는 매양 나에게 의흥의 빼어난 山水를 말해주고 스스로 이곳(宜興)에 대해 생각하기를 즐긴다고 말하였다. 내가 말하기를, "옛날에 孔子가 狂狷之士를 취하였으니, 狂者와 狷者는 古人을 흠모하고 流俗과 함께하지 않으므로 鄕愿이 그들을 끊어버리고 기롱합니다.[2] 지금 그대는 자질이 매우 아름답고 뜻이 매우 높으며 의론이 매우 高峻합니다. 광견지사에 가까워 장차 기롱을 받게 될 것이니, 京師가 어찌 이러한 사람에게 맞겠습니까. 스스로 산수 간에서 노닐기를 생각하는 것도 실로 당연합니다." 하였다.

龔君劍戌은 **居江南之宜興**하니 **有園田在焉**이라 **其來京師**에 **每爲予道宜興山水之勝**하고 **而自言其樂思於此也**라 **予曰 昔者**에 **孔子取狂狷之士**하니 **狂狷者**는 **慕古之人**하고 **而不同乎流俗**이라 **故**로 **鄕原**이 **絶而譏之**라 **今子**는 **材甚美**하며 **志甚高**하며 **論甚峻**하니 **近乎狂狷**하여 **而將蒙譏者也**니 **京師中**이 **豈宜是哉**아 **其思自放于山水**가 **固宜也**로다

---

1) 江南의 宜興 : 지금의 江蘇省 宜興市 일대이다. 宜興을 陽羨이라 하기도 한다.
2) 옛날에……기롱합니다 : ≪論語≫ 〈子路〉에 "中道를 행하는 선비를 얻어서 더불지 못할진대 반드시 狂者와 狷者를 취할 것이다. 광자는 진취적이고 견자는 하지 않는 바가 있다.〔不得中行而與之 必也狂狷乎 狂者進取 狷者有所不爲也〕" 하였는데, 광자는 뜻은 지극히 높지만 행실이 미치지 못하여 중도에 지나친 사람이고, 견자는 지혜는 미치지 못하지만 스스로 지키는 것은 넉넉하여 중도에 미치지 못하는 사람이다. 또한 〈陽貨〉에 "鄕原은 덕의 적이다.〔鄕原德之賊也〕" 하였는데, 향원은 사이비 유덕자이다. 한편, ≪孟子≫ 〈盡心 下〉에는 광자와 견자, 향원에 대한 맹자의 언설이 자세하다.

올겨울 10월에 공군이 어느 날 나를 찾아와 작별하면서 말하기를 "내 장차 우리 아버지를 따라 陽羨(宜興)의 집으로 돌아가려 하니 해를 넘겨 장차 이곳에서 다시 그대를 볼 수 있을 것입니다." 하였다. 공군의 뛰어난 재주와 넓은 뜻으로 장차 산골짜기 사이에 자취를 숨겨 바람과 구름을 노래하고 물고기와 새를 벗 삼아 논다면, 나와 공군이 서로 떨어져 있는 날은 길겠지만 공군은 도리어 즐거울 것이다. 그러나 만약 오히려 장차 다시 이곳으로 온다면 나와 공군이 서로 떨어져 있는 날은 짧겠지만 아마도 공군이 그렇게 하고자 하지 않을 것이다.

비록 그러하나 공군의 경우 나이가 젊고 자질이 아름다우며 덕을 진전시키고 학업을 닦아 날로 힘쓰며, 게다가 그 뜻이 날마다 道德이 성대해지기를 바라고 있다. 도덕이 성대한 사람은 세상 사람들을 굽어보아 이름을 세우지 않고 남을 떠나 자신을 과시하지 아니하여 겸손하면서도 빛이 나고 세상 사람들과 어울리면서도 휩쓸리지 않나니, 이와 같은 사람은 어느 곳인들 알맞지 않겠는가. 공군은 어느 날 江南에서 京師로 돌아와 그대의 학문이 古人의 경지에 나아가게 하고 德이 천하 사람들에게 족히 믿음을 받게 하여 다시 나와 기쁘게 이곳에서 모일지니, 그렇다면 그대가 지금 강남의 산수에서 自適하는 즐거움은, 그 즐거움이 오히려 얕을 것이다.

今年冬十月에 龔君一日過別余하여 曰 吾將隨吾父하여 歸陽羨(이)之居리니 逾年에 將復見子於此라하다 夫以龔君之逸才曠志로 將處迹乎山谷之間하여 歌咏乎風雲하며 狎友乎魚鳥면 余與龔君相別之日則長矣로되 而龔君顧樂之어니와 若猶將復來此也면 則余與龔君相別之日短矣로되 而竊恐君之不欲이라 雖然이나 如君年富而質美하며 進修而日强하고 且志日慕乎道德之盛이라 夫道德之盛者는 不傲世而立名하며 不離物而矜己하여 謙而光하고 偕乎俗而不流하나니 如是者는 夫焉所處而不宜리오 君其一旦에 自江南而返乎京師하여 使君之學이 進乎古人하고 而德이 足信乎天下하여 復與余歡然相聚於此니 然則君今者適乎江南山水之樂은 其樂猶淺也라

공군이 떠날 때 벗들이 모두 歌詩를 지어 송별하였는데, 내가 또 그를 더욱 道에 나아가게 하고자 하여 따로 序文을 짓는다.

龔君之行에 其友皆作歌詩하여 以送之어늘 余更欲其更進於道也하여 而別爲之序하노라

24. 錢獻之에게 준 序　贈錢獻之序*

*乾隆 39년(1774)에 北京를 떠나는 錢獻之(1744~1806)를 전별하며 준 글이다. 전헌지는 이름이 坫, 자는 獻之, 호는 十蘭으로 江蘇省 嘉定 사람이다. 1774년에 副榜이 되었고 乾州州判 등을 지냈으며, 文字學과 地理學을 연구하여 ≪說文解字斠詮≫, ≪十經文字通正書≫, ≪新斠注地理志≫ 등을 저술하였다. 이 글을 쓰던 당시에는 京師를 중심으로 博學과 考證 중심의 漢學이 크게 유행하고 있었다. 요내는 이 글에서 孔子 사후부터 當代에 이르기까지의 經學의 변천을 차례로 서술한 뒤, 漢學을 숭상하는 당시의 학술 풍조를 지엽적인 것이라 비난하고 義理 중심의 程朱宋學을 찬미하였다.

孔子께서 세상을 떠나시자 大道가 쇠미해졌다. 漢나라의 儒者는 秦나라가 학문을 탄압한 뒤를 이어[1)] 처음으로 專門을 세워 저마다 하나의 經書를 가지고 사제간에 전수하였다. 그리하여 同輩(各 學派)들이 원망하고 질투하여 서로 잘 알지 못하니, 聖人의 道에 대해서 마치 담장을 쌓고 門路를 막은 것과 같았다. 오랜 뒤에 通儒[2)]가 점차 나와서 여러 經書를 두루 관통하고 좌우로 증명하여 그중 뛰어난 학설을 채택하였는데, 그 학문이 쇠미해져서는 讖緯說[3)]을 뒤섞고 怪僻하고 번쇄한 말로 어지럽히니 세상에서 또 비난하였다.

錢坫

1) 漢나라의……이어 : 秦나라는 통일 후에 焚書坑儒를 자행하여 法家 이외의 학문이 침체되었는데, 漢나라 武帝 때에 이르러서는 儒學이 國學이 되어 經學이 발전하였다. 이 표현은 ≪漢書≫ 〈董仲舒傳〉에서 "董仲舒는 한나라가 진나라가 학문을 탄압한 뒤를 이은 때를 만나 六經이 흩어졌는데 휘장을 내리고 發憤하며 大業에 몰두하여 후세 학자들로 하여금 통일된 바가 있게 하여 여러 儒者들의 우두머리가 되었다.〔仲舒遭漢承秦滅學之後 六經離析 下帷發憤 潛心大業 令後學者有所統一 爲群儒首〕"라고 한 데서 온 것이다.

2) 通儒 : 古今에 통달하여 학식이 깊고 넓은 儒者를 말한다.

3) 讖緯說 : 漢代에 유행한 術數學으로, '讖'은 정치적 혼란과 왕조 교체를 비롯한 길흉화복에 대한 예언이며, '緯'는 儒家의 經義에 의탁하여 길흉화복을 예언하는 緯書를 가리킨다.

대개 魏晉時代에는 공허한 담론이 일어나 淸淡을 고상하게 여기고 章句를 하찮게 여겨 허탄한 주장을 하고 퇴폐하여 마침내 천하를 멸망시켰다. 그러나 세상에서는 오히려 혹 그 학설을 좋아하여 차마 버리지 못하였다. 이때부터 南北이 나뉘어지면서 學術의 風尙이 달라진 지가 5백여 년이다.[4)]

孔子沒而大道微하니 **漢儒承秦滅學之後**하여 **始立專門**하여 **各抱一經**하여 **師弟傳受**하니 **儕偶怨怒嫉妬**하여 **不相通曉**하니 **其於聖人之道**에 **猶築牆垣而塞門巷也**러라 **久之**에 **通儒漸出**하여 **貫穿群經**하고 **左右證明**하여 **擇其長說**이러니 **及其敝也**하여는 **雜之以讖緯**하고 **亂之以怪僻猥碎**하니 **世又譏之**라 **蓋魏晉之間**에 **空虛之談興**하여 **以淸言爲高**하고 **以章句爲塵垢**하여 **放誕頹壞**하여 **迄亡天下**라 **然**이나 **世猶或愛其說辭**하여 **不忍廢也**라 **自是**로 **南北乖分**에 **學術異尙**이 **五百餘年**이라

唐나라가 천하를 통일하자 남북의 장점을 모두 채택하여 義疏를 정하고 系統을 명시하였는데,[5)] 취한 것이 어떤 것은 옳고 어떤 것을 그르기도 하여 절충함이 없었다. 宋나라 때에 眞儒가 마침내 성인의 뜻을 얻어 여러 경서에 대략 定說이 있게 되었는데, 元나라와 明나라가 이를 준수하여 드러내 功令으로 삼았다.[6)] 명나라의 淫佚한 군주의 시대에 亂政이 누차 일어났지만 士大夫들이 紀綱을 유지하고 節義를 밝게 지켜 명나라가 오래 지속된 뒤에 망하게끔 하였으니, 宋儒가 학문을 논한 덕분일 것이다!

唐一天下에 **兼採南北之長**하여 **定爲義疏**하고 **明示統貫**이로되 **而所取或是或非**하여 **未有折衷**이라 **宋之時**에 **眞儒乃得聖人之旨**하여 **群經略有定說**이어늘 **元明守之**하여 **著爲功令**이라 **當明佚君**하여 **亂政屢作**이어늘 **士大夫維持綱紀**하고 **明守節義**하여 **使明久而後亡**하니 **其宋儒論學之效哉**인저

게다가 天地의 운행은 오래가면 반드시 변하는 법이니, 이 때문에 夏나라는 忠을 숭상하고 商나라는 質을 숭상하고 周나라는 文을 숭상하였다.[7)] 學者의 변화는

4) 이때부터……년이다 : 南朝의 經學은 魏晉의 玄學과 佛敎의 영향을 받아 經義의 대체적인 파악과 心得을 중시하여 자기 학파의 학설에 구애받지 않고 비교적 자유로운 경향을 보이는 반면, 北朝의 經學은 東漢 이래의 舊說을 준수하고 문장의 訓詁에 힘쓰는 보수적인 성격을 띠었다.
5) 唐나라가……명시하였는데 : 唐나라 초에 孔穎達이 勅命으로 ≪五經正義≫를 지은 뒤로, 이것이 五經에 대한 定說이자 科擧로 선비를 선발하는 표준이 되었다.
6) 宋나라……삼았다 : 元나라 仁宗 이후로 宋나라 朱熹의 ≪四書集註≫가 과거시험의 표준이 되었다. 功令은 학자들을 시험하고 등용하는 법령을 말한다.

大儒들이 근본을 잡아 폐단을 整齊하면 風尙이 옛날보다 나아졌고 그렇지 못하면 옛날에 미치지 못했으니, 漢나라 이래로 모두 그러하였다.

明나라 말엽부터 오늘날에 이르기까지 학자들은 공령에 기재되어 익히 들은 것을 몹시 싫어하고, 또 비루한 학자들이 옛날을 상고하지 못하고 近來의 학문에 가리어진 것을 미워한다. 이에 옛사람의 名物・制度・訓詁・書數[8]의 학문만을 전문적으로 연구하여 博學을 器量으로 여기고 남의 틈을 엿보아 공격하고 힐난하는 것을 功으로 여기며, 심한 경우에는 程朱를 죄다 버리고 漢나라의 선비를 종주로 삼고자 하여 지엽만 얻고 근본은 없애버리며 자잘한 것만 수집하고 큰 것을 빠뜨리니 어찌 어리석은 일이 아니겠는가.

且夫天地之運은 **久則必變**하나니 **是故**로 **夏尙忠**하고 **商尙質**하고 **周尙文**이라 **學者之變也**는 **有大儒操其本而齊其弊**하면 **則所尙也賢於其故**요 **否則不及其故**니 **自漢以來**로 **皆然已**라 **明末至今日**히 **學者頗厭功令所載爲習聞**하고 **又惡陋儒不攷古而蔽於近**하니 **於是**에 **專求古人名物制度訓詁書數**하여 **以博爲量**하고 **以闚隙攻難爲功**하며 **其甚者**는 **欲盡舍程朱而宗漢士**하여 **枝之獵而去其根**하고 **細之蒐而遺其鉅**하니 **夫寧非蔽與**아

嘉定 錢君 獻之는 기억을 잘하고 생각이 정밀하니, 지금의 선비 중에 걸출한 자이다. 내가 일찍이 내 생각을 말해주었더니 내게 반대하지 않았다. 비록 그러하나 여전히 京師의 雜亂한 곳에서 살고 있었다. 전군이 앞으로 江南으로 돌아가서 嶺外[9]로 가게 될 것이니, 수천 리 길을 가면서 곁에는 벗이 없으며, 높은 산과 큰 내와 높은 나무만 보고 새와 짐승의 특이한 울음소리만 들으리니 天地의 안을 사방으로 돌아보면 적막하고 아득할 것이다! 이에 옛 성인이 훈계를 내려 세상을 교화하고 큰 것을 먼저 세운 뜻[10]을 굽어 생각한다면, 나의 말이 더욱 마음에 와닿을

7) 夏나라는……숭상하였다 : 이 표현은 ≪漢書≫ 〈董仲舒傳〉에서 "夏나라는 忠을 숭상하고, 商나라는 하늘을 공경하는 것을 숭상하고, 周나라는 文을 숭상한다.〔夏尙忠 商尙敬 周尙文〕"라고 한 데서 나왔다. 文은 예악제도를 가리킨다.

8) 書數 : 고대에 학생을 교육하던 여섯 가지 과목인 禮・樂・射・御・書・數 六藝 중 書와 數, 즉 書法과 數學을 가리킨다.

9) 嶺外 : 五嶺(大庾嶺・越城嶺・騎田嶺・萌渚嶺・都龐嶺) 이남 지역으로, 廣東과 廣西에 해당한다.

10) 큰……뜻 : ≪孟子≫ 〈告子 上〉에 "큰 것인 心志를 먼저 세우면 작은 것인 耳目이 빼앗지 못한다. 이것이 大人이 되는 것일 따름이다.〔先立乎其大者 則其小者不能奪也 此爲大人而已矣〕"라는 말이 나온다.

것이다.

嘉定錢君獻之는 强識(지)而精思하니 爲今士之魁傑이라 余嘗以余意告之而不吾斥也라 雖然이나 是猶居京師厖淆之間也러라 錢君將歸江南而適嶺表하니 行數千里에 旁無朋友요 獨見高山大川喬木하고 聞鳥獸之異鳴이리니 四顧天地之內에 寥乎芒乎인저 於以俯思古聖人垂訓敎世先其大者之意면 其於余論에 將益有合也哉인저

25. 程魚門에게 준 序　贈程魚門序*

* 요내가 乾隆 39년(1774)에 ≪四庫全書≫의 纂修官을 사직하고 고향에 돌아갈 때에 동료였던 程魚門에게 적어서 보낸 글이다. 정어문과 처음에 어떻게 만나 교유하였는지를 밝히고, 사직할 당시에 요내가 지녔던 정치 현실에 대한 울분을 간접적으로 표출하였다. 정어문은 程晉芳(1718~1784)으로, 初名은 廷璜, 字는 魚門, 號는 蕺園이며, 歙縣 岑山渡 사람이다. 淸代의 문인이자 시인으로, 건륭 36년(1771)에 진사가 되었고, 內閣中書였다가 吏部主事, 員外郎이 되었다가 ≪사고전서≫ 찬수관이 되었다. 집안이 부유하여 5만 권의 책을 지니고 있었고, 商盤, 袁枚, 吳敬梓, 朱筠, 戴震 등과 교유하였다. 저서로는 ≪蕺園詩集≫, ≪蕺園近詩≫, ≪勉行堂詩集≫ 등이 있다.

내가 처음에 魚門을 揚州 어떤 人家의 座中에서 알게 되었는데, 피부가 희고 장신에 수염이 아름다웠으며 言論이 훌륭하였다. 이로부터 서로 아끼고 공경하였는데, 어문이 京師에 와서 관직에 오르고서는 더욱 친해지게 되었다. 작년에 함께 ≪四庫全書≫의 纂修官이 되었는지라, 이로 인하여 날마다 만나다가 올해에 이르러 내가 비로소 떠나가게 되었다. 나와 어문은 양주에서 한 번 작별하였고, 6년 뒤에 내가 경사에 있다가 집에 돌아가면서 경사에서 작별하였으며, 또 6년 뒤에 어문이 長江과 淮水 일대를 다니다가 방향을 바꾸어 梁·宋[1)]으로 들어가서 다시 나를 작별하고 떠나갔다. 그 4년 뒤에 오늘날에 이르니, 이전의 작별에는 모두 오래지 않아 곧 만났는데 지금의 떠나감은 만날 날을 기약할 수가 없다.

程晉芳

余初識魚門於揚州人家坐上하니 **白晳長身美髯**이요 **言論偉異**라 **自是**로 **相愛敬**이러니 **魚門來**

1) 梁·宋 : 현재의 開封과 貴德 근처를 가리킨다.

官京師하여 乃益親이러라 去歲에 同纂四庫全書하여 因日日相見이라가 至今歲하여 余始將去라 余與魚門一別於揚州하고 後六年에 余由京師歸家하여 別於京師하고 後又六年에 魚門遊江淮하여 轉入梁宋하여 復別余去라 後四年至今日하니 前之別은 皆未幾卽見이로되 今之去는 其見時未可期也라

나는 어문보다 14세가 적다. 처음에 서로 알게 되었을 때에 내 나이가 28세였는데 이제 40세가 넘었기에 몸에 질병이 많아 강가의 시골에서 은거하면서 쉴 것을 생각하고 있다. 어문의 意氣 또한 예전 같지 않아서 창창하던 긴 수염이 태반은 세었으니, 마주하여 지금과 옛날의 일을 말함에 개탄할 만한 점이 있다. 사람들이 악수하면서 서로 반가워하고 술을 마시며 속마음을 말하고자 하는 경우는 鄕里의 친구들 중에 이런 사람이 많지만, 고금의 賢士들의 학술을 종횡으로 주고받으며 토론하여 그 말이 족히 사람의 마음을 흥기시킬 수 있는 이로 말하자면, 海內의 걸출한 선비를 만나지 않고서는 될 수가 없다. 이 때문에 지금 내가 더욱 어문을 흠모하는 마음을 품는 것이다.

余幼於魚門十四歲라 始相識에 余年二十八이러니 今逾四十이라 多羸疾하여 思屛於江濱田間以自息하니 魚門意氣亦不如故하여 修髯蒼蒼太半白이라 相對言今昔事에 有足慨者라 人欲握手交歡하고 杯酒道款曲은 則鄕里親舊多有之어니와 至縱橫往復古今賢士術業하여 言足起人意하여는 非遇海內豪傑之士면 不可得也라 是以로 今者余益有慕乎魚門이라

무릇 선비는 處世하기가 어렵다. 뭇사람이 물러나는 바에 홀로 나아가면 그 나아가는 것이 죄이고, 뭇사람이 나아가는 바에 홀로 물러나면 그 물러나는 것이 또한 죄이다. 천지만물의 변화와 인간세상의 險夷, 曲直, 好惡의 情態를 문장을 잘 짓는 사람은 반드시 들추어내어 남김없이 드러내 표현하니, 사람들이 그 실정을 감춘 것이 오래거늘 어떤 사람이 이를 드러내면 마땅히 미움을 받을 자가 있는 법이다. 하물며 게다가 명성이 더해진 경우에 있어서겠는가.

예전에 大學士 劉文正公[2]이 일찍이 어문의 재주에 대해 크게 탄식하고 名士가 된

2) 劉文正公 : 劉統勳(1700~1773)으로, 字는 延淸, 號는 爾鈍이며, 山東 諸城 사람이다. 淸代의 정치가로, 雍正 2년(1724) 進士가 되어 여러 관직을 역임하여 관직이 東閣大學士 兼 軍機大

것을 애석하게 여겼다. 무릇 어문의 행실과 학문은 몹시 돈후하고 훌륭하여 명성과 서로 부합하니, 명성이 어찌 어문에게 병통이 될 수 있겠는가. 그러나 내 듣건대, 物은 구하여서 이르는 것이 구하지 않는데도 이르는 것의 편안함만 못하다고 하였다. 어문이 성대한 명성 아래 수레와 말들로 먼지들이 섞여 있는 가운데 있으면서도 장차 지식을 버리고 형체를 잊고서[3] 초연히 만물의 바깥으로 벗어나려 하니, 이는 마치 명성이 다 없어져 인간세상을 버리고 홀로 서는 자와 같을 것이다. 그렇다면 어문은 끝내 세상의 그물과 주살에 걸릴 우환을 벗어나고야 말 것이다.

夫士處世難矣라 群所退而獨進이면 其進罪也요 群所進而獨退면 其退亦罪也라 天地萬物之變과 人世夷險曲直好惡之情態를 工文章者必抉摘發露至盡하니 人匿其情久矣어늘 而或宣之하면 宜有見惡者矣온 況又加之以名稱邪아 往時大學士劉文正公이 嘗太息魚門之才하고 而惜其爲名士라 夫魚門行與學甚敦美하여 與名相副하니 名何足爲魚門病이리오 抑吾聞之컨대 物은 求而致之者가 不若不求而致之之安也라 魚門處盛名之下車馬塵雜之間하여 其將釋知遺形하여 超然萬物之表가 有若聲華寂滅하여 遺人而獨立者也라 然則魚門終免世網羅繒繳之患也已로다

臣에 이르렀다. 시호는 文正이다.

3) 지식을……잊고서 : ≪史記≫ 권84 〈屈原賈生列傳〉에 "지식을 버리고 형체를 잊음이여 초연히 스스로를 잊었도다.〔釋知遺形兮 超然自喪〕"라고 한 데서 온 말이다.

26. 朱竹君 先生의 傳　朱竹君先生傳*

*清나라 乾隆 연간의 관리이자 학자인 朱筠(1729~1781)을 立傳한 글이다. 요내의 대표작 중 하나로, 1781년에 창작되었다. 주균은 건륭 19년(1754) 進士가 되어 編修, 侍讀學士, 安徽와 福建의 學政 등을 지내고, ≪四庫全書≫ 纂修官이 되어 ≪日下舊聞≫을 纂修하였다. 이 글은 주균의 생애를 간결하게 서술한 가운데 그의 강직하면서도 친근한 성품을 인상적으로 그려내었다.

朱竹君 先生은 이름이 筠이니, 大興[1] 사람이다. 字는 美叔이고, 또 다른 字는 竹君이다. 그 아우 石君 珪[2]와 어려서부터 모두 문장에 능하다고 이름이 났다. 선생은 乾隆 19년(1754) 進士試에 급제하여 編修에 제수되고, 승진하여 日講起居注官[3] 翰林院侍讀學士에 이르렀는데, 安徽의 提督學政[4]으로 있을 때 過失로 降級되어 다시 編修가 되었다.

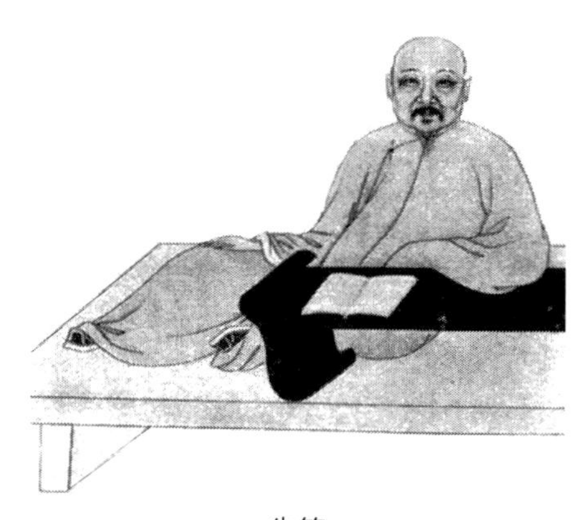

朱筠

朱竹君先生은 **名筠**이니 **大興人**이라 **字美叔**이요 **又字竹君**이라 **與其弟石君珪**로 **少皆以能文有名**이라 **先生中乾隆十九年進士**하여 **授編修**하고 **進至日講起居注官翰林院侍讀學士**러니 **督安徽學政**에 **以過降級**하여 **復爲編修**러라

---

1) 大興 : 지금의 北京市 남쪽 大興區 일대에 있었던 縣의 이름이다.

2) 石君 珪 : 淸나라의 관리이자 학자인 朱珪(1731~1806)를 이른다. 주규는 順天府 사람으로 號가 南崖·盤陀老人이며, 石君은 그의 字이다. 乾隆 13년(1748)에 진사가 되어, 벼슬이 工部尙書와 體仁閣大學士에 이르렀다. 경학에 정통하여 형 朱筠과 함께 二朱로 일컬어졌다.

3) 日講起居注官 : 淸朝의 官名으로, 황제의 비서에 상당한 자리이다. 才學과 品德이 뛰어난 이들이 주로 겸임하였다.

4) 提督學政 : 淸나라 때 지방 교육을 관장하게 하기 위하여 각 省에 파견한 관직이다. 각 성의 과거와 학교에 관한 일을 담당하였다.

선생은 처음에 諸城[5]의 劉文正公[6]이 알아주어 放達하고 고상한 奇士로 여겨졌다. 安徽에 있을 때에 마침 上(乾隆帝)이 詔書를 내려 散佚된 서적을 찾기에 선생이 아뢰기를, “한림원에 쌓여 있는 책 중에 ≪永樂大典≫[7]이 있고, 그 속에 세상에서 볼 수 없는 古書가 많이 있으니, 청컨대 담당局을 개설하여 조사하게 하소서.” 하고, 아울러 수집하는 방법을 매우 자세히 말하였다. 이때에 文正公이 軍機處에 있어 도리어 좋아하지 않으면서 긴요한 정사가 아니고 한갓 번거롭기만 하다고 생각하여 의논하여 정지하고자 하였는데, 金壇[8]의 于文襄公[9]이 홀로 선생이 아뢴 말을 좋게 여겨 문정공과 굳게 爭執하여 마침내 선생의 말을 채용하여 올리니, 四庫全書館[10]이 이로부터 열리게 되었다.

于敏中

先生은 **初爲諸城劉文正公所知**하여 **以爲疏儻奇士**러니 **及在安徽**하여 **會上下詔求遺書**어늘 **先生奏言翰林院貯有永樂大典**하고 **內多有古書世未見者**하니 **請開局**하여 **使尋閱**이라하고 **且言搜輯之道甚備**라 **時**에 **文正在軍機處**하여 **顧不喜**하여 **謂非政之要而徒爲煩**이라하여 **欲議寢之**어늘 **而金壇于文襄公**이 **獨善先生奏**하여 **與文正固爭執**하여 **卒用先生說**하여 **上之**하니 **四庫全書館**이 **自是啓矣**라

선생은 京師에 들어가 사고전서관에 머물며 ≪日下舊聞≫[11]을 纂修하였다. 얼마

5) 諸城 : 지금의 山東省 諸城縣 일대의 지명이다.
6) 劉文正公 : 淸나라의 大臣 劉統勛(1698~1773)을 이른다. 유통훈은 字가 延淸이고, 號가 爾鈍이며, 文正은 그의 諡號이다. 雍正 2년(1724)에 進士가 되어 刑部尙書, 吏部尙書 등을 거쳐 벼슬이 體仁閣大學士 兼 軍機大臣에 이르렀다.
7) 永樂大典 : 明나라 成祖 때 皇命을 받아 解縉 등이 편찬한 類書로, 經史子集부터 천문·지지·음양·의복·승도·기예 등을 총망라한 백과서이다.
8) 金壇 : 지금의 江蘇省 常州市 金壇區 일대에 있었던 縣의 이름이다.
9) 于文襄公 : 淸나라의 大臣 于敏中(1714~1779)을 이른다. 우민중은 字가 叔子이고, 號가 耐圃이며, 文襄은 그의 諡號이다. 乾隆 2년(1737) 進士가 되어 戶部侍郎 兼 軍機大臣을 거쳐 벼슬이 文華殿大學士 兼 戶部尙書에 이르렀다.
10) 四庫全書館 : 乾隆 38년(1773)에 皇命으로 설치된 관청으로, ≪四庫全書≫를 편찬할 목적으로 만들어졌다.
11) 日下舊聞 : 朱彝尊(1629~1709)이 北京의 역사, 지리, 문화 등을 망라하여 기술한 42권의 저서로, 乾隆 39년(1774)에 朱筠과 竇光鼐 등이 이어서 증보하여 ≪日下舊聞考≫ 120권을

지나지 않아 문정공이 卒하자, 文襄公이 사고전서관의 일을 總裁하면서 더욱 선생을 중시하였으나, 선생은 도리어 그를 찾아뵙지 않고 또 때때로 사고전서관의 사무를 주관하는 일로 뜻을 거슬렀다. 그리하여 문양공이 크게 유감을 품었는데, 하루는 上을 謁見하여 말이 선생에 미치자 상이 대뜸 주균의 학문과 문장이 다른 사람보다 훨씬 뛰어나다고 칭찬하기에 문양공이 묵묵히 아무 말도 하지 못하였다. 그리하여 선생이 이로써 무사할 수 있었다. 그 후에 福建의 提督學政이 되었는데 한 해를 넘기자 상이 그 아우 珪에게 대신하게 하였다. 돌아온 지 몇 달 만에 마침내 卒하였다.

先生入京師하여 居館中하여 纂修日下舊聞이러니 未幾에 文正卒이어늘 文襄總裁館事하여 尤重先生이로되 先生顧不造謁하고 又時以持館中事로 與意迕라 文襄大憾이러니 一日見上하여 語及先生에 上遽稱許朱筠學問文章이 殊過人이어늘 文襄默不得發이라 先生以是獲安이러라 其後에 督福建學政이러니 逾年에 上使其弟珪代之라 歸數月에 遂卒하다

선생은 사람됨이 안으로는 형제간에 우애하고 밖으로는 교유하기를 좋아하였으며, 남의 선행을 칭찬하여 오직 미진할까 걱정하였고 만약 잘못이 있으면 그때마다 덮어주었다. 그리하여 後進의 선비들이 덕분에 명성을 얻은 이가 많았다. 방 안에는 새벽부터 저녁까지 손님이 없는 때가 없었다. 손님과 술을 마시고 담소하면서 밤낮을 보내면서도 넓은 학식과 뛰어난 기억력이 쇠하지 않았고 때때로 그 사이에 글을 지으니, 그 문장은 才氣가 新奇하고 호방하여 義理와 事物과 情態에 갖추어지지 않음이 없었고 말하고자 하는 바를 다하지 못함이 없었다. 특히 小學[12]을 좋아하여 學政으로 있을 때 諸生으로서 뛰어난 이를 만나 더불어 담론하는 것이 마치 동년배와 같았고 다른 사람에게 학문을 할 때 먼저 문자를 알아야 한다고 권면할 때 말뜻이 정성스럽고 은근하였기에 떠나간 뒤에 사람들이 선생을 그리워하였다. 쓰고자 한 책이 모두 완성되지 않았고, 詩文集 도합 약간 권이 있다.

先生爲人이 內友于兄弟而外好交遊하고 稱述人善하여 惟恐不至요 卽有過면 輒覆掩之라 後進之士가 多因以得名이러라 室中에 自晨至夕히 未嘗無客이라 與客飮酒談笑하여 窮日夜로되 而博學

纂修하였다.

12) 小學 : 文字・訓詁・聲韻에 대한 학문을 가리킨다.

彊識(지)가 不衰하고 時於其間에 屬(촉)文하니 其文이 才氣奇縱하여 於義理事物情態에 無不備하고 所欲言者를 無不盡이라 尤喜小學하여 爲學政時에 遇諸生賢者하여 與言論이 若同輩하고 勸人爲學先識字에 語意諄勤이라 去而人愛思之러라 所欲著書皆未就요 有詩文集合若干卷이라

姚鼐는 다음과 같이 말한다.

내가 처음에 竹君 先生을 알게 된 것은 昌平[13]의 陳伯思[14]를 통해서였다. 이때에는 모두 나이가 스물 남짓이었는데 함께 모여 강개하게 일을 논하고 절차탁마하며 학문을 강론하였으니, 그 뜻이 참으로 컸다. 어찌 다만 文士가 되고자 할 뿐이었겠는가. 선생과 백사는 모두 높은 재주로 술을 즐겼다. 백사는 중년에 술병에 걸려 그 재주를 다하지 못하였고, 선생은 문장으로 海內에 이름을 떨쳤으니, 호방함으로 백사를 능가하였으나 백사의 持論이 조금 더 中道에 가까웠다.

姚鼐曰 余始識竹君先生이 因昌平陳伯思라 是時에 皆年二十餘니 相聚하여 慷慨論事하며 摩厲講學하니 其志誠偉矣라 豈第欲爲文士已哉아 先生與伯思는 皆高才耽酒라 伯思는 中年에 致酒疾하여 不能極其才요 先生은 以文名海內하니 豪逸過伯思요 而伯思持論稍中焉이라

선생은 만년에 빈객이 더욱 많았으니, 그 문에 들어오는 사람이면 모두 밀접하게 교유하였다. 그러나 〈선생으로서는〉 또한 피로하기도 하였다. 내가 남쪽으로 돌아간 지 몇 해가 되었을 때 백사 또한 쇠하여 병들었다 들었고, 선생이 卒하였을 때에는 나이가 겨우 쉰을 넘겼으니, 안타까운 일이다. 선생이 安徽와 福建을 다스릴 때에는 늘 빈객을 데리고서 술을 마시고 시를 지었으며 산수를 노닐 때 깊숙한 곳 험한 곳을 모두 다녔다. 내가 한가하여 산속 골짜기에 이르면 그때마다 선생이 새긴 이름과 만날 수 있었기에 그 모습을 상상해볼 수 있었다.

先生暮年에 賓客轉盛하니 入其門者는 皆與交密이나 然亦勞矣라 予南歸數年에 聞伯思亦衰病하고 而先生沒에 年才逾五十하니 惜哉로다 當其使安徽福建하여 每攜賓客하여 飮酒賦詩하고 遊山水에 幽險皆至라 予閒至山中厓谷에 輒遇先生題名일새 爲想見之焉이러라

---

13) 昌平 : 지금의 北京市 昌平區 일대의 지명이다.

14) 陳伯思 : 淸나라의 관리인 陳本忠으로, 伯思는 그의 字이다. 乾隆 34년(1769)에 진사가 되어 戶部郎中・貴州提督學政 등을 역임하였다.

27. 張貞女의 傳　張貞女傳*

* 요내와 한 고을에 살았던 貞女 張氏의 節行을 기록한 傳이다. 글의 말미에 葉蔭賓의 聘妻 胡氏, 章彌六의 聘妻 周氏, 馬鳴玉의 聘婦 方氏의 節行을 덧붙여 기록하였는데, 이들은 모두 婚處가 정해진 뒤 남편 될 사람이 죽었는데도 다른 데 시집가지 않고 절개를 지킨 桐城縣 여성들이라는 공통점이 있다.

옛날에 歸熙甫(歸有光)가 〈貞女論〉을 지어 "여자가 부모의 집에 있을 때는 자신의 몸을 다른 사람에게 맡겨서는 안 되니, 혼인을 허락한 이가 죽었는데도 끝까지 守節하는 것은 義에 맞지 않다."[1]라고 하니, 나는 熙甫의 이 말이 지나치다고 생각한다.

昔에 **歸熙甫作貞女論**하여 **謂女在父母家**에 **不應以身屬**(촉)**人**이니 **所許嫁者亡**이로되 **而爲終守**는 **不合於義**라하니 **吾謂熙甫斯言過矣**라하노라

지금의 법에 다른 사람과 혼인을 약속하고서 중간에 저버리는 자는 형벌을 받지만, 晉나라의 王裒는 그 사위가 아버지를 洛陽에 장사 지냈다 하여 즉시 그 딸을 다른 데로 시집보냈으니,[2] 지금의 법으로 논한다면 왕부가 매우 옳지 않고, 왕부의 현명함으로 지금의 법을 헤아린다면 형벌을 제정한 것이 옳지 않을 것이다. 그러나 모두 그렇지 않은 것은 옛날과 지금의 사정이 다르기 때문이다.

今律에 **與人約婚而中背者**는 **有刑**이로되 **而晉王**(褒)〔裒〕[3]는 **以其婿葬父洛陽**으로 **卽以其女別嫁**하니 **以今律論**하면 (褒)〔裒〕**爲甚不誼**요 **以褒**(褒)〔裒〕**之賢**으로 **衡今之法**하면 **則制刑非矣**라 **然而皆不然者**는 **古今情事殊也**일새라

---

1) 여자가……않다 : 歸有光이 지은 〈貞女論〉의 주요 논지를 간추린 문장이다.

2) 晉나라의……시집보냈으니 : 西晉의 王裒가 자신의 딸을 고향 사람 管彦의 아들과 혼인시키기로 허락하였는데, 관언이 훗날 西夷校尉가 되고 死後에 洛陽에 묻히자, 京邑 사람이 된 셈이라며 딸을 다른 사람에게 시집보내었다.(≪晉書≫ 권88 〈孝友列傳 王裒〉)

3) (褒)〔裒〕: 저본에는 '褒'로 되어 있으나, 晉나라의 인물로서 해당 고사와 관련이 있는 사람은 王裒이므로 바로잡았다. 아래도 같다.

또 伊尹은 다섯 번 桀王에게 나아가고 柳下惠는 더러운 임금 섬기기를 부끄러워하지 않았으나 伯夷는 섬길 만한 임금이 아니면 섬기지 않았고,[4] 季歷과 文王・武王이 周나라 王朝를 일으키자 泰伯은 도망하여 은둔하고[5] 伯夷와 叔齊는 말고삐를 붙잡고 諫하였으니,[6] 선비는 저마다 제 뜻에 편안한 바를 행할 따름이다. 君子는 또한 仁을 행할 따름이니, 어찌 굳이 같을 필요가 있겠는가.[7] 내가 근래에 고을의 일을 보고서 貞女의 절개를 높이고 그 뜻을 슬퍼하여 생각하기를 옛날의 義에 부족함이 없으리라 하였다.

且伊尹은 **五就桀**하고 **柳下惠**는 **不羞汙君**이나 **而伯夷**는 **非其君不事**요 **季歷文武興周室**에 **而泰伯**은 **逃隱**하고 **夷齊**는 **叩馬而諫**하니 **士各行其志所安耳**라 **君子亦仁而已**니 **何必同**이리오 **吾近覽鄉曲之事**에 **高貞女之節**하고 **悲傷其志**하여 **以謂靡病於古誼焉**호라

張貞女라는 사람은 부친이 張裕昌이다. 5대조는 明나라 말기의 山東左布政使 張秉文이니, 난리 때 濟南에서 순국한 사람이다. 貞女가 혼인을 허락한 남편은 葉孝思이니, 효사의 부모는 모두 늙고 병들어 죽음을 앞두고 있었고 하나뿐인 아들 효사도 瘵病(폐결핵)을 앓아 매우 위독하므로 張氏를 맞아와 그 부모의 병시중을 들게 하고자 하였다. 장씨의 친척들이 모두 이를 곤란하게 여기자, 정녀가 말하기를, "이미 제 몸을 다른 사람에게 허락하였으니, 어찌 위독하다는 소식을 듣고도 편안히 앉아 죽기를 기다리겠습니까." 하고, 즉시 베옷을 입고 가마를 타고서 葉氏의

4) 伊尹은……않았고 : ≪孟子≫ 〈告子 下〉에 "다섯 번 湯王에게 나아가고 다섯 번 桀王에게 나아간 이는 伊尹이다.〔五就湯 五就桀者 伊尹也〕" 하였다. 〈公孫丑 上〉에 "柳下惠는 더러운 임금 섬기기를 부끄러워하지 않고 작은 벼슬을 하찮게 여기지 아니하여, 벼슬에 나아가면 현명함을 숨기지 않고 반드시 자신의 道로써 하였으며, 버림받아도 원망하지 않고 곤액을 당해도 근심하지 않았다.〔柳下惠 不羞汙君 不卑小官 進不隱賢 必以其道 遺佚而不怨 阨窮而不憫〕" 하였고, "伯夷는 섬길 만한 임금이 아니면 섬기지 않았고 벗할 만한 벗이 아니면 벗하지 않았고 악한 사람의 조정에는 서지 않았고 악한 사람과 말하지 않았다.〔伯夷 非其君不事 非其友不友 不立於惡人之朝 不與惡人言〕" 하였다.

5) 泰伯은……은둔하고 : 周나라 太王의 長子인 泰伯이 태왕의 의중에 아우 季歷을 왕위에 세우려는 뜻이 있음을 알고 荊蠻으로 도망하여 文身斷髮을 하니 태왕이 막내아들인 계력에게 양위하였다.(≪史記≫ 권31 〈吳太伯世家〉)

6) 伯夷와……諫하였으니 : 周 武王이 殷나라 紂王을 정벌하기 위하여 동쪽으로 출정할 때 伯夷와 叔弟가 武王의 말고삐를 잡고 출전을 만류하였다.(≪史記≫ 권61 〈伯夷列傳〉)

7) 君子는……있겠는가 : 孟子가 伯夷, 伊尹, 柳下惠 세 사람의 군주를 섬기는 各異한 태도에 대해 말하고 "세 분은 道는 같지 않으나 그 趣向은 같았다. 같은 것은 무엇인가? 仁이다. 군자는 또한 仁을 행할 따름이니, 어찌 굳이 같을 필요가 있겠는가.〔三子者不同道 其趣一也 一者 何也 曰仁也 君子亦仁而已 何必同〕"라고 한 데서 가져온 문장이다.(≪孟子≫ 〈告子 下〉)

집으로 들어가 시부모와 남편의 병을 살펴 밤낮으로 게을리하지 않았다.

1년이 지나자 시부모와 효사는 모두 죽고 겨우 세 칸의 집만 있었다. 장씨는 아버지와 동생을 맞아와 함께 살면서, 집에 아버지를 살게 하고 자신이 거처하는 곳은 거의 비바람도 가리지 못할 지경이었다. 이때 아버지를 위하여 빨래하고 밥을 짓고 동생을 위하여 바느질을 하면서 밤낮으로 女工을 경영하여 생계를 꾸렸다. 아버지가 죽자 그 喪을 치렀고, 族子 友賢을 세워 양자로 삼고 조카 張氏를 맞아들여 며느리로 삼아 손자를 얻으니, 손자가 傳興이다. 1년이 지나고 우현이 또 죽자, 그 며느리도 시어머니를 본받아 절개를 세울 수 있었다. 정녀는 19세부터 守節하여 지금은 54세이다.

張貞女者는 **父曰張裕昌**이라 **其五世祖**는 **爲明末山東左布政使秉文**이니 **殉難於濟南者也**라 **貞女許嫁之夫曰葉孝思**니 **孝思父母**가 **皆老病將死**요 **獨有孝思一子**가 **又病瘵**(채)**甚篤**일새 **欲迎張氏**하여 **侍其父母疾**이어늘 **張氏親戚皆難之**한대 **貞女曰 旣以身許人**하니 **奈何聞其危篤**하고 **安坐以待其死乎**아하고 **卽布衣乘輿**하여 **入葉氏**하여 **視其公姑及夫疾**하여 **晝夜不怠**러라 **一年而姑舅及孝思**가 **皆死**요 **僅有屋三間**이라 **張氏迎父弟共處**하여 **以屋居父**하고 **而己所處**는 **幾於不蔽風雨**라 **時**에 **爲父浣炊**하며 **爲弟縫紉**하여 **晝夜營女工**하여 **以爲生**이러라 **及父死而治其喪**하고 **立族子友賢爲子**하고 **聘姪張氏爲婦**하여 **得孫**하니 **曰傳興**이라 **一年而友賢又死**에 **其婦亦能效其姑**하여 **立節槪焉**이라 **貞女自十九歲守節**하여 **至今五十四**라

그리고 섭효사의 族祖는 蔭寰인데, 胡氏와 정혼하였다. 음환은 繼母에게 사랑을 얻지 못하여 슬퍼하고 원망하다가 죽었다. 호씨는 농가의 딸로, 이를 듣고 반드시 남편을 위해 守節하리라 맹세하였는데, 부모가 그 뜻을 빼앗지 못해 즉시 호씨를 보내어 喪을 치르게 하였다. 그 남편의 伯母인 楊氏 또한 과부로서 호씨를 가엾게 여겨 잠자리와 거처를 함께하였고, 그 시어머니는 오랜 시간이 흐르자 또한 호씨를 아꼈다. 호씨는 지금 나이가 40여 세이고 수절한 지 30년이 되었다. 그 거처는 〈장씨와 호씨〉 모두 縣城 안 서쪽에 있다.

而葉孝思之族祖曰蔭寰이니 **聘妻胡氏**라 **蔭寰失愛於繼母**하여 **悲憤以死**라 **胡氏**는 **農家女也**니 **聞而誓必爲夫守**어늘 **父母不能奪**하여 **卽送至持喪**이라 **其夫伯母楊氏**는 **亦寡婦**니 **憐胡氏**하여 **與同寢處**요 **其姑久亦愛焉**이라 **胡氏**는 **今年四十餘**요 **守節三十年矣**라 **其居皆在縣城內之西**라

또 周氏라는 이가 있으니, 縣城의 동쪽 140리에 산다. 法洪山 章彌六의 배필이

되기로 허락하였는데 나이 15세에 미륙이 죽었다. 부모에게 청하여 남편의 집으로 와서 服喪하고 마침내 돌아가지 않으므로 남편의 집에서 주씨를 위해 후사를 세워 기르게 하여 玄孫까지 두게 되었다. 나이 93세 되던 작년 겨울에 죽었으니, 乾隆 55년(1790)이다. 고을 풍속에 갈대로 만든 가마를 불살라 망자를 葬送하는데, 章氏 수천 명이 그 타오른 연기가 위로 올라가 모여서 白鶴 모양이 되었다가 한참 뒤에야 비로소 사라지는 것을 보았다 한다.

又有周氏者하니 **居縣城東百四十里**라 **許配法洪山章彌六**이러니 **年十五而彌六死**라 **請於父母**하여 **來夫家**하여 **服喪**하고 **遂不返**이어늘 **其夫家爲立嗣撫之**하여 **至有元孫**이라 **年九十三**에 **去歲冬沒**하니 **乾隆五十五年也**라 **鄉俗焚葦輿**하여 **以送終**하니 **章氏數千人**이 **見其焚烟上徹**하여 **聚爲白鶴**이라가 **久乃滅云**이라

그리고 桐城 성안에 또 馬鳴玉이 定婚한 아내 方氏가 있었다. 명옥이 죽었을 때 방씨는 부모의 집에 살고 있었고 몹시 가난하였다. 그러나 수절하고 혼인하지 않다가 노년에 이르러 주씨보다 2년 앞서 죽었다. 처음에 馬氏의 자제들이 방씨가 애초에 즉시 남편의 집에 오지 않은 것을 의심하여 감히 맞이하여 문에 들이지 못하였는데, 방씨가 연로하여 죽을 때가 되어서야 비로소 그 절개에 감복하여 관아에 청하여 旌閭하였다.

而桐城城內에 **又有馬鳴玉之聘婦方氏**라 **鳴玉死**에 **方氏居父母家**요 **極窮困**이라 **然**이나 **守而不嫁**라가 **至老**하여 **先周氏二年死**하다 **始馬氏諸子**가 **疑方氏初未卽至夫家**하여 **不敢迎入門**이러니 **至其老將死**하여 **乃服其節**하여 **請于官而旌之**하다

아아! 행실은 반드시 오래된 뒤에 믿음을 받나니 여자가 진실로 그러하다. 8, 90세나 100세가 되어 道를 말함에 어지럽지 않은 사람[8)]이 아니면 어찌 士라고 할 수 있겠는가.

嗟乎라 **行必久而後信**이니 **女子固然**이라 **非耄期不亂者**면 **曷以爲士乎哉**아

---

8) 8, 90세나……사람 : 원문은 '非耄期不亂者'인데, 여기서 '耄期不亂'은 ≪禮記≫에서 온 말이다. ≪예기≫ 〈射義〉에 "8, 90세나 100세가 되어 道를 말함에 어지럽지 않은 사람〔旄期稱道不亂者〕"이라 하였는데, 鄭玄의 註에 "80세와 90세를 旄라 하고 100세를 期頤라 한다〔八十九十曰旄 百年曰期頤〕" 하였다.

28. 方染露의 傳　方染露傳*

* 요내가 同鄕 사람인 方賜豪를 대상으로 쓴 傳이다. 전반부에서는 관리로서의 개결한 품성과 노모에 대한 효성을 서술하였으며, 후반부에서는 方君의 부인이 草書를 읽어낸 일화를 통해 방군과 그 부인의 학식을 드러내었다.

方君 染露는 이름이 賜豪이니, 사람됨이 청렴하고 엄준하여 不義한 일로 그를 가까이할 수 없었다. 젊어서부터 문장을 잘한다고 이름이 나서 諸生(生員)이 되었고, 乾隆 30년(1765)에 江南 鄕試에 합격했으나 누차 會試에 급제하지 못하였다. 方略館 謄錄[1]으로 있다가 나이가 찼고 공로를 인정받아[2] 四川省 淸溪知縣 자리를 얻었다. 부임한 뒤에 동료들의 더러운 행태를 보고는 "이 어찌 士人으로서 할 바이겠는가. 내 어찌 너희들과 함께 지내겠는가. 게다가 내 모친이 연로하시므로 먼 타지에서 벼슬해서는 안 된다."라고 하고 즉시 병을 이유로 휴가를 청하니, 부임한 지 겨우 40일이었다. 떠나서 고향 마을로 돌아왔고 돌아와서는 학생들을 가르쳐 모친을 봉양하여 날마다 모친 곁을 지켰다. 執政者 중에 그를 알아 招致해서 나오게 하려던 자가 있었으나, 방군은 끝내 가지 않았다. 이렇게 10년이 지나 모친이 天壽를 누리고 생을 마쳤다. 방군은 슬퍼서 병을 얻어 이듬해에 卒했으니, 나이가 59세로 乾隆 59년(1794)이었다.

方君染露 名賜豪니 **爲人淸介嚴冷**하여 **不可近以不義**라 **少以能文稱**하여 **爲諸生**하고 **乾隆三十年**에 **中江南鄕試**로되 **屢不第**하여 **以謄錄方略館**으로 **年滿議敍**하여 **得四川淸溪知縣**이라 **旣至官**에 **視其僚輩**澳涊**之狀**하고 **曰 是豈士人所爲耶**아 **吾奈何與若輩共處**리오 **且吾母老**라 **不宜遠**

1) 方略館 謄錄 : 方略館은 淸나라 조정에서 軍事의 始末을 편찬하기 위해 설치한 기구이다. 중요한 전쟁에서 승리한 후에 전쟁과 관련된 上諭와 奏折 등을 시기별로 정리하여 편찬하였다. 康熙 21년(1682) ≪平定三逆方略≫의 편찬이 그 시작이며, 乾隆 14년(1749)에는 상설 기구가 되었다. 文移·纂修·謄錄·校對 4개 부서 및 書庫와 紙庫로 구성되었는데, 會試에 낙방한 擧人 중에서 글씨를 잘 쓰는 자들을 謄錄官으로 충원하였다.

2) 공로를 인정받아 : 원문은 '議敍'이다. 淸代에 官吏를 考覈한 뒤에 우수한 관원에게 승급 등을 통해 표창하는 제도인데, 知縣에 추천하여 임용하는 경우도 있었다.

宦이라하고 卽以病謁告하니 其蒞官甫四十日이라 而去歸里하고 歸則授徒以供養하여 日依母側이라 執政有知之招使出者로되 終不往이러라 如是十年에 母以壽終이라 君悲傷得疾하여 次年卒하니 年五十有九니 乾隆五十九年也라

방군은 오랫동안 書藝를 공부하였으므로 마을의 少年들이 대부분 그 書法을 본받았다. 방군의 夫人 張氏 역시 현명하고 지혜로우며 학식이 있었다. 내가 마을에 살면서 교유하는 이가 적었고 오직 군과 함께 즐겁게 상대하였다. 하루는 내 집에서 함께 王氏의 〈萬歲通天帖〉[3]을 보다가 草書 몇 글자가 의심스러워 해석할 수가 없었다. 군이 다음 날 내게 달려와 말하기를 "어제 저녁에 내 처가 그것을 해석했습니다."라고 하고 그 글자를 들어 보이니 과연 합당하였다. 그러나 張夫人은 끝내 자식이 없었고, 側室 某氏가 아들 元芝를 낳았는데 원지는 4세에 아비를 잃었다.

君久工書라 里中少年이 多效其法이요 君夫人張氏도 亦賢智有學이라 余居里中하여 寡交遊하고 惟君嘗樂與相對라 一日在余家하여 共閱王氏萬歲通天帖이라가 疑草書數字不能釋이라 君次日走告余하여 曰 昨暮에 吾妻爲釋之矣라하고 擧其字하니 果當也라 然이나 張夫人竟無子하고 側室□[4]氏生子元芝러니 元芝四歲而孤라

군이 죽은 뒤에 나는 더욱 연로해졌으니, 마을 안에서 옛날에 서로 알던 이들은 모두 죽고 없다. 군의 아우 惠가 京師에서 편지를 보내와 군의 傳를 써달라고 청하였다. 내가 군의 행실이 기록할 만하고 또 이로써 나의 슬픔을 기록할 수 있다고 여겼다. 그러므로 이와 같이 쓴다.

君旣喪에 予益老하니 里中舊相知皆盡이라 君弟惠自京師書來하여 請爲君傳이라 余謂君行可紀하고 而亦以識(지)吾悲라 故書之如此하노라

---

3) 王氏의 萬歲通天帖 : 697년에 王方慶이 則天武后에게 바친 王氏一家의 墨跡으로, 왕방경의 11代祖 王導, 10代祖 王羲之, 9代祖 王獻之·王徽之부터 曾祖父 王褒에 이르기까지 28인의 墨迹으로 구성된 10卷의 帖이다. ≪王羲之一門書翰≫, ≪王氏寶章集≫이라고도 한다. 原本은 일실되었고 이후 많은 摹本이 제작되었다.

4) □ : 저본에 한 글자가 누락되어 있다.

29. 黃徵君의 傳　黃徵君傳*

＊요내가 黃徵君의 현손으로부터 황징군에 대한 이야기를 듣고서 지은 傳이다. 황징군은 黃調鼎으로, 字는 鹽梅이며, 河南 洛陽 사람이다. 그의 女兄은 明나라 福王인 朱由崧의 妃였는데, 일찍 졸하여 洛陽에 안장하였다. 복왕이 南京에서 稱帝하고서 비의 아버지인 黃奇瑞를 洛中伯에 추증하여 그 長子인 黃九鼎이 이를 이어받았고, 황조정 또한 관직을 받았는데, 그 후 복왕이 祁彪佳의 딸을 后로 삼고 작은딸은 황조정의 처로 삼았다. 南都가 공격을 받아 황구정이 항복하고, 황조정은 祁氏에게 의탁하고 있었는데, 복왕이 京師에서 죽자 운구를 구하여 낙양에 돌아와 妃園에 장례하고, 복왕의 모친인 鄒太后를 맞이하여 와서 봉양하다가 별세한 뒤에 福恭王園에 장례하였다.

順治[1] 연간에 徵君[2] 黃調鼎이라는 이가 있었으니, 洛陽 사람으로 자는 鹽梅이다. 그 선조 중에 明代에 都指揮僉事 鎧가 있었는데, 개가 潤을 낳았고 윤이 奇瑞를 낳았다. 기서는 두 아들을 낳았으니 九鼎과 調鼎이고, 一女는 福王 常洵의 世子 由崧[3]의 妻가 되었는데, 일찍 별세하여 洛陽에 장례하였다.

順治時에 **有徵君黃調鼎者**하니 **洛陽人也**니 **字鹽梅**라 **其先在明**에 **有都指揮僉事鎧**하니 **鎧生潤**하고 **潤生奇瑞**라 **奇瑞生二子**하니 **曰九鼎調鼎**이요 **一女**는 **爲福王常洵世子由崧之妻**러니 **早沒**하여 **葬于洛陽**하다

崇正 14년(1641)에 李自成이 洛陽을 함락하고 복왕과 기서를 죽였다.[4] 조정이 세

1) 順治 : 淸나라 世祖 때의 연호로, 1644년부터 1661년까지 사용되었다.
2) 徵君 : 徵士의 존칭으로 징사는 조정에 초빙에 응하지 않은 학문과 덕망이 높은 은사이다.
3) 由崧 : 南明의 제1대 황제 朱由崧(1607~1646)으로 재위 기간은 1644년에서 1645년까지이다. 자는 福八, 묘호는 安宗이며, 시호는 奉天遵道寬和靜穆修文布武溫恭仁孝簡皇帝이다. 재위 기간에 弘光이라는 연호를 사용하여 弘光帝라고도 불린다. 明나라의 제14대 황제 萬曆帝의 셋째 아들인 福忠王 朱常洵의 서장자로 태어나, 李自成이 침입하여 崇禎帝가 북경에서 자살한 후에 南京으로 가서 稱帝하였다. 두 해 동안 재위한 뒤에 淸軍에게 살해당하였다.
4) 崇正……죽였다 : 李自成이 이끄는 농민반란군이 洛陽을 점령하고 福王 朱常洵을 죽인 일을 말한다.

자를 보필하면서 도망갔는데, 세자가 피로하여 가지 못하자 등에 업고서 북쪽으로 황하를 건너서 懷慶[5]에 이르러서 다시 회경으로부터 남쪽으로 황하를 건너 淮水와 長江을 넘어서 太平[6]에 이르니, 마침 南京에서 福世子를 맞이하여 監國하게 하였다. 마침내 稱帝하여 기서를 추증하여 洛中伯으로 삼고, 구정이 관작을 이어받게 하였으며, 蘇州巡撫인 山陰 祁彪佳[7]의 딸을 后로 세우고, 기표가의 작은딸을 조정의 처로 삼았다.

崇正十四年에 **李自成**이 **陷洛陽**하고 **殺福王及奇瑞**라 **調鼎**이 **輔世子以逃**한대 **世子疲不能行**하니 **則負之北渡河**하여 **至懷慶**하고 **復自懷慶南渡**하여 **越淮江至太平**하니 **會南京迎福世子監國**이라 **遂稱帝**하여 **贈奇瑞爲洛中伯**하여 **以九鼎襲爵**하고 **立蘇州巡撫山陰(祈)〔祁〕**[8]**彪佳女爲后**하고 **而以佳少女妻調鼎**이라

복세자가 즉위하여 정사를 소홀히 하고 馬·阮[9]을 신용하였는데, 조정이 이를 간쟁하였으나 듣지 않았다. 大淸의 병사들이 강을 건너오자 복세자가 太平으로 出奔하였는데, 그 모친인 鄒太妃는 馬士英이 데리고 가서 淛江(浙江)에 이르렀다가 후에 山陰으로 돌아왔다. 당시에 구정은 항복하여 우리 조정에 귀부하여서 阿達哈哈番[10]이 되었으나, 조정은 山陰에 숨어 지내면서 祁氏에게 의지하며 나오지 않았다.

---

5) 懷慶 : 지금의 河南 瀋陽이다.
6) 太平 : 지금의 黃山이다.
7) 祁彪佳 : 1602~1645. 字는 虎子·幼文·宏吉, 호는 世培·遠山堂主人이며, 山陰(지금의 浙江 紹興) 梅墅村 사람이다. 明代의 정치가이자 문인으로, 天啓 2년(1622)에 進士가 되었고, 福建興化推官이 되었다가, 崇禎 4년(1631)에 右僉都禦史가 되어 蘇松을 巡撫하였다. 淸兵이 침입하자 항거하기를 힘써 주장하였고 蘇松總督이 되었다. 淸兵이 杭州를 점거하자 물에 빠져 순국하였다. 시호는 忠敏이며, 저서로는 ≪遠山堂曲品≫이 있다.
8) (祈)〔祁〕 : 저본에는 '祈'로 되어 있으나, ≪惜抱軒詩文集≫(上海古籍出版社, 1992)과 ≪明史≫ 등에 의거하여 '祁'로 바로잡았다. 아래도 같다.
9) 馬·阮 : 明末의 간신으로 알려진 馬士英과 阮大鋮을 말한다. 마사영은 자는 瑤草이며, 貴州 貴陽 사람이다. 萬曆 47년(1619) 進士가 되어 여러 벼슬을 역임하였고, 崇禎 15년(1642) 兵部右侍郎이 되어 廬州와 鳳州 등지의 軍務를 맡아 농민군을 방어했다. 淸軍이 북경을 함락하자 福王 朱由崧을 옹립해 東閣大學士 兼 兵部尙書에 오르고 이어 鳳陽의 군사를 감독했다. 재직하면서 閹黨 완대성을 지원해 東林黨에 타격을 입히고 권력을 독점하면서 이익을 챙겼다. 南京이 함락되자 달아나 杭州로 숨었으나 결국 잡혀서 살해되었다. 완대성은 자는 集之, 호는 圓海·石巢·百子山樵이며, 懷寧 사람이다. 만력 44년(1616) 進士가 되어 天啓 연간에 환관 魏忠賢의 당에 가담하여 光祿卿이 되었으나 위충현이 실각하자 남경에 숨어 지내다가, 명나라가 멸망하고 복왕 주유숭이 옹립되자 병부상서가 되었다. 남경이 함락되자 淸나라에 항복하고 그 軍中에서 죽었다.
10) 阿達哈哈番 : 淸代의 관직명으로, 順治 4년(1647)에 명칭이 만들어졌다가, 乾隆 원년(1736)에 輕車都尉로 이름을 바꾸었다.

福世子旣立에 荒政하고 信用馬阮이어늘 調鼎諫之한대 不聽이라 大淸兵渡江에 福世子出奔太平한대 其母鄒太妃爲馬士英挾之하여 以至淛江이라가 後歸山陰이라 時에 九鼎降附我朝하여 爲阿達哈哈番矣로되 而調鼎匿山陰하여 依(祈)〔祁〕氏不出이러라

순치 8년(1651)에 그가 어질다고 천거한 이가 있어서 조정에서 召命을 내려 관직을 주었는데, 조정이 이에 京師에 이르러 情狀을 진달하여서 한사코 사양하여 그만둘 수 있었다. 당시에 복세자가 죽어서 널이 京師에 있었는데, 조정이 이를 구하여 싣고서 洛陽으로 돌아왔고, 또 추태비를 산음에서 맞이하여 자신의 집에서 봉양하였다. 추태비가 별세하자 福王의 陵園에 장례하였고, 복세자는 조정의 누이 故妃의 능원에 장례하였다. 조정은 明代에 諸生[11]이었는데, 늘 '제생'이라 자칭하면서 문을 닫고 학문을 논하였다.

順治八年에 有薦其賢者라 朝行徵命官之어늘 調鼎乃至京師陳情하여 固辭得已라 時에 福世子死하여 柩在京師어늘 調鼎求得之하여 乃載歸洛하고 又迎鄒太妃于山陰하여 而奉養之於其家하고 及鄒太妃卒하여 葬于福王之園하고 而福世子는 葬調鼎姊故妃之園하다 調鼎은 明時諸生也니 常自稱諸生하여 閉戶論學이라

姚鼐는 다음과 같이 말한다.

徵君의 玄孫 時淸은 나와 同年에 進士가 되었는데, 시청의 아우 時和가 그 曾祖의 일을 이와 같이 말해주었다. 내가 ≪明史≫를 읽어보니 복세자가 出奔한 뒤의 일을 기록한 것이 자세하지 않았고, 黃君이 그 선조의 일을 진술한 것은 필시 틀리지 않을 것이다. 징군의 節行이 일컬어질 만하고, 복세자의 마지막 일은 史氏가 빠뜨린 부분을 보충할 수 있을 것이다. 그러므로 그 傳을 撰次하노라.

姚鼐曰 徵君之元[12]孫時淸이 爲余同年進士러니 時淸之弟時和가 爲言其曾祖事如此라 余讀明史에 記福世子旣出亡之後事不詳이요 而黃君述其先祖事必不謬라 徵君節行이 可稱이요 而福世子之終事는 可以補史氏之闕이라 故로 爲次其傳云하노라

11) 諸生 : 省에서 실시하는 각종 考試에 합격한 다음 府·州·縣의 학교에 들어가 공부하는 자들을 가리킨다.

12) 元 : 저본의 '元'은 ≪惜抱軒詩文集≫에는 '玄'으로 되어 있는데, 康熙帝의 이름 玄燁을 避諱한 것이다. 번역에서는 '玄'으로 번역하였다.

30. 劉海峰 先生의 傳　劉海峰先生傳*

*요내와 함께 桐城派를 대표하는 인물로 꼽히는 劉大櫆(1698~1780)에 대한 傳이다. 유대괴는 方苞가 당대의 韓愈·歐陽脩라 칭찬할 정도로 문장에 뛰어났다. 이 글에서 요내는 유대괴의 일대기를 간략한 필치로 서술하고, 詩와 文에 모두 출중하였던 그의 재주를 매우 높이 평가하였다.

劉海峰 先生은 이름이 大櫆이고 字가 才甫이니, 海峰은 그 自號이다. 桐城의 동쪽에 長江과 잇닿은 지역을 陳家洲[1]라 하는데, 劉氏 수백 家戶가 이곳에 살면서 농업을 하여 부유한 이가 많다. 그런데 유독 해봉은 나면서부터 배우기를 좋아하여 古人의 문장을 읽으면 즉시 그 뜻을 알아 잘 본받더니, 나이 20여 세에 京師에 들어갔다. 康熙 말엽에 方侍郎 苞의 명성이 京師에서 크게 알려졌는데, 해봉을 보고 크게 기특하게 여겨 다른 사람에게 말하기를, "나 같은 사람이야 어찌 말할 만하겠는가. 나와 같은 마을의 劉大櫆야말로 이 시대의 韓愈·歐陽脩와 같은 재주이다." 하니, 이로부터 천하 사람들이 모두 유해봉이라는 이름을 들어 알게 되었다.

劉海峰先生은 **名大櫆**요 **字才甫**니 **海峰**은 **其自號也**라 **桐城東鄕濱江地曰陳家洲**니 **劉氏數百戶居之**하여 **爲農業**하여 **多富饒**라 **獨海峰**은 **生而好學**하여 **讀古人文章**에 **卽知其意而善效之**러니 **年二十餘**에 **入京師**라 **當康熙末**하여 **方侍郎苞名大重於京師矣**니 **見海峰**에 **大奇之**하여 **語人曰 如苞**가 **何足言邪**리오 **吾同里劉大櫆**가 **乃今世韓歐才也**로다하니 **自是**로 **天下皆聞劉海峰**이라

그러나 康熙 연간부터 乾隆 연간에 이르기까지 수십 년 동안 順天府 鄕試에 응시하여 두 차례 副榜[2]에 오르고 끝내 급제하지 못하다가 乾隆 원년(1736)에 博學鴻詞科에 급제하고 건륭 15년(1750)에 經學에 급제하였으되 모두 錄用되지 못하였다. 조정의 관원 중 유해봉을 아는 이들과 提督學政[3]으로 있던 이들이 많이 그를

1) 陳家洲 : 지금의 安徽省 安慶市 樅陽縣 湯溝鎭에 있는 지명이다.
2) 副榜 : 明淸 때의 제도로, 鄕試에 합격하였으나 擧人의 인원수에 제한이 있어 거인의 자격을 받지 못한 사람 중에서 國子監에 입학하는 사람을 이른 말이다.

幕中으로 맞이하여 문서를 살피게 하므로, 이로 인하여 천하의 아름다운 산수를 돌아다니며 歌詩를 지어 스스로 자기 뜻을 표현하였다. 나이 예순이 넘어 비로소 黟縣의 教諭[4]가 되었는데, 또 몇 년 만에 관직을 그만두고 樅陽[5]으로 돌아가 다시 나오지 않았다. 沒年은 83세이니, 아들이 없어 형의 손자 某로 後嗣를 삼았다.

然이나 **自康熙**로 **至乾隆**히 **數十年**에 **應順天府試**하여 **兩登副榜**하고 **終不得擧**라가 **乾隆元年**에 **擧博學鴻詞**하고 **乾隆十五年**에 **擧經學**이로되 **皆不錄用**이라 **朝官相知提督學政者**가 **率邀之幕中閱文**이라 **因歷天下佳山水**하여 **爲歌詩**하여 **自發其意**러라 **年逾六十**하여 **乃得黟縣教諭**러니 **又數年**에 **去官**하고 **歸樅陽**하여 **不復出**이러라 **卒年八十三**이니 **無子**하여 **以兄之孫□**[6]**爲後**라

선생은 젊었을 적에 나의 伯父인 薑隝先生[7] 및 葉庶子[8]와 매우 교분이 두터웠다. 나는 乾隆 40년(1775)에 京師에서 돌아왔는데, 서자와 나의 백부가 모두 세상을 떠나고 선생만이 살아 계셨기에 여러 번 종양에서 선생을 뵈었다. 선생은 체구가 크고 수염이 많았으며 주먹을 입에 넣을 수 있었다. 술을 즐기고 해학을 잘하여 남에게 까탈스럽지 않고 잘 대하여 극진하지 않음이 없었다. 일찍이 나에게 이르기를 “나와 너는 집안 양대에 걸친 벗이다.” 하였다.

先生少時에 **與鼐伯父薑隝先生及葉庶子**로 **最厚**라 **鼐於乾隆四十年**에 **自京師歸**러니 **庶子與鼐伯父**가 **皆喪**이요 **獨先生存**이라 **屢見之於樅陽**이라 **先生**은 **偉軀巨髯**이요 **能以拳入口**하며 **嗜酒諧謔**하여 **與人易**(이)**良無不盡**이라 **嘗謂鼐**하되 **吾與汝再世交矣**라

천하에 문장을 말하는 자는 반드시 방시랑(方苞)을 으뜸으로 꼽는다. 방시랑이

---

3) 提督學政 : 淸나라 때 교육을 담당하던 지방 관직이다. 과거와 학교의 일을 관장하기 위하여 조정에서 각 省으로 파견하였다.

4) 黟縣의 教諭 : 黟縣은 지금의 安徽省 남부에 있는 縣이다. 教諭는 明淸 때에 文廟 제사와 生員들의 교육을 관장하는 縣學의 교원이다.

5) 樅陽 : 지금의 安徽省 樅陽縣을 이른다.

6) □ : 저본에 한 글자가 누락되어 있다.

7) 薑隝先生 : 姚鼐의 伯父인 姚範(1702~1771)을 이른다. 요범은 安徽 桐城 사람으로, 字가 巳銅·南靑이며, 薑隝는 그의 號이다. 淸나라의 관리이자 문학가로, 저서에 ≪援鶉堂詩集≫, ≪援鶉堂文集≫, ≪援鶉堂筆記≫ 등이 있다.

8) 葉庶子 : 淸나라의 관리 葉酉를 이른다. 섭유는 安徽 桐城 사람으로, 字가 書山이다. 乾隆 연간에 進士가 되어 벼슬이 編修官을 거쳐 左庶子에 이르렀다. 경전을 논하는 데 능하여 저서에 ≪春秋究遺≫, ≪詩經拾遺≫ 등이 있다.

젊었을 때 시를 지어 海寧[9)]의 査侍郎 愼行[10)]에게 보인 적이 있는데, 사시랑이 말하기를 "그대는 시가 아름답지 못하니 그저 문장 짓는 힘만 빼앗을 뿐이다. 문장을 짓는 데 전념하는 편이 낫겠다." 하니, 방시랑은 그 말을 따라 죽을 때까지 시를 지은 적이 없었다.

해봉의 경우에는 문장과 시 모두 그 공력을 다하여 능히 古人들의 서로 다른 體格들을 포괄하여 녹여서 자신의 체격을 이루어 웅장하고 심오한 詩文을 거침없이 펼쳐내었으니, 어찌 그 재주가 고금에 매우 출중한 이가 아니겠는가. 그 문장과 시가 모두 조판된 것이 있는데, 내가 조금 刪定하여 編次하고 모아서 문집을 만들고자 하나 아직 완성하지는 못하였다. 이에 먼저 그 傳을 서술한다.

天下言文章者가 **必首方侍郎**이라 **方侍郎少時**에 **嘗作詩**하여 **以視海寧査侍郎愼行**한대 **査侍郎曰 君詩不能佳**하니 **徒奪爲文力**이라 **不如專爲文**이라하여늘 **方侍郎從之**하여 **終身**토록 **未嘗作詩**러라 **至海峰**하여는 **則文與詩**가 **竝極其力**하여 **能包括古人之異體**하여 **鎔以成其體**하여 **雄豪奧祕**를 **麾斥出之**하니 **豈非其才之絶出今古者哉**아 **其文與詩**가 **皆有雕板**이어늘 **鼐欲稍刪次之**하고 **合爲集**이로되 **未就**일새 **乃次其傳**이라

9) 海寧 : 지금의 浙江省 杭州府 海寧市 일대의 지명이다.
10) 査侍郎 愼行 : 淸나라의 문학가인 査愼行(1650~1727)을 이른다. 사신행은 字가 夏重·悔余이고, 號가 査田·他山이다. 경학에 정통하고 특히 시에 뛰어나 淸初 六家의 한 사람으로 일컬어진다.

31. 蕭山의 汪氏 집안의 두 節婦의 일에 대한 記

記蕭山汪氏兩節婦事*

* 蕭山 사람 汪輝祖의 두 어머니인 王氏와 徐氏의 節行을 기록한 글이다. 젊은 날 남편을 잃은 王氏와 徐氏는 어려운 환경에서 시어머니를 잘 봉양하고 자식을 훌륭히 길러낸 여인들이다. 요내는 이 글에서 두 여인의 節行을 높이 칭송하였다.

蕭山[1]의 汪君 輝祖[2]의 어머니는 王孺人이고, 그 生母는 徐孺人이다. 왕군의 아버지는 淇縣[3]의 縣尉를 지냈다. 淇縣君이 卒했을 때 두 孺人은 모두 젊었고 남겨진 자식은 열한 살이었으며 위로 일흔의 시어머니가 있었고 집안에 친척의 도움이 없었다. 어떤 자가 기현군의 자식을 죽이고 그 재물을 빼앗기를 꾀하여 두 유인을 꺼려서 날마다 업신여기고 모욕하였는데, 두 유인은 동요치 아니하여 끝까지 시어머니를 봉양하고 자식을 돌보아 길러서 자식으로 하여금 성장 자립하여 과거에 급제하여 이름난 사람이 되게 하였다. 이때에 有司가 이미 두 유인의 節行을 상소하여 旌閭門이 내려졌는데, 왕군은 도리어 두 어머니가 젊을 때 처한 상황이 위태롭고 고달팠던 것에 마음이 아파 사대부를 두루 찾아다니며 글을 지어 그 行義를 褒揚해주기를 청하니, 받은 글이 무릇 수백 편이었다. 또 越 땅[4]에서 나에게 편지를 보내와 그 일을 기록해달라고 청하니, 왕군의 뜻이 또한 지성스럽다 하겠다.

蕭山汪君輝祖之母曰王孺人이요 **其生母曰徐孺人**이라 **汪君(者)〔考〕**[5]**爲淇縣尉**라 **淇縣君沒**에 **兩孺人皆少**하며 **遺孤十一歲**요 **而上有七十之姑**하며 **門無族戚之助**라 **或謀殺其孤而奪其資**하여

1) 蕭山 : 浙江 紹興府 蕭山縣(지금의 浙江省 杭州市 蕭山區 일대)이다.
2) 汪君 輝祖 : 淸나라 乾隆·嘉靖 연간의 관리인 汪輝祖(1731~1807)를 이른다. 왕휘조는 字가 煥曾이고, 號가 龍莊이다. 乾隆 40년(1775)에 진사가 되어 寧遠知縣 등을 지냈다. 저서에 ≪汪龍莊遺書≫, ≪元史本證≫, ≪佐治藥言≫ 등이 있다.
3) 淇縣 : 河南 衛輝府 淇縣(지금의 河南省 鶴壁市 淇縣)이다.
4) 越 땅 : 蕭山縣은 옛 越나라 땅에 속하는 지역이다.
5) (者)〔考〕 : 저본에는 '者'로 되어 있으나, ≪惜抱軒詩文集≫(上海古籍出版社, 1992)에 의거하여 '考'로 바로잡았다.

忌兩孺人하여 日欺陵困辱이어늘 兩孺人不爲動하여 卒奉姑하고 保育孤子하여 敎之成立하여 登第爲聞人이라 是時에 有司旣疏兩孺人之節하여 而旌其門矣러니 汪君顧悲傷兩母少所處危苦하여 徧走士大夫하여 求爲文章하여 褒揚其行義하니 所致凡數百篇이라 又自越以書遺予하여 請記其事하니 汪君志亦勤矣로다

두 孺人의 이름이 海內에 드러난 것은 그 자식이 성장 자립하였기 때문이다. 만약 어린 자식이 불행하게도 요절하였다거나 장성해서도 재주가 없었다면 두 유인의 이름은 泯沒되어 알려지지 않았을 것이다. 바야흐로 窮厄하고 곤란할 때에는 閨房 안에서 두려워 고개를 숙이고 서로 마주 보았으니, 어찌 자식이 반드시 재주가 있을 줄을 알아 기다릴 수 있었겠는가. 비록 자식이 성장 자립하리라는 것을 기필할 수 없었으나 끝내 제 뜻과 節義를 차마 저버리지 않은 것이 바로 두 유인이 현명한 점이다.

賢者는 진실로 명예를 구하지 않아도 명예가 이르는 법이지만, 세상에는 끝내 일컬어지지 못하는 현자도 있다. 게다가 여자임에도 능히 그 持操를 굳건히 하여 우뚝이 자립하였거늘 도리어 천하의 선비 중에 홀로 서서 두려워하지 않으며 죽음으로써 道를 지키고 義를 실천하는 그러한 사람이 없다고 하겠는가. 이름이 민몰되어 알려지지 않으면 그만이니, 선비가 榮名으로 용모를 삼는 것[6]이 결국 어찌 제 몸에 털끝만큼이라도 보탬이 되겠는가.

夫兩孺人之名著海內者는 以其子之成立也일새라 設幼孤不幸或殤이어나 或長而不才면 則兩孺人은 泯無聞矣라 方其窮阨困難하여 伏首相對閨闥之中하니 豈能知子之必才而待之아 雖子成立을 不可必이나 而終不忍負吾志義者가 此兩孺人所以賢也라 賢者는 固不求名而名至나 然世竟無稱者亦有之라 且女子尙能堅其持操하여 卓然自立이어늘 而顧謂天下之士에 無獨立不懼守死服義其人者乎아 其泯無聞焉則已矣니 夫士貌榮名이 卒何加於其身毫末哉아

6) 선비가……것 : 원문은 '士貌榮名'이다. ≪史記≫ 〈遊俠列傳 郭解〉의 논찬에 "俗語에 '사람이 영광된 명성으로 용모를 삼는다면 명예가 어찌 다함이 있겠는가.' 하였다.〔諺曰 人貌榮名 豈有旣乎〕" 하였다.

32. 江寧 李氏 집안의 다섯 節婦의 일에 대한 記
記江寧李氏五節婦事*

* 요내가 江寧 李氏 집안의 다섯 절부의 절개와 이들을 보살핀 李文采의 덕성에 대해 기록한 글이다. 呂氏를 제외한 네 절부는 서른 이후에 守節하여 법례상으로는 旌閭의 대상이 아니지만, 모두 표창할 만한 인물임을 말하였다.

江寧[1)]의 李文兆의 妻 呂氏가 22세에 남편이 죽었으니 아들 하나는 襁褓에 싸인 갓난아기였고 집이 매우 가난하여 생계를 꾸릴 수가 없었다. 文兆의 族兄弟 중에 文采라는 이가 가엾게 여겨 집에 母子를 살게 해주었다. 아들은 장성하여 商人이 되었고 여씨는 올해 60여 세가 되었다. 법으로 보면 조정에서 마땅히 旌閭해야 하므로 관리의 추천을 기다리고 있었다.

그런데 문채의 친족 중에 文華의 처 楊氏, 文昇의 처 魏氏, 文旭의 처 胡氏, 文中의 처 張氏가 모두 守節한 채 늙었는데, 문채가 모두 거두어서 구휼한 지가 수십 년이었다. 네 사람은 남편이 죽었을 때 부인의 나이가 서른을 넘었으니 법례상 정려해서는 안 되었다. 무릇 사람이 만나는 상황은 같지 않으니, 여자가 서른에 과부가 되는 것이 스물에 과부가 되는 것보다 그 고통이 더 심하다. 국가에서 제도를 세울 때 한계를 세우지 않을 수 없을 뿐이니, 무릇 사람의 마음이 善을 褒揚하는 것은 법례로 논할 수 없는 것이다.

江寧李文兆之妻呂氏가 年二十二而夫死하니 一子方襁抱하고 家貧甚하여 無以生也라 文兆有族兄弟曰文采하니 哀之하여 以屋居其母子라 子長爲賈하고 呂氏今年六十餘矣라 於法當旌於朝라 待吏擧焉이러니 文采之族에 有文華妻楊氏文昇妻魏氏文旭妻胡氏文中妻張氏가 皆守節以老어늘 文采皆收恤之가 凡數十年이라 而四人者는 夫死婦年逾三十矣니 於例不當旌이라 夫人之所遭不同하니 女年三十而嫠(리)가 其苦有逾於二十而嫠者라 國家立制에 不得不立之限耳니 若夫人心之褒善은 非可以例論也니라

1) 江寧 : 지금의 江蘇省 南京市이다.

문채는 평소 다섯 절부의 상황을 가엾게 여겨 이에 대해 기록하고자 했는데, 문채가 죽자 내게서 수학하던 아들 際春이 이를 나에게 고하였다. 나는 "다섯 사람은 가난했지만 정절을 지켜 善을 모두 褒揚할 만하고, 문채가 그들의 곤궁함을 구휼하고 그 名義를 드러내고자 한 것도 아울러 일컬을 만하다." 하고 인하여 기록한다.

文采生平嘗憫五節婦之遭하여 **欲爲之紀**러니 **文采沒**에 **子際春從鼐學**이라 **以告鼐**하니 **鼐謂五人者**는 **貧而能守**하여 **善皆可褒**요 **而文采之䘏其窮**하고 **而欲著其名義**도 **併可稱也**라하고 **因爲之錄云**하노라

33. 媚筆泉에서 노닌 일에 대한 記　遊媚筆泉記*

* 桐城 龍眠山 아래 媚筆泉에서 노닐면서 그곳의 풍광을 기술한 글이다. 요내가 33세로 進士가 된 해에, 고향으로 돌아와 유람하고서 지은 것이다. 요내의 이웃이었던 左學沖이 미필천 곁에 집을 짓고 요내와 요내의 伯父 등을 초대하여 함께 노닐었는데, 그 후 요내에게 이 글을 지어주기를 요청하였다.

桐城의 서북쪽에 산이 거의 수백 리를 연이어지다가 縣治[1]에 이르면 점차 평탄해진다. 평탄해지려 할 적에 두 기슭이 문득 합해져서 병풍처럼 솟아 있고 성처럼 둘러쌓여 있는 것이 고준하면서도 가로질러 있어 마치 지나갈 수 없는 듯하니, 龍溪의 曲流가 그 사이에서 나온다.

桐城之西北에 **連山殆數百里**요 **及縣治而**迤平이라 **其將平也**에 **兩崖忽合**하여 **屛矗墉回**가 嶃**橫若不可徑**하니 **龍溪曲流**가 **出乎其間**이라

3월 上旬에 걸어서 계곡의 서쪽을 따라 들어가니, 오랜 비가 비로소 개어 계곡의 큰 물소리가 콸콸 십여 리에 울려 퍼지고 있었다. 곁에는 기이한 암석과 蕙草와 소나무・전나무・홰나무・단풍나무・밤나무・상수리나무가 많고, 때로 자규새의 울음소리가 들렸다. 계곡에는 깊은 못이 있는데, 큰 바위가 못 가운데 돌출된 것이 마치 말이 목욕하고 일어나서 갈기를 떨치며 고개를 돌려 자기 짝을 돌아보는 것 같다. 바위를 잡고 올라가서 뭉게구름을 굽어보니 새가 나는 것이 마치 떨어지는 것 같았다.

다시 서쪽으로 산기슭을 따라 2리쯤 가니, 연이은 바위가 마치 중첩된 누대 같아서 나는 듯이 계곡의 오른편에 임해 있었다. 혹자는 "宋나라 李公麟의 垂雲沜[2]

---

1) 縣治 : 桐城縣의 城을 말한다.

2) 李公麟의 垂雲沜 : 李公麟(1049~1106)은 자는 伯時, 호는 龍眠居士이며, 舒州 舒城 사람이다. 北宋 후기의 사대부이자 화가로, 熙寧 3년(1070)에 進士가 되어 관직이 朝奉郎에 이르렀다. 元符 3년(1100)에 병으로 퇴직하여 桐城의 龍眠山에 은거하면서 많은 그림을 그렸다. 垂

이다."라고 하고, 혹자는 "後人이 公麟의 거처를 찾고자 하였으나 알지 못하여 인하여 명명한 것이다."라고 한다. 바위틈에 큰 나무가 나 있는데, 그늘이 수십 인을 가려줄 만하고, 그 앞에 흙으로 된 평지가 나 있어서 자리를 펴고 앉을 수 있다. 남쪽으로는 泉이 있는데, 明나라 何文端[3] 공이 벼랑의 바위에 새기기를 '媚筆之泉'이라 하였다. 泉이 바위 위에 질펀하여 둥근 못이 되어 이에 길게 늘어뜨려 계곡 안으로 떨어진다.

以歲三月上旬에 步循溪西入하니 積雨始霽하여 谿上大聲漎然十餘里라 旁多奇石蕙艸松樅槐楓栗橡이요 時有鳴巂라 溪有深潭하니 大石出潭中이 若馬浴起하여 振鬣宛首而顧其侶라 援石而登하여 俯視溶雲하니 鳥飛若墜라 復西循崖可二里하니 連石若重樓하여 翼乎臨於溪右라 或曰 宋李公麟之垂雲沜(반)也라하고 或曰 後人求公麟地不可識하여 被而名之라하다 石罅生大樹하니 蔭數十人이요 前出平土하여 可布席坐이라 南有泉하니 明何文端公摩崖書其上하여 曰媚筆之泉이라 泉漫石上하여 爲圓池하여 乃引墜溪內라

左丈 學沖[4]이 못가의 평지에 집을 짓는데 다 짓기도 전에 손님 9인을 초대하여 이곳에서 술을 마셨다. 해가 저물어 반쯤 어두워졌을 때 산바람이 갑자기 일어나서 암벽을 극렬히 뒤흔들어 나무 덤불과 샘들과 물가의 돌들이 번갈아 울리니, 노닐던 이들이 두려워져서 마침내 돌아왔다. 이날 薑塢先生[5]이 함께 갔는데, 내가 따라갔다. 그래서 나로 하여금 記를 짓게 하였다.

左丈學沖이 於池側方平地爲室이러니 未就에 要客九人飮於是라 日暮半陰에 山風卒起하여 肅振巖壁하여 榛莽群泉磯石交鳴하니 遊者怵焉하여 遂還이라 是日薑塢先生與往할새 鼐從이라 使鼐爲記러라

雲沜은 이공린이 은거했던 곳의 명칭으로, 沜은 泮과 같다.

3) 何文端 : 何如寵(1569~1641)으로, 자는 康侯, 호는 芝岳이며, 南直隸 安慶府 桐城縣 사람이다. 明 神宗 萬曆 26년(1598)에 進士가 되고 여러 벼슬을 역임하여 名臣으로 널리 알려졌다. 시호는 文端이다.

4) 左丈 學沖 : 左學沖은 安徽 桐城 사람으로, 姚鼐의 집과 이웃하여 살았다. 관직을 마치고 만년에 媚筆泉에 집을 짓고 살아서, 筆泉이라 自號하였다.

5) 薑塢先生 : 姚鼐의 伯父인 姚範(1702~1771)으로, 초명은 興涑, 자는 南青, 호는 薑塢(薑隖로도 씀), 幾蓬老人이며, 安徽 桐城 사람이다. 乾隆 연간에 進士가 되어 편수관이 되었다. 요내가 어렸을 때 그에게 가르침을 받았다.

34. 泰山을 오른 일에 대한 記　登泰山記*

*이 글은 요내가 乾隆 39년(1774)에 벗 朱孝純과 泰山을 유람하고 쓴 기행문이다. 눈보라를 무릅쓰고 태산에 올라 일출을 감상한 경과를 기술하고, 태산의 웅장하고 기이한 형세를 묘사하였다. 문장이 간결하면서도 생동감 있고 풍경 묘사가 특출하여 桐城派 古文의 名篇으로 평가된다.

泰山[1)]의 남쪽은 汶水[2)]가 서쪽으로 흐르고 북쪽은 濟水[3)]가 동쪽으로 흐르니, 남쪽 골짜기는 모두 문수로 들어가고 북쪽 골짜기는 모두 제수로 들어간다. 그 남북이 나뉘는 곳에 있는 것은 옛 長城이고, 가장 높은 日觀峰은 장성에서 남쪽으로 15리 떨어진 곳에 있다.

泰山之陽은 **汶水西流**하고 **其陰**은 **濟水東流**하니 **陽谷**은 **皆入汶**하고 **陰谷**은 **皆入濟**라 **當其南北分者**는 **古長城也**요 **最高日觀峰**은 **在長城南十五里**라

朱孝純

나는 乾隆 39년(1774) 12월에 京師에서부터 눈보라를 무릅쓰고 齊河[4)]와 長淸[5)]을 지나 泰山의 서북쪽 골짜기를 통과하고 장성의 경계를 넘어 泰安[6)]에 이르렀다. 이달 丁未日에 知府 朱孝純 子潁[7)]과 함께 남쪽 기슭을 통해 태산에 올랐는데 45리

1) 泰山 : 지금의 山東省 중부의 泰安과 濟南 두 도시에 걸쳐 있는 큰 산으로, 중국의 五岳 중에서도 으뜸으로 꼽히는 곳이다.
2) 汶水 : 山東省 萊蕪縣 동북쪽 原山에서 발원하여 서쪽으로 흘러 泰山을 휘돌아 흐르는 강이다.
3) 濟水 : 지금의 河南省 濟原縣 서쪽 王屋山에서 발원하여 동쪽으로 흐르는 강이다. 沇水라고도 불린다.
4) 齊河 : 지금의 山東省 德州市 齊河縣 일대의 지명이다.
5) 長淸 : 지금의 山東省 齊南市 長淸區 일대의 지명이다.
6) 泰安 : 지금의 山東省 泰安市 일대의 지명으로, 泰山의 남쪽에 있다. 淸나라 때 泰安府의 治所였다.
7) 知府……子潁 : 淸나라 乾隆 연간의 관리 朱孝純(1729~1784)을 이른다. 주효순은 東海(지금

길이 모두 돌을 쌓아 돌계단을 만든 것이었으니, 그 계단이 7000개 남짓이었다.

余以乾隆三十九年十二月로 **自京師**로 **乘風雪**하여 **歷齊河長淸**하여 **穿泰山西北谷**하고 **越長城之限**하여 **至於泰安**이라 **是月丁未**에 **與知府朱孝純子穎**으로 **由南麓登**할새 **四十五里**에 **道皆砌**(체)**石爲磴**하니 **其級七千有餘**라

東嶽泰山圖

태산의 정남쪽에 세 개의 골짜기가 있는데, 中谷이 泰安城을 에워싸고 내려오니, 酈道元이 말한 環水이다.[8] 나는 처음에 中谷을 따라 들어갔다가 길의 반도 못 가서 中嶺을 넘어 다시 西谷을 따라가서 마침내 태산 정상에 이르렀다. 옛날에는 태산에 오를 때 東谷을 따라 들어갔는데 길에 天門이 있기에 동곡이라는 것을 옛날에는 '天門谿水'라 하였으니, 나는 가보지 못한 곳이다. 지금 거쳐온 中嶺이나 산의 정상처럼 길을 막고 선 문턱 같은 벼랑을 세상 사람들은 모두 天門이라고 이른다. 길에 안개가 자욱하고 얼음이 미끄러워 돌계단을 거의 오를 수 없는 지경이었다. 정상에 오르자 푸른 산이 눈을 덮어써서 환하게 남쪽을 비추고 있었다. 바라보니 석양이 성곽을 비추는데 汶水와 徂徠山[9]이 마치 그림 같았고 산허리에 걸린 안개가 마치 띠를 두른 듯하였다.

의 山東省 郯城縣) 사람으로, 號는 思堂·海愚이며, 子穎은 그의 字이다. 乾隆 27년(1762) 擧人이 되어 四川敍永縣令, 兩淮鹽運使 등을 역임하였다.

8) 酈道元이……環水이다 : 酈道元의 ≪水經注≫ '汶水' 조에 "또 環水와 합쳐지니 환수는 泰山의 남쪽 계곡에서 나온다.[又合環水 水出泰山南溪]" 하였다.

9) 徂徠山 : 泰安의 동남쪽에 있는 산의 이름으로, 泰山의 支脈에 속한다.

泰山正南面에 有三谷하니 (谷中)〔中谷〕[10]遶泰安城下하니 酈道元所謂環水也라 余始循以入이라가 道少半에 越中嶺하여 復循西谷하여 遂至其巓이라 古時登山엔 循東谷入하니 道有天門이라 東谷者를 古謂之天門谿水니 余所不至也라 今所經中嶺及山巓崖限當道者를 世皆謂之天門云이라 道中迷霧冰滑하여 磴幾不可登이러니 及旣上하여는 蒼山負雪하여 明燭天南이라 望晚日照城郭에 汶水徂徠如畫요 而半山居霧若帶然이러라

戊申日 그믐[11] 5更에 子潁과 日觀亭에 앉아 일출을 기다리니, 큰바람이 쌓인 눈을 날려 얼굴을 때렸다. 정자 동쪽은 발밑으로부터 온통 구름으로 가득하였고, 구름 속에 하얗게 마치 樗蒲 수십 개가 서 있는 듯이 차츰 보이는 것은 산이었다.[12] 하늘가의 구름이 하나의 선 모양으로 기이한 빛을 띠더니 잠시 뒤 다섯 가지 색채를 이루었다. 해가 떠오르자 丹砂처럼 아주 붉었고, 그 아래에 붉은빛이 일렁이며 해를 받들고 있었다. 어떤 이가 "이것이 東海입니다." 하였다. 고개를 돌려 일관봉 서쪽의 봉우리를 보니, 어떤 것은 햇빛을 받고 어떤 것은 받지 못하여 붉은빛과 흰빛이 섞여 있으면서도 모두 마치 허리를 굽힌 듯하였다.

戊申晦五鼓에 與子潁으로 坐日觀亭하여 待日出하니 大風이 揚積雪하여 擊面이라 亭東은 自足下皆雲漫이요 稍見雲中白若樗蒱數十立者는 山也라 極天雲一線異色이러니 須臾成五采라 日上에 正赤如丹이요 下有紅光動搖承之라 或曰 此東海也라 迴視日觀以西峰하니 或得日하고 或否하여 絳皜駁色이로되 而皆若僂라

정자 서쪽에 岱祠[13]가 있고 또 碧霞元君祠[14]가 있으니, 皇帝의 行宮은 벽하원군사의 동쪽에 있다. 이날 길 위의 石刻을 보았는데, 唐나라 顯慶(唐 高宗 때의 年號) 연간 이후의 것들이었다. 그보다 오래된 옛 石刻은 모두 마모되어 떨어져 나갔고,

10) (谷中)〔中谷〕: 저본에는 '谷中'으로 되어 있으나, ≪惜抱軒詩文集≫(上海古籍出版社, 1992)에 의거하여 '中谷'으로 바로잡았다.
11) 戊申日 그믐 : 乾隆 39년(1774) 음력 12월 29일이다.
12) 구름……산이었다 : 樗蒲는 주사위 비슷한 고대의 놀이 도구로서, 양 끝이 뾰족하고 가운데는 편평하여 세워놓으면 마치 산봉우리처럼 보인다.
13) 岱祠 : 泰山의 神인 東岳大帝에게 제사를 지내는 祠廟이다.
14) 碧霞元君祠 : 碧霞元君에게 제사를 지내는 祠廟로, 벽하원군은 전설에 泰山을 관장하는 神인 東岳大帝의 딸이라고도 하고 黃帝가 보낸 선녀라고도 한다.

후미져 길에 면해 있지 않은 것들은 모두 미처 가보지 못하였다.

亭西에 有岱祠하고 又有碧霞元君祠하니 皇帝行宮이 在碧霞元君祠東이라 是日에 觀道中石刻하니 自唐顯慶以來라 其遠古刻은 盡漫失하고 僻不當道者는 皆不及往이라

태산은 돌이 많고 흙이 적다. 돌은 검푸른 색이며 평평하고 모난 것이 많고 둥근 것이 적다. 잡목이 적고 소나무가 많은데, 바위틈에서 자라고 모두 꼭대기가 평평하였다. 얼음과 눈으로 뒤덮여 폭포가 없었고 새와 짐승의 울음소리와 발자국도 없었다. 일관봉에 이르기까지 몇 리 안으로는 나무가 없었고 눈이 사람의 무릎 높이와 나란하였다.

桐城의 姚鼐가 쓰다.

山은 多石하고 少土라 石은 蒼黑色이요 多平方하고 少圜이라 少雜樹하고 多松하니 生石罅하고 皆平頂이라 冰雪에 無瀑水하고 無鳥獸音迹이라 至日觀히 數里內는 無樹요 而雪與人膝齊라 桐城姚鼐記하노라

35. 〈隨園雅集圖〉後記　隨園雅集圖後記*

＊隨園은 淸나라의 저명한 시인 袁枚의 別墅로, 지금의 江蘇省 南京市 淸涼山 동쪽 小倉山 아래에 있다. 〈隨園雅集圖〉는 원매를 포함한 5명의 文人이 수원에 모인 광경을 그린 그림이다. 이 글에서 요내는 수원의 주인 원매의 雅趣와 풍류를 드러낸 한편, 園囿와 그림은 세월에 따라 변하지만 글은 민멸되지 않는다는 견해를 드러내고 있다.

지난번에 내가 京師에 머물 적에 벗 程魚門[1)]이 말해주기를 "江寧[2)]에 있을 때 袁簡齋先生[3)]의 隨園에 한 달 가까이 寓居한 적이 있는데, 그 물과 바위와 숲과 대나무가 맑고 깊고 그윽하고 고요하여 사람으로 하여금 세상사를 잊게 하는지라 선생을 따라 노년을 보내고 싶었네." 하였다.

간재선생은 나의 伯父인 薑塢先生[4)]과 오래 사귄 벗이니, 나는 보지 못하고 어문의 말로만 듣고서 기억에 남아 잊지 못하였다.

그 후에 내가 병으로 돌아와 皖[5)]에서 한가로이 지낼 때 간재선생이 黃山[6)]을 유람하려 환을 찾아왔기에 내가 덕분에 환에서 선생을 뵐 수 있었고, 또 7년 뒤에 내가 金陵[7)]에 이르러 비로소 수원에 들어가 볼 수 있었으니, 어문의 말이 虛言이

1) 程魚門 : 淸나라의 관리이자 문학가인 程晉芳(1718~1784)을 이른다. 정진방은 安徽 歙縣 사람으로, 號가 蕺園이고, 魚門은 그의 字이다. 乾隆 36년(1771) 進士가 되어, 吏部主事를 거쳐 四庫全書館纂修官과 翰林院編修 등을 지냈다. 劉大櫆에게 고문을 배웠으며, 朱筠·戴震·袁枚 등과 가깝게 교유하였다.

2) 江寧 : 지금의 江蘇省 南京의 옛 이름이다.

3) 袁簡齋先生 : 淸나라의 저명한 문학가인 袁枚(1716~1797)를 이른다. 원매는 浙江 錢塘 사람으로, 字가 子才이고, 簡齋는 그의 號이다. 乾隆 39년(1739)에 進士가 되어 溧水·江寧·江浦·沭陽 등의 縣令을 지냈으나, 1749년에 사직하고 南京의 小倉山 아래에 은거하며 재야의 시인으로서 많은 제자를 길렀다.

4) 薑塢先生 : 姚鼐의 伯父인 姚範(1702~1771)을 이른다.

5) 皖 : 安徽의 다른 이름으로 安徽省 桐城을 가리킨다. 안휘의 경내 서쪽에 皖山(지금의 天柱山)이 있어 이러한 이름이 붙었다.

6) 黃山 : 지금의 安徽省 남동부에 있는 산이다.

7) 金陵 : 지금의 江蘇省 南京의 옛 이름이다.

아니었다. 그런데 어문은 몇 해 전에 陝[8]에서 죽고 가족들만 강녕으로 돌아왔다. 이에 선생을 뵙고서 그의 말을 전하고는 서로 마주 보고 크게 탄식하였다.

曩者에 鼐居京師할새 友人程魚門爲語하되 在江寧時에 嘗寓居袁簡齋先生隨園이 幾一月하니 其水石林竹이 淸深幽靚하여 使人忘世事라 欲從之終老也라하다 簡齋先生은 與鼐伯父薑塢先生故交友니 而鼐未見하고 獨聞魚門語하여 識(지)不能忘이라 其後에 鼐以疾歸하여 閒居於皖할새 簡齋先生이 遊黃山하여 過皖일새 鼐因得見先生於皖하고 又後七年에 鼐至金陵하여 始獲入隨園하여 觀之하니 魚門語不虛也라 而魚門은 於前數年에 卒於陝하고 獨家歸江寧이라 因見先生하여 述其語而相對太息이라

隨園湖樓請業圖

先生은 예전부터 〈隨園雅集圖〉를 가지고 있었는데 그려진 사람이 다섯 명이니, 沈尙書,[9] 蔣編修,[10] 尹公子,[11] 陳文學,[12] 그리고 선생이다. 선생이 나에게 보여준

8) 陝 : 陝西省을 이른다.

9) 沈尙書 : 禮部尙書를 지낸 沈德潛(1673~1769)을 이른다. 심덕잠은 江蘇 長州縣 사람으로, 字는 確士이고, 號는 歸愚이다. 格調派 시인의 지도자로 평가되며, 저서에 ≪歸愚詩文鈔≫, ≪竹嘯軒詩鈔≫가 있다.

10) 蔣編修 : 翰林院編修를 지낸 蔣士銓(1725~1785)을 이른다. 장사전은 江西 鉛山 사람으로, 字는 心餘・淸容・苕生이고, 號는 藏園이다. 시와 고문에 능한 한편 희곡에 정통하였다. 저서에 ≪忠雅堂詩集≫, ≪紅雪樓九種曲≫ 등이 있다.

11) 尹公子 : 袁枚의 벗인 慶蘭(1736?~1788?)을 이른다. 경란은 滿洲 鑲黃旗 사람으로, 姓은 章佳이고, 字는 似村이다. 雍正・乾隆 연간에 文華殿大學士 兼 翰林院掌院學士를 지낸 大臣 尹繼善의 아들로서, 袁枚와 교분이 두터웠다.

12) 陳文學 : 袁枚의 제자인 陳熙를 이른다. 진희는 字가 梅岑이다. 여기서 文學은 儒生을 뜻한다.

것은 그림을 그린 연도가 어문이 나에게 말해준 때의 이듬해이니, 이때에 진문학은 나이가 겨우 열여덟이었다. 지금은 선생 외에 진문학만이 아직 살아 있어 出仕하여 郡倅(군쉬)가 되었으나 또한 이미 연로하였다. 그림 뒤의 이름난 公卿과 賢士로서 題跋을 남긴 수십 인을 지금 찾아보면 예전에 연세가 높고 덕망이 있었던 분들만 이미 아득히 떠나간 것이 아니라 나와 연배가 비슷한 이들도 거의 다 죽었는데, 선생만이 산수에서 뜻대로 노닌 지가 3, 40년이고 이곳에서 문장으로 후학을 가르쳤으니, 어찌 하늘의 지극한 후의를 받은 것이 아니겠는가. 나 또한 요행히 이때에 선생을 만났도다. 그림에 山陰의 梁相國[13]의 記文이 있고 여기에 다섯 사람의 관작과 향리가 쓰여 있는데 선생이 나에게 그 끝에 글을 쓰게 하였다.

先生故有隨園雅集圖하니 **所圖五人**이니 **爲沈尙書蔣編修尹公子陳文學及先生**이라 **先生以示鼐者**는 **作圖之年**이 **與魚門語鼐時相次**하니 **時**에 **陳文學**은 **年纔十八**이러라 **今先生外**에 **惟文學尙存**하여 **仕爲郡倅**로되 **亦已老矣**라 **圖後名公卿賢士題識**(지)**數十人**을 **於今求之**면 **非特昔之耆耉宿德**이 **邈焉已往**이라 **卽與鼐年輩等者**도 **亦零落殆盡**이어늘 **獨先生放志泉石**이 **三四十年**이요 **以文章詔後學於此**하니 **夫豈非得天之至厚**리오 **而鼐亦幸値之於是時也**로다 **圖有山陰梁相國記**요 **五人爵里具焉**하니 **先生俾鼐書其末**이라

무릇 사람과 園囿는 때때로 변하지만 그림은 오래도록 보존될 수 있고, 그림은 결국에는 또한 반드시 훼손되지만 글은 민멸되지 않을 수 있다. 천백 년 후에 반드시 선생의 풍류를 상상해보는 이가 있을 터인데, 다만 내가 적임자가 아니니 맡길 만하지 못하다. 선생의 벗들이 모두 題詠을 남겼으나 어문만 그 사이에 名字가 없기에 내가 그의 말을 기록하여 빠진 곳을 보충한다.

夫人與園囿有時變이로되 **而圖可久存**이요 **圖終亦必毁**로되 **而文字可以不泯**이니 **千百年後**에 **必有想見先生風流者**로되 **顧鼐非其人**이니 **不足託也**라 **先生故人**이 **皆有題**咏이로되 **魚門獨無名字其間**일새 鼐**識其辭**하여 **亦以補其闕云**이라

---

13) 山陰의 梁相國 : 淸나라의 관리 梁國治(1723~1786)를 이른다. 양국치는 浙江 山陰 사람으로, 字가 階平이고, 號가 瑤峰·豐山이다. 乾隆 연간에 進士가 되어, 벼슬이 翰林院修撰, 戶部尙書 등을 거쳐 東閣大學士 兼 軍機大臣에 이르렀다. 저서에 ≪敬思堂文集≫ 등이 있다.

36. 金山과 焦山을 함께 유람한 것을 그린 그림에 대한 記
金焦同遊圖記*

* 요내는 朱子穎, 王文治와 함께 江蘇省의 金山과 焦山을 유람한 적이 있는데, 이 때 주자영의 제안으로 유람을 그림으로 남겼으나 완성된 그림은 보지 못하였다. 이로부터 16년이 흘러 주자영이 세상을 떠난 뒤에, 요내는 자영의 아들을 통해 그림을 보고 이 글을 썼다. 親友를 잃은 슬픔과 세월의 덧없음에 대한 슬픔이 서술되어 있다.

乾隆 연간 丁酉年(1777)과 戊戌年(1778)에 朱思堂 運使[1]가 淮南에 있을 때, 나를 揚州書院[2]의 主講으로 초청하였는데 王夢樓 侍讀[3]이 京口[4]에 살고 있었다. 일찍이 함께 金山과 焦山[5]을 유람하기로 약속하여 僧寺에 자주 묵었는데, 하루는 세 사람이 산중에서 마주 서자 아득히 깨닫는 바가 있는 듯하였다. 思堂이 인하여 말하기를 "畫工에게 우리 세 사람이 함께 유람한 것을 한 폭의 그림으로 그리게 하고 싶네."라고 하였다. 그 후에 그림이 완성되었을 때 나는 이미 揚州를 떠나 고향 마을에 있어서[6] 미처 보지 못하였다. 사당도 이내 京師로 돌아갔고, 夢樓만이 경구에 늘 살고 있었다. 내가 두 군을 그리워하여 시를 보내 "우리 세 사람 함께 알고 지낸 것이 한 세대가 아니니, 〈지금〉 고개 돌리면 두 산에 남은 자취가 있네."[7]라

1) 朱思堂 運使 : 朱子穎(1735~1801)으로, 자가 子穎, 호가 海愚 또는 思堂이다. 遼東 漢軍正紅旗 출생이다. 重慶知府와 泰安知府를 지냈고, 兩淮鹽運使 등을 지냈다. 저서에 ≪海愚詩鈔≫가 있다.
2) 揚州書院 : 江蘇省 揚州의 梅花書院을 가리킨다. 姚鼐가 乾隆 42년(1777)부터 乾隆 44년까지 이 서원의 主講으로 있었다.
3) 王夢樓 侍讀 : 王文治(1730~1802)로, 자가 禹卿, 호가 夢樓이다. 江蘇 丹徒 사람이다. 乾隆 25년(1760)에 進士가 되었고 翰林院侍讀, 雲南 臨安知府를 지냈다. 저서에 ≪夢樓詩集≫ 등이 있다.
4) 京口 : 지금의 江蘇省 鎭江市에 해당한다.
5) 金山과 焦山 : 江蘇省 鎭江市에 있는 두 산으로, 名勝地로 유명하였다.
6) 나는……있어서 : 姚鼐는 1779년에 揚州를 떠나 桐城으로 돌아가 安慶 敬敷書院의 山長이 되었다.

고 하였으니, 이 일을 기록한 것이다.

몇 년 뒤에 사당이 결국 세상을 떠났고 또 몇 년 뒤에 그 아들 丹厓가 江寧糧道[8]로 왔다. 내가 마침 강녕에 있어 서로 마주하여 사당이 다시 살아나지 못하는 것을 슬퍼했지만, 어진 아들이 탁월하여 뒤를 이어서 거듭 江南에 부임한 것을 홀로 보게 되었으니, 슬픈 마음과 그리운 마음이 한꺼번에 번갈아 이르렀다.

乾隆丁酉戊戌之歲에 **朱思堂運使方在淮南**할새 **邀余主揚州書院**이러니 **而王夢樓侍讀居京口**라 **嘗期之同遊金焦二山**하여 **屢宿僧寺**러니 **一日**에 **三人對立山間**에 **悠然若有所悟**라 **思堂因言**호되 **欲使工爲三人共作一圖**라 **其後圖成**에 **而余已去揚州里居**하여 **不及見也**라 **思堂旋亦歸京師**하고 **惟夢樓常居京口**라 **余懷思兩君**하여 **寄以詩云 三客竝知非一世**니 **兩山迴首有餘蹤**이라하니 **紀是事也**라 **數年**에 **思堂竟捐館舍**하고 **又後數年**에 **其子丹厓來爲江寧糧道**라 **余適在江寧**하여 **相向感念思堂之不作**이로되 **獨見賢子偉然繼武**하여 **重涖江南**하니 **悲思之懷**가 **一時交至**라

단애가 옛날에 화공이 우리 세 사람이 함께 유람한 것을 그린 그림을 가져와 꺼내어 보여주니, 그림을 그릴 적에 세 사람은 조금 斑白이 되었는데, 지금 나와 몽루가 모두 살쩍과 머리털이 허옇게 세어 그림과 서로 닮지 않았으니, 대개 손가락을 꼽아 헤아려보면 16년이 지났다. 사당의 儀容은 진실로 아득히 이미 사라졌지만, 나와 몽루는 세상을 살아갈 남은 햇수가 또 얼마나 되겠는가. 이 몸과 이 그림 중에 응당 무엇이 진짜이고 무엇이 가짜인지 모르겠다. 인하여 그 뒤에 題를 쓰고 아울러 몽루에게 보낸다.

乾隆 58년(1793) 8월 그믐날에 姚鼐가 쓰다.

丹厓攜昔工所爲三人同遊之圖하여 **出以見示**하니 **作圖時**에 **三人微及斑白**이러니 **今鼐與夢樓**가 **皆鬢髮皓然**하여 **與圖中不相似**하니 **蓋屈指閱十六年矣**라 **思堂之儀容**은 **固邈然旣亡**이어니와 **鼐與夢樓**는 **餘年處世**가 **更復幾何**오 **未知**케라 **此身與是圖**로 **當孰爲眞幻**고 **因題其後**하고 **併以寄夢樓云**이라 **乾隆五十八年八月晦日**에 **姚鼐記**하노라

7) 우리……있네 : 〈寄子潁禹卿〉의 頸聯이다. ≪惜抱軒詩集≫ 권8에 수록되어 있다.
8) 江寧糧道 : 江寧은 지금의 江蘇省 南京市이다. 糧道는 淸代에 각 省의 양곡의 운송을 책임진 관리이다. 督糧道라고도 한다.

37. 袁香亭의 畫冊에 대한 記　袁香亭畫冊記*

* 이 글은 일종의 題畫로, 袁樹(1730~?)의 山水畫를 모은 책에 붙인 記이다. 그림을 직접적으로 논하기보다는 그림을 그린 원수와 여기에 詩를 적은 그의 堂兄 袁枚의 서로 다른 성격을 대비시키고, 산수에 대한 지취는 같음을 드러내어 사람을 통해 詩畫를 논하였다. 袁香亭은 원수로, 자는 豆村, 호는 香亭이며, 浙江 杭州府 錢塘縣 사람이다. 南京에 살았으며, 乾隆 연간에 進士가 되어 肇慶知府가 되었다. 산수화를 잘 그렸으며, 저서에 ≪紅豆村人詩稿≫가 있다.

香亭太守와 그 형 簡齋先生[1)]이 관직에서 물러난 뒤에 모두 金陵에 집을 사서 寓居하였다. 풍류와 문채가 서로 빛났으니, 진실로 門內의 성대함이었다. 간재는 성격이 山水를 좋아하여 6, 70의 나이에도 때로 나가 노닐어 그윽하고 험한 곳을 모두 유람하여서 무릇 동남쪽의 훌륭한 山水에 있어서 天都[2)]·匡廬[3)]·天台[4)]·武夷[5)]를 거쳐 嶺海에 이르기까지 이르지 않음이 없었는데, 향정은 날마다 문을 닫고서 누가 초대하면 잠깐 나가서 그때마다 난색을 표했으니, 그 성격이 간재와 다른 것이 이와 같았다. 단지 유독 그림을 좋아하여 아침저녁으로 붓을 잡고서 그림을 그리기를 게을리하지 않았다. 산림과 煙霞와 雲霧의 지취와, 크고 아득하며 그윽하고 깊은 경관과, 水石·竹木·花葉·鳥獸·蟲魚의 기이한 자태를 향정이 스스로 흉중에 갖추고서 때로 几席 위에서 접하니, 생각건대 그 유람이 또한 결코 간재와 다르지 않았던 것인가.

香亭太守與其兄簡齋先生이 **解官之後**에 **皆買宅金陵而寓居焉**할새 **風流文采**가 **互相輝映**하니 **固門內之盛也**라 **簡齋性好山水**하여 **年六七十**에 **猶時出遊**하여 **探極幽險**하여 **凡東南佳山水**에 **天都匡廬天台武夷**로 **達於嶺海**히 **無不至**로되 **而香亭日閉戶**하여 **邀之暫出**하여 **輒有難色**하니 **其性**

1) 簡齋先生 : 簡齋는 袁枚(1716~1797)의 호이다. 원매에 대해서는 본서 〈隨園雅集圖後記〉 참조.
2) 天都 : 黃山의 높은 봉우리의 명칭으로, 황산의 대칭으로 쓰인다.
3) 匡廬 : 廬山으로, 江西 九江市 남쪽에 있다.
4) 天台 : 浙江省 天台縣의 북쪽에 있다.
5) 武夷 : 福建 崇安 境內에 있다.

與簡齋異者若此라 顧獨好畫하여 窮日夕執筆하여 爲之不倦이라 蓋林麓煙雲之趣와 浩渺幽邃之觀과 水石竹木花葉鳥獸蟲魚之奇態를 香亭自具於胸하여 而時接於几席之上하니 意其遊亦未嘗異於簡齋耶아

이 畫冊은 향정이 董思白[6]의 산수화를 본떠서 만든 것으로 모두 열두 폭이고, 簡齋가 스스로 詩 열두 수를 적어서 그 속에 끼워 넣었다. 향정이 나에게 이를 보여주었는데, 나는 詩畫의 깊은 경지에 대해 잘 알지 못하지만 金陵에 온 이래로 그 형제와 교유하여 왕래한 지 여러 해라 그 말미에 이름을 적어서 그 자취를 보존하는 바이다.

玆冊은 香亭摹董思白山水니 凡十二幅이요 而簡齋自書詩十二首與相間이라 香亭以示余하니 余於詩畫深處에 非所能解로되 自來金陵으로 與其兄弟交遊往來累歲라 識(지)名其末하여 以存其迹云이라

6) 董思白 : 董其昌(1555~1636)으로, 자는 玄常, 호는 思白・香光・思翁이며, 香光 華亭 사람이다. 벼슬이 禮部尙書에 이르렀다. 明末의 문인이자 화가로, 산수화를 특히 잘 그렸으며, 南宗畫의 대가이다. 시호는 文敏이다. 저서에 《容台集》, 《畫禪室隨筆》 등이 있다.

38. 陳氏의 藏書樓에 대한 記　陳氏藏書樓記*

* 陳氏는 新城의 陳道 집안을 가리킨다. 이 글에서 요내는 집안의 藏書가 보존되는 것이 자손들이 현명하여 장서를 나누어 가지지 않은 덕분임을 말하고, 진도의 자손들이 藏書樓를 지어 부친의 장서를 소중히 수장하니 오랜 세월이 흘러도 이 집안이 藏書家로 손꼽힐 것이라 하였다.

士大夫로서 옛것을 좋아하여 능히 書籍을 모으는 자가 많지만 오래도록 전하여 지키는 자는 적다. 오직 鄞縣에 있는 范氏의 天一閣[1]의 서적이 明나라 때부터 지금까지 가장 많은 세월을 거쳤다. 나라에서 ≪四庫全書≫를 纂修할 적에[2] 범씨 집안에서 자료를 얻어 宮中에 秘藏된 서적을 보조하였으니, 海內에서 성대하다고 일컬어졌다.

士大夫好古能聚書籍者가 **多矣**로되 **而傳守至久遠者**는 **蓋少**라 **唯鄞**(은)**范氏天一閣書**가 **自明至今**히 **最多歷年歲**하니 **國家修四庫書**에 **取資范氏**하여 **以助中秘之藏**하니 **海內稱盛焉**이라

나는 집이 合淝[3]와 가까운데, 들으니 합비의 龔芝麓 尙書[4]가 소장하던 서적 또한 지금까지 散失되지 않았다고 한다. 그 집안에서는 전적으로 書樓 하나에 서적을 收藏하고 子弟 중에 유능한 이 한 명에게 명하여 그 일을 전담하게 하여, 서적

1) 鄞縣에……天一閣 : 鄞縣은 지금의 浙江省 寧波市 일대의 지명이다. 范氏는 范欽이니, 明나라 때 寧波府 鄞縣 사람으로 字는 堯卿·安卿이고, 號는 東明이다. 明나라 嘉靖 11년(1532)에 進士試에 급제하였으며, 兵部右侍郎을 지냈다. 범흠은 은현에 天一閣이라는 이름의 藏書樓를 세우고 책 7만 권을 보관하였는데, 이는 중국에 현존하는 가장 오래된 개인 장서루이다.

2) 나라에서……적에 : 淸나라 때 乾隆帝의 명령으로 ≪四庫全書≫를 찬수한 것을 말한다. ≪사고전서≫는 중국 역대 典籍을 經, 史, 子, 集의 4部로 분류하여 수집하고 편찬한 총서이다. 각 省과 縣의 書庫에 소장된 서적을 수집하였을 뿐만 아니라, 개인 장서가들의 귀중본도 국가에서 빌려서 인쇄하거나 필사하였다.

3) 合淝 : 지금의 安徽省 合肥市이다.

4) 龔芝麓 尙書 : 淸나라 合肥 사람 龔鼎孶를 말한다. 字는 孝升이며, 芝麓은 그 號이다. 明나라 崇禎 7년(1634)에 진사시에 급제하였으며, 淸나라 때 禮部尙書를 지냈다. 詩와 文이 모두 유명하여 吳偉業·錢謙益과 나란히 江左 三大家로 일컬어졌다.

을 대출하고 반납할 때 반드시 장부에 기록하였으므로 서적을 오래도록 보존할 수 있었다. 들으니 范氏의 家法 또한 대략 이와 같다고 한다.

余家近合淝라 **聞合淝龔芝麓尙書所藏書**가 **亦至今未失**하니 **其家專以一樓(展)〔庋〕**[5]**之**하고 **命一子弟賢者**하여 **專司其事**하여 **借讀出入**에 **必有簿籍**이라 **故**로 **其存也獲久**라 **聞范氏之家法**이 **蓋亦略與同焉**이라

무릇 사람의 마음은 그 자손을 모두 하나로 보거늘 자손들은 매양 나누고 가르기를 좋아하여 서적과 田宅, 奴隸, 살림살이를 똑같이 가른다. 심지어는 공평하지 않을까 두려워하여 書畫와 옛 遺跡을 잘라서 나누는 경우도 있으니, 이를 들으면 슬프고 한스러워진다. 그렇다면 藏書는 반드시 오래 보존할 수 없는 것은 아니니, 어쩌면 그 자손이 현명하여 가르지 않는 데에 달린 것이다.

夫一人之心이 **視其子孫皆一也**어늘 **而子孫輒好分異**하여 **以書籍與田宅奴隸資生之具同析之**하여 **至有恐其不均**하여 **翦割書畫古蹟者**하니 **聞之使人悲恨**이라 **然則藏書非必不可久**니 **抑其子孫之賢不異也**라

新城의 陳凝齋先生[6]이 일찍이 1만 권의 서적을 구입하였는데 그 뒤에 여러 아들이 전적으로 이를 위해 누각을 지어서 선생의 손때가 묻은 서적을 收藏하니, 누각 곁은 곧 자손들이 책을 읽는 건물이다. 이제 그 둘째 아들인 約堂太守[7]가 또 세월이 오래 지나면 후세 사람이 혹 변고를 일으킬까 염려하여 마침내 凝齋先生의 초상을 돌에 본떠 새기고 이를 누각 아래에 모셔서 후세 사람으로 하여금 한 번 이 누각 앞에 이르면 슬피 그리워하고 삼가 두려워하게 하여 세월이 더욱 오래 지나도 감히 공경하여 지키지 않을 수 없게 하였다.

---

5) (展)〔庋〕: 저본에는 '展'로 되어 있으나, ≪惜抱軒詩文集≫(上海古籍出版社, 1992)에 의거하여 '庋'로 바로잡았다.

6) 新城의 陳凝齋先生 : 陳凝齋는 淸나라 때 문학가 陳道(1707~1760)를 말한다. 字는 紹洙이고 凝齋는 그 號이며, 新城(지금의 江西省 黎川縣) 사람이다. 乾隆 13년(1748)에 진사시에 급제하였다.

7) 約堂太守 : 陳道의 둘째 아들 陳守詒를 말한다. 字는 仲牧이며 約堂은 그 號이다. 安徽太平府知府 및 河南陳州府知府를 지냈다.

新城陳凝齋先生嘗購書萬卷이러니 其後諸子爲專作樓하여 以貯手澤하니 樓旁卽爲子孫讀書之舍라 今其仲子約堂太守가 又慮歲久而後人或有變也라 乃摹凝齋先生之像於石하고 而奉之於樓下하여 使後人一至其樓前이면 而愴然思하고 惕然悚하여 愈久而不敢不敬守也라

그러고는 내가 젊었을 적에 응재선생을 뵙게 되었다는 이유로 마침내 탁본을 나에게 부치고 누각의 記文을 짓도록 명하였다. 내가 선생의 후예 가운데 또 몇 사람을 아는데 모두 유능하고 뛰어나거늘 약당이 마음을 쓰는 것이 또 이처럼 지극하니, 그렇다면 백 년 뒤에 海內의 藏書家를 꼽을 때에 반드시 新城의 陳氏를 손꼽아 언급하는 자가 있을 것이다. 그러니 내가 어찌 기꺼이 기문을 짓지 않을 수 있겠는가.

以余少獲奉見凝齋先生일새 乃以拓本寄余하고 且命爲樓記라 余於先生後裔에 又識數人하니 皆賢儁也어늘 而約堂用意가 又如是之至하니 然則百年之後에 數海內藏書家에 必有屈指及新城陳氏者矣리니 吾安得不樂而爲之記也리오

39. 節孝堂에 대한 記　節孝堂記*

＊節孝堂은 정절과 효성으로 귀감이 되지만 旌表의 恩典을 받지 못한 江寧(지금의 江蘇省 南京市)의 여인들을 제사하기 위하여 세운 사당이다. 이 글은 節孝堂의 건립 배경 등을 기록한 記文으로, 嘉慶 11년(1806)에 지어졌다.

국가가 정절과 효성이 드러나 알려진 여자들에 대하여 旌表하는 恩典을 두고 열녀라는 말을 두니, 숨은 美德을 表章하고 부녀자를 교화 권면하는 것이 지극하다 하겠다. 그러나 천하의 어진 여자로서 정절을 지키고 道를 지킨 것이 혹 실로 귀하게 될 만한데도, 정표하는 규례에 맞지 않은 점이 있거나, 아니면 혹 몸이 죽고 후손이 없어서 혹은 후손이 있어도 쇠약하고 어려서 上報하지 못하는지라 그 아름다운 행적을 관리가 알지 못하는 그러한 경우도 있다.

國家於女子節孝著聞者에 **有旌揚之典**하며 **有烈女之詞**하니 **所以表章潛德風勵閨閫者**가 **蓋至矣**라 **然**이나 **天下賢女秉節守道**가 **或實可貴**어늘 **而於旌表之例**에 **有不合**이어나 **抑或身亡無後**와 **及有後而衰困穉弱**하여 **不能擧報**라 **其爲懿美**를 **吏不能知**하니 **若是者亦有之**라

이 때문에 江寧의 孫生 金相[1]이 ≪節孝備考錄≫[2]을 지어 旌表의 恩典이 아직 미치지 못한 이들을 널리 기록하니, 이 책은 일찍부터 節度使나 守令으로 온 諸賢들로부터 잘한 일이라는 칭찬을 받았다. 안타깝게도 孫生이 수집을 마치지 못하고 죽었기에 강녕의 사대부들이 모두 그 방법에 따라 찾고 물어서 더욱 보태고자 하였다. 郡 내에 예로부터 과부를 돌보는 公局이 있는데, 지금 그 공국을 담당하는 이가 그 堂에 나아가 ≪절효비고록≫ 중의 정절과 효심이 드러난 이들을 제사할 곳을 만들려고 하였으나 땅이 좁아서 사람마다 하나의 신위를 세우지 못하므로 이에 합하여 하나의 위패를 만들어 나열하여 기록하니, 봄가을에 예를 행할 수 있게

1) 孫生 金相 : 孫金相은 자세한 행적이 未詳이다.
2) 節孝備考錄 : 지금은 ≪金陵節孝備考≫라는 이름으로 전한다.

되었다. 그 堂을 이름하여 '節孝堂'이라 하였다. 이어서 칭찬하고 추천하여 사실을 증험할 만한 이가 있으면 사람들이 함께 사실을 확인하고 다시 續編을 판각한 뒤에 〈위패에〉 써서 과도하게 많아지는 것을 방지하였다.

내가 節孝堂에 올라 諸君의 뜻을 가상히 여겨 문득 〈이 글을〉 써서 그 記文으로 삼는다.

嘉慶 11년(1806) 5월 5일에 桐城의 姚鼐가 쓰다.

是以로 江寧孫生金相이 作節孝備考錄하여 以廣旌典所未及者하니 其書夙爲節使守土諸賢所稱善矣러라 惜孫生蒐擧未已而身泯喪일새 江寧士大夫가 皆欲依其法하여 攷詢而增益之라 郡中에 故有恤嫠公局이러니 今司其局者가 就其堂하여 爲錄中節孝祀所하되 地狹이라 不能人立一位일새 乃合作一神牌而列書之하니 春秋得展禮焉이라 名其堂曰節孝之堂이라 其續有稱擧可徵者어든 同人爲核實하고 再刻續編而後에 書之하여 以防溢濫이라 余登其堂에 嘉諸君之誼하여 輒書以爲之記云이라 嘉慶十一年五月五日에 桐城姚鼐는 記하노라

40. 曹雲路에게 답한 편지　復曹雲路書*

* 요내가 曹雲路에게 보낸 답신이다. 조운로는 이름이 京, 字가 雲路, 號가 梅村이며 安徽省 望江縣 사람이다. 이 글에서 요내는 옛날부터 전해 내려오는 經學에 힘쓰지 않는 당시의 학풍을 비판하며, 삿됨이 없는 程朱理學을 하되 간혹 오류가 있다면 취하지 않아도 된다는 융통성 있는 태도를 보여주고 있다. 한편, 조운로가 편지와 함께 보내온 책에 대해서는 과거 수험을 위한 것으로 새로운 내용이 없고 語錄套가 많아 구차하고 비루한 점을 지적하였다.

제가 雲路先生 足下께 재배하고 글을 올립니다.

수십 년 이래로 士人들이 학문을 좋아하지 않아 衣冠을 차려입은 士大夫의 무리가 聖人의 文辭를 외고 익히는데 마음속이 범범하여 그 의리를 찾지 않고 서로 모여서 머리를 기울이고 귀를 늘어뜨린 채[1] 입을 열어 말을 하여 안일하게 지내고 속된 말을 하고,[2] 노인과 長者가 經義를 고찰하여 논하는 것을 들으면 귀를 막고 도망가려 하는 자가 대다수입니다. 풍속이 날로 무너져 기뻐하거나 부끄러워하는 것이 더욱 올바르지 못하고 방탕하고 편벽된 짓[3]을 하지 못하는 것이 없습니다. 만약 사인들이 經師의 학설을 익혀 옛날을 말하고 家法[4]을 이어받아 거기에 늘 마

1) 머리를……채 : 韓愈의 〈應科目與時人書〉에 "머리를 조아리고 귀를 늘어뜨린 채 꼬리를 흔들며 애걸하는 것은 나의 뜻이 아니다.〔若俛首帖耳 搖尾而乞憐者 非我之志也〕"라고 한 데서 온 말이다.

2) 안일하게……하고 : ≪書經≫ 〈周書 無逸〉의 "小人들을 살펴보면 부모는 부지런히 농사를 짓는데 그 자식은 농사의 어려움을 모르고 안일하게 지내면서 허탄하게 속된 말을 하거나, 그렇지 않으면 부모를 업신여겨 '옛사람들은 들은 것도 없고 아는 것도 없다.'라고 한다.〔相小人 厥父母勤勞稼穡 厥子乃不知稼穡之艱難 乃逸 乃諺 既誕 否則侮厥父母 曰昔之人無聞知〕"라고 한 데서 온 말이다.

3) 방탕하고……짓 : ≪孟子≫ 〈梁惠王 上〉에 "일정한 생업이 없으면서도 떳떳한 마음이 있는 것은 오직 선비만이 가능하다. 일반 백성의 경우는 일정한 생업이 없으면 떳떳한 마음이 따라서 사라지게 된다. 만약 떳떳한 마음이 없어지면 방탕하고 편벽되고 지나친 짓을 못 하는 것이 없다.〔無恒產而有恒心者 惟士爲能 若民則無恒產 因無恒心 苟無恒心 放辟邪侈 無不爲已〕"라고 한 데서 온 말이다.

4) 家法 : 사제 간에 전해 내려오는 學風을 말한다. 漢나라 初에 儒生들이 구두로 經書를 전수하여 각자 一家의 학문을 이루었다. 각 家마다 경전에 대한 해석과 훈고가 상이하여 經師가 전

음을 둔다면, 비록 옛 古人의 아름다운 재주[5]에는 미치지 못하더라도 반드시 오늘날의 문란함보다는 나을 것입니다.

저는 젊었을 때 향리의 선배 유생들이 서로 만나서는 여전히 학문을 논하고 물러나와 익힐 때는 부지런히 하지 않은 적이 없는 것이 오늘날 서로 스승 삼기를[6] 좋아하는 것과는 다른 것을 보았습니다. 〈오늘날의 사인들은〉 이른바 "배불리 먹고 하루를 마치면서 마음을 쓰는 곳이 없다."[7]는 말과 같을 것입니다. 그러나 선생만은 한마음으로 傳註(經書에 대한 해석)에 힘을 다하고 同異를 辯析하여 노년이 되어서도 게을리 하지 않아 부지런히 말하니, 옛날의 학자와 비교했을 때 어떠한지는 비록 알 수 없지만 지금의 사인보다는 또한 훨씬 낫지 않습니까.

鼐再拜雲路先生足下하노라 數十年來에 士不說(열)學하여 衣冠之徒가 誦習聖人之文辭어늘 衷乃泛然不求其義하고 相聚集首帖耳하여 侈口僔沓하여 迺逸迺諺하고 聞耆耇長者考論經義에 欲掩耳而走者가 皆是也라 風俗日頹하여 欣恥益非其所하고 而放僻靡不爲라 使士服習於經師之說하여 道古昔承家法以繫其心하면 雖不能逮前古人才之美나 其必有以賢於今日之濫矣라 鼐少時에 見鄉前輩儒生이 相見猶論學問하고 退習未嘗不勤이 非如今之相師爲媮也라 所謂飽食終日에 無所用心者與인저 獨先生單心畢力於傳註하고 辨究同異하여 旣老而不懈하여 說之矻矻然하니 雖未知於古學者에 何如어니와 其賢於今之士가 不亦遠乎아

제가 이곳에 산 지 1년이 되었습니다. 함께 이야기할 사람이 없는 것을 괴로워하다가 선생의 독실한 학문과 저서에 대해 들었습니다. 만약 선생의 거처가 멀고 외진 탓이 아니었다면 반드시 찾아가 뵙기를 청했을 터입니다. 그런데 선생께서 도리어 편지를 보내 학설을 알려주고, 저를 어리석고 비루하다 여겨 버리지 않고 인하여 제게 가르침을 청하셨으니, 다행스럽고도 부끄러운 마음을 어찌 감당하겠

해준 학설을 제자들이 바꾸지 못하였는데, 이를 '가법'이라고 한다.

5) 옛……재주 : ≪論語≫ 〈泰伯〉에 "周公과 같은 아름다운 재주가 있어도 교만하고 인색하다면 그 나머지는 볼 것도 없다.〔如有周公之才之美 使驕且吝 其餘不足觀也已〕"라고 한 것을 원용한 표현이다.

6) 서로……삼기를 : 韓愈의 〈師說〉에 "무당과 의원, 樂師와 百工 같은 사람은 서로 스승 삼기를 부끄러워하지 않는다.〔巫醫樂師百工之人 不恥相師〕"라고 하였다.

7) 배불리……없다 : ≪論語≫ 〈陽貨〉에 "배불리 먹고 하루 종일 마음 쓰는 곳이 없다면 어렵다. 장기와 바둑이라도 있지 않은가. 이것이라도 하는 것이 낫다.〔飽食終日 無所用心 難矣哉 不有博奕者乎 爲之猶賢乎已〕"라고 한 데서 온 말이다.

습니까. ≪詩經≫ 〈小雅 隰桑〉에 "마음으로 사랑하니 어찌 말하지 않으랴."라고 하였습니다. 저는 진실로 선생에게 도움이 될 수가 없습니다. 그러나 마음에 쌓인 것을 감히 다 말씀드리지 않을 수 없는 것은 선생을 사랑하고 공경하여 선생을 지금 세속의 무리와 똑같이 여길 수 없다고 생각하기 때문입니다.

鼐居此一期矣라 **嘗苦無可與語者**라가 **聞先生之篤學著書**하니 **苟非居處閒遠之故**면 **必將造而請觀焉**이어늘 **先生乃辱寓書而示所以爲說**하고 **不棄愚陋而欲因之求益**하니 **抑何任其幸且媿也**리오 **詩曰 心乎愛矣**어니 **胡不謂矣**리오라하니 **鼐固不能爲益〔於〕**[8]**先生**이라 **然而心之所蓄不敢不盡者**는 **愛敬先生**하여 **謂不可類先生如今世俗倫也**일새라

무릇 聖人의 經書는 사람 위의 하늘에 달려 있는 해·달·별과 같습니다. 가려진 곳이 있다면 그만이지만, 가려진 곳이 없어 그것을 보고 말하는 것이라면 그 옳고 그름이 반드시 남에게 믿어질 수 있고 그것을 본 자가 많으니 사사로운 뜻을 따라서는 안 됩니다. 그러므로 삼가 생각건대 경서에 대한 학설은 하나라도 사사로이 따른 바가 없어야 합니다. 程朱를 귀히 여길 만한 이유는 생각건대 그 말이 정밀하고 커서 성인의 뜻을 얻은 것이 많고 자신의 뜻을 사사로이 따른 것이 아니기 때문입니다. 그러나 그 말에는 잘못이 없지만 옛사람의 뜻을 전달하지 못한 경우도 간혹 있습니다. 朱子께서 元亨利貞을 설명하시며 孔子의 학설을 버린 것은 文王의 뜻을 전달하고자 했기 때문일 뿐이니,[9] 후세에 성현의 뜻에 이르고자 한다면 혹 정주를 버리더라도 괜찮습니다.

夫聖人之經은 **如日月星之懸在人上**하니 **苟有蔽焉則已**어니와 **苟無蔽而見而言之**인댄 **其當否必有以信於人**이요 **見之者衆**하니 **不可以私意狥也**라 **故**로 **竊以爲說經當一無所狥**이니 **程朱之所**

8) 〔於〕: 저본에는 '於'가 없으나, ≪惜抱軒詩文集≫(上海古籍出版社, 1992)에 의거하여 보충하였다.
9) 朱子께서……뿐이니 : ≪周易≫ 乾卦의 '元亨利貞'에 대해, 〈彖傳〉에서는 乾의 네 가지 德目으로 해석하였고, 〈文言傳〉에서도 "元은 선의 으뜸이고, 亨은 아름다움이 모인 것이고, 利는 사물이 마땅함을 조화롭게 얻은 것이고, 貞은 일의 근간이다.〔元者 善之長也 亨者嘉之會也 利者義之和也 貞者事之幹也〕"라고 풀이하였다. 반면 朱熹는 주역의 占書로서의 성격을 고려하여 "원은 큼이다. 형은 형통함이다. 이는 마땅함이다. 정은 바르고 굳셈이다.〔元 大也 亨 通 利 宜也 貞 正而固也〕"라고 풀이하였고 또 "원형이정이란 점을 쳐서 이 괘를 얻은 사람은 크게 형통하고 바름에 이롭다는 것일 뿐이다. 건괘의 〈단전〉과 〈문언전〉은 바로 孔子의 추론이고 文王의 본뜻이 아니다.〔如元亨利貞 只是以卜得此卦者 大亨而利于貞耳 乾卦彖傳文言 乃孔子推說 非文王本意也〕"라고 하였다.(≪周易傳義大全≫ 권1, ≪朱子大全≫ 別集 권3)

以可貴者는 謂其言之精且大하여 而得聖人之意多也요 非吾狥之也어니와 若其言無失而不達古人之意者는 容有之矣라 朱子說元亨利貞에 舍孔子之說者는 欲以達文王之意而已니 苟欲達聖賢之意於後世인댄 雖或舍程朱라도 可也니라

漢나라 이후로 經說을 지은 자가 이미 많은지라 가져다 보는 데 시일이 부족할 지경입니다. 그러하니 자기 말이 이전 사람이 발명하지 못한 경서의 뜻을 발명할 수 있는 것이 아니라면 경솔히 종이에 써서는 안 됩니다. 그런데 明나라 이후로 四書를 해설하는 자들은 오히려 외람되이 〈사서를〉 과거 공부용으로 삼았으니, 이는 책으로 만들 만한 것이 못 됩니다. 그래서 저는 젊었을 때부터 세속의 講章[10]을 보는 것을 좋아하지 않았고 또 학도들이 이를 가져다 보는 것을 금지했으니, 내심 그것을 비루하게 여겼기 때문입니다.

지금 선생의 학설은 진실로 훌륭한 점이 많지만 時文(八股文)에 활용하려는 뜻이 남아 있습니다. 제가 번번이 붉은 먹으로 훌륭한 곳을 표시했으니, 선생께서는 다시 스스로 헤아려보고 취사하십시오. 반드시 말이 구차히 나오지 않아야만 책으로 만들어 후세에 보일 만합니다.

自漢以來로 爲經說者已多라 取視之不給於日하니 苟非吾言足發經意前人所未明者면 不可輕書於紙어늘 而明以來說四書者는 乃猥爲科擧之學하니 此不足爲書라 故鼐自少不喜觀世俗講章하고 且禁學徒取閱하니 竊陋之也라 今先生之說은 固多善者라 然이나 欲爲時文用之意存焉이라 鼐輒以硃識(지)所善者하니 先生更自酌而去取之하라 必言不苟出이라야 乃足爲書以視於後世라

제가 또 듣건대 "말에 文彩가 없으면 멀리 가지 못한다."[11]라고 하였고 말을 하면서 비루함을 멀리 하지 못하는 것을 曾子가 경계하였는데,[12] 하물며 성인의 경

10) 講章 : 科擧 공부나 經筵의 進講을 위해 만들어진 經書 해설서를 가리킨다.

11) 말에……못한다 : ≪春秋左氏傳≫ 襄公 25년 조에 "옛 기록에 '말로 뜻을 이루고 문채로 말을 수식한다.'고 하였다. 말을 하지 않으면 누가 그 뜻을 알겠는가. 말에 문채가 없으면 말이 멀리까지 전해질 수가 없다.〔志有之言以足志 文以足言 不言誰知其志 言之無文 行而不遠〕"는 孔子의 말이 보인다.

12) 말을……경계하였는데 : ≪論語≫ 〈泰伯〉에 曾子가 "군자가 귀히 여기는 도가 세 가지가 있으니, 용모를 움직일 때는 사납고 거만함을 멀리하며, 낯빛을 바르게 할 때는 신실함에 가

전에 대해 말하여 학자들을 가르치고 후세에 남기면서 비루한 말을 섞는 것은 어떠하겠습니까.

唐나라 때에 승려들이 글을 알지 못했기 때문에 스승의 말을 俗語로 기록하고 '語錄'이라 하였는데, 宋代에 儒者의 제자들이 이를 지나치게 따라했습니다. 그러나 제자들이 先師의 말을 기록하면서 사실대로 적지 못할까 두려워했기에 그래도 취할 점이 있는데, 明代에 스스로 책을 지은 자들이 도리어 또 그 말을 따라했으니 이들에게서 무엇을 취하겠습니까. 바라건대 선생께서는 어록처럼 俗語에 가까운 범범한 말을 모두 바꾸어 문장이 되게 하신다면 좋겠습니다.

정직하고 성실하며 견문이 많은 것이 유익한 벗의 道입니다.[13] 저는 견문이 많은 사람은 못 되고, 정직하고 성실함도 비록 족하께 미치지 못하나 감히 힘쓰지 않을 수는 없습니다. 그래서 이렇게 모두 다 말씀드립니다. 제가 직접 지은 經義 수십 首 가운데 다행히 선생의 뜻과 같은 것이 있습니다. 지금 편지와 함께 한 冊을 부치니 잘못을 가르쳐주시기를 바랍니다.

鼐又聞之컨대 言之無文이면 行而不遠이라하고 出辭氣不能遠鄙는 則曾子戒之어든 況於說聖經以敎學者遺後世而雜以鄙言乎아 當唐之世하여 僧徒不通於文이라 乃書其師語以俚俗하여 謂之語錄이어늘 宋世儒者弟子가 蓋過而效之라 然이나 以弟子記先師에 懼失其眞하여 猶有取(之)〔爾〕[14]也어늘 明世自著書者가 乃亦效其辭하니 此何取哉오 願先生凡辭之近俗如語錄者를 盡易之使成文則善矣라 直諒多聞이 益友之道也라 鼐不足爲多聞이요 直諒雖不能逮나 而不敢不勉이라 故로 盡言之如此하노라 鼐自撰經〔義〕[15]數十首中에 乃有幸與先生意同者라 今併寄一冊하니 幸敎其失하라

족하의 從子가 족하[16]가 가을 겨울에 혹 고을에 오실 것이라 하였습니다. 그렇

깝게 하며, 말을 할 때는 비루하고 도리에 어긋난 것을 멀리해야 한다.〔君子所貴乎道者三 動容貌 斯遠暴慢矣 正顔色 斯近信矣 出辭氣 斯遠鄙倍矣〕"라고 하였다.

13) 정직하고……道입니다 : ≪論語≫ 〈季氏〉에 孔子가 "유익한 벗이 세 가지이고 손해가 되는 벗이 세 가지이니, 벗이 정직하고 벗이 성실하고 벗이 견문이 많으면 유익하고, 벗이 편벽되고 벗이 아첨을 잘하고 벗이 말만 잘하면 해롭다.〔益者三友 損者三友 友直 友諒 友多聞 益矣 友便辟 友善柔 友便佞 損矣〕"라고 하였다.

14) (之)〔爾〕: 저본에는 '之'로 되어 있으나, ≪惜抱軒詩文集≫(上海古籍出版社, 1992)에 의거하여 '爾'로 바로잡았다.

15) 〔義〕: 저본에는 '義'가 없으나, ≪惜抱軒詩文集≫(上海古籍出版社, 1992)에 의거하여 보충하였다.

다면 다 말씀드리지 못한 뜻을 만나 뵙고 말할 수 있을 것입니다. 이에 대략 저의 변변치 못한 생각을 답합니다. 보내온 편지를 받음에 스스로 호칭을 지나치게 겸손하게 하신 것은 감히 감당하지 못하겠습니다.

姚鼐가 재배합니다.

賢從子謂杖履秋冬或來郡이라하니 然則不盡之意를 可面陳이라 玆略報鄙意하노라 承自稱謂過謙은 不敢當也라 鼐再拜하노라

16) 족하 : 원문은 '杖履'이다. 노인이 사용하는 지팡이와 신발로, 노인에 대한 경칭이다.

41. 魯絜非[1]에게 답한 편지　復魯絜非書*

*이 글은 요내가 60세 무렵이던 때에 魯九皐에게 답한 편지이다. 역대 작품의 풍격을 陽剛과 陰柔로 귀결하여서 둘의 관계에 대해 논한 것으로, 桐城派 風格에 대해 언급한 대표적인 작품이다.

桐城 姚鼐는 絜非 先生 足下에게 頓首합니다.

知己가 적음을 안타깝게 여겼는데, 만년에 선생을 만났습니다. 그 사람을 접하고서 君子임을 알았고, 그 글을 읽어보니 군자가 아니면 할 수 없는 것이었습니다. 예전에 程魚門,[2] 周書昌[3]과 古今의 才士를 논하였는데, 오직 古文을 짓는 이가 매우 적었습니다. 만일 이를 짓는다면 필시 傑士일 것인데, 하물며 선생처럼 전심하면서도 잘하는 경우에 있어서겠습니까.

周永年

보내오신 편지에 의리를 끌어다 겸양하고서 저를 추켜세워준 것이 지나치니, 감히 맡을 수 있는 바가 아닙니다. 저는 어려서부터 노년에 이르도록 賢人長者를 모시고서 師友로 삼아, 보고 들은 것을 그대로 가져다가 저의 추측을 더하여 說로 삼았는지라, 참으로 글을 알아서 능히 글을 지을 수 있는 것이 아니니, 어찌 命을 받들 수 있겠습니까. 허심하게 남에게서 취하기를 좋아하는 것은 君子의 마음이고, 얻은 바를 읊어 君子에게 질정하는 것은 또한 비루한 저의 뜻입니다.

---

1) 魯絜非 : 魯九皐(1732~1794)로, 호는 山木, 新城 사람이다. 乾隆 36년(1771)에 進士가 되어서 西夏縣의 知縣이 되었다. 저서에 ≪山木居士集≫이 있다. 처음에 朱仕琇에게서 배웠는데 그가 姚鼐를 추중하자 노구고가 자신의 생질 陳用光을 보내어 古文을 배우게 하였다.

2) 程魚門 : 程晉芳(1718~1784)으로 자세한 내용은 본서 〈隨園雅集圖後記〉 참조.

3) 周書昌 : 周永年(1730~1791)으로, 자는 書昌이며, 山東 曆城 사람이다. 乾隆 36년(1771)에 進士가 되어 程晉芳·姚鼐와 함께 ≪四庫全書≫ 찬수관이 되었다. 박학하여 사람들로부터 추중을 받았다.

桐城姚鼐頓首絜非先生足下하노이다 相知恨少러니 晩遇先生하니 接其人에 知爲君子矣요 讀其文에 非君子不能也라 往與程魚門周書昌嘗論古今才士컨대 惟爲古文者最少하니 苟爲之면 必傑士也온 況爲之專且善如先生乎아 辱書引義謙而見推過當하니 非所敢任이라 鼐自幼迄衰히 獲侍賢人長者爲師友하여 剽取見聞하고 加臆度爲說이라 非眞知文能爲文也니 奚辱命之哉리오 蓋虛懷樂取者는 君子之心이요 而誦所得以正於君子는 亦鄙陋之志也라

제가 듣건대 天地의 道는 陽과 陰, 剛과 柔일 뿐이니, 文이란 천지의 精英으로 陰陽剛柔가 발현한 것입니다. 오직 聖人의 말씀만큼은 陰陽 二氣를 통합하여서 치우침이 없으나, ≪周易≫·≪詩經≫·≪書經≫·≪論語≫에 실린 글도 그 사이에 剛柔로 나뉨이 있으니, 때와 사람에 따라서 고해주는 말의 文體가 각각 마땅함이 있는 것입니다. 諸子로부터 아래로는 글에 치우침이 없는 경우가 없습니다.

陽과 剛의 훌륭함을 얻은 경우에는, 그 글이 천둥 같으며 번개 같으며, 長風이 골짜기에서 나오는 듯하며, 높은 산과 험준한 벼랑 같으며, 大川을 터놓은 듯하며, 천리마가 달려가는 듯하고, 그 빛이 밝은 해 같으며 불과 같으며 순수한 황금과 같고, 사람에게 있어서는 높은 곳에서 먼 곳을 바라보는 것과 같으며 군주가 萬民을 조회하게 하는 것과 같으며 많은 勇士들을 고무시켜 싸우게 하는 것과 같습니다.

陰과 柔의 훌륭함을 얻은 경우에는 그 글이 처음 떠오르는 해 같으며 맑은 바람 같으며 구름 같으며 노을 같으며 연기 같으며 그윽한 숲과 굽은 시내 같으며 잔물결 같으며 출렁이는 물결 같으며 珠玉의 광채 같으며 鴻鵠이 울면서 공활한 하늘로 들어가는 듯하고, 사람에게 있어서는 깊어서 탄식하는 듯하며 아득하여 생각함이 있는 듯하며 온화하여 기쁜 듯하며 근심하여 슬픈 듯합니다. 그 글을 보고 그 음을 외면 글의 性情과 形狀이 대개가 다르다.

鼐聞天地之道는 陰陽剛柔而已니 文者는 天地之精英而陰陽剛柔之發也라 惟聖人之言은 統二氣之會而弗偏이라 然而易詩書論語所載도 亦間有可以剛柔分矣니 値其時其人에 告語之體가 各有宜也라 自諸子而降으로 其爲文無弗有偏者라 其得於陽與剛之美者는 則其爲文이 如霆하며 如電하며 如長風之出谷하며 如崇山峻厓하며 如決大川하며 如奔騏驥하고 其光也가 如杲(고)日하며 如火하며 如金鏐鐵하고 其於人也에 如馮高視遠하며 如君而朝萬衆하며 如鼓萬勇士而戰之요 其得於陰與柔之美者는 則其文이 如升初日하며 如淸風하며 如雲하며 如霞하며 如煙하며

如幽林曲澗하며 **如淪**하며 **如漾**하며 **如珠玉之輝**하며 **如鴻鵠之鳴而入寥廓**하고 **其於人也**에 **漻乎其如歎**하며 **邈乎其如有思**하며 **暝**(난)**乎其如喜**하며 **愀乎其如悲**하니 **觀其文**하고 **諷其音**하면 **則爲文者之性情形狀**이 **擧以殊焉**이라

또 무릇 陰과 陽, 剛과 柔는 그 근본이 두 갈래입니다. 조물주가 섞어놓음에 氣에 많고 적음, 나아감과 물러남이 있게 되니, 등급이 억만 가지여서 다할 수 없는 경지에 이르러서 만물이 생겨나게 되었습니다. 그러므로 "한 번 陰하고 한 번 陽하게 하는 것이 道이다."[4]라고 한 것이니, 무릇 文이 변화가 많은 것 또한 이와 같을 따름입니다.

섞여서 한쪽으로만 치우치는 것은 괜찮지만, 지나치게 한쪽으로 치우친 나머지 하나는 있고 하나는 전혀 없는 경우와 剛하기만 하여 剛이 되기에 부족하고 柔하기만 하여 柔가 되기에 부족한 경우는 모두 文이라 말할 수 없습니다. 지금 野人과 어린아이가 음악을 듣고서 노래와 管絃이 합해진 것일 뿐이라 여기지만, 만약 음악을 잘하는 사람이 듣는다면 五音과 十二律[5]이 반드시 하나씩 해당됨이 있어서 귀에 접하면 분류되니, 무릇 文을 논하는 것이 어찌 이와 다르겠습니까.

宋朝의 歐陽公과 曾公[6]의 글은 그 재주가 모두 柔의 훌륭함에 치우쳤습니다. 구양공은 능히 자신과 다른 이의 장점을 취하여 때로 보완하였으며, 증공은 능히 부족한 점을 피하여 범하지 않았습니다. 선생의 글을 보니, 거의 이 두 公의 글과 가깝습니다. 사람의 學文이 그 공력이 능히 이를 수 있는 바는 의리를 진술하기를 반드시 명확하고 온당하게 하며, 布置하고 취사함, 번다함과 간약함 및 廉肉[7]에 있어서 법도를 잃지 않고, 말을 典雅하고 근거 있게 하여 난잡하지 않게 하는 것일 따름입니다. 고금에 이러한 지경에 이른 이를 몇 얻을 수 없지만, 여전히 文의 지

4) 한……道이다 : ≪周易≫ 〈繫辭傳 上〉에 보이는 말로, 원문의 '爲'는 ≪주역≫에서는 '謂'로 되어 있다.

5) 五音과 十二律 : 五音은 宮·商·角·徵(치)·羽를 말하며, 十二律은 黃鍾·大呂·太簇·夾鐘·姑洗(고선)·仲呂·蕤賓·林鐘·夷則(이칙)·南呂·無射(무역)·應鐘을 말한다.

6) 歐陽公과 曾公 : 宋代의 저명한 문장가이자 唐宋八大家에 속하는 歐陽脩(1007~1072)와 曾鞏(1019~1083)을 가리킨다. 구양수의 문장은 완곡하면서도 함축적이며 경쾌하면서도 조화로우며, 증공의 문장은 구양수와 비슷하다고 알려져 있다.

7) 廉肉 : 음악 소리의 淸濁 등을 나타내는 말로 ≪禮記≫ 〈樂記〉의 注에 "廉은 소리의 淸이니 五音의 羽와 같고, 肉은 소리의 濁이니 오음의 宮과 같다."라고 하였다.

극함은 아니니, 文의 지극한 경지는 神明에 통하니 人力으로 미처 시행할 수가 없습니다. 선생은 그렇다고 여기십니까?

且夫陰陽剛柔가 **其本二端**이라 **造物者糅**에 **而氣有多寡進絀**하니 **則品次億萬**하여 **以至於不可窮**에 **萬物生焉**이라 **故**로 **曰一陰一陽之爲道**라하니 **夫文之多變**이 **亦若是已**라 **糅而偏勝**은 **可也**어니와 **偏勝之極**에 **一有一絕無**와 **與夫剛不足爲剛**하고 **柔不足爲柔者**는 **皆不可以言文**이라 **今夫野人孺子聞樂**하여 **以爲聲歌絃管之會爾**어니와 **苟善樂者聞之**면 **則五音十二律**이 **必有一當**하여 **接於耳而分矣**니 **夫論文者**가 **豈異於是乎**아 **宋朝歐陽曾公之文**이 **其才皆偏於柔之美者也**니 **歐公**은 **能取異己者之長而時濟之**요 **曾公**은 **能避所短而不犯**이라 **觀先生之文**은 **殆近於二公焉**이라 **抑人之學文**이 **其功力所能至者**는 **陳理義必明當**하며 **布置取舍繁簡廉肉不失法**하고 **吐辭雅馴**하여 **不蕪而已**라 **古今至此者**를 **蓋不數數得**이라 **然**이나 **尙非文之至**니 **文之至者**는 **通乎神明**하니 **人力不及施也**라 **先生以爲然乎**아

보내주신 글은 刻本을 응당 내게 보내주실 터이니, 抄本은 삼가 봉하여 돌려드립니다. 그러나 초본이 각본보다 낫지 못합니다. 여러 문체 중에서 書·疏·贈序가 가장 좋고, 記事의 글이 그 다음이고, 論辨이 또 그 다음입니다. 저 또한 몇 마디 말을 그 사이에 적었으니, 반드시 합당하지는 못할 것입니다. ≪梅崖集≫[8]은 과연 남들보다 빼어난 점이 있으니, 그 사람을 알지 못하는 것이 안타깝습니다. 郎君[9]과 令甥[10]은 모두 훌륭한 재주를 지녀 쉽게 헤아릴 수가 없으니 좋아하는 바에 맡겨두어 마음껏 하게 할 것이요, 그 앞길을 구속하지 않는 것이 옳습니다. 보내주신 글에 대하여 번번이 망령되이 평하였으니, 허물하지 마십시오. 가을날 더위에 체후는 평안하실까 생각합니다. 부디 自愛하시길 바랍니다.

7월 朔日에 적습니다.

惠寄之文은 **刻本固當見與**리니 **抄本謹封還**이라 **然**이나 **抄本不能勝刻者**라 **諸體中書疏贈序爲**

8) 梅崖集 : 朱仕琇(1715~1780)의 문집이다. 주사수는 자는 裵瞻, 호는 梅崖로, 福建 建寧 사람이다. 乾隆 13년(1748)에 進士가 되어 山東 夏津縣의 知縣, 福寧府敎授가 되었다. 병으로 사직한 뒤에 福州 鼇峰書院에서 강론하였으며, 古文에 뛰어났다.

9) 郎君 : 상대방의 아들에 대한 존칭으로 쓰였다.

10) 令甥 : 상대방의 甥姪에 대한 미칭이다. 여기서는 魯九皐의 조카인 陳用光(1768~1835)으로 자는 碩士, 新城 사람이다. 嘉慶 6년(1801)에 進士가 되어 편수관을 거쳐 禮部侍郎에 이르렀다. 姚鼐의 문하생으로, 저서에 ≪太乙舟文集≫이 있다.

上이요 記事之文次之요 論辨又次之라 鼐亦竊識(지)數語於其間하니 未必當也라 梅崖集은 果有逾人處하니 恨不識其人이라 郎君令甥은 皆美才未易量이니 聽所好恣爲之요 勿拘其途가 可也라 於所寄文에 輒妄評說하니 勿罪勿罪하라 秋暑에 惟體中安否아 千萬自愛하라 七月朔日이라

42. 蔣松如에게 답한 편지　復蔣松如書*

* 蔣松如는 생애가 자세히 알려져 있지 않다. 이 글에서 요내는 동시대 학자들이 漢學을 추종하는 풍토를 비판하고, 장송여가 朱熹의 ≪四書集註≫를 공박한 데 대하여 반박하였다. 이 글은 요내가 宋學에 학문적 기초를 두고 있으면서도 송학에 대한 맹종을 경계하고 한학의 博覽强記 또한 부분적으로 긍정하여 兩者의 장점을 취하고자 하였음을 보여준다.

오랫동안 鄕里에 머물러 있으면서 海內의 어진 선비들과 만나지 못한지라 耳目이 이 때문에 흐리멍덩하였습니다. 그러다 겨울에 조카 浣江이 선생의 大作 몇 편을 부쳐왔는데, 펼쳐서 읽어보자 마치 기린과 봉황이 갑자기 눈앞에 나타난 듯하여 기쁜 마음을 스스로 그칠 수 없었습니다. 行間에서 그 의미를 조금 알고는 도리어 아름다움을 칭송하고 감탄하는 데에 미진한 점이 있을까 염려하였습니다. 그러나 자못 수정을 가할 부분이 있었으니, 장차 高明께 죄를 얻어 용렬하고 망령되이 멋대로 판단한 죄를 입을까 두려워하고 있었습니다. 그런데 도리어 곧 손수 쓰신 편지를 보내주시어 매우 겸손하게 의리를 이끌어 말씀하시고 도리어 〈저의〉 어리석은 견해로 논한 바를 기쁘게 여기시니, 이에 저는 더욱 머리 숙여 스스로 부끄러워하였고, 또 군자의 진심이 겸허한 마음으로 잘 인도하여 남의 훌륭한 점을 기꺼이 취하는 것이 이 정도에 이르렀음을 알았습니다.

저는 선생과 비록 미처 만나지는 못했으나 알아주고 아껴주는 情誼를 이처럼 입었으니, 곁에서 따르면서 스스로 멀지 않은 同類[1]라고 여기지 않을 수 있겠습니까. “마음으로 사랑하니 어찌 말해주지 않으리오.”[2]라고 하였으니, 여전히 선생께

1) 同類 : 원문은 ‘艸木臭味’이다. ≪春秋左氏傳≫ 襄公 8년에 “지금 草木에 비유하건대 寡君은 晉君에 대해 진군의 氣味입니다.〔今譬於草木 寡君在君 君之臭味也〕”라는 말이 보인다. 이에 대한 주석에 杜預는 “同類라는 말이다.〔言同類〕”라 하였고, 林堯叟는 “초목의 향기와 맛이 동일한 경우와 같다.〔如草木香氣滋味之同者〕”라 하였다.

2) 마음으로……않으리오 : ≪詩經≫ 〈小雅 隰桑〉에 “마음으로 사랑하니 어찌 말해주지 않으리오마는 마음속에 간직하고 있으니 어느 날인들 잊으리오.〔心乎愛矣 遐不謂矣 中心藏之 何日忘之〕”라

말씀드리고 싶은 점이 있는지라 원컨대 마침내 어리석은 견해를 다 말씀드리고자 합니다.

久處閭里에 不獲與海內賢士相見이라 耳目爲之瞶霧[3]러니 冬間에 舍姪浣江이 寄至先生大作數篇하니 展而讀之에 若麒麟鳳皇之驟接於目하여 欣忭不能自已러라 聊識其意於行間에 顧猶恐頌歎盛美之有弗盡이로되 而其頗有所引繩者라 將懼得罪於高明하여 而被庸妄專輒之罪也러니 乃旋獲惠賜手書에 引義甚謙하고 而反以愚見所論爲喜하니 於是에 鼐益俯而自慙하고 而又以知君子之衷이 虛懷善誘하여 樂取人善之至於斯也라 鼐與先生으로 雖未及相見이나 而蒙知愛之誼如此하니 得不附於左右하여 而自謂艸木臭味之不遠者乎아 心乎愛矣어니 何不謂矣리오하니 尙有所欲陳說於前者라 願卒盡其愚焉하노라

秦·漢 이래로 經書를 해설한 儒者들이 많았으니 그 합하고 나뉘는 것이 진실로 한두 가지가 아니었습니다. 宋나라 때 程子와 朱子가 나와서는 실로 古人의 정미하고 심오한 취지에 대하여 터득한 것이 많고 文辭를 자세히 탐구하면서 서신을 주고받은 정이 또한 게다가 곡진히 서로 맞았으니, 옛날의 유자들이 서툴고 고지식하여 서로 마음이 맞지 않았던 것과는 달랐습니다. 그들이 평생 자기를 수양하고 德業을 수립한 것 또한 실로 그들이 말한 바를 족히 실천하여 후세 사람들이 사모하는 바가 되었습니다. 그러므로 元·明 이래로 모두 정자와 주자의 학문으로 선비를 선발하였습니다. 그런데 이익과 官祿의 길이 한번 열리자 그 학문을 하는 자는 이로써 부귀를 추구할 뿐이었으니, 〈정자와 주자의〉 말에 잘못이 있어도 여전히 받들고서 감히 조금도 어기지 않았고, 〈정자와 주자가〉 터득한 것 또한 그것이 터득한 것이 되는 까닭을 몰랐습니다. 이는 진실로 수백 년 이래 학자들의 비루한 습속이었습니다.

自秦漢以來로 諸儒說經者多矣라 其合與離가 固非一途러니 逮宋程朱出하여는 實於古人精深之旨에 所得爲多요 而其審求文辭往復之情이 亦更爲曲當하니 非如古儒者之拙滯而不協於情也라 而其生平修己立德이 又實足以踐行其所言하여 而爲後世之所嚮慕라 故로 元明以來로 皆

는 말이 보인다.

3) 霧 : 저본에 '霧'로 되어 있는데, ≪惜抱軒詩文集≫(上海古籍出版社, 1992)에는 '霿'으로 되어 있다. 서로 통용자로 어둡다는 뜻이다.

以其學取士하니 **利祿之途一開**에 **爲其學者**가 **以爲進趨富貴而已**라 **其言有失**이라도 **猶奉而不敢稍違之**하니 **其得亦不知其所以爲得也**라 **斯固數百年以來學者之陋習也**라

그러나 지금 시대의 학자는 도리어 그것을 일체 바로잡고자 생각하여 漢學[4]을 오로지 존숭하는 것을 최고로 여기고 정자와 주자를 공박하는 것을 잘하는 것으로 여깁니다. 자기 견해를 고집하고 명성을 좋아하는 한두 사람에게서 창도되어 서로 잇따라 모방하는 것이 이로 인하여 크게 학술의 폐해가 되고 있습니다.

무릇 漢나라 사람이 말한 것 중에 宋나라 사람보다 나아서 응당 따라야 할 내용이 없는 것은 아니지만, 大小를 구분하지 않고 精麤를 변별하지 않는 것은 오늘날 한학을 하는 자들의 비루한 점입니다. 그래도 지난날 時文[5]을 짓던 선비로서 한 선생의 학설만을 고수하여 편협해지는 잘못이 있던 자들보다는 나은 면이 있습니다. 널리 들어 알고 잘 기억하여 송나라 군자들이 빠뜨린 바를 보조하는 것은 가능하겠지만, 그리하여 장차 송나라 군자들을 뛰어넘는 것은 불가합니다.

然이나 **今世學者**는 **乃思一切矯之**하여 **以專宗漢學爲至**하고 **以攻駁程朱爲能**하니 **倡於一二專己好名之人**하여 **而相率而效者**가 **因大爲學術之害**라 **夫漢人之爲言**이 **非無有善於宋而當從者也**나 **然**이나 **苟大小之不分**과 **精麤之弗別**은 **是則今之爲學者之陋**로되 **且有勝於往者爲時文之士**가 **守一先生之說**하여 **而失於隘者矣**라 **博聞强識**(지)하여 **以助宋君子之所遺**는 **則可也**어니와 **以將跨越宋君子**는 **則不可也**라

戴震

저는 예전에 도성 안에 있을 적에 戴東原[6] 같은 이들과 편지를 왕복하여 일찍이 이 일을 논하였고 〈送錢獻之序〉[7]를 지어 이 뜻을 천명하였으니, 저의 힘이 작

4) 漢學 : 漢나라 때 訓詁에 치중하였던 經學을 일컫는 말이다. 淸나라 乾隆·嘉慶 연간에 학자들이 이러한 경향의 학문을 존숭하였다.
5) 時文 : 과거 시험의 답안에 쓰던 문체인 八股文을 이른다.
6) 戴東原 : 淸나라의 고증학자 戴震을 말한다. 東原은 그의 字이다. 자세한 사항은 본서 〈程綿莊文集序〉 역주 4) 참조.
7) 送錢獻之序 : 본서에 수록된 〈贈錢獻之序〉를 말한다.

고 외로움을 스스로 헤아리지 않는 것은 아니지만 의리상 말없이 있을 수는 없습니다. 선생은 흉중에 아마도 여전히 한학의 뜻이 남아 있는데 시원스레 결별하여 버리지 못하는 면이 있는 듯하므로 다시 그것을 철저히 논하겠습니다.

鼐往昔在都中에 **與戴東原輩往復**하여 **嘗論此事**하고 **作送錢獻之序**하여 **發明此旨**하니 **非不自度**(탁)**其力小而孤**로되 **而義不可以默焉耳**라 **先生胸中**에 **似猶有漢學之意存焉**이어늘 **而未能豁然決去之者**라 **故**로 **復爲極論之**하노라

木鐸의 의미에 대하여 蘇氏의 說을 ≪集注≫에서 진실로 취하기는 하였으나 그것을 정확한 해석으로 여기지 않은 것은, '벼슬을 잃은 것을 걱정할 게 있겠는가'라는 대목과 照應하기에는 뜻이 조금 멀기 때문입니다.[8] 盆成이 살해당한 것에 대한 ≪집주≫[9]로 말하면 뜻이 매우 정확하고 합당한데 선생은 어찌 이를 공박하는 것입니까. 朱子의 說 중에 진실로 과연 그릇된 것이 있으나 이 조목은 그릇되지 않은 듯하니, 다시 생각하기를 바랍니다.

木鐸之義는 **蘇氏說**을 **集注固取之矣**나 **然**이나 **不以爲正解者**는 **以其對何患於喪意少遠也**라 **至盆成見殺之集注**하여는 **義甚精當**이어늘 **先生曷爲駁之哉**오 **朱子說誠亦有誤者**로되 **而此條恐未悞也**니 **望更思之**라

---

8) 木鐸의……때문입니다 : ≪論語≫ 〈八佾〉에 "그대들은 夫子가 벼슬을 잃은 것을 걱정할 게 있겠는가. 천하가 무도해진 지 오래이니, 하늘이 장차 부자를 목탁으로 삼을 것이다.〔二三者 何患於喪乎 天下之無道久矣 天將以夫子爲木鐸〕"라는 구절이 보인다. 이에 대해 蘇轍은 "목탁은 길에서 宣示하는 것이니, 하늘이 부자로 하여금 벼슬을 잃고 사방을 두루 돌아다니면서 그 가르침을 행하게 하는 것이 마치 목탁이 길에서 선시하는 것과 같을 것이라는 말이다."라고 해설하였다. 朱熹는 ≪集註≫에서 이 견해를 '혹자의 견해〔或曰〕'로 제시하고, 자신은 이 구절에 대하여 "목탁은 쇠로 입을 만들고 나무로 혀를 만들어 政敎를 베풀 때 흔드는 것이니 여러 사람을 경계하는 것이다. 어지러움이 극에 이르면 마땅히 다스려지니, 하늘이 반드시 장차 부자로 하여금 벼슬을 얻어 교화를 베풀게 하여 오래도록 벼슬을 잃게 하지는 않을 것이라는 말이다."라고 해설하였다.

9) 盆成이……집주 : ≪孟子≫ 〈盡心 下〉에 "盆成括이 齊나라에서 벼슬을 하였는데 孟子가 말하였다. '죽겠구나, 분성괄이여!' 분성괄이 살해당하자 門人이 물었다. '夫子께서는 그가 장차 살해당할 것을 어떻게 아셨습니까?' 맹자가 말하였다. '그 사람됨이 조금 재주가 있지만 君子의 大道를 알지 못하니 자기 몸을 죽이기에 족하였을 따름이다.'〔盆成括仕於齊 孟子曰 死矣 盆成括 盆成括見殺 門人問曰 夫子何以知其將見殺 曰 其爲人也 小有才 未聞君子之大道也 則足以殺其軀而已矣〕"라는 구절이 보인다. 朱熹는 ≪四書集註≫에서 이에 대해 "재주를 믿고 함부로 행동하는 것은 禍를 취하는 것이다.〔恃才妄作 所以取禍〕"라고 해설하였다.

나는 蓉菴先生께는 후배가 되고 사는 곳도 서로 거리가 매우 멉니다. 潁州[10)]와는 곧 같은 해에 급제한 사이이니, 선생이 영주에게 이르기를 "兄은 진실로 姚鼐와 동배 사이이니 지나치게 겸손한 것은 마땅한 바가 아닙니다."라고 하였습니다.

객지에서 부디 보중하시고 때때로 가르치는 말씀을 내려주시기를 바랍니다. 어리석고 비루한 제가 臆見을 경솔히 말씀드리니 부디 끝까지 용서해주십시오.

鼐於蓉菴先生爲後輩요 **相去甚遠**이라 **於潁州**에 **乃同年耳**니 **先生謂潁州曰 兄固於鼐**에 **同一輩行**(항)이니 **而過於謙**은 **非所宜也**라 **客中惟保重**하고 **時賜教言爲冀**라 **愚陋率達臆見**하니 **幸終宥之**하라

---

10) 潁州 : 蔣熊昌을 이른다. 字는 澄川이다. 乾隆 28년(1763)에 姚鼐와 나란히 進士가 되었다. 安徽省 潁州의 知府를 맡은 적이 있으므로 이렇게 부른 것이다.

43. 王鐵夫에게 보낸 편지 與王鐵夫書*

* 王鐵夫(1755~1817)는 淸나라의 관리이자 서예가로, 이름이 芑孫, 字가 念豐이며, 鐵夫는 그의 號이다. 乾隆 53년(1788)에 擧人으로 선발되어 華亭敎諭 등의 벼슬을 역임하였으며, 저서에 ≪淵雅堂集≫ 등이 있다. 王芑孫의 편지에 대한 答書인 이 글에서 요내는 그가 자신을 알아보아준 데 대한 감격을 서술한 한편, 왕기손의 平淡한 문장과 절묘한 書法을 특별히 賞讚하였다.

10월 24일에 姚鼐가 머리를 조아리고 鐵夫先生 侍史[1)]께 글을 올립니다.

옛날 桓譚의 말에 "무릇 사람은 가까운 것을 소홀히 하고 먼 것을 귀히 여긴다." 하였습니다. 저처럼 재주가 없는 사람으로 지금의 시대에 사는 것은 참으로 이른바 祿과 지위, 용모가 사람들을 움직이지 못한다는 경우인데,[2)] 선생은 홀로 저를 성대히 칭찬하여 문집에 실으셨습니다. 이는 사람을 取捨하는 것이 세속의 情과는 먼 것이요, 제가 賢哲에게서 버림받지 아니하여 후세의 揚子雲을 기다릴 필요가 없게 된 것이니,[3)] 어찌 다행이 아니겠습니까. 온 세상이 다 그러하니 나를 알아주는 사람을 어찌 다시 만날 수 있겠습니까마는, 서로 간의 거리가 4, 5백 리 되어 한 번

王芑孫

1) 侍史 : 고대에 貴人의 곁에서 문서를 맡아보며 비서 역할을 하던 사람인데, 편지에서 상대방을 높이기 위하여 이름 밑에 붙이는 말로 쓰인다.

2) 옛날……경우인데 : 桓譚은 揚雄의 사상을 계승한 後漢의 학자이다. 환담은 양웅의 저술을 폄하하는 당시 풍조를 비판하면서 "무릇 사람들은 가까운 것을 천시하고 먼 것을 귀하게 여긴다. 揚子雲을 직접 보면 祿과 지위, 용모가 사람을 감동시키지 못하기 때문에 그 글을 경시하는 것이다.〔凡人賤近而貴遠 親見揚子雲 祿位容貌 不能動人 故輕其書〕" 하였다.(≪漢書≫ 〈揚雄列傳〉) 이는 양웅이 당대인이기 때문에 오히려 제대로 대접받지 못한다는 뜻으로 한 말이다.

3) 후세의……것이니 : 韓愈의 〈與馮宿論文書〉에 "옛날에 揚子雲이 ≪太玄≫을 짓자 사람들이 모두 비웃었는데, 양자운이 말하기를 '세상이 나를 알아주지 않는 것은 해로울 것이 없다. 후세에 다시 양자운이 나오면 틀림없이 ≪태현≫을 좋아할 것이다.' 하였다.〔昔揚子雲著太玄 人皆笑之 子雲之言曰 世不我知 無害也 後世復有揚子雲 必好之矣〕"라는 말이 보인다.

도 만날 기회가 없었기에 오랫동안 한 통의 편지를 左右께 올리고자 하였으나 홀홀히 미처 실행하지 못하였습니다.

그런데 어제 아드님이 이르매 마침내 먼저 보내주신 편지를 받으니, 펼쳐 읽으며 뛸 듯이 기쁜 마음을 이기지 못하였고, 또 스스로 저의 소홀함과 게으름을 부끄러워하였습니다. 추운 겨울에 起居가 萬福하시리라 생각합니다.

十月二十四日에 **姚鼐頓首奉書鐵夫先生侍史**하노라 **昔**에 **桓譚有言**하되 **凡人忽近而貴遠**이라하니 **以鼐之不才**로 **又於今世**는 **固所謂祿位容貌不能動人者**어늘 **而先生獨盛稱之**하여 **載諸**(저)**文集**하니 **是其取舍**가 **遠乎流俗之情**이요 **而鼐獲不棄於賢哲**하여 **有不待乎後世之子雲也**니 **豈非幸哉**아 **擧世滔滔**에 **知己**를 **寧可再遇**리오만은 **而相去四五百里**에 **無因緣一見**일새 **久欲奉一書於左右**로되 **而忽忽未及爲**러니 **昨賢子至**에 **乃承賜書先之**하니 **展誦**에 **喜躍不可勝**이요 **而又以自慚其疎惰也**라 **冬寒**에 **惟興居萬福**이라

선생이 지은 문장의 아름다움을 지난번에 문집을 얻어 본디 이미 읽고 흠모하였는데, 지금 또 碑記(碑文) 몇 편을 읽으니 예스럽고 담박한 맛이 아낄 만함이 거의 지금 세상에는 없는 것임을 더욱 깨닫겠습니다. 무릇 古人의 문장의 체재는 한 가지 종류가 아니요, 그 진귀하고 奇麗함을 떨치고 발한 것이 또한 모두 아무 뜻이 없는 데서 나왔다고는 할 수 없습니다. 그러나 중요한 것은 재주와 능력, 氣勢를 구사하여야 반드시 이를 수 있는 바요, 애써 노력하여 그러한 문장을 지을 수 있는 것은 아니라는 점이니, 後人이 애써 배우면 종이 위에 〈글자가〉 쌓이고 쌓여 마치 혹이 붙은 것과 같이 쓸데없음을 깨닫습니다. 그러므로 문장의 경지는 평담함보다 좋은 것이 없으니, 〈평담한 문장은〉 지은 글과 표현한 뜻이 마치 자연스럽게 생성된 듯한 점이 있습니다. 이것은 熙甫(歸有光)가 문장가의 正傳[4]으로 여긴 것이니, 선생은 참으로 그 正傳을 얻었습니다.

先生文章之美는 **曩得大集**하여 **固已讀而慕之矣**러니 **今又讀碑記數首**에 **彌覺古淡之味可愛**가 **殆非今世所有**라 **夫古人文章之體**는 **非一類**요 **其瑰瑋奇麗之振發**은 **亦不可謂其盡出於無意也**라 **然**이나 **要是才力氣勢驅使之所必至**요 **非勉力而爲之也**니 **後人勉學**에 **覺有累積紙上**이 **有如贅疣**라 **故**로 **文章之境**은 **莫佳於平淡**하니 **措語遣意**가 **有若自然生成者**라 **此熙甫所以爲文家**

4) 正傳 : 여기서는 正統의 傳授를 뜻한다.

之正傳이니 **而先生眞爲得其傳矣**라

詩와 文은 실로 한 가지 이치이나 취하는 길은 다릅니다. 선생의 시는 宋賢의 시를 체득하여 썼지만 음미하여 읊은 뒤에 自得한 데에서 비롯되는 운치가 따로 있으니, 희보처럼 문만 아름답고 시는 平淺한 자가 비할 수 있는 바가 아닙니다. 선생의 글씨의 경우에도 아주 좋습니다. 부쳐온 책자를 마땅히 꾸며서 대대로 간직할 가보로 삼을 것이니, 실로 다시 받들어 돌려보내지 못합니다. 기쁘고 앙모하는 뜻을 대략 논하였는데, 들으면서 마땅하다고 여기시는지요?

詩之與文은 **固是一理**나 **而取逕則不同**이라 **先生之詩**는 **體用宋賢**이로되 **而咀誦之餘**에 **別有韻味由於自得**하니 **非如熙甫文佳而詩則平淺者所可比也**라 **至於尊書**하여는 **亦殊妙**라 **所寄冊**을 **當裝以爲世寶**니 **固不復奉還**이라 **略論其欣仰之意**하니 **聞之**에 **以爲有當否**아

저는 올해는 江寧에서 선달을 넘길 것이니, 돌아갈 시기는 아직 결정하지 못했습니다. 예전에 蘇州를 한번 유람한 적이 있어 그 풍경을 몹시 그리워하니, 만약 다시 동쪽으로 가서 한번 容儀를 볼 수 있다면 평생에 크게 후련한 일이 될 것입니다. 다만 이러한 기회가 실현될 수 있을지 모르겠습니다. 아드님이 이곳에 기다리고 있고 또 때때로 편지를 통할 수 있기에 서둘러 답장을 쓰느라 예를 갖추지 못합니다.

鼐는 **今歲在江寧過**臘(랍)하니 **歸期**는 **尙未能決**이라 **昔年**에 **嘗一遊蘇州**하여 **極思其風景**하니 **若再獲東來**하여 **一瞻容儀**면 **則大快平生矣**라 **但不知得果此緣否**아 **賢子在此**요 **且當時得通書**일새 **率復不具**라

44. 姚春木에게 답한 편지　復姚春木書*

* 요내가 嘉慶 10년(1805)에 姚椿(1777~1853)에게 보낸 답신이다. 요춘은 江蘇 婁縣 사람으로, 자는 春木 또는 子壽이고 호는 樗寮이다. 監生이 되어 京師에서 詩名을 떨쳤고, 뒤에 요내에게 수학하여 古文으로 이름이 났다. 墨竹畫에도 뛰어났다. 荊南書院과 景吳書院의 主講을 지냈다. 史書를 찬술하려는 요춘에게 요내는 저술을 통해 명성을 남기는 것은 하늘에 달린 일이라는 견해를 밝히고, 아울러 桐城 前輩의 저술과 간행 현황에 대해 말하였다.

姚鼐가 머리를 조아리고 春木 足下께 글을 올립니다.

저는 지금 세상의 일개 凡才일 뿐인데 족하는 도리어 〈제가〉 宋元 이래의 학문과 문장의 正統을 계승했다 하면서 추대하고 존중하니, 참으로 부끄럽습니다. 참으로 부끄럽습니다. 평소 족하와 글로 교유한 인연이 없는데 천 리 길을 멀다 않고 편지를 보내 가르침을 구하여 겸허한 마음으로 善을 좋아하니, 족하의 뜻은 훌륭하지만 저는 이를 받을 만한 사람이 못 됩니다.

무릇 학문을 구하는 방도는 평소 보고 들어 좋아하는 바에서 비롯되는 경우는 늘 그 편벽됨이 문제가 되고, 공평한 마음으로 두루 취하면 정밀하지 못함이 병통이 됩니다. 저의 견해는 늘 공평함을 유지하려고 하니, 진실로 한쪽에 골몰하는 자와 비교해보면 조금 다릅니다. 그러나 정밀하지 못할까 늘 스스로 두려워하니, 이것이 海內의 어진 士君子가 가르쳐 향상시켜주기를 바라는 바입니다. '이기고자 하는 마음이 있다'는 말씀으로 말하자면 진실로 감히 그렇게 하지 못합니다.

姚鼐頓首春木足下하노라 鼐今世一庸才耳어늘 足下乃以宋元以來學問文章之統相屬(촉)이라하여 見推崇重하니 甚愧甚愧라 素無文遊之緣이어늘 不遠千里하고 遺書求益하여 謙懷樂善하니 足下之志則美矣로되 顧鼐不足尸之耳라 夫求學之道는 牖於聞見之所嗜好者는 每患其偏이요 平心廣采하면 則病其不精이라 愚見嘗欲持平하니 固視偏溺者差異矣라 然이나 嘗自恐不精하니 此所望海內賢士君子가 有以教益之라 至於求勝之心하여는 則誠未敢也라

족하가 저술하려고 하는 책은 이것은 한 시대의 史學이니 뜻한 바가 매우 큽니다. 옛날에 退之(韓愈)가 젊었을 때는 唐나라의 史書 하나를 완성하려는 뜻이 있었다가[1] 후에 史官이 되어서는 도리어 감히 그 일을 자기 일로 여기지 못했으니[2] 의아하다 할 만합니다. 그러나 저는 이 또한 하늘에서 정한 운수가 있다고 생각합니다. 무릇 태어나면서 부귀한 것과 죽어서 명성이 있는 것은 그 득실의 크고 작음이 모두 하늘이 준 것입니다. 저술은 사람의 명성이 이를 통해 얻어져 기탁하는 바입니다. 그러므로 하늘이 이루어지기를 바란다면 이루어지고 하늘이 전해지기를 바란다면 전해지며, 그렇지 않으면 사라지고 맙니다. 그러하니 족하는 우선 또한 이를 써서 하늘의 뜻을 들으면 될 따름입니다.

足下所欲爲紀載之編은 **此一代史學也**니 **所志甚大**라 **昔退之少有成唐一經之志**라가 **及後身爲史官**하여는 **乃反不敢彻其事**하니 **可謂惑矣**라 **然**이나 **鼐謂此亦有天數焉**이라 **夫生而富貴**하고 **及死而聲名**은 **其得失大小**가 **皆天所與也**라 **紀載者**는 **人名聲所由得之所託也**라 **故**로 **天欲其成乃成**하고 **天欲其傳乃傳**하며 **不然則廢**니 **足下姑亦爲之**하여 **以聽天意可耳**라

제가 전에 지은 ≪九經說≫[3]은 이미 刻本이 있으니 지금 부쳐 보냅니다. 증보한 부분 및 아직 판각하지 못한 다른 책은 베껴 보내지 못합니다. 보내주신 ≪湖海詩傳≫[4]은 아직 도착하지 않았으니, 어디에서 사라졌는지 모르겠습니다. 逑庵

1) 退之(韓愈)가……있었다가 : 韓愈가 貞元 8년(792)에 進仕가 된 뒤 吏部試에 세 번이나 떨어지자 崔立之가 편지를 보내 위로하였다. 한유가 답장을 보내기를 "〈관직을〉 모두 얻지 못한다면 넓고 한적한 들에서 밭 갈고 적막한 물가에서 낚시하며 국가의 遺事를 모으고 賢人과 哲士들의 일생을 고찰하여 唐나라의 史書 하나를 편찬해 무궁한 후세에 전하여 과거의 간사하고 아첨한 자들을 벌하고 숨겨진 德行을 드러내 밝히겠습니다.〔若都不可得 猶將耕於寬閑之野 釣於寂寞之濱 求國家之遺事 考賢人哲士之終始 作唐之一經 垂之於無窮 誅姦諛於旣往 發潛德之幽光〕"라고 하였다.(≪韓昌黎文集≫ 권16 〈答崔立之書〉)

2) 후에……못했으니 : 韓愈는 元和 8년(814)에 史館修撰이 되었다. 이 당시 劉秀才에게 보낸 편지에서, 한유는 역대 史官들이 화를 당한 사례를 열거하고는 사서를 찬술한 자에게는 "人禍가 없으면 반드시 天刑이 있다."고 하면서 사서를 찬술하지 않겠다는 뜻을 밝혔다. 그 후에 柳宗元에게도 비슷한 내용의 편지를 보냈다가 비판을 받은 바 있다.(≪韓昌黎文集 外集≫ 권2 〈答劉秀才論史書〉, ≪柳河東集≫ 권3 〈與韓愈論史官書〉)

3) 九經說 : 姚鼐가 ≪易經≫, ≪書經≫, ≪詩經≫, ≪周禮≫, ≪儀禮≫, ≪禮記≫, ≪春秋≫, ≪論語≫, ≪孟子≫에 대한 諸家의 견해 중 의심스러운 부분을 논변한 책으로, 총 17권이다.

4) 湖海詩傳 : 淸代의 학자 王昶(1724~1806)이 편찬한 淸代 詩家總集이다. 총 46권으로 600여 명의 작품을 수록하였다. 康熙 51년(1712)에 편찬을 시작하여 嘉慶 8년(1803)에 완성되었다. 왕창

선생(王昶)은 생각건대 여전히 건강하실 터이니, ≪湖海文傳≫[5)]은 책이 완성되었습니까?

先伯父 薑隖先生[6)]은 완성한 책은 없지만 평소 독서하면서 깨달은 바를 책 첫머리에 작은 글씨로 쓰기를 좋아하셨습니다. 제가 筆記를 集成하려 했지만 너무 자질구레하여 모으기 어려웠기 때문에 이루지 못했으니, 〈이것이〉 제가 가장 유감스럽게 여기는 것입니다. 겨우 몇 조목을 뽑아서 任意로 저의 ≪구경설≫에 편입했을 뿐입니다.

王昶

우리 고을의 密之先生[7)]의 찬술과 飮光[8)]·海峰[9)]·南堂[10)]·息翁[11)]의 詩文集은 모두 각본이 있지만 이곳에서 갑자기 얻을 수는 없고, 江氏와 金氏[12)]의 책은 모두 歙縣에 있습니다.

은 江蘇 青浦 사람으로 자가 德甫, 호가 述庵 또는 蘭泉이다. 乾隆 19년(1754)에 進士가 되어 內閣中書를 지냈고 刑部右侍郎까지 올랐다. 사직한 뒤에는 婁東書院과 敷文書院의 主講을 맡았다.

5) 湖海文傳 : 王昶이 편찬한 淸代 散文總集이다. 康熙 중엽부터 乾隆 연간까지 1,000여 명의 문장 700여 편을 수록하였다. 왕창이 죽기 1년 전인 嘉慶 10년(1805)에 편찬이 완료되었고, 왕창 사후에 손자인 王紹基가 간행하였다.

6) 薑隖先生 : 薑隖는 요내의 백부 姚範(1702~1771)의 호이다.

7) 密之先生 : 密之는 明末淸初의 학자 方以智(1611~1671)의 자이다. 安徽 桐城 사람으로 호는 曼公 또는 鹿起이다. 崇禎 13년(1640) 進士가 되어 翰林院檢討를 지냈다. 明나라가 망하자 출가하여 이름을 大智로 바꾸었다. 抗淸 활동을 하다가 체포되어 순국했다. 과학과 철학에 밝아 ≪易秘≫와 ≪東西均≫, ≪通雅≫, ≪物理小識≫ 등의 저술을 남겼다.

8) 飮光 : 明末淸初의 학자 錢澄之(1612~1693)의 자이다. 安徽 桐城 사람으로 初名은 秉鐙, 호는 田間老人, 西頑道人이다. 抗淸 운동을 하다가 南明 桂王 때 編修, 知制誥를 지냈다. 桂林이 淸軍에 점령된 뒤 은둔하여 저술에 전념했다. 經學, 數學, 地理, 訓詁 등 다방면에 밝았으며 詩文으로도 이름이 났다.

9) 海峰 : 淸代의 문인 劉大櫆(1698~1780)의 호이다. 安徽 桐城 사람으로 자는 才甫 또는 耕南이다. 乾隆 연간에 천거를 받아 博學鴻詞科에 응시했지만 떨어졌고, 후에 黟縣教諭를 지냈다. 方苞의 제자이자 姚鼐의 스승으로 桐城派의 대표적 문인이다.

10) 南堂 : 淸代의 시인이자 書法家인 方貞觀(1679~1747)의 호이다. 安徽 桐城 사람으로 이름은 世泰이고 자는 貞觀 또는 履安이다. 여러 번 낙방한 뒤로 과거를 단념하였고, 시와 글씨로 명성을 떨쳤다. 戴名世의 ≪南山集≫ 사건에 연루되어 旗籍에 예속되었다가 乾隆 원년(1736)에 풀려났다.

11) 息翁 : 淸代의 학자이자 시인인 方世擧(1675~1759)의 호이다. 安徽 桐城 사람으로 자는 扶南이다. 박식하였으며 시를 잘 지었다. 乾隆 연간에 천거를 받아 博學鴻詞科에 응시했지만 떨어졌다. 만년에는 韓愈의 시를 惑愛하여 ≪韓詩編年箋注≫를 지었다.

12) 江氏와 金氏 : 모두 桐城 출신의 문인일 듯한데, 미상이다.

鼐舊作九經說은 已有刻本하니 今寄上하노라 其有增益及他書未刻者는 則未能寫寄라 賜寄湖海詩傳乃未至하니 不知於何處浮沈이라 述庵先生은 想尙健하니 其文傳成書未邪아 先伯薑隖先生은 無成書로되 平生讀書하여 好以所得細書記於簡端하니 鼐欲爲集成筆記라 然이나 以其太碎細難輯이라 故不能就하니 私心所最憾이라 僅采數條하여 以意次敘入鼐九經說而已라 至敝鄕密之先生撰述과 飮光海峰南堂息翁詩文集하여는 皆有刻本이나 而此間卒未可得이요 若江金書는 則具在歙也라

저는 얼마 전 皖(安徽省 桐城)에서 金陵(南京)으로 옮겨와 鍾山書院의 主講이 되었습니다.[13] 노쇠하여 큰 글씨를 전혀 쓰지 못하고, 부탁하신 楹聯[14]의 글자가 또 저의 家諱에 저촉되므로 쓸 수 없습니다. 胡雒君[15]은 쓰려던 책들이 다 아직 완성되지 못했는데 작년에 이미 병으로 세상을 떠났으니, 참으로 슬픕니다. 우리 고을에서 이런 인물은 또한 많이 얻기가 쉽지 않습니다.

이에 人便을 통해 답장을 보내오니, 언제쯤 한번 뵙고 이야기를 나눌 수 있겠습니까. 이따금 소식을 알려주기를 바랍니다. 예를 갖추지 못합니다.

鼐頃自皖移來金陵하여 主鍾山書院이라 衰老絶不能作大字요 所命爲楹對字가 又犯鼐家諱라 故不可爲也라 胡雒君은 所欲爲書皆未成이어늘 而於去年已病喪矣니 甚可傷이라 敝邑如此子者는 亦未易多得也라 茲因便上復하노니 安得一見面言가 希時通消息이라 不具라

13) 저는……되었습니다 : 姚鼐는 乾隆 55년(1790)에 鍾山書院의 주강이 되었는데, 嘉慶 6년(1801)부터 3년간 敬敷書院에 있을 때를 제외하고는 죽을 때까지 그곳에서 학생들을 가르쳤다.

14) 楹聯 : 기둥에 부착하거나 걸어두는 對句의 글귀를 말한다.

15) 胡雒君 : 胡虔(1753~1804)으로, 雒君은 자이다. 安徽 桐城 사람으로 姚鼐에게 수학하였다. 乾隆 연간에 요내의 추천으로 翁方綱의 막료가 된 뒤로, 秦瀛, 謝啓昆의 막료를 지냈다. 方志學에 밝아 ≪南昌府志≫, ≪廣西通志≫ 등을 찬수하였다.

45. 寧化[1] 三賢의 초상화에 대한 贊　寧化三賢像贊*①

*福建 寧化의 세 賢人인 雷銑, 伊朝棟, 陰承方의 초상화에 대한 贊이다. 세 사람 모두 程朱學에 힘썼음을 글의 내용을 통해 알 수 있다. 요내는 이 세 사람을 직접 만나지는 못하였고 초상화를 보고서 상상하면서 글을 지었다.

① 三賢은 故 副都御史 雷銑 翠庭과 故 光祿卿 伊朝棟 雲林과 故 歲貢生 陰承方 靜夫이다.[2]
三賢者는 故副都御史雷銑翠庭과 故光祿卿伊朝棟雲林과 故歲貢生陰承方靜夫라

宋나라가 남쪽으로 건너감에 儒學이 閩[3]에 있었으니
혹은 계승하고 혹은 끊어졌으며 혹은 거짓이고 혹은 참이었네
듣건대 세 군자가 바닷가에서 뜻을 분발하여
입으로 朱子의 가르침을 읊으면서 몸소 뜻을 세우고 실천하였네
賤子인 내가 일면식이 없어 그 사람됨을 상상하였으니
光祿卿이 별세함에 일찍이 무덤에 銘을 지었네[4]
賢子가 초상을 받들어 수로와 육로 거쳐 모셔왔어라
三賢이 함께 輔翼하여 날마다 師親을 모셨네
式穀[5]을 사모하여 雅言을 따랐네
초상을 우러러봄에 三賢이 가까이 계시니, 그 道가 날로 새로워지리

宋既南渡에 儒學在閩하니 或嗣或絶이요 或僞或眞이라 聞三君子는 厲志海濱하여 口誦朱訓하여

---

1) 寧化 : 福建 서부의 도시 이름이다.
2) 三賢은……靜夫이다 : 雷銑에 대한 정보는 자세하지 않으며, 伊朝棟(1729~1807)은 자는 用侯, 福建 寧化人이다. 주자학에 힘썼다. 陰承方(1715~1790)은 자는 靜夫, 호는 克齋이며, 福建 寧化人이다. 주자학자로서 교육에 힘썼다.
3) 閩 : 朱熹가 살았던 곳으로, 지금의 福建 지역이다.
4) 光祿卿이……지었네 : 姚鼐가 쓴 伊朝棟에 대한 묘지명은 〈資政大夫光祿寺卿加二級寧化伊公墓志銘竝序〉로, 그의 문집인 ≪惜抱軒文後集≫ 권8에 실려 있다.
5) 式穀 : 선하게 만든다는 말이다. ≪詩經≫ 〈小雅 小宛〉에 "네 아들을 잘 가르쳐서, 선을 써서 너와 똑같게 하라.〔敎誨爾子 式穀似之〕"라고 하였는데, 그 註에 "式은 씀이요, 穀은 선함이다.〔式 用也 穀 善也〕"라고 하였다.

志踐以身이라 賤子弗識하여 有想其人하니 惟光祿亡에 嘗銘其窀이러라 賢子奉圖하여 載舟與輪이라 三賢同輔하여 日侍師親이라 式穀之慕에 雅言用遵이라 瞻像匪遠하니 其道日新이라

46. 太常寺卿 萊陽 趙公의 遺像에 대한 贊

太常寺卿萊陽趙公遺像贊*①

* 趙崙(1636~1696)은 山東 萊陽 사람으로, 字는 叔公이며 號는 閬仙이다. 淸나라 順治 15년(1658)에 進士가 되었다. 康熙 11년(1672) 福建省 鄕試의 正考官을 맡았을 때와 강희 21년(1682)에 金陵의 學政을 감독하였을 때에 공정하고 청렴하게 인재를 선발한 것으로 칭송받았다. 太常寺少卿에 발탁된 바 있다. 강희 28년(1689)에 山東巡撫 錢珏의 사건에 연루되어 遼東으로 유배되었다가 1696년에 61세의 나이로 病死하였다.

①〈趙公은〉 이름은 崙이고 號는 閬仙이다.
名崙이요 號閬仙라

세상은 어떻게 잘 다스려지고 평안해지는가
오직 인재의 성대함에 달려 있으니
온갖 방면으로 인재를 살필 때에는
그 몸이 깨끗하고 바른 것이 우선이라네
간절히 賢人을 구한 것은
옛날 仁皇帝(康熙帝)께서 하신 일이니
위로 監司에서부터
아래로 守令에 이르기까지
청렴한 관원 7인을 擧用하여
탐욕스럽고 앞다투는 자들을 다잡으셨네
위대하도다, 이때 太常寺卿이
선비를 양성하는 권한을 지니고 있었으니
長江과 淮河 일대의 部를 순행할 적에
깨끗하기가 물과 거울 같아

뇌물을 물리치고 청탁을 끊어내니
마땅한 자가 뽑히고 요행으로 뽑히는 자는 없었네

世奚治寧고 維人才盛이니 察才百端에 首身潔正이라 牕焉求賢은 昔仁皇聖이니 上自監司로 下逮守令히 擧淸官七하여 以厲貪競이라 偉時太常이 持造士柄하니 行部江淮에 皎如水鏡하여 斥賕絶干에 有當無倖이라

조정에 올라 거용되었을 때
四海가 경하하였는데
나이가 예순에 이르기 전에
하던 일을 마치지 못하게 되었네
종신토록 長江 동쪽에서
휴식하며 병든 몸을 슬퍼하고 있으니
어찌하면 公이
다시 이 지역에 오실 수 있을꼬
공의 遺像을 펼치자
그리움으로 존경심이 더해지니
탄식을 발하는 보잘것없는 이 몸이
이 贊頌하는 노래를 펴노라

升擧於朝에 四海稱慶이러니 年不及耆에 厥施不竟이라 百年江介에 惟休悼病하니 安得有公이 復履玆境이리오 展公遺像에 以思增敬하니 發歎眇焉이 攄是贊詠하노라

47. 羅太孺人의 墓表　羅太孺人墓表*

＊羅太孺人은 淸나라 乾隆 연간의 학자이자 문인인 陳夢元의 어머니이다. 이 글은 남편을 잃은 홀몸으로 아들을 훌륭히 길러낸 나태유인의 행적과 덕성을 간명하게 기록한 墓表이다. 孺人은 부인에 대한 존칭으로 明淸代에는 7품 관원의 아내나 모친의 封號로 쓰였다.

攸縣의 陳檢討 夢元[1)]의 어머니가 羅太孺人이니, 처음에 贈 檢討 諱 伍南에게 시집왔을 때는 집안에 의지하여 살아갈 한 자의 땅도 없었으므로 부모(陳伍南과 羅太孺人)가 고생하여 중년에야 비로소 집을 사서 살고 아들에게 글을 읽혀 선비가 되게 하였다. 얼마 지나지 않아 贈 檢討君이 죽자 太孺人이 두 아들을 기르니 〈두 아들은〉 모두 열 살 남짓이었는데 능히 학업을 놓지 아니하여 잇달아 縣의 諸生이 되게 하였다. 이윽고 맏아들 夢龞가 또 죽자 홀로 작은아들과 살았는데, 어떤 사람이 침해하고 업신여기는데도 태유인은 따지며 다투지 못하게 하고 오직 배우는 것이 더 급하다고 독책하여 〈작은 아들이〉 進士가 되고 庶吉士[2)]에 선발되기에 이르렀다.

이때에 태유인의 나이가 일흔에 가까웠기에 檢討가 돌아가 봉양하게 해달라고 청하였다. 태유인은 고난과 즐거움이 같지 않은 상황을 만나도 능히 시종 그 마음을 고요하고 한결같이 하여 두려워하지도 않고 기뻐하지도 않더니 나이 73세에 마침내 沒世하였다. 죽음을 앞두고 있을 때 아들에게 훗날 조정에 들어가면 권세와 이익을 좇아 예전에 배운 것을 버리지 말라고 경계하였다. 그러므로 檢討는 지

---

1) 陳檢討 夢元：淸나라의 학자이자 문인인 陳夢元(1723~1797)을 이른다. 진몽원은 湖南 攸縣 사람으로, 字가 涵一이고, 號가 春江이다. 乾隆 연간에 진사가 되어, 翰林院檢討, 武英殿纂修, 三通館纂修 등의 벼슬을 역임하였다. 문집으로 ≪春江詩文集≫이 전한다.

2) 庶吉士：관직명으로 '庶常'이라고도 한다. 淸代에는 翰林院 내에 庶常館을 설치하여 새로 선발된 進士 중에서 문학과 書法에 뛰어난 자를 庶吉士로 선발해서 3년 동안 교육한 후 시험을 보여 임용하였다. 성적이 우수한 자는 翰林院의 編修官이나 檢討官으로 삼고, 나머지는 給事나 御事 등의 외직을 주었다.

금까지도 그 가르침을 받들어 단정한 선비가 되었다.

攸縣陳檢討夢元之母曰羅太孺人이니 **初歸于贈檢討諱伍南**에 **家無尺地以資生**이라 **父母作苦**하여 **中年**에 **乃能買屋以居**하고 **敎子讀書爲士**러라 **未幾**에 **贈檢討君亡**이라 **太孺人撫其二子**하니 **皆十歲餘**어늘 **能使無失業**하여 **相繼爲縣諸生**이러라 **旣而**요 **長子夢鼇又亡**이라 **獨與次子居**어늘 **或頗侵侮之**한대 **太孺人禁毋論較**(각)하고 **惟責爲學益急**하여 **以至成進士選庶吉士**라 **時**에 **太孺人年近七十**일새 **檢討請歸奉養**이라 **太孺人遭逢艱難豫樂不同**에 **能始終靜一其心**하여 **不怵不惂**하더니 **年七十三**에 **乃沒**이라 **將沒**에 **戒子異日入朝**에 **毋徇勢利而棄舊學**이라 **故**로 **檢討至今奉其敎**하여 **爲端士焉**이라

바로 長沙의 남쪽과 衡山의 북쪽 지점에 湘水가 동쪽으로 洣水를 받아들이니, 상수를 거슬러 올라가면 형산과 永州를 지나 서남쪽으로 五嶺[3]에 이르고, 미수를 거슬러 올라가면 동남쪽으로 茶陵의 동쪽에 이른다. 미수는 근원이 비록 가까우나 맑고 깨끗하기가 상수와 대등하므로 그 물가에 뛰어난 인물이 많다. 攸縣은 다릉의 하류에 위치하니 미수가 이곳에 이르러 攸水를 받아들이므로 그 通稱을 받았고[4] 미수가 서쪽으로 흘러 마침내 상수와 유수가 만나는 곳과 가까워진다고 한다.

유현 안에서는 陳氏가 가장 큰 姓氏이다. 檢討(陳夢元)의 선조는 明나라 때 과거에 급제하여 出仕한 이가 많았는데 오랜 시간이 흘러 家勢가 기울자 본업에 專心하지 못하다가 검토에 이르러 다시 그 집안을 일으켰으니, 태유인의 공이 가장 컸다.

當長沙之南과 **衡山之北**하여 **湘水東受洣**(미)**水**하니 **泝湘則逾衡永**하여 **西南屆**(계)**嶺**하고 **泝洣則東南至茶陵之東**이라 **洣源雖近**이나 **而淸徹侔於湘**이라 **故**로 **其旁多奇士**하니라 **攸縣居茶陵下流**하니 **洣至是納攸水**일새 **受其通稱**이요 **其西遂近湘攸之會云**이라 **縣中**에 **陳氏爲最大姓**이라 **檢討之祖**는 **在明**에 **多取科第仕進**이러니 **久而勢落徙業**이라가 **至檢討**하여 **再興其家**하니 **而太孺人最有力焉**이라

처음에 贈 檢討君(陳伍南)이 성안에 집을 지어 攸水의 서남쪽에 살았고, 그 6대조의 묘지인 叢壩가 또 그 서남쪽에 있으니 〈총패는〉 유수와의 거리가 10리이고

---

3) 五嶺 : 지금의 江西省·湖南省·廣東省·廣西省 사이에 위치한 大庾嶺·越城嶺·騎田嶺·萌渚嶺·都龐嶺을 이르는데, 오령산맥 또는 남령산맥으로 불린다. 湘水(湘江)를 포함하여 贛江, 北江, 東江 등 주요 하천의 발원지이다.

4) 그……받았고 : 攸縣이란 지명은 이 지역을 흐르는 攸水에서 연원했다는 뜻이다.

谿山의 勝景을 차지하고 있다. 陳氏 집안의 長者들이 증 검토군 부부가 어질다 하여 장사 지낼 때 유독 이곳에 祔葬하게 하였기 때문에 태유인은 처음에 성 북쪽에 가매장되었다가 지금은 총패의 선조 선영 아래에 묻혔다. 乾隆 27년(1762) 檢討(陳夢元)가 나라의 큰 은택을 입었을 때 추증되어 태유인에 이르렀다.

건륭 39년(1774)에 刑部郎中 桐城 姚鼐가 그 墓道에 세울 墓表를 짓는다.

初에 贈檢討君治屋城中하여 居攸水西南이요 而其六世墓地曰叢壩(패)가 又在其西南하니 距攸水十里요 據谿山之勝이라 陳氏長者謂贈檢討君夫婦賢也라하여 使葬獨祔於是라 故로 太孺人始厝城北이라가 今葬叢壩祖塋之次라 乾隆二十七年에 檢討値國覃恩에 追贈及太孺人이라 三十九年에 刑部郎中桐城姚鼐가 表其墓前之隧하노라

48. 博山知縣 武君의 墓表　博山知縣武君墓表*

武億

*博山知縣 武君은 武億(1745~1799)을 이른다. 무억은 字는 虛谷·小石이고, 號는 授經·半石山人이다. 河南 偃師 사람이다. 乾隆 45년(1780)에 進士가 되었으며 山東 博山知縣을 지냈다. 和珅이 보낸 提督番役이 횡포를 저지르는 것을 엄히 다스린 일로 인해 결국 파직되었다. 이후 范泉書院을 창건하였고, 啓文書院, 淸源書院의 主講을 지냈다. 經史와 考證學, 金石學에 뛰어나 《經讀考異》·《群經義證》·《安陽金石錄》·《授經堂詩文集》 등 수많은 저서를 남겼다. 이 글은 무억이 화신의 위세에 위축되지 않고 그 제독번역을 다스린 일을 자세히 서술함으로써 무억의 강직한 면모를 강조하고 있다.

乾隆 57년(1792)에 和珅[1]이 정권을 장악하고 步軍統領[2]을 겸임할 적에 提督番役[3]을 보내어 山東에 이르러 정찰하게 하였다. 그 番役이 무리를 이끌고 무기를 지닌 채 민간을 침범하고 학대하여 횡포를 저지르는데도 몇 縣을 지나도록 감히 그에게 문책하는 사람이 없었다. 青州의 博山縣에 이르러 바야흐로 술을 마시고 노름하며 방자하게 굴자 知縣인 武君이 이를 듣고 즉시 그를 체포하였는데, 官庭에 이르러서도 꿇어앉지 않고서 牌文을 知縣에게 보이며 "나는 提督差役(提督番役)이다."라고 하였다. 그러자 군이 꾸짖기를, "패문에는 너에게 지방관과 합동하여 도적을 잡으라고 명하였는데 너는 온 지 3일이 되었으면서 어찌 나를 찾아오지 않

1) 和珅 : 淸나라 중기의 관리이다. 乾隆帝의 총애에 기대어 자신의 지위를 남용해서 부정부패를 일삼다가 탄핵당하여 嘉慶帝에 의해 賜死되었다.
2) 步軍統領 : 提督九門步軍巡捕五營統領의 준말이다. 九門提督이라고도 한다. 북경 九門의 수비를 관장하는 관직으로 실권이 막중하였다.
3) 提督番役 : 步軍統領衙門에 예속되어 범죄자를 체포하는 일을 담당하는 하급 관리이다.

았느냐? 게다가 패문에는 2인만 파견한다고 되어 있는데 많은 무리를 이끌고 온 것은 어째서이냐?"라 하고는 즉시 사로잡아 杖을 치니, 백성들이 모두 통쾌하게 여겼다.

大吏[4]가 크게 놀라 즉시 '提督差役에게 杖을 쳤다'라는 죄명으로 탄핵하여 上奏하고 奏章의 副本을 화신에게 보냈다. 番役은 규례상 京城을 나가지 못하므로 화신은 주장을 되돌려 보내 고치게 하였다. 이에 '평민에게 함부로 장을 쳤다'라는 죄명으로 탄핵하여 武君을 파직시키니, 博山의 老小 백성들 가운데 大府[5]를 찾아뵙고 君을 남아 있게 해달라고 청한 자가 천 명이었는데 끝내 승낙을 받지 못하였다.

그러나 화신은 마침내 또한 번역을 다시 나가게 하지 못하였으니, 당시에 만약 무군이 그를 저지하지 않았더라면 그 번역은 다시 몇 개의 府縣을 더 거쳐가서 피해가 어느 정도에 이르렀을지 알 수 없었을 것이다. 그러니 무군은 비록 일개 縣令이지만 功績은 진실로 천하에 미쳤다.

乾隆五十七年에 **當和珅秉政**하고 **兼步軍統領**할새 **遣提督番役**하여 **至山東有所詗察**이라 **其役攜徒衆**하고 **持兵刃**하여 **於民間淩虐爲暴**이어늘 **歷數縣**에 **莫敢(向)〔何〕**[6]**問**이러라 **至靑州博山縣**하여 **方飮博恣肆**할새 **知縣武君**이 **聞卽捕之**한대 **至庭不跪**하고 **以牌示知縣曰 吾提督差也**라하니 **君詰曰 牌令汝合地方官捕盜**어늘 **汝來三日**에 **何不見吾**아 **且牌止差二人**이어늘 **而率多徒**는 **何也**오하고 **卽擒而杖之**하니 **民皆爲快**로되 **而大吏大駭**하여 **卽以杖提督差役參奏**하고 **副奏投和珅**이라 **而番役例不當出京城**하여 **和珅還其奏使易**이라 **於是**에 **以妄杖平民**으로 **劾革武君職**하니 **博山民老弱謁大府留君者**가 **千數**로되 **卒不獲**이나 **然和珅遂亦不使番役再出**하니 **當時苟無武君阻之**면 **其役再歷數府縣**하여 **爲害未知所極也**리니 **武君雖一令**이나 **而功固及天下矣**라

君은 諱가 億이요 字는 虛谷이니 偃師 사람이다. 乾隆 45년(1780)에 進士에 급제하였다. 박산현에 부임하였다가 관직을 떠난 것이 겨우 7개월 만이었는데 善政을 많이 베풀었기에 백성들이 그가 떠나는 것 때문에 눈물을 흘렸다. 군은 이때부터 가난하게 지내며 늘 다른 縣에서 書院을 관장하면서 經書와 史書를 읽고 金石

---

4) 大吏 : 山東巡撫를 말한다.
5) 大府 : 總督과 巡撫를 말한다.
6) (向)〔何〕 : 저본에는 '向'으로 되어 있으나, ≪惜抱軒詩文集≫(上海古籍出版社, 1992)에 의거하여 '何'로 바로잡았다.

文을 고증하여 정밀하고 분명한 論義가 많으며 저서가 수백 권이다. 지금 황제(嘉慶帝)께서 潛邸에 계실 적에 군의 명성을 들으시고는 직접 정사를 다스리게 되시자[7] 군을 불러 장차 등용하려 하셨는데 군이 먼저 세상을 떠났다.

君諱億이요 **字虛谷**이니 **偃師人**이라 **乾隆四十五年進士**하다 **其任博山縣及去官**이 **才七月**이로되 **而多善政**일새 **民以其去流涕**라 **君自是居貧**하여 **常於他縣主書院**하여 **讀經史**하고 **考証金石文**에 **多精論明義**하고 **著書數百卷**이라 **今皇帝在藩邸**에 **聞君名**하고 **及親政**에 **召君將用之**러니 **而君先卒矣**라

군은 嘉慶 4년(1799) 10월 29일에 세상을 떠났으니 향년 55세이다. 나는 군과 미처 알지는 못하였고 다만 그가 행한 일을 듣고 저술한 책을 읽은 적이 있는데, 지금 군의 아들 穆淳을 江寧에서 우연히 만나 글을 지어서 그로 하여금 돌아가 墓위에 걸게 하였다. 군의 행적 가운데 일컬을 만한 것이 많지만 천하의 利害와 관련되지 않는 것은 여기에 적지 않는다.

가경 18년 2월(1813)에 桐城의 姚鼐가 表를 짓노라.

君卒以嘉慶四年十月二十九日하니 **年五十五**라 **余與君未及識**하고 **第聞其行事**하고 **讀所著述**이러니 **今遇君子穆淳於江寧**하여 **爲文使歸揭諸墓上**하노니 **君行足稱者猶多**로되 **而非關天下利害**는 **玆不著**라 **嘉慶十八年二月**에 **桐城姚鼐表**하노라

7) 직접……되시자 : 嘉慶帝는 1796년에 즉위하였으나, 즉위한 뒤에도 실질적인 정사는 太上皇이 된 乾隆帝가 和珅과 함께 다스렸다. 1799년 초 건륭제가 세상을 떠난 뒤 嘉慶帝는 화신에게 自殺을 명하고 직접 정사를 다스리기 시작하였다.

49. 蔣君[1)]의 墓碣　蔣君墓碣*

* 蔣士銓의 長子인 蔣知廉에 대한 墓碣이다. 요내는 장지렴은 제대로 만나본 적이 없지만 장사전과는 깊은 교분이 있었다. 글의 전반부에는 장지렴의 生平에 대해 서술하고, 후반부에는 장사전과 자신의 관계에 대해 서술하였다. 또 이 글을 부탁한 장지렴의 아들에 대해서도 말하여, 장사전 집안 三代에 대한 애틋한 마음을 표현하였다.

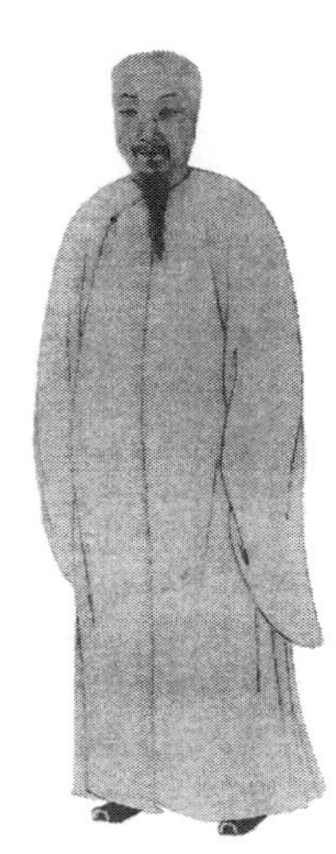
蔣士銓

군은 휘는 知廉이고 자는 用恥이니, 翰林院編修 鉛山 蔣心餘先生[2)] 士銓의 장자이다. 編修가 뛰어난 재주로 천하에 알려졌는데, 군도 어려서 이를 이어서 才名이 있어서 문장에 능하고 글씨를 잘 썼다. 乾隆 43년(1777)에 選拔貢生[3)]이 되어 편수를 따라 京師에 갔는데, 편수가 크게 병을 앓았는지라 팔뚝 살을 베어내어 약을 만드니 한번 올림에 병이 나았다. 군은 鄕試에 누차 합격하지 못하여서, 謄錄[4)]의 노고를 인정받아 州同知[5)]에 제수되어 山東에 파견되어 臨淸州[6)]의 주동지에 충원되었다. 관리의 일을 매우 잘 처리하여서, 도둑의 실정과 다른 점을 변별해내어 도둑을 잡는 데에 힘써서 과연 군의 말처럼 끝내 진짜 도둑을 잡았다. 장마를 만나

---

1) 蔣君 : 淸代의 저명한 詩人이자 戲曲家였던 蔣士銓의 長子인 蔣知廉(1752~1791)으로, 자는 用恥, 修隅, 호는 隅齋, 鉛山이다. 문장에 능하고 書法이 뛰어났으나 누차 과거에 떨어졌다. 臨淸州同知가 된 것은 본문의 내용과 같다.

2) 蔣心餘先生 : 蔣士銓(1725~1785)으로, 자는 心餘, 苕生, 蕖生, 호는 藏園, 淸容居士, 定甫이며, 江西 鉛山 사람이다. 淸代의 저명한 詩人이자 戲曲家로, 袁枚·趙翼과 함께 '江右三大家'로 불린다. 乾隆 22년(1757) 進士가 되었고, 그 후 翰林院編修가 되었다. 건륭 29년(1764)에 사직한 후에 蕺山·崇文·安定書院에서 강론하였다. 저서에 ≪忠雅堂集≫, ≪紅雪樓九種曲≫, ≪銅弦詞≫ 등이 있다.

3) 選拔貢生 : 府·州·縣의 生員 가운데 성적이나 자격이 훌륭한 사람을 뽑아서 京師의 國子監에 올려보냈는데, 이를 選拔貢生이라 한다.

4) 謄錄 : 繕寫의 직책을 맡은 관리를 뜻한다.

5) 州同知 : 知州의 佐官으로, 조세를 감독하고 도둑을 체포하는 등의 일을 맡는다.

6) 臨淸州 : 淸代의 州 이름으로, 山東省 臨淸縣에 해당한다.

군이 가서 시찰하던 중에 물에 빠진 이를 구해주고 濕病에 걸려 얼마 지나지 않아 별세하였다. 향년 40세이니 乾隆 56년(1791)이었다.

君은 **諱知廉**이요 **字用恥**니 **翰林院編修鉛山蔣心餘先生士銓之長子也**라 **編修以才稱天下矣**러니 **君少**에 **繼有才名**하여 **能文**하고 **工作書**러라 **乾隆四十三年**에 **爲選拔貢生**하여 **從編修京師**러니 **編修大病**이어늘 **割臂和藥**하여 **一進而愈**러라 **君鄕試屢不錄**하여 **以謄錄勞**로 **授州同知**하여 **發山東**하여 **署臨淸州同知**라 **吏事甚辦**하여 **辨獲盜之不實者**하여 **執之力**하여 **卒獲眞盜**에 **果如君言**이라 **値水澇**하여 **君行視**라가 **救溺者**하고 **中溼**하여 **未幾卒**이라 **年四十**이니 **乾隆五十六年也**라

내가 揚州에 있을 때 편수와 군이 京師로 가다가 양주에 들러 서로 만났으니, 군은 選拔貢生으로 장차 경사에 들어가 시험을 보고자 하여 아우와 함께 따라왔었다. 당시에 丹徒 王侍讀[7]에게 노래를 잘하고 피리를 부는 家僮이 있었고, 편수는 곡을 잘 지었다. 곡을 완성하고서 가동에게 피리를 불고 노래하게 하고, 우리들은 함께 술을 마시면서 노래를 들으며 몹시 즐거웠는데, 군은 나이가 적다고 하여 불러서 그 자리에 끼게 하지 않았다. 다만 편수에게 英俊한 아들이 편수를 곁에서 모시고 있는 것을 보고서 다들 경하할 만하다고 말했을 따름이다. 그 후 10년이 지나지 않아 편수가 고향에 돌아가 얼마 뒤 별세하였다는 소식을 들었고, 또 몇 년 뒤에 군도 세상을 떠났다.

내가 근래 江寧에서 살 때에 군의 아들 立中이 와서 글을 써서 군에 대해 기록해주기를 요구하였으니, 그의 나이가 이미 군이 나를 처음 만났을 때의 나이를 지나 있었다. 人世의 시간이 빨리 지나가고 재주 있는 이가 머물 수 없음이 이와 같으니, 슬프도다! 군의 재주는 이미 일컬을 만하고, 군이 세상을 뜬 뒤에 어린 아들 立萬의 生母인 賈氏가 끝내 목을 매어 下從하여 지금 군을 따라 장례하니, 이 또한 기록할 만한 일이다. 나는 게다가 평생의 故舊를 생각하여 이에 간략한 내용을 적어서 입중에게 군의 묘 위 碣石에 새기게 한다.

嘉慶 3년(1798) 10월에 桐城 姚鼐가 쓰다.

當余在揚州時하여 **編修君赴都**할새 **過揚州相見**하니 **君以拔貢將入試**하여 **與其弟偕從**이라 **時**에 **丹徒王侍讀有家僮善歌吹笛**하고 **而編修工爲曲**이라 **嘗成曲**에 **俾以笛歌**하고 **吾曹相從飮酒聽歌**

7) 丹徒 王侍讀 : 王文治로, 江蘇 丹徒 사람이며, 翰林院侍讀을 맡았던 적이 있다.

極樂이러니 以君年少로 不呼使與(예)也라 第見編修有子英秀侍側하고 共言其可慶而已러니 後未十年에 聞編修歸里旋沒하고 又數年而君亡이라 余頃居江寧할새 君之子立中來求爲文紀君하니 其年已逾君始遇余之年矣라 人世之速而才者之不可留如此하니 悲夫라 君才旣足稱이요 沒後에 其幼子立萬之生母賈氏가 卒縊以從하여 今從君葬하니 是亦可紀라 而余又感思生平故舊하여 乃書其略하여 俾立中碣君墓上云이라 嘉慶三年十月에 桐城姚鼐書하노라

50. 抱犢山人 李君의 墓誌銘 및 序 抱犢山人李君墓誌銘幷序*

* 抱犢山人은 劉大櫆의 문하에서 시를 배운 李仙枝의 自號이다. 이 글에서 姚鼐는 시를 잘 짓는 것은 배워서 되는 것이 아니라 시인에 걸맞은 性情을 지니는 것이 중요하다고 주장하고, 이선지는 바로 그러한 시인의 성정을 지닌 사람이었다고 칭양하고 있다.

劉海峰 先生이 만년에 樅楊에 머물면서 詩를 後進에게 가르친 이후로 桐域에서 시를 짓는 자는 대체로 海峰의 제자라고 일컬어진다. 그러나 내가 생각건대 시를 짓는 것에는 따로 性情이 있으니, 그러한 성정이 아니면 비록 배우더라도 잘 지을 수는 없다.

自劉海峰先生晩居樅楊하여 **以詩教後進**으로 **桐域爲詩者**가 **大率稱海峰弟子**라 **然**이나 **吾謂爲詩**는 **自有性情**이니 **非其性情**이면 **雖學不能善**이라

李君 仙枝는 字가 寶樹이니 해봉의 문하에서 수학하여 그의 시를 배워 그와 비슷하게 지을 수 있었다. 절개가 굳고 세속과 잘 어울리지 않으며 사는 것을 좋아하여 縣의 諸生이 되자 科擧 공부를 일찍 팽개쳐버렸다. 집에 있으면서 연못이 있는 정원을 만들고 대나무를 심으며 스스로 즐기다가 조금 돈이 쌓이면 바로 나가서 산수를 유람하고 城市는 멀리하여 발길을 끊으니 그 성정이 참으로 시인이었다.

李君仙枝는 **字寶樹**니 **遊海峰之門**하여 **學其詩而似之**라 **孤介自喜**하여 **爲縣諸生**에 **早棄去科擧學**하고 **在家爲園池植竹樹自娛**라가 **稍稍積錢**이면 **卽出遊覽山水**하고 **遠絶城市**하니 **其性情眞詩人矣**라

乾隆 58년(1793)에 내가 江寧에 있을 적에[1] 군이 갑자기 찾아왔거늘 무슨 이유

1) 내가……적에 : 이때 姚鼐는 江寧의 鍾山書院에서 主講을 맡고 있었다.

로 왔는지 물으니, "우연히 洞庭湖와 錢塘의 西湖[2)]를 그리워하고 인하여 한 달 남짓 유람하면서 도중에 다른 사람과 이야기를 나눈 적이 없었는데, 이제 돌아갈 즈음이라 이곳을 지나다가 군을 찾아왔소."라 하고 인하여 나를 자기 집에 오라고 초대하였다. 그 후 내가 향리로 돌아왔을 때 군이 거처하는 抱犢山이 도성과 100리 남짓 떨어져 있었기 때문에 미처 가보지 못하였는데 군은 곧 세상을 떠났다.

乾隆五十八年에 **余在江寧**할새 **君忽至**어늘 **問所自來**하니 **曰 偶思洞庭及錢塘西湖**하고 **因遊月餘**하여 **途間未嘗與人談話**러니 **今將歸**에 **過此來見君耳**라하고 **因邀余至其家**라 **後余歸里**에 **以君居抱犢山**이 **去城猶百里餘**라 **未及往也**러니 **而君旋卒**이라

군이 세상을 떠난 뒤에 군의 조카 宗傳가 군의 뜻을 서술하고 내가 그 墓誌銘을 써주기를 바라니, 나는 군에 대하여 일컬어 말할 만한 것이 이와 같기에 인하여 묘지명을 써주기로 허락하였다. 군은 조부는 熙載이고 부친은 光璐이며 王氏에게 장가들었다. 嘉慶 원년(1796) 3월 11일에 세상을 떠났으니, 향년 64세이다. 抱犢山人은 그의 自號이다.

卒後에 **君從子宗傳述君意**하고 **欲余志其墓**하니 **余以君之可稱述者如此**로 **因許銘之**하니라 **君祖熙載**요 **父光璐**며 **娶王氏**라 **卒於嘉慶元年三月十一日**하니 **六十四歲**라 **抱犢山人**은 **其自號也**라

銘은 다음과 같다.
長江의 북쪽이요
浮渡山[3)]의 동쪽에
抱犢山이 높이 솟았으니
詩人의 幽宅이로다

銘曰 大江之北이요 **浮渡之東**에 **抱犢隆崇**하니 **是爲詩人之幽宮**이라

2) 洞庭湖와……西湖 : 洞庭湖는 湖南省 북쪽이자 長江의 南岸에 위치한 호수로, 중국에서 두 번째로 큰 민물호수이다. 錢塘은 지금의 浙江省 杭州이다. 西湖는 항주의 서쪽에 위치한 호수로, 빼어난 명승지로 꼽힌다.
3) 浮渡山 : 安徽省 樅楊에 위치한 산이다.

51. 周靑原의 墓誌銘 및 序　周靑原墓誌銘幷序*

* 周靑原은 이름이 發春이며 靑原은 그 號이다. 요내와는 京師에서 처음 알게 된 사이이다. 이 글에서 요내는 周發春이 관직에 오른 초기에 명성이 높았다가 젊은 나이에 억울하게 탄핵을 당하여 관직을 떠나게 된 사정을 서술하고, 그가 재주를 제대로 발휘하지 못한 채 세상을 떠난 데 대해 안타까움을 드러내고 있다.

乾隆 30년(1765) 봄에 高宗 純皇帝가 남쪽으로 江蘇와 浙江을 巡行하실 적에 江南의 선비들 가운데 賦와 頌을 바친 자들을 모아서 江寧에 불러 시험을 보였다. 건륭 16년(1751)에 남방을 순행한 때로부터 이때에 이르기까지 세 번 선비들을 불러 모아 시험을 보였으되, 이해에는 이름을 풀칠하여 봉해서 試卷을 심사하도록 정하였기에 합격자를 뽑는 것이 더욱 엄격하였다. 그런데 강녕의 周君이 廩膳拔貢生[1]으로서 시험을 쳐서 황제의 결정으로 1등이 되어 擧人[2]의 지위를 하사받고 內閣中書舍人에 제수되었으니, 군의 이름이 마침내 천하에 크게 드러났다.

군은 도성에 들어가 직무를 수행하다가 곧 軍機處에 들어가 사무를 처리하였다. 어느 날 저녁 궐내에서 숙직할 적에 상께서 우연히 군의 이름을 물어 아시고는 감탄하여 이르기를 "이 사람은 내가 남쪽을 순행할 때 얻은 江南의 才子이다."라고 하셨으니, 당시 大臣들 가운데 군을 공경하고 존중하지 않는 자가 없었다.

乾隆三十年春에 高宗純皇帝南巡江浙할새 合江南士之獻進賦頌者하여 召試於江寧이라 自十六年南巡至是히 三召試士矣로되 是年定爲糊名閱卷이라 取中尤嚴이어늘 而江寧周君이 以廩膳拔貢生入試하여 欽定爲一等하여 賜擧人하고 授內閣中書舍人하니 君之名이 乃大著於天下러라 君入都供職이라가 旋入軍機處辦事러니 一夕內直에 上偶問得君名하시고 歎曰 此吾南巡時所得江南才子也라하시니 時大臣無不欽重君者러라

1) 廩膳拔貢生 : 淸나라 제도에 각 省의 學政이 문장과 행실이 모두 우수한 생원을 선발하여 國子監에서 수학하게 하였는데 이를 拔貢生이라 한다. 廩膳은 그중 우수하여 생활비를 지급받는 생원을 말한다.
2) 擧人 : 鄕試에 합격한 사람을 말한다.

그런데 군은 두 차례의 會試에 급제하지 못하고 갑자기 탄핵을 받고 말았다. 군은 당시 나이가 겨우 서른을 넘겼을 뿐이었는데 의기가 저상되어 벼슬길을 나아갈 뜻이 없어졌다. 군은 본디 천하 형세의 이해를 환히 알았으며 게다가 공문서를 잘 작성하였다. 이미 물러나 한가로이 지내고 있을 적에 사방의 總督과 巡撫들이 군에게 자기 官署에 들어와 章奏를 써달라고 청하는 일이 많았으니 군 또한 이를 구실 삼아 유람하며 천하를 두루 다녔다.

군이 罪過를 받게 되었을 때는 다음과 같은 이유가 있었다. 어떤 사람이 와서 사정을 정탐하였는데 군은 모른다고 대답하였다. 그 후 그 사람이 죄를 얻어 군 및 군기처에서 같이 숙직한 사람을 끌어들였는데 모두 기밀을 누설하지 않았다. 그런데 관리 중에 군기처의 관원과 서로 미워하는 관계에 있던 자가 곧장 정탐하는 자를 엄히 물리치지 않았다는 이유로 날조해 형벌이 무거운 쪽으로 論罪하여 〈이들을〉 降職하였다. 그 후에 군과 같은 죄를 지은 자는 다시 나아가 등용되어 재상에 버금가는 자리까지 이르렀는데, 군은 홀로 도성의 문에서 자취가 멀었다. 비록 幕府에 있으면서 章奏를 잘 짓는 것이 천하에 많이 칭송받기는 하였으나 한번 억울한 일을 당하자 마침내 버림을 받은 채 노년에 이르렀으니, 이는 천하가 모두 개탄하고 애석해하는 바이다.

君兩會試未第하고 倏挂吏議하니 君時年才逾三十耳로되 而意沮喪하여 無仕進之志리라 君故通曉天下利病하고 又善爲文奏러니 旣退閑에 於是四方督撫가 多請君入其署爲章奏하니 而君亦藉以遨遊徧天下라 當君之得過하여 以人有來探事者어늘 君對不知러라 後其人得罪하여 引君及同直軍機者한대 皆未泄密也어늘 吏有與軍機官相惡者가 卽以不嚴斥探者로 傅重比하여 鐫級이라 其後與君同罪者는 復進用至卿貳로되 而君獨遠迹都門하니 雖其居幕府爲奏之善이 多爲天下稱誦이나 而身一見枉에 終放廢以至於老하니 此天下所共慨惜也라

군은 諱가 發春이고 字는 卉舍이다. 그 號는 青原이니 사람들이 모두 그를 청원으로 불렀으므로 청원이라는 호칭이 더욱 알려졌다. 나는 처음 京師에서 그를 만났는데, 그 문장과 書法의 아름다움이 벗들 가운데 보기 드문 것이었고 議論이 화평하였으며 다른 사람을 대할 때는 공손하고 온화하며 선량한 사람이었다. 내가

鄕里로 돌아와 皖城(安徽省 桐城) 지역의 書院을 관장할 적에 군이 마침 환성에 와서 다시 만나게 되었으니 매우 반가웠다.

나는 그 후 江寧에 오고 군은 여전히 환성에서 군의 아들 之桂에게 의탁하여 지내느라 결국 만나지 못했는데 지계가 이제 군의 널을 모시고 돌아왔다. 군의 부인 沈氏는 어질었으나 일찍 세상을 떠났는데 아들 둘을 낳았다. 지계는 安徽의 候補[3] 知縣이고, 之桐은 먼저 세상을 떠났다. 嘉慶 16년(1811) 10월 10일에 군이 세상을 떠났으니 향년 74세이다. 이듬해 모월 모일에 강녕의 南吉山 기슭에 안장하니, 부인 심씨가 이곳에 먼저 안장되었는데 이제 군을 여기에 합장한 것이다.

墓誌銘을 지은 자는 桐城의 姚鼐이다.

君諱發春이요 字卉含이라 其號曰靑原이니 人皆呼之라 故로 靑原之稱이 尤著라 余初於京師見之하니 其文章書法之美가 交遊中所希見이요 而議論和平하고 與人接에 恂恂溫良人也러라 余歸里하여 主皖中書院할새 君時來皖하여 得再見甚歡이러라 余後至江寧하고 而君尙依君子之桂於皖이라 遂不見이러니 而之桂今以君柩歸矣라 君夫人沈氏는 賢而早沒하니 生二子라 之桂는 安徽候補知縣이요 之桐은 先喪이라 嘉慶十六年十月十日에 君卒하니 年七十四라 次年□[4]月□日葬於江寧南吉山之麓하니 夫人沈氏가 先葬於是어늘 今以君合焉이라 爲之銘者는 桐城姚鼐也라

銘은 다음과 같다.
재주는 뛰어났으나 그 재능을 다하지 못하였고
이름은 알려졌으나 아주 높이 오르지는 못하였네
지혜는 먼 훗날까지 미칠 수 있더라도
그 몸은 의지할 곳을 잃었어라
오직 군의 아들은 長者라
군의 뒤를 잘 이을 것임을 알겠노라

銘曰 才高不盡其能하고 名著不究其升이라 智可逮遠이나 而身失其憑이라 惟其君子長者也라 卜其後之式承이로다

---

3) 候補 : 淸나라의 官制에 정원이 정해진 관직에 정식으로 임명되지 않은 관원은 吏部에서 법에 따라 선발하여 특정 部나 省의 결원 보충을 기다리거나 임시로 임용하였는데, 이를 候補라 한다.
4) □ : 저본에 한 글자가 누락되어 있다. 아래도 같다.

52. 內閣學士 張公의 墓誌銘 및 序
內閣學士張公墓誌銘并序*

* 內閣學士 張公은 張廷瑑(1681~1764)을 이른다. 장정전은 字는 桓臣이고 號는 思齋이며, 康熙 연간에 大學士를 지낸 張英의 아들이다. 雍正 원년(1723)에 進士가 되었고 翰林院侍讀學士, 工部右侍郎, 內閣學士 兼 禮部侍郎 등을 지냈다. 이 글에서 요내는 장정전이 직무에 성실하고 신중하였으며 顯貴한 집안 출신이면서도 소탈한 삶을 살았음을 칭양하고 있다.

故 資政大夫 內閣學士 兼 禮部侍郎 桐城 張公이라는 사람은 贈 光祿大夫 諱 士維의 증손이고 贈 光祿大夫 諱 秉彝의 손자이며 太傅 大學士 文端公의 아들이다. 雍正 원년(1723)에 은혜로운 詔書를 내려 會試科를 여니, 이때 〈공의 부친인〉 문단공은 薨逝하고 공의 형인 太保 文和公이 이미 戶部尙書가 되어 회시의 考官을 맡게 되었다. 공은 擧人의 규례대로 避嫌하여 시험에 참여하지 않았는데,[1] 피혐한 거인들은 관에서 별도로 시험을 보이라는 특명이 내리니 이에 공은 進士가 되었다. 다시 庶吉士가 되고 編修에 제수되고 左贊善으로 옮기고 翰林院侍讀學士와 詹事府詹事를 거쳤는데, 지금의 上(乾隆帝)께서 즉위하시어 공을 工部右侍郎으로 삼으셨다.

故資政大夫內閣學士兼禮部侍郎桐城張公者는 贈光祿大夫諱士維之曾孫이요 贈光祿大夫諱秉彝之孫이요 而太傅大學士文端公之子也라 雍正元年에 恩詔開會試科하니 是時에 文端公薨하고 公之兄太保文和公이 已爲戶部尙書하여 充會試考官矣라 公以擧人例避不與試어늘 値特命官別試迴避擧人하니 於是에 公成進士라 改庶吉士하고 授編修하고 遷左贊善하고 歷翰林院侍讀學士詹事府詹事러니 今上卽位하사 以公爲工部右侍郎하시다

공은 翰林院에 있을 적에 항상 日講起居注官[2]을 맡았다. 起居注에 대해서는 본

1) 擧人의……않았는데 : 淸나라 때에는 考官의 부정행위를 방지하는 차원에서 主考官의 친족 子弟에게 鄕試와 會試의 응시를 불허하는 규례가 있었다.

디 條例가 없기에 기록하는 자가 번잡함과 간략함을 마음대로 하여 내용을 빠뜨리기도 하고 쓸데없이 장황하게 하기도 해서 史書의 체제에 걸맞지 않았다. 그런데 공은 정밀하게 생각하여 기록해서 더위와 추위에도 館所에 있으면서 10여 년 동안 상세하고 풍부하게 엮고 기재하였으니, 상께서 그 직무를 잘 수행한다고 여기셨다. 이에 공은 工部侍郞으로서 起居注官의 사무를 겸임하였으니, 本朝의 관원 가운데 한림원의 관원이 아니면서 注記를 그대로 맡은 경우는 유독 공만이 그러하였다. 공부시랑으로 있은 지 몇 년 만에 內閣學士 兼 禮部侍郞으로 옮겨졌고, 또 2년 뒤에 마침내 老齡으로 사직하고 귀향하였다.

公在翰林에 常充日講起居注官하니 起居注는 素無條例라 爲者繁簡任意하여 漏遺冗贅하여 不稱史體어늘 公精思爲之하여 寒暑在館十餘年에 編載詳贍하니 上以爲善於其職이러라 於是에 公以工部侍郞으로 兼起居注官事하니 本朝官不爲翰林而仍職注記者는 獨公爲然이라 爲工部侍郞數年에 轉內閣學士兼禮部侍郞하고 又二年에 遂告歸하다

공은 사람됨이 성실하고 질박하며 순후하고 신중하여 사소한 일에도 반드시 조심하였다. 朝政에 들어갈 때마다 스스로 관직과 이름을 쓰고는 "某官 張某"라고 읽고 또 손가락을 꼽아 세어서 "몇 글자이다."라고 말하고 종이 위를 서너 번 본 뒤에 감히 나갔다. 명령을 받들고 出使하여 江蘇省의 學政을 감독할 적에 우연히 선비들에게 시험을 보이는 날을 만나자 온종일 公服을 입고 지내면서 〈업무에서 물러나〉 한가로이 있을 때에도 벗지 않았다. 다른 사람이 그 까닭을 물으니 공은 "선비를 선발하는 것은 나라의 중요한 행사이니 감히 恭敬을 잊겠는가." 하였다. 그는 侍郞이 되어서는 법도를 삼가 받들었고 私情으로 편애하는 일이 없었다.

公爲人誠樸篤謹하여 細微必愼이라 每當入朝에 自書職名하고 讀之曰 某官張某라하고 又屈指計之曰 幾字라하고 視紙上三四而後敢出이라 奉使督江蘇學政할새 遇試士日에 公服竟日하여 燕處不脫이어늘 人問之하니 公曰 取士는 國重典也니 敢忘共乎아하다 其爲侍郞에 謹奉法度하고 而絶阿私러라

---

2) 日講起居注官 : 起居注는 황제의 언행록이며, 起居注官은 황제를 시종하면서 황제의 언행을 기록하는 일을 담당하는 관직이다. 청나라 때는 翰林院·詹事府 등의 日講官이 겸임하였으므로 日講起居注官이라 하였다.

노령으로 사직하고 귀향한 뒤에는 더욱 예전의 德을 실행함으로써 스스로를 지켰으니, 喪禮와 祭禮의 제도를 행하는 것이 대체로 옛 제도에 맞아서 족히 법식이 되었다.

그 자신의 衣食은 몹시 초라하여 혹 다른 사람들은 견디기 어려운 정도였으니 비록 집안사람들조차도 모두 속으로 그를 비웃었다. 그러나 族黨이 급한 일이 있는 경우에는 千百金을 내고도 아까워하지 않았다.

일찍이 남에게 1錢도 사사로이 받은 적이 없으니, 門生인 某가 江西巡撫가 되었을 적에 공의 거처를 방문하여 수백 금을 바치며 祝壽하였는데, 공이 말하기를 "나는 다행히 옷과 음식이 충분하니 너의 금을 어디에 쓰겠느냐."라 하였다. 또 인삼을 공에게 보낸 자가 있었는데 공이 말하기를 "나는 평생 병이 없었으니 인삼을 어디에 쓰겠는가."라 하였다.

젊어서부터 宰相의 아들이었기에 京師의 높은 관원들 사이에서 오래 지냈는데도 끝내 세속적인 모습이 없었고, 사람을 대할 때에는 귀천을 막론하고 진솔하게 말하여 반드시 충직하고 반드시 미더웠다. 이 때문에 천하의 선비들이 모두 공을 長者라고 하였다.

既告歸에 **則益以舊德爲行自守**하니 **所爲喪祭禮制**가 **多合於古**하여 **足爲法式**이러라 **其自奉甚陋**가 **或人所不堪**이니 **雖其家人**이라도 **皆竊笑之**라 **然**이나 **至族黨有緩急**하여는 **出千百金不惜也**러라 **未嘗私受人一錢**하니 **門生某爲江西巡撫**할새 **過公居**하여 **奉數百金爲壽**한대 **公曰 吾幸足衣食**하니 **安用汝金爲**리오하고 **又有以人葠寄公者**어늘 **公曰 吾生平無病**하니 **烏用葠**이리오하다 **少爲宰相子**라 **久居京師冠蓋之間**이로되 **而終無世故態**요 **遇人無貴賤**히 **率意而言**하여 **必忠必信**이라 **是以**로 **天下之士**가 **皆謂公長者**러라

공은 諱가 廷瑑이고 字는 桓臣이다. 형제가 여섯 사람인데 그중 넷이 모두 높은 지위에 올랐다. 맏형은 少詹事인 廷瓚이니 仁皇帝(康熙帝) 때에 벼슬을 하여 문단공과 시기가 같았다. 다음은 太保 大學士인 廷玉이고 다음은 禮部侍郎인 廷璐인데, 태보와 예부시랑과 공은 모두 憲皇帝(雍正帝) 및 지금의 上(乾隆帝) 때에 매우 오래 벼슬을 하였다. 공이 귀향할 적에 예부시랑과 태보가 전후로 모두 노령으로 사직

하였는데 공이 가장 늦게 세상을 떠났으니, 상이 들으시고 좌우 신하들을 돌아보며 이르시기를, "張廷瑑 형제가 모두 舊臣이고 賢者였는데 이제 다 세상을 떠났으니 〈이러한 인물들을〉 어찌 얻을 수 있겠는가."라 하시고 인하여 오랫동안 탄식하셨다.

公諱廷瑑이요 **字桓臣**이라 **兄弟六人**이니 **其四皆貴**라 **長少詹事廷瓚**이니 **仕仁皇帝**하여 **與文端公同時**라 **次太保大學士廷玉**이요 **次禮部侍郎廷璐**니 **太保禮部侍郎與公**은 **皆仕憲皇帝及今上最久**라 **公之歸也**에 **禮部侍郎及太保**가 **前後皆告老**어늘 **而公最後沒**하니 **上聞顧謂左右**하여 **曰 張廷瑑兄弟**가 **皆舊臣賢者**러니 **今盡矣**하니 **安可得也**리오하고 **因歎息久之**하시다

공은 乾隆 29년(1764)에 세상을 떠났으니 향년 84세였다. 부인은 吳氏이고 아들이 둘인데 장남 若泌은 擧人이고 차남 若渠는 副榜貢生[3]이다. 건륭 38년 모월 모일에 桐城 북쪽의 投子山 기슭에 공의 부인을 합장하였다.

公卒于乾隆二十九年하니 **年八十有四**라 **夫人吳氏**요 **子二**니 **長若泌**은 **擧人**이요 **次若渠**는 **副榜貢生**이라 **以乾隆三十八年某月日**에 **合葬公夫人於桐城北投子山麓**하다

銘은 다음과 같다.
덕은 간직한 채 지내고
재주는 餘事에 붙였으니
내 마음을 편히 하고
남에게 과시하지는 않았네
선비 중에 누가 그리할 수 있는가
오직 공의 행동만이 그리하였으니
학업을 계승하여 이루고
처음부터 본성을 보존하였네
두 세대가 卿相을 지냈으니

3) 副榜貢生 : 明淸時代에 각 府, 州, 縣의 生員을 선발하여 國子監에 보내어 수학하게 하였는데 이를 貢生이라 한다. 副榜은 鄕試의 정식 합격자인 正榜 외에 별도로 더 선발하여 국자감에서 수학하게 하는 경우를 일컫는다.

家運이 어찌 무너지지 않겠는가마는
뿌리를 깊이 심어주었으니
天道가 보우하였어라
내가 그 幽宅에 묘지명을 쓰면서
말한 바가 진실하니
후세 사람들이 이를 기록하여
진실로 끝없이 전해지리라

銘曰 德葆以居하고 才託其餘하니 取安吾心하고 不爲人夸라 士誰能然고 惟公之行이니 繼成於學하고 始秉於性이라 再世卿相하니 家胡不隳오마는 厚植根荄하니 天則祐之라 我銘其幽에 所陳者信이니 後世識(지)之하여 以固無盡이라

53. 左衆郛[1]를 가매장할 때에 지은 銘 및 序

左衆郛權厝銘幷序*

*姚鼐의 먼 친척이자 고향의 벗이었던 左世經을 가매장할 때 지은 銘이다. 요내는 이 글에서 어렸을 때 함께 친하게 지냈던 네 명의 벗이 장성하여 오래 떨어져 있다가 다시 고향에서 만났는데, 그중 두 사람인 좌세경과 그의 형이 연이어 죽게 되는 과정을 서술하였다.

衆郛는 諱가 世經이니, 선고는 贈 文林郎 휘 瀓이고 어머니는 張孺人이며, 조부는 贈 文林郎 휘 之延이고 조비는 姚孺人이다. 요유인은 나에게 曾祖姑가 되니, 親黨에 있어서 군은 나에게 丈人의 항렬에 해당한다. 그러나 나이가 서로 비슷하여 어려서 뜻이 맞아 친하였다. 군이 외삼촌의 딸에게 장가가니, 그 처의 아우 應宿과 군의 형 一靑[2]과 나 네 사람은 나이가 적은 사람은 10여 세였고 많은 사람은 20여 세였는데, 마을에서 지내면서 달리 교유하는 이가 없이 오직 네 사람이 서로 만나며 싫증내지 않았다. 군은 그중에서도 더욱 침착하여 말과 웃음이 적었고, 부지런히 배우고 詩 짓기를 좋아하였다. 시가 완성되어 나에게 보여주면 그때마다 내 뜻대로 부족한 점을 지적하였는데, 군은 이로 인해 심기를 거스르지 않고 번번이 산삭하여 바꾸었다. 일청과 내가 出遊하였을 때에 군은 응숙과 함께 나의 집안을 지극히 잘 돌보아주었다.

衆郛는 諱世經이니 考曰贈文林郎諱瀓이며 母曰張孺人이요 祖曰贈文林郎諱之延이며 祖妣曰姚孺人이라 孺人爲鼐曾祖姑니 於親黨에 君爲余丈人行(항)이라 然而年相若하여 少而志相善也라 君娶舅女하니 其妻之弟應宿及君兄一靑及余四人이 少者十餘歲요 長者二十餘니 里居無他交요 獨四人相遇不厭이라 而君於其間尤沈靜寡言笑하고 勤學喜爲詩라 詩成視余에 輒以意指瑕

---

1) 左衆郛 : 左世經(1729~1775)으로, 자는 仲孚, 衆郛이며, 安徽 桐城 사람이다. 명말청초의 정치가였던 左光斗의 4대손이다.

2) 一靑 : 左世經의 형 左世琅으로, 자는 挹靑, 一靑이며, 湖北 羅田縣의 縣令을 맡은 적이 있다.(≪桐城耆舊傳≫ 〈左潞安傳〉)

纇(뢰)하면 君不爲忤하고 輒芟易之러라 一青與余常出遊에 君偕應宿營視余家甚備라

그 후에 일청이 湖北縣의 縣丞이 되어서 도적을 잡은 공으로 縣令에 올랐다. 京師에 들어와 내가 묵던 旅舍에 들렀기에 배롱에 불을 켜고서 밤에 마주하여 길게 탄식하면서, 군과 응숙을 생각하니, 이 두 사람은 비록 諸生이 되었으나 한창 꽃과 대나무를 심어 정원을 만들어서 마음껏 노닐면서 山水를 노래하고 읊고 있는데, 아득히 멀리 있어 만날 수 없었다.

其後에 一青丞湖北縣하여 以獲盜功하여 升爲令이라 入京師하여 過余旅舍일새 篝鐙夜對太息하여 憶君與應宿이 雖爲諸生이나 而方藝花竹爲園하여 遨遊歌詠山水어늘 邈然不可逮也라

일청이 현령이 된 지 6년 만에 파직되어 떠났고, 그 2년 뒤에 나 또한 병으로 관직을 그만두고 향리로 돌아갔다. 그런 후에야 네 사람이 다시 고향 마을에 모였으니, 때는 乾隆 乙未(乾隆 40년, 1775) 여름이었다. 그러나 군은 향리로 돌아왔을 때는 이미 병에 걸렸는지라, 그해 가을에 더욱 심해져서 9월에 끝내 세상을 떠나니, 부인이 창졸간에 몹시 애통하여 따라 목숨을 끊었다. 한 해가 지나 일청이 병에 걸려 겨울에 이르러서 또한 세상을 떠났다. 무릇 사귀던 벗이 오래 헤어져 있다가 만났을 때에 이르러 갑자기 세상을 떠서 벗을 잃게 되었으니, 비록 보통 사람이라 하더라도 슬퍼할 만할 것인데, 하물며 군의 형제 같은 어진 이로서 나와 두터운 교분을 지닌 이들에 있어서야 말할 나위 있겠는가.

군이 별세할 때에 나이가 47세였고, 一男은 7세로 이름이 虎이니, 應宿이 거두어주었다. 군과 부인의 널을 縣의 북쪽 古塘에 임시로 안장함에 내가 銘을 지어, 虎가 장성하여 군을 장례하기를 기다린다.

一青爲令六年罷去하고 後二年에 余亦病歸라 然後四人者가 復聚於里中하니 時乾隆乙未夏也라 然이나 君比已被疾이라 其秋加劇하여 九月竟卒하니 夫人倉卒遽慟하여 從而絕이라 逾年에 一青病하여 至冬亦亡이라 夫交友久離라가 及其遇而遽亡之하니 雖常人이라도 猶可悲온 矧君兄弟之賢而與余之厚邪아 君卒年四十七이요 一子七歲曰虎니 應宿撫之라 厝君暨夫人柩縣北古塘에 而余爲銘하여 待虎長而葬君이라

銘은 다음과 같다.
아아, 衆郛의 널이여
학문에 뜻을 두어 끝까지 궁구하고자 하였고
몸은 은둔하였으나 연수는 장수를 누리지 못하였도다
이어서 형이 별세하고 함께 죽은 이는 부인이었으니
하늘이 한 것이니 누구를 탓하리오
나는 중부의 오랜 친구라 銘을 지어서 어린 고아에게 알리노라

銘曰 嗚乎衆郛之柩也여 **志學而將究也**요 **身隱而年弗壽也**라 **繼者昆而偕亡者婦也**니 **厥天爲之夫焉咎也**리오 **維余之與舊也**니 **銘以詔孤之幼也**라

54. 嚴冬友 墓誌銘 및 序　嚴冬友墓誌銘幷序*

* 요내가 자신의 벗 嚴長明(1731~1787)을 위해 撰한 묘지명이다. 엄장명은 淸나라 乾隆 연간의 관리이자 문학가로, 요직에 등용되어 실무관으로서 능력을 발휘한 인물이다. 이 글은 엄장명의 博覽强記한 재주와 기민한 판단력, 부지런한 태도 등을 엿볼 수 있는 일화를 여럿 수록한 한편 그의 家系와 著書, 작자와의 인연 등을 담고 있다.

冬友는 江寧의 嚴氏로, 諱는 長明이고, 또 다른 字는 道甫이다. 乾隆 27년(1762)에 황제께서 남쪽 지방을 순행하실 때 군이 生員으로서 賦를 지어 바쳤는데, 〈황제께서〉 그를 앞에 불러다 놓고 시험하여 擧人의 자격과 內閣中書의 벼슬을 내리셨다. 직임에 나아가서는 곧바로 軍機處에 들어가 업무를 보았다.

冬友는 **江寧嚴氏**니 **諱長明**이요 **一字道甫**라 **乾隆二十七年**에 **車駕南巡**할새 **君以生員獻賦**어늘 **召試**하여 **賜擧人內閣中書**라 **就職**에 **旋入軍機**하여 **辦事**러라

군이 軍機處에 있은 것이 도합 7년인데, 古今에 통달하여 지혜가 많고 또 奏章을 짓는 데 솜씨가 있었으므로 諸城의 劉文正公[1]이 특히 그 재주를 기특하게 여겼다. 戶部에서 아뢰기를, "천하에 잡다한 항목으로 錢穀의 명목이 번거롭게 많으니, 청컨대 그 명목을 없애고 그 수량을 아울러 地丁稅[2]에 넣어 징수하소서." 하였는데, 군이 말하기를, "지금의 잡다한 항목은 옛날의 정식 賦稅이니, 오늘날의 법에는 은으로 折徵[3]합니다. 만약 그 명목을 없앤다면 훗날 官吏가 이를 잊어버리고

1) 諸城의 劉文正公 : 淸나라의 大臣 劉統勛(1698~1773)을 이른다. 유통훈은 字가 延淸이고, 號가 爾鈍이며, 文正은 그의 諡號이다. 雍正 2년(1724)에 進士가 되어 刑部尙書, 吏部尙書 등을 거쳐 벼슬이 體仁閣大學士 兼 軍機大臣에 이르렀다. 諸城은 지금의 山東省 諸城縣 일대로, 유통훈이 이곳 출생이다.

2) 地丁稅 : 토지에 부과하는 地稅와 인구에 부과하는 丁稅의 合稱이다. 淸나라는 康熙帝 때부터 丁稅를 地稅에 포함하여 납입하게 하는 제도를 시행하였다.

3) 折徵 : 실물 賦稅를 折價하여 銀 따위의 돈으로 징수하는 것이다.

'그 물건은 官府에 소용되는 것이니 백성이 마땅히 바쳐야 한다.'라고 생각하여 장차 〈그 명목을〉 들어서 다시 징수할 것이니, 이는 백성을 이중으로 시달리게 하는 것입니다." 하자, 문정공이 "좋다." 하고 마침내 上奏하여 그만두게 하였다.

君在軍機凡七年이니 **通古今**하여 **多智**하고 **又工於奏牘**이라 **諸城劉文正公**이 **最奇其才**라 **戶部奏天下雜項錢糧**이 **名目煩多**하니 **請去其名**하고 **而以其數併入地丁徵收**어늘 **君曰 今之雜項**이 **古正供也**니 **今法折徵銀**이라 **若去其名**이면 **他日**에 **吏忘之**하여 **謂其物**은 **官所需**니 **民當供**이라하여 **且擧再徵之**리니 **是使民重困也**라한대 **文正曰 善**타하고 **乃奏已之**라

大金川이 逆亂을 일으켜[4] 大學士 溫福[5]이 가서 군대를 통솔할 때 군이 수행하기를 바랐으나 군이 고사하였다. 물러 나오자 군에게 어떻게 재상의 뜻을 거스를 수 있느냐고 나무라는 이가 있었는데, 군이 말하기를, "이 군대는 장차 패망할 것이니, 내 어찌 그를 따르겠는가." 하였다. 사람들이 군의 말을 자못 지나치게 여겼는데, 이윽고 溫公이 결국 군대가 大敗하여 죽고 수행하였던 자들도 모두 죽었다.

大金川之爲逆也에 **大學士溫(敏)〔福〕**[6]**往督師**할새 **欲君從行**이어늘 **君固辭**라 **退有咎君奈何違宰相意者**한대 **君曰 是將敗沒**하리니 **吾若何從之**오하니 **人頗甚君言**이러니 **旣而**요 **溫公卒致軍潰以死**하고 **隨往者皆盡**이라

辛卯年(1771)의 恩科[7] 會試 때 劉文正公이 考官이 되었는데 마침 軍機處에 보고해야 할 일이 있으므로 군이 북을 치며 科場으로 들어가 〈文正公을〉 뵙고 잠시 뒤에 나왔다. 同考官[8] 朱學士 筠[9]이 말하기를, "심하다. 冬友는 스스로 科試에 나아

4) 大金川이……일으켜 : 大金川은 지금의 四川省 서북부에 위치한 藏族의 집단 거주 지역의 이름이다. 대금천은 세력을 확장하여 淸나라 乾隆 12년(1747)에 반란을 일으켰다.

5) 溫福 : 淸나라의 大臣으로, 滿洲 鑲紅旗 사람이다. 姓은 費莫氏이고, 字는 履綏이다. 文華殿大學士를 지낸 溫達의 손자로, 관직이 武英殿大學士에 이르렀다. 乾隆 연간에 大金川과 小金川을 정벌하는 데 참여하여 木果木에 주둔하던 중 공격을 받아 戰死하였다.

6) (敏)〔福〕 : 저본에는 '敏'으로 되어 있으나, ≪淸史稿≫에 의거하여 '福'으로 바로잡았다.

7) 恩科 : 나라에 경사가 있을 때 특별히 보인 과거를 말한다.

8) 同考官 : 과거 시험의 부심사관이다.

9) 朱學士 筠 : 朱筠(1729~1781)은 淸나라 乾隆 연간의 학자이자 관리이다. 順天 大興 사람으로, 字는 竹君 또는 美叔이고, 號는 笥河이다. 乾隆 19년(1754) 進士가 되어 編修, 侍讀學士, 安徽와 福建의 學政 등을 지냈고, ≪四庫全書≫ 纂修官이 되어 ≪日下舊聞≫을 纂修하였다.

가지 않고 자질구레하게 官吏의 일을 처리하고 있구나." 하니, 문정공이 말하기를, "선비는 또한 세상에 유익한지 아닌지를 볼 따름이니, 과시에 나아가 進士가 되는 것이 귀할 것이 무어 있겠는가." 하였다. 당시 군기처에 몇 가지 大案이 있었는데 군이 直所에 있으면서 그 수고를 맡아준 데 힘입어 협의를 이룰 수 있었다.

雲南의 督糧道[10]가 屬員이 흠결 낸 은을 나누어 변상하는 것을 완료하지 못한 일로 장차 죽음을 앞두고 있었는데, 변상 기한을 열흘 앞두고 君이 奏章을 갖추어 들어가 문정공에게 上奏하여 용서해주기를 청하여 마침내 살려내었다. 그해에 마침내 侍讀에 발탁되었다.

辛卯恩科會試에 劉文正公爲考官이러니 值軍機事有當闕白일새 君撾鼓入闈하여 得見하고 旣而出이라 同考官朱學士筠曰 甚哉라 冬友는 不自就試하고 而屑屑治吏事爲온여 文正曰 士亦視有益於世否耳니 即試成進士가 何足貴리오 當時에 軍機有數大案하니 賴君在直하여 任其勞하여 獲成議요 而雲南糧道以分賠屬員虧銀不完으로 將死어늘 去限期十日에 君具牘入請文正奏寬之하여 乃生이라 其年에 遂擢侍讀이라

군은 일을 처리할 때 관리들 속에서 홀로 부지런히 일하였다. 그러나 이 때문에 자못 질시를 받았는데, 그 후에 연이어 부모상을 당하여 喪期를 마치자 마침내 병으로 사직을 청하고 다시 들어가지 않았다. 간간이 秦中[11]과 大梁[12]을 노닐며 畢中丞[13]의 任所에 머물면서 그를 대신하여 奏章의 글을 지었고, 돌아와서는 廬陽書院의 主講이 되었다. 乾隆 52년(1787) 8월 모일 合肥에서 卒하니, 나이 57세였다.

君治事에 衆中獨勤辦이라 然이나 以是頗見疾이러니 其後에 連遭父母喪하여 服終에 遂請疾하고 不復入이라 間遊秦中大梁하여 居畢中丞所하여 爲定奏辭하고 還主廬陽書院이라 乾隆五十二年八月□[14]日에 卒於合肥하니 年五十七이라

---

10) 督糧道 : 明淸代 각 省에 설치한 양곡 운송을 책임진 관리이다.
11) 秦中 : 戰國時代에 秦나라에 소속되었던 데서 유래한 옛 地名으로, 지금의 陝西省 중부 평원 지대이다. 關中이라는 명칭으로 더 잘 알려져 있다.
12) 大梁 : 戰國時代 魏나라의 수도로, 지금의 河南省 開封市 서북 지역이다.
13) 畢中丞 : 淸나라의 관리이자 학자인 畢沅(1730~1797)을 이른다. 畢沅은 鎭洋 사람으로, 字가 纕蘅·秋帆이고, 號가 靈岩山人이다. 乾隆 25년(1760)에 進士가 되어, 翰林院編修·河南巡撫·湖廣總督 등의 벼슬을 역임하였다. 中丞은 벼슬의 이름으로, 明淸代에는 巡撫를 가리키는 말로 쓰였다.
14) □ : 저본에 한 글자가 누락되었다.

君은 책에 있어 읽지 않은 것이 없어서 혹 질문을 하면 대답하지 못하는 것이 없었고, 詩文을 지을 때 구상이 周密하여 〈措辭가〉 온화하고 평이하여 性情에 맞았다. 일찍이 ≪平定準噶爾方略≫, ≪通鑑輯覽≫, ≪一統志≫, ≪熱河志≫ 등 纂修官이 되었고, 그가 스스로 만든 책인 ≪歸求草堂詩文集≫과 經史・書算・文藝・金石文字를 논변한 것이 모두 20여 부 100여 권이다. 조부는 諱가 馨이고, 부친은 諱가 自新이니, 모두 奉直大夫와 內閣侍讀으로 추증하여 관직을 내려주었다. 부인은 南昌의 耆士[15] 葉用章의 딸이니, 아들과 딸을 둘씩 낳았는데, 아들이 觀과 晉이다.

君於書無不讀하여 **或擧問**에 **無不能對**요 **爲詩文**에 **用思周密**하여 **和易**(이)**而當于情**이라 **嘗爲平定準噶爾方略通鑑輯覽一統志熱河志**(四)[16]**纂修官**하고 **其自爲之書曰歸求草堂詩文集**과 **及論辯經史書算文藝金石文字者**가 **凡二十餘部百餘卷**이라 **祖諱馨**이요 **父諱自新**이니 **俱以奉直大夫內閣侍讀爲贈封官**이라 **夫人南昌耆**(工)〔士〕[17]**葉用章之女**니 **生男女各二**하니 **男曰觀晉**이라

내가 도성에 있을 때 군이 때때로 나와 어울려 친하게 지냈다. 君이 아침에 궁궐에 달려가고 저물녘에 글 짓고 술 마시는 모임에 들어가는 모습을 보면 매우 한가한 사람 같았으나, 혹 어떤 일로 군에게 나아가 의논하면 반드시 그 의견이 타당하였다. 군이 일찍이 다른 사람에게 말하기를, "훗날 먼저 관직을 떠날 사람은 틀림없이 姚君(姚鼐)일 것이다." 하였는데, 몇 년 뒤에 내가 사직하고 향리로 돌아가는 길에 江寧에 들렀더니 군이 웃으면서 맞이하며 "내 실로 자네가 올 줄 알았네." 하였다. 내가 皖(安徽省 桐城)에 살 때 군이 한 차례 와서 만났는데, 그 후에 내가 다시 강녕에 갔을 때에는 군은 이미 죽고 없었다.

乾隆 모년 모월 모일에 군과 葉夫人을 모처에 장사 지냈다. 군의 아들이 銘을 지어달라고 청하였다.

余在都時에 **君時與相從**이라 **見君朝趨省禁**하고 **暮入文酒之會**가 **若甚暇者**나 **然或以事就君謀**면 **必得其當**이라 **君嘗語人曰 異日**에 **先去官者**는 **必姚君也**라하더니 **後數年**에 **余請告歸**하여 **過**

15) 耆士 : 나이가 많고 식견이 있는 선비를 가리키는 말이다.
16) (四) : 저본에는 '四'가 있으나, 문맥상 衍字로 처리하였다.
17) (工)〔士〕: 저본에는 '工'으로 되어 있으나, ≪惜抱軒詩文集≫(上海古籍出版社, 1992)에 의거하여 '士'로 바로잡았다.

江寧한대 君見迎笑曰 吾固料君之來也라하다 余居皖中에 君一來會러니 後余再至江寧에 而君喪矣라 乾隆□□年□月□日[18]에 葬君及葉夫人於某所라 君之子請銘이라

銘은 다음과 같다.
훌륭하도다, 冬友여
그 당시의 선비들
지혜를 뉘라서 짝할 수 있었으랴
이미 중요한 일을 맡음에
사람들을 바로잡는 으뜸이었도다
재주를 인정받지 못한 것이 아니었으나
그 벼슬 끝까지 오르지 못하였고
향년이 짧지 않았으나
또한 장수를 누리지 못하였네
天命이 이와 같으니
누가 많이 가질 수 있으리오
돌을 깎아 글을 새기고
땅에 묻어 후세에 길이 전하노라

銘曰 偉猗冬友여 當時群士에 智孰與醜리오 旣筦事樞에 振物之首로다 才非不見知나 而其仕之登不究요 得年非夭나 而亦不爲壽라 天命若是하니 夫孰可多有리오 (代)〔伐〕[19]石鑱詞하고 瘞貽弗朽하노라

18) □□年□月□日 : 저본에 '年' 앞에 두 자, '月'과 '日' 앞에 각각 한 자가 누락되었다.
19) (代)〔伐〕 : 저본에는 '代'로 되어 있으나, ≪惜抱軒詩文集≫(上海古籍出版社, 1992)에 의거하여 '伐'로 바로잡았다.

55. 夏縣의 知縣인 新城 魯君의 墓誌銘 및 序

夏縣知縣新城魯君墓誌銘幷序*

* 魯君은 魯九皐(1732~1784)이다. 字는 絜非이고 號는 山木이며, 저서로 ≪山木居士集≫ 등이 있다. 노구고는 일찍이 朱仕琇에게 古文을 배웠으며, 요내에게도 고문에 대해 묻고 배워 그에게서 상당한 영향을 받았다. 이 글에서 요내는 노구고가 儒者이면서도 知縣으로서 善政을 베풀었고 고문의 법도를 적용하면서도 時文을 지을 수 있었음을 말함으로써, 儒者와 政治, 古文과 時文이 서로 배타적인 관계가 아님을 드러내고 있다.

君은 諱가 九皐이고 字가 絜非이니 建昌府 新城 魯氏이다. 조부는 諱가 宁이니 康熙 경오년(1690)에 과거에 급제한 사람이고 內閣中書를 지냈다. 부친은 諱가 淮이니 歲貢生[1]이었고 廬陵縣學의 訓導를 지냈다. 군은 사람됨이 行誼가 돈독하고 법도를 삼가 지키며 문장을 잘 지었으니, 사람들이 그의 말과 행동이 공경하고 근엄하여 禮가 있음을 보고 그의 학문이 심오함을 알았으며 그의 문장이 담박하고 평이하여 體裁가 있음을 읽고 또한 그가 필시 군자임을 알았다.

君諱九皐요 **字絜非**이니 **建昌府新城魯氏也**라 **大父諱宁**니 **康熙庚午科擧人**이요 **爲內閣中書**라 **考諱淮**니 **歲貢生**이요 **爲廬陵縣學訓導**라 **君爲人敦行誼**하고 **謹於規矩**하며 **而工爲文**하니 **人觀其言動恭飭有禮**에 **而知其學之邃**하며 **讀其文沖夷和易而有體**에 **亦知其必爲君子也**라

〈군은〉 일찍이 五嶺을 넘어 建寧에 이르러 朱梅崖[2]를 뵙고 그의 古文 짓는 법을 배웠다. 사방의 학자 중에 만약 이름난 자가 있으면 군은 반드시 겸허한 마음으로

1) 歲貢生 : 淸나라 때 府·州·縣 등 지방 학교의 生員 중에서 학문과 행실이 뛰어난 사람을 뽑아 京師로 올려 보내 太學에 입학시키는 제도가 있었다. 여기에 선발된 사람을 貢生이라 한다. 공생에는 副貢·拔貢·優貢·歲貢·恩貢 등의 구별이 있었다.(≪淸會典≫ 〈禮部〉)

2) 朱梅崖 : 朱仕琇를 말한다. 字는 斐瞻이며, 梅崖는 그 號이다. 乾隆 13년(1748)에 진사가 되었으며, 夏津知縣, 福寧府敎授 등을 지냈다.

나아가 진전되기를 구하였으니, 비록 비루한 나의 경우로도 군은 일찍이 長江을 건너 懷寧에 이르러 나를 찾아와 물은 적이 있었다. 군의 고문은 비록 梅崖에 근본을 두었으나 자기가 터득한 바를 스스로 덧붙여서 持論이 특히 치우침이 없고 공정하였다.

鄕里에 머물 적에 子弟와 향리의 재주가 뛰어난 이들에게 그 학문을 전수하고, 또 그 생질 陳用光[3]에게도 전수하였으며, 또한 用光으로 하여금 나를 찾아오게 하였다. 新城에서 몇 년 동안 고문 공부가 날로 성행하였으니, 그 근원은 군으로부터 시작된 것이다. 그가 과거 시험의 문장을 짓는 것에 세속의 기호를 따르지 않고 스스로 고문 짓는 방법을 미루어 적용하자 혹자가 이를 과거 시험에 불리하다고 하였는데, 군은 "붙고 떨어지는 것은 운명이다."라고 하였다.

嘗踰嶺至建寧하여 **謁朱梅崖而受其爲古文之法**이러니 **於四方學者苟有聞**이면 **君必虛心就而求益**이라 **雖以鼐之陋**로도 **君嘗渡江至懷寧**하여 **見鼐而有問焉**이러라 **君古文雖本梅崖**나 **而自傳以己之所得**하여 **持論尤中正**이라 **里居**에 **授其學于子弟及鄕之儁才**하고 **又授于其甥陳用光**하고 **且使用光見鼐**라 **蓋新城數年中古文之學日盛矣**하니 **其源自君也**라 **其爲科擧之文**이 **不徇俗好**하고 **自以古文法**으로 **推而用之**할새 **或以爲不利場屋**이라하여늘 **君曰 得失**은 **命也**라하다

군은 마침내 乾隆 경인년(1770) 과거에서 鄕試에 합격하고 신묘년 恩科[4]에서 進士가 되었다. 향리로 돌아가 10여 년 동안 지내면서 조모와 부친을 봉양하고 이에 더욱 힘써 학문을 하였다. 그리고 일에 따라 방도를 마련하여 그 宗族과 閭里를 이롭게 하였으니, 비록 가난해도 반드시 자기 재산을 다 내주었으며 비록 수고로워도 반드시 자기 힘을 다하였다.

봉양하던 〈조모와 부친이〉 세상을 떠나자 마침내 나와서 관직에 나아갔다. 이때 내가 듣고 편지를 보내어 군에게 충고하기를 "지금 시대에 縣令을 〈제대로〉 하기가 어렵거늘 군은 儒者이니 자신의 장점에 맞지 않게 뜻대로 하기는 거의 안 될 듯합니다."라 하였다.

---

3) 陳用光 : 淸나라 때의 관원이자 학자이다. 字는 碩士·實思이며 新城 鍾賢 사람이다. 嘉慶 6년(1801)에 進士가 되었고, 禮部左侍郞, 提督福建·浙江學政 등을 지냈다. 일찍이 姚鼐를 스승으로 섬겼으며 古文辭에 뛰어났다. 저서로 《太乙舟文集》, 《衲被錄》 등이 전한다.

4) 恩科 : 나라에 경사가 있을 때에 실시하는 과거를 말한다.

君竟以乾隆庚寅科得鄕擧하고 辛卯恩科成進士라 歸居十餘年에 奉養祖母及父하고 因益力爲學하며 而因事設方하여 以利其宗族閭里하니 雖貧而必致其財하고 雖勞而必致其力이라 逮終養하여 乃出就官하니 是時에 鼐聞하고 寓書諫君하여 謂今時縣令難爲어늘 而君儒者니 違其長而用之는 殆不可라하니라

그러나 군은 마침내 謁選[5]하여 山西 夏縣에 부임하게 되었다. 하현은 驛站이 있는 큰길에 처해 있는 데다가 마침 後藏에 전란이 있었기에[6] 使驛[7]의 왕래가 날마다 끊이지 않았다. 하현은 예전에 20여 里로 나뉘었는데 里마다 차례대로 돈을 내어 役을 치렀으니 이를 里差라 하였다. 아전들이 이로 인해 이익을 추구하니 백성들은 크게 곤궁해졌다. 군은 몸가짐을 청렴하게 하고 또한 그 役 중에 정지할 수 있는 것을 감해주었으며 〈백성들을〉 침해하는 것을 엄중히 금하였다. 그러자 백성들은 몹시 편리하게 여기며 기꺼이 役을 행하였다. 그런데 군은 도리어 탄식하며 "내가 里差를 완전히 없애지 못하였으니 이는 나의 恨이다."라 하였다.

그는 백성들을 대할 때에 의리상 응당 따라야 할 것과 없애야 할 것을 온화하게 일러 주고 長官으로서 위세를 부리지 않았으니, 백성들 또한 기쁘게 그 가르침을 따랐다. 이에 하현은 잘 다스려지는 것으로 이름이 났고 上吏(군수) 또한 군을 매우 존중하였다. 나는 이를 듣고는 마침내 예전에 군을 아는 것이 얕아서 진실로 군의 재능을 다 알지 못하였음을 자책하였다. 그러나 군은 또한 피로가 누적되어 병에 걸려서 하현에서 도합 2번의 임기를 재직하고 乾隆 59년(1794) 3월에 任所에서 세상을 떠났으니 향년 63세이다.

然이나 君竟謁選하여 得山西夏縣하니 縣當驛道하고 又時値後藏用兵하여 使驛往來日不絶이러라 縣舊分二十餘里어늘 里以次出錢供役하니 謂之里差라 吏因爲利하니 民致大困이러라 君自持旣廉하고 又減其役之得已者하며 而重禁侵蠹하니 民大便之而樂爲役이로되 君顧歎曰 吾不能盡去里差하니 是吾恨也라하니라 其見民에 煦煦然告以義理所當從及去하고 不作長官威厲之狀하니 民

5) 謁選 : 관리가 吏部에 가서 銓選에 응하는 것을 말한다.
6) 後藏에……있었기에 : 乾隆 56년(1791)에 구르카족(Gurkha族)이 後藏을 침략하자 淸나라 정부에서 토벌한 일을 가리킨다. 西藏(티베트)은 예전에 康, 衛, 藏, 阿里의 4개 部로 나뉘었는데, 청나라 때에 康과 衛를 합하여 前藏이라 하였으며, 藏과 阿里를 합하여 後藏이라 하였다. 後藏은 현재 티베트의 시가체(日喀則, Shigatse)에 해당한다.
7) 使驛 : 驛站에서 문서의 전송을 담당하는 사람이다.

亦欣然聽其教라 於是에 縣號爲治하고 上吏亦絶重君矣하니 鼐聞에 乃自咎前者知君之淺에 固不能盡君才也라 然이나 君亦以積勞致疾하여 在縣凡兩期하고 以乾隆五十九年三月卒于官하니 年六十三이라

〈군은〉 楊孺人을 아내로 맞아 아들 넷을 낳았으니 肇熊, 肇光, 嗣光, 迪光이며, 딸 넷이 있다. 또한 妾에게서 낳은 아들이 다섯이니 모두 어리며, 딸 하나가 있다. 조광은 拔貢生[8]인데 군은 그를 母弟[9]인 某의 後嗣로 삼았고, 사광은 임자년(1792)에 과거에 합격한 사람이었는데 군은 그를 從弟인 某의 후사로 삼았다. 이들은 모두 군의 고문 공부를 이을 수 있는 사람이거늘 조광은 먼저 세상을 떠났다. 군의 문장은 ≪山木集≫이라 하니 이미 판각된 것이 몇 권이고 아직 간행되지 않은 것이 몇 권이다. 모년 모월 모일에 군을 모처에 안장하였다. 사광과 군의 생질 用光이 모두 편지를 보내와서 나에게 묘지명을 청하였다.

娶楊孺人하여 生四子하니 肇熊肇光嗣光迪光이요 四女子라 又庶出之子五니 皆少요 一女라 肇光은 拔貢生이니 君以後母弟某하고 嗣光은 壬子科擧人이니 君以後從父弟某하니 皆能嗣君古文學者어늘 而肇光先殞이라 君文曰山木集이니 已刻者若干卷이요 未刊者若干卷이라 某年月日에 葬君某所하다 嗣光及君甥用光이 皆以書來하여 乞鼐銘하니라

銘은 다음과 같다.
누가 말했던가, 儒者는
번잡한 사무를 다스릴 수 없다고
누가 말했던가, 고문을 배우면
지금 시대의 글을 지을 수 없다고
훌륭하도다, 魯君이여
그 행동은 법도에 맞고자 하였고
그 문장은 전아함을 따랐도다
마침내 夏縣에서 德業을 세우니

8) 拔貢生 : 貢生의 일종이다. 본서 〈蔣君墓碣〉 역주 3) 참조.
9) 母弟 : 같은 어머니에게서 태어난 아우를 말한다.

선비들이 그의 문하에서 흥기하였어라
살아서는 아름다운 명예가 있었고
죽어서는 계승하는 사람이 있으니
그가 안장된 곳은 이 들이로다

銘曰 孰謂儒者는 不可以理繁庶하며 孰謂學古는 不可爲今世語아 美哉魯君이여 其行企矩하고 其文蹈雅로다 卒寘德在夏하니 而士興其庭宇라 其生也有令譽하고 其亡也有傳緖하니 其葬也於是野로다

56. 袁隨園君의 墓誌銘　袁隨園君墓誌銘*

* 요내가 嘉慶 3년(1798)에 袁枚를 위해 쓴 묘지명이다. 원매(1716~1797)는 자가 子才, 호가 簡齋로, 浙江省 錢塘 사람이다. 사직한 뒤 隨園이라는 정원을 짓고 은거하였기에 隨園先生이라고 불렸다. 원매는 性靈에 근본한 詩文을 주창하였으며 ≪隨園隨筆≫, ≪隨園詩話≫ 등의 저술을 남겼다. 이 글은 원매의 생애를 관직 생활과 시문 창작 두 부분으로 나누어 서술하면서 큰 과장 없이 정연한 필치로 서술한 것이 특징이다. 원매는 仕途가 순탄치 못하였고 성품이 奔放하여, 생전에는 세간의 평가가 그다지 좋지 못하였다. 이로 인해 요내가 이 묘지명을 쓴 것을 비판하는 사람이 많았다고 한다. 게다가 문학을 통한 性靈의 표출을 주창한 원매와 문학적 입장이 상이함에도 불구하고, 요내는 원매의 문장을 높이 평가하는 융통성 있는 면모를 보여주고 있다.

袁枚

君 錢塘 袁氏는 諱가 枚이고 字가 子才이니, 벼슬하여 관직에 있을 때 이름난 업적이 있었다. 관직에서 물러난 뒤에 江寧[1]의 서쪽 성에 정원을 짓고 머물면서 '隨園'[2]이라 하니, 세상에서 군을 隨園先生이라 불러 이에 더욱 알려졌다. 조부 諱 錡와 부친 諱 濱, 叔父 鴻이 모두 가난 때문에 사방을 떠돌며 幕僚 생활을 하였다.

군은 어렸을 적에 학문을 하여 스스로 완성하였다. 21세 때 錢塘에서 廣西에 이르러 巡撫[3]의 幕府에 있던 숙부에게 문안을 갔다. 순무 金公 鉷[4]이 한번 보고는 남다르다 여겨 시험 삼아 〈銅鼓賦〉[5]를 짓게 하니, 그 자리에서 바로 지어냈는데 몹

1) 江寧 : 지금의 江蘇省 南京市이다.
2) 隨園 : 현재 江蘇省 南京市 小倉山 아래에 있다. 본래는 江寧織造 隋赫德의 정원으로 이름이 隋園이었는데, 원매가 이곳을 구입한 후에 이름을 바꾸었다.
3) 巡撫 : 淸代의 省級 지역의 軍政을 관장하는 首長이다.
4) 金公 鉷 : 金鉷(1678~1740)은 字가 震方, 호가 德山으로 遼陽 사람이다. 廣西巡撫를 역임하였다.
5) 銅鼓賦 : '銅鼓'는 구리를 사용하여 주조한 북 모양의 악기로, 중국 서남쪽 소수민족 지역에서 사용되었다.

시 아름다웠다. 마침 博學鴻詞科[6]가 열렸기에 즉시 군을 추천하였다. 그때 천거된 200여 사람 가운데 공이 가장 젊었는데, 응시하여서는 낙방하였다.

乾隆 연간 무오년(1738)의 順天鄕試[7]에 급제하고 이듬해 進士가 되어 다시 庶吉士[8]로 선발되었다가 散館[9]이 되자 또 다시 江南으로 보내져 知縣이 되었고, 마지막으로는 江寧知縣에 調用되었다. 강녕은 예로부터 큰 고을로 다스리기가 어려웠다. 당시 尹文端公[10]이 總督[11]으로 있으면서 누구보다도 군의 재능을 알아주었고, 군 또한 일을 만나면 자기 능력을 다 발휘하여 회피하는 바가 없었으니 거행되지 못한 일이 없었다. 이윽고 관직을 떠나 집에 있다가 다시 기용되어 陝西로 보내졌는데, 섬서에 이르자마자 부친상을 당하여 돌아와서 종신토록 강녕에 살았다.

君錢塘袁氏는 **諱枚**요 **字子才**니 **其仕在官有名績矣**라 **解官後**에 **作園江寧西城居之**하여 **曰隨園**하니 **世稱隨園先生**하여 **乃尤著云**이라 **祖諱錡 考諱濱 叔父鴻**이 **皆以貧遊幕四方**이라 **君之少也**에 **爲學自成**이라 **年二十一**에 **自錢塘至廣西**하여 **省叔父於巡撫幕中**이라 **巡撫金公(鎮)〔鉷〕**[12]이 **一見異之**하여 **試以銅鼓賦**하니 **立就**에 **甚瑰麗**러니 **會開博學鴻詞科**라 **即擧君**이라 **時擧二百餘人**에 **惟君最少**어늘 **及試報罷**라 **中乾隆戊午科順天鄕試**하고 **次年成進士**하여 **改庶吉士**라가 **散館**에 **又改發江南爲知縣**하고 **最後調江寧知縣**이라 **江寧**은 **故巨邑難治**라 **時尹文端公爲總督**하여 **最知君才**하고 **君亦遇事盡其能**하여 **無所迴避**하니 **事無不擧矣**라 **旣而**요 **去職家居**라가 **再起發陝西**러니 **甫**

6) 博學鴻詞科 : 淸代의 科試 중 하나로, 康熙 18년(1679)에 처음 시행되었다. 大臣을 통해 學行과 문장이 뛰어난 인재를 각 省에서 추천 받아, 북경으로 불러들여 황제가 직접 시험한 다음 선발하였다. 이 글에서는 乾隆 元年(1736) 9월에 열린 博學鴻詞科를 가리킨다.

7) 順天鄕試 : 順天府는 明나라 초에 北京 일대를 통치하기 위해 설치한 官府이다. 治所는 大興에 있었다. 淸代에는 生員이 소속 省에서만 鄕試에 응시할 수 있었지만, 각 성의 貢監 출신은 順天府에서 응시할 수 있었다. 貢監은 생원으로서 추천을 거쳐 國子監에 들어가 수학한 자들로 貢生이라고도 한다.

8) 庶吉士 : 관직명으로 '庶常'이라고도 한다. 淸代에는 翰林院 내에 庶常館을 설치하여 새로 선발된 進士 중에서 문학과 書法에 뛰어난 자를 庶吉士로 선발해서 3년 동안 교육한 후 시험을 보여 임용하였다. 성적이 우수한 자는 翰林院 編修官이나 檢討官으로 삼고, 나머지는 給事나 御事 등의 외직을 주었다.

9) 散館 : 庶吉士의 3년 동안의 수학 기간이 끝나는 것을 말한다.

10) 尹文端公 : 尹繼善(1695~1771)으로 자가 元長, 호가 望山이며 滿洲 鑲黃旗人이다. 雍正 元年(1723)에 進士가 되고, 雲南總督, 川陝總督, 兩江總督을 거쳐 文華殿大學士를 지냈다. 文端은 諡號이다.

11) 總督 : 淸代의 지방 장관 중 최고위직으로, 일반적으로 두 省의 軍事와 정치를 관할하였다.

12) (鎮)〔鉷〕: 저본에는 '鎮'로 되어 있으나, ≪惜抱軒詩文集≫(上海古籍出版社, 1992)에 의거하여 '鉷'으로 바로잡았다.

及陜하여 遭父喪歸하여 終居江寧이라

군은 본래 문장으로 翰林院에 들어가 명성이 있다가 갑자기 외직으로 내쳐졌고, 知縣이 되어서는 재능을 드러냈지만 벼슬길이 끝내 순탄하지 못했으니, 陜西에서 돌아왔을 때 나이가 겨우 마흔이었다. 마침내 벼슬을 단념하고 재주를 다 발휘하여 文辭와 歌詩를 지었으며, 동남쪽 산수의 아름다운 곳을 모두 두루 돌아다니면서 그 아름답고 그윽한 풍광을 오로지 문장에 드러내어 스스로 자기 뜻을 기쁘게 하였다. 사방의 선비들이 江南에 이르면 반드시 隨園에 가서 詩文을 주지 않는 날이 거의 없었다. 군의 정원과 건물에는 꽃과 대나무, 물과 돌이 그윽하면서도 조용하고 아름다웠으며, 난간과 기물까지도 모두 정교하고 훌륭하였으니, 이 때문에 빈객을 대접하는 것이 매우 융숭하였다. 군은 찾아온 사람들을 붙잡으며 지칠 줄을 몰랐고, 남의 훌륭한 점을 보면 입이 마르도록 칭찬하였다. 후배 젊은이들의 시문 가운데 한마디 말의 아름다움에 대해서도 군은 반드시 그 글을 거론하여 사람들에게 읊어주었다.

君本以文章으로 入翰林有聲이라가 而忽擯外하고 及爲知縣하여는 著才矣로되 而仕卒不進하니 自陜歸에 年甫四十이라 遂絶意仕宦하고 盡其才以爲文辭歌詩하고 足迹造東南山水佳處皆(偏)〔徧〕[13]하여 其瑰奇幽邈을 一發於文章하여 以自喜其意라 四方士至江南에 必造隨園하여 投詩文이 幾無虛日이라 君園館花竹水石이 幽深靜麗하고 至欞檻器具皆精好하니 所以待賓客者甚盛이라 與人留連不倦하고 見人善이면 稱之不容口라 後進少年의 詩文一言之美를 君必能擧其詞하여 爲人誦焉이라

군은 古文과 四六體[14]가 모두 자기 생각을 스스로 드러내고 古法에 통할 수 있었다. 그리고 시를 지을 때는 더욱 재주와 능력이 닿는 대로 맘껏 펼쳐내어 세상 사람들이 마음으로는 드러내고자 하나 전달하지 못하는 뜻을 다 전달했으니, 선비들이 많이들 그 체제를 본받았다. 그러므로 ≪隨園詩集≫은 위로는 조정의 公卿에서부터 아래로는 市井의 행상에 이르기까지 모두 귀중히 여길 줄 알았고, 海外의

13) (偏)〔徧〕: 저본에는 '偏'로 되어 있으나, ≪惜抱軒詩文集≫(上海古籍出版社, 1992)에 의거하여 '徧'으로 바로잡았다.

14) 四六體 : 騈儷文의 異稱이다. 변려문은 六朝時代에 성행하였던 문체로, 4字句와 6字句를 배열하고 전편을 대구로 구성하기 때문에 四六體라고도 하였다.

流球[15)]에서도 그 책을 구하러 오는 자가 있었다. 군은 벼슬은 비록 현달하지 못했으나, 세상에서는 '100여 년 이래로 산림의 즐거움을 지극히 누리고 문장의 명성을 얻은 이로는 군만 한 사람이 없다.'고 하였다.

君古文四六體가 皆能自發其思하며 通乎古法이요 於爲詩에는 尤縱才力所至하여 世人心所欲出不能達者를 悉爲達之니 士多效其體라 故隨園詩集은 上自朝廷公卿으로 下至市井負販히 皆知貴重之요 海外琉球도 有來求其書者라 君仕雖不顯이나 而世謂百餘年來에 極山林之樂하고 獲文章之名은 蓋未有及君也라하니라

군이 처음 출사했을 때 溧水縣令[16)]이 되었다. 그의 부친이 멀리서 현의 治所에 와서는 아들이 어리고 관리로서의 재능이 없을까 의심하여 시험 삼아 이름을 숨기고 郊外로 찾아가니, 다들 "우리 고을에는 젊은 袁知縣이 계시니, 매우 훌륭하신 관리이다."라고 하였다. 부친이 이에 기뻐하면서 官舍로 들어갔다. 강녕에 있을 때는 늘 아침에는 일을 하고 밤에는 선비들을 불러 술을 마시고 시를 지었지만 더욱 이름난 업적이 많았다. 강녕의 市中 사람들이 군이 판결한 일을 소재로 歌曲을 지어서 판각되어 온 세상에 유행하였는데, 군은 말할 것이 못 된다고 여겨 이후로는 남들이 자신의 治績을 말하기를 절대 바라지 않았다.

君始出에 試爲溧水令이라 其考自遠來縣治하여 疑子年少無吏能하여 試匿名訪諸野하니 皆曰吾邑有少年袁知縣이니 乃大好官也라하여늘 考乃喜하여 入官舍라 在江寧에 嘗朝治事하고 夜召士飮酒賦詩로되 而尤多名蹟이라 江寧市中이 以所判事作歌曲하여 刻行四方이러니 君以爲不足道하여 後絶不欲人述其吏治云이라

군은 嘉慶 2년(1797) 11월 17일에 卒하였으니 향년 82세였다. 부인 王氏는 자식이 없어 堂弟 樹[17)]의 아들 通을 돌보며 양자로 삼았는데, 이윽고 側室 鍾氏가 또 아들 遲를 낳았다. 손자는 둘이니 初와 禧이다. 이에 앞서 군은 거주하고 있던

---

15) 琉球 : 현재 일본 오키나와 일대에 위치하였던 나라 이름이다. 독립 왕국으로서 해상무역을 통해 번성하다가, 光緖 5년(1879)에 일본에 병합되었다.

16) 溧水縣令 : 溧水는 江蘇省 소속의 縣 이름이다.

17) 樹 : 袁樹는 字가 豆村, 號가 香亭으로, 浙江 杭州府 錢塘縣 사람이다. 乾隆 28년(1763)에 進士가 되고 肇慶知府를 지냈다.

小倉山[18] 북쪽에 부모를 장사 지냈는데, 遺言으로 자신을 合葬하게 하였다. 가경 3년 12월 乙卯日에 소창산 묘소 왼쪽에 합장하였다.

桐城 姚鼐는 군과 先代 사이부터 교분이 있고,[19] 내가 강녕에 살면서 군과 從遊한 것이 가장 오래되었다.

君卒于嘉慶二年十一月十七日하니 **年八十二**라 **夫人王氏無子**하여 **撫從父弟樹子通爲子**러니 **旣而**요 **側室鍾氏**가 **又生子遲**라 **孫二**니 **曰初曰禧**라 **始君葬父母於所居小倉山北**이러니 **遺命以己祔**라 **嘉慶三年十二月乙卯**에 **祔葬小倉山墓左**라 **桐城姚鼐**가 **以君與先世有交**하고 **而鼐居江寧**하여 **從君遊最久**라

군이 세상을 떠남에 마침내 군을 위해 다음과 같이 銘을 짓는다.
여기에 耆龐[20]이 있으니
재주가 넓고도 많았네
문장을 냄에 다함이 없으니
조탁하지 않아도 工巧하였네
文士들이 이에 宗師로 삼으니
명성이 海邦에까지 전해졌어라
그 온화한 성품이여
越中[21]에서 태어났네
長江 가[22]에서 벼슬하여
그곳에서 늙어가며 생을 마쳤도다
兩代의 묘소가 같으니
이 幽宮(墳墓)에 명을 쓰노라

君沒에 **遂爲之銘曰 粤有耆龐**하니 **才博以豐**이라 **出不可窮**하니 **匪雕而工**이라 **文士是宗**하니 **名越海邦**이라 **藹如其沖**이여 **其産越中**이라 **載官倚江**하여 **以老以終**이라 **兩世阡同**하니 **銘是幽宮**하노라

---

18) 小倉山 : 지금의 江蘇省 南京市 淸涼山 동쪽에 있다.
19) 桐城……있고 : 姚鼐의 伯父인 姚範이 袁枚와 교유하였다.
20) 耆龐 : '耆老'와 같은 말로, 나이가 많고 덕이 높은 사람을 가리킨다.
21) 越中 : 浙江省이다. 과거에 이곳에 越나라가 있었기 때문에 이렇게 불렀다.
22) 長江 가 : 長江에 인접해 있는 江寧縣을 가리킨다.

57. 劉海峰[1)] 先生 80세 壽序　劉海峰先生八十壽序*

*이 글은 요내가 47세이던 乾隆 42년(1777)에 지은 것으로, 그해 5월 劉大櫆의 81세 생일을 맞이하여 지은 壽序이다. 당시 요내는 揚州에 있어서 글을 지어서 보냈다. 이 글에서 요내는 方苞·유대괴와 자신의 관계에 대해서 말하면서, 桐城派의 문학 전통에 대해서 표명하였다.

예전에 내가 京師에 있을 때 歙縣[2)] 程吏部[3)]와 歷城[4)] 周編修[5)]가 말하기를, "문장을 짓는 이는 법으로 삼은 바가 있고 난 뒤에 유능해지고, 변화한 바가 있고 난 뒤에 훌륭해진다. 성대한 淸나라의 통치가 前代보다 천 배, 백 배 뛰어나거늘 유독 선비 중에 古文을 능히 짓는 이는 많지가 못하다. 예전에 方侍郞[6)]이 있었고, 지금은 劉先生이 있으니, 천하의 문장이 桐城에서 나오는 것이 아니겠는가." 하였다.

나는 말하기를 "무릇 黃·舒[7)] 일대는 천하의 빼어난 산수이다. 천여 년을 지나도록 이 일대에서 史傳에 이름을 올린 이가 수십 명이 못 되는데, 유독 浮屠 중 준걸한 사람이 梁·陳[8)] 이래로 2, 3백 리를 벗어나지 않고 어깨와 등을 맞대고서 소리가 서로 호응하여 화답하였다. 그 무리가 천하에 두루 퍼져 이들을 받들어서 宗師로 섬기니, 山川의 奇傑한 기운이 온축되어서 귀속된 것이 아니겠는가. 무릇 釋氏가 쇠락하면 儒士가 흥하는 법이니, 지금이 거의 그 시기일 것이다." 하였다. 두

---

1) 劉海峰 : 劉大櫆(1698~1780)로, 자는 才甫, 耕南, 호는 海峰이며, 安徽 桐城 사람이다. 雍正 7년(1729) 副貢生이 되었고 乾隆 연간에 천거를 받아 博學鴻詞科에 응시했으나 떨어졌다. 만년에 안휘성 黟縣敎諭를 지냈다. 문장에 능하였으며, 스승 方苞 및 문인 姚鼐와 함께 桐城派의 대표적 인물로 일컬어진다. 저서에 《海峰文集》, 《海峰詩集》 등이 있다.

2) 歙縣 : 지금의 安徽省 黃山市이다.

3) 程吏部 : 程晉芳을 가리킨다. 자세한 사항은 본서 〈隨園雅集圖後記〉 역주 1) 참조.

4) 歷城 : 山東省에 있는 도시로, 황하강 남쪽 기슭에 있다.

5) 周編修 : 周永年을 가리킨다. 자세한 사항은 본서 〈復魯絜非書〉 역주 3) 참조.

6) 方侍郞 : 方苞(1668~1749)로, 자는 靈皐, 鳳九, 호는 望溪이며, 安徽 桐城 사람이다. 康熙 45년(1706) 會試에 급제하고 雍正, 乾隆 연간에 관직이 內閣學士와 禮部侍郞에 이르렀다. 桐城派 古文의 창시자가 되어 一代正宗으로 불렸다. 저서에 《望溪文集》 등이 있다.

7) 黃·舒 : 黃은 黃山으로, 安徽 歙縣의 서북쪽에 있으며, 舒는 舒城縣으로, 安徽 中部에 있다.

8) 梁·陳 : 南北朝時代의 나라 이름이다.

君에게 응답하고 나서, 그 후 고을 사람에게 말해주었다.

曩者鼐在京師할새 歙程吏部歷城周編修語曰 爲文章者는 有所法而後能이요 有所變而後大라 維盛清治가 邁逾前古千百이로되 獨士能爲古文者未廣이라 昔有方侍郎하고 今有劉先生하니 天下文章이 其出于桐城乎인저 鼐曰 夫黃舒之間은 天下奇山水也라 一千餘年에 一方無數十人名於史傳者로되 獨浮屠之儁(三)〔雄〕[9]이 自(陳梁)〔梁陳〕[10]以來로 不出二三百里하고 肩背交而聲相應和也라 其徒徧天下하여 奉之爲宗하니 豈山川奇傑之氣有蘊而屬之邪아 夫釋氏衰歇이면 則儒士興하니 今殆其時矣라 旣應二君이요 其後嘗爲鄉人道焉이라

내가 또 長者에게 들으니, 康熙 연간에 方 侍郎의 이름이 海外에 알려지니, 劉先生이 어느 날 布衣의 신분으로 京師에 달려와서 그의 글을 시랑에게 올렸는데, 시랑이 다른 사람에게 고하기를 "方某와 같은 이를 어찌 쳐줄 것이 있겠는가. 邑子 劉生이 바로 國士로다."라고 하였다. 듣는 이가 처음에는 놀라서 믿지 않았는데 오래 지난 뒤에 비로소 점차 선생을 인정하게 되었다고 한다.

지금 시랑이 세상을 떠남에 선생의 글이 과연 더욱 귀해졌다. 그러나 선생은 강가에 은거하여서 시랑이 지녔던 명성이나 지위, 교유가 없었는지라 세상의 영재를 장려하여 일으켜주기에 부족하였고, 홀로 문을 닫고서 안석에서 책을 읽고 글을 썼으니, 나이가 80세이다. 그런데도 더욱 총명하여 저술하기를 그치지 않아서 衛武公의 〈抑〉詩의 뜻[11]을 지녔으니, 지금 세상의 異人이다.

鼐又聞諸長者하니 曰 康熙間에 方侍郎(者)〔名〕[12]聞海〔外〕[13]러니 劉先生一日以布衣走京師하여 上其文侍郎하니 侍郎告人曰 如方某를 何足算邪아 邑子劉生이 乃國士耳라하니 聞者始

9) (三)〔雄〕: 저본에는 '三'으로 되어 있으나, ≪惜抱軒詩文集≫(上海古籍出版社, 1992)에 의거하여 '雄'으로 바로잡았다.

10) (陳梁)〔梁陳〕: 저본에는 '陳梁'으로 되어 있으나, ≪惜抱軒詩文集≫(上海古籍出版社, 1992)에 의거하여 '梁陳'으로 바로잡았다.

11) 衛……뜻 : 〈抑〉은 ≪詩經≫ 〈大雅〉의 편명이다. 원문의 '懿'는 삼간다는 뜻으로 '抑'과 통한다. 衛 武公은 춘추시대 衛나라의 군주로, 나이가 95세였는데도 오히려 나라에 경계하기를 "卿으로부터 이하로 師, 長, 士에 이르기까지 진실로 조정에 있는 자들은 내가 늙었다 하여 나를 버리지 말고 반드시 아침저녁으로 공손히 하고 조심하여 서로 나를 경계하라."라고 하고, 마침내 〈抑〉시를 지어 스스로 경계하였다.

12) (者)〔名〕: 저본에는 '者'로 되어 있으나, ≪惜抱軒詩文集≫(上海古籍出版社, 1992)에 의거하여 '名'으로 바로잡았다.

13) 〔外〕: 저본에는 '外'가 없으나, ≪惜抱軒詩文集≫(上海古籍出版社, 1992)에 의거하여 보충하였다.

駭不信이러니 久乃漸知先生이라 今侍郎沒에 而先生之文果益貴라 然이나 先生窮居江上하여 無侍郎之名位交遊라 不足掖起世之英少요 獨閉戶伏首几案하니 年八十矣로되 聰明猶強하여 著述不輟하여 有衛武懿詩之志하니 斯世之異人也已라

내가 어렸을 때 일찍이 선생을 모셨는데, 그 모습과 말씀과 웃음을 신기하게 여겨서 물러나 번번이 따라하면서 놀았다. 장성하여서는 伯父 編修君[14]께 經學을 전수받고, 선생에게 글을 배웠다. 벼슬살이한 지 30년 만에 돌아옴에 백부께서는 이미 졸하여[15] 다시 뵐 수가 없고, 지난날 백부의 벗 중에 왕래하던 이들이 모두 돌아가셨지만, 그래도 선생을 樅陽[16]에서 자주 뵐 수 있었다. 선생 또한 내가 오는 것을 반가워하여 발에 난 병이 아직 낫지 않아서 부축하여 끌면서 나와서 함께 글을 논하면서 늘 한밤중에 이르렀다. 지금 5월 望日에 邑人이 선생의 생일을 축수하니, 내가 마침 揚州에 있는지라 선생을 생각하면서 이 글을 지어서 선생에게 부치고, 또 고향의 後進들이 듣고서 勉勵하도록 한다.

鼐之幼也에 嘗侍先生할새 奇其狀貌言笑하여 退輒仿效以爲戲러라 及長에 受經學於伯父編修君하고 學文於先生이라 遊宦三十年而歸에 伯父前卒하여 不得復見이요 往日父執往來者皆盡이로되 而猶得數見先生于樅陽하니 先生亦喜其來하여 足疾未平에 扶曳出與論文하여 每窮半夜라 今五月望에 邑人以先生生日爲之壽하니 鼐適在揚州라 思念先生하여 書是以寄先生하고 又使鄉之後進者聞而勸也라

14) 伯父 編修君 : 姚鼐의 伯父인 姚範(1702~1771)으로, 초명은 興涑, 자는 南青, 호는 薑塢, 幾蓬老人이며, 安徽 桐城 사람이다. 乾隆 연간에 進士가 되어 편수관이 되었다. 요내가 어렸을 때 그에게 가르침을 받았다.

15) 伯父께서는……졸하여 : 姚鼐가 고향에 돌아온 것은 乾隆 39년(1774)으로, 요내의 백부 姚範은 1771년에 이미 별세하였다.

16) 樅陽 : 桐城縣 동남쪽에 있던 곳으로, 현재의 安徽省 樅陽縣이다.

58. 王禹卿 70세 壽序　王禹卿七十壽序*

* 이 글은 요내가 벗 王文治(1730~1802)의 70세 생일을 축하하여 쓴 壽序이다. 왕문치는 字가 禹卿이고 號는 夢樓이며 江蘇 丹徒 사람이다. 乾隆 25년(1760)에 進士가 되었고 翰林院侍讀, 雲南 臨安知府를 지냈다. 書法과 詩에 뛰어났으며, 저서로 ≪夢樓詩集≫ 등이 있다. 이 글에서 요내는 세상 사람들이 공히 인정하는 왕문치의 詩文과 書法은 피상적인 것들이며 왕문치가 佛學을 정밀하게 배운 데에 오히려 그의 진면목이 있다고 말하고 있다.

王文治

孔子가 말하기를, "옛날의 학자들은 자신을 위한 학문을 하였는데 오늘날의 학자들은 남에게 보여주기 위한 학문을 한다."[1)]라고 하였다. 견문이 정밀하고 넓기가 鄭康成에 이르고 문장이 韓退之에 이르고 辭賦가 司馬相如에 이르고 詩가 杜子美에 이르고 글씨를 쓰는 것이 王逸少에 이르고 그림이 摩詰에 이른 경우[2)]는 古今에 이른바 '탁월한 준걸로서 후세에 다시 따라잡을 사람이 없는 자'이다. 가령 세상에 어떤 사람이 이 몇 사람의 〈능력을〉 겸비하여 모두 가졌다면 이는 수천 년 동안 만나보지 못한 일이요 준걸 중에서도 뛰어난 자라고 불릴 것이다. 그러나 그 일삼는 바를 따져보면 요컨대 모두 남에게 보여주기 위한 것이라고 할 따름이니, 이를 가지고서 자신을 위한 것이라고 말할 수는 없다.

1) 옛날의……한다 : 이 말은 ≪論語≫ 〈憲問〉에 보인다.
2) 견문이……경우 : 康成은 後漢의 經學家인 鄭玄의 字이다. 정현은 광범한 지식으로 경학을 정리하고 注解하였다. 退之는 唐代 문장가 韓愈의 字이다. 한유는 古文 운동을 창도하였으며 그의 산문은 후대 산문 문체의 표준으로 일컬어졌다. 司馬相如는 前漢의 문인으로 辭賦의 창작에 특기가 있어 ≪子虛賦≫ 등을 남겼다. 子美는 唐代 시인 杜甫의 字이다. 두보는 詩聖이라 불릴 정도로 중국 최고의 시인으로 추앙받았다. 逸少는 東晉의 서예가 王羲之의 字이다. 왕희지는 楷書·行書·草書에 모두 능하여 書聖으로 불렸다. 摩詰은 唐代의 화가이자 시인인 王維의 字이다. 왕유는 특히 水墨山水畵에 뛰어났으며 南宗文人畵의 창시자로 평가된다.

孔子曰 古之學者는 爲己러니 今之學者는 爲人이로다하니 今夫聞見精博至于鄭康成하고 文章至于韓退之하고 辭賦至于相如하고 詩至于杜子美하고 作書至於王逸少하고 畫至於摩詰은 此古今所謂絶魁俊而後無復逮者矣라 假世有人焉하여 兼是數者而盡有之면 此數千年未嘗遇之事요 而號魁俊之尤者(俟)〔矣〕[3]라 然而究其所事면 要擧謂之爲人而已니 以言爲己는 猶未也라

무릇 儒者의 '자신을 위하는 道'라는 것은 굳이 辨說할 필요가 없거니와 佛氏의 학문으로 말하면 진실로 孔子와는 다르다. 그러나 나는 그 萬物의 바깥에서 초연히 홀로 깨달은 것과 萬事의 가운데에서 환히 밝게 비추어 보는 것이 요컨대 자신을 위하는 뜻을 잃지 않았다고 하겠으니, 이는 〈불씨의 학문이〉 존중할 만하며 세속의 학문보다 훨씬 뛰어난 까닭이다. 유자들은 形骸에 대한 견해 때문에 〈불학을〉 거부하는데 나는 그럴 필요가 없다고 여긴다. 하물며 자신이 여전히 남에게 보여주기 위한 학문 가운데 빠져 있음을 면치 못하는 자의 경우에랴.

夫儒者所云爲己之道는 不待辨矣어니와 若夫佛氏之學은 誠與孔子異라 然而吾謂其超然獨覺於萬物之表와 豁然洞照於萬事之中이 要不失爲己之意하니 此其所以足重而遠出乎俗學之上이라 儒者以形骸之見拒之어늘 吾竊以謂不必이어든 而況身尙未免溺於爲人之中者乎아

丹徒의 王禹卿 선생은 뜻을 독실히 하여 佛學을 배운 사람이다. 선생은 젊어서 문장으로 조정에 올라 1등으로 급제하였고, 평생 시 짓기를 공부한 것은 唐나라 시인의 室에 들어가[4] 자리를 나누어 차지할 정도이며, 書法은 米元章과 董玄宰가 王羲之와 王獻之의 전통을 계승한 것[5]과 같으니, 이는 모두 천하의 선비들이 함께 공인하여 異論이 없는 것이다.

그러나 유독 그가 佛學을 배운 정밀함에 이르러서는 사람들이 도리어 그다지 믿

3) (俟)〔矣〕: 저본에는 '俟'으로 되어 있으나, ≪惜抱軒詩文集≫(上海古籍出版社, 1992)에 의거하여 '矣'로 바로잡았다.

4) 唐나라……들어가 : 唐人의 높은 경지에 이르렀음을 비유하는 말이다. ≪論語≫ 〈先進〉에 "子路는 堂에는 올랐으나 아직 室에는 들어오지 못했다.〔由也 升堂矣 未入於室也〕"라 한 데서 온 말이다.

5) 米元章과……것 : 元章은 北宋의 서예가이자 화가인 米芾의 字이다. 玄宰는 明나라 말엽의 서예가이자 화가인 董其昌의 字이다. 二王은 王羲之와 그 아들 王獻之를 병칭하는 말이다. 미불과 동기창은 왕희지 父子의 書風을 계승한 것으로 평가된다.

지 않았으니, 내가 이를 사람들에게 말하면 입으로는 수긍하면서 마음속으로는 비웃는 사람도 있었다. 그런데 올해 8월에 선생이 갑자기 등창이 나서 고통받아 죽을 듯한데도 밤낮으로 바르게 앉아 다른 사람과 이야기하며 정신이 변치 않았다가 한 달 만에 회복하니, 이에 세상 사람들이 비로소 놀라 감탄하며 선생의 학문이 진실로 능히 形骸를 초탈하고 죽음과 삶을 하나로 여기는 면이 있음을 알았으니, 평상시에는 깨닫지 못하다가 어려운 일을 만난 뒤에 알게 된 것이다.

丹徒王禹卿先生은 篤志學佛者也라 先生少以文章登朝取上第하고 生平咏吟之工이 入唐人之室하여 與分席而處하며 書法則如米元章董玄宰之嗣統二王하니 此皆天下士所共推無異論者로되 獨至其學佛之精하여는 而人反不甚信하니 僕以語人이면 人口諾而心笑者且有之러라 今歲八月에 先生忽生背疽하여 負痛欲死어늘 而晝夜危坐하여 與人言說에 神明不變이라가 匝月而平復하니 於是에 世始駭歎하여 知先生之學이 眞有能外形骸而一死生者하니 平時不覺이라가 遇難而後見也라

또 한 달이 지나니 선생의 70세 생신이 되었다. 선생이 만약 이렇게 70세까지 장수하지 않았다면 자신을 위해서 하였던 실상이 천하에 크게 드러나지 못했을 것이요, 도리어 남에게 보여주기 위해서 세상에 자취를 남긴 시와 글씨 같은 것으로 일컬어졌을 터이니, 그렇다면 또한 가까이 접하고도 선생의 진면목을 모르지 않았겠는가. 선생은 佛戒를 지키는지라 생신에도 술잔을 올릴 수 없으니 다만 이 말을 하여 축수하고 맑은 차를 권하여 堂에 와서 축수하는 자로 하여금 함께 마시게 하여 장차 끝까지 깨어 있고 취하지 않게 하노라.

又越月하니 則爲先生七十壽辰이라 夫先生苟無此七十之壽면 則其爲己之實이 不能大著於天下요 反以其爲人寄迹之事稱之리니 不亦失先生於交臂乎아 先生持佛戒라 桑弧之日에 不可以酒醴稱觴하니 獨爲斯言以壽하고 侑以淸茗하여 使來壽於堂者同飮之하여 將終醒而無醉云하노라

59. 劉海峰 先生에 대한 祭文　祭劉海峰先生文*

* 스승 劉大櫆의 祭文이다. 方苞와 유대괴를 끊어진 道學의 전승을 계승한 인물로 평가한 한편 자신과의 개인적인 인연을 서술하였다.

아아!
聖人으로부터 道가 있게 되었으니, 道는 文에 보존되어 있네
孔子 門徒의 걸출함은 顔回와 같은 이들이었는데
周나라 왕실이 대대로 쇠하자 末流가 갈라지고 나뉘었네
혹은 우는 것을 기예로 삼고 혹은 道로써 진술하니
천여 년에 이르는 동안 그 전승이 어두워졌네
어찌 그 근본을 잘 아는 재주 있는 선비가 없어서였겠는가
분발하여 힘쓰면 마침내 넘어지고 떨어졌기 때문이네
성인의 말씀은 대대로 그 빛을 환하게 드러내니
눈이 멀어 가려지고 어두침침한 것이지 해와 달에 어찌 손상이 있었겠는가[1)]

嗚呼라 自聖有道하니 道存乎文이라 孔徒之傑은 與顔同倫이러니 周室世衰에 末流歧分이라 或鳴爲技하고 或以道陳하니 迄千餘年히 其傳緡緡이라 豈無才士가 識闇其本이리오 苟爲僨强이면 卒躓而隕이라 聖言載世히 有炳其光하니 蔽晻於矇이니 日月何傷이리오

우리 고을의 宗伯[2)]은 먼 자취를 과감하게 계승하였으니
말린 肉脯를 달게 씹어 마침내 기름진 珍味를 물려주었네
萬善을 갖추어 時俗을 뛰어넘음에 옛날과의 거리는 가까워졌는데

---

1) 해와……있겠는가 : ≪論語≫ 〈子張〉에, 魯나라 大夫 叔孫武叔이 孔子를 헐뜯자, 子貢이 반박한 말 중에 “다른 어진 자는 丘陵과 같아 그래도 넘을 수 있지만 仲尼는 日月과 같아 넘을 수가 없다. 사람들이 비록 스스로 끊고자 하나 해와 달에 어찌 손상이 있겠는가.〔他人之賢者 丘陵也 猶可踰也 仲尼 日月也 無得而踰焉 人雖欲自絶 其何傷於日月乎〕”라고 보인다.
2) 宗伯 : 禮部의 관원을 뜻하는 말인데, 여기서는 劉大櫆의 스승인 方苞를 가리킨다. 방포는 禮部侍郎을 지낸 바 있다.

先生(劉大櫆)이 다시 일어나 더욱 그 아름다움을 다하였네
위로 詩書와 더불어 그 음률에 응하고
百家를 뒤져내어 아름다움과 雄偉함을 슬며시 취하였네
억누르거나 높임을 마음대로 함에 그 처음과 끝을 알 수 없었고
햇살 환하고 봄꽃 핀 것이 비록 아름다우나 화려하지 않은 것과 같았네
세상에 儒士 있으니 천년의 으뜸이네
백세에 걸쳐 稱述할 분이나 당세에는 곤궁하였네
科場에서 반평생 보내어 늘그막에 學官에 제수되었으나
결국에는 또한 오래 있지 않고 물러나 강가에 거처하였네

吾鄕宗伯은 勇繼絶軌하니 甘(筮)〔噬〕[3]胸腊하여 寧遺腴旨라 賅萬逾俗에 去古則咫러니 先生再興하여 益殫厥美라 上與詩書로 應其宮徵(치)하고 抉摉(수)百家하여 掩取瑰偉라 抑揚從心에 不見端委요 日麗春敷가 雖姸不靡라 世有斯文하니 千載之雄이라 百世所述이나 當世則窮이라 半生場屋하여 老授學官이로되 卒亦不居하고 退處江干이라

하늘이 그 아들을 빼앗고 오직 벗만 주었네
옛날 우리 伯父[4]께서 비로소 선생과 함께 일어나니
어울려 문장을 지을 제 성인을 법도로 삼고
즐거이 담론하고 마음껏 웃을 제 안석에 기대어 술잔 들었네
총각인 나를 부르시면 곁에서 대답하였는데
보잘것없는 이 몸이 冠禮를 한 뒤에 京師에서 다시 뵈었네
선생은 손을 잡고 나를 위해 탄식하며
古人을 계승하여 배워서 道를 自任하기를 기대하였으니
자상히 권면하는 그 글을 떠나는 나에게 주었네
그 후로 세월이 흘러 또 스무 해가 지나니
어찌 군(劉大櫆)만 늙으셨겠는가, 나 또한 쇠하였네
우리 백부가 그리우면 선생을 뵙고 울었네

3) (筮)〔噬〕: 저본에는 '筮'로 되어 있으나, ≪惜抱軒詩文集≫(上海古籍出版社, 1992)에 의거하여 '噬'로 바로잡았다.
4) 우리 伯父 : 姚範(1702~1771)을 이른다.

선생의 병이 더 깊어지자 휘장 안에서 妻妾이 모셨는데
나를 침상 앞으로 맞이하여 억지로 앉아 건장함 보이셨네
오히려 고상한 말씀을 하셨기에 기록하여 上法(높은 법)으로 삼았더니
어이하여 주신 편지만 마침내 几榻에 놓여 있단 말인가
온 세상 아득한데 나를 홀로 서게 하시니
할 말이 있어도 말할 데가 없기에 길이 흐느낀다오
아아! 흠향하소서

天奪其子하고 獨與以朋이라 昔我伯父가 始與竝興하니 和爲文章에 執聖以繩하고 劇談縱笑에 據几執觥이라 召我總角에 左右是膺이러니 賤子旣冠에 於京復見이라 先生執手하여 爲我嗟歎하고 嗣學古人하여 以任道期하니 亹亹其文을 以贈吾離라 其後閱年하여 又逾二十하니 豈徒君耄리오 鼐亦衰及이라 念吾伯父에 相見以泣이라 先生益病에 侍帷妻妾이어늘 要我牀前하여 强坐業業이라 猶有高言일새 記爲上法이러니 孰承遺書가 竟委几榻이리오 擧世茫茫이어늘 使我孤立하니 有言莫陳일새 終古於邑이라 嗚呼尙饗하소서

60. 朱竹君 學士에 대한 祭文　祭朱竹君學士文*

* 요내가 벗인 朱筠(1736~1796)을 위해 쓴 제문이다. 주균은 자가 竹君 또는 美叔, 호가 笥河로 順天 大興 사람이다. 乾隆 19년(1754)에 進士가 되어 編修와 侍讀學士, 安徽와 福建의 學政 등을 지냈다. 이 글에서는 주균의 특출한 재주와 자신과의 인연, 雄健하면서도 다양한 문장의 풍격과 굳센 인품을 차례로 서술하면서, 벗의 죽음을 슬퍼하는 감정을 드러냈다.

슬프다
海內의 수많은 선비 중에 君이 있으니
그 기운이 특출하여 同輩로 칠 수 없었네
내 처음엔 군을 경외하여 스승으로 모셨지 벗은 아니었는데
욕되게도 군이 나와 교제해주어 나의 벗이 되었네
京師에 살면서부터 군과 날마다 만나서 이야기 나누었는데
서로 의견 고집하며 다투다가도 결국에는 일치되었네
한 해나 한 달 동안 일 때문에 서로 떨어지기도 했으니
군의 청담한 말과 술 취한 모습이 그립지 않은 적 없었네
나와 군이 이별한 때가 을미년(1775) 봄이니
군이 손을 잡고 말하기를 내게 옛 賢人의 모습 기대한다 했었지

嗚呼라 **海內萬士**에 **於中有君**하니 **其氣超然**하여 **不可輩群**이라 **余始畏焉**하여 **曰師非友**러니 **辱君下交**하여 **以爲吾偶**라 **自處京師**로 **君日從語**한대 **執拒相諍**이라가 **卒承諧許**라 **或歲或月**에 **以事間之**하니 **淸辭酒態**가 **靡不可思**라 **余與君決**이 **乙未之春**이니 **有言握手**하며 **期我古人**이러라

군이 지은 글은 江河의 물줄기가 모인 것과 같으니
물줄기를 고르지 않아 안팎 구분 없이 넘실거렸네
회오리바람 불고 파도치다가도 다시금 고요해졌고

작은 모래톱과 맑은 연못 또한 좋아할 만하였네[1)]
세상 사람들 모두 군을 알았으니 文士 중의 巨人이었지만
아무도 군의 마음은 몰랐으니 金石처럼 견고하였네
권세를 좇지 않고 이익에 눈멀지 않았으며
더듬더듬 말하다가도 義를 만나면 담론이 거침없었어라

君之屬(촉)**文**은 **如江河滙**하니 **不擇所流**하여 **蕩無外內**라 **猋**(표)**怒濤驚**이라가 **復於恬靡**요 **小沚澄潭**도 **亦可以喜**라 **世皆知君**하니 **文士之碩**이로되 **莫見君心**하니 **堅如金石**이라 **不爲勢趨**요 **不爲利眯**(미)하며 **吃口澁辭**라가 **遇義大啓**이라

슬프다! 오늘날에 士氣가 쇠미하였으니
하늘이 그대 한 사람 남겨두었다면 아마 끝내 진작시켰으리라
7년 동안 강가에 살면서[2)] 날마다 군의 얼굴 그리워했는데
끝났구나, 이제는 끝내 만날 수 없게 되었구나
아, 부디 흠향하소서

嗚呼今日에 **士氣之衰**니 **天留一人**인댄 **庶卒振之**라 **七年江濱**에 **日思君面**이러니 **已矣及今**에 **終不可見**이라 **嗚呼尙饗**하소서

1) 회오리바람……만하였네 : 朱均의 문장의 다양한 풍격을 비유한 말이다.
2) 7년……살면서 : 姚鼐는 乾隆 40년(1775)에 관직을 떠난 뒤에, 長江 가의 江寧・揚州의 書院에서 강의를 하였다.

附 錄

1. ≪明淸八大家文鈔 2≫ 參考書目

◇ 底本

- ≪明淸八大家文鈔≫, 王文濡(淸) 編, 進步書局, 石印本, 1915.

◇ 底本 관련 자료

- ≪明淸八大家文鈔≫, 趙伯陶 導讀, 李保民・冷時峻 整理集評, 上海古籍出版社, 2008.
- ≪劉大櫆集≫, 劉大櫆(淸) 撰, 吳孟復 校點, 上海古籍出版社, 2008.
- ≪惜抱軒文集≫, 姚鼐(淸) 撰, 嘉慶十二年(1807)刻本.
- ≪惜抱軒詩文集≫, 姚鼐(淸) 撰, 劉季高 校點, 上海古籍出版社, 1992.
- ≪惜抱軒全集≫, 姚鼐(淸) 撰, 世界書局, 1960.
- ≪海峰文集≫, 劉大櫆(淸) 撰, 方國 校錄本.
- ≪海峰先生文集≫, 劉大櫆(淸) 撰, 光緖戊子(1888)桐城吳大有堂本.

◇ 原典

〔經部〕

- ≪論語集註大全≫, 朱熹(宋) 集註, 胡廣(明) 等 編, 朝鮮 內閣本, 影印本, 學民文化社.
- ≪孟子注疏≫, 阮元(淸) 校刻, 十三經注疏(淸 嘉慶刊本), 中華書局, 2009.
- ≪孟子集註大全≫, 朱熹(宋) 集註, 胡廣(明) 等 編, 朝鮮 內閣本, 影印本, 學民文化社.
- ≪書傳大全≫, 蔡沈(宋) 集傳, 胡廣(明) 等 編, 朝鮮 內閣本, 影印本, 學民文化社.
- ≪詩傳大全≫, 朱熹(宋) 集傳, 胡廣(明) 等 編, 朝鮮 內閣本, 影印本, 學民文化社.
- ≪禮記集說大全≫, 陳澔(元) 集說, 胡廣(明) 等 編, 朝鮮 內閣本, 影印本, 學民文化社.
- ≪儀禮注疏≫, 鄭玄(漢) 注, 賈公彦(唐) 疏, 北京大學出版社, 2000.
- ≪周禮正義≫, 孫貽讓(淸), 續修四庫全書 82~84, 上海古籍出版社, 1995-1999.

- ≪周易傳義大全≫, 程頤(宋) 傳, 朱熹(宋) 本義, 胡廣(明) 等 編, 朝鮮 內閣本, 影印本, 學民文化社.
- ≪中庸章句大全≫, 朱熹(宋) 集註, 胡廣(明) 等 編, 朝鮮 內閣本, 影印本, 學民文化社.
- ≪春秋經筌≫, 趙鵬飛(宋) 撰, 文淵閣四庫全書 제157책, 臺灣商務印書館, 1983~1986.
- ≪春秋穀梁傳注疏≫, 范寗(晉) 注, 楊士勛(唐) 疏, 北京大學出版社, 1999.
- ≪春秋公羊傳注疏≫, 何休(漢) 注, 徐彦(唐) 疏, 北京大學出版社, 1999.
- ≪春秋左傳正義≫, 杜預(晉) 注, 孔穎達(唐) 疏, 北京大學出版社, 1999.
- ≪韓詩外傳≫, 韓嬰(漢) 撰, 文淵閣四庫全書 제89책, 臺灣商務印書館, 1983~1986.

〔史部〕

- ≪孔叢子≫, 孔鮒(漢) 撰, 文淵閣四庫全書 제695책, 臺灣商務印書館, 1983~1986.
- ≪舊唐書≫, 劉昫(後晉) 等 撰, 中華書局, 1996.
- ≪國語≫, 左丘明(周) 撰, 朝鮮 鐵鑄字本, 影印本, 學民文化社.
- ≪大淸會典≫, 允祹(淸) 撰, 文淵閣四庫全書 제619책, 臺灣商務印書館, 1983~1986.
- ≪史記≫, 司馬遷(漢) 撰, 中華書局, 1974.
- ≪三國志≫, 陳壽(晉) 撰, 裴松之(南朝 宋) 注, 中華書局, 1971.
- ≪小學集注≫, 朱熹(宋) 撰, 文淵閣四庫全書 제699책, 臺灣商務印書館, 1983~1986.
- ≪宋史≫, 脫脫(元) 等撰, 中華書局, 1985.
- ≪宋書≫, 沈約(梁) 撰, 文淵閣四庫全書 제257~258책, 臺灣商務印書館, 1983~1986.
- ≪水經注≫, 酈道元(北魏) 撰, 文淵閣四庫全書 제573책, 臺灣商務印書館, 1983~1986.
- ≪新唐書≫, 歐陽脩(宋)·宋祁(宋) 撰, 中華書局, 1975.
- ≪列女傳≫, 劉向(漢) 撰, 文淵閣四庫全書 제448책, 臺灣商務印書館, 1983~1986.
- ≪逸周書≫, 孔晁(晉) 注, 文淵閣四庫全書 제370책, 臺灣商務印書館, 1983~1986.
- ≪戰國策≫, 高誘(漢) 注, 姚宏(宋) 續注, 文淵閣四庫全書 제406책, 臺灣商務印書館, 1983~1986.
- ≪晉書≫, 房玄齡(唐) 等 撰, 中華書局, 1997.
- ≪淸史稿≫, 趙爾巽(淸) 等 撰, 中華書局, 1974.
- ≪漢書≫, 班固(後漢) 撰, 中華書局, 2002.
- ≪後漢書≫, 范曄(南朝 宋) 撰, 中華書局, 1996.
- ≪後漢書補逸≫, 姚之駰(淸) 撰, 文淵閣四庫全書 제402책, 臺灣商務印書館, 1983~1986.
- ≪欽定盛京通志≫, 阿桂(淸) 等 撰, 文淵閣四庫全書 제501~503책, 臺灣商務印書館, 1983~1986.

〔子部〕

- ≪古今合璧事類備要≫, 謝維新(宋) 編, 文淵閣四庫全書 제939~941책, 臺灣商務印書館, 1983~1986.
- ≪管子≫, 管仲(周) 撰, 文淵閣四庫全書 제729책, 臺灣商務印書館, 1983~1986.
- ≪近思錄≫, 朱熹(宋)・呂祖謙(宋) 同編, 文淵閣四庫全書 제699책, 臺灣商務印書館, 1983~1986.
- ≪老子道德經≫, 王弼(魏) 注, 文淵閣四庫全書 제1055책, 臺灣商務印書館, 1983~1986.
- ≪論衡≫, 王充(漢) 撰, 文淵閣四庫全書 제862책, 臺灣商務印書館, 1983~1986.
- ≪山海經≫, 郭璞(晉) 註, 文淵閣四庫全書 제1042책, 臺灣商務印書館, 1983~1986.
- ≪世說新語≫, 劉義慶(南朝 宋) 撰, 文淵閣四庫全書 제1035책, 臺灣商務印書館, 1983~1986.
- ≪荀子≫, 荀況(戰國) 撰, 楊倞(唐) 注, 盧文弨(淸) 等校, 中華書局, 1985.
- ≪揚子法言≫, 揚雄(漢) 撰 ; 李軌(晉) 注, 臺灣中華書局, 1968.
- ≪呂氏春秋≫, 呂不韋(秦) 撰, 文淵閣四庫全書 제848책, 臺灣商務印書館, 1983~1986.
- ≪列子≫, 列御寇(周) 撰, 文淵閣四庫全書 제1055책, 臺灣商務印書館, 1983~1986.
- ≪莊子≫, 莊周(周) 撰, 文淵閣四庫全書 제1058책, 臺灣商務印書館, 1983~1986.
- ≪朱子大全≫, 朱熹(宋) 撰, 朝鮮 影印本, 學民文化社, 2004.
- ≪天工開物≫, 宋應星(明) 撰, 續修四庫全書 제1115책, 上海古籍出版社, 1995-1999.
- ≪太平御覽≫, 李昉(宋) 等撰, 中華書局, 1960.
- ≪通雅≫, 方以智(明) 撰, 文淵閣四庫全書 제857책, 臺灣商務印書館, 1983~1986.
- ≪韓非子≫, 韓非(周) 撰, 文淵閣四庫全書 제729책, 臺灣商務印書館, 1983~1986.
- ≪淮南子≫, 劉安(漢) 撰, 文淵閣四庫全書 제848책, 臺灣商務印書館, 1983~1986.

〔集部〕

- ≪東坡全集≫, 蘇軾(宋) 撰, 文淵閣四庫全書 제1107~1108책, 臺灣商務印書館, 1983~1986.
- ≪望溪集≫, 方苞(淸), 咸豊元年(1851)戴鈞衡刻本.
- ≪文選≫, 蕭統(梁) 編, 李善(唐) 等註, 文淵閣四庫全書 제1330~1331책, 臺灣商務印書館, 1983~1986.
- ≪文苑英華≫, 李昉(宋) 編, 文淵閣四庫全書 제1333~1342책, 臺灣商務印書館, 1983~1986.
- ≪文忠集≫, 毆陽修(宋) 撰, 文淵閣四庫全書 제1102~1103책, 臺灣商務印書館, 1983~1986.
- ≪詳說古文眞寶大全≫, 黃堅(宋) 編, 朝鮮 影印本, 學民文化社.
- ≪樂府詩集≫, 郭茂倩(宋) 輯, 文淵閣四庫全書 제1347~1348책, 臺灣商務印書館, 1983~1986.

- ≪御選唐宋文醇≫, 弘歷(淸) 編, 文淵閣四庫全書 제1447책, 臺灣商務印書館, 1983~1986.
- ≪柳河東集≫, 柳宗元(唐) 撰, 文淵閣四庫全書 제1067책, 臺灣商務印書館, 1983~1986.
- ≪臨川文集≫, 王安石(宋) 撰, 文淵閣四庫全書 제1105책, 臺灣商務印書館, 1983~1986.
- ≪震川先生集≫, 歸有光(明) 撰, 周本淳 校點, 上海古籍出版社, 1981.
- ≪楚辭集註≫, 朱熹(宋) 集註, 文淵閣四庫全書 제1062책, 臺灣商務印書館, 1983~1986.
- ≪韓昌黎文集校注≫, 韓愈(唐) 撰, 馬其昶, 馬茂元 整理, 上海古籍出版社, 1987
- ≪晦庵集≫, 朱熹(宋) 撰, 文淵閣四庫全書 제1143~1146책, 臺灣商務印書館, 1983~1986.

◇ 研究論著 및 飜譯書

〔韓國〕

- 김 호, 〈劉大櫆 記文 硏究〉, ≪中國文學硏究≫82, 韓國中文學會, 2021.
- ―――, 〈劉大櫆 女性 散文의 인물 유형과 그 指向〉, ≪中國學報≫95, 韓國中國學會, 2021.
- 김화진, 〈姚鼐의 '陰陽剛柔' 풍격론 고찰〉, ≪中國語文學論集≫60, 중국어문학연구회, 2010.
- ―――, 〈청대 桐城지역 교육풍토의 발전양상 및 桐城派 형성과정에 미친 영향〉, ≪中國語文學論集≫71, 중국어문학연구회, 2011.
- 敏澤 著, 유병례 외 譯, ≪中國文學理論批評史≫, 성신여자대학교출판부, 2019.
- 백광준, ≪동성파 산문집≫, 지식을 만드는 지식, 2019.
- ―――, 〈姚鼐의 고민 톺아보기－'桐城文派'에 대한 검토－〉, ≪中國語文學≫75, 2017, 영남중국어문학회, 2017.
- ―――, 〈姚鼐와 袁枚의 交遊 ―姚鼐의 〈隨園雅集圖後記〉를 중심으로〉, ≪中國文學≫104, 2020.
- 吳孟復 著, 심경호・김봉희 譯, ≪桐城文派述論,≫ 태학사, 1998.
- 이상하 외 역, ≪明淸八大家文鈔≫ 1, 전통문화연구회, 2021.
- 최영준, 〈姚鼐散文硏究〉, 전남대학교 박사학위논문, 1996.

〔日本〕

- 佐藤一郎, ≪中國文章論≫, 硏文出版, 1988.

〔中國〕

- 潘佳佳・潘莹・張博宇, 〈姚鼐古文理論新辨〉, ≪唐山文學≫, 唐山市文學藝術界聯合會, 2017(4).
- 方宁胜・朱揚, 〈安徽書院与桐城派的學術傳承及影響〉, ≪合肥工業大學學報≫, 合肥工業大學, 2013, Vol.27(2)
- 徐　杰, 〈方苞的"義法"説對劉大櫆"神氣"說的影響〉, ≪綿陽師範學院學報≫, 綿陽師範學院, 2009, Vol.28(6).
- ———, 〈"勢"与劉大櫆"神气説"〉, ≪康定民族師范高等專科學校學報≫, 康定民族師范高等專科學校, 2008, Vol.17(5)
- ——・馬正平, 〈文論範疇的生命体驗-劉大櫆"神氣"說的時空美學闡釋〉, ≪武陵學刊≫, 湖南文理學院, 2011(6).
- 葉　龍, ≪桐城派文學史≫, 香港龍門書店, 1975.
- 楊榮祥 譯注, ≪方苞姚鼐文選譯≫, 鳳凰出版社, 2011.
- 吳　玲, 〈姚鼐文論及其古文創作研究〉, ≪成都師範學院學報≫, 成都師範學院, 2017, Vol.33(3).
- 王達敏, ≪姚鼐与乾嘉學派≫, 學苑出版社, 2007.
- 王鎭遠 選注, ≪姚鼐文選≫, 黃山書社, 1986.
- 李代云, 〈劉大櫆討薪〉, ≪駿馬≫, 2009(2)
- 任雪山, 〈桐城派"因聲求气"理論源流考辨〉, ≪甘肅理論學刊≫, 中共甘肅省委党校, 2013(2).
- 張迪平, 〈桐城派美學話語的歷史意義和当代价值〉, ≪甘肅社會科學≫, 甘肅社會科學院, 2016(6).
- 張淸華, 〈姚鼐≪古文辭類纂≫的韓愈古文研究〉, 周口師範學院學報, 2017, Vol.34(3).
- 張休云, 〈劉大櫆生平事迹考辨〉, ≪中州學刊≫, 河南省社會科學院, 2013(5).
- 錢仲聯, ≪明淸八大家文選叢書 姚鼐文選≫, 蘇州大學出版社, 2001.
- 周中明, ≪桐城派硏究≫, 遼寧大學出版社, 1999.
- ———, ≪姚鼐文選≫, 蘇州大學出版社, 2001.
- ———, ≪姚鼐研究≫, 安徽大學出版社, 2013.
- 陳耀東, ≪方苞劉大櫆姚鼐散文選≫, 上海古籍出版社, 1990.
- 何天杰, 〈劉大櫆在桐城派中地位的再認識〉, ≪華南師範大學學報≫, 華南師範大學1989(2).
- 胡元德, 〈古代文气論的現代轉換〉, ≪齊魯學刊≫, 山東曲阜師範大學, 2006(2).

〔英美〕

- Chen Yinchi & Paula Varsano, "Guwen(Ancient-Style Prose), Sound, and

the History of Chinese Poetics", *Journal of Chinese literature and culture*, Duke University Press, 2015, Vol.2(2).
- Joseph Roe Allen & Timothy Phelan, T*wo studies in Chinese literary criticism*, Institute for Comparative and Foreign Area Studies, University of Washington, 1976.
- Zeng Guangguang, "The Tongcheng School and the social thought of the late Qing dynasty", *Chinese studies in history*, Routledge, 2018, Vol.51(2)

◇ 年譜

- 孟醒仁, ≪桐城派三祖年譜≫, 安徽大學出版社, 2002.
- 鄭福照, ≪姚惜抱先生年譜≫, 北京圖書館出版社, 1999.
- 汪長林, ≪桐城派名家年譜≫, 安徽大學出版社, 2019.

◇ 데이터베이스(DB) 자료

- 동양고전종합DB(http://db.cyberseodang.or.kr)
- 상우천고(http://www.s-sangwoo.kr)
- 한국고전종합DB(http://db.itkc.or.kr)
- 中國基本古籍庫, 黃山書社.
- 電子版 文淵閣四庫全書, 上海古籍出版社.

2. 桐城縣圖

＊출처 : ≪桐城續修縣志≫, 廖大聞(淸) 等 修纂, 中國國家圖書館 道光 7년(1827)

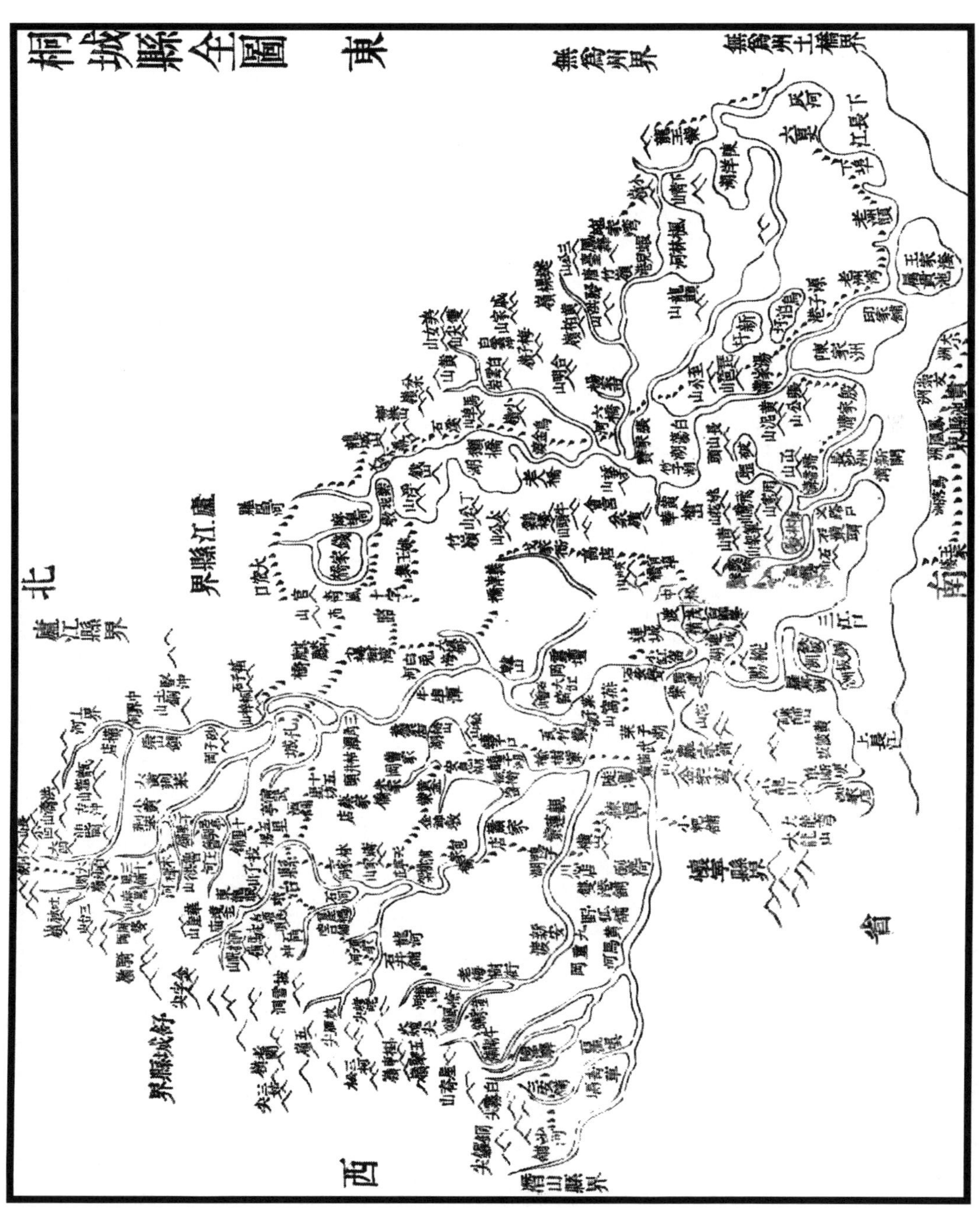

1. 桐城縣全圖

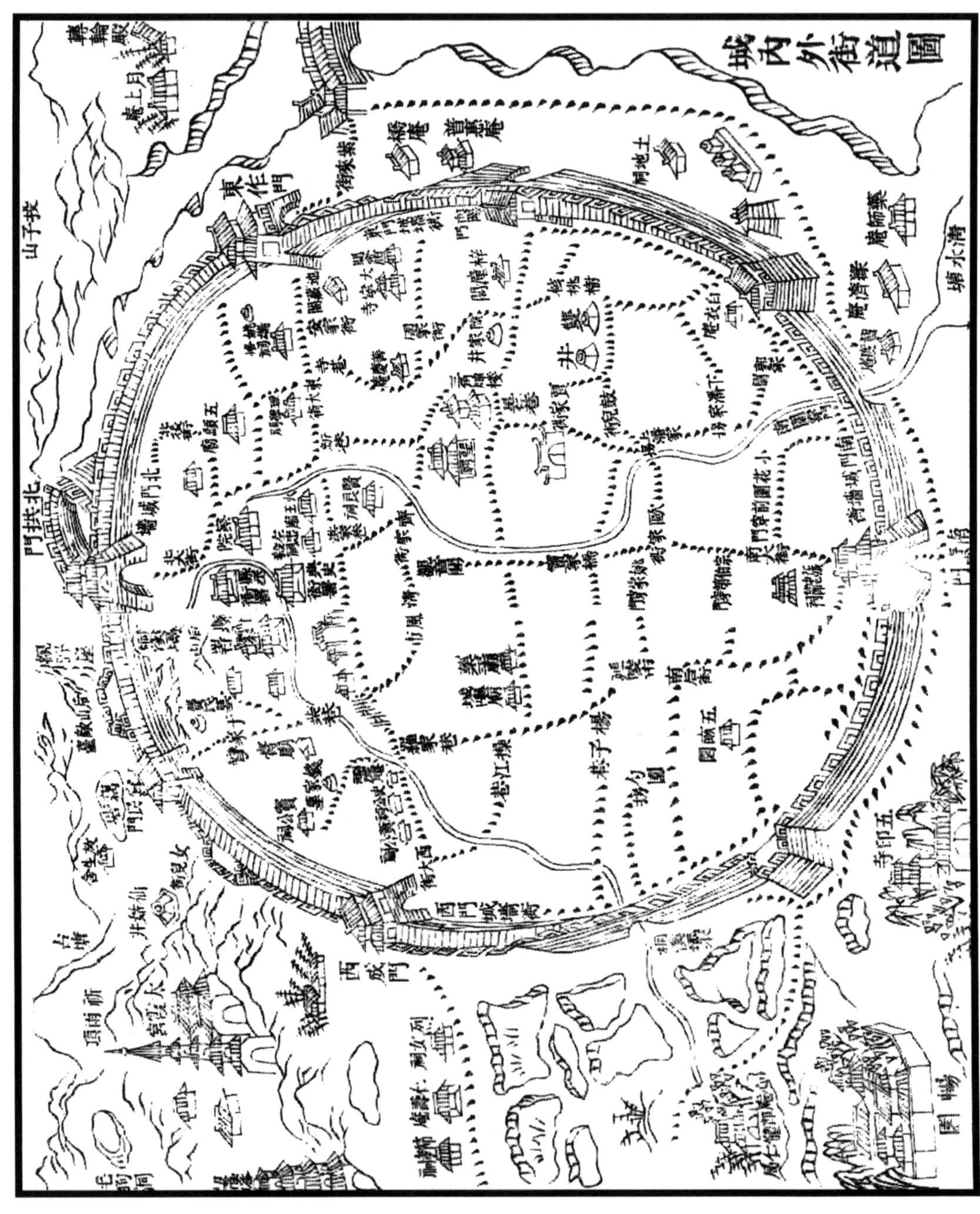

2. 城內外街道圖

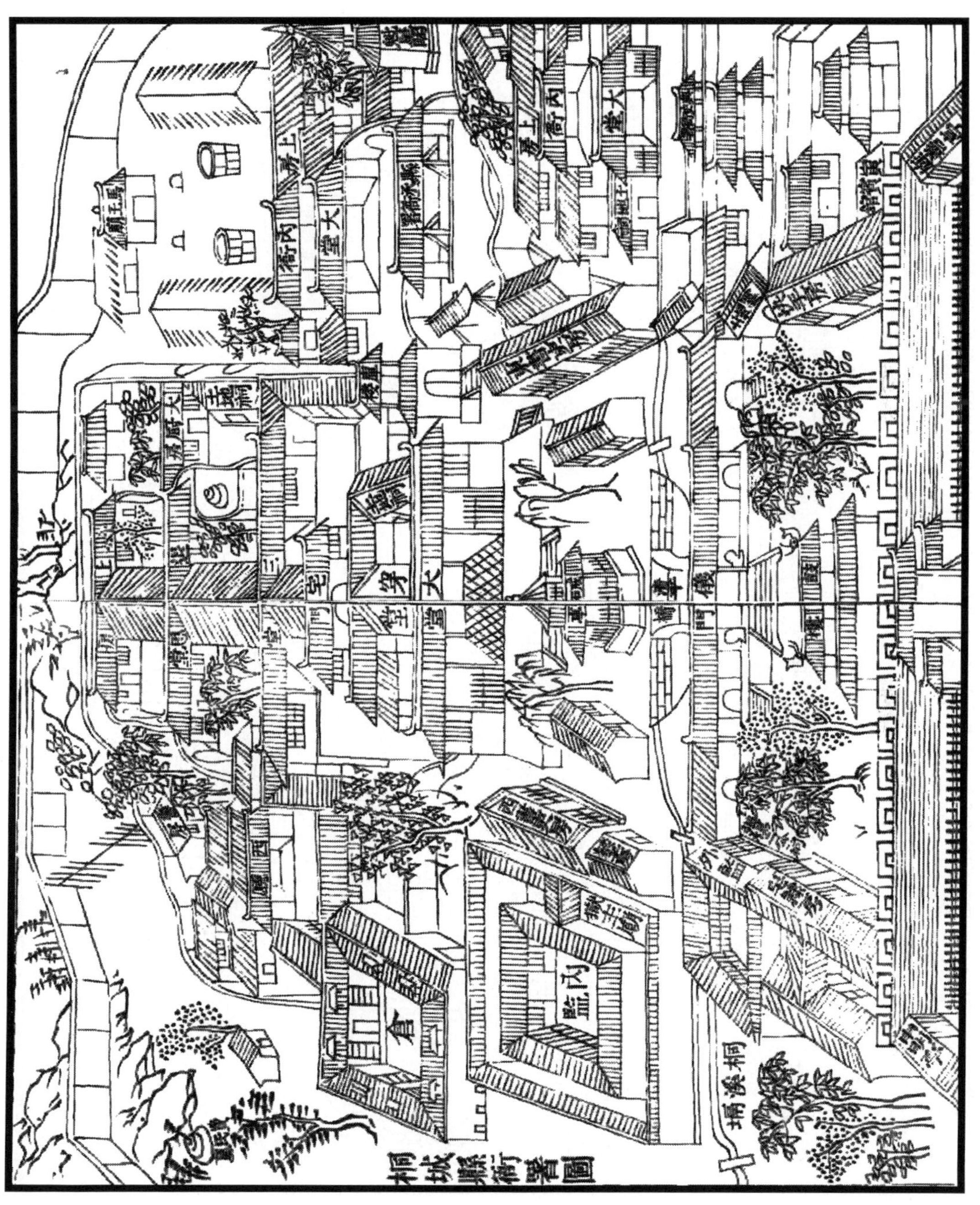

3. 桐城縣衙署圖

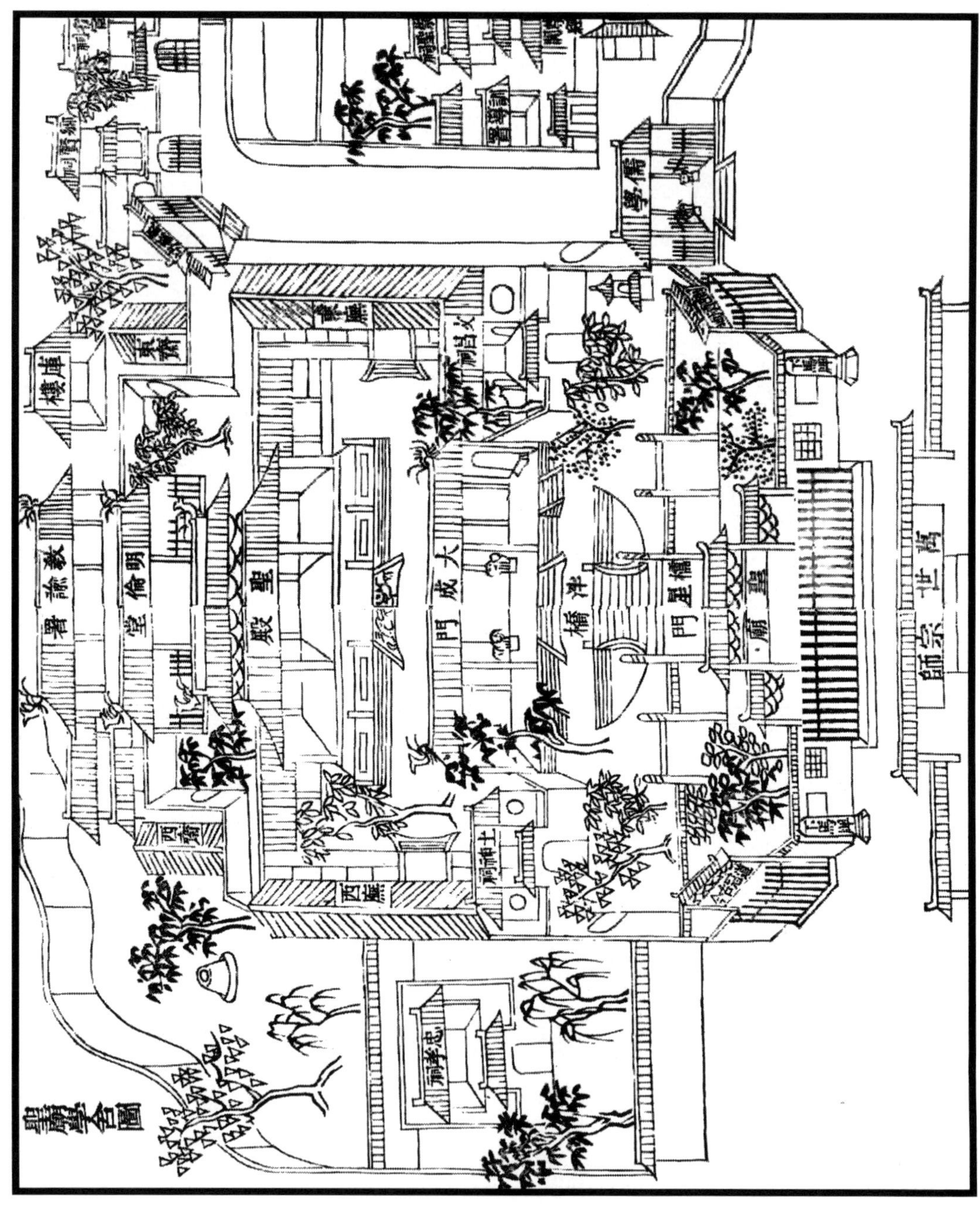

4. 聖廟學舍圖

3. ≪明清八大家文鈔 2≫ 參考圖版 目錄 및 出處

(26)〈擾龍松〉, 石濤(淸) 繪, ≪黃山八勝圖冊≫, 日本 泉屋博古館 / 154
(27)〈獅子峰〉, 梅淸(淸) 繪, ≪黃山十九景圖冊≫, 中國 上海博物館 / 155
(28)〈雲門雙峰〉, 梅淸(淸) 繪, ≪黃山十九景圖冊≫, 中國 上海博物館 / 157
(29)〈仙燈洞〉, 弘仁(淸) 繪, ≪黃山圖冊≫, 中國 故宮博物院 / 159
(30)〈披蓬〉, 弘仁(淸) 繪, ≪黃山圖冊≫, 中國 故宮博物院 / 159
(31)〈九龍潭〉, 梅淸(淸) 繪, ≪黃山十九景圖冊≫, 中國 上海博物館 / 160
(32)〈蘇門山圖〉, 陳夢雷(淸) 輯, 《欽定古今圖書集成》〈方輿彙編 山川典〉 제53권 / 165
(33)〈問禮老聃圖〉, 仇英(明), ≪孔子聖績圖≫ / 249
(34)〈朱彝尊〉, 葉衍蘭(淸)・葉恭綽(淸) 編, 黃小泉(淸)・楊鵬秋(淸) 繪, ≪淸代學者象傳≫ / 272
(35)〈錢澧〉, 葉衍蘭(淸)・葉恭綽(淸) 編, 黃小泉(淸)・楊鵬秋(淸) 繪, ≪淸代學者象傳≫ / 277
(36)〈鄂爾泰彩像淸人繪〉, 未詳, 臺灣 故宮博物院 / 287
(37)〈錢坫〉, 葉衍蘭(淸)・葉恭綽(淸) 編, 黃小泉(淸)・楊鵬秋(淸) 繪, ≪淸代學者象傳≫ / 299
(38)〈程晉芳〉, 葉衍蘭(淸)・葉恭綽(淸) 編, 黃小泉(淸)・楊鵬秋(淸) 繪, ≪淸代學者象傳≫ / 303
(39)〈朱筠〉, 葉衍蘭(淸)・葉恭綽(淸) 編, 黃小泉(淸)・楊鵬秋(淸) 繪, ≪淸代學者象傳≫ / 306
(40)〈于敏中〉, ≪紫光閣功臣像≫ / 307
(41)〈朱孝純〉, 葉衍蘭(淸)・葉恭綽(淸) 編, 黃小泉(淸)・楊鵬秋(淸) 繪, ≪淸代學者象傳≫ / 328
(42)〈東嶽泰山圖〉, 陳夢雷(淸) 輯, 《欽定古今圖書集成》〈方輿彙編 山川典〉 제13권 / 329
(43)〈隨園湖樓請業圖〉, 尤詔(淸) 汪恭(淸) 繪, 中國 上海博物館 / 333
(44)〈周永年〉, 葉衍蘭(淸)・葉恭綽(淸) 編, 黃小泉(淸)・楊鵬秋(淸) 繪, ≪淸代學者象傳≫ / 350
(45)〈戴震〉, 葉衍蘭(淸)・葉恭綽(淸) 編, 黃小泉(淸)・楊鵬秋(淸) 繪, ≪淸代學者象傳≫ / 357
(46)〈王芑孫〉, 葉衍蘭(淸)・葉恭綽(淸) 編, 黃小泉(淸)・楊鵬秋(淸) 繪, ≪淸代學者象傳≫ / 360
(47)〈王昶〉, 葉衍蘭(淸)・葉恭綽(淸) 編, 黃小泉(淸)・楊鵬秋(淸) 繪, ≪淸代學者象傳≫ / 365
(48)〈武億〉, 葉衍蘭(淸)・葉恭綽(淸) 編, 黃小泉(淸)・楊鵬秋(淸) 繪, ≪淸代學者象傳≫ / 374
(49)〈蔣士銓〉, 葉衍蘭(淸)・葉恭綽(淸) 編, 黃小泉(淸)・楊鵬秋(淸) 繪, ≪淸代學者象傳≫ / 377
(50)〈袁枚〉, 葉衍蘭(淸)・葉恭綽(淸) 編, 黃小泉(淸)・楊鵬秋(淸) 繪, ≪淸代學者象傳≫ / 403
(51)〈王文治〉, 葉衍蘭(淸)・葉恭綽(淸) 編, 黃小泉(淸)・楊鵬秋(淸) 繪, ≪淸代學者象傳≫ / 411

4. ≪明淸八大家文鈔 2≫ 板本 見本

劉海峯文鈔

天道上

天道蓋渾然無知者也昔之人知其然顧以為勸善而規過故為是殃慶之云以警愚昧然不以為憑也謂天之愛人甚矣生百穀以養之也而又生之螟螣以害之生之雞豚焉而又生之豺虎焉生之絲枲以為之衣生之文梓豫章以為之宮室可不謂愛之乎生之雀鼠以耗其囷倉生之蟁蝱蚤蝨以危其寢寐可謂愛之乎毁璣以礫而崇墨以為朱乎駕駑駘使馳千里而騏驥服鹽車乎藜藿不糝者回憲而馬醫灑削長使之有餘乎鄧攸其無嗣而五子乃在登徒乎水固有不能溼火固有不能燥也人固有不可知天固有不可曉也祖有功矣而功可恃乎宗有德矣而德不刊乎為粥糜以食餓者而已且啼飢分縕纊以衣凍夫而已且號寒乎刻像設之腸而神不能加之罰掘陳人之冢而鬼不能肆其殘乎桀人於國門之外使之抵罪而貪惏以逞者世守其官乎大武之下蟻或亡矣而人不顧也大祲之下人多斃矣而天不憐也彼蒼蒼者其積氣邪彼隆隆者其積塊邪彼物之生且死於其間也其亦有欲其生而生欲其死而死者邪其無乃生者自生而天究不知其所以生死者自死而天究不知其所以死邪貴者自貴而天不知其貴賤者自賤而天不知其賤邪天地也日星也山川也人物也相與回薄於宇宙之間適會其高者機也而高矣適會其下者機也而下矣有明則必有晦也有隆則必有替也有興則必有廢也吉一而凶悔吝三也日之食也天不能使其不食也星之隕也天不能使其不隕也其偶而崩也而天與之

≪明淸八大家文鈔≫〈劉海峰文鈔〉進步書局 石印本

海峰先生文一

論辨類　　合肥後學湯彬桂軒重校

天道上

天道蓋渾然無知者也昔之人知其然顧以爲勸善而規過故爲是殃慶之云以警愚昧然不以爲憑也謂天之愛人甚矣生百穀以養之也而又生之螟螣以害之生之雞豚焉而又生之豺虎焉生之絲枲以爲之衣生之文梓豫章以爲之宮室可不謂愛之乎生之雀鼠以秏其囷倉生之蠡蝱蚤蝨以危其寢寐可謂愛之乎毀璣以礫而崇壘以爲朱乎駕駑駘使馳千里而騏驥服鹽車乎蔾藿不糝

《海峰先生文集》 光緖戊子桐城吳大有堂本(1888) 香港中文大學圖書館 所藏

姚姬傳文鈔

范蠡論

范蠡之子殺人繫于楚蠡令其少子行千金於所善楚莊生救之其長子請行不許其後卒強以
行於是莊生因為入朝楚王而說之赦蠡長子聞楚將赦謂弟固可活矣入莊生家復取金去莊
生怒竟說楚王論殺其弟人以此稱蠡始不欲遣其長子為知也自君子觀之蠡固未嘗知也比
之蹇曰比之匪人隨之震曰孚於嘉吉夫以匪人之比而望嘉孚之吉其可乎吾觀莊生非賢者
也其褊心與市井小人之為慮無以異而蠡顧以其子之命委之烏得知方蠡子之進金莊生也
如果不欲受郤之可也既思終還之則雖為取去奚嫌焉蓋生以為救蠡之子而其家不見德則
不足以為名又忿己以力為人而反為人所易故雖當其厚友之託不顧而必以術殺其子噫抑
甚矣郤成子過衛右宰穀臣饗之欲託以其帑而未言及穀臣死迎其妻子分宅而居之晉叔向
繫獄祈奚乘馹見范宣子言而出之不見叔向而歸夫受人之事則死生不以變其志急人之難
而非為名高此固古賢人君子所為而蠡乃以望於莊生及其不得反以為其長子致之何其謬
也且蠡當日即令遣其少子如楚而其子之囚於楚者亦必不可救何則長子生而貧則嗇而貴
財少子長而富則亦驕而輕士今使膏粱之子忽視貧士指麾而為之用則雖予之厚利而不甘
況以莊生之褊心多忌挾殘忍以報睚眦設以少年輕肆之氣乘之蠡之子不愈危哉嘗考范蠡
之行當其相越所圖皆傾險之謀及越破吳吳危急而求成句踐欲許獨蠡不可而必亟斃之其

≪明清八大家文鈔≫〈姚姬傳文鈔〉進步書局 石印本

惜抱軒文集一

論

范蠡論

范蠡之子殺人繫于楚蠡令其少子行千金於所善楚莊生救之其長子請行不許其後卒強以行於是莊生因爲入朝楚王而說之赦蠡長子聞楚將赦謂弟固可活矣入莊生家復取金去莊生怒竟說楚王論殺其弟人以此稱蠡始不欲遣其長子爲知也自君子觀之蠡固未嘗知也比之蹇曰比之匪人隨之震曰孚於嘉吉夫以匪人之比而望嘉孚之吉其可乎吾觀莊生非賢

≪惜抱軒文集≫, 嘉慶十二年刻本(1807) ≪四部叢刊≫

5. ≪明清八大家文鈔≫ 總目次

• QR코드를 스캔하면 ≪明清八大家文鈔≫ 總目次를 볼 수 있습니다.

6. ≪明清八大家文鈔≫ 解　題

• QR코드를 스캔하면 ≪明清八大家文鈔≫ 解題를 볼 수 있습니다.

責任飜譯

李相夏

啓明大學校 中語中文學科 졸업
高麗大學校 大學院 國語國文學科 文學博士
民族文化推進會 부설 常任硏究員 졸업
朝鮮大學校 漢文學科 敎授 역임
韓國古典飜譯院 부설 古典飜譯敎育院 敎授(現)

論文 및 譯書
〈漢文古典 文集飜譯의 특성과 문제점〉
〈≪朱子書節要≫가 조선조에 끼친 영향〉
〈退溪·南冥의 시와 대조적인 학문성향〉 등
≪寒洲 李震相의 主理論 硏究≫, ≪冷淡家計≫, ≪儒學的 思惟와 韓國文化≫(공저) 등
≪挹翠軒遺稿≫, ≪月沙集≫, ≪容齋集≫, ≪鵝溪遺稿≫, ≪石洲集≫ 등

共同飜譯

金玟榮

서울大學校 英語英文學科·國語國文學科 卒業
서울大學校 大學院 國語國文學科 博士 修了
韓國古典飜譯院 附設 古典飜譯敎育院 專門課程Ⅱ 卒業
韓國古典飜譯院 飜譯委員(現)

論文 및 譯書
〈淩壺觀 李麟祥 산문 연구〉
≪日省錄≫, ≪詳說古文眞寶大全後集≫, ≪明淸八大家文鈔 1 歸有光·方苞≫ 등

金成恩

延世大學校 國語國文學科 卒業
延世大學校 大學院 國語國文學科 文學碩士
韓國古典飜譯院 附設 古典飜譯教育院 專門課程 卒業
誠信女子大學校 附設 古典研究所 研究員(現)

論文 및 譯書
〈而已广 張混의 漢詩 研究〉
≪梅山集≫, ≪東槎日記≫, ≪詳說古文眞寶大全後集≫, ≪明淸八大家文鈔 1 歸有光·方苞≫ 등

安垵奭

서울大學校 國語國文學科 卒業
서울大學校 大學院 國語國文學科 博士 修了
韓國古典飜譯院 附設 古典飜譯教育院 專門課程Ⅰ 卒業
韓國古典飜譯院 飜譯委員(現)

論文 및 譯書
〈李奎象 人物傳의 作法上 特徵과 立傳意識〉
≪承政院日記(英祖代)≫, ≪詳說古文眞寶大全後集≫, ≪明淸八大家文鈔 1 歸有光·方苞≫ 등

禹羅映

서울大學校 中語中文學科 卒業
서울大學校 中語中文學科 碩士 卒業
서울大學校 中語中文學科 博士 修了
韓國古典飜譯院 附設 古典飜譯教育院 專門課程Ⅰ,Ⅱ 卒業
韓國古典飜譯院 飜譯委員(現)
서울大學校 奎章閣韓國學研究院 研究員(現)

論文 및 譯書
〈王思任 遊記文의 공간인식 연구〉
≪詳說古文眞寶大全後集≫, ≪明淸八大家文鈔 1 歸有光·方苞≫ 등

東洋古典譯註叢書 138

譯註 明淸八大家文鈔 2 劉大櫆·姚鼐 정가 35,000원

2021년 11월 30일 초판 발행
2021년 12월 15일 초판 2쇄

著　　者 劉大櫆·姚鼐
編　　者 王文濡
責任飜譯 李相夏
共同飜譯 金玟榮 金成恩 安埈奭 禹羅映
企劃編輯 東洋古典飜譯編輯委員會
原文校閱 吳圭根
飜譯硏究管理 南賢熙
潤　　文 朴勝珠
校　　訂 李孝宰
裝　　幀 김진디자인

發 行 人 朴洪植

發 行 處 社團法人 傳統文化硏究會
서울시 종로구 삼일대로 428 낙원빌딩 411호
전화 : (02)762-8401　전송 : (02)747-0083
전자우편 : juntong@juntong.or.kr
홈페이지 : juntong.or.kr
사이버書堂 : cyberseodang.or.kr
온라인서점 : book.cyberseodang.or.kr
등록 : 1989. 7. 3. 제1-936호

인쇄처 : 한국법령정보주식회사(02-462-3860)
총　판 : 한국출판협동조합(070-7119-1750)

ISBN 979-11-5794-489-7 94820
978-89-85395-71-7 (세트)

※ 이 책은 2021년도 교육부 고전문헌 국역지원사업 지원비에 의해 초판(비매품) 간행.